Revista de Direito Tributário

78

MALHEIROS EDITORES

Revista de Direito Tributário

Publicada sob os auspícios do

Instituto Geraldo Ataliba — IDEPE — Instituto Internacional de Direito Público e Empresarial e do
IBET — Instituto Brasileiro de Estudos Tributários

ISS 0102-7956

REVISTA DE DIREITO TRIBUTÁRIO
publicação trimestral de
MALHEIROS EDITORES LTDA.
Rua Paes de Araújo, 29, 17º andar - conj. 171
CEP: 04531-940 - São Paulo, SP
Tel. (0xx) 3842-9205
Fax. (0xx) 3849-2495
Diretor Responsável: Álvaro Malheiros
Diretora: Suzana Fleury Malheiros

Assinaturas e comercialização:
CATAVENTO DISTRIBUIDORA
DE LIVROS S.A.
Rua Conselheiro Ramalho, 928
CEP 01325-000 - São Paulo - SP
Tel. 289-0811 - Fax. 251-3756
Supervisão Gráfica: Vânia Lúcia Amato
Composição: *Scripta*
Impressão: Paym Gráfica e Editora Ltda.

SUMÁRIO

XIII CONGRESSO BRASILEIRO DE DIREITO TRIBUTÁRIO

SESSÃO DE ABERTURA 7

***MESA DE DEBATES "A"*— A NOVA ORDEM TRIBUTÁRIA I** 21

***MESA DE DEBATES "B"* — A NOVA ORDEM TRIBUTÁRIA II** 43

***MESA DE DEBATES "C"* — TRIBUTAÇÃO, ECOLOGIA E MEIO AMBIENTE** 69

***MESA DE DEBATES "D"* — TRIBUTAÇÃO DAS EMPRESAS PRIVATIZADAS** 90

***MESA DE DEBATES "E"* — PROCESSO JUDICIAL TRIBUTÁRIO** 105

***MESA DE DEBATES "F"* — O IMPOSTO DE RENDA E SUAS MODIFICAÇÕES** 128

***MESA DE DEBATES "G"* — PROCESSO ADMINISTRATIVO TRIBUTÁRIO** 151

CONFERÊNCIA E SESSÃO DE ENCERRAMENTO
— Paulo de Barros Carvalho 165

XIV CONGRESSO BRASILEIRO DE DIREITO TRIBUTÁRIO

REGIME TRIBUTÁRIO DOS SERVIÇOS DE TELEFONIA CELULAR
— Aires f. barreto 183

JUSTIÇA TRIBUTÁRIA
— Anna Emilia Cordelli 201

CÓDIGO DE DEFESA DO CONTRIBUINTE
— Eduardo Bottallo 210

LEI 9.718– ALGUNS ASPECTOS INCONSTITUCIONAIS
— Frana Elizabeth Mendes 226

ASPECTOS DOS IMPOSTOS SOBRE O CONSUMO
— Heron Arzua 244

ICMS. ISS – COMUNICAÇÃO ELETRÔNICA
— José Eduardo Soares de Melo 250

SOBRE A TRIBUTAÇÃO NAS RELAÇÕES DE CONSUMO
— Mizabel Abreu Machado Derzi 268

A TRIBUTAÇÃO E AS RELAÇÕES DE CONSUMO
— Regina Helena Costa 279

O LANÇAMENTO
— Sacha Calmon Navarro Coelho 285

NOVA ECONOMIA. VELHAS IDÉIAS
— Sidney Saraiva Apocalypse 314

RELAÇÕES ENTRE FISCO E CONTRIBUINTE NO PROCESSO ADMINISTRATIVO
— Wagner Balera 317

XIII CONGRESSO BRASILEIRO DE DIREITO TRIBUTÁRIO

27 a 29 de setembro de 1999

Presidente: PROF. AIRES BARRETO

Presidente do Congresso: PROF. PEDRO LUCIANO MARREY JÚNIOR

Presidente da Comissão Científica: PROF. PAULO DE BARROS CARVALHO

Presidente da Comissão de Trabalhos: PROFA. MARIA LEONOR LEITE AEIRA

Presidente da Comissão Organizadora: PROF. EURICO MARCOS DINIZ DE SANTI

SESSÃO DE ABERTURA

PRESIDENTE DA MESA (PROF. AIRES BARRETO) – Na qualidade de Presidente do Instituto Geraldo Ataliba, Instituto Internacional de Direito Público Empresarial, declaro abertos os trabalhos relativos ao XIII Congresso Brasileiro de Direito Tributário.

Compõe a Mesa o excelentíssimo Ministro Marco Aurélio Mello, do Supremo Tribunal Federal, que nos honrará com a conferência do período da manhã. Compõe a Mesa o Presidente deste Congresso, o Prof. Pedro Luciano Marrey Junior. Também está conosco o Presidente do IDEPE e Diretor Científico do XIII Congresso Brasileiro de Direito Tributário, o Prof. Paulo de Barros Carvalho. Saudamos o Prof. Ricardo Guibourg e o Prof. Alvaro Bereijo, além de registrarmos a presença de José Souto Maior Borges, também nosso conferencista.

Tenho a satisfação de passar a palavra ao Presidente deste Congresso, Prof. Pedro Luciano Marrey Junior, que doravante conduzirá os trabalhos do XIII Congresso Brasileiro de Direito Tributário.

PRESIDENTE DO CONGRESSO (PROF. PEDRO LUCIANO MARREY JUNIOR) – Senhor Presidente e Srs. Congressistas, o convite que me foi feito para presidir este XIII Congresso Brasileiro de Direito Tributário teve, tenho a certeza, da parte dos organizadores deste Congresso e do Instituto Geraldo Ataliba, um motivo especial. Realmente, no passado, esta tarefa sempre foi desempenhada, em congressos anteriores, por ilustres professores e por ilustres juristas; assim, sem embargo da presença dos ilustres juristas que compõem a Mesa e esse plenário, os magistrados e professores aqui presentes, entendo que os organizadores deste Congresso quiseram prestigiar a classe dos simplesmente advogados, na qual, com muito orgulho, eu me incluo.

Por isso, gostaria que todos, mas especialmente os advogados aqui presentes, se sentissem igualmente homenageados.

Para o desempenho desta tarefa de presidir tão importante Congresso, espero contar com a colaboração e a compreensão de todos os que aqui comparecem, imbuídos que estamos da vontade de discutir e debater as questões jurídicas que uma nova ordem tributária sempre nos apresenta.

Já é da tradição deste Congresso organizado pelo Instituto Geraldo Ataliba – aliás, sob a sempre presente inspiração do saudoso Mestre – trazer para a discussão temas relevantes, que, examinados por estudiosos do Direito Tributário, encontram o seu adequado lugar no sistema jurídico brasileiro. O tratamento científico dos subtemas constantes do programa certamente nos ajudará a melhor compreender cada uma das particularidades que tais assuntos apresentem. Para tanto, contaremos com a presença de ilustres convidados, a começar pelo Ministro Marco Aurélio Mello, do Supremo Tribunal Federal, que tem se destacado, em seus pronunciamentos, pela independência, espírito aberto no trato das intrincadas questões que lhe são submetidas e que para nossa satisfação aceitou o convite para proferir a conferência inaugural deste Congresso. Também registro a presença dos ilustres professores e conferencistas Alvaro Rodrigues Bereijo, da Espanha, e Ricardo Guibourg, da Argentina, que certamente contribuirão com uma visão internacional dos reflexos sempre presentes de uma nova ordem tributária.

Finalmente, não poderia deixar de registrar a presença do também conferencista e ilustre amigo José Souto Maior Borges, cuja inteligência cintilante sempre nos propõe novos desafios na forma de estudar o Direito Tributário.

Tenho a certeza, meus amigos, que este XIII Congresso de Direito Tributário será, como os demais o foram, uma oportunidade de aperfeiçoarmos os nossos conhecimentos, razão pela qual dou a todos as boas-vindas e espero que após estes três dias de trabalho possamos sair todos satisfeitos com o que ouvimos e com o que aprendemos. Muito obrigado. (*Palmas*)

Saudação ao Ministro Marco Aurélio Mello

PROF. ROQUE CARRAZZA – Excelentíssimo Senhor Professor Pedro Luciano Marrey Júnior, Digníssimo Presidente deste XIII Congresso Brasileiro de Direito Tributário; demais integrantes da Mesa; minhas senhoras; meus senhores; colegas congressistas.

Incumbiu-me o Prof. Marrey de fazer a saudação ao eminente Ministro Marco Aurélio Mendes de Farias Mello, nosso ilustre conferencista desta manhã. Confesso que aceitei esta grata incumbência com muito orgulho, seja por poder falar em nome dos consagrados juristas aqui presentes, seja pela elevada estatura intelectual e moral de Sua Excelência.

Traçar um retrato, com retoques à perfeição, do Ministro Marco Aurélio Mello não é tarefa das mais fáceis.

Primeiro, alguns dados biográficos: como se sabe, S. Exa. integra, desde os idos de 1990, o Supremo Tribunal Federal, onde exerce atualmente o cargo de Vice-presidente. Antes de ascender à mais alta Corte do País, foi Ministro Togado do Superior Tribunal do Trabalho. Professor universitário, integra o quadro docente da Faculdade de Direito da prestigiosa Universidade de Brasília. Colaborador assíduo de inúmeros periódicos, é membro destacado de vários Institutos e Academias, que seria por demais ocioso aqui mencionar.

Estes os dados objetivos.

Agora, o retrato da alma: quando o mundo jurídico soube que o Ministro Marco Aurélio estava para ser nomeado para o Supremo Tribunal Federal, perguntou-se intrigado: mas, como? Um juiz trabalhista numa Corte Constitucional?

Depressa, porém, este mesmo mundo jurídico percebeu que S. Exa. não era apenas um ótimo laboralista. Era, sim, um jurista de altíssimos predicados, com grandes conhecimentos de direito público, o que o distingue entre seus pares. Mas o que especialmente distingue o Ministro Marco Aurélio na Suprema Corte é o empenho que S. Exa. tem em decidir as questões pelo mérito. Não se perde em minúcias processuais. Vai ao âmago do assunto e vota com coragem, com firmeza, com descortino e, *data venia*, pelo menos no entender de nós tributaristas, de modo correto e técnico.

Mas o acerto e o erro são inerentes ao ser humano. O fato de habitualmente acertar não é o que particularmente agiganta o Ministro Marco Aurélio. O que o agiganta é a independência, é a altivez com que vota.

Nós, discípulos do pranteado e já legendário Prof. Geraldo Ataliba, que dá nome ao nosso Instituto, e que somos, por assim dizer, do mundo constitucional tributário, vemos com uma ponta de tristeza – quando não com viva preocupação – o julgador que se transforma em ministro da Fazenda e faz contas, cálculos, projeções. Que procura desvendar as repercussões econômicas que suas decisões terão. Não. O que nós queremos, especialmente, na Corte Suprema, é um juiz que aplique a Constituição e as leis – se me permitem o ousio – juridicamente. E é isso que o Ministro Marco Aurélio, todos os dias, faz.

Quem ingressa no átrio do Supremo Tribunal Federal, lá encontra gravadas, numa das paredes, palavras de Rui Barbosa. Não vou aqui reproduzi-las. Vou apenas recordar um julgamento célebre, em que Rui Barbosa, antevendo que ia perder a causa, porque o réu era o todo-poderoso Presidente Floriano Peixoto, disse: "Esta é a mais importante Corte do País. Suas decisões são imodificáveis. Mas existe um outro tribunal, superior a este: é o tribunal da opinião pública e suas decisões são implacáveis e definitivas".

Pois muito bem: os clientes de Rui Barbosa perderam a causa por 14 a 1. Naquela época, o Supremo Tribunal Federal era composto por 15 Ministros. O voto favorável foi de Amaro Cavalcanti. Emocionado, Rui Barbosa, o futuro Águia de Haia, beijou respeitosamente as mãos do Ministro-jurista, que, naquele momento, começou a entrar para a História.

O Ministro Marco Aurélio, graças a seus votos primorosos e desassombrados, também está entrando para a História. É certo que muitas vezes fica só. Mas isso não deve incomodá-lo. É que ele está com a Verdade. Com a Verdade que liberta, segundo a palavra eterna de Cristo. E quem está com a Verdade nada deve temer.

Senhores Congressistas: não quero estender-me demais em considerações, num nunca acabar de elogios. Gostaria apenas de deixar registrado, para os anais deste Congresso, que aquela célebre frase "ainda existem juizes em Berlim", cai como uma luva no Ministro Marco Aurélio Mello.

Este, em síntese, Sr. Presidente, o jurista, o professor, o magistrado, que, para grande satisfação de todos nós, proferirá a conferência de abertura deste XIII Congresso Brasileiro de Direito Tributário. Muito obrigado. (*Palmas*)

PRESIDENTE DO CONGRESSO (PROF. PEDRO LUCIANO MARREY JUNIOR) – Passo a palavra, agora, ao Ministro Marco Aurélio Mello.

MIN. MARCO AURÉLIO MELLO (*sem revisão do autor*) – Permitam-me os componentes da Mesa fazer uma saudação desburocratizada, uma saudação setorizada, na pessoa do Presidente do Instituto Geraldo Ataliba, o Prof. Aires Barreto.

Caros mestres, magistrados, membros do Ministério Público, Srs. Advogados, surpreendeu-me o convite formulado pelo Presidente do XIII Congresso Brasileiro de Direito Tributário, Prof. Luciano Marrey Junior. Surpreendeu-me, acima de tudo, porque a minha trajetória se fez no âmbito de uma área diversa, no âmbito da área do direito do trabalho. Procurei, então, encontrar uma justificativa para esse pedido. E aí a vi, de início, na Corte à qual estou integrado: uma homenagem em si ao Supremo Tribunal Federal. E a par dessa homenagem, haver os organizadores do Congresso potencializado, e potencializado a mais não poder, o perfil do juiz, o perfil do juiz que compreendeu, desde o primeiro momento, que a interpretação do direito posto é um ato de vontade que possui uma carga construtiva muito grande e, mediante essa óptica, passou a acionar, na atividade judicante, muito mais a formação humanística do que a formação profissional possuída, muito longe do almejado aperfeiçoamento, e de um estágio satisfatório.

Como vejo as controvérsias? Como procuro a solução para os conflitos de interesse? Como procuro definir o que se tem como interesse subordinante e como interesse subordinado? Buscando a solução mais justa, mais equânime para a hipótese, e apenas quando encontrada essa solução é que me dirijo à dogmática para nela buscar o indispensável apoio. E se a encontro, logicamente formalizo aquela solução buscada.

Nós vivemos uma época em que se dá à sociedade brasileira uma esperança vã, uma esperança vã impossível de frutificar. Por quê? Porque temos uma bela Constituição Federal. Bela Constituição Federal, considerada não apenas a encadernação, encadernação feita pelo Sr. Matos, um velho servidor do Supremo Tribunal Federal, mas uma Constituição Federal satisfatória, considerado o conteúdo. Mas aí, de uma hora para outra, imagina-se que a correção das mazelas do país, o afastamento das desigualdade, o término da pobreza em que vive grande parte dos cidadãos brasileiros, corre à conta, exclusivamente, do conserto – concerto com "c" e conserto com "s" – da lei fundamental, da Carta de 1988.

Penso que não é bem assim. E estou lembrado, inclusive, de palavras do então Ministro da Justiça, Paulo Brossard, ao empossar o secretário-geral do Ministério da Justiça. Sua Excelência ressaltou que no Brasil não precisamos de mais diplomas legais. Nós precisamos, isto sim, de pessoas, de cidadãos, de autoridades que observem o nosso arcabouço normativo.

Avizinha-se uma reforma tributária, a par de tantas outras. Uma reforma administrativa – e promulgada a emenda se assentou, a meu ver de forma equivocada, que ela não se mostra, pelo menos quanto a um dos aspectos, auto-aplicável quanto ao teto constitucional e aí continuamos com um verdadeiro deboche nacional porque não se tem esse teto –, uma reforma previdenciária, uma reforma política, uma reforma do Judiciário – sem perquirir-se as causas da quadra em que vivemos, da morosidade desse mesmo Judiciário na entrega da prestação jurisdicional –, e reforma tributária. Esta última, a meu ver, a mais difícil e a mais complexa delas.

Por que a mais difícil e a mais complexa?

Porque mexe com valores básicos, mexe com a vida do contribuinte, altera em si a equação considerados os entes que integram a própria Federação. Há de ter-se a percepção do viável. Há de caminhar-se para o que se mostre o mais consentâneo com a equação cidadão/fisco, cidadão/Estado.

Começo a discorrer sobre essa reforma tributária, presente a PEC que lhe deu causa, que lhe deu origem. PEC que permaneceu, durante quatro anos, no escaninho, em *stand by* e que de uma hora para outra veio a merecer, e refiro-me aos últimos vinte dias, uma atenção maior do Poder Executivo, que a encaminhou. Houve uma apatia por esse Poder Executivo, talvez por ter assuntos mais importantes que a reforma tributária a tratar.

O que vislumbramos nessa proposta do Executivo?

Ela começa em si com um dispositivo que está a merecer reflexão maior. Teríamos, no artigo 145 da Carta em vigor, a inserção de um preceito, revelando que é facultado, na forma da lei, à autoridade tributária federal, requisitar informações sobre as operações financeiras dos contribuintes, o que nos vem da Carta da República, o que nos vem de nossa lei fundamental, confeccionada a partir não do poder derivado, mas a partir do poder originário, porquanto deixamos o regime de exceção para vivermos sob a égide de um Estado democrático de direito. Vem-nos a preservação da vida privada do cidadão e aí notamos que a seguir, no inciso XII do artigo 5º, que é inviolável o sigilo da correspondência e das comunicações telegráficas, das comunicações de dados e das comunicações telefônicas, salvo, no último caso, por ordem judicial, na forma que a lei estabelecer, para fins de investigação criminal ou instrução processual penal.

Esse dispositivo encerra, e não precisaria fazê-lo, porquanto garantia implícita do cidadão, o primado do Judiciário. É possível ter-se o afastamento do sigilo quanto a dados, mas esse afastamento, necessariamente, deve passar pelo crivo do Judiciário e, portanto, pelo exame de um órgão que se mostre, quanto ao conflito, quanto às circunstâncias reinantes, absolutamente independente.

Vemos, na própria Carta, alguma exceções e uma outra exceção foi criada via precedente do Supremo Tribunal Federal. Há pouco, notando a necessidade de emprestar, ao § 3º do artigo 58, alguma eficácia, no que revela que as comissões parlamentares de inquérito têm poder de investigação próprio do Judiciário, a Corte assentou que é possível à comissão quebrar o sigilo de dados, mas o sigilo de dados armazenados, e não afastar em si a intangibilidade das comunicações de dados.

A construção jurisprudencial revelando luz para decidir-se uma possível controvérsia, se vier a ser aprovado o preceito da PEC 175 a que me referi, ocorreu num mandado de segurança, n. 21.729, impetrado pelo Banco do Brasil contra ato do Procurador-Geral da República, contra ato que objetivou, sem análise do Judiciário, sem autorização do Judiciário, o afastamento do sigilo de dados. Julgando esse mandado de segurança 21.729, assentou o Supremo Tribunal, conforme notas que tenho a respeito (e funcionei no caso como relator): "Dando continuidade ao julgamento do mandado de segurança impetrado pelo Banco do Brasil contra a requisição de informações sobre empréstimos concedidos a usineiros, formulada pelo Procurador-Geral da República com base no artigo 8º, § 2º, da Lei Complementar 75, de 1993, o Tribunal entendeu ser inoponível, na espécie, a exceção de sigilo bancário pela instituição financeira, tendo em vista – e vejam bem a especificidade, a exceção estabelecida – a origem pública de parte do dinheiro envolvido nas questionadas operações, origem essa revelada pela diligência, para cuja realização fora suspenso o julgamento na sessão de 30.8.95, e o princípio da publicidade inscrito no artigo 37, *caput*, da Constituição Federal". Com esse fundamento, indeferiu-se a ordem.

Aqui nós temos um exemplo em que fiquei vencido. Fiquei vencido como relator, sendo designado para redigir o acórdão o Ministro Francisco Rezek. E por que fiquei vencido? Porque entendi que o envolvimento de dinheiro público não seria de molde a justificar o acesso direto, por alguém que não viria a atuar como fiscal da lei, mas como parte na persecução criminal, ou seja, o Ministério Público. Mas a Corte estabeleceu o precedente e ao fazê-lo, repito, lançou balizas quanto ao sigilo preconizado no inciso XII do artigo 5º – e essas balizas direcionam a possibilidade de esse sigilo ser afastado sem o exame do Judiciário pelo Ministério Público em hipótese exclusiva, ou seja, quando ocorrido o envolvimento de verba pública.

É certo que a administração pública, ao contrário de nós outros, particulares, cidadãos comuns, exerce a autotutela, sem o dirigente ficar sujeito ao tipo previsto no artigo 345 do Código Penal. Atua fazendo justiça pelas próprias mãos, mas isso ocorre considerado um processo administrativo, e as matérias versadas nesse processo, sem que seja possível dar um outro passo no sentido da prática, o passo no sentido da formalização de um ato de constrição contra o cidadão.

Tenho uma nota que revela o que podemos ter nos dias seguintes à aprovação desse dispositivo pelo nosso Congresso Nacional, pelas duas Casas que integram o nosso Legislativo: José Paulo Cavalcanti Filho, em artigo transcrito em *O mel e o fel*, da Editora Record, 1998, página 197, deixou consignado: "O problema é que o governo não está pretendendo realmente acessar nossas contas, simplesmente porque esse direito ele já tem. Quer é que as informações estejam disponíveis para qualquer burocrata, inclusive aqueles burocratas na área fiscal que se mostram xiitas, sem o incômodo de pedir, em cada caso, a autorização ao Judiciário".

É evidente que ninguém está aqui para proteger sonegadores e eu diria: paga-se um preço por se viver em uma sociedade democrática, em um Estado democrático de direito. Temos sempre o envolvimento de valores que precisam ser sopesados. Mas é também evidente que o Direito fundamental da privacidade não está entre nós protegido pela regulamentação que impõe sigilo à administração pública. E todos nós, cidadãos, merecemos mais respeito.

Quais são os obstáculos que teremos na tramitação dessa proposta? O primeiro obstáculo é o relativo ao primado, à primazia, à reserva judicante, que é da titularidade de um dos Poderes da Nação.

Em segundo lugar, nós temos, com a inserção da possibilidade da quebra de sigilo de dados pela autoridade fiscal, o óbice maior do artigo 60, § 4º, da Constituição Federal. Tem-se aí o envolvimento de uma garantia individual. Mais que isso, eu vejo, nessa previsão de quebra do sigilo de dados, uma verdadeira coação política visando à satisfação do débito fiscal.

Esperemos a tramitação da emenda e esperemos a atuação dos representantes do povo, os deputados federais e dos representantes dos Estados, os senadores.

A proposta envolve também o empréstimo compulsório, e aí nós temos uma alteração fundamental no que consigna o artigo 148 da Constituição Federal. Em primeiro lugar, a proposta afasta, tendo em conta a nova redação dada ao inciso II do artigo 148, o caráter de urgência nos investimentos a serem feitos. O preceito, tal como contido na proposta de emenda, tem a seguinte redação: "A União poderá instituir empréstimo provisório para financiar investimentos públicos de relevante interesse social". Esperemos que esse predicado, que é o predicado da relevância, não tenha o mesmo tratamento do predicado "relevância" do artigo 62 da Constituição Federal, quanto à edição de medidas provisórias, quando se assentou que o Supremo não é guarda da Carta da República relativamente a esse requisito imposto com potencialidade maior.

Mas a proposta não pára aí. Afasta, em que pese haver expungido a referência ao caráter de urgência, a anterioridade. Foi adiante o autor da proposta para pretender reeditar, e já com o apoio do próprio texto fundamental, o que vivemos em 1990 com o bloqueio Collor. Aí, faz inserir, nesse mesmo artigo 148, que disciplina o empréstimo compulsório, uma cláusula que eu diria polivalente. Uma carta em branco para chegar-se à criação desse empréstimo compulsório, prevendo também, em razão de conjuntura – e todo governo que chega ao poder tem um plano milagroso para corrigir, como eu disse, as mazelas do Brasil –, e aí cogita que, em razão de conjuntura que exija a absorção temporária de poder aquisitivo, é dado criar o empréstimo compulsório. Não sei como se possa dizer harmônico, com o que se contém em nossa Constituição Federal, esse dispositivo. Devemos aguardar também para ver aí o pronunciamento do legislador reformista, que é o legislador ordinário.

Pedágio – O pedágio já está previsto em nossa Constituição, no artigo 150. Em relação a ele, temos um requisito: que a conservação da estrada se faça pelo Poder Público. Logicamente, com a privatização das estradas, cai esse requisito, porquanto a conservação passa a ser implementada pelo próprio particular que explora a estrada, a rodovia em si. Não vejo aqui um conflito, pelo menos um conflito evidente, à primeira visão, com a Constituição Federal.

Anterioridade – O autor da proposta afasta a anterioridade, e o faz quanto ao que teremos como novo ICMS; mas, aí, de forma pouco razoável, alude tão-somente à quota que venha a ter a União nesse condomínio alusivo ao ICMS.

Penso que essa exceção ao princípio da anterioridade, princípio que tem como objetivo maior evitar surpresas para o contribuinte, conflita com a existência de preceito não apenas exemplificativo, mas preceito *numerus clausus,* preceito exaustivo. Elastece, portanto, a PEC 175, as exceções alusivas ao princípio da anterioridade e, como eu disse, coloca em segundo plano, ao estabelecer o afastamento apenas quanto ao ICMS, da competência da União, o princípio da razoabilidade, restringindo, repito, garantia constitucional.

No campo dos benefícios, das isenções, das não-incidências, temos que a Carta de 1988, com a Emenda Constitucional n. 3, junge esses benefícios à lei complementar. Refiro-me à alínea "g" do inciso XII do § 2º do artigo 155 da Constituição Federal. Mais que isso, há dispositivo que prevê uma iniciativa diversificada para o encaminhamento de projetos, visando à aprovação de lei complementar.

A PEC, o que faz? Em primeiro lugar, afasta a nomenclatura *complementar* e dispõe que o benefício deve estar previsto em lei específica. Mas vai adiante, para afastar da iniciativa dos representantes do povo, da iniciativa dos representantes dos Estados, a possibilidade de fazer inserir na ordem jurídica lei que preveja certo benefício. O benefício, uma vez aprovado o texto da PEC 175, somente poderá resultar de lei da iniciativa do Poder Executivo. Imaginamos o que se avizinha. Imaginamos, porque não somos ingênuos, que não teremos, ou dificilmente, pelo menos, teremos, a aprovação de um diploma legal implicando a outorga deste ou daquele benefício. A crítica deve estar direcionada ao fato de a regência da matéria se mostrar localizada, conforme se trate de tributo da União, dos Estados ou dos Municípios e sem que haja a necessidade de observar-se os parâmetros gerais contidos na lei complementar, que hoje está prevista no artigo 155 da Constituição Federal. Nós teremos a outorga dos benefícios ao sabor de uma política governamental em curso, sempre isolada, sempre momentânea, considerado o mandato do presidente da República, considerado o mandato do governador, e do prefeito em si.

A PEC vai adiante e traz à baila algo que, a meu ver, é o corolário do que é previsto no § 2º do artigo 5º, no rol, portanto, das garantias constitucionais da Carta que Ulysses Guimarães teve como cidadã: na proibição de a União introduzir no cenário jurídico benefícios referentes a tributos dos Estados, insere-se a exceção ditada pelo fato de o Brasil, no âmbito da soberania – e os Estados têm o autogoverno, tem a competência normativa limitada, mas não têm soberania – ratificar tratado, convenção ou ato internacional que preveja algum benefício para o contribuinte. Temos, portanto, aqui, algo que se coaduna com a coerência, que se coaduna com o sistema constitucional, tal como o existente e tal como aprovado em 1988.

Cria, a PEC, um novo tributo na órbita de competência da União Federal, e esse tributo trará certas dificuldades, trará certas implicações, porque corre à conta da importação em si de serviços. A viabilidade é total. Por que é total a viabilidade? Porque se a própria Carta de 1988 admite a criação em si de tributo, respeitadas certas balizas, via lei complementar, logicamente um instrumento de maior envergadura, como é a emenda constitucional, pode formalizar essa mesma criação.

Prevê, a PEC, a possibilidade de o Poder Executivo, seja por qual instrumento for – e aí temos o decreto –, vir a alterar alíquota de tributo. Mas, propositadamente, o autor da PEC olvidou que a atual Carta junge essa alteração a condições e limites previstos em lei. Não se tem essa cláusula repetida na proposta de emenda constitucional.

Há um aspecto positivo, porque se exclui a possibilidade, hoje latente, que o Poder Executivo terá de alteração da alíquota quanto ao IOF; mas esse aspecto positivo não compensa, sob a minha ótica, a desvantagem decorrente de não estar o Poder Executivo sujeito à observância de condições e limites previstos em lei. Quanto ao IOF, a impossibilidade de alteração da alíquota acarreta uma maior segurança, uma maior estabilidade, exigindo-se, para tanto, que ocorra o crivo do Poder Legislativo.

A problemática alusiva à substituição tributária para a frente começa a ter desdobramentos. Por quê? Porque insere-se, na Carta da República, via essa proposta – e se aprovada essa proposta –, um outro dispositivo a versar sobre imposto de renda; e ele não tem o condão apenas de agasalhar o desconto na fonte. Para isso não precisamos mexer na nossa Constituição Federal. Já temos a prática. Já temos a legislação em vigor que viabiliza esse mesmo imposto na fonte.

O que preceitua a proposta encaminhada? Que poderá ser exigido antecipadamente o inciso III [do art. 153], dentro do período de apuração – portanto, o período de apuração ainda está em curso –, nos termos da lei (é a nossa esperança!) e sem prejuízo de compensação ou restituição do valor que exceder ao efetivamente devido no encerramento do mesmo período. Aqui nós temos o tributo a contrariar a doutrina tributária já consagrada, a contrariar as linhas mestras dessa mesma doutrina tributária quanto ao fato gerador, quanto à base de incidência do próprio tributo. Receio mesmo que venhamos a ter a antecipação quanto a um outro tributo ligado a algo inafastável em nossas vidas. Refiro-me ao imposto *causa mortis*. (*Risos*) Pelo menos em relação a esse o fato é certo. Algum dia haverá a morte, o que não podemos dizer em relação ao imposto de renda.

O acórdão referente à substituição tributária para a frente, citando-se, inclusive, o § 7º do artigo 150, foi prolatado – e fiquei, mais uma vez, vencido na matéria, inclusive saindo do que normalmente faço, na confecção do voto, porque fiz uma pesquisa doutrinária sobre o tema e a decisão do Supremo Tribunal Federal contraria o que é assentado em termos de direito pela comunidade acadêmica – foi formalizado, esse acórdão, no julgamento de 2 de agosto deste ano [1999], no Recurso Extraordinário n. 213.396. Aí, talvez, possamos ainda cogitar do afastamento de uma garantia constitucional expressa – e não precisaria estar expressa – na Carta de 1988, do afastamento da coerência, considerada a própria nomenclatura do imposto: imposto sobre a renda. Vamos ver o que ocorre quando houver uma discussão mais aprofundada desse dispositivo.

ICMS – Quanto ao ICMS – ou IVA, como queiram – cria-se um condomínio, que eu diria que é um condomínio nefasto ao contribuinte, prevendo-se o loteamento desse tributo, considerados a União e os Estados. Aí temos disciplina própria quanto ao crédito, naquelas hipóteses de isenção ou não-incidência. Quanto à isenção na primeira operação, repete-se o diferimento da Carta atual. Aí, deixa-se de ter, logicamente, o benefício da isenção. Simplesmente não se paga na primeira operação, para satisfazer-se o tributo nas operações seguintes.

Mas há um avanço, a meu ver mitigado, porque mais uma vez temos que o tributo relativo à competência dos Estados fica de fora. É que aí se previu, quanto à isenção ou não incidência, na operação subseqüente, o direito do crédito, como regra, pelo contribuinte, considerado o tributo recolhido anteriormente.

A PEC estimula as exportações e afasta, de uma forma categórica, a incidência do ICMS quanto às operações, fazendo-o mediante o inciso VI do artigo 155. Teremos, pela proposta, alíquotas diferenciadas, considerada a União e considerados os Estados. Mais que isso, teremos a dualidade de fiscalização. Podemos perceber o que será, o pandemônio que será para o contribuinte essa dualidade, a meu ver nefasta e a meu ver inexeqüível, prevista na proposta.

Na alíquota da União, cogita-se da uniformidade, da fixação mediante lei – e aí se dá um passo para inibir a edição de medidas provisórias, ao assentar-se que esse instrumental não é próprio à disciplina da matéria – e dispõe-se sobre a alteração por ato do Executivo, sem remessa, repito, aos limites da lei, tal como fixado pela Carta de 1988.

Relativamente à alíquota dos Estados, prevê-se não a fixação de mínimo e máximo pelo Senado Federal, mas a fixação da própria alíquota. Aí, a proposta tem uma cláusula um tanto quanto ambígua, porque cogita da dedução da alíquota no Estado e acréscimo dessa dedução à alíquota da própria União. Elimina-se a incidência da alíquota do Estado quanto à energia e quanto aos derivados do petróleo, transferindo-se o tributo para a própria União.

Sob o ângulo da guerra fiscal, tão nefasta, tão prejudicial à nossa Federação, dispõe-se que a isenção e a não-incidência serão uniformes, mas não se revela o meio pelo qual se chegará a essa uniformidade. Ao contrário, mostra-se a proposta conflitante no que prevê a iniciativa do Executivo local para chegar-se a essa isenção e a essa não-incidência.

Temos, como modificação substancial, ainda, a transferência do imposto territorial rural da União para os Estados, mediante o preceito do inciso II do artigo 156. O IPTU e o IMTU, ou seja, o imposto territorial urbano, continuam a existir, mas vem o proponente da PEC e introduz algo que, a meu ver, é prejudicial, altamente prejudicial, ao contribuinte. Introduz algo que gerará a possibilidade de, sem peias, sem condições, chegar-se à progressividade desses dois tributos.

A Carta da República refere-se ao instituto da progressividade, mas refere-se a esse instituto aludindo à função social, ao fato de a propriedade não estar sendo utilizada de forma harmônica com a função social que lhe é própria. Poderemos, uma vez aprovado o texto, ter em si a progressividade, sem que se tenha esse defeito na utilização da propriedade.

Substitutivo Mussa Demes – Temos de aplaudir o fato de se haver inserido na Internet, para uma discussão maior pela própria sociedade, esse dispositivo. Ele traz algo que é interessante quanto ao que rotulei, em voto proferido na ADIn 1.098, ajuizada contra a Constituição do Estado de São Paulo e contra o Regimento Interno do Tribunal de Justiça do Estado de São Paulo, como calote oficial. Refiro-me aqui ao precatório. Ao precatório, que é o sistema de chegar-se à liquidação dos débitos da Fazenda, decorrentes de título executivo judicial. Hoje, praticamente, não se paga o precatório. E agora mesmo estamos lá, no Supremo Tribunal Federal, com cerca de 600 pedidos de intervenção no Estado de São Paulo, tendo em vista a ausência de liquidação desses precatórios.

Estamos julgando o Pedido de Intervenção Federal 551, que é um pedido emblemático. Por que emblemático? Porque se pretende – e aí será melhor, se prevalecente a tese de não haver mais condenação, no Judiciário, do Estado – discutir, nesse pedido, que tem constitucionalmente causa própria: o descumprimento de decisão judicial – não precisa sequer ser uma decisão jurisdicional – se pretende discutir o acerto ou desacerto da ordem judicial descumprida.

O passo, ao meu ver, é demasiadamente largo e não se coaduna com o Estado democrático de direito. Não podemos agora rever os cálculos, rever a sentença de liquidação, rever o próprio título executivo judicial, rever a ordem do presidente do Tribunal de Justiça, no sentido de entidade pública depositar, complementando o depósito inicial, a quantia que faltou nesse mesmo depósito inicial. Vamos aguardar para saber se as decisões do STF, se as decisões do Judiciário do nosso País, trazem em si, de forma implícita, inclusive contra o Estado, contra aquele que precisa adotar postura exemplar, uma sanção, que é a sanção relativa à substituição da vontade desse mesmo Estado. Não chegamos, claro, à penhora, não chegamos à Constituição, mas o meio previsto na Carta, que é o da intervenção federal, tem uma finalidade, que é justamente honrar o dirigente o precatório expedido e, portanto, cumprir a obrigação imposta ao Estado e já coberta pelo manto da coisa julgada, não se podendo, de forma alguma pretender – porque não há autorização normativa em tal sentido – voltar a um estágio ultrapassado.

Esse caso é emblemático. Por que emblemático? Porque versa uma desapropriação ocorrida em 1970 e até hoje, passados 30 anos, não houve a liquidação da verba indenizatória que a Carta da República quer justa e quer prévia. Prévia em relação a quê? Predicado já de há muito colocado em plano secundário.

Mas voltemos ao substitutivo Mussa Demes. O que prevê esse mesmo substitutivo? Prevê que se terá a compensação considerados os valores constantes de precatório e tributos devidos, impondo-se apenas duas condições: a primeira condição quanto à unidade da titularidade em si e do dever relativo ao tributo; e a segunda condição, tratar-se da mesma Fazenda Pública – da Fazenda Pública Federal, da Fazenda Pública Estadual ou da Fazenda Pública Municipal.

Traz o texto do Deputado Mussa Demes uma modificação na contribuição de melhoria e, paulatinamente, consideradas as

Cartas da República, a partir da de 1946, o contribuinte vem tendo a garantia mitigada. Por que mitigada? Porque a Carta de 46 jungia a contribuição de melhoria – e a nomenclatura sinaliza – à valorização do imóvel e às despesas realmente realizadas. A carta de 1967 afastou a necessidade de terse a demonstração das despesas realizadas, mas continuou prevendo a valorização do imóvel, como fato gerador em si dessa contribuição de melhoria.

A Carta de 1988 abandonou esse requisito-benefício para o contribuinte e simplesmente previu a possibilidade de criação, a partir de obras públicas.

O substitutivo Mussa Demes contenta-se com a existência de obra simplesmente orçada. Pouco importa, portanto – e aí se tem a antecipação da contribuição de melhoria –, pouco importa, a realização da obra em si.

Traz algo, o substitutivo Mussa Demes, que, penso, salutar. Traz uma disciplina toda própria para, na hipótese de sonegação, de crime contra a ordem tributária, chegar-se à percepção criminal. E aí alude-se à necessidade de se ter o término do processo administrativo. Não deve, portanto, o Ministério Público, atuar, como não deve atuar hoje, com açodamento, a ponto de provocar o surgimento de um quadro de absoluta incoerência, de ter-se posteriormente uma decisão favorável ao contribuinte – o que é um pouco difícil –, no processo administrativo, e uma condenação no processo penal.

Temos uma sugestão apresentada pela Associação Brasileira de Direito Financeiro – e que no caso talvez mereça uma reflexão maior – e essa sugestão poderia ser agasalhada por uma lei, no sentido ordinário. Teríamos que ninguém será processado penalmente antes de encerrado, com decisão de mérito, o processo judicial tributário, que aprecia a matéria objeto da denúncia, suspendendo-se, aí sim – como ocorre nos processos criminais contra deputados e senadores –, suspendendo-se o prazo prescricional da ação penal até que encerrado o processo judicial tributário.

De qualquer forma, o que está previsto, em si, no substitutivo Mussa Demes, a meu ver, vem explicitar o que já decorre do nosso sistema jurídico constitucional, ou seja, a impossibilidade de ter-se a propositura da ação penal – porque aí a ação penal passa a consubstanciar uma coação política para liquidação do débito tributário –, antes de encerrado o processo administrativo, que quase sempre resulta na inexigibilidade, na suspensão da exigibilidade do tributo.

Mantém, o substitutivo, a quebra do sigilo, tal como prevista na proposta inicial da PEC 175.

Empréstimo compulsório – Expunge o substitutivo essa figura teratológica, que é a figura do empréstimo compulsório para absolver algo que não cai bem aos olhos dos governantes, que é o poder aquisitivo dos cidadãos.

Mantém a urgência do texto atual quanto ao empréstimo compulsório que vise a investimentos. Endossa o afastamento da anterioridade, relativamente a esse item, e vincula em si o tributo à despesa, à destinação inicialmente prevista quando da criação desse tributo. Afasta a possibilidade de a União criar um novo compulsório quando ainda inadimplente quanto ao compulsório anterior. E por que não prever, também, a impossibilidade de chegarmos à concomitância de empréstimos compulsórios? Talvez pudéssemos pensar nisso em termos de sugestão.

No artigo 149 tem-se o afastamento, relativamente às contribuições, da contribuição social. Mas aí vem à baila algo que discrepa da ordem natural das coisas. Prevê-se, nesse substitutivo, a possibilidade de os Municípios criarem taxas que visem, a meu ver, a serviços *uti universi*, ou seja, serviço de limpeza e serviço de iluminação, serviços que já são remunerados pelos impostos. Há de perguntar-se: o que será feito, então, da receita em si decorrente dos impostos? Insere-se a impossibilidade de se ter a disciplina dessas contribuições, via medida provisória. Algo merecedor, portanto, do nosso aplauso.

E prevê-se, quanto a essas contribuições, de forma expressa, de forma específica, a anterioridade mitigada, a anterioridade própria às contribuições em geral, que é aquela anterioridade que está lá no artigo 195, § 6º, da Constituição Federal.

Explicita, o substitutivo, a devolução de quantias quando houver descompasso, considerada a substituição tributária entre o valor estimado e o valor da transação.

Conversava com o Dr. Marrey, quando vinha do aeroporto para o hotel, sobre uma visita que recebi de certos procuradores de um Estado da nossa Federação e, simplesmente, eles colocavam que o texto constitucional, o § 7º do artigo 150, tal como contido hoje na Constituição Federal, apenas preveria a devolução quando não verificado o fato gerador. Em última análise, sustentaram uma tese que agasalha o enriquecimento sem causa. Um descompasso entre valores não geraria o direito do contribuinte de ter a devolução do que sobejou, um quantitativo do negócio jurídico. A tese, a meu ver, é uma tese até mesmo estapafúrdia.

Prossegue o substitutivo e inclui os serviços nos impostos de importação e exportação. Também agasalha a alteração de alíquota pelo próprio Executivo, sem aquelas peias hoje previstas em nossa Carta e, aí, num retrocesso, considerada até mesmo a PEC 175, prevê a possibilidade de alteração de alíquota quanto ao IOF. Mantém a antecipação do imposto de renda e cria aqui algo que eu não compreendi, que é o imposto de renda negativo (*Risos*), ou seja, o imposto de renda beneficiar não o Estado, mas sim a família de baixa renda. Se se pretende – e é elogiável esse passo – assegurar renda mínima, partindo-se para o Estado paternalista, quem sabe, que se insira essa disposição no capítulo alusivo à ordem social, prevendo-se, portanto, não um tributo a "beneficiar" – é algo incoerente – o contribuinte, mas prevendo-se uma renda mínima para essas famílias necessitadas.

Prossegue o substitutivo, e aí endossa o condomínio a que já me referi, quanto ao ICMS ou quanto ao imposto único, com aquelas complicações já aludidas – complicações que correm à conta de alíquotas diferenciadas, considerados a União e os Estados e também corre à conta da dupla fiscalização.

Creio que com essa dupla fiscalização, o Fisco, consideradas as autoridades maiores do Fisco, não terá como frear a fúria arrecadadora de alguns componentes desse mesmo Fisco.

Tributo – Insere-se a impossibilidade de disciplina mediante medida provisória, e não precisamos tecer comentários elogiosos a respeito dessa regra.

Benefício fiscal – Há uma proibição da outorga desse benefício de forma isolada por um Estado da Federação; e creio que aqui o objetivo colimado é único, o de evitar a chamada guerra fiscal.

Gêneros alimentícios de primeira necessidade, conforme definição prevista em lei complementar, não sofrerão a incidência desse tributo.

Fiscalização dupla – eu já aludi.

E traz o substitutivo uma novidade no campo processual, ao prever que as controvérsias envolvendo o tributo, ainda que o tributo esteja na cota da União, serão dirimidas pela Justiça comum. Tenho pena de mim mesmo, porque estou no Supremo Tribunal Federal – e não devo partir aqui para a advocacia no campo da autodefesa – e também pena do próprio Superior Tribunal de Justiça. Por quê? Porque uma coisa é a uniformização, em si, consideradas as decisões de 5 Tribunais Regionais Federais, e outra coisa é a uniformização, até mesmo para homenagear-se o princípio isonômico, tão caro a uma sociedade que se diga democrática, de 27 decisões de 27 Tribunais de Justiça.

Cria um órgão paritário, ao qual deverão ser dirigidas consultas – e aí nós temos um precedente da 2ª Turma, que reputo dos mais interessantes, um precedente formalizado quando do julgamento do Recurso Extraordinário 131.741, de São Paulo, e cujo acórdão foi publicado no *Diário da Justiça* de maio de 1996. Esse precedente implicou reforma do que decidido pelo Judiciário de São Paulo, por isso é muito importante, porque se chegou ao exame da matéria de fundo, ao exame do mérito do próprio recurso e acentuou a 2ª Turma, em acórdão de minha lavra: "Tributário – Consulta – Danos causados – Ocorrendo resposta à consulta feita pelo contribuinte e vindo a administração pública, via Fisco, a evoluir, impõe-se-lhe a responsabilidade por danos provocados pela observância do primitivo enfoque".

Foi um passo. Precisamos cobrar responsabilidade dos poderes constituintes, responsabilidade do Estado. É o que eu digo sempre, e não me canso de lançar isso. Espera-se do Estado não a fabricação de uma caixinha de surpresas, mas uma postura exemplar, uma postura que viabilize a segurança indispensável à vida gregária.

Continua o substitutivo – e aqui talvez tenhamos o objetivo maior da própria reforma tributária – e cria um tributo, que é um tributo municipal. Vejam a força dos Municípios. Hoje, pelo texto constitucional, eles já compõem, como partes dos Estados, a própria Federação, mas tiveram influência suficiente para prever-se a criação do imposto sobre venda a varejo, efetuada no contribuinte do IVA. É um novo tributo – e precisamos pensar aí no balizamento que decorre da carta elaborada pelo Poder Constituinte originário.

Quanto às contribuições do artigo 193, § 1º, temos uma verdadeira carta-em-branco visando à criação de múltiplas contribuições.

Mais uma vez explicitando, e sendo pedagógico, o substitutivo veda a disciplina de tributo via medida provisória.

Quanto à quebra do sigilo, afasta a recepção – e não sei quais são as leis que hoje viabilizam essa quebra do sigilo – da legislação em vigor e cogita, portanto, de uma nova legislação sobre a matéria.

Elastece o prazo de vigência alusivo à Zona Franca de Manaus em dez anos, e cogita da vinculação dos tributos nessa própria Zona Franca.

Por último, também versa o substitutivo, uma *vacatio legis* toda própria – e creio que, não saindo logo a reforma tributária, não teremos como implementar essa *vacatio*. A vigência da nova emenda constitucional seria a partir de 1º de janeiro de 2001.

Adoto, senhores, as sugestões feitas pela Associação Brasileira de Direito Financeiro – ABDF, trabalho elaborado pelo Dr. Condorcet Resende, do escritório Ulhoa Canto.

Por que não inserir, na cláusula asseguradora do devido processo legal, legislativo, judicial e administrativo, algo que vede a exigência de depósito em dinheiro ou qualquer tipo de garantia em processo administrativo? O Estado não pode dar com u´a mão e tirar com a outra. O Estado não pode manusear instrumental que em última análise encerre uma coação política para ter-se o recolhimento "espontâneo" – entre aspas – do tributo.

Quanto à taxa, o Supremo Tribunal Federal, a meu ver, vem de dar uma guinada nesse campo; e deu essa guinada ao admitir que, por exemplo, quanto à taxa de fiscalização, é possível levar-se em conta a metragem quadrada do imóvel, o que a meu ver, de início, nada tem com a razão de ser desse tributado no que vinculado a uma despesa. Seria interessante pensarmos em algo do seguinte teor: as taxas não poderão conter em sua base de cálculo elemento próprio – vamos adiante, vamos ser pedagógicos, porque o Fisco não entende a linguagem simples, a linguagem direta – para a incidência de impostos, nem ser cobradas em função de referencial estranho à atuação específica do Poder Pública.

Nós vivemos sob a égide de uma Constituição Federal. Não podemos pretender ressuscitar algo que já está de há muito sepultado, com missa de sétimo dia, com missa de trinta dias, que é a revisão constitucional que restou prevista na ADCT da Carta de 1988, revisão constitucional que, sob a minha forma de ver as coisas, se fez jungida a uma modificação que não foi implementada quanto à forma e sistema de governo. Ficou jungida àquele plebiscito, mas mesmo assim tivemos a aprovação de 6 emendas revisionais.

A nossa Carta da República – e vou aqui pular um pouco o que tinha anotado para proceder à abordagem – é uma carta popular, como foram as cartas de 1891, de 1934 e de 1946, ao contrário das Cartas de 1824, de 1937, de 1967 e de 1969, a primeira outorgada pelo Imperador, a segunda pelo ditador, e a terceira e quarta pelo governo militar.

Então, é uma Carta escrita e dogmática, uma Carta que se diz, inclusive, minuciosa na disposição das várias matérias nela tratadas, matérias, inclusive, que não têm contornos sob o ângulo de fundo, contornos constitucionais, matérias que se tornaram constitucionais apenas sob o ângulo formal. É uma Carta rígida, porque para chegarmos à alteração dela precisamos ultrapassar o que se contém no artigo 60 dessa mesma Carta. Essa rigidez é que atrai a qualidade alusiva à supremacia dessa mesma Carta. E presume-se que essa Carta, até mesmo pela estatura que lhe é própria, é uma Carta definitiva. E essa definitividade é indispensável para que tenhamos um ambiente estável, não só sob o ângulo econômico e financeiro, mas também um ambiente estável sob o ângulo normativo, indispensável, esse ambiente, à vida gregária.

Eu disse numa sexta-feira, há duas semanas, aqui em São Paulo, no Seminário realizada pela Academia Internacional de Direito e Economia, coordenando o painel, que sou por educação um homem otimista. Por educação, porque não conheci em minha vida uma pessoa mais otimista que meu pai, Plínio de Mello. Mas me mostro céptico quanto a essa reforma tributária, porque o fim visado não é uma melhor equação, considerado o embate cidadão *x* Estado. O fim visado é corrigir-se deficiências de caixa. O fim visado é atender compromisso internacional, mitigando-se a soberania do próprio país. Nós teremos, fatalmente, com a reforma tributária, uma carga tributária maior, porque não se procura expandir a base tributária, não se procura expandir o número de contribuintes, já que essa expansão não coabita o mesmo teto, que é o teto das alíquotas exacerbadas.

A minha esperança é a mesma de Geraldo Ataliba, quando vivo, que não se impressionava com as circunstâncias reinantes, que não se intimidava, considerado o titular do Poder, e tinha uma crença insuplantável na Ciência do Direito. E a minha crença também está na Ciência do Direito, também está no meio acadêmico, também está nos doutrinadores, no que, estes sim – e não o Judiciário –, revelam o que é o direito, tal como decorrente das leis em vigor.

A minha crença está, como salientado pelo nosso mestre Carrazza, na opinião pública, no afastamento do que Leonardo Boff aponta, em vida ética, como uma apatia generalizada, e que Mangabeira Unger revela como falta quase absoluta de esperança do povo brasileiro por dias melhores.

A minha esperança está na atuação dos nossos representantes no Congresso Nacional e na pressão que a população possa fazer, de forma direta ou indireta, de forma imediata ou mediata, junto a esses mesmos representantes.

Acredito na supremacia da lei maior, que a todos, sem nenhuma exceção, submete.

Muito obrigado aos senhores, acreditando que os dirigentes do Congresso foram incautos ao convidarem para falar sobre essa ciência tão eletrizante, que é a ciência do Direito Tributário, um artífice, um aprendiz do Direito do Trabalho, do Direito Processual Civil, sem transformá-lo em um fim em si mesmo, mas meio para a realização com segurança, com liberdade, do nosso direito material.

Mais uma vez, obrigado a todos. (*Palmas prolongadas*)

PRESIDENTE DO CONGRESSO (PROF. PEDRO LUCIANO MARREY JUNIOR) – Os senhores tiveram, de viva voz, a comprovação do acerto do convite que os organizadores deste Congresso fizeram ao Ministro Marco Aurélio. Sua Excelência não se furtou, em momento algum, de abordar, com a veemência, clareza e inteligência, que lhe são peculiares, todos esses temas que envolvem uma reforma tributária, expondo, com a coragem com que costuma expor o seu ponto de vista no Supremo Tribunal Federal, todos os problemas que envolvem o debate da matéria pública.

MESA DE DEBATES "A"

A NOVA ORDEM TRIBUTÁRIA I

PRESIDENTE DO IDEPE (PROF. AIRES BARRETO) – Vamos dar por abertos os trabalhos da Mesa de Debates sobre a nova ordem tributária.

Compõem a Mesa o Deputado Michel Temer, presidente da Câmara Federal, mas aqui especialmente convidado como Professor de Direito Constitucional, brilhante que é; temos a satisfação de ter conosco também o eminente Ministro José Carlos Dias, que também sempre participa dos nossos Congressos, em homenagem a Geraldo Ataliba, e que aqui comparece não na qualidade de Ministro da Justiça, mas na qualidade de estudiosos e mestre do Direito. O Professor José Carlos Dias não quer que o chamemos de professor, dizendo: "não, não sou professor". Realmente, ele não é professor, é mestre de Direito, ou seja, ensina, leciona, a cada dia, a todos nós.

Compõem a Mesa ainda o Professor Estevão Horvath, da Universidade de São Paulo e o Professor Paulo de Barros Carvalho, que é Professor Titular de Direito Tributário da PUC e Professor de Direito Tributário da USP. Honra-nos também com a sua presença o eminente Professor Alcides Jorge Costa, Professor da USP, que sempre tem colaborado nos nossos Congressos com as suas lições sempre preciosas.

Tenho a satisfação de passar a palavra, para a abertura desta Mesa de Debates "A Nova Ordem Tributária", ao eminente Deputado e Presidente da Câmara Federal, Professor de Direito Constitucional, Michel Temer.

PROF. MICHEL TEMER (*sem revisão do autor*) – Meus amigos, quero, em primeiro lugar, cumprimentar os companheiros de Mesa, o Presidente destes trabalhos, eminente Professor Aires, cumprimentar o meu amigo, e Ministro da Justiça, José Carlos Dias, cumprimentar Estevão Horvath, nosso Professor de Direito Tributário, o nosso Professor Alcides Jorge Costa e o prezado Professor Paulo de Barros Carvalho.

Quero fazer uma referência especial ao Supremo Tribunal Federal, saudando a presença do Ministro Marco Aurélio, que aqui falou para os senhores.

Cumprimento a todos os Srs. Professores que estão aqui, companheiros de velhas jornadas, cumprimento a todos e, inauguralmente, quero fazer uma especial homenagem ao nosso sempre lembrado Geraldo Ataliba. Acho que o nome deste Instituto, Geraldo Ataliba, revela a sua grandeza, revela a grandeza durante a sua vida e revela a grandeza da sua lembrança. Lembrá-lo é sempre um incentivo para todos aqueles que militam na área jurídica e na área pública.

Por isto, fazendo esta homenagem a Geraldo Ataliba, quero começar minha breve intervenção dizendo que tantas e tantas vezes ouvi o Geraldo dizer que se recusava a falar sobre hipóteses. Ele falava sobre o Direito positivo, sobre o Direito posto e nós aqui – na verdade, muito utilmente, extremamente necessário o debate –, vamos falar sobre hipótese, que é a hipótese da reforma tributária. Ainda há pouco a Professora Rosolea, a Professora Maria Leonor me diziam quantos e quantos Congressos já foram realizados, tendo como temática, exatamente, a reforma tributária.

Vamos, portanto, falar sobre hipóteses. Vamos falar, na verdade, de um pré-projeto. Eu diria que, no presente momento, não existe sequer, ainda, um projeto de reforma tributária. O que existe, e politicamente isto é extremamente saudável, é um pré-projeto, fruto de discussões. Quero aqui, entre parênteses, dizer aos meus amigos que vou apenas dar uma notícia, digamos assim, política, do andamento da reforma tributária, fazendo uma ou outra consideração sobre hipóteses previstas nessa reforma. Naturalmente, a análise técnica já foi fertilmente feita pelo Ministro Marco Aurélio, e o será, também, pelos eminentes professores que compõem esta Mesa, de modo que eu vou dar, repito, reitero, apenas uma notícia sobre a tramitação da reforma tributária.

Por isso, quero enfatizar, mais uma vez, que, fruto da movimentação do presidente da Comissão, Deputado Germano Rigotto, do relator Mussa Demes, dos membros da Comissão Especial, que percorreram todo o país, falaram na verdade com várias entidades empresariais, sindicais, com governadores, prefeitos, associações da mais variada natureza, nasceu este pré-projeto de reforma tributária.

Isto se deu, meus amigos, num período muito curto. Recordo-me que, reeleito presidente da Câmara, logo no mês de abril, fins de abril, numa manifestação em plenário eu disse que ao longo do último ano eu havia percorrido os mais variados setores do país e todos eles estavam desejosos de uma reformulação tributária. Não havia setor sindical ou empresarial, de micro, pequena, média, ou grande empresa, onde o aplauso não surgia fácil, exata e precisamente quando eu, também como presidente da Câmara, dizia que pretendíamos realizar a reforma tributária.

Agora, é evidente – e vou aqui dizer o óbvio – que, ao dizer que desejávamos fazer a reforma tributária e receber o aplauso, cada qual aplaude a reforma tributária que tem na sua cabeça, já que o tema é extremamente controvertido, porque envolve, de um lado, os setores todos de um país – setores todos que não têm uniformidade, que não têm unanimidade, unidade de pensamento, setores produtivos que, ao pensar na reforma tributária, pensam, na verdade, naquilo que é útil para o seu setor –, como de resto há uma preocupação muito grande das unidades da Federação brasileira, União, Estados, Distrito Federal, Municípios, com o destino dessa arrecadação – se vai cair a arrecadação ou se vai aumentar a arrecadação. Então, bastam esses dois pontos, essas duas vertentes, para verificarmos a grande dificuldade da realização da reforma tributária, que, neste momento, como estão a perceber, mais que por uma apreciação técnica, está passando por uma avaliação, digamos assim, política, que é o equilíbrio entre os vários setores produtivos e o equilíbrio entre aqueles que receberão esses recursos, portanto, União, Estados e Municípios.

Quando eu mencionei: "Vamos fazer a reforma tributária", todos aplaudiram, mais de uma vez. Devo até registrar que foi com apoio de todas as lideranças de todos os partidos da Câmara dos Deputados. Curiosamente, a reforma tributária não envolve nenhum sentimento ideológico, nenhum sentimento corporativo. Eu me recordo, quando cuidamos das chamadas reformas econômicas, o embate ideológico foi muito grande, porque, afinal, perguntava-se: deve o Estado monopolizar certas atividades ou não deve fazê-lo? Esse era um debate, diria eu, praticamente ideológico e que não teve, devo dizer aos senhores, uma grande presença popular na Câmara dos Deputados, porque embora a ordem econômica seja fundamental para o país, dado que só uma economia forte pode fazer prosperar cada indivíduo, o brasileiro não se apercebe muito disso. Ele pensa: bom, quebra de monopólio... se existe monopólio ou se não existe monopólio, não diz respeito a mim. Por isso, os chamados *lobbies* não se verificaram na Câmara dos Deputados.

Já, entretanto, quando entraram a reforma administrativa e a reforma previdenciária, é claro que cada um sentiu que aquilo dizia respeito aos seus interesses personalíssimos, e por isso o *lobby* também foi muito intenso. Então, neste particular, na primeira hipótese, havia o embate ideológico. Na segunda hipótese, havia o embate corporativo. As corporações se mobilizaram. Hoje, não. Não há um só partido na

Câmara, não há um setor da sociedade que não apóie a reforma tributária. A questão é saber qual é a reforma tributária que vamos fazer. É por isso que eu salientei que o palco próprio para essas discussões era exatamente a Câmara dos Deputados. Era lá que nós deveríamos concentrar os debates sobre essa reforma.

Isso se iniciou em maio deste ano [1999]. É certo que esse projeto – devo registar – está na Câmara dos Deputados há quase quatro anos. Mas é certo, também, que não houve interesse, num primeiro momento, na aprovação da reforma tributária. Devo dizer que não houve grande interesse do Congresso Nacional, como de resto não houve interesse do Poder Executivo. E no nosso sistema, queiramos ou não, o Poder Executivo tem grande influência nas decisões do Congresso Nacional. O nosso sistema ainda é, sem dúvida alguma, centralizador. Ele centraliza poderes em torno do Poder Executivo. Então, quando o governo não incentiva, não entusiasma, fica difícil fazer prosperar uma reforma constitucional.

A partir de maio, como dizia eu, não só nós lançamos essa agenda, que até rotulamos de agenda positiva porque incluía pelo menos três temas, que era a reforma tributária, a reforma do Judiciário e a limitação das medidas provisórias. Logo em seguida, o governo, sem dúvida alguma, pela voz do Presidente, veio a apoiar a feitura da reformulação tributária no país. Ao longo do tempo, esse apoio não tem faltado. É claro que quando o Presidente diz, é preciso que também a área econômica se mobilize, porque o Presidente tem uma palavra, mas é preciso mobilizar toda a área econômica.

Então, o que é que nós fazemos lá na Câmara dos Deputados? A cada momento que se percebe que há um desestímulo em relação à reforma do sistema tributário, praticamos um ato determinado. Agora, quando retornamos do recesso eu reuni em Brasília todos os presidentes de assembléias legislativas, que era um gesto simbólico para revelar que todas as Unidades da Federação desejavam a reforma tributária. Nesses últimos tempos, há três ou quatro semanas, reuni num almoço o Ministro Malan, o Dr. Everardo Maciel, o Ministro Pedro Parente, a área política, os líderes dos partidos, todos eles para revelar mais uma vez essa integração do Legislativo com o Executivo na busca da reforma tributária.

Então, devo dizer aos senhores que, hoje, o Executivo ajuda, patrocina, incentiva, igualmente, a reforma tributária.

Agora, é claro, devo aqui dizer – como as minhas colocações são de natureza política, como anunciei –, que há um certo comodismo com relação à reforma tributária. Quer dizer, quem está recebendo, está recebendo as coisas como elas estão. Quantas e quantas vezes, e falava há pouco com o Dr. Alcides Jorge Costa, o Poder Público tem dificuldades – e ele vai buscar um novo imposto. Muitas vezes rotula com a denominação de contribuição, mas a natureza jurídica é de imposto. Então, o que tem acontecido é um certo "conforto", digamos assim. E é natural que em face dessa situação confortável, muitas e muitas vezes os poderes públicos – e aqui estou falando das várias esferas de governo – não se sintam preocupados em realizar uma grande reforma tributária no País. Para isso, é preciso pressão.

Eu tenho ido a vários setores empresariais e sindicais e tenho dito: "olha aqui, minha gente, é preciso pressionar. Se não houver pressão, se não for do tipo – permitam-me a expressão um pouco batida, mas verdadeira – "reforma tributária já", ela não sai. É preciso uma pressão externa para que Congresso, governo, todos, se mobilizem em torno da reforma tributária.

Feito este breve relato, quais são as vertentes principais desta reforma tributária? – e eu espero, com toda a franqueza, em homenagem ao Professor Geraldo Ataliba, que este seja o último Congresso sobre reforma tributária. Espero que no ano que vem, se depender do nosso esforço, os senhores façam um Congresso para examinar o Direito posto Tributário, o Direito positivado pela reforma. (*Palmas*)

Eu pelo menos envidarei esforços nessa direção. (*Palmas*)

Mas, então, dizia eu, quais são as vertentes dessa reforma tributária? Em primeiro lugar, penso eu, é a sistematização da tributação no país. Temos um sistema desalinhavado. Os tributos, as manifestações tributárias de natureza legislativa vão surgindo de acordo com as circunstâncias, de acordo com as necessidades, de acordo com pontos determinados. O que todos imaginamos é um sistema tributário unitário. Como diria o Ataliba, algo estável para o país, já que a estabilidade das relações sociais, especialmente daquelas de natureza contratual, daquelas que dizem respeito a investimentos, em que entra em pauta exatamente o fenômeno da tributação, exige um sistema estável, um sistema em que as pessoas saibam – e esta, sabemos todos, é a razão da existência do Direito – quais são as regras do jogo; e não, saber que as regras do jogo hoje são estas e amanhã poderão ser modificadas, e modificadas com uma facilidade extraordinária.

O que se quer é montar um sistema, que seja um sistema extraordinariamente sólido.

Por isso, devo dizer, Professor Barros Carvalho, que este Congresso pode fornecer à Câmara dos Deputados, ainda na fase do pré-projeto, elementos valiosos, fruto destas discussões.

Esta, portanto, é a primeira diretriz desta reforma tributária.

A segunda, sem dúvida alguma, é a de reduzir o número de tributos. Alguns até dizem que não há muitos tributos, mas eu de vez em quando assisto à televisão e vejo quando se faz uma enquete sobre reforma tributária, a gente como nós, vestidas como nós, portanto, profissional liberal etc. e quando se pergunta: "quantos tributos há no país?" Um responde: "dezesseis"; outro: "setenta"; outro: "trinta"; e outro diz: "quarenta". Isso chega ao povo como uma coisa muito instável. A pessoa não tem certeza daquilo com que efetivamente contribui para os cofres públicos.

Então, a idéia – e isto está no pré-projeto da reforma tributária, sujeito às mais variadas críticas e observações – é de redução do número de tributos. De repente, cria-se um ICMS que acaba incluindo no seu interior seis ou sete tributos. Estabelece-se, portanto, uma fórmula de racionalização do sistema tributário. Esta é, como dizia eu, a primeira idéia diretora do sistema tributário.

Quero aqui expender algumas observações, digamos assim, favoráveis ao projeto. Sei que aqui muitos fornecerão saudáveis críticas ao projeto, mas há coisas positivas. A primeira delas, é a que acabei de apontar. A segunda, é que há um entendimento total de a medida provisória não versar matéria tributária, o que já um grande avanço. Há pouco tempo nós limitamos, por emenda constitucional, o âmbito das medidas provisórias e este projeto de emenda constitucional já está no Senado. Já naquele projeto estabelecemos que não pode medida provisória versar matéria tributária. Isto está repetido no pré-projeto que os senhores estão a examinar.

De resto, outra coisa que me parece extremamente saudável, e que soluciona muitos conflitos, é a possibilidade de alguém ser processado criminalmente antes da solução administrativa do litígio – porque, muitas e muitas vezes, há uma espécie de *bis in idem* –, porque apesar do fato de tratar-se de um crime tributário (é claro que é algo que está lesando o patrimônio público, o não recolhimento dos tributos), o objetivo último da incriminação criminal é fazer com que o sujeito pague o tributo. Esta a razão, penso eu, do nosso sistema legislativo de natureza penal tributária.

Então, quando se estabelece que só se poderá processar criminalmente após a solução do processo administrativo eu acho uma coisa útil, até porque interessante para o País. Criou-se uma cultura consentida, em que, se o cidadão que deve muito for a um consultor, a um advogado, ele vai perguntar: "eu devo o salário dos empregados, devo para o meu fornecedor, devo para o INSS e devo tributos. O que é que eu devo fazer?" Certa e seguramente a sugestão será: "pague primeiro o fornecedor, para continuar a sua atividade. Depois, pague o salário dos seus empregados. Depois pague o INSS e, se ainda lhe sobrarem recursos, pague os tributos devidos ao Estado, à União, aos Municípios".

Então, há uma espécie, digamos, de sonegação consentida.

Um dos fatores, uma das determinantes do projeto visa exatamente impedir essa espécie de raciocínio.

De outro lado, quero também registrar – e os senhores examinarão tecnicamente com mais detença – que o objetivo do projeto tem sido o de fazer com que União, Estados e Municípios não percam receita. Esse o objetivo. Evidente que haverá mecanismos que ou já estão no projeto ou que chegarão ao projeto, que farão com que a base daqueles que recorrem se amplie. Os senhores sabem que hoje a economia informal gera bilhões, sendo certo ainda que muita e muita gente prefere empregar-se na economia informal, porque não recolhe INSS e outros tributos, do que empregar-se na economia formal. Isto, além de desigualar os que comerciam, cria um problema, porque impede o recolhimento de tributos para os cofres públicos.

Esta vertente também está sendo examinada, e é uma das preocupações da reforma tributária. Portanto, se houver ampliação da base daqueles que recolhem, eventualmente poderá haver uma redução da carga sobre o setor produtivo. Porque outra razão é exatamente esta: a redução da carga sobre o setor produtivo e, mais do que isso, o que há, penso eu, de importantíssimo no projeto é a facilitação das exportações, é a desoneração das exportações e a oneração das importações.

Os senhores sabem que ao longo do tempo, em face desse fenômeno chamado globalização, mundialização, houve, na verdade, nos vários países, digamos assim, uma certa desnacionalização da sua economia. Em todos os locais que eu ia, verificava nos empresários que eles querem a chamada competitividade, que eles querem competir em igualdade de condições, porque hoje eu vou ao supermercado e encontro lá uma geleia estrangeira e uma geleia nacional. Ao mesmo preço ou até mais barato, eu pego a geleia estrangeira. Eu compro camiseta chinesa, porque a camiseta chinesa chega mais barata aqui do que aquilo que custa para o fabricante nacional. Então, eu compro a camiseta chinesa. O que o empresariado quer é competitividade.

Ora, no instante em que o projeto desonera as exportações e onera as importações, ele está buscando, penso eu, exatamente esse fenômeno da competitividade, que será extremamente útil para a nossa indústria e para o nosso comércio.

De resto, ele resolve, no âmbito municipal – já que os Municípios se mobilizam muito em torno da reforma tributária –, ele resolve um problema que é angustiante para os Municípios, que é a tal história da taxa de limpeza e de iluminação. Parece um assunto menor, mas os Municípios têm instituído, sem sucesso judicial, estas taxas e agora essa emenda constitucional soluciona esse problema para os Municípios, que a meu modo de ver, embora possa haver uma certa oneração do contribuinte, é algo que recheia os cofres municipais e é, penso eu, uma medida justíssima em favor dos Municípios.

Portanto, meus amigos, ao vir aqui dar esta breve notícia – que como percebem é uma notícia mais de natureza política –, venho tentar, também, com as minhas palavras – honrado pelo convite do Paulo de Barros Carvalho, do Aires, do Estêvão e de todos que nos convidaram para vir aqui –, exercer o nosso papel antigo, de professor, mas hoje falando mais como Presidente da Câmara, venho aqui porque acho que este é um palco próprio para que eu possa incentivá-los para essa movimentação de pressão sobre o Congresso Nacional e sobre o governo no sentido, enfim, de dizer: vamos fazer a reforma tributária, vamos ter um sistema tributário estável, vamos estabelecer aquilo que Geraldo Ataliba sempre disse: não há estabilidade se a ordem jurídica não for definitiva e permanente.

Muito obrigado, senhores. (*Palmas*)

PRESIDENTE (PROF. AIRES BARRETO) – Quero agradecer ao Professor Michel Temer, ilustre Presidente da Câmara dos Deputados. Já informaram ao Auditório que tanto ele quanto o Ministro José Carlos Dias, em função dos seus afazeres, em função dos altos postos que ocupam, têm exigida a sua presença em *n* lugares; e como eles não têm o dom da ubiqüidade têm de fazer todo esforço possível no sentido de atender aos compromissos, mas não ficar além do necessário.

O Professor Michel Temer já nos havia comunicado que deveria retirar-se tão logo terminasse a sua fala. Nós entendemos, Professor Michel Temer, e fique à vontade. O Plenário não se sente atingido por nenhuma indelicadeza de sua parte. Obrigado.

(Sob aplausos, retira-se do recinto o Professor Michel Temer).

PRESIDENTE (PROF. AIRES BARRETO) – Inicialmente, haveria de falar o Professor Alcides Jorge Costa. Mas como o Ministro José Carlos Dias também tem outros compromissos, eu tenho a satisfação, a honra e o privilégio de passar a palavra àquele que tem sempre colaborado com os nossos Congressos em homenagem a Geraldo Ataliba, o Ministro e Professor, Dr. José Carlos Dias.

MIN. PROF. JOSÉ CARLOS DIAS (*sem revisão do autor*) – Meu querido Professor Aires Barreto, que dirige os trabalhos desta Mesa; querido Professor Alcides Jorge Costa; Professor Estêvão Horvath e Professor Paulo de Barros Carvalho.

Eu tenho uma grande honra de participar, mais uma vez, de um Congresso Brasileiro de Direito Tributário e participar de uma Mesa como esta, falando depois do Presidente da Câmara e excelente constitucionalista, que é Michel Temer, e lamentando apenas não ter podido estar presente na conferência, que sei que foi brilhante, do Ministro Marco Aurélio.

Mais uma vez, como de costume, eu me persigno com a lembrança do nosso querido Geraldo Ataliba, cuja alma, cujo espírito nos há de iluminar nestes três dias para que continuemos a trabalhar no aprimoramento do Direito Brasileiro.

Eu estava folheando agora a *Revista de Direito Tributário*, v. 75, lendo aquilo que debatemos no último Congresso. Relendo aquilo que procurei apresentar naquela oportunidade, vejo que existe uma seqüência de oportunidades para que retomemos o debate, com a diferença de que no último Congresso eu estrilava e reivindicava e agora eu me sinto no dever de encaminhar e tentar levar adiante as reformas que eu procurava, como advogado, apresentar.

Neste momento em que se está a falar de reforma tributária, claro está que a questão penal ganha um relevo muito grande, porque é chegado o momento e fazer valer a regra que estava, a meu ver, posta de uma forma um pouco desalinhavada na Lei 9.430, que criava, segundo interpretação mais liberal, uma condição de procedibilidade ou de punibilidade, vinculando a existência do processo criminal a uma decisão administrativa para o processo.

Leio que, naquela ocasião, eu mencionava a tendência moderna do Direito Penal que é, principalmente na Itália e na Alemanha, com Ferrajoli e Alessandro Barata, a de circunscrever a área do Direito Penal àquelas condutas que efetivamente devem merecer a punição do Estado de uma forma particular. Quer dizer: é o Direito Penal mínimo, que outra coisa não é senão aquele Direito Penal que deve mostrar-se eficiente, eficaz, ao contrário daquele outro Direito Penal, que é o Direito Penal simbólico, que é espalhafatoso, demagógico – que eu costumo chamar de Direito Penal de *out-*

door –, que procura fazer crer à população, à comunidade, à sociedade, que, por haver pena alta e exacerbada, e por existir uma quantidade enorme de delitos estabelecidos, isso é suficiente para que os potenciais delinqüentes se inibam na sua tendência de ferir as regras da sociedade, o que é absolutamente inexato. Eu diria até que esse Direito Penal simbólico é garantidor da impunidade, porque de tal forma a obstrução da Justiça se opera que nós nunca alcançamos esse sentido de eficiência que devemos procurar no Direito Penal mínimo, como nota principal, como característica principal.

No caso do Direito Penal Tributário, a pergunta é a seguinte: como é que o Estado deve mostrar-se eficiente – obrigatoriamente passando pelo Direito Penal ou é possível que se garanta a eficácia do respeito às regras do jogo de outra maneira que não obrigatoriamente passando pela área penal?

Não poderíamos ficar no direito administrativo, simplesmente, através de imposição de punições fortes e exemplares? Isso não seria suficiente para alcançarmos o objetivo, que outro não é senão garantir o recolhimento maior dos impostos?

É preciso nós, aqui, repetirmos sempre a distinção – porque essa distinção nem sempre é feita, e nem sempre é feita até mesmo por aqueles que operam o Direito – a diferença que existe entre o crime de sonegação e a simples inadimplência. É muito difícil aceitarmos que se evite chamar de sonegador, pura e simplesmente, aquele que não paga imposto. Essa é a voz comum. É sonegador o que não paga imposto, ou não é nada disso? Na realidade, sonegador é aquele que não paga imposto em razão da prática de um ardil ou de uma fraude, que está embutida na figura típica prevista, hoje, na Lei 8.137. Aí é que está: quando ele foge do tributo, integralmente ou parcialmente, através de uma artimanha, de uma fraude, de um crime-meio, enfim, neste caso é que se caracteriza a sonegação.

Como é que nós poderíamos então – e esta é a grande discussão, a meu ver, a ser analisada (e estou levantando propostas nesse sentido com um grupo de trabalho que pretendo constituir, e espero contar com a participação de institutos, instituições, de setores da área acadêmica e, é óbvio, que o IDEPE deve ter uma participação efetiva na formulação de uma proposta) – excluir da área penal uma conduta típica, uma conduta que tem no seu miolo, que tem no seu núcleo um crime-meio, se esse crime tem adequação, tem tipicidade dentro das normas gerais do Código Penal.

A dificuldade esta aí: restringirmos à área administrativa, ao Direito Administrativo, e excluirmos do campo do Direito Penal, determinadas condutas que guardam tipicidade com o Código Penal no que se refere ao crime-meio.

De qualquer maneira, me parece que isso que o Deputado Michel Temer mostrou já existir nesse projeto é muito importante: que exista efetivamente prevista, como condição de procedibilidade ou de punibilidade para a ação penal, uma decisão administrativa.

Digo o seguinte: não é possível termos um processo criminal por crime de sonegação fiscal, se não temos prova da materialidade do crime. É um contra-senso, uma contradição, um paradoxo, que alguém possa vir a ser condenado pelo delito de crime tributário, se há uma decisão administrativa dizendo que não é devido o tributo. Esse tipo de contradição, a falta do respeito ao princípio da unidade do injusto, é que não se pode admitir.

Portanto, se se mantém, dentro da esfera criminal – e acredito que não há como afastar-se daí – a questão do ilícito tributário, é indispensável que o ilícito administrativo seja pressuposto para que se proponha a ação penal.

Na prática, o que vemos é o seguinte: o processo administrativo pode alongar-se, e isso pode precipitar a prescrição da ação penal, ainda em abstrato, razão porque parece-me que se deve, portanto, estabelecer a suspensão do prazo prescricional.

Da mesma forma, é fundamental que se estabeleça princípio rígido no sentido de que o parcelamento não seja o caminho com que se escamoteia a aplicação da lei penal, porque, na prática, o que está acontecendo é o pedido de parcelamento do débito fiscal, pagando-se a primeira parcela e depois obtendo-se a extinção da punibilidade, no que tange ao processo criminal.

Então, é necessário que se tenha em conta que existe forma – ainda que se mantenha a categoria "crime tributário"–, que se tenha em conta que o crime tributário é daqueles casos típicos em que a pena de restrição de liberdade é absolutamente desnecessária.

Não há o efeito profilático, que se imagina na existência de uma pena, como dizia há pouco, espalhafatosa, que tenha, assim, um efeito intimidativo. Não há. O que me parece é que temos de adotar um sistema penal que reserve a pena privativa de liberdade, que reserve a prisão, exclusivamente, para aquelas pessoas que praticaram condutas que demonstram uma periculosidade tal que ponha em risco a nossa integridade física. Há pessoas que são perigosas, perigosas socialmente, perigosas à economia popular, que se apropriam de dinheiro destinado ao Estado através de impostos, que é necessário para que o Estado cumpra as suas funções. Essas pessoas devem, sim, ser punidas; mas não precisam ser presas para receber punição – e punição exemplar. Há outras formas de punição: pagamento de multas, interdição de direitos, prestação de serviços à comunidade, que podem ser uma resposta eloqüente do Estado no sentido de afirmar a sua reprovação àquelas condutas.

Eu tenho absoluta convicção de que ninguém se sente ameaçado, sabendo que tem como perspectiva penas com *sursis*, e que por esse motivo deixe de praticar o crime. Agora, se sente que o Estado vai atuar de forma efetiva, impondo penas que serão cumpridas com a pessoa em liberdade, a meu ver existe aí uma reação de que essa pena tenha um efeito inibidor. Eu sinto isso. E a reprovação social está presente, quando se sabe que a pessoa não foi para a cadeia, mas que o Estado de fez presente, que o Direito Penal existiu, que o Estado puniu aquela pessoa que delinqüiu. A impunidade se mostra muito mais forte quando, realmente, nós temos a alternativa única da prisão. O juiz, muitas vezes, reflete que é preferível ser indulgente, e não justo, mas indulgente, para não ser perverso, porque seria uma perversidade, seria um excesso condenar à prisão alguém, levando efetivamente ao cárcere, conhecendo a situação do nosso sistema penitenciário. Isso do ponto de vista do Estado: é um absurdo manter-se mais um preso a um custo alto, quando essa pessoa pode ser punida através de uma pena em liberdade.

Aí estão alguns princípios que eu acho que devem estar presentes no espírito daqueles que vão, sem dúvida, nos ajudar na elaboração de um projeto. Esse projeto, obviamente, tem de guardar coerência com todo o sistema penal, que está sendo diagnosticado a partir de um núcleo que constituí há poucos dias para recolher a visão dos departamentos de Direito Penal, de Direito Público, das Universidades, dos institutos, para que possamos ter um panorama do sistema penal como um todo.

Parece-me que não podemos, mais uma vez, cometer o erro de ir fatiando o ordenamento jurídico na área penal – eu me refiro a ela especificamente – e preparando projetos daqui e dali – lei extravagante, lei de crimes contra o sistema financeiro, a parte especial do Código Tributário... É necessário, antes de mais nada, um diagnóstico global do sistema penal, imaginando, no contexto, a questão do Poder Judiciário, a questão do sistema penitenciário, a questão de uma política de segurança.

É a oportunidade de fazermos esse diagnóstico agora. Se isto ficar feito, me parece que é o ponto de partida, é uma contribuição que estaremos dando para que então, sim, se desenhem os formatos das reformas legislativas.

Estas coisas não podem ser feitas da noite para o dia. Todas as vezes em que se tentou precipitar e apresentar projetos-relâmpago, na realidade isso redundou em leis mal feitas, de interpretações dúbias, de violação ao princípio da reserva legal. Enfim, o que tem sido a marca – esta é a verdade –, nos últimos tempos, do Direito positivo brasileiro? A falta de coerência na resposta do Estado às infrações, tendo em vista o desbalanceamento da valoração aos bens jurídicos tutelados: a liberdade, a vida das pessoas, na realidade são bens jurídicos tutelados de uma forma displicente, enquanto outros bens jurídicos de menor valor, apenas em razão do modismo, ou em razão de *lobbies*, ou em razão de paixões momentâneas, se tornaram realmente bens jurídicos tutelados de uma forma superlativa e exagerada.

O desespero pela segurança, o desespero causado pelo medo que nós vivemos no nosso cotidiano tem levado, muitas vezes, a distorções que precisam ser corrigidas, quando temos a convicção absoluta de que temos de ter um direito penal eficiente, que seja uma política pública de respeito à cidadania e de garantia à segurança.

É dentro desse contexto que eu acho que temos de pensar o Direito Penal Tributário nos próximos dias que devem se seguir à reforma tributária neste país. Muito obrigado. (*Palmas*)

Peço perdão por também ser malcriado e sair correndo.

(Retira-se do recinto o Ministro Prof. José Carlos Dias).

PRESIDENTE (AIRES BARRETO) – Agradecendo ao Ministro José Carlos Dias por essa valiosa colaboração que deu ao XIII Congresso Brasileiro de Direito Tributário, passo a palavra agora, com satisfação, ao Professor Alcides Jorge Costa.

PROF. ALCIDES JORGE COSTA (*sem revisão do autor*) – Excelentíssimo Senhor Presidente desta Mesa, Professor Aires Barreto, meus colegas de Mesa, Senhoras, Senhores, que eu mais propriamente chamaria de colegas que estão presentes.

Falar sobre reforma tributária não é uma tarefa muito grata, porque é um assunto tão vasto que demandaria de todos nós muito e muito tempo para abordá-la em todos os aspectos. Entretanto, vou fazer uma coisa obviamente mais restrita, e que vai um pouco na linha política pregada pelo ilustre Presidente da Câmara dos Deputados, o Professor Michel Temer.

Por que se fala tanto em reforma tributária? Há um desassossego, e um desassossego muito grande, na sociedade brasileira. É claro que reforma tributária – e é preciso não se esquecer disto – é um tema recorrente em todos os países e em todos os lugares, mas é que esse tema adquiriu entre nós uma tal intensidade que deve haver alguma coisa errada com o nosso sistema tributário para que o clamor seja tão grande.

E quais são as razões deste clamor? Se as localizarmos, já teremos alguma coisa mais efetiva para reformar. Primeiro, clama-se contra o número de impostos. Eu acho realmente que esse clamor não tem tanta justificativa e vou explicar por quê. Na atual Constituição contam-se 13 impostos, entre União, Estados e Municípios, o que não é um número muito vasto. No entanto, de contribuições nós temos CPMF, Cofins, Pis, contribuição social sobre o lucro, salário educação, contribuição sobre a folha, aquela contribuição sobre concursos de prognósticos, mais as contribuições dos quatro S, que agora são cinco: Sesi/Senai, Sesc/Senac e Sebrae.

Vemos mais o quê? Que o grosso da arrecadação está localizado em poucos impostos e o exame dos números é sempre muito aconselhável.

O ICMS representa, sozinho, na arrecadação tributária do Brasil, cerca de 7,25%. Em segundo lugar, creio que hoje, depois desses aumentos de Cofins, está a soma dessas contribuições. Depois vem o imposto de renda e depois o IPI. Todos estes juntos representam o grande volume da arrecadação no Brasil. Isso significa que os outros impostos não são tão incomodativos como estes e a razão de estes incomodarem é muito fácil de perceber. Essas contribuições são uma soma delas, geralmente sobre a mesma base de cálculo. Eu chego a um lucro líquido e faço os cálculos para pagar ao imposto de renda. Volto ao mesmo lucro líquido e faço outros cálculos para pagar esta contribuição social sobre o lucro líquido, que já não é tão lucro líquido, porque já foi alterado. Depois eu tenho a receita bruta. Aí eu calculo o Cofins. Depois da receita bruta eu calculo o Pis e assim por diante. Quer dizer, é uma acumulação de contribuições a partir da mesma base de cálculo, cada uma com as suas regras, em permanente mutação.

Do lado do ICMS, o que é que vemos? Vemos um imposto que atinge a economia brasileira como um todo. Percebemos que o Brasil é um mercado comum natural e que não pode ser transformado em 27 mercados separados pelo mesmo imposto, e daí as grandes razões da inquietação.

Quando se fala em reforma tributária, eu creio que todos nós, brasileiros, somos chegados a grandes princípios e a grandes lances. Mas é preciso não esquecer que um sistema tributário não se compõe só da Constituição e por isso se fala em sistema tributário constitucional. Há, depois, as leis ordinárias e algumas delas estão ao merecer uma boa revisão. Eu menciono, por exemplo, a legislação do imposto de renda. A última vez que houve uma lei só, organicamente concebida, que abrangia todas as hipóteses em que havia imposto de renda a pagar, foi em 1943. Daqui a pouco completa 60 anos. Depois disso houve remendo, remendo, remendo, remendo, algumas vezes com coisas discordantes. E este é um outro ponto a ser examinado.

É preciso não esquecer que o aparelhamento administrativo também integra o sistema tributário e que não há sistema, por bem concebido que seja, na Constituição, que resista a um mau aparelhamento administrativo de arrecadação, que resista a um aparelhamento arrecadador pouco eficiente. Então, tudo isso deve ser considerado.

Temos, por exemplo, no ICMS, que a alíquota aplicável à energia e às comunicações é excessivamente alta. Vinte e cinco por cento por dentro, o que significa 33,33% efetivos. Esta é uma alíquota excessivamente alta, é até espantosa, sem falar que, por exemplo, o Rio de Janeiro, aumentou esse imposto para 37,5% por dentro, o que significa 58 por cento. Isso é inconcebível! Mas por que se faz isso? Porque a via de arrecadação do imposto sobre comunicações e do imposto sobre energia elétrica é muito fácil, é pouco sujeito à sonegação, e assim por diante.

Então, tudo isso deve ser levado em consideração para termos uma reforma tributária eficiente, para termos um sistema tributário eficiente e que seja economicamente uma alavanca do desenvolvimento e não um atravancamento do desenvolvimento, como me parece que é hoje.

Volto um pouco, por exemplo, ao ICMS, que tem defeitos estruturais muito complicados. Existe, é verdade, uma lei complementar que regula uma série de aspectos; mas ainda os Estados legislam, e temos 27 legislações diferentes e conflitantes, muitas vezes. Por outro lado, lançou-se mão de certas práticas, como a famosa substituição tributária, que do ponto de vista do contribuinte cria uma confusão tremenda, principalmente quando se trata, sobretudo, de alguma coisa interestadual. Os Estados exigindo que o contribuinte de outro Estado se inscreva lá porque ele é o substituto e assim por diante.

Além disso, há os efeitos estruturais. O princípio da origem mitigado, tal como ele existe hoje, provoca alíquotas interestaduais menores que as internas – e nós sabemos que sempre que há alíquotas interestaduais zero ou isenções, ou seja lá o que for, desde que não haja cobrança de imposto em operações (que eu chamo de interjurisdicionais para facilitar melhor a compreensão) ou que elas sejam inferiores –, criam-se vários problemas. Isto estamos vendo agora. Estamos vendo, debaixo dos nossos olhos, o que está acontecendo: passeio de mercadorias, com isto, com aquilo e aquilo outro.

Então, tudo isso precisa ter realmente um fim, porque custa muito caro para a economia nacional. É claro que um imposto desses, que é desejável, exige que seja aplicado completamente e, por isso e por aquilo, sem levantar desculpas de quem quer que seja. De fato os Estados, de modo geral, não devolvem os saldos credores, o que tem causado dificuldades imensas aos exportadores. Não devolvem saldos credores nas operações internas, alegando fraude; mas se a fraude é impeditiva disso não devia nem sequer haver sistema tributário, porque tudo está sujeito à fraude. A única forma de acabar com a fraude é acabar com os impostos em geral.

Então, isso tem de ser aceito, porque, caso contrário, o sistema não funciona, será sempre um sistema errático.

É por isso que se sente – e eu poderia me estender muito mais, mas o tempo é escasso – a necessidade de uma reforma. Mas que reforma? Como disse o Dr. Michel Temer, cada um tem a sua na cabeça. Agora, parafraseando um pouco um romance, até interessante, há que se fazer uma distinção entre o feijão e o sonho. Eu quero fazer não a reforma ideal – mesmo porque a reforma ideal passaria por uma revisão do nosso sistema federativo, o que, hoje, a mim parece fora de cogitação do ponto de vista político. E este é realmente um problema, porque o Brasil é, de fato, uma federação e eu creio que é uma federação que ainda não encontrou a sua configuração definitiva.

Não nos esqueçamos de duas características brasileiras: primeira, que a nossa divisão territorial interna, em boa parte, tem origem em burocratas portugueses do Século XVII, que desenharam os limites das capitanias hereditárias e reais, que depois se transformaram em províncias e que com algumas divisões acabaram sendo os nossos Estados. Este é o primeiro ponto: nem sempre ela é ideal.

Em segundo lugar, havia uma idéia federacionista no Império e por isso Rui Barbosa pôde dizer, como disse de fato, que foi federalista, antes de ser republicano e que se tornou republicano quando percebeu que jamais se conseguiria implantar a federação no Império. Só que, como geralmente acontece no Brasil, quando foi proclamada a República não se fez nenhuma pesquisa do Ibope. Nada! Sentaram-se, o Dr. Rui Barbosa e o Marechal Deodoro da Fonseca, e constituíram uma federação, por um Decreto n. 1. E, à moda da federação norte-americana, que foi a inspiradora, deu-se uma larga autonomia aos Estados. As condições eram diferentes, nós sabemos, e nem vou me estender sobre isso.

O que resultou dessa larga autonomia, inclusive financeira, de cada um por si? Durante, vamos dizer, uns 20 anos, os Estados que já tinham um empuxo econômico maior se desenvolveram por seus próprios meios. Os Estados que não tinham, se atrasaram em relação aos outros. Isso só começou a ser alterado a partir, por exemplo, do primeiro ato do governo federal, que foi a instalação da Inspetoria Federal das Secas, em 1909. Daí foi aumentando a intervenção federal e chegamos até à Constituição de 1946 para termos uma pequena distribuição da arrecadação da União para Estados e Municípios – que eram 10% do imposto de renda – para, finalmente, chegarmos a uma federação do tipo cooperativa, o que não extingue a competição entre os Estado, na reforma de 1965, que criou os fundos de participação de Estados e Municípios.

Mas já tivemos várias modalidades de federação. Uma em 1891, outra em 1934, sem falar em 1937, que extinguiu a federação, outra em 1946, outra em 1967/1969 e, finalmente, uma outra em 1988. E ainda estamos um pouco patinando.

Ainda ontem eu li no jornal alguém pregando a instituição de um fundo nacional para as polícias, ou seja, um fundo nacional para atender às necessidades das polícias estaduais. Bom, aí eu me defronto com o tema da autonomia. Se os Estados não têm sequer dinheiro para manter a segurança, então onde é que está a autonomia? Este é um problema a meditar. Em segundo lugar, o Brasil é um país extremamente assimétrico. Mas nós temos uma Constituição quase totalmente simétrica e, o que é aplicável perfeitamente em alguns lugares, não é aplicável noutros. Dou um exemplo: o Acre – citação teórica – tem 10% de arrecadação própria, ou por aí, e 90% da disponibilidade tributária dele é transferência da União. Isso sem falar nas transferências chamadas contratuais. E assim vai. A situação se inverte no Sul e no Sudeste.

Portanto, temos um país muito assimétrico, com uma constituição simétrica...

E os fundos de participação, que tendem a fazer redistribuição de arrecadação, que levam, por exemplo, a municipalidade de Rio Branco, Capital do Acre, a receber mais do Fundo de Participação dos Municípios que o Município de São Paulo, embora seja, obviamente, um Município com muitíssimo menos população?

Então, vejam estes problemas que encaramos. Eu poderia citar muitas outras coisas. Poderia citar, por exemplo, o caso do Pará, que devia grande parte do ICMS à exportação de produtos primários, porque o Pará é grande exportador de produtos primários extrativos, de baixo valor agregado. Proibida a tributação da exportação, que era uma medida absolutamente necessária para o país, o Estado do Pará vê-se em graves dificuldades. Quer dizer, não se pode tributar a exportação, mas, ao mesmo tempo, há lugares do Brasil em que essa tributação é quase essencial.

Como vamos tratar essas assimetrias? Remédio sempre há, mas não vou entrar nisso porque também tomaria tempo demais.

Tudo isso, sendo reconhecido que há urgência na reforma e que não há possibilidade de se discutir toda a configuração da federação brasileira – e não nos esqueçamos que não há duas federações iguais, porque cada uma é uma diferente e as federações evoluem cada uma no seu próprio contexto. Então, sendo impossível, vamos ver o que é possível fazer – não sem algumas dores.

O que é possível fazer é, em primeiro lugar, arrumar a situação do ICMS. A União já declarou, explicitamente, que quer participar da arrecadação do ICMS. Aliás, o projeto do Dr. Everardo Maciel, ilustre Secretário da Receita Federal, foi mais longe. Em matéria de ICMS ele recitou o padre-nosso até o "venha a nós" e aí parou. (*Risos*) Quer dizer, o ICMS fica para a União, e dá alguma coisa para os Estados. Mas parece que não há impossibilidade, abolindo-se o IPI, de que haja um ICMS compartilhado entre a União e os Estados. Como fazer isto? Suscitam-se vários problemas. O ideal seria que isto fosse casado com a adoção de princípio do destino.

Mas, também aqui, há algumas dificuldades a resolver. Primeiro, que o princípio de destino vai tirar bastante arrecadação de alguns Estados, mais especificamente de São Paulo, que teria uma perda bastante ponderável e que, obviamente, deve ser compensado, porque a queda de arrecadação brutal de São Paulo implicaria numa desordem econômica no Brasil inteiro. É uma equação muito simples.

Em segundo lugar, a adoção do princípio de destino, que poderia parecer que é uma coisa muito racional, porque, sendo o ICMS um imposto sobre o consumo – e é sob este nome exato que ele aparece na Constituição alemã para o imposto similar –, deve ser realmente arrecadado no Estado onde os bens sejam consumidos – e aí está o princípio de destino. No entanto, o ICMS virou uma arma desta chamada "guerra fiscal" – arma indevida, diga-se de passagem. Guerra fiscal vai sempre existir, mas por isso deve haver uma espécie de Convenção de Genebra. Pode-se fazer guerra fiscal sem lançar mão de armas proibidas. Utilizar o ICMS como ele vem sendo utilizado é um pouco como jogar gases, fazer guerra química ou coisa parecida. Por quê? Porque isso, bem analisado, resulta num *dumping*, é o subsídio direto dado ao preço. E *dumping* é uma prática condenada universalmente. As outras formas de atrair indústrias, de atrair investimentos, são perfeitamente válidas, e deixem que Estados e Municípios compitam. Cada um deve ter o juízo suficiente para saber até onde vai, até onde pode dar, e tudo o mais.

Se resolvermos esse problema do ICMS, que apresenta risco – e já há vozes contra a adoção do princípio do destino, porque tiraria essa arma das mãos dos Estados (e, a propósito, leia-se um artigo do senador Paulo Souto, da Bahia, no *O Globo* do dia 23 de setembro [de 1999]) – vemos as dificuldades a superar para uma reforma desse tipo.

Também a inclusão do ISS no ICMS é, do ponto de vista econômico, uma coisa desejável; mas deve ser feita com bastante cuidado, porque o ICMS é um imposto dotado de uma certa e inevitável complexidade e se transplantarmos todos os serviços para dentro do ICMS acabaremos tendo o nosso barbeiro e o salão de beleza das senhoras incluídos no sistema de débito e crédito, no sistema de valor acrescido, o que me parece extremamente pouco praticável. Então, há que se fazer uma transferência com algum cuidado, deixando os serviços que não têm grande influência na cadeia produtiva, submetidos à tributação municipal e, aí mesmo, com certo cuidado, para que não haja esses conflitos horríveis que já estão se instaurando entre os municípios, cada um querendo ser o local onde o serviço é prestado. Sabemos que é muito difícil determinar, em muitos e muitos casos, qual é o local onde o serviço é prestado.

O STJ tem decisões em que ele diz que o imposto é devido no local onde o serviço é prestado. Muito bem, mas onde é esse local? Numa operação de *leasing*, é o do arrendador ou do arrendatário? Tanto faz. É preciso ter alguma coisa que o determine. Não é à-toa que os países europeus, que têm problemas interjurisdicionais, fixam regras para estabelecer qual o local em que se considera prestado o serviço.

Com estas ressalvas, pode-se fazer um sistema mais racional, menos conturbado e possivelmente com a abolição do Confaz. Por quê? Primeiro, porque os Estados tomam as deliberações e depois não obedecem. Segundo, porque os Estados, a partir da Constituição de 88 e a partir daquele Convênio 66 passaram a legislar sobre tudo, via Confaz, o que, evidentemente, não é admissível. Passaram a reduzir base de cálculo. Reduzir base de cálculo é reduzir alíquota. Reduzir alíquota, no sistema anterior, era uma isenção parcial, porque a alíquota era uniforme. Agora, as alíquotas são variáveis e não há mais redução de base de cálculo que não seja exatamente uma redução de alíquota e não uma isenção parcial. Mas com esse pretexto o Confaz continua reduzindo alíquotas, a tal ponto que não se sabe mais quantas existem no Brasil e a tal ponto que usurpou a função das Assembléias Legislativas e até do Senado, quando da redução da base de cálculo, quando havia imposto de exportação. Então, levou a um sistema absurdo, em que não se sabe quantas alíquotas existem – e quando se desejava um imposto desse tipo, eram três ou quatro.

Eu já estou me estendendo muito e vou terminar.

O segundo ponto extremamente importante é o das famosas contribuições sociais. Isto precisa ter um paradeiro porque entramos num campo de extrema desordem. O ideal seria ter uma, guardando-se, possivelmente por necessidades financeiras, a contribuição sobre a folha de salário – e isto enseja uma discussão técnica muito grande –, mas transformando-se as outras numa só, também calculada pelo método do valor acrescido, que evitaria o efeito cumulativo, e seria um alívio enorme para a economia nacional.

Resolvidos estes pontos, que exigem que o volume de arrecadação atual de União, Estados e Municípios, seja mantido – porque se os impostos estão muito altos, este é outro problema, é porque a despesa é excessiva e enquanto a despesa for o que é a arrecadação será o que é –, obedecido isto será um caminho viável para a reforma tributária que nos venha aliviar. Seria muito interessante que ela fosse acompanhada da reforma fiscal, inclusive com a lei da responsabilidade fiscal, porque todos são autônomos, todos se endividam e depois mandam a conta para a popular "viúva". Isso está profundamente errado.

Mas enquanto isso perdurar, enquanto essa falta de juízo estadual e municipal estiver em vigor, não sairemos definitivamente do buraco. Cada um deve assumir as suas responsabilidades.

Evitar a criação desordenada de municípios é outra medida indispensável, sem a qual a reforma tributária não produzirá todos os efeitos.

Haveria uma série de outras coisas a falar do ponto de vista da técnica jurídica, mas o meu tempo está mais do que esgotado. Peço perdão por ter abusado da paciência dos senhores. Muito obrigado. (*Palmas*)

PRESIDENTE DO CONGRESSO (PROF. PEDRO LUCIANO MARREY JUNIOR) – O Professor Aires Barreto teve de se ausentar e me pediu para substituí-lo na condução dos trabalhos desta Mesa de Debates. Com isso, passo a palavra ao Professor Estevão Horvath.

PROF. ESTEVÃO HORVATH – Professor Marrey, ilustre Presidente desta Mesa; Professor Paulo de Barros Carvalho, Professor Alcides Jorge Costa, senhores professores e senhoras professoras aqui presentes, caros colegas congressistas. Como o tempo é bastante limitado, e para não atrasarmos os trabalhos deste Congresso na sua segunda metade, à tarde, eu vou resumir o que já pretendia falar resumidamente, especialmente depois de terem falado o Ministro Marco Aurélio – que praticamente esgotou todos os temas que eu tinha separado para mencionar – e o que ouvimos do Deputado Michel Temer e do Professor Alcides Jorge Costa.

Simplesmente eu vou acatar a sugestão feita pelo Professor Michel Temer, Presidente da Câmara dos Deputados, de propor algumas sugestões para o aprimoramento desse Projeto de Emenda Constitucional que trata da reforma tributária, pedindo a todos que façam o mesmo até o final destes três dias dos nossos trabalhos. Porque se ele conseguir fazer o que ele prometeu agendar, de fazer a votação neste ano, seria agora ou nunca que teremos a oportunidade de contribuir para isso, e acho que nada melhor do que pessoas especializadas no assunto para tentar dar a sua contribuição para a melhoria do nosso sistema tributário.

Então, eu vou repetir algumas coisas, mencionar outras e dar minha opinião sobre terceiras, até porque, como o próprio Professor Michel Temer disse, esse é um pré-projeto. Eu trabalhei exatamente sobre algo cujo título é exatamente o seguinte: Proposta de Substitutivo do Relator à PEC 175-A/95 e apensados – sujeito a alterações – do texto preliminar, extraído da Internet na quinta-feira passada. Eu presumo que seja o último texto, mas como não tenho certeza, vou falar um pouco sobre o que eu percebi dele.

Como já foi mencionado aqui, em outras palavras, alguns aspectos mais relevantes que outros estão sendo propostos para essa reforma do sistema tributário. Eu vou externar a minha preocupação com relação a alguns deles. O primeiro – antes mesmo de entrar no mérito – seria acerca das contribuições sociais e outras, da permanência delas no texto. Uma coisa que me chamou a atenção foi a retirada das contribuições sociais do sistema tributário, do artigo 149. Nessa proposta que examinei são mencionadas no artigo 149 – continuam aí – as chamadas contribuições de intervenção no domínio econômico e a contribuição no interesses de categorias sociais, profissionais e econômicas, mas as chamadas contribuições sociais foram retiradas desse artigo. Permaneceram no capítulo referente à ordem social, é bem verdade. O meu receio é que isto propicie uma outra interpretação diferente daquela que tem sido aceita hoje em dia, ou seja, que se volte àquela discussão acerca de ser a contribuição um tributo ou não. Talvez até eu esteja sendo um pouco cauteloso demais, mas não vejo por que retirar a menção delas, porque uma das razões pelas quais se diz que essas contribuições são tributos, a primeira delas, é porque estão inseridas no capítulo do sistema tributário.

No artigo 193 foi inserido um parágrafo que cria uma contribuição, que teria três propósitos: a União instituirá contribuição social devida por qualquer pessoa jurídica de direito público ou privado ou por quem a ela é equiparado, para o custeio das suas ações sociais na área de seguridade social, ensino fundamental público e amparo ao trabalhador – isso por meio de seguro-desemprego, apoio à geração de emprego etc. E aí menciona-se, no § 2º, que uma dessas parcelas deverá ser destinada à seguridade social.

Em primeiro lugar, eu talvez não devesse entrar em problemas de técnica legislativa, mas, para simplificar, se por uma das propostas esta também financia o custeio da seguridade social, não era necessário mencionar que uma parcela delas deve ser destinada à seguridade social.

Pretende-se fazer com que essa contribuição incida, pelo menos dá-se a entender (não se diz textualmente que ela vai ser criada sobre tal fato, mas dá a possibilidade expressa de) possa ela ser cobrada sob a forma de um adicional ao ICMS federal. E se sujeitaria também aos 90 dias, mas não àquela anterioridade genérica. Propõe-se até um limite máximo – se ela fosse cobrada como ICMS federal – sobre o qual eu não teria condições de me manifestar sobre ser ele excessivo ou não.

O segundo aspecto que eu apontaria (isto, felizmente, acho que combinaram de deixar para eu falar): no artigo 150 da Constituição, que trata das limitações ao poder de tributar, foi inserida uma alínea, em seguida do chamado princípio da anterioridade, segundo a qual, além de se respeitar o princípio da anterioridade, os tributos não poderiam ser criados antes de decorridos 90 dias da publicação da lei que os instituiu ou aumentou. E continua: "ainda que observado o disposto na alínea anterior". Isto me parece de uma lucidez muito grande, em se conhecendo a nossa realidade do dia a dia. Quer dizer, não basta a referência ao princípio da anterioridade, tal qual hoje existente! (Numa cultura um pouco mais sedimentada de Estado de Direito isso não seria necessário, bastaria a enunciação do princípio da anterioridade para que se respeitasse a não surpresa.) Em outras palavras: por que existe, afinal de contas, o princípio da anterioridade? Justamente para que o contribuinte não seja surpreendido com a ação tributária do Estado, diferente ou maior que aquela com a qual ele está acostumado, e que isso não seja feito de repente.

Então, aqui procurou-se conjugar, segundo o meu ponto de vista, de forma bastante salutar, o princípio da anterioridade, tal como o conhecemos hoje, com um prazo mínimo de 90 dias para que entrasse em vigor a lei. Ou seja, não se poderia mais editar a lei no dia 31 de dezembro e passar a cobrar o tributo a partir do dia 1º de janeiro. Se fosse esse o caso, ter-se-ia de esperar não só 1º de janeiro, mas contar-se mais 90 dias dessa data.

Pareceu-me bastante interessante essa proposta, que eu acho digna de ser comentada com caráter elogioso.

No tocante ao ICMS federal – e isso foi também objeto de comentário pelo Ministro Marco Aurélio – excepcionou-se a legalidade quanto às alíquotas e também a anterioridade, mas só na parte do ICMS federal. Como vocês sabem, isso está já desde a primeira proposta, com algumas modificações, mas é basicamente a mesma coisa. Uma das grandes alterações que se pretende trazer é a extinção do IPI, por exemplo, e a criação no nosso país daquele imposto sobre o valor agregado, mais ou menos como existe nos países da União Européia. O nosso esquema é semelhante, é um imposto não-cumulativo também; é do tipo, uma subespécie, digamos assim, talvez, daquele sobre o valor agregado, mas agora se tributariam bens, mercadorias e serviços também. Esse ICMS seria uma parte federal e outra parte destinada aos Estados; e somente se excepcionam a anterioridade e a estrita legalidade – estou dizendo numa linguagem mais vulgar, sem entrar em grandes questões acadêmicas – do ICMS referido à parte que a União teria como sua participação. Não vejo o porquê disso do ponto de vista jurídico. Talvez haja razões políticas, que outros poderão avaliar muito melhor que eu.

Depois, também – e isso me parece muito preocupante – foi ressaltada pelo Ministro Marco Aurélio a possibilidade de antecipação da cobrança do imposto sobre a renda. Como também ressaltou o Ministro, teoricamente, pelo menos, se aceita que se possa antecipar o imposto sobre a renda, na medida em que ele seja cobrado na fonte. O receio é que essa nova redação que se dá ao artigo 153 – seria o § 2º inciso II do artigo 153, nessa proposta – teria alcance bastante mais amplo que a atual redação.

Vejamos: "O imposto previsto no inciso III: ... poderá ser exigido antecipadamente, dentro do período da apuração, nos termos da lei, sem prejuízo da compensação ou restituição do valor que exceder ao efetivamente devido no encerramento do mesmo período". Ou seja, se nós, a partir de janeiro, já começamos a receber rendimentos, em janeiro já se poderia cobrar, segundo essa proposta, todo o imposto de renda que talvez deveríamos dever até o final do ano. Isso, no mínimo – além de me parecer, pessoalmente, um absurdo – é inconcebível. Num Estado de Direito eu não consigo encontrar outra expressão para definir isso.

Outra observação que eu teria, que não foi mencionada talvez por falta de tempo, é, quanto aos impostos municipais, o imposto sobre propriedade predial e territorial urbana. Prevê-se agora um § 1º ao artigo 156, com a seguinte redação: "O imposto previsto no inciso I poderá ter alíquotas diferenciadas de acordo com a localização ou o uso do imóvel, nos termos de lei municipal e terá suas alíquotas máximas fixadas em lei complementar". Ou seja, parece que se tenta admitir uma espécie de progressividade com relação ao IPTU, contrariamente ao que a Suprema Corte já teria decidido (em não se tratando de progressividade não-sancionatória, não poderia o IPTU ser progressivo).

Essa é uma outra novidade expressa no texto.

Quanto ao pedágio, também me chamou a atenção a retirada do texto constitucional, de uma expressão, no seguinte dispositivo: "É vedada a utilização de tributos estaduais ou municipais que importem proibição ou dificuldade ao tráfego de pessoas e de bens" etc. e tal, "salvo a cobrança de pedágio, *pela utilização e conservação de vias públicas*". Retirou-se essa última expressão, deixando simplesmente: "ressalvada a cobrança de pedágio".

O meu receio é que se pretenda cobrar pedágio não só realmente para conservação de vias públicas, como eventualmente para se construir estradas. Não sabemos até onde pode ir a interpretação disso. Não me parece saudável que se mantenha isso na proposta, sendo melhor deixar com está.

Eu teria alguma coisa para dizer especificamente sobre o ICMS, mas vou deixar para a segunda parte, à tarde, na segunda discussão a esse respeito, porque tenho certeza de que a Professora Misabel Derzi trará inúmeras novidades para contribuir com a nossa discussão.

E só queria, também, deixar a minha opinião registrada no sentido de que, se esta reforma estiver sendo feita tendo como objetivo, entre outros, o de simplificar o sistema tributário, eu não consegui ver onde está essa simplificação. Se era para causar maior carga tributária, não tenho condições exatas de aferir, mas pela leitura do que vi aqui, parece que vai aumentar a carga tributária dos contribuintes. De qualquer forma, em muitos aspectos não percebo como ela vai, da forma como está colocada, melhorar muito o que já temos hoje, principalmente do ponto de vista do contribuinte, afora os problemas que já estão surgindo – como os senhores podem perceber pela leitura dos jornais –, com relação aos Estados e Municípios, que podem passar a perder receitas que são importantíssimas para a manutenção do seu *status* dentro da Federação.

De qualquer forma, temos tempo, porque estamos no começo dos três dias de debates; e durante esses três dias poderemos oferecer sugestões, por meio de discussões que vão propiciar sugestões as mais aceitáveis e coerentes com o que nós entendemos que deva ser um sistema tributário. Muito agradecido pela atenção. (*Palmas*)

PRESIDENTE DO CONGRESSO (PROF. PEDRO LUCIANO MARREY JUNIOR) – Antes de passar a palavra ao Professor Paulo de Barros Carvalho, quero informar ao Auditório que nas duas laterais do plenário estão duas moças que podem recolher as questões que eventualmente a Platéia queira submeter à Mesa de Debates. Portanto, quem quiser contribuir, é só entregar às moças, que elas encaminharão as sugestões. Passo a palavra, então, ao Professor Paulo de Barros Carvalho.

PROF. PAULO DE BARROS CARVALHO – Senhor Presidente deste Congresso, Professor Pedro Luciano Marrey Junior, demais colegas da Mesa, Professor Alcides Jorge Costa, Professor Estevão Horvath, eu quero, desde logo, fazer uma homenagem ao nosso grande amigo e inspirador de tudo isto, Professor Geraldo Ataliba e dizer que encontros desta natureza trazem uma contribuição valiosíssima, ainda que nesses três dias de trabalho não seja possível aprendermos muita coisa. Entrarmos em contato com teses, com doutrinas, mesmo assim, deixa sementes e faz com que frutifiquem essas sementes pelas reflexão que se dá, normalmente, no tempo ulterior.

Perspectivas do contribuinte perante a Reforma tributária

Vivemos um momento muito delicado da vida nacional. Como todos sabem, vivemos essa crise econômica muito forte. Essa crise econômica traz, logo atrás de si, uma crise política. Eu me lembrava, há pouco, do fato político criado pelo governador de Minas Gerais, em boa hora, para agitar o problema da Federação Brasileira. Até que ponto a autonomia dos Estados existe efetivamente e pode ser reivindicada? Até que ponto a União se mantém no seu lugar exercendo suas prerrogativas constitucionais? Tudo isso está em debate. Tudo isso não foi resolvido e tudo isso está incisivamente comprometido com qualquer proposta de reforma tributária, como bem salientou o Professor Alcides Jorge Costa.

Essa crise econômica, que puxa a crise social, no sentido estrito, que puxa a crise política, e que acarreta, sem dúvida alguma, uma crise jurídica, eu diria sem precedentes no Brasil, porque os níveis de desrespeito aos preceitos constitucionais chegaram a um ponto, eu diria, quase insustentável. Hoje nós vemos as leis reiteradamente – eu não diria afrontando o texto constitucional –, mas passando ao largo, assumindo uma posição de total aconstitucionalidade, a ponto de sair uma medida provisória que diz, logo na ementa: esta medida provisória visa introduzir modificações nas imunidades das entidades educacionais, assistenciais etc.; medida provisória que se converteu em lei, e medida provisória que trata de um assunto constitucional, que já estaria contemplado pelo Código Tributário Nacional, e que somente por uma lei complementar poderia ser ventilado.

Sempre houve inconstitucionalidades. Todavia, essas inconstitucionalidades, no Brasil, eram disfarçadas, e nós encontrávamos impostos que vinham com o nome de taxa – taxa de melhoramento dos portos, taxa da marinha mercante etc. – e que depois de um ou dois anos em discussão eram demonstradas em juízo e, desse modo, comprovada a sua inconstitucionalidade.

Agora, não. As inconstitucionalidades são manifestas – e isso eu só posso atribuir a esse estado de desorganização jurídica, de desrespeito aos princípios constitucionais.

Gostaria de salientar que o imposto sobre a renda-pessoa física sempre foi progressivo no Brasil. A lei de 1985 instituía dez faixas de incidência: a primeira de isenção e mais nove faixas. À medida em que ia subindo a base de cálculo, iam aumentando as alíquotas, o que é sumamente desejável nesse tipo de imposto. Pois bem, foi inserido um princípio na Constituição, assegurando a progressividade do imposto sobre a renda e proventos de qualquer natureza. Bastou para que o imposto sobre a renda-pessoa física deixasse de ser progressivo. Hoje, há duas faixas de alíquotas, fora a de isenção.

Vejam com que simplicidade, com que naturalidade princípios constitucionais importantes, e que dizem respeito à justiça desse tipo de imposto, que é o imposto sobre a renda, deixam de ser cumpridas, deixam de ser implementadas.

É num ambiente assim que se instalam os trabalhos de reforma do nosso sistema tributário. De um lado, temos os interesses da União. Sabemos perfeitamente que é uma pessoa só e é fácil perceber que o que a União quer é o aumento da arrecadação, seja aproveitando-se do bolo do ICMS, que é a maior fonte de arrecadação do país, seja por outros meios. De qualquer maneira, os objetivos da União são declarados: aumentar sua arrecadação. Os Estados, por sua vez, têm exatamente o mesmo objetivo: querem aumentar a sua arrecadação e não admitem perder um tostão daquilo que vêm arrecadando.

Com os Estados é mais difícil de conversar porque os Estados são muitos, os interesses são contrapostos, há vários jogos, há várias combinações entre os Estados, de tal modo que seria muito difícil, para não dizer impossível, encontrar um denominador comum que representasse o interesse dos Estados.

Por outro lado, temos ainda os Municípios, que são milhares, mais de cinco mil, e também com interesses os mais díspares. Há um grande número de Municípios que sequer instituíram o seu sistema tributário e nem têm por quê fazê-lo. Há os grandes Municípios com os seus interesses próprios, com as suas peculiaridades. Então, como estabelecer as conversações com os Municípios, na medida em que nós não temos um denominador comum, sendo que, no caso dos Municípios, é muito mais difícil ainda? O que nós sabemos é que nenhum Município quer perder um tostão de receita – isto é, até agora, já por manifestações declaradas e enfatizadas por porta-vozes de importância política, já sabemos que todos eles querem, sem perder um tostão de receita, lutar por um aumento de arrecadação.

De outro lado, temos, em contrapartida, o contribuinte, que com toda legitimidade pretende ver diminuída a carga tributária que está sofrendo. Como é possível chegarmos a uma conclusão adequada nesses termos? Eu gostaria de dizer que não vejo como – e não vejo sequer uma pequena possibilidade de que isso seja feito na base do bom senso, na base de uma solução democrática. Não afasto a possibilidade de uma providência que venha de cima para baixo e que dê por sacramentada uma reforma tributária no Brasil. Não descarto essa possibilidade, porque tudo está se encaminhando para isso. As discussões estão numa fase meramente introdutória e sem mostrar avanço, sem mostrar progresso, como ficou devidamente salientado aqui em todas as exposições.

Muito bem. Qual seria a solução para tudo isso? Os senhores sabem que nós todos vemos com muita simpatia, admiramos a nação Estados Unidos da América do Norte, na medida em que a Constituição norte-americana já tem mais de duzentos anos. Se refletirmos um pouco, vamos perceber que essa durabilidade, que essa firmeza da Constituição americana se deve à reiteração da experiência jurídica que ela ensejou, isto é, o Direito se constrói no dia a dia, o Direito de constrói com a experiência do dia a dia.

Há um exemplo muito significativo aqui entre nós. Todos sabemos que a doutrina e a jurisprudência sobre o fato gerador do ICM, agora ICMS, levou 12 anos para se consolidar. Durante 12 anos se discutia qual era o fato gerador do ICM, agora ICMS. Isso tem um lado positivo. Isso vai aprimorando, aperfeiçoando as instituições, isso vai fazendo com que o sistema vá se aprimorando. É custoso, não há dúvida, mas é o modo de chegarmos a um sistema jurídico de um modo geral, e a um sistema jurídico tributário adequado, maturado e justo.

Muitos dirão: bem, mas essa solução é muito demorada e precisamos tomar providências urgentes. Eu concordo. Há providências que podem ser tomadas urgentemente. Por exemplo, medidas, até em nível constitucional, que tratem da guerra fiscal, que ponham um ponto – não diria um ponto final, mas que atenuem intensamente a guerra fiscal que está nas ruas. Depois um esforço de racionalização de cada uma das pessoas políticas de Direito Constitucional interno no que diz respeito aos tributos de sua competência.

Isso já foi proposto à União. Aliás, a União encomendou isso nos idos de 64/65 à Fundação Getúlio Vargas, que fez um estudo aprofundado e ofereceu uma série de sugestões. A União colheu uma ou outra timidamente, mas a verdade é que ninguém está disposto a racionalizar os tributos de sua competência. Por quê? Porque essa racionalização vai determinar, a curto prazo, um decréscimo de arrecadação, se bem que a médio e a longo prazo possa ser altamente positiva, assim para a Fazenda, como para o contribuinte. Mas ninguém quer se aventurar a um esforço de racionalização. Esse esforço de racionalização dispensaria emendas à Constituição, dispensaria reformas substanciais no nosso ordenamento jurídico. Teria o condão, também, de preservar a experiência que fomos acumulando, experiência que seria totalmente perdida no momento em que criarmos uma nova figura, mesmo que seja para unificar o ICMS, um imposto sobre o valor agregado arrecadado pela União. Tudo começaria do marco-zero, e tenho certeza absoluta que o meio jurídico, os magistrados, os tribunais administrativos, todos, se poriam às voltas. Primeiro, qual é o fato jurídico tributário desse imposto? Quantas opções semânticas haveria para serem levantadas? Vejam que até hoje discutimos qual é o critério temporal da hipótese de incidência dos impostos aduaneiros. Até pouco tempo estavam nos tribunais questões sobre o critério temporal da hipótese de incidência dos tributos aduaneiros, que o Brasil conhece há décadas e décadas, que vem praticando esse tempo todo; e, no entanto, esses temas continuam abertos e suscitando dúvidas.

É por isso que, no meu entender, é totalmente impossível, num País com a complexidade jurídica em que é estruturado o Brasil, admitir que possa ser feita uma reforma tributária respeitando-se os princípios democráticos, respeitando-se os direitos fundamentais, respeitando-se a autonomia dos Estados e a autonomia dos Municípios, respeitando-se as prerrogativas da União – e tudo isso num clima de equilíbrio, de respeito –, e, fundamentalmente, respeitando o administrado, respeitando o sujeito passivo, o contribuinte, que não quer pagar mais e que, além disso, quer ver simplificada a sua vida.

Há um movimento, que eu diria universal, de outorga ao sujeito passivo de uma série de providências no que diz respeito a deveres instrumentais ou formais. Eu acho, até, que é natural – acho que isso é fruto da complexidade da sociedade moderna –, mas em todos os países o que se vê é o contribuinte cada vez mais onerado com deveres instrumentais, a tal ponto que o já chamado velho "lançamento de ofício", aquele lançamento feito pela autoridade administrativa e sem concurso nenhum do contribuinte, é hoje coisa rara. Temos aqui no IPTU, no IPVA, no ITR e vamos parando por aí. Em todos os demais é o contribuinte que pratica uma série de operações, que apura o *quantum* devido e que expede a norma individual e concreta relativa à incidência do tributo.

De modo que isto é um dado que não podemos olvidar e está estritamente ligado a um aumento de complexidade da sociedade moderna.

Agora, outra coisa é a oneração desse contribuinte – que já vem dispensando uma parte significativa dos seus ofícios para colaborar com o Poder Público –, outra coisa é esse contribuinte ser onerado com mais tributos. Isso eu não tenho dúvidas, porque havendo uma solução – e o Presidente da República diz que quer uma solução, nós ouvimos aqui o presidente da Câmara dos Deputados dizendo que tem de sair essa reforma – quem é que vai arcar com o ônus dessa reforma? Eu não tenho a menor dúvida em afirmar que será o contribuinte. Porque a União não vai ser, jamais. Os Estados não serão. Os Municípios também não. Do outro lado sobra apenas o contribuinte...

Creio num sistema tributário que seja, primeiro, fruto da experiência – uma experiência que estamos na iminência de desprezar, de jogar fora, como foi jogada fora, por exemplo, a experiência havida com o imposto do selo. Tudo o que se escreveu sobre o imposto do selo, tudo o que foi debatido sobre esse imposto se perdeu, mas ali se justifica porque não havia mais interesse, era um imposto superado. A verdade é que se isso ocorrer com todo o nosso sistema, com uma boa parte do nosso sistema, será um detrimento irreparável para os nossos anseios de um sistema tributário justo, equânime, e que atenda os interesses, seja do Poder Público, seja da União.

Não quero aqui parecer pessimista a ponto de dizer que nada deve ser feito. Acho que muita coisa pode ser mudada. Acho que algumas providências no nível da Constituição, que preservem o bom funcionamento do sistema – e o sistema não tem funcionado mal, a arrecadação tem atendido não à voracidade das pessoas políticas, mas tem atendido em grande parte aos interesses arrecadatórios do poder público – podem aprimorá-lo por meios adequados. Por exemplo: um esforço de racionalização da União, dos Estados e dos Municípios, nem que fosse por uma determinação constitucional dando prazo para que as pessoas políticas de interesse constitucional interno promovessem um trabalho de racionalização. E depois, substancialmente, como, aliás, ficou marcado aqui nas entrevozes da exposição do Ministro Marco Aurélio, não uma reforma, mas uma grande revolução, qual seja a de levar às últimas conseqüências os princípios constitucionais tributários. Vemos que esses princípios – e eu dei um singelo exemplo do caso do imposto sobre ao renda, em que, quando ingressou no sistema, a legislação infraconstitucional passou a fazer exatamente o oposto – sejam efetivados, cheguem às condutas intersubjetivas, que é um objetivo do Direito – o Direito existindo para reger as condutas intersubjetivas –, que esses valores cheguem a essas condutas e se implantem, realizando os princípios e os ideais de justiça tributária.

A minha posição é uma posição de Política do Direito, como cabe bem num Congresso de Direito Tributário – porque estes congressos, longe de partirem para disputas dogmáticas, devem, realmente, tomar uma posição de Política do Direito: como o Direito deve ser para ser mais justo, para ser mais racional, para ser mais eficaz. É por isso que todos estamos aqui.

Eu diria que, se pudesse influir de alguma maneira nessa reforma, prestigiaria o sistema que aí está, com as modificações que se fazem necessárias, por exemplo, para acabar com a guerra fiscal, com outras modificações de adaptação etc., mas, fundamentalmente, que se baseasse num esforço de racionalização nas esferas federal, estadual e municipal. Além disso, fazer com que todos nós, unidos, partíssemos para uma grande revolução: de levar às últimas conseqüências os princípios constitucionais tributários. Sejam aqueles princípios que são valores – que trazem, pelo seu cunho axiológico um sentido mais difícil de ser implantado; mas há outros princípios que são limites objetivos, e que não há por que serem descumpridos. Por exemplo, o princípio da anterioridade, o princípio da irretroatividade, o princípio da legalidade, e assim por diante, uma série de outros princípios que são limites objetivos que apontam para valores. Levarmos às últimas conseqüências esses princípios. E com essa adaptação, com essa racionalização do nosso sistema, eu creio que seria a melhor reforma tributária que poderíamos esperar.

Eu agradeço a atenção de todos e encerro aqui minha participação. (*Palmas*)

PRESIDENTE DO CONGRESSO (PROF. PEDRO LUCIANO MARREY JUNIOR) – Antes de encerrar esta primeira sessão, gostaria de fazer duas observações pontuais: a primeira, como disse o Professor Paulo de Barros Carvalho, de que se esquecem e desprezam conceitos sedimentados ao longo dos anos, e que deveriam ser respeitados ao se elaborar essa reforma. Como dizia o Professor Osiris Lopes Filho, no passado, "imposto bom é o imposto velho", aquele que todo mundo conhece, aquele que todo mundo já aprendeu a aplicar.

A segunda coisa que eu gostaria de pontuar é que nesta reforma, apesar disso, não se está obedecendo, não se está verificando a obediência ao conteúdo mínimo que as palavras têm e que são adotadas pelo legislador constituinte. Quando se falou aqui que o imposto de renda agora poderá ser cobrado antes mesmo do término do seu período de apuração, certamente não se está falando mais de imposto sobre a renda, estáse falando de um outro imposto, que não o sobre a renda. E se a competência constitucional é para imposto sobre a renda não sei como compatibilizar essa nova exigência. Não adianta falar em renda, se não se delimitar o período pelo qual essa renda será medida. É a renda diária, semanal, mensal, anual? É claro que o sistema nos indica os períodos em que a renda deve ser considerada para efeito de medição. Portanto, se for cobrado antes do término do ciclo de formação da renda, da realização do fato imponível do imposto sobre a renda, certamente não é de renda que se está falando.

Além disso, só gostaria de lembrar que o que se vê – e espero que uma das sugestões que sejam levadas ao Deputado Michel Temer seja nesse sentido – é que no passado as inconstitucionalidades eram cometidas quando de alguma forma não se obedecia ao texto constitucional. Hoje em dia, cada vez mais se nota que outras inconstitucionalidades, indiretamente, são cometidas, quando não se obedece ao processo legislativo de formação das normas jurídicas. O que temos visto, com cada vez mais freqüência, é que o procedimento previsto na Constituição, especialmente no artigo 65, não tem sido observado pelo Congresso Nacional – e chegamos ao disparate de termos emendas constitucionais que não obedecem ao processo legislativo determinado pela Constituição e que deveriam – e, se espera, deverão – ser declaradas inconstitucionais. Porque não é pelo fato de serem emendas constitucionais que elas podem desobedecer ao procedimento preordenado pelo legislador constituinte original.

Eram as duas únicas observações que gostaria de fazer. O Prof. Paulo de Barros Carvalho recebeu duas questões e, portanto, volto a palavra para ele para que ele as comente.

PROF. PAULO DE BARROS CARVALHO – Uma é do colega Marcos Vinícius: qual é a necessidade de se fazer uma reforma tributária via constitucional em face do fato de haver para cada ente tributante uma reserva constitucionalmente prevista de competências? Não seria essa reforma uma forma de a União tomar para si o único imposto que deu certo, o ICMS?

Bem, eu entendo que a União, os Estados e os Municípios, têm todas as condições de fazer uma reforma, e uma reforma substancial, dentro daquilo que existe na sua faixa de competência. Essa posição foi adotada pelo Ministro Dornelles num seminário que fizemos em Porto Alegre; e ele disse que ao invés de se pensar em reforma constitucional etc., que esse trabalho infraconstitucional teria um rendimento muito bom. Eu também acho.

Sobre essa conjectura de que o interesse da União, na reforma constitucional, pode ser para abocanhar o ICMS, eu não descarto de forma alguma. A voracidade tributária da União é algo que a história tem sedimentado. A União, de uma forma ou de outra, ou criando taxas que não são taxas, ou criando figura de tributo com outros nomes, tem sempre ultrapassado os lindes de sua competência. De modo que não é de se descartar isso, que já foi até lembrado pelo Professor Alcides Jorge Costa.

O ICMS é realmente o imposto que deu certo. Hoje é a primeira fonte de arrecadação tributária do país. Em reuniões internacionais, uma vez, fui surpreendido com uma pergunta de um chileno que queria saber como era possível que o Brasil, com tantos focos ejetores de normas sobre o ICM, com tantas unidades produzindo legislações sobre o ICMS, como era possível isso funcionar? Eu que sempre combati os convênios – mas combati os convênios porque eles não eram ratificados pelo Poder Legislativo, somente por isso – eu que sempre combati os convênios, repito, não encontrei outra explicação: foi pela integração, que se deu pela via dos convênios, que eu creio que isso se tornou possível. Mas a verdade é que o ICMS, hoje, causa inveja – inveja à União, principalmente –, porque a grande fonte de arrecadação da União era o imposto sobre a renda. Antigamente, era o velho imposto de consumo, depois o IPI, depois passou a ser o imposto sobre a renda e proventos de qualquer natureza. E o ICMS suplantou tudo isso.

Ora, não há dúvida de que a União vê isso com olhos de raposa na discussão desse pré-projeto. É possível, teoricamente seria possível.

Agora, a pressão do poder público é muito grande – seja a pressão na defesa dos seus próprios interesses, seja a pressão em termos de influenciar os deputados e senadores – de modo que eles acabarão, alguns, defendendo os interesses dos seus próprios Estados, outros defendendo os interesses da União e, em terceiro plano, os interesses dos Municípios. Quanto aos interesses dos contribuintes, efetivamente, eu não vejo como eles possam, nesse quadro político que nós vivemos, suplantar essas outras representações. O *lobby* do poder público federal é muito grande; o do poder público estadual é muito grande, também; e o do poder público municipal é muito expressivo. Os contribuintes não terão expressividade para fazer frente a isso.

Por isso é que eu não acredito – esta é uma opinião minha – numa discussão aberta, numa discussão franca, que procure a melhor solução possível para o Brasil. Creio – e é uma pena ter de admitir isso – que vai haver uma solução gráfica, de cima para baixo. Quando começar a demorar muito a votação do projeto, virá uma providência de ordem política, daquelas arrasadoras e, pronto, estará implantada a reforma tributária no Brasil.

PRESIDENTE DO CONGRESSO (PROF. PEDRO LUCIANO MARREY JUNIOR) – Muito bem. Damos por encerrada esta primeira parte da manhã e, apesar do adiantado da hora, vamos procurar começar no horário, se possível às 14 horas. Muito obrigado.

MESA DE DEBATES "B"

A NOVA ORDEM TRIBUTÁRIA II

PRESIDENTE DA MESA (PROF. ESTEVÃO HORVATH) – Retomando os trabalhos do XIII Congresso Brasileiro de Direito Tributário, promovido pelo Instituto Geraldo Ataliba – IDEPE, nós vamos ter a Mesa de Debates B, que também tratará da Nova Ordem Tributária. Compõem essa mesa os ilustres professores, de todos conhecidos, que vou nomear só por uma questão protocolar: Profa. Misabel Derzi, Prof. Ricardo Lobo Torres, Prof. Osiris de Azevedo Lopes Filho, Prof. Sacha Calmon Navarro Coelho.

Daremos início, passando a palavra ao Prof. Osiris.

PROF. OSIRIS DE AZEVEDO LOPES FILHO (*sem revisão do autor*) – Componentes da Mesa, meus senhores e minhas senhoras: penso que o tema dos dois seminários – o da manhã e o de agora, da tarde – são demasiado otimistas, porque estão falando da Nova Ordem Tributária. Nas minhas reflexões tenho chegado à conclusão de que o nosso sistema tributário está sendo erodido, tamanha a dissintonia que existe entre os tributos previstos, que nós já não temos mais um sistema tributário: o que nós temos é um conjunto anárquico de tributos. Daí eu achar que este Congresso, ao prever a nova ordem tributária, está demasiado otimista.

Vi, de manhã cedo – para mim um espetáculo que agrava o surrealismo brasileiro –, que o relator do Projeto de Emenda Constitucional 185, Deputado Mussa Demes, do Piauí, fez quatro substitutivos desse projeto, que foi apresentado em 1975. Ele corria pelos corredores do Congresso, tentando reunir a Comissão Especial que ia tratar dessa matéria – não a conseguiu reunir –, para ler um dos quatro relatórios que ele apresentou. E, finalmente, com subsídios aí da teleinformática, ele resolveu que também não leria o quarto substitutivo, que foi comentado pelo Ministro Marco Aurélio, e colocou-o na Internet, porque na reunião da Comissão nunca leu nenhum dos substitutivos que apresentou. Ele andava como um fantasma pelo Congresso, a tentar mostrar o substitutivo dele, para ver se alguém lia.

Há uns dois anos o Secretário-Geral do Ministério da Fazenda, o Secretário Executivo Parente, foi ao Congresso e falou: vou propor para vocês uma nova visão disso tudo, vou propor um *exchange tax* (falou a expressão em inglês): vamos criar, também aqui no Brasil, o IVA – imposto de valor agregado –, vamos criar o imposto sobre vendas e serviços para o Município. Para minha surpresa, porque eu fui perguntar a alguns membros da ...(*defeito no microfone durante esta intervenção*)... Chega um sujeito lá e fala: nada disso que nós apresentamos antes de 1975, dois anos atrás. Nada disso... e se o Congresso tivesse aprovado aquela Emenda Constitucional? Quer dizer, chega um sujeito lá e diz: não é nada disso, vamos fazer uma coisa nova...

Bem, eu sou cético em relação à reforma constitucional tributária que está sendo prevista, porque se vocês examinarem qualquer país do Primeiro Mundo, as reformas são influenciadas pelos ...(*defeito no microfone durante esta intervenção*)..., são todas evolutivas, e ninguém chega, de uma hora para outra, e muda cavalarmente a Constituição. Quer dizer, só tecnocrata brasileiro, só economista brasileiro pensa que isso é possível, que haja uma praticidade no sistema tributário para chegar e falar: agora não vai ser mais ICMS, agora é IVA, num desconhecimento da nossa história tributária.

O Brasil é o segundo grande país do mundo a adotar, antes do Mercado Comum Europeu, uma forma de tributação não-cumulativa. Em 1958, no então imposto sobre consumo, sob pressão das montadoras, porque a tributação do imposto de consumo era cumulativa, então ela incluía a verticalização das empresas – e a década de 50 é a época em que surgem no Brasil as montadoras –, então, para evitar a tendência à verticalização de se produzir tudo dentro de um único estabelecimento industrial, que eles colocaram, antes do então Mercado Comum Europeu, uma tributação não cumulativa no Brasil.

A França introduz a ...(*defeito no microfone durante esta intervenção*)... em 53 e o Brasil introduz em 58. Aí vem uns comandados pelo FMI a propor o IVA no Brasil. E olhe que o IVA surge como uma solução tanto no Banco Mundial como no FMI em meados da década de 80, porque eles tinham resistência ao IVA – imposto de valor agregado, e foi considerado esse uma criação francesa, não anglo-saxônica.

Bem, com a reforma tributária ela atinge o quê? Três coisas essenciais: o bolso do contribuinte e o caixa da empresa, o funcionamento da economia e finalmente o financiamento dos entes públicos. E, no Brasil, com um problema fundamental: somos uma Federação, tem que fazer a repartição da carga tributária. E o governo já fez a reforma tributária que queria fazer, principalmente o Governo federal.

Nós temos um Governo federal cuja prestação de contas não é ao povo brasileiro, cuja prestação de contas é ao Fundo Monetário Internacional; não que o Fundo seja um ente maligno, mas ele é o auditor da economia brasileira, em nome dos bancos credores nossos. Para não ficar cada banco tendo que discutir com o Governo brasileiro, então se coloca o FMI como o grande monitorador da nossa economia. E onde está o Ministro da Fazenda? Onde está o Presidente do Banco Central no dia de hoje? Está nos Estados Unidos.

Então, a reforma tributária já foi feita pelo governo. Começou quando revogou parte da Constituição com aquele Fundo Social de Emergência – que não era fundo, porque excepcionava o regime desse fundo do regime global dos fundos; não era social, porque até marmelada do Planalto foi comprada com o dinheiro desse fundo; e não é de emergência porque já foi prorrogado três ou quatro vezes. Então ali abocanhou as finanças estaduais. Por quê? Primeiro porque retirou 20% dos tributos, e ainda algumas das emendas que o prorrogaram tiveram efeito retroativo. Além disso, é uma regra repetitiva que diz 5,6 da arrecadação do imposto de renda visam a compensar algumas modificações feitas em 1991 e 1993, que já foram superadas por modificações anteriores. Então, hoje, pura e simplesmente, se tira mais 5,6. Além disso, revoga também a Constituição ao se determinar que o imposto de renda retido na fonte pela União, pelos Estados e pelos Municípios, suas autarquias e fundações, não entra no rateio do Fundo dos Estados, dos Municípios e do Distrito Federal.

Veio um picareta paulista aqui, o Ministro e Deputado Kandir e consegue (*Risos*) ...(*defeito no microfone durante esta intervenção*)... Mas tem que fazer justiça, é picareta mesmo! Todos vimos, o ...(*defeito no microfone durante esta intervenção*)... de Freitas me mostrou que ele dizia, no início da década de 1980, que o capitalismo estava com a hora marcada para morrer. Veio a eleição presidencial de 1990 e ele é um dos assessores de Lula; ganha o Collor, ele se traveste num dos principais assessores econômicos e consegue fazer aquele confisco, ser o elaborador do confisco; e consegue fazer um milagre. Eu fico imaginando aqui, nós, juristas, falando da técnica legislativa etc., e ele consegue reformar a Constituição através de uma lei complementar. Ele conseguiu derrubar uma das conquistas estaduais, que foi separar na Constituição o conceito de produto industrializado do produto semi-elaborado. Ele chegou e fez o seguinte, uma lei complementar: todos os produtos exportáveis semi-elaborados, industrializados e primários estão na incidência do ICMS. Reformou a

Constituição, porque a Constituição é muito clara: a regra geral em produto semi-elaborado é de que haja a incidência do ICMS. Ele conseguiu com lei complementar.

Ora, se isso é possível nesse País, o Governo federal vai manipulando a regra. Os pacotes de maldade fiscal, que eram anuais, estão virando, na última versão eram quadrimestrais, agora viraram trimestrais. Os senhores estão sabendo que aquela elevação de 50% – que a imprensa não fala isso –, de 8 para 12% na contribuição social sobre o lucro líquido foi prorrogada por mais três anos e meio. A alíquota máxima do imposto de renda também tem um projeto de lei no Congresso para prorrogar por mais três anos e meio. Se aumentou em 90% a contribuição provisória sobre movimentação financeira; se aumentou em 50% a Cofins, a contribuição sobre o faturamento das empresas, e se aumentou também a sua base de cálculo, porque antes era só faturamento e agora passou também à receita bruta.

Então, o governo federal, que tem de prestar contas, não apenas de receita a ser obtida, mas principalmente do gasto, ele já obteve a reforma constitucional que ele queria realizar em matéria tributária, manipulando a regra jurídica através da medida provisória. Ninguém tem dúvida disso!

Mas uma coisa é real neste País, se há unanimidade nacional, seja das pessoas físicas, seja do contribuinte na rua, seja das empresas, é realmente a necessidade de racionalizar o sistema. Há muita incidência sobre a mesma coisa. Agora o Secretário da Receita Federal atual, Dr. Maciel, fez uma proposta de reforma do Código Tributário, e ele propõe que o fato gerador do imposto de renda não seja mais a disponibilidade econômica com o produto do capital e do trabalho, ou da combinação de ambos, que seja o rendimento e a receita das empresas. Esse é o maior fato gerador. Ora, a receita já está excessivamente tributada na Cofins, no Pis, mesmo a CPMF termina tributando a receita.

No mundo inteiro o conceito constitucional de renda – era bom estar o Roque aqui porque ele extrai não sei quantas conseqüências do que está escrito na Constituição – é um conceito líquido, a renda é um resíduo final. Na pessoa física a renda não é rendimento, rendimento é o início para o cálculo. Você considera a despesa necessária para a obtenção do rendimento, considera também em função do princípio da personalização do tributo aquelas despesas socialmente úteis, e o que resultar disso, renda tributável. Como é na empresa? Tem a receita bruta menos a despesa operacional e menos os custos. Agora vem um secretário da Receita e propõe um projeto de reforma do Código Tributário Nacional estabelecendo como fato gerador a receita em termos de empresa e o rendimento em termos de pessoa física. É o escárnio total em matéria tributária!

Então, essa é a nova ordem tributária existente no país, em que está se escorchando a realidade, os bolsos do contribuinte e o caixa das empresas. Quem olha bem o sistema tributário brasileiro, o que é absurdo? Para mim é a carga tributária. A carga tributária do Brasil está hoje se elevando em 32, pode chegar a 33, 34%. Essas manipulações tributárias com a carga do PIB, tendem a elevar a carga tributária, porque sempre pegam o bom contribuinte, que não é bom contribuinte por virtude, mas porque não tem como fugir ao pagamento do tributo. O caso mais típico é o da pessoa física e assalariada, que é descontada na fonte.

Então, nesse sistema que está vigendo o pobre bom contribuinte é que suporta a carga tributária total, 32% do produto interno bruto é a maior carga tributária dos países do Terceiro Mundo; segundo é a Argentina, com 22 a 24%, cuja maior parte hoje está sendo levada para o pagamento de juros. A União virou uma grande usurária em pagamento de juros, não para ela mas para saciar o apetite dos banqueiros, principalmente dos banqueiros internacionais.

Então, diante desse sistema você tem que fazer uma reforma, acredito, mas a reforma tem que ser feita na lei, racionalizar as incidências. Não é possível se tributar tanto a receita bruta das empresas. A melhor tributação é a tributação sobre a renda, porque a renda é uma disponibilidade, não a receita bruta. E por que foi feita essa proposta de mudança do Código Tributário? Para criar o imposto de renda mínimo. Quer dizer, mesmo a empresa com prejuízo ao final teria que pagar o imposto de renda mínimo, como se não pagasse a Cofins sobre o faturamento que ela tem. E cada vez imprensando mais os Estados. Na medida em que aumentar, por exemplo, em 50% a alíquota Cofins, você está pressionando o quê, está concorrendo com quê? Com o ICMS, liquidando a possibilidade de o Estado arrecadar adequadamente, porque a capacidade de pagamento do contribuinte brasileiro está além do limite.

O sistema é de uma perversão fantástica, ele induz a evasão. Não tenham dúvida, todo organismo vivo almeja sobreviver, continuar a existir, e se para continuar a existir tem que evadir, evade, é um fato da natureza. Então o nosso sistema tem carga tributária brutal e alto nível de evasão. E se cuida do sistema tributário apenas com remédios normativos.

Na minha opinião, se é mesmo para fazer uma reforma tributária, ela tem que ser tridimensional. Muda-se a norma, principalmente a norma infralegal que fixa a intensidade do tributo, melhora-se a Administração Tributária, e ela enfrenta o desafio, o grande desafio do Brasil, que é cobrar o imposto de renda. A evasão no imposto de renda no Brasil, tanto ao nível da empresa como das pessoas físicas é brutal.

Usando a terminologia do Presidente Fernando Henrique, quando ele se referia aos aposentados chamando-os de vagabundos, nós temos uma política tributária do governo dele vagabunda (*Risos*) porque de má qualidade, está sempre aumentando o tributo em cima do bom contribuinte. E temos uma Administração Tributária bem vagabunda no sentido de não querer trabalhar, porque num país campeão da evasão tributária a missão fundamental da Administração é combater a evasão tributária, e a orientação do Presidente é sempre manipular a lei tributária, numa masturbação tributária fantástica, sempre em cima ...(*defeito no microfone durante esta intervenção*)... Masturbação porque é estéril, sempre cobrando de quem está pagando corretamente.

Bem, sugestões. Já que tem de fazer sugestões, eu proponho o seguinte: fazer a reforma dos grandes países, fazer aquilo que está no sentido das coisas, na natureza das coisas. Primeiro, acabar com o IPI, transformar o IPI num imposto seletivo, incidindo sobre fumo, sobre bebidas, veículos automotores, eletroeletrônicos, porque não tem mais sentido o imposto geral sobre a industrialização. Isso era quando o IPI era a principal fonte de recursos para a União, há 20, 30 anos atrás. E deixar para os Estados a tributação sobre vendas. Esse é o modelo universal. E passar para os Municípios o imposto sobre a propriedade territorial ou rural.

Já houve um avanço na Constituição de 88, quando passou para os Municípios o ITBI – imposto de transmissão sobre bens imóveis, e agora passar o ITR, ficar toda a tributação municipal sobre a propriedade mobiliária, no nível do Município. Aí alguém pode falar: bem, mas, e a reforma agrária? Ora, nunca se utilizou o ITR como instrumento de reforma agrária. Agora, nessa última mudança que ocorreu, se imaginava que iria ser arrecadado 1 bilhão e meio – não passou ainda de 300 milhões de arrecadação.

E o problema, tem que pensar no Brasil descentralizado, não é deixar nas mãos dos tecnocratas de Brasília. Eu os conheço bem, foram todos educados na ditadura, veio a democracia, ignoraram a democracia na insolação brasiliense, a verdade é essa. Então, têm soluções normativas para tudo. Mas chega de normas! Eu acho que a revolução no Brasil não vai ser derrubar uma ordem jurídica já existente, a revolução no Brasil é cumprir a lei já existente, sem privilégio, sem jeitinho, lei igual para todos!

Finalmente, como resolver o problema da reforma agrária utilizando a tributação agrária? Deixa o IPTU com o Município e se atende aquele princípio ...(*defeito no microfone durante esta intervenção*)... A Misabel é boa de federalismo – entre outras coisas, não é, Misabel? (*Risos*) Os ...(*defeito no microfone durante esta intervenção*)... americanos que mais esmiuçaram isso disseram o seguinte: um dos fatores para determinar a competência é a mobilidade do fator tributário. Então, num oposto ele diz: a tributação sobre aquilo que não se move fica no Município; então, toda tributação imobiliária é no Município. E por oposição, o que é mais volátil, que é a renda, fica na União. A meio termo, as vendas ficam nos Estados. Eu acho que tem de procurar soluções simples.

Mas como fazer a reforma agrária? Criar contribuição de intervenção no domínio agrário. Está previsto aí. Sempre houve contribuição de intervenção. Eu conversei com o Raul Jungman, que é o Ministro da Reforma Agrária, e ele me disse que tem 6 milhões de imóveis rurais cadastrados no Incra. Eu perguntei: E latifúndio, quanto? Ele falou: 5.900. Ora, é muito mais simples a União cuidar de 5.900 latifúndios, tentar disciplinar a utilização deles, do que de 6 milhões de imóveis rurais, que está comprovado ...(*defeito no microfone durante esta intervenção*)... arrecadou 300 milhões quando a meta era 1 bilhão e meio de Reais.

Agora, como fazer essa contribuição de intervenção no domínio agrário? Com base na extensão da propriedade e na produtividade. É essa a sugestão que faço, ainda que reconheça que a reforma não é para ser feita na Constituição, a reforma tem de ser feita na lei ordinária, para diminuir a intensidade dos tributos, simplificar essas obrigações tributárias.

Eu acho que o Marrey não estava aqui na hora e falou "que lei boa é lei velha". É uma frase que eu repetia dos velhos financeiros do século XVIII. Lei boa é lei velha, porque quando as pessoas conhecem a lei, cumprem-na espontaneamente. A mutabilidade, por exemplo, na legislação federal, é de tal ordem que é impossível, num País em que as pessoas e o sistema, fora o IPVA e o IPTU, o Estado diz no IPVA e o Município no IPTU, quanto cada um deve, nos outros tributos tudo depende da pessoa, de conhecendo a legislação praticar o fato gerador, declarar ao fisco e pagar o tributo. Ora, se a legislação é de uma mercurialidade fantástica, muda toda hora, é evidente que não vai funcionar.

Então, na minha opinião a reforma tributária é tridimensional: norma, boa Administração Tributária, porque é condição da sua eficácia, e finalmente governo exemplar. Se o governo é corrupto, se o governo atende interesse nacional, atende interesse estrangeiro, o governo se confessa monitorado pelo Fundo Monetário Internacional, é evidente que não vai haver um bom pagamento do tributo, o sistema está avacalhado, o sistema está caminhando para a falência.

Muito obrigado. (*Palmas*)

PRESIDENTE DA MESA (PROF. ESTEVÃO HORVATH) – Agradecemos a intervenção do Prof. Osiris, principalmente por ele ter quase conseguido cumprir o tempo que lhe foi assinalado, e já passando a palavra imediatamente à Profa. Misabel Derzi.

PROFA. MISABEL DERZI (*sem revisão da autora*) – Muito obrigada pela honra que me proporcionam de estar aqui, a lhes falar sobre a nova ordem tributária. Quero saudar a todos os presentes à Mesa e a todos os colegas do auditório.

Recentemente o Banco Mundial e o Fundo Monetário Internacional mandaram um recado ao Brasil, que foi publicado nos principais jornais do país, especialmente na *Folha de S. Paulo*: em especial essas instituições financeiras na verdade não aceitam o federalismo brasileiro, dizem que a descentralização política e financeira constante da Carta de 1988 é nociva ao nosso país; e, particularmente elogiaram o modo como a União vem tratando a questão da moratória mineira, por meio das intervenções que a União faz nas contas bancárias onde o Estado de Minas Gerais deposita os tributos que arrecada.

Pois bem, nós entendemos, senhores, que por mais nobres e respeitáveis que sejam as funções desses organismos internacionais de fiscalizarem as nossas finanças em nome dos créditos dos credores internacionais, temos uma Constituição, temos uma ordem jurídica que deve ser respeitada, e essas posições sempre serão inferiores à Carta Constitucional Brasileira.

Por isso, preocupado com o desenvolvimento da reforma tributária que está em tramitação no Congresso Nacional, o Estado de Minas Gerais resolveu apresentar um substitutivo à proposta de emenda à Constituição, um substitutivo à PEC 175-A, no sentido de aproveitar as vantagens positivas, as evoluções positivas incorporadas a alguns projetos em curso, especialmente o projeto melhorado Mussa Demes, mas de expurgar desses mesmos projetos as inconstitucionalidades neles constantes, em especial aquelas que afrontam aquele núcleo irreformável da Constituição, intangível da Constituição, o federalismo brasileiro, os direitos e garantias dos contribuintes.

Com isso exatamente apresentamos um substitutivo, que foi entregue há poucos dias, recentemente, ao Dr. Michel Temer e ao relator Mussa Demes. Do ponto de vista das vantagens de um projeto, um novo projeto, vantagens que constam da preliminar Mussa Demes, podemos apontar a simplificação do maior imposto sobre o consumo no país, que é o ICMS, por meio de alíquotas uniformes; em segundo lugar a extinção da cumulatividade danosa das contribuições de custeio da seguridade social, e, em terceiro lugar, a desoneração das exportações nacionais e a tributação sistemática das importações.

O projeto, portanto, apresentado por Minas Gerais, preserva estas vantagens, mas expurga dessa preliminar as inconstitucionalidades. Em primeiro lugar, a ofensa ao sistema federal. Ao contrário do que pensa o Banco Mundial, nós entendemos que é do interesse dos Estados, dos Municípios e da própria União um federalismo forte; mas é sobretudo interesse do cidadão brasileiro que entre nós se preserve o federalismo como forma de preservação da liberdade. O federalismo não é simplesmente uma forma de Estado em que se preservam historicamente as peculiaridades de uma região determinada, peculiaridades históricas e culturais; a forma federal de Estado é muito mais do que isso, é uma forma pela qual se protegem as minorias políticas, se promove a democracia e sobretudo se preserva a liberdade, porque se distribui o poder geograficamente no país. Isso é importantíssimo para nós.

É claro que se fôssemos um Estado unitário, todas as normas do FMI e do Banco Mundial já estariam adotadas imediatamente em nosso País. O que entrava o pleno poder de um Banco Mundial entre nós é, exatamente, o federalismo; porque, exatamente, o poder ainda não está totalmente concentrado em mãos do único governante, do Presidente da República, que está profundamente afinado com as normas de fiscalização desses organismos internacionais.

Então, dentro desta linha, nós estamos vivendo agora, na hora presente, a mais forte concentração política e financeira da nossa história. Para aqueles que duvidam que federalismo é uma coisa retórica entre nós, podem acreditar que não era, nós tínhamos um estado federal, porque o que temos perdido nos últimos anos e aquilo que há de concentração é algo substancial. Então, deste contexto – eu tenho um tempo muito limitado, não é o momento de se discutir caso a caso – o que na prática tem ocorrido por meio dos protocolos de ajuste assinados pelos Estados, por meio dos contratos de financiamento e de refinanciamento de dívidas da União ...(*defeito no microfone durante esta intervenção*)... os Estados perderam qualquer forma ou mecanismo de desenvolver uma política própria, ainda que boa.

O que se concentrou de recursos em mãos da União por meio do FEF – Fundo de Estabilização Fiscal –, os cortes igualmente promovidos pela Lei Complementar 87 de 1996, a reforma previdenciária implantada recentemente pela União, transferindo déficits para os Estados e para os Municípios, e finalmente o projeto de responsabilidade fiscal enviado pelo Governo Federal à União, configura uma fortíssima concentração política e financeira.

Neste contexto, aderir a um projeto de reforma tributária no qual perdem os Estados o seu imposto sobre vendas, que há mais de 60 anos se tornou a forma de custeio e de sobrevivência dos Estados, a forma de sua governabilidade, aderir a isso é absolutamente intolerável. Por isso o Estado de Minas Gerais, implementando as sugestões dos secretários de Estado da Fazenda de todo o País, elaborou um projeto pelo qual demonstra que todas aquelas vantagens da preliminar Mussa Demes, são possíveis, mantendo-se o ICMS na competência dos Estados, tal como temos hoje. Se for o caso, depois desenvolveremos essa parte do projeto. Quero resumir a minha fala ao meu tempo.

Finalmente, não é de se admitir que no seio de um Estado de Direito, Estado Democrático de Direito, à guisa de se aperfeiçoar o sistema, sejam os contribuintes submetidos ao maior retrocesso, do ponto de vista dos seus direitos e garantias individuais. Assim, o que o Estado de Minas Gerais sugere, é aquilo que há de vantagem nesses processos, sem os seus retrocessos jurídicos.

Por exemplo: se sugere realmente a proibição da edição de medidas provisórias na regulação da matéria tributária.

Adere-se à sugestão de associar o princípio da anterioridade ao da espera nonagesimal, existindo a observância de ambos na instituição de tributos novos ou majoração daqueles já existentes.

Terceiro: se mantém a regra da anterioridade para os empréstimos compulsórios de investimento público, sujeitando-se também à espera nonagesimal, tal como temos hoje, em oposição à proposta Mussa Demes. Exige-se a intervenção da autoridade judicial para a quebra do sigilo bancário, ao contrário do que propõe Mussa Demes, que não prevê a intervenção do Poder Judiciário.

Quinto, não se admite que uma Constituição eleja a interpretação econômica, independentemente da forma jurídica ao contrato, que propõe o projeto Mussa Demes, e não se admite isso especialmente no texto constitucional. Vejam bem os senhores que a Constituição se refere a renda – como acabou de nos alertar o nosso Dr. Osiris –, se refere a receita, se refere a mercadoria, circulação etc., uma série de conceitos utilizados na Constituição para distribuir competência. Isso significa que se a própria Constituição diz: olha, os conceitos que cá estão podem ser interpretados economicamente, o que vai ditar essa interpretação vai ser o interesse momentâneo do fisco –, então nós vamos ter uma confusão, uma refusão e o que temos é de abrir mão e jogarmos bibliotecas inteiras no lixo a partir de uma completa reestruturação e reformulação, especialmente a partir de interpretação especificamente econômica.

Sexto: o projeto submete ao regime constitucional tributário de normas gerais todas as contribuições sociais de custeio da seguridade social, ao contrário da proposta Mussa Demes, seguindo a recomendação e o alerta do Dr. Estevão ...(*defeito no microfone durante esta intervenção*)... nas suas observações lembrou que no projeto preliminar daquele deputado se subtraem as contribuições de custeio da seguridade social do regime geral tributário. Nós queremos subordiná-las, como estão hoje, ao mesmo regime geral tributário, das demais contribuições em geral.

E mais: é preciso que estejamos atentos àquele fenômeno, para o qual nos alertou o Prof. Osiris; o que fazem esses projetos e estas sugestões é aglutinar alguns tributos como o ICMS, o imposto sobre serviços de qualquer natureza e até o IPI, mas trabalhando-se com bases de incidência clássicas. Não se cria nenhuma expansão da base tributária. O objetivo de se criar essa expansão é chamar à tributação setores que estão passando ao largo desta incidência, com a meta de não onerarmos mais aqueles setores já tradicionalmente tributados pelo próprio IPI, pelo próprio ICMS e pelo próprio imposto sobre serviços de qualquer natureza. Por isso mesmo é que se propunha um imposto sobre operação de circulação de mercadorias e sobre serviços em geral, da competência dos Estados, mas se agrega na base desses tributos a criação e/ou a fruição de utilidades, quer por meios eletrônicos, quer por quaisquer outros meios.

O Estado de Minas Gerais entende que as observações do Prof. Marco Aurélio Greco nesse ponto são corretas, exatamente porque certos fenômenos como fruir apenas de uma informação pelos meios eletrônicos, pela Internet, por exemplo, ou se apropriar alguém de um programa de computação, rigorosamente isso não vai se enquadrar nem no conceito de mercadoria – aquela velha discussão *corpore* ou não *corpore*, nem, ao mesmo tempo, sobre aquela idéia antiga de serviço, porque serviço como aplicação ...(*defeito no microfone durante esta intervenção*)... humano, como trabalho específico.

Então, nós estamos nesta parte ...(*defeito no microfone durante esta intervenção*)... a um tributo de bases mais amplas, como fazem os europeus; tudo que lá não é mercadoria entra numa categoria mais ampla de serviços – para deixarmos de lado esta discussão –, e com isso alcançarmos categorias novas, inserirmos estas categorias num bolo de um grande imposto sobre vendas, e com isso tentarmos, pelo menos, não aumentar – porque é essa a expectativa que está a nos esperar em qualquer um desses projetos – a incidência, o ônus tributário sobre o setor já tradicionalmente tributado da nossa economia. Então, essa é uma sugestão do Estado de Minas Gerais e nós esperamos vê-la implementada.

Finalmente, o projeto considera que se deve algo ao cidadão e se deve algo à justiça tributária, e todos os projetos têm se esquecido desse fenômeno. Então, é fundamental que se garantam recursos adequados à seguridade social. A seguridade social é o carro chefe das conquistas sociais em qualquer país civilizado. Não é possível conviver mais com as grandes desigualdades econômicas que cá existem É uma vergonha que outros ricos, de outros países, têm mais sensibilidade do que os nossos próprios ricos. Eu considero uma vergonha que o último dos Rockefeller tenha estado aqui em nosso País e tenha puxado a orelha dos nossos ricos, dizendo que eles deveriam se preocupar com o fato de estarmos em um País de grande concentração de renda e recomendar a eles, aos ricos, ao setor produtivo, que tentassem reduzir esta concentração.

Portanto, a sugestão do Estado de Minas Gerais é que ao lado de um imposto ...(*defeito no microfone durante esta intervenção*)... de uma contribuição não cumulativa, que se admitam novas fontes de recursos à União, especialmente uma chamada contribuição de solidariedade incidente sobre renda e patrimônio acima de certo valor e incidente sobre as movimentações financeiras da economia informal. Ou seja, o que se vai procurar é atingir apenas a economia informal, qualquer contribuição sobre movimentação financeira da economia formal será dedutível de qualquer outra contribuição, ou sobre renda ou sobre folha de salários ou sobre salário do trabalhador, ou sobre remuneração do servidor público, todas serão dedutíveis, menos aquelas, é claro, sobre as quais as pessoas não possam confessar a fonte. Então, com isso se procura atingir a movimentação financeira da economia informal.

É claro que nós esperamos – o Estado de Minas Gerais está apresentando um projeto de consenso que vem assinado pela Assembléia Legislativa, vem assinado pelo Poder Executivo, Fisco, Procuradoria-Geral, Procuradoria da Fazenda, que vem assinado pela Federação das Indústrias do

Estado de Minas Gerais, pela Federação do Comércio, que vem assinado pela CUT e pelos representantes dos trabalhadores –, nós esperamos de todos os senhores outras críticas e contribuições.

Muito obrigada a todos. (*Palmas*)

PRESIDENTE DA MESA (PROF. ESTEVÃO HORVATH) – Nós é que agradecemos à Profa. Misabel, que além do seu brilho de sempre, devo registrar, para quem não sabe, que atualmente é Procuradora-Geral do Estado de Minas Gerais e tem de agüentar todos os rojões nessa situação em que estamos vivendo.

Passo a palavra agora ao eminente Prof. Ricardo Lobo Torres, da Universidade Estadual do Rio de Janeiro, para suas considerações.

PROF. RICARDO LOBO TORRES – Senhores professores que compõem a Mesa, minhas senhoras e meus senhores.

Descentralização Fiscal

Noto que este painel da tarde vai tomando um certo rumo, principalmente no caminho da discussão das controvérsias sobre o federalismo fiscal brasileiro. Vou analisar também alguns aspectos da centralização fiscal ocorrida nos últimos anos, e nisso vou concordar com algumas opiniões da Profa. Misabel e do Dr. Osiris, que me antecederam e que também escolheram esse tema.

Fala-se de uma reforma tributária, de uma nova ordem tributária. Mas essa nova ordem tributária não se contém no projeto Mussa Demes. O Dr. Osiris percebeu esse aspecto também e insistiu na rememoração de alguns atos legislativos anteriores.

Parece-me que a Constituição de 1988 nasceu dentro do federalismo pendular brasileiro, que ora tende para a centralização de recursos nas mãos da União, ora para o aumento de recursos em favor dos Estados e dos Municípios. Em 1891 e 1946 tivemos Constituições que privilegiavam os entes menores; em 1934, 1937 e 1967/1969 passou-se a privilegiar a União, o Poder Central; em 1988 voltamos, com a redemocratização do país, a um sistema de descentralização fiscal, mas que foi logo desfigurado. Quando surgiu a Constituição de 88, coincidindo com a globalização, o desaparecimento do socialismo real e o declínio do Estado de Bem-Estar Social, tudo levava a que se protegessem os entes menores, que se procurasse fazer justiça social através da entrega de prestações públicas pelos Municípios e pelos Estados. Em todo o mundo o poder central começou a definhar: a guerra nas estrelas, nos Estados Unidos, perdeu o sentido com o desaparecimento daquela estrutura bipolar de poder que havia até então; os grandes investimentos no desenvolvimento econômico perderam a motivação no Brasil, abandonando-se, por dificuldades financeiras, a idéia de construir a estrada perimetral norte, a Transamazônica, as usinas atômicas etc.

Creio que a mensagem de 88 era no sentido de se privilegiarem os entes menores, principalmente o Município, promovendo-se a redistribuição de riqueza através da entrega de prestações locais de seguridade, de educação e de saúde e reservando-se à União o papel de gestora das finanças públicas. O Poder Central em todos os países passou a ser, apenas, o guardião da moeda, já que as questões políticas e econômicas se modificaram profundamente a partir dessa década de 80.

Muito bem. Logo a seguir a situação econômica do país se agravou, a crise inflacionária piorou e começamos a viver a época dos planos mágicos, dos planos econômicos que pretendiam trazer o equilíbrio financeiro por pura mágica. Primeiro o plano do Sarney. Mas logo depois, na vigência da Constituição de 88, o Plano Collor. Após, o Plano Fernando Henrique, baseado na fantasia de que o real valia um dólar – para manter essa paridade entre o real e o dólar distorcemos toda a economia brasileira e sacrificamos o federalismo, começando a centralizar recursos nas mãos do governo federal.

O Prof. Osiris e a Dra. Misabel lembraram também aquela primeira Emenda Constitucional 10/95, já no Governo Fernando Henrique, que criou o Fundo Social de Emergência, que tirou recursos substanciais dos Estados para deixar à União a possibilidade de realizar algumas despesas, principalmente o pagamento de juros, como se deixava claramente subentendido no texto da própria Emenda Constitucional n. 10.

Outros atos de centralização se consubstanciaram nos aumentos sucessivos das contribuições sociais, que não geravam repasse obrigatório para Estados e Municípios. A União, ao invés de aumentar os seus impostos, que eram redistribuídos, preferia majorar as contribuições sociais, e com isso engordou a caixa do Tesouro Nacional em detrimento da economia dos Estados.

O terceiro aspecto – que já foi lembrado também pelos meus companheiros de Mesa – é a questão da Lei Kandir, que veio resolver por lei complementar (de n. 87/96) o que só podia ser tocado pela Constituição. As suas duas grandes medidas foram a extensão da não-incidência constitucional, que alguns chamam de imunidade, aos produtos primários e aos produtos semi-industrializados, e a concessão de crédito na aquisição de bens do ativo fixo. Ora, essas duas medidas estavam no Projeto de Emenda Constitucional 175/95, que está em exame no Congresso até hoje. Uma de duas: ou o Presidente da República errou ao incluir na proposta da emenda constitucional a não-incidência na exportação e o crédito correspondente aos bens do ativo fixo ou, pelo contrário, realmente era necessária a emenda constitucional e ele, no auge de uma popularidade muito grande e de um controle dos Estados através de seu partido político, preferiu fazer por lei complementar, por acordo de maioria, aquelas alterações. Parece-me que esta última é a hipótese mais provável.

A partir daí, outras medidas, como o ajuste de 1997, que se seguiu, com o pacote 51, à crise da Ásia, e os ajustes de 1998 e 1999, que constituíram verdadeira derrama fiscal, aumentaram acentuadamente os impostos e as contribuições, ampliando a centralização de recursos nas mãos do governo federal e a diminuindo os recursos dos Estados.

Agora estamos diante dessa reforma constante do relatório do Deputado Mussa Demes, que é praticamente a PEC 175. Nela encontramos algumas medidas que a meu ver dificilmente vão se sustentar. Primeiro, concordando com as palavras do Prof. Osiris, observaria que o governo federal já conseguiu o dinheiro de que precisava, através dessas emendas anteriores, que criaram o Fundo de Emergência e a CPMF, e da legislação do imposto de renda. Hoje há um certo equilíbrio fiscal, caminhando-se para superar o déficit público, embora a questão dos juros ainda não tenha sido resolvida.

Mas essa PEC 175 traz alguns problemas sérios no campo da centralização fiscal, principalmente com o novo ICMS, que se cria. Claro, esse problema do ICMS vem desde 1965. Não soubemos internalizar o IVA europeu, o imposto que então se criava na França e que depois transmigrou para outros países da Europa. Quando o trouxemos para o Brasil, deparamo-nos com problemas de federalismo, e não soubemos enfrentá-los. Optamos por criar um IPI federal ao lado do ICMS estadual. Mas agora temos de repensar esse imposto, dandolhe a devida sistematicidade. Cremos que a saída escolhida pelo projeto Mussa Demes é insustentável.

Foi, é bem verdade, copiado da Constituição Alemã; sucede que a Constituição da Alemanha nem a martelo coincide com a brasileira. Já tínhamos copiado a Constituição Alemã na parte orçamentária em 1988, e agora fomos copiá-la na parte do ICM. Com isso criam-se algumas distorções, que dificilmente poderiam ser corrigidas mais tarde. Na Alemanha o IVA pertence à União e aos Estados, cabendo à União legislar e aos Estados administrar. O produto da arrecadação é partilhado entre os dois, metade para cada qual. As partes se ajustam perfeitamente ao todo. A questão dos litígios que venham a decorrer da aplicação da legislação também se resolve harmoniosamente, posto que a Justiça de primeira instância é estadual, cuidando, inclusive, dos problemas de impostos federais, enquanto que em segundo grau a Justiça é federal, com competência para julgar os recursos contra decisões da Justiça estadual de primeira instância, proferidas sobre impostos federais ou estaduais. Em caráter extraordinário funciona a Corte Constitucional.

Aqui no Brasil é diferente. Do ponto de vista administrativo há uma desconfiança centenária entre Estados e União. A União não acredita nos Estados, eis que estes, sempre que foi possível neste século de existência do nosso federalismo, transferiram despesas para aquela. A União, por seu turno, sempre que possível diminuiu os repasses ou contingenciou a entrega de dinheiro dos Estados. Historicamente nós vivemos essa situação há 100 anos. Como é que nós vamos agora repartir esse ICMS entre União e Estados? O relatório Mussa Demes traz uma solução complicada: a administração seria pelos Estados e pela União também. Quem afinal de contas vai decidir? Para superar o impasse, cria-se um órgão, que é um conselho, para resolver as consultas em torno do ICMS. Quer dizer: procede-se a um outro tipo de centralização. O Estado vai administrar na realidade o imposto estadual e a União, o imposto federal.

Com relação à Justiça, a solução me parece muito pior. O Judiciário dos Estados passa a julgar as causas do imposto estadual e do imposto federal; todas as discussões que os contribuintes queiram fazer daqui para a frente, aprovada a emenda, contra a União, serão ajuizadas na Justiça estadual. E a Justiça federal, como é que fica?

Mas como a União também não tem plena confiança nos Estados para entregar à Justiça estadual o julgamento dos litígios com os contribuintes, em torno dos seus impostos, imaginou-se uma decisão vinculante do Supremo Tribunal Federal: toda vez que o STF julgar o ICMS e der a decisão favorável quanto à parcela do tributo federal, o julgado vinculará a Justiça estadual. É uma solução complicadíssima, além de ser centralizadora, porque o Supremo Tribunal Federal só examina as questões dos Estados extraordinariamente, na via do recurso próprio. Passaria, se aprovada a PEC 175, a examinar também as questões federais com eficácia vinculante para a Justiça dos Estados.

Na questão do ICMS resta ver o problema da anterioridade. Só vai existir para os Estados. A União não precisa respeitar o princípio. Outra questão difícil, com proposta centralizadora, é a da alíquota diferencial. Corresponde às saídas interestaduais para não-contribuintes do imposto. Vão se agregar ao imposto federal aumentando a receita da União. São coisas que não fazem sentido dentro de um sistema racional, que procurávamos para modificar a sistemática do ICMS.

Os problemas da previdência – a previdência de servidores, a previdência social de um modo geral –, as despesas de educação, as despesas com o SUS, tudo isso vai gerando uma receita para a União que nem sempre tem os repasses adequados para os Estados e para os Municípios, que, afinal de contas, começam a arcar também com uma parcela substancial dessas despesas.

Uma outra medida extremamente centralizadora, que me parece ser um dos textos menos felizes propostos nos últimos anos no Brasil, é a tal lei de responsabilidade fiscal a que se referiu a Profa. Misabel. Estamos copiando uma lei da Nova Zelândia. Imaginem os senhores, nós sempre copiamos dos Estados Unidos, da Alemanha, da França; agora vamos copiar da Nova Zelândia! E por que nós fomos copiar da Nova Zelândia? Porque lá eles fizeram uma reforma muito discutida, uma reforma neoliberal. Não se sabe se ela é um sucesso ou é um fracasso: as pessoas de esquerda dizem que ela é um fracasso e as de direita dizem que é um sucesso. Mas de qualquer forma o que caracteriza o sistema político da Nova Zelândia é a centralização em regime parlamentarista, sem Senado e sem reserva de competência ou de liberdade para os Estados. Assim sendo, esse modelo, se transplantado para o Brasil, vai levar a uma concentração muito maior de poder nas mãos do Presidente da República. O texto em exame no Congresso Nacional é uma cópia servil da lei da Nova Zelândia, inclusive na expressão lingüística, que não faz muito sentido em português: lei de responsabilidade fiscal. O que é isso? Conhecemos em direito a responsabilidade penal, a responsabilidade administrativa e a responsabilidade civil. Mas o que é responsabilidade fiscal? É a tradução literal do texto da Nova Zelândia – *fiscal responsibility*, posto que a responsabilidade aí tem a conotação de *accountability*. É uma outra tentativa de se centralizar o poder normativo e o controle das finanças públicas sob a tutela do governo federal, em detrimento do sistema federativo fiscal.

Vejo, portanto, o projeto com pouca possibilidade de aprovação. A grande proposta para o federalismo fiscal brasileiro hoje seria a de redimensionar o papel dos Estados, dos Municípios e da União, aproveitando esse movimento, que é universal, no sentido da garantia dos direitos fundamentais (a Profa. Misabel já salientou isso) e do fortalecimento dos direitos humanos – e para isso o Poder Central tem uma grande responsabilidade. Mas ao mesmo tempo transferir para os Estados, e principalmente para os Municípios, que se tornam a grande célula da aplicação da Justiça local, aquelas prestações que podem realmente levar a um novo equilíbrio dentro da Federação, como sejam as prestações de seguridade, de educação e saúde, de segurança pública. Esses problemas todos, que nos afligem e que preocupam todas as democracias ocidentais, estão sendo resolvidos através de uma reestruturação dentro do federalismo e de uma ampliação do papel das comunas.

São essas as idéias que deixo à discussão, agradecendo a atenção. Obrigado. (*Palmas*)

PRESIDENTE DA MESA (ESTEVÃO HORVATH) – Nós agradecemos as lúcidas palavras do Prof. Ricardo Lobo Torres.

Antes de passar a palavra ao Prof. Roque vou, simplesmente, lembrar aos colegas que podem formular perguntas que serão recolhidas pelas recepcionistas, que já estão a postos, como na parte da manhã também.

Passo a palavra ao Prof. Roque Carrazza, titular da Faculdade de Direito da Pontifícia Universidade Católica de São Paulo.

PROF. ROQUE CARRAZZA – Professor Estevão Horvath e demais integrantes da Mesa. Quero reiterar a grande satisfação que sinto em estar aqui, participando desse XIII Congresso Brasileiro de Direito Tributário. Renovo também meus cumprimentos ao ilustre Prof. Aires Barreto, Presidente do IDEPE, e o não menos ilustre Prof. Pedro Luciano Marrey Junior, Presidente deste Congresso, por mais esse evento vitorioso.

A Receita Federal, a reforma tributária e o FMI. Questões polêmicas

Recentemente, o Secretário-Geral da Receita Federal, numa entrevista a um periódico de circulação nacional afirmou: "no Brasil não é preciso ser sonegador; basta obter uma liminar". E continuou S. Exa.: "há uma verdadeira indústria de liminares em nosso País".

Essa fala, penso eu, é altamente ofensiva ao Poder Judiciário. Ela tem duas leituras possíveis: ou os juizes são bisonhos, despreparados, e se deixam ilaquear por advogados ardilosos, que conseguem comprovar inconstitucionalidades onde elas não existem, ou os juizes são coniventes. Sim, porque as liminares não são concedidas nem pelos advogados, nem pelos próprios contribuintes; são concedidas pelos juizes, que portanto capitaneariam – repito o Sr. Secretário – essa "verdadeira indústria".

Absolutamente não posso concordar com essas mensagens subliminares. Não vou, porém, entrar no mérito do assunto, que é mais da alçada dos órgãos de classe da Magistratura. Talvez fosse até o caso de eles entrarem com uma interpelação judicial contra o Secretário da Receita.

O que eu desejo, sim, é deixar registradas algumas perguntas. Será que não ocorreu a S. Exa. que, se há tantas liminares, é porque pululam as leis tributárias inconstitucionais? É porque o Fisco quase nunca obedece ao *Estatuto do Contribuinte*, constitucionalmente traçado? É porque os agentes fazendários, não raro, confundem prepotência com zelo pela coisa pública?

Se não houvesse todos estes abusos, certamente não haveria tantas liminares em matéria tributária. Afinal, elas só surgem quando há fortes indícios de ilegalidade ou abuso de poder, por parte do Fisco.

Quando não houver esta profusão de medidas provisórias inconstitucionais, editadas sob a pressão de interesses meramente arrecadatórios, quando não forem comuns regulamentos que desrespeitam e distorcem as leis, quando se tornarem raros os "atos declaratórios", não fundamentados, da Administração Fazendária, seguramente não haverá esta profusão de liminares, que, numa visão distorcida, está sendo comparada a uma "indústria". Se indústria há, por parte do Judiciário, é porque o Legislativo e o Executivo lhe fornecem a matéria-prima, sob a forma de leis inconstitucionais e atos administrativos ilegais.

Por esse e por outros motivos é que eu, indo contra a corrente do uso, continuo sendo contrário à reforma constitucional tributária. Ainda tenho esperança de que não vai haver nenhuma reforma constitucional tributária. Tenho, de mim para comigo, que o sistema tributário brasileiro é intrinsecamente bom. Se a tributação vai mal não é por culpa da Constituição; é por culpa de seus aplicadores, especialmente do Poder Legislativo que não edita as leis, que viriam dar operatividade ao sistema.

Vejam os colegas congressistas. Não é que eu seja contrário a uma reforma tributária. Sou contrário a uma reforma constitucional tributária. Sou favorável, sim, a uma reforma tributária em nível legal, que tornaria mais racional e justa a ação estatal de exigir tributos.

Quando isso acontecer – se é que vai acontecer – veremos que não há necessidade de alterar-se a Constituição, na parte tributária. Não, pelo menos, de modo radical.

É claro que, se forem necessárias algumas alterações tópicas, elas devem ser feitas. Deveras, nada é perfeito neste mundo; nem mesmo o sistema constitucional tributário brasileiro. Mas que sejam feitas com parcimônia, com mão avara, respeitando as cláusulas pétreas, máxime as que veiculam direitos dos contribuintes e suas garantias.

O que o Governo e alguns pseudo-estudiosos relutam em admitir é que o Congresso Nacional que aí está, não se encontra investido do chamado Poder Constituinte originário, que lhe permitiria, este sim, reformar a Constituição de fio a pavio, de cabo a rabo. Não. O Congresso Nacional que aí está encontra-se investido do chamado Poder Constituinte derivado; ele pode emendar a Constituição, respeitados porém o *quorum* de reforma constitucional de 3/5, a votação bicameral e em dois turnos e, especialmente, as "cláusulas pétreas", de pedra, irremovíveis por meio de emenda constitucional.

Para alterar-se radicalmente a Constituição, como pretende o Governo, ainda que só na parte tributária, seria preciso eleger, pelo voto universal, secreto e direto, uma nova Assembléia Nacional Constituinte. Os deputados federais e senadores que aí estão não se encontram investidos de poderes para operar a ruptura do edifício tributário nacional.

Teorizando um pouco, o Congresso Nacional enquanto vota emendas constitucionais, está subordinado à própria Carta Magna. Por isso mesmo está investido do Poder Constituinte derivado.

Existem limitações materiais e formais, implícitas e explícitas, à reforma da Constituição. Essas limitações atendem pelo nome técnico, como todos sabemos, de "cláusulas pétreas". Dentre as cláusulas pétreas figuram o princípio da estrita legalidade, o princípio da anterioridade tributária, o princípio da segurança jurídica da tributação, o princípio da não-confiscatoriedade, enfim, todos os princípios que protegem os contribuintes contra a sanha do Fisco. Ora, segundo me parece, é justamente a sanha do Fisco, especialmente do Fisco Federal, que está levando o Governo a lutar pela reforma constitucional tributária, custe o que custar.

Esses projetos todos que tramitam no Congresso, desde os idos de 1995, não merecem meus aplausos. Todos, pela minha óptica, caracterizam-se por duas preocupações fundamentais: a de constitucionalizar as incidências tributárias, e a de desconstitucionalizar as garantias dos contribuintes. Ora, eu gostaria que acontecesse exatamente o contrário: que, em nível constitucional, aumentassem as garantias dos contribuintes e diminuíssem as incidências tributárias.

O Prof. Paulo de Barros Carvalho hoje pela manhã fez uma observação muito interessante: todos querem a reforma constitucional tributária, só que a reforma constitucional tributária dos sonhos de uns não corresponde à reforma constitucional dos sonhos de outros. A União quer a reforma constitucional tributária para aumentar sua arrecadação, ainda que em detrimento dos Estados, dos Municípios e dos Contribuintes; os Estados querem a reforma constitucional tributária, ainda que em detrimento da União, dos Municípios e dos Contribuintes; os Municípios querem a reforma constitucional tributária, ainda que em detrimento da União, dos Estados e sempre (infelizmente) dos Contribuintes; os Contribuintes, claro, querem a reforma constitucional tributária para que se lhes alivie a carga de tributos que lhes magoa as costas.

Mas parece que não é a aspiração dos Contribuintes que vai concretizar-se. Não, pelo menos, se prevalecer um destes projetos que tramitam no Congresso Nacional. De todos, o que mais me agrada (mas ainda não corresponde à minha expectativa) é o Projeto Mussa Demes. Pelo menos ele tem alguma preocupação com os Contribuintes. Mesmo assim, deve passar por profundos aperfeiçoamentos.

No mais, para não incidir em tautologia, peço vênia para endossar em gênero, número, grau e caso as sugestões que foram feitas, de modo brilhante, de modo ponderado, pelos ilustres Professores Osiris Lopes Filho, Misabel Derzi e Ricardo Lobo Torres.

Resta saber se o FMI vai concordar com isso. (*Risos*)

Permitam-me que eu lhes conte uma história extraordinária. Não sou Edgard Allan Poe, mas também tenho uma história extraordinária a lhes contar. Recentemente fui contratado por um grande escritório de advocacia, para fazer uma sustentação oral no Supremo Tribunal Federal. Dirigi-me a Brasília e os advogados correspondentes desse grande escritório tiveram a gentileza de levar-me até o conjunto de salas que lá mantêm. Chegando ao prédio, fomos submetidos a uma revista rigorosa, fomos fotografados, houve a exibição de cartões magnéticos, senhas foram ditas... Até aí aceitei estas cautelas, apesar de intimamente reputá-las excessivas. Afinal estas são práticas mais ou menos corriqueiras, ainda mais aqui em São Paulo, com a multiplicação das violências, dos assaltos. Mas, qual não foi minha surpresa ao verificar que essas cautelas redobraram no andar onde estava o conjunto de salas.

Antes que eu protestasse fui informado que, dividindo aquele espaço, há um escritório do Fundo Monetário Internacional e que eles, advogados correspondentes, para poderem adquirir o conjunto de salas, foram submetido a uma verdadeira sabatina. Mais especificamente, foram entrevistados por agentes estrangeiros, agentes do FMI, que queriam saber se, no passado, algum deles desenvolveu atividades antiamericanas, se viam com maus olhos o Fundo Monetário Internacional, se militam em partidos de oposição ao Governo. Tudo isto, pasmem os colegas congressistas, em Brasília. Portanto, salvo engano meu, em território brasileiro. *(Risos)*

Fui informado, igualmente, de que, de quando em quando, autoridades brasileiras lá comparecem, seguramente não para jogar xadrez ou para trocar informações sobre futebol, com os agentes do FMI, mas, ao que tudo indica, para receber orientações, diretrizes, para não dizer ordens. Nada disse porque nada me foi perguntado (*Risos*), mas se por acaso tivessem se ocupado comigo eu me declararia, até com uma ponta de exagero, americanófobo, adepto fervoroso da Revolução Cubana (*Risos*) e membro militante de uma recém-fundada "Associação dos Degoladores dos Agentes do FMI" (*Risos e palmas prolongadas*).

PRESIDENTE DA MESA (ESTEVÃO HORVATH) – Obrigado, Prof. Roque. Com a sua habitual habilidade de fala nos encantou a todos e ainda trouxe os conceitos fundamentais que conseguem pertencer ao tema.

Agora o Prof. Sacha Calmon Navarro Coêlho, titular da Universidade Federal de Minas Gerais.

PROF. SACHA CALMON NAVARRO COÊLHO – Vou logo ao tema, porquanto o tempo urge. O Prof. Geraldo Ataliba – que a todos nós inspira e certamente inspirou o meu amigo Roque Carrazza, porque esse espírito folgazão e ao mesmo tempo sério era típico do nosso mestre Geraldo Ataliba – acaba, Geraldo Ataliba, de me passar uma mensagem (*Risos*). É que devemos tratar esse tema com humor e ao mesmo tempo com seriedade.

Então, eu me permitirei, já que o humor – e bom humor – ficou por conta do meu colega Roque Carrazza, pedir a permissão dos senhores para antes de adentrar o tema propriamente dito, relembrar rapidamente, de volta ao azul, a vôo de pássaro, as teorias sobre inflação e algo sobre o Plano Real, que está na raiz dos problemas atuais com a tributação no Brasil e as propostas de reforma.

Como os senhores se lembram, o Sr. Roberto Campos foi durante muito tempo corifeu neste país da teoria segundo a qual a inflação derivava de um excesso de dinheiro, ou de uma emissão de moeda, sobre a quantidade de bens e serviços em circulação na sociedade. Essa teoria sofreu muitas críticas, porque presumia uma onisciência de todos os agentes econômicos, exatamente sobre a exata quantidade de mercadorias e o exato valor do dinheiro circulante em dado momento em um país.

Mas dizia o Dr. Roberto Campos que tal não era assim; que o que havia, de fato, era a percepção dos agentes econômicos, da edição de moeda e da edição de títulos para cobrir o endividamento e que, portanto, a causa verdadeira da inflação era o déficit público.

Essa teoria passou por algumas adaptações e mostrou-se finalmente inverídica, como tudo quanto pregou Roberto Campos foi inverídico neste país, a começar pela inexistência de petróleo e a terminar pelo insucesso da política neoliberal.

Mas alguns jovens estudiosos – Pérsio Arida e seus acólitos – chegaram à conclusão de que a verdadeira natureza da inflação brasileira era inercial e que o Plano Cruzado havia ido por água abaixo porque represaram os preços e não operara uma igualação dos preços relativos, de tal maneira que, pegados em momentos diferentes, os preços uns se agüentavam, outros transbordavam, de tal maneira que houve o rompimento do dique e voltou a inflação.

Do mesmo modo foi creditada a experiência heterodoxa do governo Collor de confiscar a poupança para reduzir violentamente a oferta de moeda no mercado, provocando com isso o desabamento dos preços. Se dizia que os preços, também nesse caso, estavam com seus valores desalinhados em relação, ainda assim, à pouca oferta de dinheiro. Fato é que o plano Collor reduziu drasticamente o déficit público, o endividamento do governo no Brasil nunca esteve tão baixo quanto na época daquela loucura confiscatória do governo Collor.

Pois bem, quando veio o Plano Real ele se amarrou em três âncoras: primeiro a fórmula – é preciso reconhecer – genial da URV – Unidade Real de Valor, que tinha como chave o seu ancoramento no dólar. Então, ao longo do tempo, sem choques, com anúncios periódicos à sociedade, os preços foram se realinhando num denominador comum que veio a ser a URV, tornando desnecessária a indexação que alimentava a inflação inercial.

Em seguida, dias antes do lançamento oficial da nova moeda, o Real, o governo abriu as portas do país à importação, importando a concorrência externa e provocando, portanto, o aumento brusco das importações e um decréscimo das exportações. Como isso gerou um déficit brutal, o governo adotou a tese de se financiar através dos capitais de investimento ou voláteis em circulação no mundo. Essa foi a via do real. Houve um atrelamento da URV ao dólar e, depois, do real ao dólar, e pequenas desvalorizações manipuladas pelo governo, e que redundou no que todos nós sabemos, na desvalorização cambial.

Fôssemos seguir Geraldo Ataliba, daríamos um tratamento especificamente jurídico a esse tema; mas ele é interdisciplinar, daí eu ter que fazer essa introdução e pedir paciência aos senhores.

Acabei de ler nos jornais três notícias a meu ver sintomáticas e que servem de introdução ao que vamos dizer: primeiro, que a abertura neoliberal foi ruim para os países emergentes, porque aumentou a dependência e a desigualdade social, aumentou a pobreza; segundo, que o Brasil estava com uma dívida mobiliária anunciada pelo Banco Central de 503 bilhões de Reais, que só este ano já tinha despendido 90 bilhões de Reais no pagamento de juros. Já pensaram o que é investir 90 bilhões de Reais em usinas, fábricas, estradas, educação e saúde? Uma pena. Terceiro, que o Governo, àquela altura dos acontecimentos, quando essas notícias outras eram publicadas, ostentava já vitoriosamente perante o programa do FMI um superávit primário de 20 bilhões de reais. Quer dizer, o governo está arrecadando mais do que gastando, e já arrecadou mais 90 bilhões de Reais.

Então, por que há tanto pagamento de juros e por que é tão alta em relação ao PIB – dizem que vai ultrapassar 53% do PIB – a dívida mobiliária? Porque a grande obra do Governo Fernando Henrique Cardoso foi catapultar a dívida mobiliária do Brasil a índices jamais igualados. Esse é o produto maior, o fruto maior da política neoliberal de Fernando Henrique Cardoso.

Pois bem, esses 20 bilhões são decorrentes de quê? Do brutal ajuste fiscal que o Governo federal empreendeu no país. Por que o Governo federal terá interesse numa reforma tributária, se esse ajuste fiscal, tirante o que se paga de juros, já lhe deu 20 bilhões de superávit primário? É a arrecadação que supera as despesas excluindo o pagamento de juros.

Então, o grande problema do Brasil é servir a dívida, já que a dívida mobiliária não admite mais, como antanho, a separação entre dívida interna e dívida externa; ela é uma só, porque nacionais e estrangeiros, a viúva lá do Tennessee, a senhora que mora em Londres, o aplicador brasileiro intermediado pela Salomão Brothers e outros agentes internacionais de alocação de finanças num mundo globalizado, é que administram esses fundos. Não estamos devendo mais a um *pool* de bancos; estamos devendo a todo o mundo, a brasileiros e a estrangeiros que aplicam nos mercados financeiros.

No entanto, há um clamor da sociedade, há um clamor da classe média, das classes produtoras da sociedade, dos contribuintes, dos Estados membros, no sentido de uma reforma tributária. Isso é inquestionável.

Então, onde é que se situa o problema da reforma tributária atualmente? Penso eu que ela se situa em dois subsistemas do sistema tributário de um modo geral: no subsistema dos impostos incidentes sobre o consumo e no subsistema do financiamento à seguridade social, que é o grande objetivo de uma sociedade democrática de direito. E de uma certa maneira a crise do financiamento da seguridade está embaralhada com a crise da tributação sobre o consumo no Brasil – isso considerando-se os três pilares clássicos da tributação em qualquer parte do mundo: renda ganha, renda gasta no consumo e patrimônio, que nada mais é do que renda entesourada. Tributa-se a renda das pessoas físicas e jurídicas quando ela é ganha, tributa-se a renda das pessoas físicas e jurídicas quando elas gastam e tributa-se o patrimônio das pessoas físicas e jurídicas.

Essa tríplice tributação forma afinal de contas o cerne, o imo, o âmago de qualquer sistema tributário. O da Nova Zelândia não é muito complexo, porque lá tem 3 milhões de habitantes e quase todos ordenham ovelhas e tiram lã. Portanto, não deve servir de parâmetro para o Brasil. Vejam só onde se situa a crise desses dois subsistemas, que se entrecruzam, porque a seguridade em grande parte é financiada com impostos que incidem sobre o consumo. Os dois pontos salientes da crise são os seguintes: primeiro, a extrema cumulatividade dos impostos incidentes sobre o consumo; segundo, os altos índices das bases de cálculo e das alíquotas aplicáveis.

A questão fundamental é que todo imposto sobre consumo, sobre despesa, é repassado para a sociedade, para o contribuinte. É fato: na verdade as empresas pagam e repassam. Nós consumidores e usuários finais de bens e serviços é que pagamos essa tributação, daí a perversidade de um excesso de tributação sobre o consumo.

Vejamos, vamos enumerar, só para relembrar: no subsistema do consumo temos ICMS com alíquota média de 15% – porque são tantas as reduções de base de cálculo e miríades as alíquotas. Temos o ICMS com alíquota média de 15%, temos o IPI que vai de 5 a 20%, temos o ISS com 5% sobre a receita bruta, temos o IOF com 0,5 e até 2% de incidência, temos o imposto de importação que também se agrega aos custos, aos preços, e o imposto de importação também nos é repassado, com uma tabela que segundo o Prof. Osiris Lopes, que já foi Secretário da Receita Federal, hoje tem uma alíquota média de 11%, não se considerando muito as altas alíquotas dos supérfluos, como perfumes, caviar, uísque etc.

Pois bem, vejam quão grande é a carga de impostos que incidem sobre consumo e nos é repassada, vamos agora para o sistema da seguridade. Nós temos 0,38% de IPMF, que onera o sistema nacional de pagamentos – todos os pagamentos do país, o que não é pouco, mesmo quando não há circulação de moeda, mas transferência eletrônica de fundos, está em 0,38%; temos a incidência do INSS sobre a folha de salários numa média de 24%; e sem aí considerarmos as receitas para Sebrae, Sesc, Sesi e Senai, que são entidades privadas, financiadas por dinheiros públicos compulsoriamente arrecadados; temos a Cofins, com a incidência de 3% sobre a receita bruta, após a Emenda Constitucional n. 20, receita essa que supera o conceito de receita bruta; temos 0,65% do Pis sobre idêntica base de cálculo de receita bruta; temos uma contribuição social sobre o lucro que pode chegar a 10%, que é um adicional do imposto de renda, temos o AAA, que é a contribuição sobre os autônomos avulsos e administradores, com alíquotas elevadíssimas; temos uma média de 2% porque varia de 1 para 3%, o financiamento dos seguros de acidente de trabalho, o antigo SAT; temos, sem que muita gente ainda tenha se apercebido, uma contribuição que vai de 6 a 12% para financiar aposentadorias especiais no sistema geral da seguridade, e que não está prevista na Constituição essa nova fonte de receita; temos finalmente o salário-educação, sem contar os encargos trabalhistas.

Isso tem gerado três fenômenos extremamente perigosos que são: primeiro, o alto índice de informalidade da atividade econômica, com a queda expressiva do financiamento da seguridade e arrecadação normal dos impostos. A má aplicação dos recursos, dado que todo recurso do superávit fiscal está direcionado ao abatimento da dívida, à estabilização da dívida mobiliária. E, finalmente, a ausência de um projeto nacional, tal é a sanha arrecadatória e a inexistência de qualquer política de alocação adicional dos recursos.

Ora, a crise no subsistema do consumo e da seguridade social tem que ser resolvida de qualquer maneira, ou o País não consegue competir, porque esperávamos um superávit de 12 bilhões na balança do comércio exterior e não vamos ter sequer superávit, vamos continuar deficitários apesar da desvalorização cambial.

Então, é preciso diminuir o custo Brasil para que as pessoas comprem mais aqui e no Exterior e que, portanto, tenham mais renda disponível, aumentem os empregos, a renda, os salários, num círculo virtuoso, porque o que nós temos hoje é um círculo vicioso.

E quais são as soluções que a todos são apresentadas? A criação de um imposto que pode ter qualquer nome – IVA, ICMS, IVC –, qualquer nome, não me interessa o nome, um imposto que seja incidente sobre o consumo, que não sirva para alocação de recursos ou para guerra fiscal, que tenha alíquotas uniformes, neutro portanto, que seja amplo, abrangendo uma gama muito grande de serviços bancários, de construção civil, inclusive de profissionais liberais, como ocorre na Europa, e que seja realmente não-cumulativo, porque o ICMS é cumulativo, o IPI é cumulativo e o ISS é cumulativo, apesar da mecânica da não-cumulatividade.

Nós temos clientes que têm uma alíquota média de entrada de 13% e uma de saída de 11%; então ele é um acumulador sistemático de crédito. Logo, o imposto é cumulativo por uma série de fenômenos, o maior dos quais e responsável por essa situação é a diferença de alíquotas – norte e sul, leste e oeste, ou relativamente aos produtos comercializados.

Um imposto que, incidindo sobre o consumo, coerentemente pertença à unidade da Federação onde ocorre o consumo do bem ou do serviço, que seja repartido entre os entes federais, seja um imposto da Federação, sem condicionamentos políticos e sem os perigos da hipertrofia do Executivo, e que, a se manter a CPMF, seja ela totalmente deduzida, incidindo apenas sobre a economia informal.

Essas soluções como que permeiam os projetos em voga, seja o projeto valioso da Prof. Misabel, apresentado alternativamente ao Michel Temer, seja o projeto Mussa Demes, seja o projeto do Governo. A seguridade será financiada por adicionais desse grande imposto sobre o consumo chamado IVA e de outros impostos. Mais ainda, se quer a não tributação de qualquer exportação e a tributação de todas as importações com os impostos internos sobre consumo, que deixariam de ser não-cumulativos, com a extinção do IPI, da Cofins, do Pis e do ISS.

Basicamente o que se chama de nova ordem tributária, o que se está querendo no País é isto. Esse debate está na FIESP, está na FIEMG, está na CUT, está na mente dos juristas, na cabeça dos economistas; a dificuldade está em implementar esta reforma. Por quê? Porque os Estados resistem, com justa razão, à tentativa da União de se assenhorear do mais produtivo dos impostos do sistema, que é o imposto de valor adicionado, o ICMS. Que ele tenha uma legislação nacional e que ele não conviva com exonerações fiscais é um imperativo da ordem e da justiça – o ICMS tem que ser um imposto essencialmente neutro e fiscal, ele não pode conviver com exonerações fiscais, nem com a guerra fiscal. Portanto, tem que ter uma legislação nacional uniforme, sem que isto signifique a perda de controle de sua arrecadação pelos Estados membros da Federação.

Esse é o nó górdio a ser desatado, não apenas pelo Congresso Nacional, não apenas pelos economistas e juristas, pelos senhores; também este nó górdio tem que ser desatado, sem o que País não encontrará o caminho da prosperidade e do crescimento. Sinto nesse ponto ter que discordar do Prof. Roque Carrazza quando diz que a Constituição é boa – e é – e que o sistema deveria funcionar melhor; o problema é que não funciona a contento e tem de funcionar a contento porque é um imperativo nacional.

Sinto discordar do Prof. Osiris, por ter que ser fiel a mim mesmo. Numa abordagem interdisciplinar eu vejo a reforma tributária como a única reforma que conta, porque a administrativa não vale nada nem vai resolver os problemas do País, e a previdenciária é um conto do vigário. O que está ocorrendo com o financiamento da previdência é a pré-destinação descarada, feita pela União Federal, do Pis, da Cofins, da contribuição social sobre o lucro, da CPMF, que não é destinada aos fins da seguridade, mas aos fins do Tesouro Nacional. Se todas essas fontes fluíssem para o orçamento da seguridade não haveria déficit, haveria superávit no orçamento da seguridade.

Então, a única reforma que conta é a tributária, para que o País seja racional e possa crescer economicamente, e todos nós devemos nos empenhar seguramente nesse sentido.

É o que eu tinha a dizer, meus senhores. Muito obrigado. (*Palmas*)

PRESIDENTE DA MESA (ESTEVÃO HORVATH) – Muito obrigado, Prof. Sacha, por sua brilhante intervenção.

E agora, como raras vezes acontece, nos sobrou um tempo razoável para podermos continuar dialogando, agora talvez de uma forma mais realmente de diálogo. Vamos começar pelas respostas às perguntas que já nos chegaram e solicitamos a todos que queiram, que ainda há tempo de formular mais perguntas.

Primeiro passarei a palavra ao Prof. Osiris novamente, para responder as questões que lhe foram enviadas.

PROF. OSIRIS DE AZEVEDO LOPES FILHO – Uma pergunta anônima aqui: o verdadeiro superávit ...(*defeito no microfone durante esta intervenção*)... condição de estabilidade econômica vigente. Sabe-se, entretanto, que o atual descompasso das contas públicas se deve às despesas decorrentes das taxas de juros. Uma redução drástica dessas taxas seria a saída? Se afirmativa a resposta, isso não resultaria na fuga de capitais que desencadearia descontrolada desvalorização e processo inflacionário? Nesse cenário, a redução da carga tributária sobre a atividade produtiva não seria uma saída, uma vez que permitiria o crescimento ...(*defeito no microfone durante esta intervenção*)...?

A parte aí de juros eu não entendo nada disso; é para os economistas, que também não entendem (*Risos*). Eu quero dizer o seguinte: acredito que é possível aumentar a arrecadação de uma maneira mais justa e racional se houver um combate à evasão e fizer uma redução negociada da carga tributária. A carga tributária está inviabilizando certos setores. Então chama uma entidade representativa e diz: olha, nós reduziremos por seis meses a carga tributária, mas depois dos seis meses o montante existente de arrecadação na data anterior à redução tem que ser alcançado. Então o próprio setor combateria a evasão advertindo os recalcitrantes de pagar o tributo dizendo: olha, nós conseguimos a redução para conseguirmos sobreviver; agora você tem que colaborar pagando o tributo. Porque também pensar que a redução da carga tributária num milagre eleva a arrecadação, isso não vai ocorrer. E tem que ter a Administração Tributária, nós não temos administração, é ridículo o pressuposto de que haja Administração Tributária. Você não tem cumprimento espontâneo, cumpre a lei quando a taxa de risco de evasão tende a aumentar; quando ela tende a zero, que é o que ocorre hoje no País, quem pode evadir se evade. Então, essa é a realidade do país.

Eu só queria fazer uma observação. É o seguinte: nós estamos num emaranhado de subserviência a nível internacional. O Sacha me perguntou aí quanto era a alíquota média do imposto de importação ... É 11%, tendendo a 12%. Mas uma jogada que foi feita por essa elite que está aí, a mando do FMI, foi a criação da tarifa externa comum. É o maior prejuízo para a indústria nacional, a tal da tarifa externa comum. Por quê? O Brasil, que foi um país sempre protecionista na fixação da tarifa, já teve tarifas de 210% – que não é nem protecionista, é proibitiva, incentivadora do contrabando –, quando entrou na negociação do Mercosul com o Paraguai, com o Uruguai e com a Argentina (Argentina um país decadente, o Paraguai o paraíso do contrabando e o Uruguai o paraíso financeiro, o paraíso fiscal), qual foi a jogada? O Brasil teve de reduzir – para ter uma tarifa externa comum, que correspondesse às aspirações –, teve de reduzir fantasticamente a nossa alíquota. Então ficou vulnerável. E depois que acorda a tarifa externa comum não pode mais elevar unilateralmente, porque dá muita confusão, compreende?

Então, um dos fenômenos em nível internacional, para liquidar a indústria nacional, principalmente a que precisava de proteção, foi exatamente a tarifa externa comum. Pouca gente sabe disso, estamos com níveis baixíssimos de alíquota que não protegem efetivamente a nossa indústria e criam emprego no exterior. Daí essa taxa elevadíssima de desemprego no país.

Tem essa pergunta aqui: taxa de iluminação pública. Parece que a atribuição da ...(*defeito no microfone durante esta intervenção*)... *uti universi* aos Municípios é uma moeda de troca...(*defeito no microfone durante esta intervenção*)... Qual é a opinião da Mesa, especialmente do Dr. Osiris e Ricardo Lobo sobre isso? Não funcionaria como imposto?

Olha, a minha opinião é a seguinte: se continuar o Supremo a decidir sobre as taxas, como tem decidido, acaba a tributação municipal das taxas, porque utilizando o art. 145 da Constituição que diz que as taxas não podem ter base de cálculo do imposto, já decidiram que a taxa de ...(*defeito no microfone durante esta intervenção*)... que utiliza como base de cálculo a confrontação do imóvel com a rua invade a base de cálculo do ICMS. ...(*defeito no microfone durante esta intervenção*)... com muita razão decidido que a taxa de iluminação pública levava em consideração o consumo de energia elétrica – invade, aí não tem dúvida. Mas na taxa da iluminação pública eu acho que é uma taxa que devia prosseguir e não substitui na minha opinião nada de ISS. O grande obstáculo foi que alguns Ministros do Supremo chegaram à conclusão de que não corresponde a taxa de iluminação pública à exigência da sua divisibilidade em relação ao contribuinte.

Prof. Sacha Calmon Navarro Coêlho – O relatório do Mussa Demes pretende acolher essa reivindicação dos municípios, de ter algum financiamento para a iluminação dos logradouros públicos através da instituição de contribuições. Eu acho isso um despautério sem sentido, porque que contribuição é essa? A contribuição com uma taxa é um tributo que exige uma atuação do Estado, específica, relativa à pessoa do contribuinte. Então não vejo como, mudando o nome da coisa se possa resolver esse problema. É possível individualizar o uso da iluminação pública?

Agora, eu acho que uma solução inteligente, é por exemplo, a do Rio Grande do Sul, que tem uma série de liminares dos contribuintes, nenhum município cobra essa taxa e os municípios também não pagam as concessionárias de energia elétrica, porque não têm recursos. Então, são inadimplentes. É um problema nacional. A tarifa deveria abranger a iluminação das cidades.

Como é que deve ser financiada a iluminação das cidades? Pelas pessoas que pagam conta de luz. Eu não veria como um mal a partir do poder regulatório do Estado, a partir dos princípios de Direito Administrativo, da concessão de serviços públicos, ainda que privatizados a empresas particulares, que no componente da tarifa existisse um *plus*, exatamente para fazer face à iluminação das cidades; e pagariam mais, apesar de preço público e não tributo, aqueles que utilizassem à larga a eletricidade. Os ricos, que deixam as luzes acesas, os filhos da classe média que acendem a luz, a televisão, o liqüidificador e ficam olhando o tempo passar na janela; não assim os pobrezinhos que têm um consumo pequeno, porque são parcos os seus recursos, não assim as indústrias eletrointensivas.

Então eu acho que por via dos preços e do poder regulatório do Estado, através do Direito Administrativo, do Poder Concedente, que é da União, se poderia resolver esse problema. É um problema "problemático" porque todas as soluções para resolver o problema criam mais problemas...

Já chamamos de contribuição a verdadeiros impostos – Pis e Cofins são impostos, só têm o nome de contribuição porque a Constituição proíbe a vinculação de receita de impostos a órgão, programa e despesa. Então, se nós temos que vincular um imposto à seguridade, chamamos esse imposto de contribuição. É por essa razão que o IPMF virou CPMF. Parece coisa de criança, irresponsabilidade. Vão mudar o nome e fica tudo bem? Vejam a consciência jurídica do legislador.

Só que, então, eu acho que essa solução do relator é pífia. Mas o problema existe e pode ser resolvido via preços, e não vejo – como já decidiu ilustre publicista e Desembargador do Tribunal de Justiça de Minas Gerais, proibição a que se faça política social ou se vislumbre capacidade contributiva nos preços, capacidade contributiva para pagar preço de energia elétrica. Por quê? A capacidade contributiva não há de se referir tão-somente à teoria dos impostos.

Desculpe, Osiris, essa minha intervenção.

PROF. OSIRIS DE AZEVEDO LOPES FILHO (*defeito no microfone durante esta intervenção*) – É porque nessa matéria de mudar uma série de impostos, ... é um paulista, o Prof. Jatene. Ele utilizou a habilidade cirúrgica dele (*Risos*) e castrou a masculinidade do IPMF (*Risos*).

Tem mais uma pergunta.

PRESIDENTE DA MESA (ESTEVÃO HORVATH) – Professor Osiris, para variar um pouquinho vamos passar a palavra à Profa. Misabel, pois ela tem algumas centenas de perguntas.

PROF. OSIRIS DE AZEVEDO LOPES FILHO (*defeito no microfone durante esta intervenção*) – Eu leio esta aqui e encerro. O Sacha tomou minha palavra e falou mais do que eu (*Risos*) ... e falou com mais sensatez do que eu, porque ele é baiano mas naturalizado mineiro, e mineiro é mais sensato.

Fala-se muito em reforma tributária; mas basicamente no consumo, pouco na renda e menos no patrimônio. Antes de estabelecer uma nova ordem tributária, não seria oportuno aplicarmos o proposto na Constituição de 88, por exemplo, regulamentando o imposto sobre grandes fortunas? A pergunta é do Antônio Machado ...(*defeito no microfone durante esta intervenção*)... de Pernambuco.

Olhe, os dois melhores projetos do imposto sobre grandes fortunas têm como autoria dois então senadores: Antônio Marins, que foi Governador da Paraíba – já falecido, e o atual Presidente Dom Fernando Henrique (*Risos*). É verdade, eu acho que o nosso azar da última década do século foi ter iniciando o ...(*defeito no microfone durante esta intervenção*)... e chegarmos ao novo milênio, ao novo século, com Fernando o camaleão, (*Risos*) que era de esquerda e agora nem de direita é, na verdade é filiado aí a ...(*defeito no microfone durante esta intervenção*)... é universal. (*Risos*)

Até o Sacha acredita nesse negócio de reforma, que na minha opinião é o sincretismo entre a formação cristã com macumba, espiritismo, umbanda (*Risos*); então está sempre achando que vem um passe de mágica e vai melhorar tudo. As reformas no Brasil são todas pífias, exatamente ao contrário do que se apregoava que ela iria alcançar.

Então, tem essa de criar o imposto sobre grandes fortunas para arranjar dinheiro para o governo. Vai arrecadar muito pouco. Eu acho que o Antônio Marins quando propôs botou uma palavra fantástica no meio: não é imposto sobre fortuna, é imposto sobre grande fortuna. Isso é facílimo de determinar o que é grande fortuna, é só pegar a declaração de bens do imposto de renda e botar no computador, para ver onde é que está a grande fortuna, que é um tributo que não pode cair na classe média, porque tem uma idéia de magnitude.

Mas a França já teve esse imposto sobre fortuna e foi revogado, hoje é imposto de solidariedade social. O objetivo dele não é fornecer recursos para o orçamento, o objetivo é estabelecer, transferir recursos dos mais ricos para os menos afortunados, para tentar igualar dentro da população as condições básicas de vida.

Aqui no Brasil, nos meus cálculos, quando eu estava no governo, arrecadação muito bem feita seria de 300 a 500 milhões de reais, não mais do que isso, porque a riqueza é muito concentrada. E também, no mundo inteiro, toda vez que se tributa pesadamente a riqueza há uma fuga de capital fantástica. Tem que entrar com muita ...(*defeito no microfone durante esta intervenção*)... permitir crédito de outros tributos sobre patrimônio, e tributar o patrimônio líquido.

Fico vendo o secretário atual da Receita, eu acho que ele é geólogo, uma profissão dessas; ele está querendo tributar aí a renda líquida. Ele podia tributar, porque esse imposto sobre grande fortuna não se diz que tipo de fortuna, se é de pessoa física ou de pessoa jurídica. Alguns países em que grandes empresas não pagavam imposto de renda, começaram a tributar sobre patrimônio. Essa tributação sobre fortuna, riqueza ou patrimônio líquido no Brasil podia alcançar as grandes empresas que não pagam imposto de renda, mas cujo patrimônio cresce fantasticamente.

As montadoras do Brasil de uma maneira geral não pagam imposto de renda, dado o nível de investimento que elas fazem etc. Então, eu acho que mais para pegar as pessoas jurídicas que não pagam imposto de renda e menos para pegar a renda individual das pessoas físicas, podia-se tocar direto esse imposto sobre grandes fortunas e pegar os grandes patrimônios empresariais que não pagam imposto de renda. É uma solução. O problema do Brasil é não ficar arranjando mágica, é se privar do que já está na Constituição; tem que pensar no interesse primordial da população brasileira, coisa que eu não vejo esse governo sequer vislumbrar.

O Brasil virou um paraíso fiscal! Pela lei brasileira, tem essa lei, acho que 9.430, que diz: país de tributação favorecida (paraíso fiscal) é aquele que não tributa renda ou quando a tributa, tributa em menos de 20%. Essa mesma lei eliminou a tributação sobre remessas de lucros e dividendos para o Exterior.

Mais adiante, agora em agosto do ano passado, diz o seguinte: os ganhos de aplicações de títulos de renda fixa no mercado interno, alíquota zero. Eu falei: o Brasil está sendo generoso fazendo as remessas para o Exterior sem tributação, e os ganhos aqui dos fundos estrangeiros de investimento e de renda fixa não são tributados no mercado interno. Então, nós estamos sendo generosos com os nossos credores a nível internacional, com os especuladores aqui – porque renda fixa é basicamente especulação – e estamos fazendo uma maluquice, porque com a facilidade de remessas cambial para o Exterior o que ocorre? Quem tem dinheiro aqui manda dinheiro para o paraíso fiscal e reaplica sem pagar imposto nenhum. Quer dizer, é um surrealismo – é uma expressão melhor para chamar esse governo entreguista que nós temos aí.

PROFA. MISABEL DERZI – A contribuição de solidariedade, à qual nos referíamos, pretende alcançar a renda e o patrimônio líquido acima de certo valor, na linha da sugestão do Prof. Osiris Rocha. O nome solidariedade foi inspirado realmente no imposto de solidariedade dos franceses.

Mas se prevê também – não que a competência passe para os Estados e Municípios, nem que a União não participe ativamente desses recursos, porque as ações da União nesse campo são muito grandes, e para alcançar todo o País ela precisa ter recursos representativos –, mas ali se prevê, também, um determinado perfil de repasse para os Estados e Municípios. Então a pergunta veio apenas desdobrar um aspecto do projeto que eu não tinha tido tempo de revelar.

No que tange à realização dos ideais de seguridade social, da redução das desigualdades sociais, todos nós sabemos que estamos fazendo sugestões no campo do sistema tributário, mas não temos garantia nenhuma de que realmente – imaginem os senhores um projeto ideal de Direito Tributário – que uma vez implementado fosse surtir resultados. Esses resultados vão depender, é claro, do cumprimento das normas constitucionais, especialmente das transferências desses recursos arrecadados para o custeio dessas ações fundamentais.

Hoje nós sabemos – isso são dados oficiais – que a União não entrega esses recursos que advêm da Cofins, do Pis e mesmo das contribuições majoradas, à seguridade social. Não pode, pela Constituição não pode, mas ela faz isso sistematicamente, porque o que está interessando é o superávit da arrecadação da União, que quer prestar contas ao FMI e ao Banco Mundial.

Eu não sei se mexendo com tudo isso nós vamos ter uma solução. Nós temos que mudar o comportamento dos agentes responsáveis, isso sim é caso de responsabilidade fiscal, porque isso está contrariando uma norma constitucional altamente relevante. Então esperamos que esse tipo de comportamento seja coibido no futuro; mas nós não temos esperança, claro, de resolvermos esse problema, que é um problema administrativo e fiscal, mudando o sistema tributário. Nós podemos fazer uma mágica e pensarmos em mil e uma contribuições inteligentes – nada vai alterar se esses recursos não chegarem ao destino para o qual foram pensados e autorizados na Constituição.

Mas existe aqui uma pergunta muito importante do Dr. Mantovani Collares, Juiz de Direito do Ceará. Diz ele o seguinte: "A senhora afirmou que o federalismo é uma forma de preservação da liberdade, reduzindo-se as desigualdades regionais. Disse, porém, que é preciso unificar as alíquotas de ICMS de todos os Estados. Não há uma contradição nessas duas premissas?"

Muito bem, o Dr. Mantovani Collares tem razão, se fosse só isso que nós defendemos. Defendemos, sim, a uniformização das alíquotas do ICMS, especialmente nas operações interestaduais, exatamente porque esse diferencial de alíquotas, além de estimular a sonegação, gera por si a formação de créditos estruturais no ICMS, um defeito gravíssimo do sistema. E nenhum Estado da Federação tem condições de pagar ao contribuinte, de compensar o contribuinte em relação a esses créditos estruturais que os defeitos do sistema desencadeiam.

Para os senhores terem idéia, no Estado de Minas Gerais nós abrigamos um dos maiores atacadistas; aliás, o maior atacadista da América Latina. Tem sede em uma cidade do Triângulo Mineiro. Mas este atacadista (tem três atacadistas) não paga um real de ICMS ao Estado de Minas Gerais, há muitos anos.

PROF. OSIRIS DE AZEVEDO LOPES FILHO – Fatura 1 bi e 300 milhões por ano.

PROFA. MISABEL DERZI – Vejam os senhores, e não é sonegadora, não está sonegando imposto, o Estado não pode fazer nada.

Vou lhe explicar simplesmente o que acontece: o maior atacadista, que compra para revender, essa empresa adquire o grosso de seus produtos, das mercadorias que vai revender, do Estado de São Paulo, com alíquota interestadual de 12%, e depois revende para o resto do país, na sua maior parte para os estados do Norte, Nordeste e Centro-Oeste, com alíquota de 7%. A empresa não consegue, em razão da alta competitividade no mercado, recuperar tudo isto; então não há como pagar imposto em relação a Minas Gerais. O que ele tem sempre, ali, em Minas, é um débito menor do que os créditos que acumula. Então, esse é um problema seríssimo. Então, ao uniformizarmos as alíquotas, o que se pretende é eliminar este mecanismo de evasão e eliminar os créditos estruturais e formados que não tenham razão. Então, a empresa fica penalizada, o Estado fica penalizado.

Mas como conciliar isso com o federalismo e com os estados do Norte, Nordeste e Centro-Oeste, que são os grandes consumidores do país? E não obstante, portanto, os consumidores desses estados mais pobres, que são importadores líquidos, estão financiando o excesso de ICMS de São Paulo. Não nesse exemplo, mas em muitos casos o ICMS paga a Minas Gerais e a todos os estados do Sul e do Sudeste que exportam mais para os outros estados do que importam dos demais estados da Federação.

Só que nós achamos que a solução deste problema não tem que vir nas alíquotas, a solução deste problema tem que vir da Administração do Tributo. Então, em vez de um Confaz, que tenha como objetivo conceder isenções, benefícios fiscais, Minas Gerais está renunciando a esse tipo de política, quer o tributo uniforme ...(*defeito no microfone durante esta intervenção*)... O Confaz perde o seu poder de conceder isenções e benefícios fiscais e se torna um órgão que tem como objetivo assegurar padronização da legislação dos Estados e administrar a receita nacional do imposto, para repassar aos Estados do destino aquilo que têm direito de receber, de acordo com o seu déficit, ou seja, em relação às suas compras, quando a balança de um Estado for deficitária comparadas as compras e as vendas daquele mesmo Estado. Isso tem que ser feito já. É preciso restabelecer a lealdade e a solidariedade entre os Estados da Federação Brasileira. E nós entendemos que as queixas dos Estados mais pobres são absolutamente procedentes, e que nós não temos que esperar possibilidade nenhuma de Estado nenhum; este reparo tem que ser feito imediatamente. Para isso, e por causa disso, o Estado de Minas Gerais pensou em quê? Em um tributo mais amplo – ICMS mais imposto sobre serviços de qualquer natureza – com a anuência dos Municípios mineiros, todos que têm as suas compensações no projeto. E mais, não apenas isso; aumento da base de incidência do próprio ICMS, agregando a esta base a criação de qualquer utilidade por meios eletrônicos. Nós pretendemos expandir a base. Com que objetivo? Possibilitar este repasse, esta compensação dos Estados mais pobres do país – Norte, Nordeste e Centro-Oeste – de imediato, sem inviabilizar o Estado de São Paulo e os demais estados da região Sul e Sudeste.

Então, estamos no projeto garantindo o mesmo nível de arrecadação dos últimos cinco anos para qualquer Estado. E mais, a compensação imediata dos Estados do destino com o aumento da arrecadação que certamente virá. Então nós estamos pretendendo viabilizar esta uniformidade de alíquotas expurgando os defeitos do sistema e imediatamente, sem mais delongas, compensar os Estados, que são os Estados pelo princípio do destino aqueles que mais compram do que vendem, e restabelecermos com isto a lealdade e a solidariedade que devem presidir o pacto federativo.

Muito obrigado. (*Palmas*)

PRESIDENTE DA MESA (PROF. ESTEVÃO HORVATH) – Passo a palavra ao Prof. Ricardo Lobo Torres para, no espaço de tempo mais breve que ele conseguir, responder às perguntas que lhe foram formuladas.

PROF. RICARDO LOBO TORRES – A pergunta é do Dr. Armando Leão: "Caberia aos cientistas do Direito propor uma solução para a dívida pública, já que o problema continua a se avolumar?" Não creio que seja só dos cientistas do Direito. O grande problema que ocorreu neste país foi a separação entre Direito e Economia: os juristas de um lado se preocuparam com problemas formais, os economistas, do outro, passaram a ser os donos da verdade em matéria de dívida econômica do país. Hoje temos uma República que sem dúvida nenhuma é de economistas e de sociólogos, que se julgam verdadeiramente cientistas, porque fazem um discurso que pretende ser rigorosamente científico. Os juristas, à margem, já não participam mais do processo decisório sobre questões financeiras. A atitude correta é a análise interdisciplinar, como ocorreu na comissão que elaborou a Emenda Constitucional 18 e o Código Tributário Nacional, na qual havia um grupo de economistas e um grupo de juristas também. Como se faz em outros países, na Alemanha e nos Estados Unidos, eles trabalham de comum acordo – há até uma certa preponderância dos economistas, porque o assunto é técnico, mas os juristas não podem ficar à margem.

Ouvimos hoje a lição do Prof. Sacha Calmon, que analisou a questão do endividamento usando categorias econômicas. Isso não é um privilégio dos economistas. Os próprios professores dos nossos economistas, que todos eles estudaram nos Estados Unidos, se abrem também para a análise jurídica, pelo menos constitucional. A economia americana, ou melhor, a ciência econômica americana se faz no marco da Constituição, dos valores da Constituição Americana. Os economistas hoje estão trilhando o caminho da ética econômica. A economia não pode ficar longe do Direito e da Ética, eis que parte de pressupostos éticos, tendo em vista que o economista não é um técnico em econometria, mas sobretudo um moralista, que trabalha com conceitos e valores jurídicos e éticos. Portanto, creio que o caminho seja o da interdisciplinaridade e não propriamente de uma reserva de competência técnica para os juristas ou para os economistas. Parece-nos que isso faltou no Brasil nos últimos anos para prejuízo do país e de todos nós.

Presidente da Mesa (Prof. Estevão Horvath) – Por fim, a última questão a ser respondida pelo Prof. Sacha.

Prof. Sacha Calmon Navarro Coêlho – A pergunta é do Dr. Antônio de Barros Filho: "Um dos fundamentos da proposta de reforma tributária é inserir a economia informal na formalidade. A meu ver a maior informalidade são as imunidades, aliás, expressão muito parecida com impunidade. Por que será que nenhuma proposta as enfrentou, nem mesmo as propostas hoje apresentadas?"

Eu acredito que realmente no campo das imunidades existam alguns excessos. Mas quero relembrar que é uma idéia cara à Profa. Misabel e cara ao Prof. Ricardo Torres. Por exemplo, a imunidade intergovernamental recíproca, que impede a tributação das pessoas políticas está baseada no princípio da capacidade contributiva e da autonomia dos entes políticos que convivem na Federação. Não faz muito sentido a União tributar Estado e Estado tributar União. Se não estivesse expressa não se poderia pagar, como não se paga nos Estados Unidos, onde o princípio foi construído pela Jurisprudência. As imunidades em grande parte estão a serviço da liberdade e essa é uma idéia magnificamente desenvolvida no seu livro, Prof. Ricardo Torres, eu recebi com muito prazer um dos últimos volumes desse tratado extraordinário sobre a liberdade em face da tributação.

Agora, há razões para a imunidade. Por exemplo, um sistema privado de seguridade, complementar da seguridade pública – esteve aqui recentemente em São Paulo o Prof. Lang, alemão, que organizou o sistema tributário, se eu não me engano, da Croácia, e ele diz o seguinte: quando o cidadão aporta uma renda já tributada para auferir nos dias negros do seu estar existencial, uma garantia de sobrevivência, não deveria o Estado tributar as reaplicações dessa renda, senão no momento último da sua realização, exatamente para facilitar a capitalização da renda não direcionada ao consumo, mas à seguridade ou ao investimento. É uma política, um modelo levantado pelo Prof. Lang. Eu, por exemplo, sou favorável – apesar dos desmandos de certas entidades privadas de previdência, principalmente das estatais (mas isso não é um problema fiscal, é de outra natureza). Com as aplicações dos fundos de pensão, o modelo mais comum no mundo, é não tributar durante as aplicações, porque ela está gerando investimento no comércio, na indústria, em tecnologia, e está gerando poupança para as pessoas. Então eu acho que essa imunidade se sustenta.

Eu já não olho com muita simpatia a imunidade de jornal, periódico, revista, livro. Não sei porque, passou o momento histórico em que Perón e Getúlio Vargas utilizavam o imposto de importação, a importação de papel ou a tributação para sufocar a liberdade; esse momento passou. E nem por isso o livro foi barateado. A Rede Globo ganha fortunas, a Editora Abril outras. Não sei porque são imunes, eu não tenho a mínima simpatia por essa imunidade.

Tem a seguridade e a "pilantropia". Se prejudicou muito a real filantropia das Santas Casas e de outras instituições beneméritas. Eu acho que a imunidade deveria ser realmente para as instituições beneméritas, mas deveria haver isenção sobre sérios predicamentos e controles, para essas pessoas *no profits*, como dizia o Aleomar Baleeiro. Quer dizer, que existem, para um fim altruísta, a bem da sociedade, complementando o Estado em educação, assistência social, cultura, previdência. Eu acho que essas entidades – embora os fundos de pensão movimentem por exemplo 48% da economia norte-americana, e no Brasil poderiam ser um motor de alavancagem da poupança interna e sua aplicação e reprodução de capital em prol do segurado – não deveriam ser tributadas nas suas aplicações pelo imposto de renda.

Essa história de tributar fundo de pensão começou com o Delfim, ficou de olho gordo em cima das movimentações financeiras e queria preencher o orçamento. Daí para cá tem sido uma luta hercúlea. Resultado: o sistema brasileiro é ineficaz em relação a outros países, quer dizer, quem perde somos nós mais uma vez.

Então, o problema da imunidade tem razão de ser na liberdade, na solidariedade e na ausência de capacidade contributiva. Portanto, não tomo partido aqui contra ou a favor da imunidade de um modo geral, é preciso examinar caso por caso. Muito obrigado. (*Palmas*)

Presidente da Mesa (Prof. Estevão Horvath) – A Mesa agradece a presença dos ilustres Professores Sacha Calmon, Osiris Lopes, Misabel Derzi, Ricardo Lobo Torres, Roque Carrazza e partimos para o intervalo de 10 minutos. Às cinco horas, por favor, estejam de volta para a Conferência do Prof. Alvaro Rodrigues Bereijo. Obrigado.

MESA DE DEBATES "C"

TRIBUTAÇÃO, ECOLOGIA E MEIO AMBIENTE

PRESIDENTE DA MESA (PROF. WANDERLEY FEDERIGHI) – Senhoras e senhores, bom dia a todos. Vamos dar início ao segundo dia do XIII Congresso Brasileiro de Direito Tributário, iniciando a Mesa de Debates "C" com o tema Tributação, Ecologia e Meio Ambiente.

Temos aqui quatro expoentes do Direito Público brasileiro: Dr. Eduardo Bottallo, Dra. Lucia Valle Figueiredo, Dr. Marcelo Figueiredo e Dra. Regina Helena Costa, que dispensam maiores apresentações.

Inicialmente, começaremos com o Dr. Eduardo Bottallo.

PROF. EDUARDO BOTTALLO – Quero, inicialmente, saudar os ilustres componentes da Mesa, Professora Lucia, Professora Regina, Professor Marcelo e Professor Wanderley e também exteriorizar a minha honra e a minha satisfação por, mais uma vez, estar participando de Congresso promovido pelo Instituto Geraldo Ataliba – IDEPE.

MEIO AMBIENTE E TRIBUTAÇÃO (APLICAÇÕES DO PRINCÍPIO DA SELETIVIDADE DO IPI; A QUESTÃO DA TAXA DE COLETA DE LIXO)

Noções introdutórias

O tema é de grande atualidade e importância. Aliás, para enfatizar a oportunidade da inclusão do seu estudo neste Congresso, gostaria de informar que a Faculdade de Direito da Universidade de São Paulo, por uma decisão muito recente da sua Congregação, criou as cadeiras de Direito Ambiental I e de Direito Ambiental II, que, a partir do ano 2000, serão oferecidas, em caráter optativo, aos alunos do quinto ano do Curso de Bacharelado. A criação dessa Cadeira é um indício muito claro de que, dentro da dinâmica da ciência jurídica, estamos presenciando a gênese de uma nova disciplina didaticamente autônoma, embora o seu conteúdo seja necessariamente interdisciplinar. Esse conteúdo interdisciplinar é bem mostrado quando se examina o programa da nova disciplina, tal como foi concebido pelo Professor Fábio Nusdeo, encarregado de elaborá-lo. Verifica-se que a Cadeira de Direito Ambiental, diferentemente daquilo que estamos acostumados a ver, não terá um professor responsável, mas vários, já que o seu estudo prevê incursões pelo Direito Constitucional, pelo Direito Administrativo, pelo Direito Econômico, pelo Direito Tributário, pelo Direito Processual, pelo Direito Civil, pelo Direito Penal e até pela Filosofia e Teoria Geral do Direito, de modo que muitas das disciplinas tradicionais estão envolvidas nessa nova especialidade que acaba de ser reconhecida naquela Instituição.

Especificamente sobre as relações entre a Ecologia e o Direito Tributário, a proposta deste programa prevê a respectiva aproximação nos seguintes termos (*lê*): "Os tributos em defesa do meio ambiente. Preço público para recursos ambientais".

Percebe-se que, naquela proposta, há uma certa associação entre a área específica do Direito Tributário e a área mais ampla, mais genérica, do Direito Financeiro. O programa faz referência, ainda, às leis que criaram o Sistema Nacional de Proteção do Meio Ambiente e o próprio Ibama, a Lei 6.938, de 1981, com as modificações da Lei 7.804, de 1989.

Tendo presente que o elo entre o Direito Tributário, e a Ecologia se fará a partir do exame das possibilidades da utilização de instrumentos tributários para os fins de defesa e de proteção do meio ambiente, assim identificamos a contribuição que a nossa disciplina poderá dar a essa importante especialidade que agora se consolida.

Panorama constitucional

Passando para o plano do direito positivo, permito-me, de início, fazer uma rápida incursão pela Constituição, já que nela podemos identificar alguns preceitos que têm relação direta com a matéria. Em primeiro lugar, o artigo 23, incisos VI e VII, que declaram ser de competência comum, da União, dos Estados, do Distrito Federal e dos Municípios, proteger o meio ambiente e combater a poluição em qualquer de suas formas, preservar as florestas, a fauna e a flora.

Uma pequena observação: esse artigo 23, como todos os estudiosos de Direito Administrativo e Constitucional sabem, ao outorgar competências comuns à União, Estados, Distrito Federal e Municípios, está se referindo a ações de natureza administrativa e a ações de natureza política. Portanto, essa norma tem, basicamente, como destinatários, os Poderes Executivos federal, estadual, distrital e municipal, porque, em se tratando, especificamente, de aptidão legislativa para questões de meio ambiente, a matéria está colocada sob o regime da competência concorrente da União e dos Estados, dentro daquele esquema bem conhecido, em que a União estabelece regras gerais, cabendo aos Estados as normas suplementares (art. 24, VI, e parágrafos).

Outro preceito é o do artigo 225, que contém norma programática diretamente relacionada com a ecologia e o meio ambiente, declarando que "todos têm o direito ao meio ambiente ecologicamente equilibrado, bem de uso comum do povo e essencial à sadia qualidade de vida, impondo-se ao Poder Público e à coletividade o dever de defendê-lo e preservá-lo para as presente e futura gerações".

Então, de um lado, temos a competência comum, ou concorrente, da União, Estados, Distrito Federal e Municípios de preservar o meio ambiente, e, de outro, um programa constitucional, que coloca o meio ambiente como direito de todos, impondo ao Estado (*lato sensu*) a obrigação de, por ele, zelar.

Meio ambiente e extrafiscalidade

Tendo esses parâmetros como pontos de referência, estamos em condições de determinar as ações possíveis de serem desenvolvidas nas áreas de proteção ecológica e do meio ambiente por parte do Direito Tributário. Isso nos leva forçosamente ao estudo da figura da extrafiscalidade.

Apenas para recordar, a extrafiscalidade é fenômeno consistente na utilização de instrumentos tributários, não para fins fiscais, não para fins arrecadatórios, mas para fins comportamentais. Como todos sabemos, num País como o nosso, que tem valores constitucionais extremamente claros no sentido de prestigiar a chamada economia de mercado, os instrumentos tributários são poderosos meios de que o Estado dispõe para intervir na atividade econômica, para condicionar comportamentos econômicos. A economia de mercado, a princípio, não se afeiçoa a regras proibitivas, a regras imperativas, mas ela se afeiçoa, sim, a regras de indução, a regras de condução de comportamentos. E, dentro deste contexto indutivo de que o Estado deve valer-se para fazer com que os agentes econômicos privados se orientem para atender fins que ele próprio estabelece, o tributo aparece como figura de grande importância.

Existe, na Constituição, uma série de regras extrafiscais que podem, perfeitamente, ser adequadas à proteção e tutela dos valores que acabei de mencionar.

Dentro da necessária limitação de tempo, eu vou tocar em apenas um desses instrumentos, que me parece bastante emblemático no sentido de suscitar questões ligadas à ecologia e à tributação.

O princípio da seletividade do IPI

Trata-se do princípio da essencialidade do imposto sobre produtos industrializados, o IPI. A Constituição, ao outorgar à União competência para instituir o imposto sobre produtos industrializados, declara que esse imposto, a par de outras características, que agora não são importantes mencionar, será seletivo em função da essencialidade dos produtos, o que significa que o tributo deverá incidir sobre a produção industrial de bens na razão inversa da sua essencialidade. Quanto mais essencial for o produto, menor será a incidência do IPI, ou nenhuma incidência haverá (art. 153, § 3º, I).

Não há absoluto consenso em torno do alcance jurídico deste preceito. A propósito, podemos identificar duas correntes.

A primeira, sustenta que o princípio da essencialidade tem como destinatário o legislador ordinário. Tratar-se-ia, portanto, de regra de política fiscal, quase que uma norma de *recomendação* que a Constituição faz ao legislador, no exercício das suas competências legislativas, como se dissesse: "quando você for instituir concretamente esse imposto, leve em conta a idéia de que ele haverá de ser seletivo em função da essencialidade".

Dentro dessa visão, o controle sobre a aplicação do princípio não se dá no âmbito do Poder Judiciário, ou seja, o Judiciário não teria como questionar as decisões que o legislador eventualmente viesse a tomar, em termos de aplicação do princípio.

Outra corrente, à qual me filio, entende que, pelo contrário, a essencialidade tem esse sentido de política fiscal, mas é também uma regra de proteção do contribuinte. De modo que, na medida em que a Constituição diz que o tributo há de ser seletivo, ela deu ao Judiciário a possibilidade de exercer o controle sobre a aplicação do princípio. Portanto, o Judiciário tem todas as condições de exercer o controle sobre a verificação, ou não, da aplicação do princípio da seletividade do IPI.

Dentro desse quadro é fácil perceber como se estabelecerá a associação entre a seletividade do IPI e a *tributação ecológica*, digamos assim. Se a Constituição declara ser dever do Poder Público zelar pelo meio ambiente, se a Constituição declara que é direito de todos usufruir de meio ambiente ecologicamente equilibrado, então, não há dúvida de que tudo quanto, na área da economia de mercado, estiver relacionado com o propósito firmado por esses preceitos, haverá de ser *essencial* e, portanto, haverá de merecer a proteção da regra prevista no artigo 153, § 3º, I, da Constituição, inclusive com a tutela do Judiciário.

Então, pode-se dizer que não é uma questão de opção do legislador, mas um imperativo, uma imposição constitucional, decorrente do princípio da seletividade do IPI, que produtos industriais que estejam relacionados com a proteção do meio ambiente – equipamentos, máquinas, bens de consumo – sejam tributados minimamente, ou não tributados pelo IPI; que produtos que possam revelar esse sentido de proteção ao meio ambiente, digamos produtos *ecologicamente corretos* (materiais biodegradáveis, materiais que não possam causar danos à camada de ozônio, produtos que venham a ser fabricados com a reciclagem de resíduos industriais, por exemplo) haverão de ser tutelados por esse preceito da Constituição, que é posto a serviço de um objetivo extrafiscal, no caso o objetivo de proteção ecológica.

Como se vê, as aplicações práticas da extrafiscalidade em favor da ecologia são enormes. Muitas vezes, as indústrias se vêem diante de opções determinadas pela economicidade – e fogem da utilização de bens, equipamentos ou produtos que sejam ecologicamente adequados por causa do seu custo de produção. Nesse sentido, a seletividade pode exercer um grande papel, por iniciativa do legislador ordinário, visando à sua efetiva utilização nesse campo. O que eu sustento, em suma, é que os produtos ecologicamente adequados têm direito à tutela, no âmbito do Direito Tributário, do princípio da essencialidade do IPI porque são produtos que atendem aos ditames emergentes desse preceito.

Essa é a primeira idéia que eu tomo a liberdade de submeter à reflexão dos presentes.

Taxa de coleta de lixo

Passando a outro assunto, ainda relacionado com o tema, cabe-me trazer à baila questão das mais dramáticas, que os grandes centros urbanos, não só do nosso País, mas do mundo inteiro, enfrentam hoje em dia, que é o problema do lixo. O lixo é uma fonte permanente de preocupações, dados os seus efeitos sobre o meio ambiente. Eu sou da região do ABC paulista, onde esse problema é particularmente agravado, porque, lá, as possibilidades de recepção e depósito de lixo estão praticamente esgotadas, a ponto de ter sido até cogitada a hipótese de intervenção em Municípios que se recusam – com razões sérias – a receber o lixo dos outros. Isso sem contar com problemas de outro tipo, também relacionados com o lixo, citados, com freqüência, nos jornais, envolvendo desmandos e corrupção relacionados com o serviço de coleta de detritos urbanos. Como se vê, trata-se de preocupação de grandes e profundas dimensões.

Muito bem, o custo da atividade é altíssimo e onera fortemente os cofres dos Municípios. E, para agravar essa situação, diretriz jurisprudencial firmada pelo STF tem declarado inconstitucional a taxa de coleta de lixo em termos que inviabilizam, na prática, qualquer tipo de exação sobre essa atividade.

Eu cito um pequeno trecho de decisão que pode ser considerada padrão do STF a respeito do tema, em processo que foi relatado pelo Ministro Ilmar Galvão. Dela consta o seguinte (*lê*): "A taxa de lixo é inconstitucional porque toma como base de cálculo elementos que o STF tem por fator componente da base de cálculo do IPTU, qual seja a área do imóvel, a extensão deste no seu limite com o logradouro público". Isso, referindo-se à taxa de coleta domiciliar de lixo. O grande problema que decorre deste posicionamento do STF é o relacionado com os parâmetro para a cobrança de tributo sobre esta atividade. Na verdade, o Supremo, de certa forma, fechou as portas para a adoção de qualquer critério de mensuração de taxa, que leve em conta as características do imóvel produtor do lixo, o que, com todo o respeito, parece-me um exagero, porque a metragem e testada do imóvel são elementos, na minha opinião, que permitem, adequadamente, a quantificação desse tipo de taxa. Mas o Supremo rejeitou este caminho levando alguns Municípios a imaginarem soluções tão exóticas quanto impraticáveis. Por exemplo, dentro das alternativas que se cogitaram para ressarcir o custo da coleta domiciliar do lixo, chegou ao meu conhecimento a notícia de que alguém teria sugerido que, em cada caminhão de lixo, fosse instalada uma balança para que os detritos fossem pesados na hora da sua coleta. Os senhores podem imaginar o que poderia acarretar, sob ponto de vista prático, esse tipo de procedimento.

Isso quanto ao lixo domiciliar, o lixo cuja coleta poderia ser identificada como serviço "específico e divisível". Quanto ao lixo das vias públicas, o *lixo anônimo*, digamos assim, o STF, e aí com toda razão, também declarou impossível a instituição de taxa sobre a respectiva coleta, exatamente em função da universalidade desse serviço, da impossibilidade de sua individualização.

Com tal pano de fundo, o substitutivo ao projeto de reforma tributária de autoria do deputado Mussa Demes, contém preceito que me apresso em destacar porque cria uma figura muito estranha, resultante da combinação de partes de diferentes espécies tributárias, daí emergindo um produto, para dizer o menos, bastante exótico. Eu me refiro especificamente ao § 2º do artigo 149 do substitutivo que diz o seguinte: "O Distrito Federal e os Municípios poderão instituir contribuições destinadas ao custeio dos serviços de limpeza e de iluminação de logradouro público, que terão como limite total a despesa realizada".

Esse dispositivo tem tudo para converter-se em fonte geradora de grandes perplexidades. Primeiro porque essa "contribuição", em que pese o nome, não é uma contribuição com as características daquela de que trata o atual artigo 149 da CF. Ela não é contribuição social, nem de interesse de categoria profissional ou econômica, nem de intervenção no domínio econômico. Por outro lado, ela também não é uma contribuição de melhoria (art. 145, III) porque esta tem, como pressuposto, obra pública, da qual decorra valorização da propriedade imobiliária, e não "serviço". Trata-se, portanto, de uma categoria rigorosamente indefinida.

Como agravante, o preceito, a meu ver, não resolve o problema que os Municípios estão enfrentando hoje, de encontrar caminhos para tributação dessa atividade fundamental. Pelo contrário, ele deixa aberto a questão crucial, que é a determinação de uma base de cálculo adequada para cobrança de taxa de serviço, porque me parece que, em tese, a taxa é a figura que é mais adequada ao tipo de tributação que pode incidir sobre os serviços de coleta do lixo, este grande fantasma em matéria de impacto ecológico.

As idéias agora expostas são apenas uma pálida amostra das possibilidades imensas que se abrem, quando se pretende associar tributação, ecologia e meio ambiente.

Com isto eu termino minha participação inicial e agradeço a atenção de todos. Obrigado. (*Palmas*)

Presidente da Mesa (Prof. Wanderley Federighi) – Antes de prosseguirmos, gostaria de dar dois avisos: o primeiro, que teremos duas colaboradoras nossas na platéia para recolher as questões que os senhores encaminharão para os professores responderem; segundo, depois desta mesa de debates teremos um *coffee break*.

Prosseguindo, dou a palavra à Professora Regina Helena Costa.

Profa. Regina Helena Costa – Bom dia a todos.

Senhores Congressistas, meus colegas de Mesa, é com muito prazer que vejo incluída no temário deste XIII Congresso Brasileiro de Direito Tributário a questão da relação entre os tributos e o meio ambiente. Trata-se de um tema novíssimo no Brasil e, por isso mesmo, muito pouco estudado, especialmente pelos estudiosos do Direito Tributário. Então, parece-me de um ineditismo muito feliz a inclusão desse tema em nossa pauta de trabalhos.

Gostaria de fazer brevíssimas considerações – mesmo porque o tempo não permite que nos estendamos no assunto – para colocar à reflexão dos senhores, que estão aqui porque gostam do Direito Tributário e porque é preciso ter também, no mundo de hoje, uma consciência de que a tributação pode revelar-se um expediente muito importante para se atingir o objetivo de preservação do planeta, do meio ambiente em que vivemos.

Começaria minha fala definindo singelamente o que se deve entender por tributação ambiental (essa é a expressão que tem sido usada). Podemos entender por tributação ambiental o emprego de instrumentos tributários com duas finalidades: a geração de recursos para o custeio de serviços públicos de natureza ambiental e a orientação do comportamento dos contribuintes para a preservação do meio ambiente.

Então, vejam que eu posso falar em tributação ambiental e já constatar, de plano, dois aspectos: um, arrecadatório, que é justamente essa geração de recursos para o custeio da prestação de serviços de natureza ambiental; aspecto puramente fiscal, portanto; outro, o aspecto extrafiscal ou regulatório, que é o de conduzir o comportamento dos contribuintes, incentivando-os a adotar condutas que estejam afinadas, que estejam coerentes com a idéia de preservação ambiental.

Diante desses dois aspectos, é preciso que se sobreleve o aspecto extrafiscal. Então, os tributos podem ser utilizados para fazer com que os contribuintes, os cidadãos, os particulares, se amoldem a um objetivo – de natureza constitucional no Brasil – que é a preservação do meio ambiente para as gerações futuras.

Quero traçar apenas algumas singelas idéias a esse respeito porque, logo mais, exporei a minha opinião, segundo a qual praticamente todos os tributos que temos no sistema tributário atual podem ser utilizados para atingir efeitos ambientais. Então, vou falar sucintamente sobre a maneira pela qual isso pode ser viabilizado.

Antes, gostaria de dizer o seguinte: por que se fala em tributação ambiental, por que se começa a falar em tributação ambiental no Brasil? Porque a experiência no Direito Comparado é muito rica em demonstrar que a adoção de um sistema de tributos ambientais é bastante eficiente para atingir esse objetivo de preservação ecológica.

Vejam só: países desenvolvidos como a Itália, a França e os Estados Unidos, por exemplo, têm utilizado largamente esses mecanismos e com muito resultado. Podemos ter um sistema, como o que temos no Brasil, chamado pelos ambientalistas de "comando e controle", que consiste na edição de comandos aos particulares para que eles adotem comportamentos coerentes ou afinados com a preservação ambiental, acompanhada do controle decorrente do poder de polícia exercido pela Administração Pública. Então, o legislador expede os comandos, depois a Administração regulamenta esses comandos e exerce o poder de polícia para fiscalizar, para controlar a atividade dos particulares, para que essas atividades não sejam exercidas em desapreço ao interesse público. No entanto, esse sistema de "comando e controle", que é um sistema tradicional, apresenta muitas desvantagens, que são minimizadas com a adoção concomitante de um sistema de tributos ambientais.

De que maneira os tributos ambientais trazem vantagens em relação a esse sistema de "comando e controle"? Os tributos ambientais, primeiramente, estimulam o comportamento individual que se direciona a uma postura, vamos dizer, ambientalmente correta, justamente porque eles estão interferindo no bolso do contribuinte, que prefere adotar condutas menos agressivas ao meio ambiente. Por outro lado, a implantação de um sistema de tributos ambientais não exige fiscalização ou infra-estrutura de máquina administrativa tão custosa quanto a necessária para se realizar toda a atividade de polícia administrativa nesse âmbito.

Por tais razões, aliando a condução do comportamento individual, que migra para uma conduta ecologicamente correta, à desnecessidade de uma infra-estrutura tão complexa, o sistema de tributos ambientais tem se revelado muito interessante, pelo que os países de primeiro mundo o têm adotado com muita freqüência.

Por falar em tributo ambiental, é também preciso definir o que se deve entender por isso. Universalmente, tributos ambientais são aqueles cuja criação tem por fundamento questões ambientais ou, então, aqueles que possuem efeitos ambientais independentemente das razões que levaram à sua instituição. Assim, temos tributos ambientais em ambos os casos: aqueles instituídos por esse fundamento, como também aqueles que, não tendo por escopo a questão ambiental, na prática, quando de sua exigência, acabam produzindo efeitos ambientais.

É importante lembrar também que, na Conferência da Organização das Nações Unidas para o Meio Ambiente, realizada no Rio de Janeiro, em 1992, produziu-se uma declaração final sobre o tema. Discutida a questão da tributação ambiental, constou dessa declaração final, como proposta, a adoção, nos países que participaram da conferência, de um sistema de tributos ambientais.

Essa declaração prevê os critérios que devem ser atendidos por um tributo ambiental. Primeiramente, o tributo ambiental deve ser eficiente. O que significa dizer isso? Que a instituição da imposição tributária efetivamente conduza a resultados positivos do ponto de vista ambiental, quer dizer, que se institua um tributo ou que se revista um tributo já instituído dessa feição ambiental e que isso efetivamente surta efeitos positivos, concretos, nesse campo. Em segundo lugar, que esse tributo ambiental tenha eficiência econômica – vale dizer, não pode ser um tributo muito oneroso para os que a ele estão sujeitos; deve ser um tributo de baixo impacto econômico, mas que, de qualquer maneira, conduza àqueles dois objetivos: geração de recursos ambientais e/ou, então, a orientação do comportamento do contribuinte a adotar uma conduta ecologicamente correta.

Em terceiro lugar, o tributo ambiental deve ser administrativamente simples. Barato e simples. Então, é preciso pensar em mecanismos de exigência desses tributos, mas exigência que não venha a onerar a máquina administrativa, porque, senão, vamos acabar tendo o mesmo problema que existe com o exercício do poder de polícia no sistema de "comando e controle".

Por fim, a questão de que esse tributo ambiental não venha a provocar efeitos danosos no ciclo de consumo, no comércio, inclusive no comércio internacional. Que não haja, portanto, uma repercussão negativa do ponto de vista econômico também.

Esses quatro critérios constam dessa declaração final firmada por ocasião do encerramento da ECO 92, e não podem ser olvidados, já que se trata de uma declaração universal.

Alguns exemplos do Direito Comparado poderiam ser lembrados aqui, apenas para mostrar como esses tributos ambientais funcionam. Existem vários, e eu apenas vou lembrar rapidamente alguns: nos Estados Unidos, por exemplo, os tributos ambientais são muito comuns. Podemos citar aquele imposto que é exigido das refinarias de petróleo e seus derivados, justamente porque se entende que esses produtos causam grande impacto ambiental. Os refinadores de petróleo, as refinarias, pagam imposto específico sobre isso. Também as indústrias químicas: existe um imposto específico que é exigido das indústrias químicas sobre os produtos tóxicos que elas elaboram. Isso, vejam só, está dentro de que contexto? Quem polui ou quem produz bens que poluam deve arcar também com os custos do controle e da prevenção dessa poluição. Então, dentro daquele princípio de direito internacional – que quem já se debruçou sobre o direito econômico conhece – que é o *princípio do poluidor pagador*, sabe que, devido à sua abrangência, podemos também dele extrair desdobramentos tributários.

Essas empresas, por produzirem substâncias que poluem o meio ambiente, são obrigadas a pagar um imposto específico. Vejam que isso tem o objetivo de fazer com que se gerem, se arrecadem recursos para a adoção de medidas de prevenção e controle e também para estimular essas empresas, essas indústrias, a buscarem novas tecnologias na produção de substâncias menos tóxicas, menos impactantes ao meio ambiente. Portanto, apresenta essa dupla finalidade a tributação direcionada a setores que produzem substâncias tóxicas ou poluentes.

Podemos citar outro exemplo: na Alemanha há um imposto que é exigido daqueles que possuem veículos não guarnecidos de catalisadores. Hoje, como sabem, há a tendência de que os veículos sejam guarnecidos de catalisadores, uma vez reconhecido mundialmente que os automóveis constituem uma grande fonte geradora de poluição. Logo, para veículos não guarnecidos de catalisadores existe, em relação à propriedade desses bens, um imposto específico.

Na Bélgica existe um imposto sobre bens descartáveis. Os consumidores que utilizam bens descartáveis como embalagens, copos de plástico, talheres de plástico, pilhas, tudo isso, pagam um imposto, porque é sabido que esses bens depois vão criar um problema ambiental. O Professor Bottallo lembrou a questão do lixo. Esse é um lixo muito preocupante. Tem-se falado aí das baterias de telefone celular, que é um lixo sobre o qual ainda não se sabe bem o que fazer, é um lixo muito danoso ao meio ambiente. Na Bélgica, portanto, existe um imposto que visa justamente a desestimular a aquisição desses bens e, de outro lado, gerar recursos para controlar e resolver os problemas que esse lixo vai gerar.

Por fim, tive acesso a um trabalho escrito na Itália em 1996, no qual se noticia a preocupação da Comunidade Econômica Européia a respeito disso, e se estuda a criação de uma chamada *carbon tax*, que seria um imposto sobre a emissão de gases poluentes, como anidrido carbônico, como o CFC. Esse seria o imposto da Comunidade Econômica Européia em relação a essa atividade que também é agressiva ao meio ambiente.

Esses são alguns poucos exemplos colhidos da experiência de outros países acerca da tributação ambiental.

Como isso poderia funcionar no Brasil? No Brasil, essa questão é incipiente. Não temos quase nenhum exemplo a respeito da instituição de tributos ambientais. Na verdade, como eu disse, o tributo ambiental é aquele instituído por razões ambientais e com relação a isso, hoje, praticamente, nada temos no Brasil.

Ou, então, aquele tributo instituído por outras razões, mas que a sua instituição, a sua exigência, acaba provocando efeitos ambientais. Neste caso, podemos extrair da experiência brasileira, como exemplo mais significativo, a distinção de alíquotas do IPI, instituída pelo Decreto federal n. 755, de 1993, para veículos movidos a gasolina e para veículos movidos a álcool. Todos devem lembrar que o carro a álcool era mais barato porque sobre ele incidiam alíquotas menores. Isso foi feito àquela época, porque havia o problema de importação de petróleo, o Brasil estava sofrendo muito com o custo desse combustível e a idéia era incentivar a aquisição de carros a álcool. O fundamento foi esse. No entanto, acabou, por via oblíqua, provocando um efeito ambiental que foi justamente a compra de veículos que utilizam um combustível que é sabidamente menos agressivo ao meio ambiente. Vejam que, presentemente, o Governo tenta retomar novamente esse programa, não com a finalidade ambiental. A preocupação, uma vez mais, não é ambiental, mas acaba produzindo, por via transversa, efeitos ambientais porque a utilização do álcool combustível acaba provocando menos poluição.

Podemos lembrar também a legislação do imposto de renda, que autorizou a dedução de importâncias empregadas em projetos de reflorestamento (Lei n. 5.106/66 e Decretos ns. 93.607/86 e 96.233/88): quem investisse em projetos de reflorestamento tinha direito a uma dedução do imposto de renda. Também, se formos examinar recente diploma legal sobre o imposto sobre a propriedade territorial rural, vamos verificar que a Lei n. 9.393, de 1996, exclui da área tributável as áreas de preservação permanente e de reserva legal, as de interesse ecológico para proteção de ecossistemas e as comprovadamente imprestáveis para qualquer tipo de exploração, declaradas de interesse ecológico (art. 10, II, "a", "b" e "c").

A área tributável, para efeito desse imposto, está excluída dessas áreas porque, aqui, há interesse em preservá-las. Isso significa desonerar o contribuinte, desonerar o proprietário de imóvel rural, para que ele tenha o seu comportamento orientado no sentido de preservar essas áreas. Ele vai ser menos onerado com esse imposto.

Tirando isso, praticamente não temos outros exemplos a lembrar. Então, o que poderemos fazer? Rapidamente – porque o meu tempo já se vai escoando – vamos pensar como o sistema posto poderia ser voltado à utilização de tributos com eficácia ambiental. Claro que estamos num contexto, no momento, de falar-se em reforma tributária. Ontem, tivemos várias manifestações a respeito do assunto, e eu, particularmente, sou céptica em relação a essa reforma. Penso que, se ela vier, vai ser uma "reforminha" ou talvez uma mudança pontual, aqui ou ali; estou muito pouco convencida de que essa reforma vá sair, não obstante o Deputado Michel Temer ter dito o contrário.

Enfim, pensando no sistema como ele está hoje, como é que poderemos ver uma feição ambiental para os diversos tributos que temos? Podemos lembrar, primeiramente, o imposto de renda, que acabei de mencionar. O imposto de renda é instrumento muito versátil para conduzir a comportamentos que sejam ambientalmente corretos. É possível que a legislação do imposto de renda seja muito menos tímida do que é atualmente para autorizar deduções, para incentivar projetos voltados para a preservação do meio ambiente, para propiciar descontos de todo tipo. Portanto, a legislação do imposto de renda pode ser modificada para incentivar esses comportamentos.

Quando falamos dos chamados impostos indiretos – basicamente o imposto sobre produtos industrializados-IPI e o imposto sobre circulação de mercadorias e prestação de serviços de transporte interestadual, intermunicipal e de comunicação-ICMS, como muito felizmente lembrou o Professor Bottallo há pouco –, esses impostos são orientados pela regra da *seletividade em função da essencialidade dos produtos, mercadorias e serviços*. Essa regra é muito importante porque autoriza um tratamento diferenciado em relação aos produtos, mercadorias e serviços, segundo o grau de importância que têm para a coletividade. Com base nessa regra, é possível gravar com maior intensidade produtos e mercadorias que sejam agressivas ao meio ambiente, ou serviços que não prestigiem a preservação ambiental, desestimulando o seu consumo e, de outro lado, incentivando o desenvolvimento de mercadorias, produtos e serviços que sejam desenvolvidos afinados com esse objetivo.

Essa idéia é muito importante e não foi, até hoje, implementada: o uso da seletividade em função da essencialidade dos produtos, mercadorias e serviços com propósito ambiental. Quanto mais essencial for para o meio ambiente, menos gravosa deve ser a alíquota incidente sobre esses produtos, mercadorias e serviços. Há aqui um campo muito fértil a ser explorado.

Quanto à tributação da propriedade imobiliária, como sabido, está hoje repartida entre a União e os Municípios. Enquanto a União tem competência para instituir o imposto sobre a propriedade territorial rural, os Municípios ficam com a tributação imobiliária sobre a propriedade urbana. Por que aqui também é possível utilizar esses tributos com feição ambiental? Porque existe um princípio que orienta a ambos, um princípio constitucional que também tem reflexo no campo tributário, que é o *princípio da função social da propriedade*.

No que respeita ao imposto sobre propriedade predial e territorial urbana-IPTU, a Constituição é expressa, afirmando que ele será progressivo para atender à função social da propriedade. Ora, a função social da propriedade é uma condição que legitima o exercício do direito à propriedade privada, socializando-o, na medida em que a coletividade deve extrair benefícios do exercício desse direito particular.

Dentro desse contexto, dessa visão, o direito à propriedade deve ser exercido com a compreensão de sua importância ambiental. Em relação à propriedade rural, talvez isso seja ainda mais facilmente visível, porque sabemos que a própria Constituição, expressamente, diz que a propriedade rural atenderá à função social, preenchendo, dentre outros requisitos, o da "utilização adequada dos recursos naturais disponíveis e preservação do meio ambiente". Isso está contido com todas as letras no artigo 186, inciso II, da Lei Maior. Por que não se pensa, então, no ITR, muito mais voltado à preocupação ambiental? Está na Constituição, mas também resta não aplicado.

Ainda podemos lembrar o imposto sobre a propriedade de veículos automotores-IPVA. Acabei de citar o exemplo da Alemanha. Aqui poder-se-ia adotar esse imposto imprimindo-lhe feição ambiental. Por exemplo: a aquisição de veículos que utilizem um combustível menos agressivo ao meio ambiente, seja ele o álcool ou qualquer outro, deve ser incentivado, e quem for contribuinte desse imposto, proprietário de veículo que utilize combustível menos impactante ao meio ambiente deve, portanto, ser menos onerado.

Podemos ainda lembrar o imposto sobre serviços-ISS. A prestação de serviços, interessante do ponto de vista ambiental, pode ser isenta da exigência do ISS ou, mesmo havendo a incidência desse imposto, que o seu impacto seja muito atenuado. Por exemplo, o ecoturismo é um serviço que pode ser incentivado com a isenção do ISS, ajudando a desenvolver a consciência e a educação ecológicas. Vocês sabem que o ecoturismo no Brasil pode vir a ser uma grande fonte de recursos. Não é explorado ainda de maneira adequada, em vários aspectos. O Brasil tem muita condição de explorar esse serviço e a tributação pode vir a ser um incentivo nesse âmbito.

Tirando os impostos, podemos ainda lembrar das taxas. Por que as taxas são importantes dentro desse contexto? Porque nós temos taxas pela prestação de serviços, específicos e divisíveis, efetivamente prestados ou colocados à disposição do contribuinte e, sendo serviços de natureza ambiental, poderemos ter uma taxa de serviço ambiental. Também podemos ter uma taxa de polícia administrativa. Sabemos que as licenças ambientais são importantíssimas, são atos administrativos, para cuja expedição o interessado poderá ser instado a pagar uma taxa.

Ainda, a contribuição de melhoria, conquanto seja um tributo que na prática não encontramos, por ser difícil a sua instituição e complexa a sua arrecadação. Mas, em tese, estando a exigência de contribuição de melhoria autorizada a partir da realização de uma obra pública que venha a acarretar valorização dos imóveis particulares circunvizinhos – e só a partir dessa valorização é que se pode cogitar da exigência da contribuição de melhoria – sendo uma obra voltada para a preservação ambiental – e podemos ter isso, como a urbanização de uma área verde, transformando-a em parque – isto certamente vai provocar a valorização dos imóveis circunvizinhos, cabendo exigir-se uma contribuição de melhoria "verde", se é que podemos chamá-la assim.

Uma última menção. Claro que não estou aqui advogando a criação de outros tributos, até porque hoje parece haver um consenso de que se a reforma tributária deve sair, deve ser feita justamente visando-se ao enxugamento desse sistema. Mas, à vista do sistema atual, pode ser instituída uma ou várias contribuições de intervenção no domínio econômico, com propósito ambiental. Sabemos que a defesa do meio ambiente – assim o diz a Constituição – é um princípio geral da atividade econômica. Está lá no artigo 170, inciso VI. Com base nisso, nada impede que sejam instituídas contribuições para custear a ação da União em determinados setores econômicos, visando justamente à proteção ambiental. A questão do reflorestamento, por exemplo, é isso. Quer dizer, pode-se exigir de indústrias madeireiras uma contribuição para custear a intervenção da União em projetos de reflorestamento.

Quero encerrar apenas lembrando o seguinte: está em discussão a reforma tributária e uma das propostas de emenda à Constituição, que na verdade está tendo uma tramitação paralela, não propriamente dentro da proposta de reforma tributária do Deputado Mussa Demes, versa sobre o imposto seletivo sobre combustíveis e lubrificantes, que já tomou o nome de ISC. Esse imposto tem sido chamado de "imposto verde". Não sei se esse qualificativo verde é para passar uma imagem simpática, para vender melhor a idéia. Porque este é um imposto a mais e da minha fala, repito, espero que não tenham concluído que estou advogando a instituição de novos tributos. Proponho, sim, a utilização dos tributos que já temos, com propósitos ambientais, que é coisa muito diferente. Essa proposta nova está a sustentar a instituição desse novo tributo, que certamente deverá – imagino eu

– substituir alguns outros tributos incidentes sobre operações com combustíveis e lubrificantes.

Esse imposto seria instituído para gerar recursos para construção e manutenção de estradas. Vocês vêem que a Constituição terá de ser emendada para isso, porque sabemos que a receita gerada por impostos não pode ser afetada como regra, mas, neste caso, se quer criar esse imposto para que os recursos sejam destinados, necessariamente, à construção e à manutenção de estradas.

Não tenho certeza – aliás, tenho muita dúvida – sobre se esse imposto pode ser chamado de "imposto verde", porque acho que o verde aí será a cor da raiva dos contribuintes. Parece não ser o caso do ISC, porque se vê que o propósito de sua instituição é gerar recursos para a construção e manutenção de estradas; quanto à produção de efeitos de natureza ambiental, difícil prever se isso vai acontecer também. Pode até ser que isso aconteça, dependendo de como esse tributo vier ser instituído. Espero que esse imposto, sendo instituído, efetivamente provoque algum resultado ambiental, gerando alguma eficácia nesse âmbito.

Eu agradeço, porque minha fala já vai longa, e espero que todos passem a pensar um pouquinho nesse assunto, porque o Brasil está muito carente disso. Obrigada. (*Palmas*)

PRESIDENTE DA MESA (PROF. WANDERLEY FEDERIGHI) – Com a palavra a Dra. Lucia Valle Figueiredo.

PROFA. LUCIA VALLE FIGUEIREDO – Inicialmente agradeço, mais uma vez, ao convite. Cumprimento o Presidente da Mesa e aos colegas que aqui estão.

Dois colegas já falaram anteriormente a mim. Isso me fez ficar ainda mais céptica com relação ao tema – e é uma pena dizer isso num Congresso tributário – "Ecologia e tributação". O que temos visto é que, desde a Constituição de 88 – que dizem ser ainda uma criança, mas, diríamos nós, uma criança já muito retalhada, para não usar adjetivos piores, uma criança já muito modificada, que perdeu a sua estrutura básica – tivemos um maravilhoso capítulo sobre o meio ambiente, direito de terceira geração, com as competências federativas também muito adequadas para que fosse melhorado o meio ambiente. Inclusive o Professor Bottallo disse que, no artigo 225, teríamos uma norma programática. Vou mais adiante. Acho que não se trata de norma programática, porque é determinação; efetivamente, quando se diz que todos têm direito ao meio ambiente ecologicamente equilibrado, bem de uso comum do povo, essencial à sadia qualidade de vida, impõe-se – impõe-se! – ao poder público e à sociedade o dever de defendê-lo e preservá-lo para as presentes e futura gerações.

Até entendo a fala do Professor Bottallo, dizendo ser uma norma programática, porque da Constituição, o máximo que se pode dizer é que ela é programática, porque, na verdade, dizer-se que a Constituição tem normas para aplicação efetiva, corremos o risco de não estarmos falando coisas verdadeiras, porque a Constituição não vem sendo aplicada mesmo.

Ouvi com muita atenção a Professora Regina dando seu testemunho de países civilizados e estive, também, com a Professora Regina, em Portland (Estado do Oregon), quando fizemos um curso sobre meio ambiente.

Realmente, a preocupação desses países com o meio ambiente é de outro porte. Aqui, tenho certeza de que o "imposto verde" – Professora Regina – seria um imposto a mais, que na verdade, não corresponderia àquele anseio da população de um tratamento melhor para o meio ambiente, a população que é submetida a uma carga tributária já impossível de ser sustentada, uma carga tributária de país altamente desenvolvido, e que tem serviços públicos de quinto mundo – já nem diria mais de terceiro mundo.

Não quero sair do tema, mas realmente, pensando em termos de tributação para a ecologia, tenho propostas singelíssimas – e singelíssimas, porque não vejo, realmente, como seria possível estarmos com preocupações mais sérias, nós, estudiosos do Direito; mas não é a preocupação minimamente do Poder Público com a reforma tributária, nem com a implantação das políticas econômicas. Quero dizer, não vigora o artigo 170, inciso VI, do texto constitucional.

A Professora Regina citou o artigo 170, inciso VI, que atribui à ordem econômica o respeito ao meio ambiente, mas também dever-se-á respeitar outras coisas, que são absolutamente desconhecidas, diria, totalmente desconhecidas: *a função social da propriedade, a busca do pleno emprego*. Se nem a busca do pleno emprego, que interessa de maneira mais direta, é respeitada, imagine-se o artigo 170, inciso VI, não tem mesmo qualquer esperança de positividade.

Diria que a nossa Constituição, atualmente, é ineficaz. Mas analisando a Constituição ineficaz, diria o seguinte: a nossa Federação Brasileira tem uma anomalia. Ela integra o Município como uma pessoa da Federação, embora o Município não tenha representação estatal. A partilha constitucional de competências é muito bem feita e no artigo 23, já citado pelo Professor Bottallo, o que temos? Temos competências administrativas tanto da União, dos Estados, do Distrito Federal e dos Municípios, e uma delas é a de zelar pelo patrimônio público. Vemos no artigo 225 que é bem de uso comum de todos o meio ambiente, portanto, é patrimônio público. Não é patrimônio público só no sentido estrito da palavra, pois é bem incorpóreo. Além de proteger os sítios notáveis etc. etc., mas, mais especificamente, o inciso VI, dispõe sobre o meio ambiente como competência administrativa comum das três pessoas políticas, a preservação das florestas etc.

No próprio artigo 225 já temos regras imperativas: no § 1º, no § 2º e no § 3º, pretende-se assegurar a efetividade desses direitos: "para assegurar a efetividade deste direito, incumbe ao poder público..." e vem uma série de regras. No § 2º: "aquele que explorar recursos minerais fica obrigado a recuperar o meio ambiente degradado".

O que vemos? Crateras expostas, que não são recuperadas. Então, nem aquilo que a Professora Regina falou que é efetivamente existente de mais palpável em termos de meio ambiente, isso graças a inúmeras ações civis públicas que são interpostas, apesar de termos um comando, prescrição e sanção. É assim que, infelizmente, tem funcionado. Sou, é claro, adepta de um comportamento ambiental correto, politicamente correto, que vamos tentar conseguir – como o Professor Bottallo assinalou, e assim também a Professora Regina – utilizando-nos da *essencialidade*.

Mas temos competências comuns, administrativas. Temos competências concorrentes para legislar, que estão no artigo 24, incisos VI e VIII, §§ 3º e 4º, competências para a União legislar sobre normas gerais. Quando chegamos às normas gerais, já temos um enorme problema porque discute-se quanto valem essas normas gerais, o que são normas gerais etc. Eu entendo que as normas gerais, evidentemente, são normas com eficácia; têm de ter um efeito necessário.

Acredito que, para determinadas matérias, as normas gerais são essenciais. No caso, as normas gerais da União não são privativas, são concorrentes. O Estado pode legislar supletivamente e, evidentemente, o Município também legisla em matéria do seu peculiar interesse.

As normas gerais têm pelo menos três funções: uma, a questão de dispor, de forma homogênea, determinadas situações, que devam ser homogêneas para garantir a certeza e segurança jurídicas. Elas estabelecem diretrizes para o cumprimento de princípios constitucionais expressos e implícitos, mas elas não podem se imiscuir no âmbito das competências específicas dos entes federativos. Elas têm, como efeitos normais, a legislação homogênea, não particularizante, quando a legislação homogênea é necessária na questão ambiental.

Acho que temos necessidade de algumas normas gerais. Por evidente que há necessidade de algumas normas gerais e elas, se dentro do seu âmbito de abrangência, vão coarctar a legislação dos entes federativos naquilo que deve ser homogêneo.

Visa-se, com a norma geral, obter-se segurança e certeza do direito.

Dito isto, há competências – e há um capítulo sobre o meio ambiente – constitucionais administrativas e legislativas e muito bem divididas; resta saber como vamos utilizar essas competências em termos de tributação?

Realmente, disse eu, o que se tem visto em matéria de meio ambiente, é usar-se a repressão. Nós, na verdade, não temos tido êxito em propor condutas e ter como resultado comportamentos que visem a deixar o meio ambiente hígido como propõe a Constituição no artigo 225. Mas podemos pensar em incentivos fiscais para comportamentos. Estes, creio eu, serão a melhor forma – e o Professor Bottallo se referiu à *essencialidade*, à *seletividade* e à *especificidade* do IPI, e a Professora Regina citou também o ICMS na questão de serviços. Na medida em que tenhamos incentivos fiscais, isto poderá ajudar. Não creio que um tributo a mais, como o "imposto verde", possa auxiliar, na medida em que já há uma revolta generalizada pela atual carga tributária, exagerada neste país – e quando se fala em reforma tributária, jamais se fala nela exatamente para conseguir melhor arrecadação, desonerando aqueles que são adimplentes, aqueles que realmente pagam. Mas não. O que se visa na reforma tributária é uma forma melhor de arrecadar mais tributos. Não temos visto numa reforma tributária ampliar-se a base da tributação, ampliar-se efetivamente o número daqueles que devem contribuir. Estarreci-me ao ouvir, não neste, mas num outro congresso tributário, o Professor Osiris dizer que do imposto de renda, 70% são pagos pelas pessoas físicas, desconto na fonte; 15% por aqueles que pagam não na fonte, mas também em relação aos seus serviços profissionais prestados e, apenas, 15% para todo o resto. Portanto, vocês vejam que a tributação no Brasil é arrecadada de quem na verdade não deveria ser tão onerado.

Imaginem se o nosso país – e não creio, Professora Regina, lamento profundamente em dizer que sou profundamente céptica em acreditar que nós, apesar da ECO-92, vamos tomar como referencial alguma forma de tributação desses países mais civilizados. Se conseguirmos uns "incentivozinhos" fiscais, umas isenções para aquele que deixe de ser poluidor, para aquele que age corretamente não poluindo ou poluindo menos, creio que já teremos alcançado muito. Creio que houve um primeiro momento em que se disciplinou o que a professora chamou de comando e controle e as regras de fiscalização. Isto foi o que se conseguiu depois de uma luta titânica dos ambientalistas: comando e fiscalização.

Então, agora, se conseguirmos, por meio dos incentivos fiscais, das isenções, de alíquotas minoradas, na questão da essencialidade... Compartilho com o Professor Bottallo quando diz que a *essencialidade* é um conceito que pode ser totalmente controlado pelo Judiciário. Não é uma decisão política, não. Não posso dizer, por exemplo, que o perfume francês é mais essencial que o açúcar ou que o sabão. Seria falar um absurdo. Se fosse taxado menos o perfume francês que o sabão ou o açúcar, estar-se-ia possibilitando amplo campo de controle jurisdicional.

Acho que a questão da essencialidade do produto, as isenções, os incentivos fiscais e, sobretudo, as taxas em decorrência das licenças ambientais, inclusive, como sabemos que, no texto constitucional, há obrigatoriedade do Eia-Rima – Estudo de Impacto Ambiental e Relatório de Impacto Ambiental –, vamos condicionar as licenças ambientais. E essas licenças ambientais têm, na verdade, um regime jurídico um pouco diferenciado das outras licenças. Elas efetivamente *requerem fiscalização permanente*.

Portanto, essa fiscalização permanente pode ter uma taxa, aquela taxa que é repudiada pelo Supremo – a taxa de localização. No caso da licença ambiental haveria efetivo exercício de "poder de polícia" – não gosto de usar a expressão "poder de polícia", mas é uma linguagem que todo mundo compreende –, tem de se acompanhar constantemente a atividade. Portanto, podemos ter uma taxa de fiscalização permanente, que acompanhe constantemente a atividade. Essa taxa, a meu sentir, seria constitucional, porque seria em decorrência de uma atividade que polui, e o princípio do poluidor pagador já foi incorporado, a duras penas, mas já foi.

A questão dos preços públicos: essa questão talvez também possa servir como elemento, sobretudo quando estivermos diante de empresas estatais ou serviços que sejam privatizados, naqueles casos em que a Constituição expressamente declinou, mediante concessão ou permissão, e possibilitou que os serviços fossem privatizados. Nesses casos, poderíamos ter preços públicos que, na verdade, também tratassem do problema ambiental.

Com relação aos impostos, acho que a capacidade contributiva já está esgotada. Temos uma das mais altas cargas do mundo. Não creio na criação de um novo imposto com sucesso, pelo menos por enquanto. Teremos de evoluir muito, como já evoluímos na questão do controle, da fiscalização. Mas estamos muito para trás quando querem, por exemplo, fazer uma hidroelétrica, como fizeram, com todos os efeitos daninhos. O Judiciário fez parar e, assim mesmo, o que vimos foi uma luta inglória de poucos juizes tentando segurar o mote globalizante e falsamente desenvolvimentista: "é absolutamente necessário para o desenvolvimento, para os compromissos internacionais assumidos".

Na verdade, temos uma política econômica que gira essencialmente em torno do dinheiro, em torno não destes elementos essenciais à higidez ambiental, mas sim do desenvolvimento. Mas, aí, diria, não de um desenvolvimento sustentado. Na verdade vejo com um certo ceticismo, e creio que somente se aproveitando desses elementos mais simples poderíamos, talvez, conseguir alguma coisa a curtíssima prazo, porque o curtíssimo prazo já é longo para o muito a reparar em termos do que não se fez ambientalmente. Só se tem feito repressão. Quando se quer alguma coisa, alguma conduta, só se pensa numa multa exorbitante, que jamais é cobrada ou quando é cobrada, também é cobrada inconstitucionalmente, sem direito de defesa etc. etc.

Realmente, estamos diante de um impasse: de uma Constituição que não é atuante, de uma Constituição que não é respeitada, de uma Constituição retalhada. E temos de procurar sair desse impasse, talvez não com pessimismo, mas com algum otimismo – e o Professor Bottallo e a Professora Regina mostraram, que se pode tentar alguma coisa, apesar de não acreditarmos que muita coisa, a curto e médio prazo, possa ser feita, exceto sobrecarregando o contribuinte, dizendo que é imposto, até porque não pode haver, a não ser em raríssimas exceções, vinculação de tributo a determinadas finalidades.

Enfim, como a mudança constitucional tem podido tudo, em franco desrespeito a seu regime – deveras, não se tem atribuído à emenda os tratamentos que se deve atribuir –, poder-se-á chegar até lá.

Peço desculpas até pelo pessimismo com que vejo, mas apesar de estar pessimista luto pelas coisas, não me conformo com as coisas. Então, de qualquer forma, esteja no lugar em que estiver – mesmo já não mais estando na magistratura – vou lutar, embora no momento não acredite que muitas coisas boas vão ser feitas com essa Constituição, que infelizmente era ótima, com poucos defeitos que tinha. Muito obrigada.

PRESIDENTE DA MESA (PROF. WANDERLEY FEDERIGHI) – Com a palavra, agora, o Professor Marcelo Figueiredo.

PROF. MARCELO FIGUEIREDO – Bom dia a todos. Inicialmente eu gostaria de saudar e agradecer aos organizadores do XIII Congresso Brasileiro de Direito Tributário, especialmente ao Professor Paulo de Barros Carvalho, ao Professor Pedro Luciano Marrey Júnior e ao Professor Eurico, pelo honroso convite de aqui estar, podendo compartilhar com os senhores e meditar um pouco a respeito desse tema. Quero também saudar meus colegas de mesa, Professor Wanderley, Professora Lucia, Professor Bottallo e minha colega Regina Helena.

Tributação e meio ambiente

Ausência de Políticas Públicas. Por uma nova consciência e pela adoção de medidas concretas de prevenção. Tributação necessária como instrumento de planejamento público. Iniciativas internacionais e a situação do Brasil.

Devo dizer, inicialmente, que fiquei muito apreensivo em falar por último, diante das personalidades do Direito Público que compõem esta mesa de trabalhos. Ademais, o tema já foi excelentemente versado. De qualquer maneira, vou procurar agregar algum elemento nessa reflexão a respeito do meio ambiente.

Em primeiro lugar, gostaria de também parabenizar o Congresso por mais essa iniciativa de colocar em seu temário um ponto tão interessante como a tributação e o meio ambiente. Creio que seja uma iniciativa inovadora extremamente oportuna que vai ao encontro do espírito criativo de nosso saudoso Geraldo Ataliba.

Devo ficar, inicialmente, na Constituição Federal. Creio que a Constituição Federal nos dá importantes elementos para pugnarmos por uma nova consciência ecológica e, conseqüentemente, chegarmos à reflexão a respeito da tributação.

Em primeiro lugar, é preciso lembrar que a Constituição Federal, logo no seu pórtico, prevê, como imperativo do Estado a perseguição ao princípio da dignidade da pessoa humana. O princípio da dignidade da pessoa humana é um princípio que informa e formata todas as ações do Estado e da sociedade. O Estado deve procurar, através da dignidade humana, realizar políticas, ações, expedição de normas, exercer a sua função estatal. O Estado legislador, o Estado executivo, o Estado administrador em todas as suas funções, tarefas e políticas públicas deve perseguir esse objetivo fundamental, que é a dignidade da pessoa humana.

Ao lado da dignidade da pessoa humana nós devemos também recordar os princípios da ordem econômica e financeira, que já foram muito bem lembrados pelos meus antecessores. O enunciado do artigo 170 contém uma série de valores e princípios que devem ser levados em conta na reflexão sobre o tema.

O Estado brasileiro, quando realiza políticas econômicas, deve estar atento à defesa do meio ambiente, deve buscar o pleno emprego. Está certo que vivemos numa sociedade capitalista. A Constituição contempla uma proposta de bem-estar social, (que já foi desfigurada é verdade), mas de qualquer maneira, os princípios da ordem econômica aí estão a informar o Estado por esses valores: o valor da defesa do meio ambiente, que é hoje destacado, com outros valores como a função social da propriedade, como a busca do pleno emprego etc.

Então, faço esta primeira aproximação no tema, para demonstrar que a defesa do meio ambiente é um valor constitucional fundamental imbricado com a dignidade da pessoa humana e também com o desenvolvimento econômico e social. Quer dizer, não é possível considerar o meio ambiente como um valor isolado, uma estrela solitária na constelação constitucional. O que eu tenho, portanto, é um conjunto de valores. Nesse conjunto, devo colocar o meio ambiente inserido na política econômico-financeira tributária do Estado. E efetivamente, não é isso o que ocorre. O que ocorre, exatamente? E é aí que eu também, de alguma maneira, compartilho do cepticismo da Professora Lucia, mas talvez com um pouco de otimismo e mais adiante vou dizer porquê.

Paralelamente, o que nós temos? Temos um "esforço" internacional – coloco esse esforço entre aspas, porque questiono o esforço; mas, de qualquer maneira, por modismo ou por necessidade efetiva de preservação do meio ambiente como condição da vida humana. Os tratados internacionais, as conferências internacionais, de uns 30 ou 40 anos para cá, têm reconhecido que o meio ambiente é um direito humano fundamental. A própria carta da ONU a respeito do assunto, estabelece que o meio ambiente é um direito humano fundamental e que a saúde e o meio ambiente equilibrados, devem ser prioridade de todos os Estados.

O Brasil, integrando esse esforço internacional, procurou, participando de alguns tratados, fazer a positivação desse esforço internacional, visando à proteção ambiental. Mas isso ficou num plano muito tênue de intenções, porque, na verdade, muito embora a Constituição, no artigo 225, tenha esse fantástico capítulo da proteção do meio ambiente, vemos uma preocupação muito maior com a recuperação do meio ambiente já danificado. Uma política de prevenção e de incentivo à proteção ambiental ainda não temos.

Eu vejo essa questão em dois grandes aspectos: o meio ambiente está positivamente encartado na ordem social. Não houve o mesmo empenho do Estado brasileiro em desenvolver a proteção ao meio ambiente. Falo da comunicação social, da cultura, da ciência, da tecnologia, da educação, da assistência social, da previdência social. O meio ambiente está colocado ao lado desses temas, na Constituição. E o que vemos? Vemos, mal ou bem, uma grande legislação sobre previdência. Algumas normas sobre cultura, de amparo e desenvolvimento da cultura, do cinema, da arte, da pintura, normas de promoção desses valores; na educação, mal ou bem, existe também uma legislação, políticas educacionais – existe, na verdade, esse esforço. Mas no que toca ao meio ambiente, não existe esse correspondente esforço legislativo, executivo, administrativo, para dar efetiva preservação ao meio ambiente.

A explicação desse fenômeno deve-se mais a uma análise antropológica ou da Sociologia do Direito. Os atores, ou personagens que deveriam influenciar nesse contexto ainda não estão suficientemente organizados, ao menos no âmbito interno do Estado brasileiro, conquanto essa pressão venha aumentando, do âmbito externo para o interno. Não é o caso de analisar as causas desse fenômeno. Basta apontá-lo. Também é forçoso convir que o tema do meio ambiente é complexo. Qualquer política ambiental deve ser formulada de forma integrada com o planejamento urbanístico, com a saúde pública, com o desenvolvimento etc.

Num segundo momento, eu diria que o meio ambiente exige um planejamento governamental, uma política econômica, financeira, tributária, que faça com que haja, efetivamente, esse desenvolvimento sustentado, que não há.

Como a legislação brasileira enfrenta essa questão? Os meus antecessores já esgotaram esse tema – e já demonstraram várias possibilidades e exemplos, de como os outros países enfrentam essa questão, as grandes potências, os Estados Unidos com os seus superfundos ambientais, a Europa com a sua taxação ambiental etc. Há um arsenal legislativo razoável, nos países desenvolvidos, para promover a defesa do meio ambiente. Mas isso não chegou aqui. O máximo que conseguimos "importar" foi o princípio do poluidor pagador; e, mesmo nele, há na sua filosofia uma certa hipocrisia, porque se atribui responsabilidade ao poluidor, mas de certa maneira isenta-se ou não se dá força suficiente ao Estado, para preservar o meio ambiente. Então, muito embora a Constituição brasileira determine que o Estado e a Sociedade são responsáveis pela preservação ambiental, não há mecanismos explícitos para que essa preservação se efetive. É verdade que a Constituição não estabeleceu nenhum tributo ambiental, mas também é verdade que a Constituição, no seu texto e contexto, dá condições para, nas espécies tributárias já existentes, retirarmos da Constituição os recursos suficientes para a preservação ambiental.

Já foi lembrada aqui uma série de tributos ainda tímidos, ou imposições de estímulo para captação de recursos ambientais. A Professora Regina lembrou o Decreto-lei 755, de 1993, atinente à produção de álcool, o imposto territorial rural, o imposto de renda, quando oferece abatimento e dedução para as importâncias empregadas em florestamento e reflorestamento e outras normas esparsas, mas isso é muito pouco.

Aqui, Professora Lucia, eu também compartilho da sua preocupação, porque tenho muito medo de que novas espécies tributárias sejam criadas simplesmente com o propósito de arrecadação fiscal.

Creio que vivemos num país pobre, embora nas estatísticas seja classificado como país em desenvolvimento – e eu tenho 40 anos e ouço essa conversa há 30 anos – estamos em desenvolvimento, não sei para onde, mas estamos. De qualquer maneira, creio que é preciso, sim, canalizar esforços da comunidade tributária, dos estudiosos de Direito Tributário, no sentido de criar mecanismos para a prevenção, o combate e a repressão a atividades poluidoras, mas sem onerar a carga tributária, porque neste país só pobre ou assalariado paga imposto. Os grandes capitais não pagam impostos.

Se os senhores forem ao Direito Internacional "ecológico" não vão encontrar nenhuma fórmula mágica, nenhuma recomendação obrigatória, nenhum comando, que determine a tributação internacional do meio ambiente. Exatamente pelo que a Professora Regina disse: há realmente um discurso, mas não se quer onerar a produção. Então, é uma intenção, digamos assim, de meio-termo. Quem quer os fins teria de dar os meios.

De modo que eu também sou céptico. Mas vejo algumas regras no Direito Positivo brasileiro que já se preocupam com isso. É aqui que eu sou otimista. Por quê? Porque é preciso perceber que a engenharia tributária poderá criar mecanismos de estímulo à preservação, de tal maneira que não se onere a carga tributária, mas que se passe a idéia ao empresariado nacional, através de normas competentes, que essa atividade – preservar o meio ambiente – pode ser, inclusive, um "bom negócio". E como é que pode ser um bom negócio? Pode ser, desde que haja prêmios, incentivos, isenção tributária por décadas etc.

Existem várias leis municipais. Eu verifiquei a lei de Município próximo, de Itapecerica da Serra, que concede benefícios às indústrias não-poluidoras e dá providências correlatas. Por esta lei de 1996, Lei 895, o Município concede isenção, por um período muito longo, do IPTU e outros tributos, desde que as indústrias que forem se instalar no Município apresentem um planejamento ambiental, que preservem e recuperem o meio ambiente degradado.

Então, existem iniciativas. A criatividade do homem não tem limites. É preciso realmente incentivá-lo, de tal maneira que o meio ambiente possa ser preservado, não com a oneração da carga tributária, repito, mas com instrumentos de política extrafiscal. Eu também acredito que o melhor mecanismo para a preservação ambiental e recuperação do meio ambiente seja a utilização dos chamados impostos indiretos, através do princípio da seletividade, como um dos mecanismos, podendo graduar a produção e o consumo através de incentivos, gradação de alíquotas, isenções, restituições, figuras premiais do direito tributário etc.

É nesse sentido que eu tenho um pouco de esperança, de que ainda possamos passar esta mensagem política legislativa, administrativa, de que é possível recuperar o meio ambiente com criatividade, que isso pode ser um bom negócio para o Estado e para a Sociedade.

Este primeiro ponto, de mera arrecadação, é que apresenta dificuldade, porque o Estado pensa na máquina arrecadatória, pensa no volume tributário como uma grande massa de recursos. É preciso que ele pense também no meio ambiente, como um valor fundamental. Quero dizer: não se consegue implementar uma política de saúde pública, por exemplo, sem preservação ambiental. Eu tenho uma preocupação – e digo que é uma questão até profissional: há 15 dias fui consultado pela SABESP – está havendo uma luta muito grande para se instituir uma política de saneamento básico no Estado de São Paulo e em todo o Brasil, e dentre outras regras, se propõe a instituição de um preço público pelo uso da água. Há estudos avançados no mundo inteiro sobre comitês de bacias hidrográficas, sobre o princípio do poluidor pagador etc. Então, esse tema está na ordem do dia: os instrumentos tributários para a preservação e recuperação do meio ambiente.

O lixo, como o Professor Bottallo bem lembrou, e outras questões que existem como a da poluição atmosférica, a questão da água, que já citei, dos recursos hídricos, da energia, são todos problemas que passam pelo Direito Tributário.

Há ainda outro problema aí, principalmente, que estamos enfrentando – que é a questão da definição do tributo adequado para os serviços privatizados. Está havendo uma disputa junto ao Ministério Público. Em alguns casos, o Ministério Público entende, no caso da cobrança específica do serviço de água, que se trata de taxa, enquanto que as prestadoras de serviço cobram tarifa, por força da Constituição Federal, de lei federal etc.

Se essa postura, de que a cobrança do serviço de água é taxa, for vencedora, haverá a inviabilização das privatizações. É preciso muito cuidado, muita criatividade. Incentivou-se a concessão de serviços públicos. As empresas investiram. A situação está aí, e de repente, há um impasse doutrinário ou jurisprudencial: se é devida taxa ou tarifa – muito embora esses serviços sejam contratuais, apoiados em lei etc. Não vou discutir a conveniência ou não das privatizações, porque não é esse o objetivo dessa mesa de trabalhos.

Isso é só um recorte que faço para dizer que a questão é importante, atual e tormentosa, porque a jurisprudência é ainda muito vacilante nesse tema e, até agora, não encontramos o termo adequado.

Vou encerrando, apenas chamando atenção para esses aspectos: que os mais pobres devem ser protegidos na instituição de uma política fiscal, criando-se aí esquemas compensatórios. Não é possível criar novas figuras tributárias, a pretexto de proteger o meio ambiente, sem que haja um controle, sem que haja uma política, sem que haja efetivamente resguardo do dinheiro público e, principalmente, o aspecto em que acredito: que as figuras premiais dos tributos indiretos sejam as mais adequados, mais eficazes, mais racionais para a prevenção e para a repressão das atividades poluidoras. Muito obrigado. (*Palmas*)

PRESIDENTE DA MESA (PROF. WANDERLEY FEDERIGHI) – Passamos agora à fase dos debates, em que cada um dos participantes da Mesa irá responder às questões que lhe foram encaminhadas. Dado o adiantado da hora – já entramos por 40 minutos no horário da Mesa de Debates "D" – eu teria o atrevimento de concitar a cada um dos participantes a não exceder a 5 minutos na resposta das questões que lhes forem encaminhadas.

Daria a palavra ao Professor Bottallo para resposta às suas questões.

PROF. EDUARDO BOTTALLO – Há aqui uma pergunta do colega Fernando Dantas Gonçalves, que eu vou resumir: "o raciocínio de analisar conjuntamente o princípio da essencialidade do IPI com o meio ambiente não poderá ser motivo para tributação superior em face do material utilizado?" E prossegue o colega: "Se positivo, qual o resultado disso em relação à tese que defende que as embalagens devem possuir a mesma alíquota de IPI aplicada aos produtos que acondicionam, mormente quando a maioria das embalagens é de plástico?"

Bem, eu acho que a pergunta foi inspirada em artigo publicado recentemente, fruto de trabalho que fiz com o Professor Roque Carrazza, em que sustentamos que os benefícios fiscais concedidos com base no princípio da essencialidade do IPI, se estendem aos componentes do produto final, e não apenas a este. O princípio da essencialidade é multifacetado, preso, que está, a uma série pressupostos, que, na verdade, partem de pontos diferentes, mas que não apresentam, entre si, nenhuma incompatibilidade. Se, por exemplo, o princípio da essencialidade impõe que o arroz industrializado não fique sujeito à incidência do IPI, o fato dele estar embalado em papel ou plástico não pode ser convertido em motivo suficiente para afastar a não-tributação. Aliás, não teria sentido (e esta é a essência da nossa tese) que, reconhecendo-se a aplicação do princípio em relação ao produto final, esse reconhecimento fosse neutralizado pela tributação dos componentes que são necessários para que o produto seja levado ao mercado.

A outra pergunta diz respeito à questão do lixo: "não seria a utilização indevida das taxas o motivo do problema do lixo nas cidades?"

Como já me foi dado salientar, os Municípios têm um grande encargo financeiro com a coleta e a destinação do lixo. É razoável, portanto, que busquem ressarcir-se desses custos. Mas o grande problema é a determinação da base de cálculo dessa taxa.

Como todos sabemos – lições do saudoso mestre Ataliba – as taxas de serviço devem apresentar uma necessária adequação, uma referibilidade entre o seu valor e o serviço que está sendo prestado ou posto à disposição. Nesse particular, a jurisprudência já comentada praticamente inviabilizou a cobrança de taxa de serviço pela coleta de lixo domiciliar, lixo hospitalar, industrial etc., porque não aceita que seu valor leve em conta características do imóvel de onde provém os detritos. Isso causou, e tem causado, grande preocupação aos Municípios, porque, como é óbvio, o problema do lixo é de responsabilidade da Sociedade, e os Municípios têm o encargo de dele cuidar em bases que, muitas vezes, superam as suas forças. O meu destaque, portanto, é quanto à necessidade de encontrar-se uma solução para a pendência, a qual, segundo entendo, não está na alternativa alvitrada pelo substitutivo ao projeto de reforma tributária proposto pelo deputado Mussa Demes.

Presidente da Mesa (Prof. Wanderley Federighi) – Com a palavra a Professora Regina Helena Costa.

Profa. Regina Helena Costa – Eu vou ter de ser muito breve porque recebi uma porção de perguntas, consultas etc., e pediria àqueles, cujas perguntas não poderei responder aqui, que tivéssemos uma conversa depois, no intervalo, para não causar um atraso ainda maior à mesa de debates seguinte.

Apenas vou dizer que o colega Antônio Sá, do Rio de Janeiro, diz, para complementar os exemplos que citei aqui, que no Município do Rio de Janeiro os proprietários de imóveis localizados em áreas de proteção ambiental ou cultural têm isenção do IPTU se conservarem esses bens.

Eu não cheguei a mencionar mas, em São Paulo, existe previsão semelhante. Não é uma isenção, mas a Lei n. 10.365, de 1987, do Município de São Paulo, concede incentivo fiscal aos proprietários, cujos imóveis sejam revestidos de vegetação arbórea declarada de preservação permanente ou perpetuada, nos termos do artigo 6º do Código Florestal. Esse incentivo representa um desconto de até 50% no pagamento desse imposto, aplicado em consonância com o índice de área protegida. Então, é um outro incentivo, não uma isenção como existe no Rio, mas um desconto de 50% no valor a ser pago.

Depois, ele prossegue dizendo que no mesmo município do Rio de Janeiro, há menos de um mês, foi enviado um projeto à Câmara Municipal criando uma taxa para licenciamento ambiental, hipótese que eu havia mencionado.

Há também questões relativas à regra da seletividade em função da essencialidade dos produtos, mercadorias e serviços, aplicável ao IPI e ao ICMS, que o Professor Bottallo abordou com muita eficiência; eu apenas queria acrescentar que partilho do posicionamento exposto. Penso seja uma regra que se preocupa também com o contribuinte de fato. É uma vertente que, evidentemente, é minoritária, mas estou realmente convencida de que não é uma regra apenas voltada ao contribuinte *de jure*, o produtor, o industrial, o comerciante, que são os sujeitos passivos do IPI e do ICMS. Entendo que esta regra alcança também o contribuinte de fato ou o consumidor final. Porque a preocupação constitucional consiste, justamente, em que, quanto maior a essencialidade dos produtos, mercadorias ou serviços, menor seja o gravame sobre eles incidente, para que cheguem ao consumidor final a custo compatível.

Sendo assim, então, a questão é de extrafiscalidade mesmo. Aí há uma preocupação com o comportamento do contribuinte de fato, de desestimular o consumo de produtos danosos à saúde, de produtos tóxicos, de produtos supérfluos e de incentivar ou facilitar o acesso aos produtos, às mercadorias e aos serviços mais essenciais, mais importantes, mais necessários à vida de cada um.

Por fim, mais uma pergunta: quanto aos agrotóxicos, embora causem impacto ambiental, são essenciais à agricultura. Portanto, como fica essa questão?

É que eu mencionei que produtos tóxicos deveriam submeter-se a uma tributação mais onerosa. Neste caso, se a preservação do meio ambiente é um valor importantíssimo assegurado pela Constituição, o incentivo à agricultura, certamente, também o é. Então, esses são os dois valores que o legislador vai ter de sopesar, quando estabelecer feições ambientais aos tributos. Se for fazer isso, ele vai ter de avaliar o que é mais importante no momento, no contexto que se lhe apresenta. É criar esse ônus a mais, incidente sobre os agricultores, sobre a agricultura, ou não? Numa situação como a de hoje, eu não diria que o agravamento da carga tributária sobre produtos destinados à lavoura seja uma coisa de interesse público, no momento não me parece. Isso, de qualquer maneira, será uma decisão que vai passar pelo crivo do legislador.

Quanto ao mais, eu os convido para conversar comigo na hora do café. Obrigada.

Presidente da Mesa (Prof. Wanderley Federighi) – Com a palavra a Professora Lucia Valle Figueiredo.

Profa. Lucia Valle Figueiredo – A questão que me propuseram é bastante simples, de Luís Lippo, advogado de São Paulo. Diz o seguinte: que os impostos são criados sob fachadas ideologicamente sociais. Aí estariam o imposto verde e a CPMF para a saúde. Os contribuintes levam ao Judiciário questionamento sobre essas verdadeiras "tramas" (está entre aspas) do Legislativo e do Executivo. O que deveria o Judiciário fazer?

Isso realmente é verdade. A CPMF, por exemplo, é o absurdo dos absurdos, porque a CPMF foi recriada. Estava extinta. Então, tem vício de iniciativa e todos os defeitos possíveis e imagináveis. Agora, efetivamente, quem deve repelir essa criação de tributos que está sendo feito dessa maneira, à revelia do sistema constitucional, evidentemente, é o Judiciário – e aqui está sendo dito que o Judiciário coloca todas as dificuldades para que o processo seja apreciado pelo mérito.

Infelizmente (com desculpas aqui apresentadas à Dra. Regina, mas felizmente ela compartilha da mesma crítica) isso é verdade. Muitos juízes, talvez por excesso de sobrecarga, procuram resolver a questão nas preliminares, e permanecendo nas preliminares, deixam de percutir o mérito. É uma lástima. Mas, em compensação, o Judiciário, hoje em dia, não merece, de forma alguma, ser tratado como vem sendo tratado pelo povo, porque o Judiciário ainda é o guardião da democracia. Todos temos de prestigiar o Judiciário porque é o guardião da democracia. Obrigada pela pergunta.

PRESIDENTE DA MESA (PROF. WANDERLEY FEDERIGHI) – Parece-me que o Professor Marcelo não recebeu perguntas. Deseja acrescentar alguma coisa? (*Pausa*) Muito bem. Então, tendo em vista que não há mais questões, vamos dar por encerrada esta mesa de debate "C", agradecendo a presença de todos os senhores e dos participantes da Mesa.

Reiniciaremos em breve, com a mesa de debates "D".

MESA DE DEBATES "D"

TRIBUTAÇÃO DAS EMPRESAS PRIVATIZADAS

PRESIDENTE DA MESA (PROF. LUCIANO MARREY JUNIOR) – Vamos dar início à Mesa de Debates "D", que tem como tema a Tributação de Empresas Privatizadas. À minha esquerda o Dr. Antônio Corrêa Meyer, advogado em São Paulo, dos mais prestigiados, e à minha direita o Dr. Sidney Saraiva Apocalypse, também advogado em São Paulo, com larga experiência na tributação das sociedades privatizáveis e privatizadas. Quero de início agradecer a presença dos dois colegas e dizer que, desta vez, a Mesa de Debates está composta apenas por três advogados e não por professores eméritos e juristas consagrados.

Passo a palavra ao Dr. Antônio Meyer.

DOUTOR ANTÔNIO CORRÊA MEYER – Muito obrigado, Marrey, bom dia a todos os senhores. Eu agradeço a oportunidade de estar aqui, hoje, com vocês, para conversar sobre um tema em busca de um autor. Uma das razões inclusive pelas quais nós não temos aqui alguns participantes, que certamente dariam um brilho especial a esta conferência, é exatamente o fato de que eles não encontraram uma especificidade que lhes permitisse desenvolver algo em torno do tema.

Quando se fala em tributação das empresas privatizadas, fala-se de tributação *das empresas* – ponto. O "privatizadas" não acrescenta nada de especial a essa categoria. Então, quando nos foi solicitado comparecer aqui para discutir sobre o tema, a nossa dificuldade foi encontrar o que falar sobre o assunto. Aí, pensando sobre o tema, me ocorreu que o qualificativo "privatizadas", aí, estava apenas a dar um pano de fundo – mas na verdade o que se queria tratar eram problemas tributários que pudessem ocorrer na privatização das empresas.

Os senhores sabem que o Brasil vem desenvolvendo, ao longo de alguns anos, e ainda continuará por alguns anos mais, um programa muito audacioso de privatização e um dos mais extensos programas de privatização que se tem notícia na atualidade. É verdade que outros países já se dedicaram a este movimento, anteriormente ao Brasil, e até alguns deles de forma muito rápida, como foram os casos da Argentina e do Chile.

Quando se critica o programa de privatização no Brasil geralmente se alude a esses exemplos da Argentina e do Chile como exemplos de privatizações que teriam ocorrido no momento adequado, no *timing* perfeito, ao contrário do que está ocorrendo no Brasil. Mas é preciso se entender, se avaliar e se identificar as proporções. A Argentina tem uma economia que corresponde, medida pelo seu produto interno bruto, à economia do Estado de São Paulo; o Chile corresponde a uma economia de uma região do Estado de São Paulo, a região de Ribeirão Preto e cidades circunvizinhas.

Então, quando se fala de Brasil, fala-se de outra proporção, de outra magnitude. E é claro, portanto, que um programa de privatização dessa envergadura não pode ser conduzido de maneira apressada e em prazo curto de tempo.

Uma das necessidades de se desenvolver um plano de privatização é procurar obter recursos para que essas empresas estatais sejam adquiridas e possam desenvolver os investimentos necessários às suas atividades, e esses recursos são escassos. Nós sabemos muito bem que o Brasil depende de poupança externa para poder fazer esse desenvolvimento. Não há no mercado interno mecanismos adequados à captação de recursos para grandes investimentos de longo prazo, e com exceção dos fundos de previdência, que são investidores institucionais, não há no Brasil – em geral, com exceções, obviamente – grupos interessados, com disponibilidade de capital, para assumir essas atividades que vêm sendo desenvolvidas pela empresa pública.

Então, para que seja possível o programa de privatização, é necessário criar condições favoráveis a investimentos de longo prazo. Na área fiscal eu acredito que o legislador foi muito feliz ao permitir que o ágio na aquisição das empresas estatais possa ser de alguma forma utilizado. Este então, cheguei aí ao ponto, foi o tema que eu escolhi, porque me pareceu muito próximo da questão da privatização: o tratamento fiscal do ágio e alguns problemas que vou levantar no curto espaço de tempo desta pequena exposição.

Eu gostaria de utilizar algumas retroprojeções, para facilidade de exposição – até facilidade minha, porque não sendo professor eu tenho alguma dificuldade de desenvolver o tema com a fluência que um professor faria.

Então nós vamos conversar sobre o regime fiscal do ágio. Os senhores têm notícia pelos jornais, e acompanhando as notícias em televisão, que as empresas estatais são adquiridas, e muitas vezes, por ágios fantásticos, excedendo até a 100% do preço mínimo. Nós não estamos tratando especificamente deste ágio neste momento, porque o ágio noticiado pela mídia é a diferença entre o valor mínimo de avaliação da empresa e o preço pago, por ela, pelo seu comprador. Nós estamos falando de um outro ágio, que é também a diferença, mas não entre o preço mínimo e o valor pago, mas, sim, entre o valor patrimonial contábil dessa empresa e o valor efetivamente investido pelo comprador. Este é o ágio do qual vamos tratar hoje.

Eu disse que o legislador nosso foi muito feliz, porque ele ao definir o regime fiscal do ágio deu condições, ou pelo menos acrescentou condições, para que investimentos pudessem ocorrer, para que nós pudéssemos atrair mais interessados para adquirir a empresa estatal, dando portanto a ela um valor maior.

Para que ele possa ser aproveitado, normalmente o que se faz? Constitui-se uma empresa de propósitos específicos. Essa empresa servirá não só como forma de organização entre os vários investidores participantes desse projeto, como também futuramente para aproveitamento do ágio como veículo do investimento na empresa operadora.

A questão fiscal do ágio é tratada pela lei fiscal com base no seu fundamento econômico – e o fundamento econômico do ágio pode ter três naturezas distintas. Isto é matéria tratada no regulamento do imposto de renda, art. 385. O ágio poderá ter três fundamentos, então: o valor de mercado dos bens da empresa é superior ao custo registrado na sua contabilidade; esse é um fundamento: paga-se mais pela empresa porque o valor contábil dela não reflete o valor de mercado dos seus bens. Outro fundamento é o valor da rentabilidade da empresa, com base numa previsão de resultados em exercícios futuros. Isso é o que se chama "valor econômico" da empresa; com base em certos pressupostos projeta-se o faturamento da empresa num determinado período e, depois, esses valores são trazidos ao valor presente, descontando-se os juros de mercado. Aí, então, é o valor econômico da empresa. Esse é um outro fundamento do ágio. E finalmente o fato de a empresa ter tecnologia, marca, fundo de comércio, intangíveis, ou outras razões econômicas. Tal seja o fundamento do ágio, tal será o regime fiscal que será aplicado.

Como é que se demonstra este fundamento econômico, como é que eu provo este fundamento econômico? A rigor, a lei fiscal não exige a existência de um laudo de avaliação,; mas a lei societária, afinal, vai acabar exigindo esse laudo, e é preciso que ele seja muito bem detalhado para que, no futuro, quando houver algum questionamento por parte da autoridade fiscal, se possa reproduzir as condições de mercado daquele momento em que a avaliação foi feita, para poder justificar em qual das três categorias de ágio aquele ágio está fundamentado.

Já existe um certo parâmetro mínimo para isso, porque no programa nacional de privatização, de desestatização – e a própria Lei 8.666 exige isso também, quando se trata de venda de ações pertencentes ao Estado –, há a necessidade de uma avaliação prévia; e esta avaliação prévia é feita pelos consultores, normalmente bancos de investimento, consultores financeiros, que assessoram o Estado na privatização da empresa.

Com base neste laudo de avaliação, que leva em consideração, na maioria das vezes, o valor econômico da empresa, ou seja, o seu *cash flow* descontado, estabelece-se depois, também numa decisão política baseada nesse laudo, o valor mínimo da empresa, abaixo do qual o Estado não está disposto a vender suas ações. Então é conveniente que o contribuinte tenha este laudo à sua mão, para poder justificar o fundamento do ágio futuramente.

Há uma outra peculiaridade na privatização, que é um outro instrumento criado pela lei para facilitar a privatização, tratado no art. 431 do RIR.

Esse novo instrumento consiste na utilização de títulos da dívida pública para pagamento do preço da privatização. Em quase todas as privatizações, com raras exceções, permite-se que uma parte do preço seja paga com títulos da dívida pública que são adquiridos com deságio. Então, ao adquirir esses títulos o comprador paga por eles um valor abaixo do valor nominal. E logo em seguida, na privatização, ele pode usar essa moeda pelo seu valor nominal. Para a contabilidade da empresa adquirente, o tratamento fiscal deste deságio é o tratamento de uma permuta, ou seja, quando ele é utilizado para aquisição das ações da empresa privatizada leva-se em consideração não o valor nominal dos títulos, mas sim o custo efetivo desse título da dívida pública.

Isso até foi um tema que poderia ter sido melhor desenvolvido, aqui, pelo Prof. Tércio Sampaio, porque foi exatamente na ocasião em que ele estava no governo que essa questão foi levantada, e ele foi um dos colaboradores que permitiu o tratamento de permuta até o deságio nos títulos de dívida pública. Foi no caso Usiminas, exatamente.

Quando se tratar do primeiro fundamento que nós expusemos, ou seja, a divergência entre o valor de mercado do bem e o valor de contabilização, o que acontece com esse ágio? Eu paguei pela empresa a mais porque os bens que ela tem valem mais do que aquele valor que consta da sua contabilidade. Esse ágio é agregado ao custo, diz a lei, e acrescendo ao custo ele vai permitir então uma depreciação maior, uma amortização maior, ou até um ganho de capital menor na hipótese de alienação destes bens.

Então, o ágio sobre o primeiro fundamento, a divergência do valor de mercado e valor contábil dos bens, é tratado como acréscimo do custo desses bens.

O outro fundamento baseia-se no valor da rentabilidade futura da empresa – ou rendibilidade futura da empresa, como diriam os puristas da língua, como é o Dr. Américo Lacombe, que nos observa ali com grande atenção. Esse, já expliquei aos senhores, é um valor projetado com base em uma série de premissas e considerações. Os técnicos avaliam quanto a empresa vai faturar nos próximos cinco anos, dez anos, vinte anos, e depois trazem esse valor ao valor presente descontado por uma taxa de juros de mercado.

Se o ágio que foi pago justifica-se por este fundamento, posso amortizar este ágio no prazo mínimo de cinco anos. É uma amortização mensal, com 1/60 avos do valor do ágio contra o meu lucro tributável mensal – e com isso o custo do investimento é reduzido, com a conseqüente redução da tributação, que hoje está na casa dos 37%.

O terceiro fundamento é o ágio com base em outras razões econômicas, fundos de comércio, intangível. Este então não tem uma utilização imediata, ele é registrado numa conta do ativo diferido e poderá ser utilizado no futuro para apuração de ganho de capital, no caso de venda dessa participação acionária, ou no caso de encerramento da atividade da empresa. Então, não há uma utilização imediata, mas haverá sempre uma utilização deste ágio.

Então, esses são os três fundamentos que justificam e que dão tratamento à utilização do ágio.

Mas a empresa de propósitos específicos adquiriu a empresa operadora, nós já vimos num primeiro momento. Ela pagou um ágio fundado numa ou em duas ou nas três razões, nos três fundamentos. Comprovou isso mediante laudo fundamentado e tudo o mais. Mas até aí como é que foi aproveitado efetivamente esse ágio? Agora o passo necessário, o passo seguinte, é a incorporação dessa empresa de propósitos específicos pela empresa operadora. Na verdade essa incorporação pode ser nos dois sentidos: ou "rio acima" ou "rio abaixo", como costumam dizer no mercado. Normalmente se faz a incorporação da *holding*, da empresa de propósitos específicos na operadora, por uma série de facilidades. Inclusive a operadora pode ser uma empresa que tenha prejuízos fiscais, e se ela for incorporada perderá esses prejuízos fiscais. Então, para evitar que ela perca esses prejuízos fiscais, incorpora-se a investidora.

Essa questão era tormentosa até que a lei 9.532/97 permitiu expressamente a incorporação de cima para baixo. Nessa incorporação, existem algumas questões interessantes, que são discutidas, que dizem respeito ao direito de minoritários, porque o valor do investimento é um valor grande, muitas vezes essa empresa de propósitos específicos contraiu dívida para fazer o investimento. Então, ao ser incorporada pela operadora, ela leva consigo uma reserva de ágio que tem um valor econômico – porque ele poderá ser amortizado ao longo de cinco anos, ou poderá ser utilizado futuramente na alienação do bem –, mas ela traz também consigo uma dívida, e esta dívida deverá ser paga pela operadora.

Então, o que acontece, geralmente? Ou essas empresas privatizadas têm ações negociadas no mercado, ou elas são companhias abertas, mesmo sem ações negociadas no mercado, ou há um compromisso de se abrir o capital no futuro. Então a CVM interfere e estabelece uma relação de troca, que permite ao minoritário não ser diluído excessivamente no seu investimento e, ao mesmo tempo, sofrer as conseqüências desse ágio, porque o ágio tem um aspecto positivo, que é a economia do imposto, já que se pode amortizá-lo em cinco anos; mas tem um aspecto negativo para o investidor pequeno porque ele não vai ver cara de dividendo durante algum tempo. Os valores são muito grandes, essa amortização vai absorver praticamente todo o lucro a ser distribuído e, portanto, vai impor ao minoritário um sacrifício durante esse período.

Já podemos ir para os slides. Aliás, já deveríamos ter ido antes. Foi falha técnica minha. (*Pausa*)

Essa operação então é que foi noticiada e comentada na imprensa, realizada por várias empresas: a CPFL, ao ser adquirida pela DOC 4, que é a empresa do Grupo VBC (Votorantim, Bradesco e Camargo Corrêa); a Electro, ao ser adquirida pela Enron, que é uma empresa estrangeira dedicada à energia; na aquisição de empresas do sul, também, distribuidoras de energia elétrica, pela AES-Sul Distribuidora Gaúcha de Energia, também aconteceu o mesmo problema; na RGE-Companhia Riograndense de Energia, também aconteceu o mesmo problema. Então, como é que a CVM está reagindo a isso? Para proteger o acionista minoritário ela determina que essas empresas adquiram as ações e façam uma oferta pública de aquisição das ações de minoritários, para que ao minoritário se dê a opção de ficar na empresa com aquele grande endividamento, com aquela amortização que vai privá-lo de dividendos por muito tempo, ou vender as suas ações no mercado, saindo do investimento antes disso.

Acho que já esgotei os meus 20 minutos, Eu queria trazer apenas esse tema que me pareceu muito ligado às privatizações. Aqui referi alguns exemplos, há outros também. E gostaria de ouvir agora os demais conferencistas ou debatedores sobre o mesmo tema em busca de um autor. (*Palmas*)

PRESIDENTE DA MESA (PROF. LUCIANO MARREY JUNIOR) – Passo a palavra ao Dr. Sidney Saraiva Apocalypse.

DOUTOR SIDNEY SARAIVA APOCALYPSE (*sem revisão do autor*) – Bom dia a todos, aos colegas, tanto os que se encontram à Mesa quanto os demais que nos assistem da platéia.

Façamos aqui uma reunião de advogados. A exposição do Prof. Meyer – ou do Dr. Meyer – nos leva ao final da privatização, nos leva à reorganização societária, necessária e decorrente de um processo de privatização modelar, utilizado como modelo, mais geral do que se tem de experiência em relação às empresas privatizadas, que, como já se disse no início, não constituem propriamente uma categoria jurídica distinta das demais pessoas jurídicas.

Lembrava o Prof. Marrey, há pouco, dos debates que se travavam nos anos 70 a respeito da natureza jurídica da sociedade colonialista, da empresa pública criada pelo município, que ao fazê-lo, mediante lei, legislava sobre Direito Comercial – e aquelas teses funcionavam nos congressos como molas propulsoras de grandes debates e acesas discussões.

A despeito do que se encontra na Constituição Federal, o que se verifica, a partir do momento em que uma atividade – e eu vou procurar me cingir ao termo – é retirada do manto do poder público e entregue ao particular, ou a ele devolvida, nós vemos um tratamento tributário, um tratamento em outras órbitas do Direito que não correspondem àquele momento em que essa empresa ou esta atividade estava entregue ao Estado. E aí começam a surgir dificuldades tópicas, mas extremamente interessantes, porque poderão chegar aos nossos escritórios, às nossas bancas, a buscar soluções que o Direito oferece, mas que, curiosamente, criam ainda algumas perplexidades.

Vamos já pegar o exemplo de uma atividade empresarial privatizada, a enfrentar percalços. Sabem os senhores que pelo menos em duas ou três regiões do país se constróem gasodutos. Estes gasodutos implicam, necessariamente, a travessia por diversos Municípios, Municípios esses que olham o exercício daquela atividade, que agora está entregue ao particular, como uma riqueza nova, pronta a ser objeto da ação de tributar.

Então, já se pergunta: a quem caberá tributar e o que caberá tributar em relação a gasoduto, que atravessa cinco ou seis Municípios, por exemplo? Trata-se de uma obra civil, de uma obra de engenharia realizada no Município. Vai-se ao legislador complementar e se verifica que o fato gerador do imposto sobre serviço, embora no geral ocorra no local da prestação do serviço, no caso da obra se desloca para o local da obra. E aí citei um contrato de empreitada, que seja, para a construção de um gasoduto que se inicia na Bolívia e que vai terminar lá sei eu onde – mas atravessa vários Municípios. Esse contrato tem um só valor.

A empresa ao contratar essa obra contratou por um preço global, que envolve fornecimento, envolve mão-de-obra, envolve planejamento, projeto etc. A todo este arcabouço pertence um simples negócio jurídico de contratação de um serviço de engenharia civil: construção de um gasoduto.

Há que se perguntar então, a que Município compete tributar qual fatia desse contrato, e sob qual critério? Já houve discussão de que o critério deveria ser proporcional à extensão deste gasoduto. Levanto um ponto: quem dirá que a um Município assim meio chileno, longitudinal portanto, no qual a obra incidirá apenas numa pequena porção na área territorial, deva ser atribuída apenas uma proporção, digamos, de 5% – que é o que empacta naquele Município o gasoduto – tomando como base de cálculo um critério para a absorção do valor do contrato como base de cálculo do ISS? Isso não me parece também ser um critério adequado, até porque naquele Município obras de outro relevo poderão ser realizadas – o terreno pode ser arenoso, haverá que se fazer fundação muito mais complicada do ponto de vista técnico – e a porção do serviço, se é que se pode falar assim, atribuída àquele local, será muito maior do que a proporção da extensão deste gasoduto.

Energia elétrica – outra atividade privatizada. Da mesma maneira que a energia se transporta por cabos, fios (eu não sou um técnico), mas, enfim, alguma coisa que rotineiramente se instala em postes, que até outro dia pertenciam ao Estado e que agora, por causa de um contrato, de um negócio jurídico entabulado entre Estado e particular, pertence – e eu não sei bem se "pertence" – ao particular que explora esse serviço, que fornece essa mercadoria chamada energia elétrica.

Os Municípios olham aqueles postes que transportam energia, vêem ali uma riqueza nova, uma dimensão tributável e pretendem cobrar um tributo – um daqueles cuja competência lhe compita. Mas como os impostos atribuídos ao município são reduzidos, e há eventos extremamente restritos, ficaríamos com o imposto onde cabe tudo que não seja vender mercadoria, que é o ISS, ou até mesmo, como já se aventou, ao próprio IPTU, ou, para alargar ainda mais o campo e a possibilidade da cobrança do tributo, uma taxa.

Aí caberia lembrar a referebilidade dessa atuação estatal de manter o poste – o destinatário dela no meu modo de ver não seria nenhum de nós, no máximo o cachorro do município que se utiliza daquele serviço – e, como bem lembra o Dr. Meyer, apenas os machos. (*Risos*)

Então, nós começamos a enfrentar no nosso dia-a-dia questões dessa natureza. Não estou trazendo aqui criações da solidão do meu quarto, onde estive pensando de como trazer aos senhores uma tese revolucionária; não, estou trazendo aos senhores o caso apresentado no dia-a-dia dos nossos escritórios. Temos que pensar na solução.

O Município é competente para cobrar – não para instituir, porque já está instituído – imposto sobre a propriedade do poste, ou a taxa de serviço? Porque o Município tem que manter o poste de alguma forma, ou se preocupar com aquilo que ocorra em torno daquela obra de engenharia, o poste. Da mesma maneira, um imposto que foi originalmente concebido para tratar da venda de mercadoria, aquilo que nós podemos ver, olhando, tocando e negociando – e a energia elétrica foi colocada na mesma dimensão tributária. E energia elétrica não se estoca. Descobrimos nós, na nossa prática advocatícia, que a energia elétrica se produz e vai, não se estoca, ela segue.

Há produtores independentes de energia elétrica que a produzem, às vezes para consumo próprio, mas que não consomem toda energia produzida naquela usina de energia e, por lei, são obrigados a fornecer ao Município, à fábrica vizinha, enfim. E aí nós nos deparamos com as questões relativas ao ICMS. Tomar crédito de ICMS, tomar crédito de insumos, enfim, são questões que surgem a partir do exercício pelo particular de uma atividade que, até então, estava entregue ao poder público, aquilo que aqui singelamente chamou-se de empresa privatizada. Empresa, porque nós não precisamos nos preocupar, quando utilizamos o termo *empresa*, com a personificação, com a dicotomia entre pessoa natural e pessoa jurídica. O direito do trabalho mostra isso: trabalha-se para uma empresa quando se quer dizer que se trabalha para um grupo, um grupo empresarial.

Então, esta empresa, este empreendimento, muitas vezes por razões contratuais negociais – tributadas, também, por que não? –, se estabelece sob a forma de um consórcio, muito comum na área do petróleo. Criam-se consórcios para explorar poços aqui e acolá. Deste consórcio, até porque a experiência não é nacional, participam empresas locais e empresas estrangeiras – não há mal nenhum nisso; e eles precisam extrair de lá o petróleo, mas para tanto precisam vir com maquinário que nós não produzimos. Se bem que muitas vezes um maquinário – eu estou usando um termo extremamente singelo para identificar coisas grandiosas e coisas minúsculas que servem à extração do petróleo – que vem para o Brasil, entram no território nacional, e não devem ficar aqui, porque tão logo se esgote ou o contrato ou a capacidade do chamado poço – que sequer poço é – de petróleo, esse equipamento deve retornar ao seu país de origem, seja esse equipamento uma plataforma marítima, seja esse equipamento uma sonda, uma broca, enfim.

E aí temos um problema da área aduaneira, dos impostos chamados aduaneiros. Já é tradicional – e a Dra. Iris que cá está também trabalhou muito na Receita Federal – no regulamento aduaneiro, que serviu de tese ao Prof. Américo Lacombe nos idos de 70, um regime aduaneiro especial, corriqueiramente chamado de "admissão temporária". O equipamento vinha, ingressava no território nacional, zona primária, zona secundária, desembaraço etc. etc. Cumpridas as formalidades, cumprido o prazo em que este equipamento devesse permanecer no território nacional, sob termo de responsabilidade etc. etc., ele poderia ser devolvido ao exterior. E durante este período em que ele permanecesse aqui os tributos incidentes – vamos simplificar a terminologia – ficavam suspensos. Deveriam ser pagos à medida em que houvesse descumprimento de uma das condições que implicaram a admissão no território fiscal nacional, para aquele equipamento, para cumprir uma finalidade. Tal como um carro de corrida: entra, corre, faz lá a apresentação em Interlagos ou em Jacarepaguá (em homenagem ao Rio de Janeiro) e retorna para o seu país de origem.

Mudaram a lei. E para minha surpresa – mudaram no final do ano passado –, para criar um regime de admissão temporária, *pero no mucho*, em que os impostos ficam suspensos, mas mediante um cálculo que é baseado no prazo de vida útil do bem e no prazo do contrato. Há uma equação singela e simples de ser elaborada e calculada. Na prática, especialmente na área do petróleo, em que os equipamentos não vêm aqui para ficar um mês e voltar, não vêm como carro de corrida, que passam o domingo e vai embora; vêm para ficar 20 anos – aliás, é do interesse nacional que eles fiquem, porque, se ficam, a exploração daquela riqueza está se realizando – mas a lei mudou e hoje vocês têm o regime da admissão temporária, e na área do petróleo, especialmente, limitado a um prazo – acho que até 2001 –, em que há um pagamento parcial em cinco anos; portanto em 2005 haverá um pagamento parcial.

Ao se fazer a conta, e diante de contratos dessa natureza, o que é parcial se torna total. Na prática, ao se verificar o regime da admissão temporária se verifica que, nessa área, há que se fazer alguma coisa em termos legislativos, se for do interesse da nação que esses equipamentos venham para cá com a finalidade a que se destinam. Parece que há um interesse, sim, tal qual aquilo que serviu de debate à mesa que nos antecedeu. Quando se fala de incentivo, desconto de IPTU, disso ou daquilo, para preservar o meio ambiente – sobre o que eu teria, até, alguns comentários, porque o tributo visado para isso também é coisa antiga; já tivemos imposto sobre o solo-criado, que nunca colou. Inventaram outra coisa agora, de urbanização, e esqueceram a matéria tributária: imposto predial e territorial urbano progressivo, projeto de uma unidade urbana de recuperação acelerada, o chamado Projeto Cura, aqui em São Paulo. Nada disso funcionou. Enfim, o que eu quero mostrar aqui é que se não nos espanta a concessão de "um subsídio", um "favor fiscal", neste tipo de negócio, porque, sim, naquele em que o interesse, chamado nacional, da exploração do petróleo, ao meu modo de ver, é muito mais relevante?

Nós temos uma outra área de privatização que diz respeito às rodovias. Há pouco, numa dessas nossas reuniões de advogados, o Prof. Schoueri – e ele é professor, sim – levantou uma questão interessante: que as empresas que aqui – pelo menos no Estado de São Paulo, como é do nosso conhecimento – exploram as rodovias, devem fazê-lo por contrato, quase que de adesão com o Estado, ou que pelo menos essas empresas assumem o compromisso de alargar a rodovia, criar outra pista, instalar serviços de atendimentos emergenciais tipo ambulância, etc. E algumas delas assumem compromissos chamados de ordem arquitetônica. Se nós pegarmos aqui a famosa Rodovia Castelo Branco na via de acesso (quando eu consigo ir para casa, às sextas-feiras), a empresa que está administrando aquela estrada deve construir marginais em determinados trechos etc. O que ocorre? Esta empresa está auferindo as receitas provenientes do pedágio para afetá-las à construção de determinadas obras viárias necessárias e, até mesmo, impostas pelo contrato que estabeleceu com o poder público.

Se nós formos à legislação do imposto de renda das pessoas jurídicas vamos ver que estas receitas, além de serem tributadas pelos malfadados Pis e Cofins da vida, integram o lucro sujeito à tributação. E aí nós começamos a encontrar uma dificuldade para harmonizar o compromisso estabelecido e um regime tributário a que deva se submeter àquilo que é uma receita – e é mesmo –, mas que deve guardar correspondência com um custo que vai ocorrer apenas no futuro. Paga-se imposto hoje sobre um "lucro" que, no futuro, poderá se tornar um prejuízo. Não quero dizer – e nem ser catastrófico a ponto de imaginá-lo – que ninguém tenha feito esta conta antes; mas, por mais que planejem os economistas e por mais que planejem os homens da área financeira, estas questões sempre acabam sofrendo ajustes. E quando o ajuste é para menos, quando você vê que está pagando imposto sobre uma chamada "receita" que já tem uma destinação, vamos dizer assim, para a edificação de uma obra viária – seja um trevo, seja a duplicação da estrada, um compromisso assumido –, a resposta da legislação ordinária para esse aspecto, se não é inexistente, é insatisfatória.

O Dr. Meyer falou da questão da *holding* ou da empresa sociedade de propósitos específicos, que é o veículo para o qual são carreados recursos destinados à aquisição de um empreendimento. E falou muito bem a respeito do efeito que causa, diante da necessidade de aglutinação tanto daquele veículos que captou o investimento quanto da operação, para que, na operação, também se incluam as despesas relativas a juros etc.

Quero lembrar apenas que ouvi este comentário certa feita: que não só não é feio captar dinheiro através de empréstimo externo, como, até mesmo, a lei brasileira assim incentiva. Diferentemente de alguns outros regimes, o legislador comercial brasileiro não tem nenhuma regra de capital mínimo para as sociedades; qualquer um de nós poderá constituir uma empresa com capital tão mínimo, próximo ao ridículo, e levar para este empreendimento recursos obtidos através de empréstimos – numa relação de crença, de *crédito*, entre aquele que toma o recurso e aquele que acredita e fornece o crédito para aquele empreendimento.

Tivéssemos nós regras relativas à capitalização mínima das empresas, alguns desses aspectos poderiam ser afastados em função da lei. Mas o Direito, tal como posto, ainda não nos oferece solução ou empecilho para adotar essas estruturas a que o Dr. Meyer se referiu.

Eu imagino que, pelo tema, até porque pela qualidade de quem vos fala neste momento valeria a pena guardar estes momentos, esses tópicos das questões que afluem aos nossos escritórios. E não se frustrem os senhores por não estar eu aqui a apresentar questões da Teoria Geral do Direito, questão que pudessem ser debatidas em tertúlias mais animadas. Muito obrigado. (*Palmas*)

Presidente da Mesa (Prof. Luciano Marrey Junior) – Vou fazer algumas considerações a respeito desse tema, procurando adotar um enfoque um pouco diferente daquele apresentado pelo Dr. Meyer e pelo Dr. Sidney. Eu começaria dizendo que o problema da tributação das empresas privatizadas, não é demais repetir, como disse o Meyer, é um problema teoricamente falso, na medida que, uma vez privatizadas, essas empresas se submetem ao regime tributário comum de qualquer empresa. Entretanto, o que se verifica é que na prática a teoria é outra.

Eu começaria por trazer o parâmetro que é comum a todos, porque está na Constituição. Todos sabem que ao tratar da ordem econômica e financeira a Constituição estabelece, no art. 173, que a exploração da atividade econômica pelo Estado só será permitida quando necessária por imperativos de segurança ou relevante interesse coletivo, conforme definido em lei.

O § 1º do art. 173 estabelece que a lei estabelecerá o regime jurídico da empresa pública e da sociedade de economia mista, dispondo no item II a sujeição ao regime jurídico próprio das empresas privadas, inclusive quanto aos direitos e obrigações civis, comerciais, trabalhistas e tributárias. O § 2º do mesmo artigo estabelece que as empresas públicas e as sociedades de economia mista não poderão gozar de privilégios fiscais não extensivos às do setor privado.

Como sói acontecer aqui neste País, o que está na Constituição nem sempre é observado por quem deveria observar, porque na prática o que acontece? Acontece que as empresas públicas e a sociedade de economia mista gozam efetivamente de uma série de benefícios não estendidos às empresas privadas, embora a Constituição determine a igualdade de tratamento. Grande parte destes benefícios decorrem do fato de tais empresas se inserirem no chamado Programa Nacional de Desestatização, ou em programas estaduais e municipais de privatização.

Vários benefícios são outorgados às empresas públicas e sociedades de economia mista, em que pese a Constituição determinar que elas não devessem ter nenhum privilégio, especialmente em matéria tributária. Mas eu apenas cito alguns exemplos tirados da vivência destas situações, como por exemplo a não-tributação do chamado lucro inflacionário nas operações de cisão, fusão ou incorporação. No caso de empresas inseridas no programa nacional de desestatização acontece exatamente o contrário do que em qualquer empresa privada: nestas, tais operações resultariam necessariamente na tributação do chamado lucro inflacionário.

Recentemente o Presidente da República, usando da medida provisória – ele, aliás, usa das medidas provisórias mais do que qualquer outra coisa; usa as medidas provisórias além das medidas – permitiu que as empresas incluídas no chamado Programa Nacional de Desestatização pudessem efetuar operações societárias de cisão, incorporação e fusão, usando balanços levantados até 90 dias antes do evento. E o fez especificamente para beneficiar uma empresa pública que estava em vias de ser privatizada, que é o caso de Furnas.

Esse dispositivo, dada a sua notória e manifesta infringência ao princípio da isonomia, que também está na Constituição, está sendo questionado através de uma ação direta de inconstitucionalidade no Supremo Tribunal Federal pelo Partido dos Trabalhadores, porque entende esse Partido que esse dispositivo, que beneficia indiretamente, mas claramente, a uma determinada empresa, fere os dispositivos da Constituição.

Outro dispositivo que existe na legislação, também demonstrador de que às empresas públicas e sociedades de economia mista se dá tratamento diferenciado em matéria tributária das empresas privadas, é o fato de que nestas empresas não é tributado o ganho de capital quando ela vende ações de outras empresas que possui no seu ativo, desde que os recursos sejam utilizados para abater a dívida estatal, conforme determina a Lei 9.532. E porque à empresa privada, que também tem dívida com o Estado, dívidas com impostos, não é dado o mesmo tratamento de não pagar imposto de renda sobre bens de capital na venda de ações que possua no seu patrimônio, desde que o dinheiro seja destinado ao pagamento de impostos? Isto não existe.

Há regras na legislação que beneficiam exclusivamente a Petrobrás. São regras expressas claramente no art. 416 do Regulamento do Imposto de Renda, aprovado pelo Decreto 3.000, onde claramente se determina que a Petrobrás – só a Petrobrás – poderá reduzir, para efeito da determinação do lucro líquido, as importâncias aplicadas em cada período, na prospecção e extração de petróleo cru. Entretanto, o governo está começando a fazer a sua desconcentração da atividade de exploração de petróleo, e no entanto, para as empresas privadas que acorrem a esta atividade, não é dada a mesma vantagem. Para qualquer outra empresa estes custos, estas importâncias aplicadas na prospecção e extração de petróleo devem ser consideradas ativos diferidos, para serem deduzidos em cinco anos. Para a Petrobrás a dedução é imediata em cada período de apuração. Não é só essa regra que beneficia exclusivamente a Petrobrás. A Petrobrás também pode atualizar o valor do seu estoque de petróleo, sem que essa atualização seja tributada, ao passo que qualquer empresa que atualizar os seus estoques certamente não vai ter o mesmo benefício.

Com isto fica claro que, quando a regra constitucional determina um tratamento isonômico, especialmente em matéria tributária, das empresas públicas e sociedades de economia mista, isto deve ser entendido não como um comando, o que é inaceitável; deve ser entendido, na prática, como uma recomendação, que o governo segue se quiser, porque está provado, pela legislação que edita, que faz distinções claras e objetivas quando as empresas são do seu controle e não dá as mesmas vantagens quando as empresas são privadas.

E o pior é quando esta empresa, antes pública, antes sociedade de economia mista, que gozava de todos estes benefícios inconstitucionais, é privatizada, porque se esquece, por conveniência, o Poder Público, de que o regime jurídico que aplicou àquelas empresas, as garantias que deu àquelas empresas no momento da privatização são direitos que se incorporam ao patrimônio jurídico das empresas que acorrem às licitações que acabam por vencer esta concorrência e a adquirir, com ágios elevados, como lembrou o Meyer, essas empresas.

Existem casos notórios em que o Poder Público expressamente – não implicitamente – por escrito, declara que certas operações feitas por uma empresa em processo de privatização são operações não-tributadas. Certamente aqueles que acorrem a esta licitação, ao fazerem a sua composição de custo, deduzem do quanto vão oferecer neste leilão aquele montante de tributo. Ocorre que após a licitação, a empresa que ganhou a concorrência começa a operar, e passados alguns meses o Poder Público lhe faz uma visita e diz: "Olha, vocês têm aqui um passivo tributário enorme porque não recolhem este imposto sobre esta operação já faz mais de cinco anos. Então agora está na hora de pagar o imposto". E lavram um auto de infração para exigir aquele imposto – declarado não incidente, expressamente, pelo Poder Público, no momento da licitação.

Isto pode parecer absurdo, mas são estes os problemas com os quais nos defrontamos, porque nenhuma destas situações que foram aqui colocadas são teóricas, são todas efetivas, todas ocorridas no dia-a-dia destas empresas. É claro que se esquece o administrador público – até porque se não leu o art. 173 da Constituição certamente não leu os outros dispositivos –, que a Administração Pública deve pautar a sua conduta pelo princípio da moralidade, da boa-fé, etc., voltada sempre para o interesse público; se esquece de que a Constituição trata destas matérias à exaustão, e que, portanto, não podem as empresas serem surpreendidas, ou os novos controladores das empresas serem surpreendidos com exigências de natureza tributária manifestamente declaradas indevidas pelo Poder Público, antes da privatização.

Especificamente em relação às privatizações existe uma lei, Lei 9.491, que regula o Programa Nacional de Desestatização. Esta lei determina que o governo deve fornecer ao comprador as informações necessárias para a aquisição da empresa, inclusive os passivos aos quais ela esteja exposta. É o art. 11 dessa lei – um artigo muito longo, com muitos incisos, muito explicativo –, que estabelece: "Para salvaguarda do conhecimento público das condições em que se processará ... do controle acionário da empresa, inclusive instituição financeira incluída no PND, assim como a situação econômica, financeira e operacional, será dada ampla divulgação das informações necessárias mediante publicação no Diário Oficial da União", de uma série de itens. Entre eles tem o inciso "c": passivo da sociedade; inciso "d": situação econômico-financeira, endividamento dos últimos cinco anos, e uma série de outros requisitos que a própria legislação estabelece.

Se a Constituição foi feita para não ser lida, pelo menos era razoável que o Governo lesse e obedecesse a lei que fez especificamente para este programa nacional de desestatização. A Administração se esquece que, ao administrador público, se aplica a chamada relação de administração, segundo a qual ele não está obrigado a obedecer apenas a legislação comum e geral aplicável a todos, mas, especialmente, às normas que edita para regular a sua própria atividade. Se, portanto, o Poder Público edita normas desta natureza, para regular a sua atividade no processo de privatização, deveria, ao menos, procurar obedecer as normas que ele mesmo fez, que ele mesmo colocou como necessárias.

Entretanto, esta é a realidade com que nos defrontamos; e toda vez que uma empresa pretende participar de um processo de privatização e procura os escritórios que se propõem a assessorá-las nessa atividade, a maior dificuldade (principalmente quando o comprador é empresa estrangeira e que não conhece as peculiaridades da cultura nacional) é explicar que, muito embora a Constituição estabeleça regras peremptórias, muito embora a legislação específica feita pelo governo para propiciar a privatização determine a divulgação e o esclarecimento de todas estas situações, é possível que, uma vez comprada a empresa, alguns esqueletos comecem a sair do armário e comecem a infernizar a vida daquele adquirente.

O pior é que não há explicação lógica que satisfaça qualquer investidor estrangeiro de que isso acontece, e não há nenhuma sanção ao Governo, porque o que se ouve em certas áreas do Governo é "isto era a opinião desse pessoal da privatização, porque a nossa opinião é outra", como se o Governo Federal, como se o Governo Estadual, o Governo Municipal fosse composto de departamentos ou seções autônomas que pudessem, cada uma delas, entender diferentemente a legislação que se aplica a todas elas como um todo.

Estas eram as considerações que eu queria fazer a respeito deste tema e dos problemas que acontecem nas privatizações. Agradeço a atenção de vocês. (*Palmas*)

Nós temos aqui algumas perguntas que chegaram. Então passa a palavra para o Meyer, para responder.

Doutor Antônio Corrêa Meyer – Raquel Carvalho pergunta: já que o Estado aceita no pagamento do preço das empresas privatizadas títulos da dívida, não deveria também aceitá-los em pagamento de tributos?

É uma decisão que compete ao legislador. No Estado de São Paulo existe um programa, recentemente iniciado, para receber, em pagamento de tributos estaduais, precatórios; e parece que tem tido um excelente resultado, porque aí interessava ao Estado de São Paulo receber créditos que ele entendia de difícil realização e ao credor do Estado, titular do precatório, havia o interesse de, mesmo com deságio, negociá-lo antecipadamente, já que o seu efetivo recebimento não deveria ocorrer tão rapidamente.

Conciliados esses interesses, esse programa foi iniciado, parece que com excelente resultado. Mas eu não tenho notícia de que exista outra possibilidade de utilização de dívida pública para o pagamento de tributos.

PRESIDENTE DA MESA (PROF. LUCIANO MARREY JUNIOR) – Doutor Sidney.

DOUTOR SIDNEY SARAIVA APOCALYPSE – Vamos direto às questões e comentários a respeito, porque não pretendo respondê-las de forma a satisfazer todas as nuanças que eu imagino aflorar diante delas.

Pergunta da Dra. Célia Maria da Silva, da Procuradoria-Fiscal do Estado do Mato Grosso: "O gasoduto está atingindo Mato Grosso em cheio. As faixas de domínio que margeiam as torres de transmissão de energia elétrica eram de domínio público. Com a privatização das empresas de fornecimento de energia elétrica essas faixas permanecem imunes de tributação?"

Para responder nós precisamos verificar qual o tratamento dado – eu não sei, por isso não estou avançando sobre esse tema – a estas faixas de domínio público. Mas eu quero imaginar duas hipóteses: uma, que elas tenham sido mantidas sob o domínio público e o seu uso tenha sido entregue ao particular.

A pergunta subseqüente é: "Se elas estiverem sujeitas à tributação, por ter havido a transferência do uso ou do domínio, como diz a questão, para as empresas privadas, qual o tributo que seria devido? ITR porque área rural? IPTU porque área urbana? Ou essas faixas, porque são geralmente situadas em terrenos não urbanos, estariam apenas sujeitas a tributos federais?"

Não faz parte exatamente do corpo da questão, mas estou tentando traduzi-la já tentando responder. (*...interrupção na gravação...*) que no Brasil, até porque a nossa colonização se deu em forma de divisão e entrega pelos portugueses à Igreja Católica Apostólica Romana de determinadas áreas que depois foram entregues aos índios; estou falando das sesmarias, estou falando das terras devolutas e terrenos pertencentes à União que margeiam o Oceano Atlântico, determinados rios etc. Lembrem-se os senhores que estes imóveis, sobre os quais a União exerce uma parcela do direito de propriedade, são tributados por um tributo chamado foro; e, na transmissão, pelo laudêmio.

Então eu agregaria à sua pergunta mais esta nuança: dependendo do tipo ou da natureza jurídica da qual passa a se revestir aquela propriedade, nós, sim, poderemos definir a que ação de tributar a mesma estaria sujeita. Me parece que se ela foi entregue – eu não acredito que assim tenha ocorrido – ao domínio do particular, num negócio jurídico de transmissão da propriedade, por ser propriedade privada, estará submetida à órbita de tributação do Município ou da União, dependente do preenchimento das condições típicas para tributação pelo IPTU ou pelo ITR. Como sabem os senhores, o IPTU é um tributo que incide sobre a propriedade territorial urbana quando o Município assim o deseja. Lembrem-se dos requisitos do CTN: sarjeta, escola a menos de 3 km, levar energia elétrica etc. etc. A vontade política do Município é que determina a subsunção da propriedade ao tributo que lhe é peculiar.

Mas sem responder, mas ainda agregando à pergunta, eu também verificaria o regime jurídico a que se submetem os imóveis nos quais a União tem uma das características, um dos aspectos típicos da propriedade. Seria leviano de minha parte dar uma resposta pronta, final e acabada.

A outra pergunta vem do Dr. Mário Eduardo Coelho de Abreu, advogado em Belo Horizonte: "Pela forma em que se encontra estruturado o sistema de geração, transmissão e distribuição de energia, todas as concessionárias estão constituídas na forma de sociedade de economia mista. Assim sendo, estão tais empresas sujeitas à tributação pelos entes públicos, sem qualquer diferenciação, o que aliás acaba de ser perfeitamente exposto pelo Dr. Marrey. Sendo assim, como falar-se que a privatização representa uma modificação na tributação do setor energético?"

Na realidade, esta afirmação não fizemos. O regime tributário a que se submetiam as chamadas "empresas públicas", sejam sociedades de economia mista ou não, é o mesmo regime jurídico tributário aplicável às empresas privadas, como ficou claro.

"Por outro lado, como aventar-se a incidência do IPTU, conforme disse o senhor..." – e eu disse querendo aflorar e levantar as questões, sobre as estruturas de transmissão de energia, postes etc., se a matriz constitucional do IPTU (*...interrupção na gravação...*) incidência sobre a propriedade de território e de edificações prediais. É esse exatamente o problema: é saber se aquele objeto, o chamado poste, se constitui numa das características, numa das dimensões típicas da hipótese tributária do imposto.

Abro um parênteses a respeito de servidão de passagem. Essa questão da servidão é interessante porque a constituição de servidão pressupõe a existência de um imóvel dominante, sobre o qual se estabelece uma servidão. Para superar questões dessa natureza – porque no caso do gasoduto ou da energia elétrica havia a necessidade ou de desapropriação ou de obtenção de uma servidão, e para se obter servidão é preciso ter um imóvel para o qual eu solicite serviço, a servidão – então, se imaginou uma solução que vem sendo adotada, que é a aquisição em algumas extremidades (por exemplo, num gasoduto) de imóveis, seja por desapropriação (*...interrupção na gravação...*), e a partir daí nós teríamos o imóvel em que para o seu uso eu preciso me servir do imóvel lindeiro ou aquele que com este confronta, de modo a obter servidão.

Um outro aspecto que está em estudo, e eu diria que no nosso escritório essa questão está sendo ainda examinada, é a questão da servidão administrativa, assunto que eu não domino, mas que são aspectos que pertencem ao próprio regime regulamentado desta atividade. Então nós teríamos assim aspectos de ordem civil, de ordem de Direito Administrativo, a trazer aqui, os quais eu sinceramente não tenho como expor de uma maneira eficiente.

"Algumas empresas antes da privatização firmaram contrato de prestação de serviço com particulares, onde constavam cláusulas estabelecendo que a incidência de tributos novos poderia ser repassada aos contratantes. Com a privatização, essas empresas passaram a ter de recolher impostos ou taxas que antes não recolhiam. Indago se esses impostos, apenas incidentes após a privatização das empresas, podem ser considerados tributos novos para fins de repasse aos contratantes", pergunta o Doutor (*...interrupção na gravação...*), advogado de Minas Gerais.

O problema do tarifário, do equilíbrio econômico do contrato, isso surgiu até em função desta elevação da Cofins ou da própria contribuição social sobre o lucro, e no meu modo de ver implica, sim, revisão do regime tarifário. Eu diria, até, que juridicamente se possa defender que este chamado adicional dessa contribuição é um tributo diferente da própria contribuição, porque ela tem um regime típico; mas independentemente do enfrentamento dessas questões, me parece que o conjunto do regime permite defender a alteração do equilíbrio econômico financeiro do contrato e obter este repasse.

Prof. Antônio Sá, do Rio de Janeiro. "Outra questão que surge com a privatização: a tributação de fornecimento de água é ISS ou ICMS? A doutrina diz que a água é um bem fora do comércio, assim sendo, como tributar pelo ICMS? Qual é a sua opinião sobre o assunto?"

Não tenho. O fornecimento de determinados bens, quando fora do comércio, estão fora do comércio porque a lei assim o quis. Quando eles entram no comércio, passam a se investir, a possuir a natureza jurídica de comércio, como energia, elétrica, serviço de comunicação e tudo o mais. Aliás, é o resultado da privatização.

"Os municípios teriam direito a ISS sobre a manutenção e conservação relativas a obras viárias que estão sob concessão de empresas particulares, pedágios? Caso afirmativo, qual a base de cálculo? Por exemplo: quilômetros abrangidos pela estrada dentro do município?"

Quilômetro abrangido dentro do município para mim não é aspecto ínsito à hipótese tributária do ISS, eu afastaria de pronto. Mas temos que avançar um pouco sobre as questões relativas ao bem público e ao bem particular; se este bem foi desafetado e se torna um bem privado o regime é um. A Sudene não foi desafetada, o bem é público, o regime é outro; então, topicamente, fica muito difícil estabelecer uma conclusão com estas premissas. Mas de qualquer maneira eu acho que o ISS, se fosse devido, jamais poderia tomar como hipótese para seu cálculo a extensão da estrada ou coisa que o valha.

PRESIDENTE DA MESA (PROF. LUCIANO MARREY JUNIOR) – O Dr. Meyer tem mais uma questão aqui para responder.

DOUTOR ANTÔNIO CORRÊA MEYER – "Qual a sua opinião sobre o auto de infração do Banespa por parte da Secretaria da Receita Federal? Isto vai afetar o processo de privatização do banco? Será dada uma solução jurídica ou política para o caso?"

Bem, acho que ele foi mal negociado politicamente. Acredito que diante dos precedentes, o fato de o banco ter sido utilizado para pagamento da dívida do Estado de São Paulo com a União, e no final das contas a realidade de que a União vai ter que suportar esse encargo adicional, tudo isso me leva a acreditar que a questão politicamente deveria ter tido uma outra solução dentro do Governo. Mas o fato é que o auto de infração foi lavrado e, tanto quanto eu sei sobre o caso (sei de informações dadas pela imprensa), trata-se da glosa de uma dedução, uma provisão que se destinava a fazer face a despesas futuras de complementação de previdência dos funcionários do Banespa. O valor é astronômico e, certamente, vai afetar o valor econômico do banco. Nem há dúvida portanto, que esse auto afetará a privatização, tanto que a privatização do banco já foi adiada, talvez para o ano que vem, talvez não se sabe quando.

A solução agora a meu ver tem que ser uma solução jurídica, porque existe o processo, não sei se a defesa já foi apresentada. Mas agora a solução tem que ser uma solução jurídica. Não sei como é que eles encontrariam uma solução política neste momento.

PRESIDENTE DA MESA (PROF. LUCIANO MARREY JUNIOR) – Para encerrar, duas questões que foram colocadas e eu vou rapidamente me referir a elas.

Numa delas, o colega coloca a seguinte forma: "O governo, em relação a uma empresa pública, teria competência legal para criar condições especiais de benefícios tributários? Ou seja, isenções ou incentivos por meio de contratos? Não seria necessário uma lei especial? E o participante da licitação não conhecia essa regra tributária?"

Certamente o participante da licitação conhecia as regras tributárias que o governo lhe deu conhecimento; as regras que ele não deu conhecimento, muito embora estivesse obrigado pela lei, ele desconhecia. É claro que o governo não pode dar esse tipo de incentivo, isenção, através de contrato, porque o Código Tributário estabelece que isenção sempre decorre de lei e só pode ser concedida nos termos ali previstos. Por isso seria necessário, certamente, que isto fosse feito através de lei, mas lei que obedecesse os princípios constitucionais, ou que houvesse uma justificativa, para que a Constituição não fosse desrespeitada.

A outra questão é uma questão de indagação teórica, não por outra razão feita por uma professora de Direito Tributário da PUC, que é a Dra. Anna Emilia Cordelli Alves. Ela diz: "O § 2º do art. 173 refere-se à exploração de atividade econômica; situação diversa, me parece, é a prestação de serviço público, art. 21 da Constituição, prestação essa que não se enquadra no disposto no § 2º do art. 173. Não se constata então uma lacuna constitucional sobre as regras a que se subordinam as empresas privatizadas que explorem aqueles serviços públicos?"

Sem dúvida, com razão a Dra. Anna Emilia quando diz que o art. 173 trata das atividades privadas, tanto que começa o *caput* desse artigo excepcionando, ao dizer que o Estado só intervém na iniciativa privada em condições excepcionais ali previstas; daí, porque, naquelas condições, está estabelecido que o Estado quando intervir na iniciativa privada deverá se submeter às mesmas regras que as empresas privadas. Muito embora nós tenhamos dito que nem sempre é isso o que acontece, a prática assim o demonstra, tem razão a Dra. Anna Emilia quando coloca que algumas das atividades que hoje estão sendo privatizadas são serviços públicos previstos na Constituição.

Ou seja, pelo princípio da indisponibilidade do serviço público, a afetação dele ou o desempenho por pessoa privada, não muda a sua característica e nem a sua natureza jurídica – não deixa de ser público porque exercido por empresa privada, quer por concessão, quer por autorização ou por permissão.

Portanto, uma empresa privada que venha a desempenhar uma atividade pública continua submetida aos princípios de Direito Público previstos na Constituição, e daí os problemas – tem razão a Dra. Anna Emilia: algumas regras deveriam ter sido editadas, ou deverão ser editadas, para contemplar esse tipo de situação, e que não estão previstas.

Na medida em que, sendo concessionárias ou exercentes de atividade pública, elas estão submetidas à fiscalização e à fixação de tarifas máximas pelo órgão concedente. Razão pela qual, quando se depararem com situações não conhecidas, decorrentes de falta de informação a que estava obrigado a fazer o Poder Público – o que certamente implicará custos maiores –, necessariamente, pleiteará, esta empresa privada que explora a atividade pública, uma revisão das tarifas que cobra, tendo em vista a necessidade constitucional de se manter o equilíbrio econômico-financeiro dos contratos, porque isso também está na Constituição.

Quer dizer: se em vez de se ficar lendo muita bobagem se lesse a Constituição, eu acho que, no mínimo, metade dos problemas do País estariam resolvidos. A Constituição do Brasil infelizmente – ou felizmente – é extremamente extensa, extremamente rígida, de forma a regular toda atividade do Estado de uma maneira absolutamente exaustiva. Portanto, era só ler a Constituição Federal e verificar que a atividade pública só pode ser exercida sob o regime de Direito Público, que a concessão ou a privatização de empresas que prestam essa atividade não muda a natureza jurídica da atividade, e que a Constituição estabelece a necessidade da manutenção do equilíbrio financeiro do contrato e, portanto, se o Poder Público inventa novos tributos que já existiam e não eram cobrados, tem todo o direito o concessionário de pleitear a revisão das tarifas – e quem paga, é claro, somos nós.

Muito obrigado. Está encerrado. (*Palmas*)

MESA DE DEBATES "E"

PROCESSO JUDICIAL TRIBUTÁRIO

PRESIDENTE DA MESA (PROF. JOSÉ EDUARDO SOARES DE MELO) – Já estamos começando com um pouco de atraso, então, sem mais delongas, vou começar por dar a palavra para os ilustres conferencistas.

Falará primeiro o Prof. Valdir de Oliveira Rocha, que é de todos nós conhecido pelos seus brilhantes trabalhos à testa da editora e cursos da Dialética já há 4 anos, sendo, também Professor livre-docente da Faculdade de Direito da Universidade de São Paulo.

PROF. VALDIR DE OLIVEIRA ROCHA – Bom dia a todos. Em primeiro lugar nossa saudação aos prezados colegas desta Mesa e agradecimentos à direção do Congresso pelo honroso convite que me foi formulado.

Penhora de faturamento

Queremos tratar aqui, com rapidez e com objetividade, de questões ligadas à penhora de faturamento de receita ou de movimento de caixa. De vez em quando uns assuntos surgem, como é o caso desse, feito espécie de mágica. Essa questão, especialmente nos últimos anos, vem se mostrando muito relevante e merece então as minhas considerações.

A questão se põe porque a Fazenda, através dos seus procuradores, naturalmente tem de cobrar o crédito. Temos de lembrar que, uma vez instituído o tributo – e o tributo só se institui pela via de lei –, ele deve ser exigido. Geralmente quando se cogita do princípio da estrita legalidade se refere que o tributo só é exigido se previsto em lei. Mas há uma outra face: uma vez previsto em lei, o tributo tem de ser, necessariamente, exigido. E percorridos muitos caminhos, seja porque o contribuinte não tem realmente como oferecer um bem em penhora para se defender, seja porque ele não quer realmente pagar, ou qualquer outra circunstância, apresenta-se, então, um elenco de situações que podem ser consideradas como possibilitadoras da penhora.

Nós vamos ter que nos remeter a isso, àquela ordem estabelecida no art. 11 da Lei 6.830 (a Lei de Execuções Fiscais), que diz que a penhora ou o arresto de bens obedecerá a seguinte ordem: em primeiro lugar dinheiro; em segundo lugar títulos da dívida pública, bem como títulos de crédito que tenham cotação em bolsa, pedras e metais preciosos, imóveis, navios e aeronaves, veículos, móveis ou semoventes e direitos e ações; para acrescentar no § 1º que, excepcionalmente, a penhora poderá recair sobre o estabelecimento comercial, industrial ou agrícola, bem como em plantações ou edifícios em construção. E vem o § 2º do mesmo art. 11 para acrescentar que a penhora efetuada em dinheiro será convertida no depósito de que trata o inciso I do art. 1º.

Pois bem, nós começamos por indagar: faturamento ou receita equivalem a dinheiro? Nós vamos encontrar posições a respeito bastante desencontradas. Para alguns isto equivale sim; para outros, não. Procuraremos, ao longo de nossa exposição, trazer algumas decisões para configurar um lado mais prático da questão.

Isso de penhorar receita, faturamento, movimento de caixa (e muitas vezes se ouve até falar de situações de apreensão "na boca do caixa", em supermercados, por exemplo), parece que tem se tornado um procedimento corriqueiro. E há algumas decisões que chegam ao ponto de admiti-la, desde que seja em montante de até 30%. Não sei de onde se tirou esse número. Trinta por cento é um absurdo. Mas já vimos até decisões que dizem: 10% é razoável. O que seria razoável?

Pessoalmente, não vamos ter muita preocupação com o que é razoável ou não; vou partir para uma outra linha de raciocínio. Claro que, da parte do Procurador da Fazenda a tentativa de penhorar receita ou faturamento tem um sentido de tornar mais ágil a execução. Naturalmente, como o procurador também é um ser humano, não duvidaríamos que ele possivelmente o fizesse, também, para ocasionar um grande incômodo ao executado. Isto, em uma palavra, apresentaria "facilidades" à execução.

Há algumas situações que vale a pena ser mostradas. Ainda recentemente colhemos um despacho, em Agravo de Instrumento (publicado no *DJU 2* de 24.8.99, pp. 467-468), da Desembargadora Federal do TRF da 3ª Região, Dra. Suzana Camargo, onde se mostrava situação muito ilustrativa: a empresa executada tinha bens; nomeou-os; eram bens penhoráveis, mas acontece que esses bens penhoráveis estavam em outra comarca. Isso traria dificuldades. Ao mesmo tempo esse bem indicado à penhora era uma propriedade rural, e nela estava plantado um laranjal. Alegou o Procurador da Fazenda: é possível até que esse laranjal esteja com cancro cítrico – nesse ponto começa a se dar asas à imaginação...

Ora, há uma série de aspectos injustificáveis para que esta penhora não seja, inclusive, aceita com aqueles bens nomeados pelo executado. Algumas decisões devem ser relatadas, ainda que com muita brevidade: uma delas, do TRF da 4ª Região (publicada no *DJU 2* de 22.1.97, p. 2.231), causa-nos estranheza, pois a certa altura declara que "a penhora sobre o faturamento é, em verdade, penhora em dinheiro". Então, nós, que lidamos com o Direito, sabemos que o advogado, com freqüência, usa e abusa muito da retórica, para, talvez, impressionar o julgador; mas quando se vê o julgador dizer que é "em verdade", eu não sei de onde se tira esta verdade.

Uma outra decisão vem e diz – e essa também é do TRF da 4ª Região, pela sua 1ª Turma – que "é de ser admitida a penhora da renda do executado no percentual de 10%, limite esse que se mostra razoável". Dez por cento é razoável? Bem – dir-se-ia, do ponto de vista de quem suporta –, que 10% é melhor do que 30%. Se fosse 5%, melhor ainda para o executado.

De onde é que estão sendo tirados esses números? Eis a grande questão. Se lembrarmos que a própria tributação pelo imposto de renda com base no lucro presumido de quem vende mercadorias parte de 8% da receita, verificaremos que 10% é muito "razoável". Mas razoável para quem?

Lembramos-lhes outra manifestação que tivemos a oportunidade de colher – e vejam como ela começa de um modo tão significativo: "Embora" – e fixem este "embora" – "não prevista no art. 11 da Lei 6.830/80, não há vedação em lei para a penhora da fatura" (Acórdão do TRF da 4ª Região, 1ª Turma, publicado no *DJU 2* de 17.7.96, p. 49.288). Não há vedação; então aquilo que não é vedado seria permitido. Será que é isto? Será que é deste modo que temos de ler o art. 11 da Lei 6.830? Parece-nos que é justamente o contrário.

E ainda há alguma coisa que vai em outra direção e que mostra a grande conseqüência da penhora. Diz certa decisão do TRF da 1ª Região, por sua 3ª Turma: "A penhora do faturamento de uma empresa a inviabiliza, podendo levá-la inclusive à falência" (Acórdão do TRF da 1ª Região, 3ª Turma).

Bem, a esta altura poderíamos ficar com essas decisões que estão postas no âmbito dos tribunais regionais federais. As decisões dos tribunais regionais federais são sempre importantes – devem ser levadas em consideração –, mas naturalmente por serem cinco esses regionais vamos começar a nos preocupar em saber como é que o Superior Tribunal de Justiça, na sua qualidade de uniformizador da jurisprudência, no que toca com as normas infraconstitucionais, tem dito sobre o assunto.

Eu diria que essa jurisprudência deve ser "ouvida" aqui, se é possível, entre aspas, porque ela é um pouco fugidia, ela é um pouco escorregadia. Mas no todo a jurisprudência do STJ parece que tem ido num bom caminho.

Encontramos algumas decisões (não diríamos que esgotamos este elenco), mas procuramos seguir certa cronologia, e vimos situações como a que se tira de uma decisão da 2ª Turma do STJ (em acórdão publicado no *DJU 1* de 14.10.96, p. 38.979), que afirma que a penhora de faturamento não se confunde com penhora em dinheiro. Entendemos que isso deva ser muito bem destacado: penhora em faturamento não se confunde com penhora em dinheiro, que é o está previsto no inciso I do art. 11. São situações muito diferentes.

Uma outra decisão do STJ (publicada no *DJU 1* de 29.9.97, p. 48.170) é muito feliz no dizer que a penhora de faturamento configura constrição do próprio estabelecimento. E essa constrição do próprio estabelecimento, como hão de se recordar da leitura que fizemos há pouco, está prevista no § 1º do art. 11, quando diz: "excepcionalmente a penhora poderá recair sobre estabelecimento". Ora, então penhora de dinheiro e penhora de estabelecimento é a mesma coisa? Não, não é a mesma coisa, posto que cada hipótese leva a conseqüências muito diversas. Naturalmente o procurador da Fazenda, seja ela federal, estadual, municipal ou do Distrito Federal, quando pede penhora sobre o faturamento, não está, naturalmente, cogitando de alguma coisa que é muito mais complexa – que é a penhora do estabelecimento –, porque a penhora do estabelecimento importa inclusive a nomeação de um administrador, e essa é uma situação que nem a procuradoria teria condição, muitas vezes, de levar adiante. Então não se cogita de penhora do estabelecimento porque isso, afinal de contas, é muito mais complicado e acaba não levando àquele objetivo pretendido.

A 1ª Seção do Superior Tribunal de Justiça, em Embargos de Divergência decidiu que a penhora de faturamento é igual à penhora de estabelecimento, na medida em que "deve observar as cautelas recomendadas pelos arts. 677 e 678 do CPC" (Acórdão publicado no *DJU 1* de 2.6.97, pp. 23.746-23.747). Não devemos nos prender, realmente, muito a isso porque me parece que ela não é propriamente igual; mas ela só será possível quando subseqüente à penhora do estabelecimento, seja ele comercial, industrial ou agrícola.

Qual a conseqüência? A conseqüência é que o administrador vai ter de determinar qual é aquele montante que é passível de ser realmente destacado para se atender à demanda na execução fiscal.

A 1ª Seção repetiu essa manifestação em outras ocasiões.

Uma outra decisão do STJ, por sua 1ª Turma, deixa muito claro – isto acontece em maio de 1998, no Recurso Especial 118.780 (publicado no *DJU 1* de 15. 6.98, p. 102) – que a penhora de faturamento impõe a nomeação de administrador. Parece, assim, que até os pedidos devem ser feitos de uma outra forma, porque não podemos considerar simplesmente que, quando se requeira a penhora de faturamento, isto vai levar àquela outra conseqüência. Não! Tem que se ver que o que se pretende é coisa diversa. Se é o estabelecimento que está sendo penhorado, uma das conseqüências vai ser justamente a penhora de receita, de faturamento etc., com a responsabilidade inclusive do administrador nomeado.

Há uma decisão do Superior Tribunal de Justiça, que não é da 1ª Seção, mas que é muitíssimo preocupante, porque revela inclusive uma outra faceta. Eu me refiro a uma decisão no *Habeas Corpus* n. 1.201 (publicado no *DJU 1* de 10.8.98), que colocou, inclusive, um outro aspecto muito relevante, dizendo que é depositário infiel aquele que, devendo recolher o valor da percentagem do faturamento, não o faz. Então, vemos que a situação realmente tem alguns aspectos de muita seriedade.

Não queremos ficar apenas nesta elencação de decisões. Queremos apresentar algumas conclusões: qualquer percentagem de penhora de faturamento é injustificada, porque a penhora de faturamento, por si só, não tem embasamento legal; a penhora de faturamento não é penhora em dinheiro – a penhora em dinheiro tem que dizer com alguma coisa de valor certo, destacável etc. É preciso lembrar, inclusive, que muitas vezes o estabelecimento está faturando, sim, mas ele está faturando com compromissos comerciais assumidos. Aquela mercadoria que se está faturando possivelmente nem é do comerciante, porque ele não a adquiriu. Ele pode tê-la, por exemplo, no seu estabelecimento, entregue pelo fornecedor, mediante uma venda sob consignação.

Então, se o empresário está trabalhando com uma margem de 20, de 25, ou de 30%, como alguns juizes têm admitido como penhorável, é porque realmente há alguma coisa muito séria. Provavelmente ficaria alijado do mercado, até mesmo considerada a concorrência.

Uma outra conclusão: penhora de faturamento é possível desde que ela seja consectária à penhora do estabelecimento; não como coisa desvinculada da penhora do estabelecimento. Data vênia, contrariamos frontalmente decisão que dizia que, embora não prevista no art. 11 da Lei 6.830, a penhora de faturamente seria admitida, ainda que excepcionalmente.

Não queremos nos alongar mais, porque as instruções que recebemos são para que, neste primeiro bloco, as participações sejam bastante ligeiras. Finalmente diríamos que não é admissível penhora em execução fiscal em nenhuma hipótese fora daquelas elencadas no art. 11 da Lei 6.830.

Eram estas as considerações que queríamos trazer, com a pretensão de, talvez, ir cortando ou ajudando a cortar alguma erva daninha pela raiz. Muito obrigado. (*Palmas*)

Presidente da Mesa (Prof. José Eduardo Soares de Melo) – Após a exposição do Prof. Valdir Oliveira Rocha, eu tenho o prazer de passar a palavra para o Prof. Dr. Wagner Balera, figura também conhecidíssima nos meios tributários e previdenciários. Ele é Professor livre docente da Faculdade de Direito da Pontifícia Universidade Católica, nos cursos de pós-graduação e bacharelado.

Prof. Wagner Balera – Inicialmente quero reiterar minha alegria de estar presente aqui no XIII Congresso Brasileiro de Direito Tributário, organizado pelo IDEPE, e também minha alegria por estar convivendo nesta Mesa com colegas tão ilustres.

O tema do processo judicial tributário suscita inúmeras indagações, e eu resolvi provocar os senhores com um assunto que, provavelmente, os advogados não devem gostar muito que se fale nele; mas eu gosto de estudar a Constituição e me parece que a Constituição suscita esses temas. Vou falar da ação civil pública em matéria tributária, e, desde logo, dizer que eu não tenho nenhum preconceito a ponto de achar que só nós advogados é que podemos defender a ordem jurídica, a Constituição e as instituições.

Acho que a Constituição de 1988, gostem ou não, reservou um papel fundamental para o Ministério Público. E é precisamente sobre esse tema, e defendendo a posição do cabimento da ação civil pública em matéria tributária, que eu vou expor aqui no tempo regulamentar que foi conferido a cada um.

Quando a Carta Magna estabelece no art. 127 o conceito constitucional do Ministério Público, ela diz que o Ministério Público é instituição permanente essencial à função jurisdicional do Estado. Portanto, é colocado no interior da função jurisdicional do Estado um ente que não é o juiz e que tem essa missão constitucional: a defesa da ordem jurídica do regime democrático e dos interesses sociais individuais indisponíveis.

Então, observem que não é tão simples delimitar a atuação de alguém que na Constituição recebeu poderes e deveres tão abrangentes à defesa da ordem jurídica.

De outra parte, o art. 129, ao falar das funções institucionais do Ministério Público, estabelece no inciso III: promover o inquérito civil e a ação civil pública para a proteção do patrimônio público e social ("patrimônio social" – o que será "patrimônio social"?), do meio ambiente e de outros interesses difusos e coletivos.

Eu, examinando o material para preparar esta exposição, fiquei percebendo que, como acontece muito freqüentemente no Brasil, as pessoas olham só um lado do problema, esquecendo-se do contexto do qual ele se avizinha. Então, há uma grande discussão, uma enorme discussão, uma polêmica mesmo, instaurada entre quem examinou esse assunto, sobre a parte final desse preceito: interesses difusos e coletivos.

Então se respeita o instituto a partir apenas de uma visão processualística do fenômeno, como se a Constituição dependesse, como se fosse uma figura jurídica dependente do instituto processual e não o oposto, que é o que efetivamente interessa. Eu até me sinto um pouco constrangido de falar isso, numa mesa onde estão processualistas ilustres, mas, enfim, é o que eu tenho visto na doutrina.

Agora cria-se um problema específico, então, para esses que só olham a coisa do lado formal: é que a jurisprudência, cada vez mais, tem ampliado suas perspectivas informais. É uma tendência da jurisprudência descaracterizar um pouco o formalismo excessivo que faz com que, por exemplo, 70% dos julgados do STJ resolvam questões formais; isto é, um tribunal constitucional que está ali só para resolver questões formais. E o Direito, cadê o Direito? As pessoas vão para a Justiça porque querem o Direito – não saber se isto tem este ou aquele conteúdo formal. E a Justiça, então, está caminhando mais para resolver as questões fundamentais do direito subjetivo das pessoas.

Então, como a Constituição fala claramente no patrimônio público e social, evidentemente que a Constituição está falando claramente de um bem coletivo que é a receita pública, representada em grande parte pela tributação. Colocada essa premissa de raciocínio, nós teremos que indagar: que instituto é esse da ação civil pública que tem causado tanta polêmica? Será que a matéria tributária pode ser objeto de investigação por esse tipo de demanda, onde o patrimônio social, o interesse da coletividade é posto em causa? Uma ação que discutisse a constitucionalidade ou a inconstitucionalidade de uma lei tributária que é objeto de questionamento, tem cabimento no nível do Ministério Público? E esse assunto tem causado um racha em muitos tribunais. Eu examinei, especialmente por ser o mais próximo de nós, a manifestação jurisprudencial do 1º Tribunal de Alçada Civil, que está cindido em duas alas: a que considera que o Ministério Público tem legitimidade nessa matéria, e a que diz exatamente o oposto. Um assunto que divide, que torna polêmica a questão, e que num Congresso é isso que a gente suscita, problemas para a reflexão dos congressistas. Ninguém teve a pretensão de, no meio de especialistas, trazer soluções. Colocam-se pontos de vista.

O argumento que mais me impressionou a respeito desse tema, e que me convenceu de que pode, sim, o Ministério Público interpor a ação civil pública em matéria tributária é o argumento justamente formal, sobre o qual eu lhes disse antes: não é relevante para quem quer o direito. Mas o argumento formal é o argumento da norma, normativo. Se há uma lei, e essa lei diz precisamente isto, que, sim, o órgão do Ministério Público pode interpor uma ação civil pública, inclusive em matéria tributária, nós, que estudamos numa escola formalista, nos damos por satisfeitos; pararíamos aí a nossa indagação sobre esse ponto, já que essa norma não foi inquinada de inconstitucional e nem o Supremo Tribunal Federal disse que essa norma é inconstitucional. Portanto, ela é direito vigente.

O estatuto do Ministério Público da União, a Lei Complementar n. 75, de 1993, diz exatamente isso: que o Ministério Público pode interpor a ação civil pública, inclusive em matérias tributárias. Então ele tem legitimidade formal, porque uma norma infraconstitucional, de natureza de lei complementar – portanto, não é uma medida provisória, não é uma leizinha, é uma lei complementar –, lhe diz que pode (e eu diria que deve) ter esta conduta processual. Às vezes eu até me pergunto por que, em muitas matérias tributárias, o Ministério Público não entra com ações desse tipo.

Então, na verdade o objeto dessa demanda, a ação civil pública, seria a defesa, a proteção do interesse da comunidade de ver funcionar bem as instituições. É assim que eu interpreto esse texto: "defesa da ordem jurídica". Defender a ordem jurídica significa defender a ordem contra a desordem. E qual é a pior desordem que pode haver na ordem jurídica? Um fenômeno inconstitucional de tributação, por exemplo, entre outros vetores que organizam a ordem jurídica contra a desordem.

No caso específico, então, agora esquematizando essa exposição dentro daquelas categorias processuais, qual seria, numa ação civil pública que discutisse matéria tributária, o fundamento? O fundamento seria justamente a inconstitucionalidade da lei de tributação, que quer impor ao contribuinte um ônus indevido.

Qual seria, de outra parte, o pedido que se faça numa ação desse tipo, que eu associo à interpretação da Constituição com o tema da tributação? O que se pede é a proteção dos patrimônios individual e social, que na Constituição se confundem como um bem incidível. O patrimônio individual e o patrimônio social estão sob a guarda da Constituição, e é por isso que o Ministério Público tem um papel fundamental.

Alguém – um estudioso de processo – poderia dizer assim: bom, mas o meu patrimônio é meu, o meu interesse é meu, então eu posso querer ser tributado, posso achar bom ser tributado (esse argumento não é meu, eu já li isso), posso querer ser tributado para ajudar a comunidade. Não é um comportamento normal, não é típico, as pessoas não fazem isso, eu querer ser tributado para ajudar a comunidade. Normalmente as pessoas não querem ser tributadas, se recusam a ser tributadas.

O que predomina nesse conjunto de interesses? É o interesse coletivo ou o interesse individualíssimo de alguém que quer ser tributado porque não quer desfavorecer a comunidade? Isso não é argumento – nem argumento jurídico, quanto mais argumento revestido de razoabilidade.

Então, o patrimônio coletivo é o bem coletivo que está sendo objeto da proteção e do pedido – o pedido nesta ação que pleiteia que este bem seja protegido contra a tributação indevida. E é claro que a conseqüência, dentro daquele esquema tradicional do processo, a conseqüência será que a decisão judicial fará coisa julgada, suprimindo a tributação de todas as pessoas que se coloquem, que se submetam a essa modalidade de tributação.

A propósito, vale a pena lembrar a sentença de primeiro grau numa ação civil pública, que está publicada, na *Revista Trimestral de Direito Público*, v. 21, de 1998, uma sentença magnífica proferida pela juíza federal e Professora de Direito Tributário da PUC de São Paulo, Regina Helena Costa. Regina Helena Costa julgou essa ação civil pública procedente precisamente para impedir, ou melhor, para garantir aos contribuintes em geral que eles descontassem naquela moeda, naquele momento, mais do que R$ 1.700,00 com o pagamento de estabelecimentos de ensino. A legislação do imposto de renda me obriga a custear a escola dos meus filhos com R$ 1.700,00 por ano. Eu gostaria de saber quem fez essa conta, como chegou a essa realidade, porque R$ 1.700,00 por mês é o que custa obviamente qualquer estabelecimento de ensino adequado para quem é sujeito passivo de tributação; para os que não podem pagar, paciência, o ensino é (*...interrupção na gravação...*) mas para quem é sujeito passivo de tributação não vai gastar menos do que isso. Faça-se uma enquete nos estabelecimentos qualificados da cidade de São Paulo e verificarão. Eu que tenho dois filhos gasto mais de R$ 1.700,00 por mês para suportar a carga da educação dos meus filhos.

Então essa sentença magnífica diz exatamente isso: é o bem coletivo que está sendo protegido na ação civil pública; a lei de tributação que comete esse dislate desordena a ordem jurídica e, por isso, deve ser tolhida por uma medida judicial *erga omnes*, que também facilita não só a vida dos contribuintes como a vida do próprio Estado e do aparelho judiciário que não sofrerá uma enxurrada de ações sobre esse mesmo ponto. Todos os contribuintes poderiam entrar com ações, só não entram porque são desorganizados, não porque querem pagar. Só não entram com ação para obterem esse direito constitucional porque não querem perder tempo, às vezes, mas não porque querem pagar. Ninguém quer pagar.

Eu teria mais algumas coisas a colocar, mas como já recebi a bandeira vermelha eu prefiro ficar por aqui; quem sabe nos debates a gente prossiga. Obrigado. (*Palmas*)

PRESIDENTE DA MESA (PROF. JOSÉ EDUARDO SOARES DE MELO) – Realmente nós deveríamos deixar o Wagner continuar falando porque sempre tem muita coisa interessante para ensinar; mas temos mais três palestrantes e, ainda, examinar, certamente, as questões que estão sendo formuladas.

Tenho agora a honra de passar a palavra ao Prof. James Marins, que é doutor pela Faculdade de Direito da Pontifícia Universidade Católica de São Paulo e também Professor dos cursos de Bacharelado e Pós-graduação da PUC do Paraná.

PROF. JAMES MARINS – Meu caro Prof. José Eduardo Soares de Melo, Presidente destes trabalhos; meus prezados amigos que compõem esta Mesa, Prof. Eduardo Arruda Alvim, Prof. Wagner Balera, Prof. Américo Lacombe, Prof. Valdir de Oliveira Rocha; é uma grande satisfação participar novamente deste que é o mais tradicional Congresso de Direito Tributário do país, e que renova a oportunidade de que um grande número de estudiosos de Direito – e de Direito Tributário em particular – possam suscitar a uma platéia tão qualificada questões que cada vez mais se elevam em matéria constitucional e infraconstitucional tributária, e principalmente, cada vez com mais espaço, as matérias processuais tributárias.

I. Especial segurança constitucional em matéria processual tributária

Nas explanações que faço sobre Processo Tributário, tenho procurado suscitar algumas reflexões que fogem um pouco ao lugar-comum das abordagens que são feitas a respeito deste tema. Tenho sempre tido uma preocupação muito grande, não é de hoje, de procurar desenvolver uma construção um pouco mais propedêutica do Direito Processual Tributário, de modo a que possamos encontrar, assim como encontramos em outras disciplinas, vetores interpretativos, vetores hermenêuticos e vetores aplicativos, próprios de uma disciplina que cada vez ganha mais importância.

Ouvimos hoje o Prof. Valdir de Oliveira Rocha suscitar suas indagações a respeito do elastecimento que se dá a determinadas normas processuais na aplicação tributária. Assistimos também o Prof. Balera manifestar o seu desconforto com o cerceamento à eficácia de certas normas, também processuais, quando aplicadas em matéria tributária. Em nosso sentir esta tão diferenciada aplicação que se atribui a essas normas, evidencia o indiscutível vácuo legislativo processual tributário com o qual nós, advogados, professores e estudiosos, somos obrigados a conviver.

Isso se dá, justamente, porque talvez tenha havido uma preocupação muito grande nos últimos anos, nas últimas décadas, dos governos e dos estudiosos, em disciplinar mais especificamente aquelas garantias de caráter material dos contribuintes, deixando para segundo plano, senão para plano algum, a regulamentação e a disciplina das garantias de caráter formal e processual dos contribuintes.

Nesse tema se pode fazer uma invocação constitucional através do seguinte raciocínio: quando cuidamos de Direito Tributário e de Processo Tributário, não estamos simplesmente investigando uma relação de caráter meramente pecuniário que eclode no seio do tecido social, mas sim investigamos a proximidade do relacionamento entre Estado e cidadão a bulir em garantias individuais como a liberdade e a propriedade.

É justamente neste relacionamento muito próximo, que se dá em matéria tributária, entre Estado e cidadão-contribuinte, que reside a grandeza dos estudos de Direito Tributário e de Processo Tributário, pois toca, insista-se, em dois dos valores mais fundamentais, e prestigiados com muito vigor em todos os ordenamentos jurídicos, e especialmente pela nossa Constituição Federal de 1988: a liberdade e a propriedade.

Quando colocamos em jogo questões processuais tributárias, lançamos em jogo, como dizia Enrico Allorio, em 1942, a própria concepção do Direito Processual Civil e das suas possibilidades em envolver, nos casos processuais tributários, a ação do Estado em face do contribuinte. Colocamos em jogo mais ainda, como, disse o Prof. Francesco Carnelutti, já em 1932, *a própria concepção do Direito Público e sua condição enquanto ciência de disciplinar adequadamente esta zona de atrito entre o público e o privado.*

Atualmente este ponto de vista ganha novas tonalidades – e não representa uma preocupação isolada –, pois o problema tem ressurgido cada vez com mais vigor, em diversos ordenamentos do mundo ocidental. Em época de grande atrituosidade tributária a questão processual tem sido suscitada com muita freqüência na Itália, em Portugal, na Alemanha e na Espanha. O Prof. José Juan Ferreiro Lapatza, em aula magistral, proferida no Congresso Internacional de Direito Tributário, enfatizou a preocupação generalizada quanto ao fato de que, na própria Comunidade Européia, tem-se cada vez mais prestigiado critérios econômicos para solucionar questões de caráter jurídico; denuncia também, o eminente Professor de Barcelona, os campos "extrajurídicos" ou "sobrenaturais" que invadem a administração tributária.

Infelizmente chegamos ao final deste Século sem nos desvencilhar totalmente do problema do econômico *versus* o jurídico; do valor político sobre o valor jurídico. Se num determinado período fomos obrigados a conviver com o totalitarismo, do poder pelo poder em si mesmo considerado, e justificado – não juridificado – como a necessidade de controle social e de ordem social, hoje nós vivemos, em muitas regiões do Direito Processual e do Direito Tributário, um totalitarismo calçado em pressupostos econômicos; totalitarismo econômico e pseudolegislativo e, por vezes, totalitarismo do Poder Executivo, que teima em exacerbar as suas funções administrativas e passa a legislar – e em alguns casos julgar – em causa própria.

Todas estas preocupações calçam-se também em uma realidade constitucional, para a qual pouquíssimas vezes se tem chamado a atenção: a região processual e a região tributária receberam da Constituição brasileira de 1988 um *regime de especial segurança.*

Se nos debruçarmos mais uma vez sobre a Constituição Federal de 1988, veremos que ela se torna especialmente embaraçosa à liberdade política do Estado ao cristalizar em seus dispositivos um ambiente de elevada proteção do cidadão em matéria processual e tributária; embaraço jurídico-constitucional necessário no momento histórico em que vivemos e com o qual nossos Governos têm que aprender a conviver.

Há, então, nesse regime de especial segurança constitucional em matéria processual e tributária, um plexo de princípios que devem ser considerados quando da interpretação e aplicação das normas processuais tributárias. São princípios conhecidos, e de grande valor, como os princípios processuais da ampla defesa, de acesso à justiça, do devido processo legal administrativo, e princípios tributários, como o da estrita legalidade, da anterioridade, da capacidade contributiva etc.

Além disso, a própria obrigação tributária, para ser operada, assume contornos próprios, que a diferenciam das modalidades obrigacionais de caráter civil. Por essa razão a lide que resulte desta obrigação também é uma lide de caráter particular e deve receber tratamento jurídico diferenciado.

Esse deve ser o pano de fundo para qualquer reflexão que se faça em termos de Direito Tributário e de Direito Processual Tributário. Deve-se refletir acerca deste regime constitucional de especial segurança em matéria processual e tributária, e fazê-lo incidir diretamente na interpretação das normas tributárias e processuais tributárias. Deve-se também recomendar que, cada vez mais, nos preocupemos com as necessidades propedêuticas da disciplina do Direito Processual Tributário, tão abandonada nas últimas décadas no nosso país; e que possamos contar com um sistema processual tributário apto a cuidar destas lides diferenciadas, que são as lides de caráter tributário, as lides que põe em confronto Estado e cidadão-contribuinte.

II. Ação rescisória em matéria tributária

O tema ora abordado, assim como os outros temas que aqui foram tratados, se ressente de problemas de caráter legislativo, notadamente pela falta de legislação específica que discipline essas matérias processuais tributárias; observa-se a ausência, muitas vezes, de uma compreensão jurídica mais adequada para questões que se diferenciam da lide civil. Normalmente são enfocadas as questões processuais de caráter tributário nas Justiças Federais e Estaduais de todo o País à luz de pressupostos de processo civil, que é a disciplina que cuida da lide civil.

A lide tributária tem uma diferenciação decorrente da própria natureza do seu caráter obrigacional. E não apenas da natureza do seu caráter obrigacional, mas, fundamentalmente, do modo como se dá a efetividade do ordenamento jurídico tributário, através dos órgãos do Estado destinados especificamente para isso. Ou seja, do modo como se dá dinamicidade ao regime jurídico – tem o Direito Tributário material que é estático.

O assunto que vamos tratar, que é da ação rescisória em matéria tributária, ressente-se dessa visão mais clara sobre os efeitos das normas jurídicas no plano tributário. A ação rescisória, como se sabe, está prevista no regime do Código de Processo Civil de 1973 e, evidenciadamente, os pressupostos que constam deste Código estão voltados para a disciplina de um tipo de lide que é a lide civil, normalmente a lide inter-subjetiva entre cidadãos.

Os dispositivos do Código de Processo Civil – e também da sua legislação extravagante – não se destinam a tratar dessa lide diferenciada, que é a lide de caráter público, especialmente a de Processo Tributário. Na questão da ação rescisória em matéria tributária, em face das decisões de inconstitucionalidade proferidas pelo Supremo Tribunal Federal, o problema se torna ainda mais relevante, em função da forma como se dá o controle de constitucionalidade no nosso País e, muitas vezes, do desprezo que parcela da doutrina e da jurisprudência atribui a construções sedimentadas cientificamente pelo Direito, a respeito do modo de eficácia destas decisões de inconstitucionalidade, notadamente da diferença entre o controle concentrado de constitucionalidade e o controle difuso de constitucionalidade.

Se observarmos a doutrina que trata do assunto, veremos que existe a corrente que, por parte da Fazenda Pública, argumenta no sentido do cabimento da ação rescisória nesses casos, com fundamento no dispositivo que permite a rescisão de uma sentença judicial transitada em julgado – um meio impugnativo de rescisão de uma decisão – através da afirmação de que houve violação a dispositivo de lei, fulcrado exclusivamente no art. 273 do Código de Processo Civil.

Diz a doutrina, especialmente representada pelo eminente Procurador Oswaldo Othon Pontes de Saraiva Filho, que esta matéria não suscitaria maiores dificuldades se o acórdão transitado em julgado fosse prolatado após a decisão do Supremo Tribunal Federal. O problema está nos acórdãos que são prolatados em determinado momento, e posteriormente o Supremo Tribunal Federal fixa a decisão em sentido contrário.

Podemos observar também que é muito profícua a doutrina no sentido da inviabilidade de utilização da ação rescisória nesses casos, especialmente Sacha Calmon Navarro Coêlho, Hugo de Brito Machado, Marilene Talarico Martins Rodrigues, Sérgio Fadel e, inclusive, Humberto Theodoro Júnior. Essa doutrina, entretanto, em nosso sentir, embora esteja correta, não avança até o ponto crucial desta questão, o que foi feito, pensamos nós, pela Profa. Ada Pellegrini Grinover em brilhante exame feito acerca de acórdão do Supremo Tribunal Federal, onde se coloca e se põe em relevo a necessidade de que seja examinado o problema da rescindibilidade dessas decisões, a partir da eficácia dos acórdãos do Supremo Tribunal Federal, tanto sob o ponto de vista de seus efeitos subjetivos, como sob o ponto de vista dos efeitos objetivos.

De modo resumido, se uma decisão do Supremo Tribunal Federal é proferida com caráter *erga omnes* e *ex tunc*, esta sim tem a possibilidade de ensejar a rescindibilidade de acórdãos posteriores, que tenham firmado entendimento contrário àquele do Supremo Tribunal Federal, de modo a que se possa sustentar que não houve interpretação razoável no momento da prolação do acórdão, já que o Supremo Tribunal Federal entendeu pela "inexistência", desde sua publicação, de uma determinada norma jurídica em face do ordenamento (que é o que representa tecnicamente a nulidade pela inconstitucionalidade).

Este ponto de vista é muito importante, e também sofre grande dificuldade de abordagem, justamente pela inexistência de regime jurídico próprio que discipline a eficácia das decisões do Supremo Tribunal Federal nesse sentido.

II.1. Análise jurisprudencial

Para fazer uma abordagem jurisprudencial, como nos foi solicitado, diríamos – em apertadíssimo esforço de síntese – que os Tribunais Regionais Federais têm se debatido sobre questões que não têm esse caráter, concernente à eficácia das decisões do Supremo Tribunal Federal, que é da essência da distinção entre o controle concentrado e o controle difuso.

Os Tribunais Regionais Federais da 1ª, 2ª e 5ª Regiões têm se firmado no sentido do cabimento da ação rescisória, mesmo nos casos em que se trate de decisão do Supremo Tribunal Federal, sem o caráter *erga omnes* – aquelas proferidas em recurso extraordinário, sem a suspensão senatorial.

Os Tribunais da 3ª e 4ª Regiões, em nosso sentir, adotam abordagem bastante mais profunda, no sentido de que suscitam, inclusive em acórdãos brilhantes da Profa. Lucia Valle Figueiredo e do Prof. Teori Albino Zavascki, o problema da eficácia das decisões do Supremo como condicionante necessária para a rescindibilidade do acórdão proferido em contrariedade à decisão do Supremo Tribunal Federal.

No STJ, a decisão dos Ministros tem-se orientado pela possibilidade desta rescisão, dando azo à aplicabilidade da Súmula 343 do Supremo Tribunal Federal. Ocorre que já há vários votos vencidos no próprio Superior Tribunal de Justiça, onde se têm sustentado a necessidade de que a abordagem se dê à luz da distinção entre controle difuso e concentrado de constitucionalidade.

Temos que reconhecer que, seguramente, em algum momento, o STJ e o STF irão colidir em seus posicionamentos, porque o Supremo Tribunal Federal que, muito embora ainda não manifestou posição firme a esse respeito, tem proferido diversos acórdãos, inclusive recentes, nos quais se evidencia uma preocupação muito grande dos eminentes Ministros em prestigiar a lógica do sistema, de modo a que se diferenciem os momentos distintos de interferência do Poder Judiciário no ordenamento jurídico, de modo a que, havendo decisão em ação direta de inconstitucionalidade e caráter *erga omnes* e *ex tunc*, se permita – aí sim – a rescisão do acórdão em sentido contrário.

Mas enquanto a decisão do Supremo Tribunal Federal estiver atuando em sua função de controle difuso da constitucionalidade, não autoriza que as decisões em sentido contrário possam ser rescindidas.

Nisso se prestigia aquela máxima que a Profa. Thereza Alvim costumava utilizar em suas aulas de Processo Civil no mestrado da PUC de São Paulo: "tudo que é jurídico é lógico, mas nem tudo que é lógico é jurídico". E é possível que dentro do sistema convivam decisões diametralmente opostas. Isso faz parte da lógica do sistema e da necessidades de segurança jurídica que levam à cristalização de determinadas decisões.

Se tivéssemos um regime jurídico mais adequado no trato dessas questões, não estaríamos nos vendo com tanta perplexidade diante das disparidades, muitas vezes cometidas pela jurisprudência e, até mesmo, pela doutrina.

II.2. Questões relativas à ação rescisória em matéria tributária, frente às decisões proferidas pelo STF

Pergunta o Dr. Evandro Grilli quanto ao problema do decurso do prazo de dois anos para o ajuizamento da ação rescisória, e se este prazo se renovaria com a decisão do Supremo Tribunal Federal que reconhece a inconstitucionalidade do tributo.

Nosso posicionamento é no sentido de que o prazo não se renovaria, até por razões de segurança jurídica e tendo em vista que a coisa julgada é um instituto protegido pela própria Constituição. Não é possível que sejam criadas interpretações elásticas quanto ao prazo da utilização da rescisória, em detrimento da própria preocupação e do valor constitucional concernente à segurança jurídica que é imanente à coisa julgada.

O Supremo Tribunal Federal, quando suspendeu a medida provisória que elasteceu ou que tentou elastecer o prazo para a Fazenda Pública ajuizar a ação rescisória, expressou sua homenagem ao princípio da segurança jurídica. Alguns podem dizer: mas isso pode conduzir a questões de injustiça, em que uma situação vai se afigurar definitivamente de uma forma para um contribuinte e de outra para outro.

Essas questões de justiça sempre serão confrontadas com o problema da segurança jurídica, e normalmente a segurança jurídica se avalia sob um plano mais geral do que a justiça. A justiça costuma se concretizar em um plano mais individual, e a segurança jurídica num plano mais geral do ordenamento jurídico. Por ser mais geral, o princípio da segurança jurídica costuma prevalecer nos sistemas positivados sobre o princípio da justiça, individualmente considerado. É uma vicissitude de um sistema inerente ao Estado Constitucional de Direito.

A outra questão diz respeito ao problema da eficácia *erga omnes* ou interpartes, ou *ex nunc* ou *ex tunc* nas decisões do Supremo. Qual é a influência destes conceitos na rescindibilidade ou não do acórdão?

A influência é muito grande, e diretamente determinante da possibilidade ou não da rescisão. Vejam: novamente laboramos no vácuo legislativo, porque nem no regimento interno do Supremo Tribunal Federal, nem no Código de Processo Civil, nem em qualquer legislação extravagante se disciplinam os efeitos dessas ações diretas de inconstitucionalidade. O Supremo Tribunal Federal tem trabalhado nos seus acórdãos, ainda que timidamente, a esse respeito, e eu diria que a tendência é de se admitir que decisões de inconstitucionalidade tenham efeito *ex tunc*.

Isso significa que o acórdão que foi prolatado em época anterior ao acórdão do Supremo Tribunal Federal vai ser atingido retroativamente pela decisão do Supremo Tribunal Federal. Ao atingir retroativamente esta decisão do Supremo Tribunal Federal, abre-se a porta para a invocação da ação rescisória, por literal violação de dispositivo de lei, na medida em que, se o Supremo Tribunal Federal decidiu a respeito de um determinado dispositivo e com efeitos *erga omnes* e *ex tunc*, não mais se pode falar de interpretação razoável no momento da prolação da decisão.

Se a decisão é em controle difuso, e portanto não atinge a todos, não pode ter efeitos retroativos sobre aquele acórdão, e os acórdãos, tanto no Supremo Tribunal Federal como de qualquer outro tribunal, ainda que em sentido contrário, têm que conviver no sistema, em que pese a sua desarmonia, à luz do princípio da segurança jurídica e do respeito à coisa julgada.

São princípios de Processo Civil, inerentes à operatividade do nosso sistema, que devem ser respeitados. E é por isso que é tão determinante a questão de saber qual a eficácia da decisão do Supremo. Às vezes o Supremo Tribunal Federal manifesta expressamente qual é a eficácia da sua decisão, mas muitas vezes essa eficácia não aparece clara no bojo do acórdão. Só o que sabemos, com absoluta certeza, é que uma decisão proferida em controle difuso e uma ação individual num recurso extraordinário com certeza não operam efeitos *erga omnes*, porque não é da natureza da decisão do recurso extraordinário – exceto nos casos em que haja suspensão senatorial da norma jurídica que foi julgada pelo Supremo Tribunal Federal. Mas nesses casos, como se trata de suspensão, também fica evidenciado que não há prolação de efeito *ex tunc*, porque é uma modalidade jurídica diferente da declaração direta de inconstitucionalidade.

Pode-se afirmar com segurança que o sistema oferece respostas para estas perguntas mas que, infelizmente, não estão sendo adequadamente observadas por parte da jurisprudência e da doutrina.

II.3. Considerações sobre as Súmulas 212 e 213 do STJ

Não posso deixar de fazer uma referência: peço vênia ao Sr. Presidente da Mesa, para, de certa forma, bulir no protocolo adotado para este Congresso e fazer uma breve manifestação a respeito das Súmulas 212 e 213 do STJ, que muito me têm preocupado, não apenas como professor mas como cidadão.

Inicialmente eu diria aos senhores que se for feita uma análise dos acórdãos que deram origem a essas Súmulas, vai se perceber que a preocupação dos julgadores foi com questões quanto à satisfatividade da medida liminar que, por "extinguir" o crédito tributário, estaria a impedir a sua concessão. Equívoco perigoso, pois medida liminar não pode extinguir o crédito tributário, o que é prerrogativa da coisa julgada, de acordo com nosso CTN, e a satisfatividade da decisão liminar, além de não ser óbice à concessão, é verdadeiro requisito da mesma, uma vez que não existe antecipação sem satisfação. O óbice legal é do da "irreversibilidade", de conceito completamente distinto da satisfatividade, e que não se dá nos casos de compensação.

Essas decisões, embora certas quanto ao cuidado que se deve ter nas concessões de medidas liminares, estão erradas quanto ao raciocínio lógico utilizado.

Se, de fato, o advogado solicitar uma liminar que tenha caráter extintivo da obrigação tributária, pedindo que o juiz, liminarmente, declare o valor que eu tenho direito a compensar, aí sim eu estarei emprestando ao mandado de segurança um caráter imediato patrimonial, que normalmente não está ligado à essência desse instituto. Parece-me que estas Súmulas do Superior Tribunal de Justiça devem ser interpretadas apenas no estreito sentido dos acórdãos que lhes deram origem, isto é, no sentido de evitar que medidas liminares cristalizem determinado "valor a ser compensado".

Não é esse o objetivo das liminares em mandado de segurança. Essas liminares se prestam, sim, a assegurar, como diria o Prof. Eduardo Arruda Alvim, monografista da matéria, o exercício *in natura* de um determinado direito que está prestes a ser violado. A questão dos valores é uma questão que vai ser discutida na esfera administrativa, mas não no mandado de segurança, que não se presta para a produção de matéria probatória, de eventuais perícias ou de cálculos técnicos dos quais o juiz precise se subsidiar.

Desse modo, se não é possível que, via mandado de segurança, se peça o reconhecimento de valores a serem compensados – e esse nos parece ser o sentido válido da Súmula 213 do STJ – por outro lado é perfeitamente possível que tais liminares se prestem para o reconhecimento do direito à compensação em si mesmo considerado e para afastar eventuais óbices administrativos ou legais que ameacem o direito líquido e certo do contribuinte em realizar a compensação.

Senhor Presidente, eu agradeço a paciência com que todos me ouviram e encerro a exposição.

PRESIDENTE DA MESA (PROF. JOSÉ EDUARDO SOARES DE MELO) – Agora tenho também a honra de passar a palavra ao Prof. Eduardo Arruda Alvim, que é doutor e também Professor da PUC de São Paulo.

PROF. EDUARDO ARRUDA ALVIM – Bom dia a todos. Eu gostaria primeiro de agradecer a presença dos senhores, em segundo lugar agradecer ao convite que me foi formulado, em terceiro lugar me congratular com os demais membros da Mesa.

Antecipação de tutela nas ações tributárias

O tema que me foi destinado diz respeito a um assunto que me tem preocupado bastante nesses últimos cinco anos, desde que essa novidade —antecipação de tutela — foi introduzida em nosso Direito. Eu considero que qualquer que seja a vertente em função da qual o intérprete se propõe a estudar o fenômeno da antecipação de tutela, e no caso nos interessa especificamente a antecipação de tutela voltada ao Direito Tributário, esse intérprete deve ter presente que a antecipação de tutela veio preencher, veio disciplinar alguns dispositivos constitucionais.

Gostaria, então, de começar a abordar a antecipação de tutela a partir desses dispositivos constitucionais. Muito se fala – e isso corresponde ou responde ao anseio geral – na necessidade de um acesso efetivo, na necessidade de um acesso pleno, rápido e eficaz à Justiça. Se os senhores olharem o art. 153, § 4º, da Carta revogada, em confronto com o inciso XXXV do art. 5º, da Constituição vigente, vão ver que o legislador constituinte foi bastante mais abrangente ao disciplinar, ao estatuir o inciso XXXV do art. 5º. Ali se assegura a qualquer um o amplo e efetivo acesso ao Poder Judiciário em caso de lesão ou ameaça de lesão ao Direito.

Já à luz da Constituição revogada vi autores como o Prof. Kazuo Watanabe, que eram enfáticos no sentido de dizer que antecipação ou algo que viesse a fazer as vezes da antecipação de tutela era uma necessidade ou mesmo uma decorrência lógica do art. 153 § 4º. Com muito mais razão se pode dizer que a antecipação de tutela é uma decorrência lógica do art. 5º, XXXV, da CF/88, uma vez que não basta assegurar o acesso ao Judiciário; é preciso fornecer elementos para garantir a efetivação e utilidade da tutela jurisdicional. Só que eu tenho a impressão de que o intérprete que procure olhar o problema sob um prisma constitucional, ao se concentrar exclusivamente no art. 5º, XXXV, parte de uma perspectiva distorcida.

Por que isso? Porque, se é verdade que o art. 5º, XXXV, assegura a todos o amplo, efetivo e eficaz acesso ao Poder Judiciário, de outro lado é verdade que existem princípios outros no texto constitucional, entre os quais o princípio do contraditório, o princípio da ampla defesa, que ficam ou podem ficar, pelo menos provisoriamente, sacrificados em razão da antecipação de tutela. Então, todos esses princípios – o princípio da ubiqüidade que está lá no inciso XXXV do art. 5º, o princípio do contraditório, o princípio da ampla defesa – devem nortear aquele intérprete que se propõe ou que se predispõe a estudar o instituto da antecipação de tutela.

Sempre que nos deparamos com situações similares à hipótese de antecipação da tutela, ressurge a questão da dicotomia entre a segurança jurídica, garantida pela ampla defesa e o contraditório, e a efetividade do processo, almejada por essas medidas que pretendem antecipar os efeitos da tutela pleiteada, como forma de agilizar o processo e assegurar que, ao final da demanda, o bem da vida discutido em Juízo seja útil a quem lhe fizer jus.

Na verdade todos esses princípios derivam de um princípio maior. Pode-se dizer, é o que dizem os estudiosos, que todos os princípios constitucionais do processo – o princípio do amplo e efetivo acesso à Justiça, do contraditório ou da ampla defesa – derivam de um princípio maior, que é o princípio do devido processo legal.

Onde é que isso se reflete, na ordem prática, de uma forma muito veemente, de uma forma muito transparente? Se os senhores olharem, por exemplo, a disciplina infraconstitucional da antecipação de tutela, vão ver lá que o § 2º do art. 273 impede que a antecipação de tutela crie situações irreversíveis.

Isto porque é da essência da decisão antecipatória de tutela ser uma decisão provisória, ainda que o direito do requerente se demonstre como superprovável. Mas nessa antecipação – vamos dizer, uma antecipação liminar – o contraditório e a ampla defesa ficam diferidos, transladados para um momento posterior. Portanto, por mais elementos que se possa vislumbrar em favor daquele que obteve a tutela antecipada, por ainda não existir ou não se ter decidido acerca da versão dos fatos oferecida pelo réu, a tutela material concedida haverá de ser reversível, pois, ao final do processo, poderá ser dada razão ao réu.

O devido processo legal não poderia permitir que, em detrimento do réu, e com fundamento no amplo e efetivo acesso ao Judiciário, pudesse o legislador infraconstitucional conceder uma antecipação *in limine litis*, sem defesa, sem ouvida, sem possibilidade de recurso e, ainda, que essa antecipação criasse uma situação irreversível à parte contrária.

Assim, um primeiro ponto que eu gostaria de deixar claro para os senhores é o seguinte: antecipação de tutela, muito mais do que derivada do princípio insculpido no inciso XXXV do art. 5º, é um conceito lógico do princípio do devido processo legal – e o princípio do devido processo legal tem várias ramificações – que garante, de seu turno, ainda que não estivesse expresso, o acesso efetivo, os recursos, a possibilidade de ampla defesa, de modo que todos esses conceitos devem ser harmonizados – como, entendemos, ocorre na antecipação de tutela.

Aquele intérprete que se propõe a estudar a antecipação de tutela deve considerar o fenômeno como um todo, e não apenas sob a perspectiva daquele que vai à Justiça; deve-se garantir, sim, eventual oferecimento de direito daquele que vai à Justiça, sem que isso implique qualquer sacrifício, qualquer comprometimento da possibilidade de recurso, da possibilidade de ampla defesa etc.

Por isso é que esse art. 273, § 2º, quando diz que a antecipação de tutela não pode gerar uma situação irreversível, é o que o Prof. Geraldo Ataliba denominaria de um preceito didático, porque, na verdade, estivesse ou não estivesse lá o § 2º do art. 273, a visão constitucional desses princípios, em especial do princípio do devido processo legal, impediria que a antecipação de tutela pudesse criar uma situação irreversível.

Portanto, a antecipação de tutela, sumariando essa introdução que eu quero fazer aos senhores, é, sim, um instrumento que garante o amplo e efetivo acesso ao Poder Judiciário, é um instrumento que veio talvez preencher uma lacuna, talvez solucionar o problema da morosidade da Justiça – mas ele não pode ser estudado exclusivamente da perspectiva do autor; ele tem de ser estudado, também, e tem de ser aplicado com moderação, na estrita medida em que isso se faça necessário. Por isso é que se diz que, quando se trata da antecipação dos efeitos da sentença, o juiz deve, ao antecipar a tutela, antecipar apenas e estritamente os efeitos da sentença que se façam necessários para evitar o perecimento do direito do autor que se afigura como provável. Nada mais do que isso, para não sacrificar a posição do réu. Por isso que a doutrina diz que a antecipação de tutela é, antes de tudo, fundada ou informada pelo princípio da necessidade: antecipação de tutela deve ser dada estritamente na medida que isso se faça necessário, para evitar o perecimento de um direito do autor que se afigura como provável ou superprovável.

Na verdade, para antecipar a tutela, diz o art. 273 que são necessários dois requisitos: primeiro que o direito do autor se afigure como provável, prova inequívoca da verossimilhança; segundo que haja o perigo de perecimento do direito do autor ou que fique caracterizado abuso de defesa ou manifesto propósito protelatório do réu. Pode-se dizer, *grosso modo*, que os requisitos para a antecipação de tutela, especialmente a prova inequívoca da verossimilhança, de que trata o *caput* do art. 273 do Código de Processo, encontrar-se-iam no meio termo entre o *fumus boni juris* do processo cautelar e o direito líquido e certo de que trata a lei do mandado de segurança.

Por quê? Porque ainda que o direito se afigure como inequivocamente verossímil, sempre haverá a necessidade, ainda que na antecipação da tutela, de dilação probatória. Então, o grau de certeza quanto aos fatos que embasam a pretensão do autor nunca atingem aquela certeza que permitiria, se presentes outros pressupostos, o ajuizamento da ação de mandado de segurança. Por outro lado, a verossimilhança do direito alegado é mais forte do que o *fumus boni juris* do processo cautelar e de qualquer outra liminar, porque estas apenas reconhecem a existência de uma situação de perigo e a hipótese de que o requerente seja o detentor do direito pleiteado em juízo, é simples medida de cautela – diferente da verossimilhança que enseja a concessão de tutela antecipatória, em que o juiz reconhece que, muito provavelmente, o requerente possui o direito alegado e já lhe concede, antecipadamente, o objeto da ação, não apenas por cautela, mas por entender que ele é o titular do direito discutido em Juízo.

Eu disse aos senhores, e isso tem alguma importância quando se cuida de aplicar tutela antecipada ao Direito Tributário, que um ou alguns dos efeitos podem ser antecipados; nem todos os efeitos precisam ser antecipados. O que deve balizar essa concessão é o princípio da necessidade, esse princípio impõe ao juiz, no momento de antecipar a tutela, que olhe não apenas a posição do autor, cuja afirmação de direito possa estar seriamente comprometida, mas também a posição do réu, e não deixe de lhe resguardar ou de lhe garantir o direito à ampla defesa, com os meios e recursos a ela inerentes, como impõe a Constituição.

Muito bem, se os senhores olharem a ação condenatória, não vão encontrar qualquer discrepância da doutrina. A ação condenatória é suscetível de ter, sim, os seus efeitos antecipados. Mas, uma ação que interessa ou que é pertinente especificamente ao campo do Direito Processual Tributário é a ação declaratória, acerca da qual pairam algumas dúvidas acerca da possibilidade de antecipação de tutela. Por quê? Porque o que se cuida aqui de saber é se a antecipação de tutela numa ação, por exemplo, declaratória de inexigibilidade do crédito tributário teria o condão de obstar a ação do Fisco? Ou, por outras palavras, funcionaria como causa suspensiva de exigibilidade do crédito tributário?

Para responder a essa pergunta é preciso passar por uma consideração preliminar: seria a ação declaratória também, junto com a condenatória, suscetível de ter os seus efeitos finais antecipados? Quer me parecer que sim; quer me parecer que aquele que diz que a ação declaratória não é suscetível de ter os seus efeitos antecipados não enxerga o fenômeno na sua totalidade, já que em diversas sentenças declaratórias existem efeitos de conteúdo condenatório e que podem ser antecipados para resguardar o direito da parte.

Em uma ação declaratória de inexigibilidade do crédito tributário, por exemplo, a concessão de tutela antecipada acarreta a impossibilidade de a Fazenda executar o contribuinte por aquele débito, cuja inexigibilidade veio ou venha a ser declarada por sentença.

Será que esse efeito, um consectário lógico da procedência da ação declaratória, não poderia ser antecipado? Será que esse efeito não poderia ser trazido para o momento inicial, de molde a obstaculizar a ação do Fisco, de molde a impedir a execução fiscal? Quer me parecer que sim; quer me parecer que a ação declaratória, a despeito de não gerar uma execução, como gera a ação condenatória, é ela suscetível, sim, de ter os seus efeitos antecipados e, portanto, aquele que obtém a antecipação de tutela numa ação declaratória, no caso de inexigibilidade do crédito tributário, pode com toda certeza, mercê dessa antecipação de tutela, obter a obstaculização da ação do Fisco, evitando diversas conseqüências negativas ao contribuinte que pretende o reconhecimento da inexigibilidade do débito.

Claro que existem alguns empecilhos, ou existem vários óbices, que se podem levantar com relação a isso. Na verdade eu tenho assumido uma posição, por assim dizer, intermediária, porque ao lado de olhar a ação declaratória como um fenômeno processual que ela é efetivamente, e ao lado de olhar a antecipação de tutela como um fenômeno processual, quando se cuida da ação declaratória de inexigibilidade do crédito tributário, o intérprete deve ter presente sempre e necessariamente a presunção de legitimidade de que se reveste o ato administrativo do lançamento que dá à obrigação tributária – e nós estamos aqui na presença do Papa das obrigações tributárias – o atributo da exigibilidade.

Quer me parecer que de um lado nós temos o direito líquido e certo, esse sim, requisito do mandado de segurança, instrumento por excelência vocacionado a contrastar o ato administrativo dotado de presunção de legitimidade. Portanto, fora de dúvida que a liminar em mandado de segurança está lá no inciso IV do art. 151 do Código Tributário – e se não estivesse, a meu ver isso não mudaria a realidade das coisas – é causa suspensiva.

De outro lado, o simples *fumus boni juris*, a simples aparência do bom Direito, essa não seria apta a ser contrastada ou a ser contraposta à presunção de legitimidade de que se reveste o ato administrativo do lançamento, e, com isso, retirar-lhe o atributo da exigibilidade; por exemplo, uma ação cautelar sem depósito ou qualquer outra garantia ser apta a levar à suspensão da exigibilidade do crédito.

Já a antecipação de tutela se colocaria nessa visão, conforme dito, no meio termo. Como os requisitos são mais veementes, o *fumus boni juris* é menos do que a prova inequívoca da verossimilhança, a antecipação de tutela se colocaria ali como um meio termo, o meio caminho entre a cautelar e a liminar no mandado de segurança, como causa suspensiva da exigibilidade do crédito tributário. A prova maior disso é que a lei infraconstitucional, Lei n. 9.494/97, veio disciplinar a possibilidade de antecipação de tutela contra a Fazenda Pública.

Um óbice que se costuma levantar, quando se cuida de enfocar a antecipação de tutela contra a Fazenda Pública, é a remessa necessária a que estaria sujeita toda e qualquer sentença proferida contra a Fazenda Pública. Dizem esses, que levantam esse empecilho, que se nem a sentença, portanto, o provimento jurisdicional final, seria suscetível de levar a esse resultado, porque sujeita obrigatoriamente à remessa necessária para produzir sua eficácia, com muito mais razão a antecipação de tutela não poderia, contra a Fazenda Pública, ter um valor ou um peso maior do que a sentença.

Quer me parecer que esse argumento parte de uma distorção de perspectiva, e parte de uma distorção de perspectiva por várias razões, a principal das quais é que os requisitos para antecipação de tutela são diferentes dos requisitos para sentença. Se o juiz profere a sentença e essa sentença só se torna eficaz depois de confirmada pelo tribunal, porque sujeita à remessa necessária, esta é uma situação que diz respeito à sentença. Já com relação à antecipação de tutela, os requisitos são outros, e um deles é o *periculum in mora*; e se esse *periculum in mora* se constituísse empecilho para a produção plena da eficácia da antecipação de tutela desde logo, tornaria o instituto letra morta.

A meu ver, após a prolação da sentença favorável à parte que já tinha a tutela antecipada em seu favor, com maior razão seus efeitos devem continuar em vigência, ainda que exista recurso de ofício ou voluntário dessa decisão. É inconcebível que a parte tenha ficado durante todo o processo gozando de uma situação jurídica que lhe foi concedida por meio de antecipação de tutela e, ao ser confirmada por meio de sentença que a ela cabe o direito discutido em Juízo, em razão do recurso interposto e do efeito suspensivo tivesse que retornar à situação anterior à concessão da tutela antecipada. Por essa razão, entendo que poderá haver antecipação de tutela concomitantemente à prolação da sentença com vistas a manter o efeito da antecipação, por exemplo, não conferindo efeito suspensivo ao recurso – caso contrário, restaria completamente comprometido a letra do art. 273 do CPC.

É importante lembrar que da decisão do juiz que concede ou nega a tutela antecipada sempre será cabível o recurso de agravo de instrumento, pelo qual a questão será levada ao Tribunal, podendo este conferir efeito suspensivo ou efeito ativo ao recurso, retirando a eficácia da decisão do Juiz. Caso a antecipação de tutela seja concedida na sentença, também será cabível o recurso de apelação. Existindo recurso para impugnar tais decisões, não há que se falar em prejuízo ao duplo grau de jurisdição, e, quanto ao reexame obrigatório previsto no art. 475, II, do CPC, este refere-se exclusivamente às sentenças, não sendo aplicável às decisões interlocutórias. Conforme dissemos anteriormente, se a Fazenda quiser impugnar a decisão, deverá recorrer voluntariamente.

Gostaria de acrescentar, ainda, que reputo possível a antecipação de tutela contra a Fazenda Pública, pois, se assim não se entender, estar-se-á dando um alento aos desmandos por vezes praticados pela Administração Pública. A concessão de tutela antecipada ao contribuinte, sem dúvida, é uma forma de tornar mais justa a relação entre Poder Público/ Fisco e o cidadão/contribuinte, evitando que o Fisco se resguarde até que seja prolatada a decisão final da ação –e todos nós sabemos o tempo que intermediaria estes eventos –, enquanto o contribuinte fica sem garantia alguma.

Ocorre que, apesar desses argumentos, não vislumbro a possibilidade de antecipação de tutela contra a Fazenda Pública em ações condenatórias que pleiteiem pagamento em dinheiro, tendo em vista o preceito constitucional, previsto no art. 100 da CF, que determina que todos os pagamentos efetuados pela Fazenda Pública devem ser realizados mediante a expedição de precatórios judiciais, que pressupõem decisão trânsita em julgado.

Diferente a hipótese da declaratória de inexigibilidade de débito fiscal. Nessa hipótese a concessão de tutela antecipada é eficaz, e pode perfeitamente ser concedida sem qualquer ofensa à lei, pois a Fazenda não terá que efetuar qualquer pagamento – simplesmente deverá se abster de inscrever e cobrar uma dívida que está *sub judice*.

Portanto, considero que o juiz pode antecipar a tutela contra a Fazenda, e essa antecipação de tutela produzir efeitos desde logo. Num momento posterior ele dá a sentença, confirmando ou não a antecipação de tutela. Se houver antecipação de tutela, essa decisão produz efeitos desde logo, porque é próprio dela que assim seja, porque se não for assim a antecipação de tutela, dos quais um dos requisitos é o *periculum in mora*, estaria reduzida a nada.

Eu agradeço a atenção dos senhores e devolvo a palavra ao Prof. José Eduardo.

PRESIDENTE DA MESA (PROF. JOSÉ EDUARDO SOARES DE MELO) – O Prof. Eduardo Alvim teve de correr, para alcançar o tempo, e agora tenho a honra de passar a palavra ao Dr. Américo Lacombe, Doutor em Direito Tributário, que, durante muitos anos, foi Juiz do Tribunal Regional Federal da 3ª Região tendo sido, também, seu Presidente.

PROF. AMÉRICO LACOMBE – Senhor Presidente, meus caros colegas, minhas senhoras e meus senhores, eu vou ter de tomar um certo cuidado em não transformar a liminar em mandado de segurança, numa verdadeira "sopa de pedra". Quer dizer, a liminar é a pedra, e depois nós vamos colocando os temperos, e acabamos não falando da liminar em mandado de segurança. Mas eu vou evitar isso.

A primeira coisa que temos de abordar é a natureza da liminar em mandado de segurança – se essa liminar é um ato vinculado ou é um ato absolutamente discricionário, que o juiz dá a hora que quer, a hora que não quer, quando quer... Isso é, um julgamento meramente subjetivo do juiz.

Quer me parecer que a coisa não é assim. A liminar é um ato vinculado; ocorridos os pressupostos, estando presentes os pressupostos da liminar, o juiz é obrigado a concedê-la. E é obrigado a concedê-la exatamente porque ele não dispõe de um julgamento meramente subjetivo. Havendo *fumus boni iuris* e *periculum in mora*, ele não tem outra alternativa senão conceder a liminar e paralisar qualquer ato da Fazenda Pública, ou paralisar um procedimento administrativo qualquer, que possa redundar num prejuízo para o contribuinte. E deve ser dada, mesmo que o advogado não a peça.

É muito raro, hoje, ter um mandado de segurança sem pedido de liminar, mas pode ocorrer. O juiz só não deve dar a liminar quando o advogado, expressamente, por uma razão qualquer de tática advocatícia, pede que a liminar não seja dada, porque não interessa de maneira nenhuma. Mas se ele não falar nada, não pedir a liminar e os pressupostos estiverem presentes, a liminar deve obrigatoriamente ser dada pelo juiz. É aquilo que o Prof. Balera falou: a forma não pode prevalecer sobre o fundo. Havendo direito a ser amparado, o juiz deve ampará-lo.

Claro que tem de haver forma, claro que tem de haver uma lei processual. Afinal de contas o processo tem de regular todo o procedimento. Mas não pode chegar ao ponto de não se satisfazer o direito material por uma deficiência qualquer de forma. Pelo fato de não haver pedido de liminar e estarem presentes os pressupostos, o juiz será obrigado a concedê-la.

A liminar, hoje, não é uma mera disposição da lei processual; a liminar, hoje, é direito e garantia individual – impossível de ser restringida por qualquer lei ordinária. Nós vemos hoje o Poder Executivo ameaçar mandar para o Congresso projetos de lei, e até medidas provisórias, querendo impedir que os juizes dêem liminares. Ora, está claro no inciso XXXV do art. 5º da Constituição, que a lei não excluirá da apreciação do Poder Judiciário lesão ou ameaça. E aí, nessa expressão "ou ameaça", que não havia nas constituições anteriores, está o poder cautelar do juiz implícito, porque se a simples ameaça é suficiente para levar o contribuinte ou qualquer cidadão ao Poder Judiciário, o juiz tem de ter o poder suficiente para evitar que aquela ameaça se concretize.

Por conseguinte, não adianta mandar medida provisória – aliás, sem nenhuma fundamentação –, não adianta querer votar lei, inclusive lei impedindo que os juizes dêem liminar em determinadas matérias. Esse poder cautelar do juiz é amplo e irrestrito.

Depois, obviamente os poderes legislativos, os poderes políticos, falam em "indústria" – entre aspas – das liminares; e isso com grande apoio da mídia que é desonesta, é burra e é covarde. É desonesta porque adora um escândalo, é burra porque não percebe que o Poder Judiciário é que garante a sua liberdade, não é o Poder Executivo e nem o Poder Legislativo. De modo que se o Judiciário não for independente a liberdade de imprensa acaba. E é covarde porque é bajuladora do Poder Executivo.

E falam em indústria das liminares ... Mas meu Deus do céu, só existe indústria com matéria-prima (*Risos*) e a matéria-prima é fornecida pelo Poder Executivo e pelo Poder Legislativo, que fornecem atos e mais atos inconstitucionais e ilegais. (*Palmas*)

Querem acabar com a indústria da liminar? É muito simples: deixem de fornecer matéria-prima para essa indústria que acaba a indústria da liminar.

Muito bem, senhores, vamos prosseguir com a questão da liminar em mandado de segurança.

Eu já ouvi falar inclusive, que a liminar tem de ser, depois de concedida, reexaminada por mais de um juiz. Mas isso já existe! Existe o agravo de instrumento, que é exatamente isso. Hoje em dia qualquer decisão de primeira instância, concedendo ou não concedendo liminar, vai gerar um agravo de instrumento que vai ser examinado por uma turma do tribunal, por três juizes que vão dizer se aquela liminar deve ou não prevalecer.

De modo que isso já existe, e não tem o menor sentido falar-se em controle da liminar por mais de um juiz após essa liminar ser dada, ou mesmo negada.

Outra coisa que muitos juízes costumam fazer é a exigência de depósito, o que é totalmente descabida. Descabida porque se houver depósito não precisa ter liminar. Uma cautelar de depósito susta a exigibilidade do crédito. Se houve liminar é porque ou existe o *fumus boni iuris*, logo, não precisa de depósito nenhum – e o *periculum in mora* hoje é mais evidente quando se sabe que até o presidente do Congresso Nacional prega o não-pagamento dos precatórios. Quer dizer, se amanhã nós entrarmos na ação de repetição do indébito, isso vai cair no precatório? Então, meu Deus!, o *periculum in mora* está evidente. Se o presidente do Congresso diz que os precatórios não devem ser pagos, há hoje o *periculum in mora* em todo e qualquer mandado de segurança que se pleiteie perante o Poder Judiciário, porque não sendo dada a liminar corremos o risco de ter o débito indevidamente pago e voltamos ao princípio do *solve et repete*, só que, aqui, com o risco de não se repetir nunca, porque existe uma pregação política de um dos homens mais poderosos deste país, senão o mais, de que o precatório não deve ser pago.

Então, meus amigos, o *periculum in mora* está sempre presente.

A criação desse depósito foi do Ministro Oscar Saraiva, ainda no tempo do antigo Tribunal Federal de Recursos, em que se concedia a liminar mediante depósito, em casos de importação, não por grandes empresas, mas pessoas físicas que, após o desembaraço aduaneiro, poderiam simplesmente desaparecer e nunca pagar o imposto de importação.

O depósito, assim, é uma exigência que só pode ser utilizada pelo Judiciário em questões excepcionalíssimas. Hoje em dia esse tipo de importador praticamente desapareceu. Quem importa, hoje, são grandes empresas, com endereço fixo, com sede no Brasil, perfeitamente capazes de, no momento em que for negada a sua pretensão, pagarem imposto, sem maiores problemas.

O que nós poderíamos dizer sobre a liminar em mandado de segurança é o seguinte: ela é um ato absolutamente vinculado; o juiz não pode negar a liminar de maneira nenhuma, estando os pressupostos presentes. Não concedendo, evidentemente cabe agravo e cabe, ainda, mandado de segurança contra ato judiciário.

Muitos chegaram a pensar que, com a nova lei, que mudou o agravo de instrumento, não haveria mais condição de se impetrar mandado de segurança contra ato judicial denegatório da liminar. Eu acho que isso continua havendo, mesmo porque o prazo do mandado de segurança é bem maior do que o prazo do agravo, e pode acontecer perder-se o prazo do agravo e restar ainda o mandado de segurança. Sem dúvida nenhuma, não se tem como impedir esse mandado de segurança.

Vou falar ligeiramente, sobre mais um tema porque o tempo já está se escoando e eu tenho de dar tempo para as perguntas, senão eu tiro o tempo dos senhores. Foi ventilada aqui a questão do recurso da remessa oficial. No meu modo de ver a remessa oficial hoje é inconstitucional, como também no meu modo de ver os prazos privilegiados da Fazenda são inconstitucionais. E isso por uma razão muito simples: desde que o princípio da igualdade deixou de figurar no inciso I da relação do art. 5º para figurar no *caput* do artigo, modificando toda a estrutura das constituições anteriores, o princípio da igualdade, hoje, não é modo de se implementar o direito à vida, o direito à segurança, à propriedade, à liberdade, como era nas constituições anteriores; hoje ele é a causa de tais direitos.

Por que existem tais direitos?... Porque todos são iguais, é a primeira afirmação do art. 5º. E, se, ainda na vigência da Constituição de 1946, quando o princípio da igualdade vinha no § 1º do art. 141, Francisco Campos – que é absolutamente insuspeito de ser liberal e esquerdista – já escrevia dizendo que pelo fato de estar no § 1º o princípio da igualdade inspirava e estava presente em todos os itens do artigo, hoje, com muito maior razão, o princípio da igualdade está presente em todos os incisos do art. 5º, porque ele é causa de todos esses direitos.

E ali nós vemos, no inciso LV: "Aos litigantes, em processo judicial ou administrativo, e aos acusados em geral são assegurados o contraditório e a ampla defesa, e os meios e recursos a ela inerentes". Isso só pode ser interpretado à luz do princípio da igualdade; por conseguinte não pode haver nenhuma desigualdade entre os litigantes do processo, porque ele está presente em todos os incisos do art. 5º.

Eu votei nesse sentido, no tribunal de que eu fazia parte, mas infelizmente fui vencido, porque achavam que aí a igualdade seria uma igualdade apenas formal e não material. A meu ver não é nada disso, porque aqui não há igualdade *perante* a lei. Igualdade perante a lei já está lá no *caput* do artigo; aqui é igualdade *na* lei. Como também o inciso I: "homens e mulheres são iguais nos direitos e obrigações", é igualdade na lei e não perante a lei. A igualdade perante a lei já está lá – e nós não podemos partir do pressuposto de que o constituinte fosse um total idiota, que não soubesse que figurando no *caput* "todos são iguais perante a lei", a igualdade perante a lei já estava consagrada para os litigantes, para homens e mulheres, enfim, para tudo.

Se incluiu o inciso LV é porque ele quis fixar a igualdade *na* lei, e, por conseguinte, nenhuma diferença, nenhuma desigualdade pode haver entre litigantes em processo, ainda que essa eventual desigualdade seja para igualar aqueles que são naturalmente desiguais.

Meus senhores, era isso que eu gostaria de falar e muito obrigado. (*Palmas*)

PRESIDENTE DA MESA (PROF. JOSÉ EDUARDO SOARES DE MELO) – Agora vamos passar para a segunda parte, dedicada às questões que foram formuladas. Algumas já vieram à mesa. Se tiverem mais perguntas a serem respondidas, por favor, que o façam.

Pela ordem, o Prof. Eduardo Alvim.

PROF. EDUARDO ARRUDA ALVIM – A Dra. Maria Stella Miglioli pergunta: "O senhor entende possível a concessão da tutela antecipada no momento da prolação da sentença? Esta – a sentença – não configura a concessão definitiva do provimento, sob a ótica do juiz singular? Caso o senhor entenda possível, como compatibilizar essa hipótese com o efeito suspensivo que geralmente decorre da apelação? Nesse caso não seria mais simples o juiz monocrático receber o recurso apenas no efeito devolutivo, com o que já seria possível aproveitar o provimento constante da sentença?"

Doutora Maria Stella, quer me parecer que a antecipação de tutela, exatamente porque balizada, como eu procurei expor, pelo princípio da necessidade, pode e deve ser dada em qualquer momento do processo, e sempre que essa antecipação de tutela, à luz das circunstâncias concretas, se venha a fazer necessária.

O que se tem dito – e eu concordo – é que quando o juiz antecipa a tutela na sentença, isso equivaleria a encartar mais um inciso, um inciso virtual, no art. 520 do Código de Processo: seria o "inciso VI". O art. 520 do Código de Processo e seus incisos elencam as hipóteses nas quais a apelação não é recebida no efeito suspensivo, enumera as hipóteses nas quais a apelação não é empecilho ou não constitui entrave à produção desde logo dos efeitos da sentença.

Quer me parecer que também nessa hipótese, quando o juiz antecipa a tutela na sentença, ele estará, automaticamente – como a senhora colocou, inclusive, na segunda parte da pergunta –, subtraindo da apelação, a que esteja sujeita essa sentença, o efeito suspensivo que lhe é próprio, que é a regra nas apelações do sistema do Código de Processo. Se não se fizer assim, eu tenho a impressão, se vai estar tolhendo ou restringindo de forma injustificada o alcance da antecipação de tutela.

A sua colocação vai contra a colocação aqui do Dr. Silvio Susanth, que diz: "Se a antecipação de tutela está no bojo da sentença, qual o recurso cabível, pois que da sentença caberia apelação?"

Doutor Silvio, me parece que o que define a natureza do provimento juridicional e, portanto, o recurso a que esse provimento juridicional está sujeito, é essa característica de pôr fim ao processo. Se a decisão põe fim ao processo, então ela é sentença, e com isso se encerra o ofício jurisdicional do juiz de primeira instância.

Claro que o senhor vai me dizer: bom, mas se se antecipa a tutela no bojo da sentença, e não liminarmente, ele vai estar proferindo como que uma decisão interlocutória encartada no bojo da sentença. Eu já vi colocações desse tipo; mas não me parece que seja assim – mesmo porque o juiz não decide só a antecipação da tutela; muitas vezes o juiz decide outras tantas decisões interlocutórias, que não vale a pena discutir aqui, no bojo da sentença; e nem por isso o único recurso cabível contra essa mesma sentença deixa de ser o recurso de apelação.

Se o juiz já tiver dado a antecipação de tutela e julgar procedente a demanda, não há qualquer problema; a antecipação de tutela já produziu os seus efeitos desde logo, e continuará a ser assim, ainda que a sentença esteja sujeita a recurso com efeito suspensivo, porque antecipação de tutela, como eu disse "subtrai do recurso o efeito suspensivo que lhe é próprio".

Já – e essa é a colocação mais delicada – se o juiz denega a pretensão, a despeito de ter antecipado a tutela num momento inicial, entendo que ainda assim eu posso e devo tentar pedir a manutenção dessa antecipação de tutela até o julgamento pelo tribunal. Se eu não pudesse agir dessa forma, isso equivaleria a dizer que o tribunal pode menos que o juiz de primeiro grau, pode rever a prolação, mas não pode reapreciar o juízo do magistrado de primeira instância sobre a necessidade ou não de antecipação de tutela.

Como isso se operacionaliza na ordem prática, é uma outra questão. Eu sustento, para ser o mais breve possível, que o autor pode e deve pleitear ao juiz, a despeito de prolatada a sentença denegatória, quando tenha havido antes a antecipação de tutela, que receba, aí sim, essa prolação no efeito apenas devolutivo. Se isso não for possível, ele recorre desta decisão via agravo de instrumento e acode imediatamente ao tribunal, que poderá, então, retirar daquela ação o efeito suspensivo, o que vai equivaler, na ordem prática, manter a antecipação de tutela.

O Dr. Marcos de Carvalho coloca o fato da antecipação de tutela e a suspensão da exigibilidade do crédito tributário sob o enfoque de não ser o Código de Processo Civil uma lei complementar. Aborda, também, a questão da exigência de depósito recursal administrativo.

Eu já me debrucei bastante sobre essa questão e o que me parece é que nem toda norma, pelo simples fato de estar encartada dentro do CTN, se enquadraria dentro daquelas matérias sujeitas à disciplina por lei complementar, nos termos do art. 146 da Constituição ampliada do ponto de vista de não ser exaustiva quanto às causa. Tenho a impressão que sim, que o art. 151 do CTN, ainda que aí esteja encartada, antes de ser uma norma geral de direito tributário, é uma norma de processo, e, no caso, deveria ser interpretada no sentido de não serem exaustivas as causas suspensivas da exigibilidade do crédito.

E, mais do que isso, como eu procurei dizer ao senhor, o art. 273 do CPC, me parece hoje, deva ser interpretado como uma decorrência necessária do devido processo legal e da própria Constituição Federal.

Já quanto ao depósito recursal administrativo, exigido para que o contribuinte possa recorrer para a segunda instância administrativa, quer me parecer que esse depósito – e eu tenho procurado defender isso, mesmo diante do posicionamento do Supremo Tribunal Federal, e em alguns casos tenho tido algum êxito – se antagoniza com vários outros princípios, dentre os quais e, principalmente, o princípio do contraditório e da ampla defesa, que se projetam, conforme dispõe expressamente o art. 5º, LV, da Constituição Federal, não apenas sobre o processo judicial, mas também na seara do processo administrativo, com todos os meios e recursos inerentes à ampla defesa.

Nesse sentido, a imposição do recolhimento – na maioria dos casos, de um valor de 30% sobre o valor discutido –, parece-me que se trata de medida que, muitas vezes, impede, ou ao menos onera excessivamente e abusivamente, o acesso do contribuinte à segunda instância administrativa, sendo que o valor base para o recolhimento ainda está sendo discutido, não sendo, portanto, sequer um valor líquido.

PRESIDENTE DA MESA (PROF. JOSÉ EDUARDO SOARES DE MELO) – Muito bem. São inúmeras as questões e nós ainda temos 15 minutos. Eu acho que o grande momento realmente é atender à indagação de cada um.

Passo a palavra ao Prof. Lacombe.

PROF. AMÉRICO LACOMBE – São tantas perguntas... Vamos à primeira: "Na sua opinião, se deferida a medida liminar e, posteriormente, a sentença denega a segurança em mandado de segurança, é possível que uma vez conseguido o efeito suspensivo no recurso de apelação continuem valendo os efeitos da liminar primeiramente deferida?"

Se o juiz nega a segurança ele cassa a liminar. Se ele cassa a liminar, a liminar não existe mais. Não se pode suspender aquilo que não existe. Logo, se houve recurso, a meu ver aí cabe uma medida cautelar no tribunal, para ser concedida a liminar que foi cassada pela denegação da ordem.

"Qual a sua opinião acerca do não-cabimento do agravo de instrumento contra a decisão denegatória de liminar em mandado de segurança, alegado por alguns juizes do Tribunal Federal da 1ª Região?"

Tem uma Turma, apenas uma Turma da 1ª Região, pelo que estou informado, que pensa dessa forma. A meu ver não tem o menor sentido. Cabe, obviamente, o agravo de instrumento – e isso é aceito por quase todos os Tribunais Regionais Federais.

"O despacho do magistrado solicitando informações à autoridade impetrada para fins de apreciação do pedido de liminar equipara-se ao seu indeferimento para fins de interposição do agravo do instrumento?

Eu acho que sim, é evidente. Se ele não decidiu na hora... Eu já tive um caso em que eu consegui o efeito suspensivo no agravo, mas a juíza do tribunal apenas determinou que o juiz de primeiro grau decidisse, e não esperasse a contestação. Não eram informações, no caso era uma ação ordinária. O juiz decidiu, e aí concedeu a liminar.

"A concessão de medida liminar em mandado de segurança estaria sujeita ao reexame por intermédio do agravo de instrumento, ou a lei que regula o mandado de segurança prevê recurso próprio?"

Não, a lei não prevê nenhum recurso próprio. Há uma lei especial que permite ao presidente do tribunal suspender os efeitos da liminar, mas aí não é o problema do agravo de instrumento, os requisitos são outros. O presidente do tribunal pode suspender a liminar se houver lesão à economia, à administração, à ordem; enfim, aqueles requisitos dados pela lei.

No caso do agravo, ou mesmo de mandado de segurança contra o ato do juiz que denegou, o que se discute é a existência dos pressupostos. Havendo os pressupostos do *fumus boni iuris* e do *periculum in mora*, evidentemente o relator, no tribunal, dará a liminar que foi negada.

Aqui tem: "As medidas provisórias sucessivamente reeditadas são instrumentos adequados para instituir alteração de tributo?"

A meu ver não – isso aí é opinião pessoal, mas o Supremo tem aceito. A medida provisória não pode ser reeditada nunca, e por uma razão muito simples: se o Congresso não a apreciou, o Congresso está dizendo que não há urgência ou que não há relevância. E isso é que o Judiciário não tem ainda entendido. Pois se o Congresso precisa se reunir em cinco dias, caso ele esteja em recesso, para apreciar a medida provisória, e se ele em 30 não a aprecia, está nitidamente dizendo que essa matéria não é urgente. Por conseguinte, não poderia nunca haver reedição em medida provisória.

Agora, o Supremo aceita, e por conseguinte a segunda pergunta, os 90 dias referentes à MP 1.212/95, devem ser contados, a meu ver, da primeira, porque o Supremo tem aceito.

"Diante das Súmulas do Supremo Tribunal Federal, que vedam a compensação de tributos através de liminar em mandado de segurança, mesmo que presentes o *fumus boni iuris*, qual é a alternativa restante ao contribuinte para não ter o seu direito violado?"

Bom, este é um problema sério. Tem quase que reclamar, queixar-se ao bispo... (*Risos*)

"No caso de decisões dos tribunais que deferem efeito suspensivo a agravo contra decisão que defere ..." (*interrompe a leitura*)

Gilberto Moreira, eu acho, no caso, que poderia, sim, haver mandado de segurança contra ato do tribunal de segundo grau, por que não? Inclusive agravo regimental. Mas o agravo regimental é um recurso que, a gente pode dizer, não pegou. Dificilmente eu vejo um agravo regimental ser provido. Mas que cabe um mandado de segurança contra ato de relator, cabe – eu já impetrei um e obtive a liminar.

São essas as perguntas que me foram feitas.

PRESIDENTE DA MESA (PROF. JOSÉ EDUARDO SOARES DE MELO) – Tem a palavra o Dr. Marins. (As respostas do Prof. James Marins às questões apresentadas foram inseridas, para melhor compreensão da matéria, na sua exposição, acima.)

PRESIDENTE DA MESA (PROF. JOSÉ EDUARDO SOARES DE MELO) – Eu quero agradecer imenso aqui os brilhantes conferencistas que em tão curto espaço de tempo conseguiram transmitir precisas lições sobre a matéria. (*Palmas*)

MESA DE DEBATES "F"

O IMPOSTO DE RENDA E SUAS MODIFICAÇÕES

PRESIDENTE DA MESA (PROF. J. A. LIMA GONÇALVES) – Estão abertos os trabalhos. Compondo a Mesa, da minha direita para a esquerda, o Professor Paulo Ayres, o Professor Roberto Quiroga, o Professor Luciano Amaro e aqui à minha esquerda o Professor Heleno Taveira Torres.

Eu gostaria de, abrindo estas nossas discussões, levantar algumas preocupações a respeito dos projetos de leis, ordinária e complementar, enviados pelo Secretário da Receita Federal ao Congresso Nacional, mais especificamente ao Senado. Esses projetos contêm uma unidade de propósitos, razão pela qual entendo que podemos tratar dos dois em conjunto. O de lei ordinária prevê alterações a serem introduzidas, eventualmente aprovadas, no trato do IR; e o de lei complementar propõe uma série de alterações, para discussão no Legislativo, para modificação de várias normas integrantes do Código Tributário Nacional. Então, por exemplo, nesse conjunto de propostas nós temos uma alteração da definição, do conceito de renda, que está lá no CTN, como se isso fosse possível, como se a Constituição tivesse relegado o âmbito desse conceito ao CTN.

Sobre essa matéria, especificamente, teremos o prazer de ouvir as considerações do meu dileto amigo Professor Roberto Quiroga.

Existem outras fórmulas mágicas que essa proposta contempla para a consideração da existência de renda, em circunstâncias que envolvem o chamado preço de transferência, sobre o que teremos o prazer de ouvir as considerações do Professor Paulo Ayres.

Temos outras propostas normativas de adoção de ficções em matéria de IR, para evitar planejamento tributário, sobre o que discorrerá o Professor Torres em maior detalhe.

Temos propostas para alteração do tratamento normativo do sigilo de dados, aquele sobre o qual tivemos aqui o prazer de ouvir o Ministro Marco Aurélio manifestar-se, relembrando a todos nós que essa matéria é tratada na alteza de direito e garantia individual no texto constitucional, razão pela qual sequer poderia ser objeto de proposta de emenda constitucional, quanto menos de uma impertinente proposta de alteração de norma infraconstitucional, como essa do Secretário da Receita Federal. Existe uma série de tentativas de limitações ao âmbito de liberdade do Poder Judiciário na análise de questões tributárias. Essa questão será, certamente, tratada com a maestria habitual pelo Professor Natanael que vai estar com vocês em seguida.

Além destas posições estapafúrdias, temos uma tentativa de alteração do Código Tributário, especificamente do artigo 116, que pretende dar um ar de formalidade à chamada interpretação econômica, sobre a qual eu vou discorrer um pouquinho mais demoradamente.

Muito embora haja informação de que esses projetos não deverão caminhar tranqüilamente no Legislativo, cabe a nós, da comunidade jurídica, manifestar o nosso repúdio a todas essas iniciativas, que têm como espinha dorsal uma convicção das autoridades de plantão, hoje, no sentido de desprezar a Constituição Brasileira, no sentido de tratar a ação de tributar como se esse capítulo da ordem constitucional configurasse uma finalidade em si mesma. Todos sabemos que a ação tributária é uma ação instrumental, necessária para que o Estado possa atingir seus fins; porém ela não passa de um instrumento que deve ser eficazmente implementado e utilizado, dentro dos rígidos limites constitucionais.

Esta a razão pela qual entendemos que não existe poder incontrastável do Estado em matéria tributária, devendo ele ser exercido – esse chamado poder de tributar – dentro das balizas constitucionais que protegem o cidadão contra essa força tão terrível que é a ação de tributar, que é necessária, porém delimitada pelo texto da nossa Constituição.

Recordando o artigo 116 do CTN, uma das propostas desta remessa que o Secretário da Receita fez, de sugestão ao Legislativo, consiste na introdução de um parágrafo único a esse artigo 116. O art. 116, se vocês se recordam, diz o seguinte: "Salvo disposição de lei em contrário, considera-se ocorrido o fato gerador e existentes os seus efeitos: I – tratando-se de situação de fato, desde o momento em que se verifiquem as circunstâncias materiais necessárias a que produza os efeitos que normalmente lhe são próprios; II – tratando-se de situação jurídica, desde o momento em que esteja definitivamente constituída, nos termos de direito aplicável".

É óbvio e ordinário – o que qualquer pessoa que tenha noções rudimentares de teoria geral do direito deverá reconhecer – que esse artigo 116 é de uma total inutilidade – é mais uma das inutilidades que existem no Código Tributário –, porque ele simplesmente repete e pretende explicitar o conhecido fenômeno da imputação, da incidência da norma tributária. É óbvio que quando ocorrido no mundo fenomênico, aquele fato abstratamente descrito no antecedente da regra de tributação, deverá ser o conseqüente, com o nascimento da relação jurídico tributária. Esse artigo já é uma abundância extraordinária, que não faz sentido.

Porém, a proposta da Secretário da Receita pretende introduzir um parágrafo único a esse artigo 116, que se lê da seguinte maneira: "A autoridade administrativa poderá desconsiderar atos ou negócios jurídicos praticados com a finalidade de dissimular a ocorrência do fato gerador do tributo ou a natureza dos elementos constitutivos da obrigação tributária", e prossegue "...observados os procedimentos estabelecidos em lei", como se, com isso, estivesse nos dando alguma proteção.

É óbvio que o que está por trás dessa tentativa de criação de uma norma é a previsão de uma competência administrativa. Quando se diz "a autoridade administrativa poderá desconsiderar atos ou negócios" está se pretendendo criar uma regra de competência administrativa, para que o próprio funcionário da fiscalização possa considerar que um negócio jurídico privado esteja maculado de algum vício e que, portanto, esconde outro negócio, que na verdade seria o ato buscado pelos particulares, e com isso efetuar, praticar o ato de lançamento tributário, que, como ato administrativo que é, possui o atributo da presunção de legitimidade e de executoriedade.

Isto quer dizer que estaríamos deslocando o foro de análise dos negócios particulares – se nós aceitarmos essa nova proposta, tal como posta –, estaríamos deslocando o foro de análise para verificação da validade ou não de um negócio privado, que tem efeitos próprios, efeitos esses que serão, ou não, objeto de incidência da regra de tributação; estamos deslocando essa perquirição, essa verificação, da esfera judicial que lhe é própria para a esfera administrativa – como se o agente fiscal pudesse deliberar sobre a validade ou não dos atos privados.

Entendo que a tentativa de inserção de uma norma como essa no CTN é uma aberração, que ofende diversas previsões constitucionais, que temos no nosso sistema.

O sistema tributário nacional é, todo ele, construído a partir da Constituição Federal. Não existe – não canso de dizer isso! –, não existe no mundo paradigma que possa sequer de perto ser comparado com a exaustividade do trato da coisa tributária na Constituição Brasileira. Em nenhuma constituição do mundo a matéria, a ação de tributar, é disciplinada com a exaustividade, ou seja, de forma completa e acabada, como é na Constituição brasileira. Essa exaustividade, portanto, é uma nota típica da Constituição Federal brasileira. Ela não pode ser desprezada, porque é o que ela tem de peculiar, se comparada com outras constituições.

Então, o que acontece? Normalmente, é a importação de modelos de interpretação econômica do direito norte-americano, do direito alemão, do direito inglês etc. Mas nós temos de concluir que essa importação é absolutamente imprestável se não observar aquilo que o sistema normativo brasileiro tem de peculiar. E a peculiaridade básica, em matéria do sistema nacional tributário, é a exaustividade das disposições constitucionais. Essa exaustividade é atrelada a uma rigidez própria do texto constitucional, que não permite a alteração desse sistema de normas, se não pelo processo legislativo adequado, que é a emenda constitucional.

A partir dessas considerações nós vamos descendo do tópico da exaustividade para entender qual foi a disciplina da ação de tributar e encontramos um primeiro obstáculo ao exercício do chamado poder de tributar, que é o princípio da legalidade. Todos sabemos, para não perdermos tempo aqui – e eu tenho de dar o bom exemplo da observação do tempo – que a tipicidade está atrelada à estrita legalidade em matéria tributária. A tipicidade, no Direito brasileiro, a tipicidade em matéria tributária, consiste na circunstância de que todo antecedente, assim como todo conseqüente da regra de tributação devem, necessariamente estar validamente veiculados por meio de lei. Esta estrita legalidade, amarrada à tipicidade, configura um respeito que a Constituição Brasileira dispensa à representatividade do tributo, porque à medida que eu exijo a lei para a introdução de norma tributária, estou viabilizando a maior eficácia da representatividade do cidadão no Legislativo, o que tem uma função que não é formal. Esse postulado tem uma função material, que é a de viabilizar o consentimento à tributação. Na medida em que o meu representante no Legislativo produz aquela norma de tributação, como ele representa os meus interesses, manifesta uma vontade em meu nome, ele está implementando o meu consentimento ao tributo. Qualquer tentativa que escape deste esquema de representatividade que viabiliza o consentimento é vedada pela Constituição Federal brasileira.

E como é que a Constituição organizou o exercício da ação de tributar? Organizou a partir de uma repartição de competência tributária impositiva, na medida que nós temos mais de um ente político trabalhando e manifestando vontade legislativa no território brasileiro, coisa que não acontece nos Estados unitários. A Constituição repartiu a massa teórica dos signos presuntivos de riqueza, das manifestações de capacidade contributiva, e atribuiu, por meio de indicação de materialidade, uma parcela de signos presuntivos à União, uma parcela aos Estados e Distrito Federal e uma parcela aos Municípios.

Isto cria, no Brasil, o que se chama de uma tipicidade fechada, de um rol de materialidades que podem ser alcançados por meio da regra de tributação. É o famoso catálogo dos fatos tributáveis, razão pela qual, entendo eu, como a Constituição não deixou esta matéria em aberto, não existe uma tentativa de normatização globalizante, ou seja, não posso cogitar, logicamente, da existência de lacuna em matéria de atribuição de competência tributária impositiva a partir da Constituição Federal Brasileira.

Então, essa norma que, pretensamente, seria incluída no CTN procura desvirtuar, subverter a consideração das materialidades que podem vir a ser postas na essência das hipóteses de incidência, dos chamados fatos geradores dos tributos, porque a lei tem de descrever qual é o fato tributável e atribuir uma conseqüência típica, fechada, completa e acabada acerca da ocorrência desse fato, onde tenho o nascimento de uma relação jurídica tributária com perfeita previsibilidade, de tal forma que o particular possa se organizar nos seus negócios sabendo quais as materialidades que são passíveis de serem alcançadas pelas regras de tributação e, por decorrerem de disposição legal, já contam com o necessário consentimento dos particulares.

Esta lógica interna do subsistema constitucional tributário não pode ser desvirtuada por ato da administração, que vai considerar que houve a prática de um ato que corresponderia a uma dada materialidade, vai desconsiderar os efeitos desse ato para considerar que, na verdade, houve a produção, a prática de um outro ato que, eventualmente, corresponda a uma outra materialidade constitucionalmente mencionada.

Acho que não se pode, de forma nenhuma, concordar com uma disposição dessa natureza. Existe, é verdade, esse tipo de interpretação e de competência administrativa, nos chamados países da *Commonwealth*, onde não há esse catálogo geral, onde não há essa tipificação cerrada que existe no Direito brasileiro. Essa prática, que na *Commonwealth* se chama de *business purpose test,* é o instrumento de busca da intenção negocial das partes; porém esquecem-se, os que vão estudar isso no direito inglês e norte-americano, que a estrutura do Estado e a disciplina da ação de tributar na Inglaterra e nos Estados Unidos é completamente diversa da estrutura normativa que a ação de tributar recebeu da Constituição Brasileira, de forma exaustiva e rígida, onde nada que não esteja de acordo com essas disposições constitucionais poderá ser considerado como um ato validamente praticável.

É importante repetir que a intenção do agente é irrelevante. O que importa é a essência da materialidade, que surge dos efeitos do negócio privado validamente celebrado. Sempre que eu tiver um vício num negócio privado, um vício de consentimento ou de outra natureza, caso de simulação (que, diga-se de passagem, não se confunde com negócio empresarial indireto), deverá ser este vício apreciado, reconhecido eventualmente pelo Poder Judiciário, que desconstitui o negócio. Desconstituído o negócio viciado, o efeito do negócio que estava escondido por trás daquele negócio particular inválido, então, surge o negócio que na verdade teria sido praticado (desde que o Judiciário desconstitua previamente um negócio supostamente inválido).

Vocês estão percebendo que não é competência administrativa desconstituir, declarar inválido um negócio particular celebrado. Eu tenho de ter uma decisão que desconstitui um negócio jurídico para, então, identificar qual é o negócio jurídico que estava escondido por trás daquele primeiro negócio inválido, e, a partir dessa consideração, dessa declaração judicial, procurar os efeitos do negócio finalmente praticado para, sobre esses efeitos, fazer incidir a regra de tributação.

Aqui eu volto ao início das minhas considerações, porque o meu tempo já está terminando, para relembrar que a espinha dorsal, que o móvel, que a intenção que está por trás dessas propostas de alteração de normas tributárias é um só: o de desrespeitar a Constituição Federal. É o de fazer de conta que a Constituição Federal não existe. É o objetivo de supor que a ação de tributar pode ser tratada de forma inaugural no plano infraconstitucional. É o de supor que as materialidades estão delimitadas pelo CTN, o que é um inominável absurdo, na minha maneira de entender.

Esta soma de coisas, junto com outras iniciativas do tipo da criação dessas agências administrativas, sejam normativas ou executivas, que são um absurdo de importação do Direito norte-americano, que não consegue um mínimo de substância em face da legislação brasileira (que define a função administrativa como algo que está abaixo da lei, como algo que deve exigir lei prévia e válida para disciplinar a produção de ato administrativo, e assim por diante), tudo isso é um concerto de iniciativas do governo federal – que se você começa a juntar uma coisinha aqui, outra coisinha ali, percebe que, na verdade, o que está ocorrendo no País é a implantação do império de um determinado cavalheiro, assessorado por um certo tipo de secretário, que está transformando a necessidade de caixa na implantação de um novo sistema, sistema esse que contraria, desrespeita, despreza os postulados constitucionais mais básicos que estão em vigor no Brasil.

A comunidade jurídica tem de se rebelar contra esse estado de coisas. Temos de repor a conduta desses nobres funcionários públicos, que graças a Deus são as exceções, porque na maioria do funcionalismo você não encontra esse tipo de tentativa de agradar o imperador; temos de ficar revoltados contra esse estado de coisas para passarmos a ter um Estado onde exista uma lei que vincule o ato administrativo e que sejam, a lei e a prática do ato administrativo, submetidas à apreciação judicial. Caso contrário, temos esse imperador que vai produzir as normas que ele quiser, sem nenhuma vinculação de parâmetro, de contenção constitucional – e nós temos esse mesmo imperador dizendo que é o funcionário dele, de confiança dele, que vai dizer se a conduta do Estado está conforme ou não com a Constituição.

Não vamos esperar que por vontade própria esses funcionários do imperador passem a observar a Constituição. Vamos nós tomar as rédeas e levantar a bandeira de ter uma Constituição válida e eficaz no Brasil, para que um dia não precisemos ouvir um Ministro do Supremo vir dizer aqui, meio sem jeito, que infelizmente ele está sendo sempre voto vencido porque ele tem a preocupação de olhar para a Constituição, e verificar se os atos estão sendo praticados conforme a Constituição.

São estas as minhas considerações. Muito obrigado. (*Palmas*)

Vou passar a palavra, agora, ao Professor Paulo Ayres, que vai nos dar um pouquinho do seu brilhantismo, dos seus conhecimentos.

PROF. PAULO AYRES BARRETO – Prezado Presidente desta Mesa, Professor José Artur Lima Gonçalves; Professores Luciano Amaro, Roberto Quiroga e Heleno Torres. Foi com enorme satisfação que recebi o convite para compor esta mesa, no XIII Congresso Brasileiro de Direito Tributário, inegavelmente o encontro mais importante de profissionais que se dedicam ao estudo do Direito Tributário neste país.

Preços de transferência

Fui incumbido de falar-lhes sobre o tema "preços de transferência". Uma investigação de caráter científico sobre o tratamento jurídico aplicável aos preços de transferência no Brasil deve ser efetuada, como sempre adverte Paulo de Barros Carvalho, à luz de categorias da Teoria Geral do Direito, reconhecendo a supremacia do Texto Constitucional e dos valores nele insculpidos. Perquirimos, em última análise, a procedência ou improcedência de um ajuste na base de cálculo do imposto sobre a renda. Logo, insta considerar que:

a) a base de cálculo e a alíquota compõem o critério quantitativo da regra-matriz do imposto sobre a renda, norma jurídica em sentido estrito;

b) a referida norma deve guardar relação de pertinência com um sistema (S);

c) as normas jurídicas são construídas pelo intérprete a partir dos textos do Direito positivo;

d) existem, nesses textos, enunciados prescritivos dotados de forte carga axiológica, verdadeiros princípios norteadores dos processos de construção e produção das normas jurídicas, bem assim da exegese do sistema normativo;

e) o sistema tributário brasileiro é minudentemente traçado na Constituição Federal, ficando a atuação do legislador infraconstitucional pautada pelas balizas cravadas na Lei das leis.

Esse tema, embora tenha surgido no encerramento do ano de 1996, só agora tem sido objeto de uma aplicação mais efetiva. Registre-se que nas declarações de informações econômico-fiscais que serão entregues à Receita Federal a partir deste ano [1999], o contribuinte deve apresentar uma série de informações que dizem respeito ao controle dos preços de transferência.

O tratamento dessa matéria, no Brasil, tem sofrido os mesmos problemas a que se referia há pouco o Professor José Artur Lima Gonçalves, ou seja, a "importação" acrítica de uma série de mecanismos, de conceitos doutrinários e, até mesmo, de comandos normativos, que vigoram em outros ordenamentos jurídicos, mas que em nada e por nada se compaginam com o nosso. Há, efetivamente, farta doutrina sobre a matéria no Exterior. É de se reconhecer, também, que a temática dos preços de transferência vem sendo trabalhada de forma exaustiva, minudente, nos países desenvolvidos, há mais de 40 anos. Contudo, características peculiares do nosso sistema jurídico impõem uma atenção especial na absorção da experiência internacional.

O recurso ao Direito Comparado requer extremo cuidado. Neste sentido, é sempre atual a advertência de Geraldo Ataliba e Cleber Giardino: o recurso ao Direito Comparado é relevante para que identifiquemos os traços característicos do nosso sistema, as suas semelhanças em relação aos demais sistemas, suas diferenças, seus traços típicos, seus pontos originais. Ao fazer esse tipo de comparação, podemos melhor descrever o nosso sistema normativo.

Não é, todavia, o que se tem feito no exame dos preços de transferência. O que se tem visto é o cotejo do nosso sistema com outros sistemas normativos e – pasmem! – a elaboração de propostas de interpretação que propugnam pela aplicação de regras que não foram aqui positivadas. Retomando o exemplo dado ontem, pelo Professor Ricardo Guibourg, seria o mesmo que na partida de futebol a que ele se referia, disputada por 22 amigos, surgisse alguém com o propósito de apitar o jogo e que essa pessoa, ao conduzir a partida, utilizasse regras que são aplicáveis ao futebol e outras regras aplicáveis ao basquete. Teríamos um outro jogo que não se confundiria com o futebol ou com o basquete. A confusão de normas aplicáveis a sistemas distintos impediria a adequada compreensão de cada um desses sistemas individualmente considerados.

Feitas essas advertências, cuidemos de examinar o tratamento dado aos preços de transferência no nosso ordenamento jurídico. Embora, ao tratar da matéria na Lei 9.430/96, o legislador ordinário federal tenha iniciado a sua exposição de motivos fazendo referência expressa às normas que integram a Convenção-Modelo da OCDE, a sua "declaração de amor" a esse texto normativo, termina exatamente na exposição de motivos. Daí por diante, o que fez o legislador ordinário federal foi criar um sistema próprio, absolutamente distinto daquele vigente em outros países, notadamente nos países membros da OCDE. Defendo, assim, que as normas que regem a tributação sobre os preços de transferência no Brasil guardam sensíveis diferenças em relação aquelas que vigoram na maioria dos países membros da OCDE.

Em outros ordenamentos jurídicos, fortemente influenciados pela Convenção-Modelo da OCDE, há, claramente, uma eleição de critérios para que se apure a chamada transferência indireta de lucros, decorrentes dos preços de transferência pactuados entre partes vinculadas, em transações internacionais. Não há prefixação de margens de lucros, cerceamento das provas que possam ser apresentadas pelo contribuinte, delegação de competência para que o secretário da Receita Federal possa desqualificá-las e outras arbitrariedades desse jaez.

Não foi essa a tônica adotada pelo legislador ordinário federal. Ao regular a matéria aqui no Brasil, o legislador criou uma série de ficções e presunções, fazendo uso de margens de lucros prefixadas, restringindo, fortemente, a possibilidade de comprovação de inocorrência do lucro presumido. Olvidou-se de que, em matéria tributária, ficções e presunções precisam ser examinadas com extremo cuidado, exatamente em razão dos traços característicos que definem o nosso subsistema constitucional tributário.

Nos sistemas em que a Constituição limita-se a prescrever que, para a imposição tributária, basta a observância dos princípios da legalidade e da capacidade contributiva, talvez o tratamento dado à matéria pelo legislador brasileiro fosse adequado. Em nosso sistema normativo, todavia, as balizas são outras. Como já demonstraram com bastante vigor e com muita propriedade os Professores Luciano Amaro, Roberto Quiroga e José Artur Lima Gonçalves, o conceito de renda é pressuposto pela Constituição, é um conceito constitucional. Mais do que isso: em função dessa rígida discriminação de competência impositiva e pela "cláusula de fechamento" – expressão cunhada pelo Professor Marçal Justen Filho –, constante do artigo 154, inciso I, da Constituição Federal, mesmo que a União queira exercer a sua competência residual, terá de fazê-lo de forma a tributar fatos que não tenham a mesma base de cálculo, o mesmo fato gerador de outros impostos nela previstos, de forma não cumulativa e observando ainda o requisito formal da Lei Complementar. Não teria o menor sentido a Constituição ser minudente ao discorrer sobre as competências tributárias, estabelecendo, ainda, uma cláusula de fechamento (artigo 154, I, da CF) para, em seguida, permitir que o legislador infraconstitucional manipulasse a competência da forma que bem lhe aprouvesse.

Os métodos previstos na Lei 9.430, de 1996, visam a promover um ajuste à base de cálculo do imposto sobre a renda, sempre que, numa transação de cunho internacional, identificar-se um favorecimento, fixando o preço favorecido entre partes relacionadas. Dividem-se entre aqueles que prefixam as margens de lucro e aqueles que não as prefixam. Existem cinco métodos que preestabelecem, prefixam margens de lucros, sendo três aplicáveis às operações de exportação, e dois às operações de importação.

Os outros dois métodos, conquanto não preestabeleçam quaisquer margens, criam alguns parâmetros que, no meu entender, não buscam, efetivamente, identificar aquele preço que teria sido contratado numa operação entre partes não relacionadas, ou seja, o preço sem interferência, o preço normal. Por que isso? Nos termos em que positivada a sistemática na Lei 9.430/96, não se quer identificar qual era a condição de mercado naquele exato instante em que a empresa brasileira realiza uma operação de exportação e precisa decidir seu preço numa transação com uma parte relacionada. Esse sim, quero crer, seria o chamado preço sem favoritismo, para usar uma tradução da expressão "arm's length", do Professor Brandão Machado.

Mas o legislador ordinário federal introduziu regras diferentes para a aferição desse preço. Quer ele, primeiro, que seja calculado um preço médio. Toda média, é cediço, pode induzir ao erro. Vejamos o porquê.

Se estamos falando de um preço médio de operações praticadas no mercado entre partes não relacionadas, é forçoso reconhecer que nessa média existem preços que foram praticados por valores superiores à média de preços acordados e valores inferiores à mesma. Se assim não fosse, média nenhuma existiria. Trata-se de uma constatação puramente matemática. Vale dizer, partes não relacionadas, não vinculadas, acordaram os seus preços inferiores àquela média que se fixa na legislação brasileira para efeito de se verificar se há ou não uma transferência indireta de lucros. Portanto, se partes vinculadas fixaram o preço por razões de mercado, em montante inferior a média, porém nos mesmos termos em que partes não relacionadas contrataram, ainda assim o ajuste será necessário, distorcendo o conceito de renda.

Além dessa média existe referência a uma segunda média no texto legal, afastando o valor obtido ainda mais do conceito de preço normal. A apuração desse preço médio deve ser efetuada de acordo com o período de apuração do imposto sobre a renda. Formulemos um exemplo: uma *commodity* agrícola é exportada pelo preço de mil dólares por tonelada no primeiro semestre de um determinado ano e, por força de um fator climático qualquer, esse preço passa a ser de 2 mil dólares no segundo semestre. Realizando-se duas exportações no período (uma em cada semestre), tem-se um preço médio de 1.500 dólares. Se se comparar esse preço médio com a primeira operação, teremos, inequivocamente, uma transferência indireta de lucro para o Exterior, nos termos do direito posto. Já em relação a segunda operação inexistiria qualquer transferência de preço.

Ocorre que, ao exportar no primeiro semestre ao preço de mercado (US$ 1.000,00), o preço fixado não contemplava qualquer interferência ou favoritismo. Portanto, nenhum ajuste deveria advir.

Entendo, com isso, que, ao estabelecer esses mecanismos, o legislador se afastou da busca da identificação do chamado preço sem interferência para buscar a tributação de um lucro mínimo. Ao fazê-lo, inequivocamente, desbordou o conceito constitucionalmente pressuposto desse imposto. Violou os princípios da legalidade, da tipicidade cerrada e da capacidade contributiva.

Mas, dirão os senhores: como compaginar, então, a disciplina dos preços de transferência, que tem o nobre fim de evitar a elisão fiscal, com o nosso subsistema constitucional tributário? O tema ganha relevo quando se tem em conta que no atual contexto mundial o número de transações entre partes relacionadas é muito significativo.

Diz com toda a razão o Professor Souto Maior Borges que o estatuto do contribuinte não é um estatuto só do contribuinte: aos contribuintes, aquilo que é direito dos contribuintes; aos entes tributantes aqueles direitos que a Constituição lhes outorgou para o exercício de sua competência impositiva. Nessa conformidade, se à União foi outorgada competência para instituir imposto sobre a renda, é preciso permitir que ela exerça sua competência em situações especiais. Patente a extrema dificuldade de se controlar a atividade do particular, de verificar se há transferência indireta de lucros, se há manipulação de preços de forma a evitar o imposto sobre a renda no Brasil, é preciso criar mecanismos que permitam o exercício da competência tributária. Como fazê-lo sem afrontar o texto constitucional? É a questão que se põe.

Voltemos ao tema das presunções. Tenho como cediço que não se pode cogitar de incidência tributária com a utilização de ficções jurídicas, presunções absolutas ou mistas, para usar a classificação proposta por Becker, que digam com a obrigação tributária. Se a presunção parte de um fato conhecido para inferir um fato desconhecido, que provavelmente terá ocorrido, esse fato poderá ocorrer e poderá não ocorrer. Dizia o Professor Geraldo Ataliba: onde há fumaça há fogo, diz o adágio, ressumando sabedoria. Todos aqueles que já viram um dia a Esquadrilha da Fumaça sabem que por vezes onde há fumaça, há uma máquina que a produz. A partir de um mesmo índice, dois fatos distintos, com conseqüências radicalmente opostas. Em matéria tributária lidamos com princípios fundamentais, como os direitos de liberdade e propriedade. Daí porque o recurso às presunções, nessa matéria, em face das balizas que existem no nosso texto constitucional, requer extremo cuidado.

O legislador não pode fazer de modo indireto aquilo que lhe é vedado fazer de modo direto, como advertia Gilberto de Ulhoa Canto. Se o legislador não pode, diretamente, tributar o patrimônio das pessoas jurídicas, não poderá fazê-lo de modo indireto, por intermédio de presunções absolutas, mistas e de ficções. Admitimos, contudo, o recurso às presunções legais relativas exatamente naquelas situações excepcionais em que a atividade de controle, o exercício da fiscalização é extremamente difícil. Nos casos em que a União fica impedida de exercer a sua competência impositiva, em razão da posição privilegiada em que se encontra o contribuinte para se evadir da tributação, admitimos seja erigida presunção legal relativa. Algumas cautelas são, contudo, inafastáveis.

Assim, uma primeira análise a ser feita, diante de hipótese de presunção legal relativa, é se estão presentes os requisitos autorizativos de previsão normativa desse jaez.

Deve-se examinar, ainda, se existe nexo causal entre o fato conhecido e o desconhecido, de existência provável. Esses dois requisitos tomam a presunção legal relativa erigida ainda no plano geral e abstrato. Cuida-se da verificação de sua admissibilidade perante o sistema jurídico vigente. A par disso, para que se dê a percussão tributária, é imprescindível a ocorrência do fato presumido legalmente, de um lado, não logrando êxito o contribuinte na demonstração de sua inocorrência, de outro. É pleno o direito de o contribuinte demonstrar, no curso de procedimento administrativo – portanto, anteriormente ao ato administrativo de lançamento –, que existe prova refutadora da ocorrência do fato jurídico tributário.

É de rigor, ainda, que as provas necessárias à comprovação da inocorrência de tal fato: (i) possam ser produzidas anteriormente à constituição do fato jurídico tributário e, (ii) estejam ao alcance do contribuinte, possa ele delas dispor. Exigir, por hipótese, que essa comprovação dependa de documentos ou informações aos quais não tenha o contribuinte acesso, implica transformação da presunção legal de relativa em absoluta. Se nessas específicas circunstâncias admitimos as presunções legais relativas, repudiamos em quaisquer hipóteses as chamadas presunções legais absolutas e mistas.

As presunções legais relativas, em geral, são a conjugação de dois enunciados prescritivos: aquele que estabelece o fato presumido e aquele outro que admite a prova em contrário.

O Professor Paulo de Barros Carvalho, ao examinar o tema das isenções, ensinou-nos que não há velocidade na incidência de enunciados prescritivos. Vale dizer, eu não posso cuidar da percussão tributária tomando em conta, precipuamente, num primeiro momento, aquele enunciado prescritivo, que faz referência ao fato presumido, deixando para aplicar, num segundo momento, aquele outro, que faz referência à prova em contrário.

Nessa conformidade, entendemos que o tema do controle dos preços de transferência poderia ter sido tratado de forma absolutamente distinta, e até mais consentânea com o que sido tem feito em outros ordenamentos e outros sistemas normativos, se fixássemos os fatos presumidos, de um lado, admitindo, de outro lado, de forma plena, cabal, absoluta e irrestrita, a produção de toda e qualquer prova que pudesse infirmar aquele fato presumido. Não logrando êxito o contribuinte na produção de tal prova, dar-se-ia o ajuste. Demonstrada a inocorrência do fato presumido, por qualquer meio de prova em direito admitido, prevaleceria o preço pactuado entre as partes vinculadas.

Acredito que, nessa conformidade, haveria a observância plena do texto constitucional e nenhuma afronta àqueles princípios que a lei, da forma como posta, acabou por infringir.

Eram estas as considerações que tínhamos a fazer sobre o tema. Obrigado.

Presidente da Mesa (Prof. J. A. Lima Gonçalves) – Vamos agora ter o prazer de ouvir as colocações do Professor Roberto Quiroga.

Prof. Roberto Quiroga – Bom dia a todos.

Caro Professor José Arthur, na pessoa de quem eu cumprimento os demais integrantes da Mesa.

Introdução – Dos temas na área do Imposto de Renda, aquele que nós identificamos, talvez como oportuno de se falar nesta manhã, dando ao assunto um caráter de praticidade, é a sugestão do Secretário da Receita Federal, Dr. Everardo Maciel, de alteração de alguns dispositivos do CTN, em especial o artigo 43 do CTN.

Esse projeto traz uma nova redação ao artigo 43, acrescentando, por exemplo, além da palavra renda, algumas outras palavras ou alguns outros conceitos para a tributação desse fenômeno, receita e rendimento.

Dentro desse tema, eu gostaria, inicialmente, de expor um conceito genérico, uma noção genérica, ou quase um conceito unânime de *renda*, em termos constitucionais. A primeira idéia que se tem é que renda significa acréscimo de patrimônio. Ou seja, o termo *renda* tem como significação mínima ser o incremento de elementos patrimoniais, entendendo-se como elementos patrimoniais aquele conjunto de direitos reais e direitos de crédito que o cidadão ou a pessoa jurídica têm. Isto é, esta palavra *renda*, que o texto constitucional nos dá no artigo 153, apresenta uma significação mínima, que qualquer um de nós poderia identificar, qual seja: elementos patrimoniais que sofrem acréscimo, que têm um *plus*, uma mais-valia.

O segundo ponto importante, que praticamente é unânime dentro desse conceito mínimo de renda, é que para aferição dessa mais valia, desse incremento de elementos patrimoniais, há de se ter um termo inicial e um termo final, portanto, um delta, um prazo, um período de tempo. Se pudéssemos colher todas as noções que a doutrina e a jurisprudência já manifestaram acerca desse conceito, teríamos essas duas características fundamentais, que cobrem toda gama de opiniões, dentro da dogmática e da jurisprudência.

A partir dessa adequação de linguagem, para que possamos falar um pouquinho do projeto do Dr. Everardo, deve-se também ter uma noção clara de como o imposto de renda no Brasil evoluiu desde 1924.

Evolução do IR no Brasil – Se acompanharmos a evolução desse tributo, durante esse período, vamos verificar que foram introduzidos no sistema brasileiro vários métodos, vários instrumentos arrecadatórios por parte do legislador tributário, no sentido de melhor arrecadar o IR. Desde a sua introdução no Brasil até os dias de hoje, esse tributo sofreu modificações legislativas que tinham por intuito, por parte do legislador tributário, justamente viabilizar arrecadações em maior número e tentar impedir aquilo que é natural, pelo menos nos homens, a expropriação de patrimônio de forma obrigatória, que é a noção clássica de tributo.

Selecionei cinco metodologias que foram introduzidas, e que são de extrema relevância para se entender essa alteração pretendida pelo Dr. Everardo.

Sistema de Tributação na Fonte – A primeira metodologia que no Brasil se introduziu foi a proliferação do sistema de fonte. O sistema de fonte se mostrou muito bom para arrecadar e muito bom para impedir a sonegação. Dentro desse sistema, no qual se atribui a um terceiro um dever administrativo – reter o imposto –, e uma responsabilidade tributária – recolher aos cofres públicos o tributo –, existem dois subsistemas: o sistema de fonte definitivo – ou seja, quando eu pago o tributo uma vez e não pago mais nenhum complemento –, e aquele que é mera antecipação de algo que eu poderei pagar no final do período de apuração.

Esse é o primeiro sistema que se introduziu, que sofreu muitas críticas, mas que, hoje, é uma realidade e está totalmente proliferado na legislação brasileira.

Tributação das Rendas em Separado – A segunda metodologia, que nos últimos anos cresceu no Brasil, foi o sistema da segregação das rendas em rendimentos e de sua tributação. O que é isso? Nós tivemos, no passado – quem se recorda? –, na pessoa física (e isso eu aprendi com o meu professor Ormezindo Ribeiro de Paiva, que aqui está presente) o chamado imposto cedular. Eu não sou dessa época, mas pelo menos a estudei. Até 1988, tínhamos aquele sistema cedular, não sei se os senhores se recordam. Tínhamos as cédulas de A a H. Na cédula A jogávamos os juros, inclusive ganhos de capital financeiro; na cédula C, quem era assalariado, jogava aí seus rendimentos; a cédula D era para quem não tinha vínculo empregatício, os liberais; a cédula E, para os que viviam de aluguel; a cédula F, quem vivia de lucros e dividendos. Por fim, havia uma cédula comum, que era a cédula H, considerada uma vala comum de tributação.

Na verdade, era uma segregação das rendas por cédulas, e calculávamos os impostos por cédulas. Ao final, uniam-se todos os rendimentos e se tributava como um todo; mas inicialmente era cedular. Só que no passado existia o imposto cedular mesmo. A tributação era por origem de renda. Se você fosse um locador de imóveis, você tributava o seu imposto só com aquelas receitas de aluguel. Era o chamado imposto por categoria, por origem ou fonte da renda.

Hoje, no Brasil, temos a mesma realidade: a pessoa jurídica, por exemplo, paga imposto sobre lucro operacional, paga imposto segregado, apura sobre aplicações financeiras de renda fixa; paga o imposto sobre aplicações que faz em bolsa e também hoje existe a chamada segregação do lucro não-operacional. Se tenho um ganho de um imóvel do meu ativo permanente, temos regras no texto brasileiro que impedem a contaminação de lucro operacional com lucro não-operacional.

Na pessoa física, essa realidade é muito clara. Por exemplo, nosso 13º é tributado de forma segregada. Não se pode contaminar tal rendimento com outros – por exemplo, as nossas aplicações em banco. Todos os juros de um CDB são tributados exclusivamente a 20%. Se aplico em bolsa de valores, da mesma forma pagarei 10% de forma definitiva. Se vendo um imóvel, eu pago 15% sobre o ganho, e é um tributo separado. Eu não comunico esse imposto com o meu tributo do salário.

A cada dia que passa, o imposto sobre a renda passa a ser imposto sobre rendimentos e não sobre renda.

Tributação a alíquota fixa – Outro método que vem sendo aplicado, também, nestes últimos anos: a tributação do IR não num sistema progressivo e sim num sistema de alíquota fixa. Exemplo: quando eu vendo um imóvel e tenho um ganho, não há tabela progressiva: pago 15%. Quando eu, pessoa física, aplico num CDB, pago 20%. Não tem tabela progressiva. Tabela progressiva existe somente no caso de recolhimento mensal obrigatório, vulgarmente denominado Carnê-Leão e naquela declaração de ajuste que fazemos no final do ano, a CAO-complementação anual obrigatória.

Na pessoa jurídica, não. Na pessoa jurídica, temos uma progressividade – se se pode dizer que ela existe –, uma alíquota de 15% e depois uma alíquota de 10% para todo lucro que exceder 60 mil reais ou 20 mil reais/mês.

Hoje é um prática comum do legislador: em vez de se utilizar de uma tabela progressiva, usar alíquotas fixas, porque é muito mais fácil. E, normalmente, esses casos de alíquotas fixas, é quando não há sistema de fonte. É o auto-recolhimento. Então, quando vendo um imóvel, quem compra o meu imóvel não sabe por quanto eu o comprei. Então, o sistema de fonte fica prejudicado. O Fisco fala: você mesmo calcula. Ninguém vai duvidar de que justamente nesse sistema, em que não existe fonte e existe o auto-recolhimento, é onde há maior sonegação.

Compensação de prejuízos com limitações – O quarto sistema que foi introduzido nesses anos, justamente desnaturando o IR: a segregação de prejuízos, impossibilidade de compensação. Todos se recordam que o IR tinha aqueles quatro anos decadenciais de aproveitamento de prejuízos; depois mudou-se o sistema, passou a ser *ad infinitum* o aproveitamento e, depois, voltou-se a um outro sistema de aproveitamento *ad infinitum*, porém com limitação:

30% do lucro líquido, todo ano. Esse foi o quarto sistema da revolução do IR.

Tributação em bases estimadas – O quinto sistema que está se proliferando é o sistema de tributação em bases estimadas, o Simples, o presumido ou a tributação pelo lucro real em base estimada. Esse sistema mostrou ser um excelente sistema de arrecadação, de um aumento na arrecadação por parte do Estado, pelo qual ele acaba, pelo sistema estimado, estimulando os contribuintes a realizarem a sua tributação de forma facultativa, nesse sistema. O Simples, hoje, tem uma grande utilidade. As pessoas utilizam muito o Simples. No presumido, então, a arrecadação quase triplicou.

Estas são cinco realidades que eu selecionei, do imposto de renda, e, de uma certa forma, se fizermos uma análise delas, vamos ter a nítida impressão de que o IR não é um imposto sobre a renda, mas um imposto sobre rendimento. Existe uma coisa muito simples: o texto constitucional diz que o imposo de renda tem de ser progressivo. Onde está a progressividade, por exemplo, na tributação de CDB a 20%, alíquota fixa? De 15%, no ganho de capital na alienação de bens e direitos? Nos 10%, na tributação de bolsa? Onde está a progressividade nisso? Não tem progressividade. É uma alíquota. Então, acho que, literalmente, já vai de encontro ao texto constitucional.

Eu só estou dando uma demonstração de que, mesmo que eu não tenha analisado isso em termos técnicos, intuitivamente dá para perceber que o IR não tributa mais aquele acréscimo de patrimônio, num determinado prazo, que seria aquele conceito mínimo, e passa a tributar rendimentos, tipos de rendimentos.

Se isso é inconstitucional ou não, eu deixo para cada um avaliar, dentro daqueles critérios de progressividade, generalidade e universalidade.

Vamos entrar no tema: o que faz o projeto de lei apresentado pelo Secretário da Receita Federal? Ele justamente altera o quê? Altera o artigo 43 do CTN, que passaria a estar redigido da seguinte forma: o imposto sobre a renda e proventos de qualquer natureza tem como fato gerador a aquisição de disponibilidade econômica ou jurídica – e aí a novidade – de receita ou de rendimento, proveniente a qualquer título, do capital. Depois, diz: são fatos geradores os acréscimos patrimoniais de qualquer natureza. Aqui, muitos dirão: não mudou nada, porque ele fala que é acréscimo de patrimônio, e no *caput* ele coloca receita ou rendimento. O estranho é o que ele diz no § 2º: o imposto não incidirá sobre acréscimos patrimoniais, de que trata o § 1º, quando forem decorrentes de receita ou de rendimento sujeito à tributação nos termos do *caput*. Com esse § 2º, a impressão que eu tenho é que ele está querendo dizer o seguinte: além de tributar renda como acréscimo de patrimônio, vou poder ter dois novos tributos. Um tributo sobre a receita e um tributo sobre rendimento.

De certa forma, o que ele está fazendo aqui é consertar um problema. Se o que já existe é constitucional e perfeitamente lícito – ou seja: tributação na fonte, segregação de rendas, compensação de prejuízos, bases estimadas e tributação da renda fixa –, se essas cinco metodologias já são constitucionais dentro do sistema atual, não haveria necessidade de mudar o artigo 43.

A prova do afirmado acima comprova-se com a leitura do artigo 44. O artigo 44 altera a base de cálculo do IR. Ele diz: a base de cálculo é: 1) o valor da receita ou do rendimento; 2) o valor do acréscimo patrimonial.

É claro que, numa primeira leitura, o que me parece desse projeto de lei do CTN é que a intenção da administração tributária – e eu digo da administração porque foi projeto efetivamente declarado da administração tributária – foi no sentido de consertar eventuais ilegalidades que estão sendo perpetradas há anos e, talvez, alguns temas já estejam sendo discutidos judicialmente. Por exemplo: compensação de prejuízos já está na Justiça; tributação por alíquota fixa:

alguém já discutiu não pagar 15% sobre o ganho da venda de imóvel, porque não é progressivo? Alguns dirão: "ah! não me interessa porque se for para a tabela progressiva será 27,5%". Agora eu não estou discutindo valor, estou discutindo princípio. Se não existe norma é uma outra coisa, se a norma é mais onerosa, nesse momento, pouco importa. Não é verdade? Se a alíquota progressiva fosse 10%, talvez a Justiça Federal estivesse lotada de discussões nesse sentido.

Na minha visão preliminar desse projeto de lei, estar-se-ia criando tributos na competência residual da União de forma inconstitucional. Imposto sobre receita e imposto sobre o rendimento não é a mesma coisa que imposto sobre a renda. Imposto sobre a renda incide sobre acréscimo patrimonial, incremento de elementos patrimoniais em determinado período. Receita é conceito totalmente distinto – vide a discussão de Cofins, Finsocial etc. E rendimento também é um conceito totalmente diferente.

Se for criação de tributo na competência residual, seria constitucional? Primeiro requisito: lei complementar – OK, respeitou (se for aprovado). Tem fato gerador – me perdoem só o termo que utilizo – idêntico aos que já existem? Imposto sobre receita, há? O que existe é imposto sobre a renda. Existe contribuição sobre receita. Mas imposto, alguém conhece algum? Imposto sobre rendimentos, há? Literalmente, não, porque o que há é sobre renda, porque se for a mesma coisa, não é preciso usar duas palavras diferentes para a mesma coisa. Aparentemente não teria fato gerador idêntico.

Bases de cálculo idênticas? Renda tem um conceito, receita tem um conceito um pouco maior. Rendimento talvez esteja no meio termo. Vamos admitir que não tenha a mesma identidade, só por hipótese, porém são tributos nitidamente cumulativos. Portanto, inconstitucional.

É simples a discussão que se coloca. Muitas vezes não se dá importância a isso. Eu mesmo pensei muito, justamente, se haveria esse conceito mínimo de renda no texto constitucional. E, justamente, dessa angústia é que acabei fazendo um trabalho sobre esse tema, quando da pós-graduação.

Creio que existe uma mínima noção de renda, e a mínima noção de renda é de acréscimo de patrimônio, que se distingue totalmente do que é receita e distingue-se totalmente do que é rendimento. Particularmente, portanto, entendo esse projeto de lei como um projeto que talvez tente arrumar o passado, mas que talvez incorra em inconstitucionalidade manifesta, por ofensa aos ditames que regem a competência residual.

Eram estas as considerações que tinha a fazer e fico à disposição para as discussões. Obrigado. *(Palmas)*

PRESIDENTE DA MESA (PROF. J. ARTUR LIMA GONÇALVES) – Passo a palavra, agora, ao Professor Heleno Taveira Torres para as suas considerações.

PROF. HELENO TAVEIRA TORRES (*sem revisão do autor*) – Eminentes Professores presentes a esta Mesa, a quem cumprimento na pessoa do Professor Dr. José Artur Lima Gonçalves, Presidente da Mesa; minhas senhoras e meus senhores, muito boa tarde.

Infelizmente, eu já tenho de dizer boa tarde, diversamente dos meus antecessores. De certo que não tenho o mesmo brilho que eles, e muito menos do que me sucederá, mas tentarei, concorrendo com a fome de vocês, tecer algumas palavras a respeito do imposto sobre a renda, o princípio da renda mundial e o controle das operações elusivas. Com isto, ingressamos na grande problemática atual, que é posta pela Secretaria da Receita Federal. Em pronunciamento recente, no Senado, o nosso digníssimo Secretário dizia que todo planejamento tributário é lícito. De certo que os senhores já leram estudo do Professor Luciano da Silva Amaro e do Professor José Artur Lima Gonçalves, e, evidentemente, vão identificar a questão da licitude do planejamento tributário. Ora, o planejamento tributário é lícito ou é ilícito?

O planejamento tributário, em si mesmo, usando a distinção processo/produto, em realidade equivale a uma espécie de procedimento em favor da decisão privada. Uma espécie dessa natureza, que está exatamente trabalhando em favor da atuação preventiva do profissional do Direito Tributário, em realidade, tem a forma de um procedimento próprio, ou seja, de um processo específico, que não tem validade no âmbito da dogmática jurídica. Por isso não é lícito ou ilícito. O planejamento em si mesmo não é – nada mais, nada menos – do que um processo de organização, de interpretação do sistema de normas e de antecipação dos efeitos desse sistema à luz de uma determinada operação que o contribuinte queira realizar.

Desse modo, o planejamento, em si mesmo, não é um ato lícito ou ilícito que o Estado tenha de controlar. O Estado controlará as operações praticadas segundo aquelas informações ali coligidas, ou seja, o conteúdo de um planejamento tributário tanto pode ser lícito, quanto pode ser ilícito.

A finalidade de economizar tributos, alguns autores colocam como sendo o fundamento da elusão – ou da elisão tributária, como se usa dizer na doutrina brasileira. A economia tributária, meus senhores, está na evasão, está na elisão, está na inadimplência, está em qualquer ato pelo qual o contribuinte pretenda omitir-se perante o fisco, ou seja, omitir a sua capacidade contributiva.

Aqui, em todo o meu trabalho, em toda a minha exposição de hoje, eu quero dizer que estou pautado, plenamente, na Carta constitucional, no sentido de visualizar que a distribuição de competências impõe o dever de pagar tributo a todos os sujeitos vinculados aos respectivos fatos, cujas materialidades estejam antecipadamente previstas constitucionalmente.

Existe um dever constitucional de pagar tributo. E se nós temos o direito de ver respeitada a Constituição, no limite de uma capacidade contributiva efetiva, também não podemos abrir mão do direito de atribuir ao Fisco – aliás, não diria direito, mas dever do Fisco de buscar identificar a capacidade contributiva efetiva de cada contribuinte. De tal forma que a omissão de receita, a distribuição disfarçada de lucros etc., todos esses fenômenos vão implicar, efetivamente, uma atitude antiisonômica e ao Fisco cabe controlar efetivamente essas atitudes.

Não estarei aqui fazendo, desse modo, nenhum discurso contrário, portanto, aos direitos e liberdades que os contribuintes possuem de organizar os seus negócios da forma mais interessante, economicamente, possível. Exatamente porque a Constituição estabelece para o contribuinte o direito de realizar uma legítima economia de tributos; mas uma legítima economia de tributos não pode ser confundida nem com a elisão – mesmo tendo como finalidade a economia de tributos, reduzir ao mínimo o seu débito para com a fazenda pública –, não pode ser confundida, nem com a evasão, que implica a realização de atos ilícitos, mas também não pode ser confundido com a elusão tributária. E aqui ingressamos no velho cenário descrito como "zona cinzenta"; e o que, efetivamente, significa elusão tributária? Até onde estaremos dentro de uma legítima economia de tributos e onde começa essa possibilidade de desconsideração das atitudes dos contribuintes, justificada por uma espécie de elusão tributária, que não chega a se configurar numa atitude evasiva, mas nem por isso deixa de ser ilícito?

De tal forma que eu considero ilícitas tanto as atitudes evasivas – as atitudes comissivas ou omissivas do contribuinte, evasivas –, quanto aquelas elusivas.

Uso da expressão *elusão*, a despeito de uma tradição doutrinária brasileira de usar *elisão* porque eludir vem do latim *eludere*, que significa evitar, esquivar-se com destreza, furtar-se com habilidade ou astúcia ao poder ou à influência de outrem.

Elusivo é aquele que tenta escapulir, furtar-se. Nesse sentido também a doutrina italiana, particularmente Rafael Luqui, usa essa distinção quando faz a diferença entre a economia de imposto patológica e a economia de imposto fisiológica.

Eu não poderia jamais entender como usar o termo *elisão*, na medida em que ele significa ato ou efeito de suprimir, eliminar, e não se tem – no meu modo de ver, pelo menos – uma adequada aplicação.

Mas essa questão terminológica não interessa. O que importa é o que nós queremos representar com isso.

É certo que é pacífico que na nossa doutrina, por muito tempo, influenciados por Hensel, Professores como Rubens Gomes de Sousa, Alberto Xavier, que veio juntar-se a nós com a sua importante doutrina, Amílcar de Araújo Falcão, todos esses autores e mais recentemente Diva Malerbi, todos eles influenciados por Hensel, passaram a distinguir elisão de evasão pela simples identificação de um critério cronológico, ou seja: dada a ocorrência do fato jurídico tributário, teríamos a elisão como sendo aqueles atos que seriam realizados, praticados, antes do fato jurídico tributário, visando a uma economia de tributos; e a evasão como sendo aqueles atos praticados posteriormente à ocorrência do fato jurídico, como forma de afastar a exigibilidade do tributo.

No meu modo de ver, essa doutrina está equivocada de uma a outra extremidade. Tanto para evasão, quanto para elisão, é imprescindível a ocorrência do fato jurídico. Somente com a criação, com a constituição do negócio jurídico efetivo é que nós poderemos controlar se o negócio foi praticado de uma forma lícita ou ilícita. Só. A evasão tanto pode estar antes da ocorrência do fato jurídico tributário, quanto *a posteriori.* Isso não tem o menor sentido. O contribuinte tanto pode evadir o Fisco porque, simplesmente, não pretende pagar o tributo – e por isso não constitui, em linguagem competente, através de obrigações acessórias adequadas, a efetiva determinação da essência da materialidade tributável – ou posteriormente. E, da mesma forma, a elisão tributária ou a evasão só podem ser determinadas com a ocorrência do fato jurídico propriamente dito.

Esses autores encontram respaldo no artigo 113, § 1º, exatamente porque a obrigação surge com o fato gerador da obrigação tributária. Então, só podemos falar em evasão quando a obrigação já estiver constituída.

Não vou entrar – infelizmente, por falta de tempo – na demarcação de todo o percurso da gênese do sentido utilizado por esses autores. Mas os autores que mais se demoraram numa análise mais profunda desse tema visualizam a utilização do negócio indireto como a figura que permitiria uma elisão lícita, uma atitude lícita – de tal forma que se o contribuinte usasse um negócio indireto que lhe permitisse ingressar numa hipótese de não-incidência (porque está em uma norma de isenção, ou porque está, realmente, no âmbito da não-incidência; ou, de outro modo, porque no sistema temos duas situações que permitem ao contribuinte escolher aquela que lhe for mais favorável), então o negócio indireto seria plenamente lícito e tal escolha estaria dentro do âmbito da licitude plena.

Discordo totalmente dessa opinião, porque isso não resolve nada. Se o contribuinte vai para o âmbito de não incidência, realiza um negócio jurídico não sujeito à incidência tributária, ele está praticando um negócio permitido pelo sistema – porque o negócio jurídico é isento ou porque permite alternativas – e isso não diz respeito ao nosso tema. Esse é um falso problema ou, pelo menos, uma falsa atitude na resolução do mesmo.

Os critérios para distinguir a *elisão* da *elusão*, da legítima economia de tributos, não vamos encontrá-los na finalidade. A finalidade de economizar tributos, esta é garantida constitucionalmente, quando é garantido o direito de livre iniciativa, o direito de propriedade, enfim, todas as garantias voltadas para a prática dos negócios jurídicos identificadas no artigo 5º. Não estamos a discutir essa questão. E aí, no problema da finalidade, ingressa essa mal-versada interpretação econômica do Direito; e, de certo, tem a autoridade argumentativa de dizer que isso não se presta, efetivamente, a uma utilização, à utilidade, na interpretação jurídica. De certo que não interessa, e não deve ser aplicada – e o Professor José Lima Gonçalves lembrou isso muito bem.

Mas há outros elementos que nos permitirão diferençar precisamente a *elisão* da legítima economia de tributos – que está na atitude do contribuinte e nos meios adotados por esse contribuinte para realizar aquela finalidade, à qual eu me referia, qual seja a economia de tributos. Não a economia legítima de tributos, efetivamente, falando aqui em termos específicos, uma economia de tributos em geral. Se ela vai ser atendida por meios lícitos, dentro de atitudes omissivas ou comissivas adequadas, muito bem, então vamos determinar isso com base na leitura do sistema jurídico, à luz do texto constitucional; se realmente essas atitudes são aceitas, admitidas plenamente pela ordem jurídica como legítimas ou não. Da mesma forma, o modelo adotado para tanto.

Essa conduta do contribuinte, a intenção do contribuinte, não é tomada aqui como naquela acepção do *business purpose*, ou a finalidade negocial, a identificação necessária dentro da finalidade negocial. Aliás, eu distingo o seguinte: todo e qualquer autor que os senhores lerem a partir dos últimos três ou quatro anos, que enveredar por essa leitura distorcida do *business purpose*, dessa interpretação econômica, está andando contra toda a ordem doutrinária que está sendo posta atualmente. Os mais modernos doutrinadores alemães, franceses e espanhóis, também, porque a Espanha tem bons autores que tratam desse tema, estão todos vendo a falência clara desse princípio da prevalência da substância sobre a forma. Este é o mecanismo em falência plena, identificado não só na jurisprudência da Corte Constitucional alemã, como também na doutrina. O que interessa é a identificação da capacidade econômica do contribuinte, capacidade contributiva do sujeito passivo; isso é o que interessa: identificar e os critérios que definem a isonomia do sujeito passivo em relação ao Fisco e em relação aos demais.

Estes são os critérios constitucionais imprescindíveis para demarcar se, realmente, a atitude do contribuinte está sujeita, ou não, a um âmbito de economia de tributos ou de elisão tributária.

E quanto aos meios, também, não podemos dizer que todo e qualquer meio que visa a economizar tributos seja efetivamente ilícito – não! Mas, também, não podemos negar, quanto ao tema que tratou o Professor Paulo Aires Barreto, que um sujeito que vende uma mercadoria por 20% do valor de venda no mercado internacional esteja realizando uma atitude plenamente lícita. Está, sim. O preço é determinado, de certo, pela situação que se estabelece entre comprador e vendedor. Não estamos discutindo conceito de preço. Mas o preço entre pessoas vinculadas, exclusivamente voltado para o superfaturamento ou subfaturamento, com o objetivo de transferência de lucro de um país para outro – não se pode deixar o Fisco indefeso perante essa realidade. O controle de preço de transferência, no meu entender, antes de ser plenamente legítimo – ao contrário, infelizmente, do que pensa o Professor Paulo Aires Barreto, cuja opinião respeito profundamente –, mas entendo também, tranqüilamente, constitucional, desde que garantidos ao contribuinte todos os meios de prova e de defesa admitidos pelo sistema. Isto não pode ser afastado.

De tal forma que o objetivo é este.

Como o tempo é curto, enfim, passo direto para a segunda parte, pedindo a paciência dos senhores para mais três minutos.

Para resolver o problema da elisão tributária, os países vão se organizando, e nós também não estamos à deriva de tudo isso.

A preocupação da Receita Federal em relação ao problema internacional – ao planejamento tributário internacional, organização de negócios elusivos internacionalmente –, é muito grande e está, realmente, acompanhando o que todos os países têm feito. Não há nenhuma novidade nisso. O problema é como a Receita Federal pretende fazê-lo. E essa denúncia os Professores José Lima Gonçalves e Roberto Quiroga colocaram muito bem.

Mas eu gostaria de tocar em alguns pontos muito específicos, que eu reputo importantíssimos.

Primeiro: a listagem de países com tributação favorecida. No meu modo de ver, essas listagens só poderiam ser definidas por meio de lei e não por meio de atos declaratórios, atos administrativos de qualquer espécie. Todas essas atitudes que venham a ser tomadas em países de tributação favorecida, sem demonstrar o critério que está sendo utilizado para dizer que o país A, B, C ou D é um país com tributação favorecida, no meu modo de entender são inconstitucionais, porque vão de encontro ao artigo 4º da Constituição, na medida em que estamos tratando de países soberanos. Se é um paraíso fiscal ou não, não interessa. É um país soberano e, por direito das gentes, deve ser respeitado.

Segundo: a adoção do princípio da universalidade para tributar rendas, princípio da renda mundial, tributando a renda onde quer que ela seja produzida. Esse, também, é um mecanismo utilizado para conter a elusão internacional. Esse mecanismo foi criado em 1995, entrou em vigor em 1996, e permite que o Estado possa tributar a renda mundial, onde que quer que ela seja produzida. De maneira que qualquer rendimento produzido no Exterior é transportado para a base de cálculo interna.

Recentemente, a Medida Provisória 1.858, publicada em 29 de julho de 1999 (atual MP 2.037-19, de 28.6.2000, publicada no *DOU* de 29.6.2000), estende a cobrança da contribuição social sobre o lucro a essas questões. E o mesmo problema é: isto deve ser aplicado agora, de imediato, ou não? É claro que a disponibilidade do lucro não aparece de imediato. Ela precisa, também no período de apuração, estar submetida ao período. De tal forma que entendo que isso só teria sentido no próximo ano.

Afora essas, somente as medidas de controle de transferência que o Professor Paulo Ayres já tratou. Mas também há uma outra importantíssima, que diz respeito ao controle sobre despesas, apenas alguns serviços e salários – *royalties*, em alguns casos.

Essas são as técnicas que o Brasil tem adotado – e eu entendo que são sempre legítimas, desde que respeitem a Constituição e não agridam ao contribuinte com arbitrariedades na utilização desses mecanismos. Desse modo, diremos que poderíamos esperar um Fisco civilizado, que exige a constante colaboração dos contribuintes. Muito obrigado. (*Palmas*)

PRESIDENTE DA MESA (PROF. JOSÉ ARTUR LIMA GONÇALVES) – Tenho a honra de passar a palavra agora ao nosso querido Professor Luciano Amaro, que está aí para mostrar a veracidade da máxima *last but not least*, com todo o seu brilho. Por favor.

PROF. LUCIANO AMARO (*sem revisão do autor*) – Muito obrigado. Cumprimento os membros da Mesa e a todos os colegas presentes. O tema que vamos tratar é imposto de renda – Limites constitucionais.

Vamos tentar ver o que seria a conformação do imposto de renda, não o mínimo, mas o máximo, na Constituição, ou seja, qual é o campo sobre o qual pode atuar o legislador infraconstitucional – e aí eu incluo o legislador complementar – na definição do imposto de renda. Portanto, temos de partir de uma visão constitucional da previsão para que a União institua o imposto sobre rendas e proventos de qualquer natureza.

Feita essa análise, gostaria de, na seqüência, falar um pouco sobre um ou dois tópicos do projeto apresentado pelo Sr.

Secretário da Receita Federal, inclusive em relação ao art. 116 do CTN, que ganha uma prótese, com a previsão do que seria, aí, a norma geral antielisiva. E eu ousaria dizer – e vou precisar aqui de alguns escudos para me defender – que essa norma não é inconstitucional. Mas no fim diremos por quê. Estou anunciando isso para o fim porque certamente a pressão do estômago possa levar a uma evasão lícita dos presentes. (*Risos*)

O imposto de renda – todos os presentes conhecem o seu regime na Constituição, de modo que eu vou rapidissimamente relembrar que esse imposto, da competência da União, está sujeito aos princípios constitucionais gerais e também a alguns princípios que lhe são peculiares. Então, obviamente, a legalidade, a irretroatividade, a anterioridade, a igualdade, são princípios que moldam o campo da incidência dos impostos em geral, mas especificamente do imposto de renda também, que é o objeto da nossa análise. A capacidade contributiva, a igualdade, são preocupações das quais temos de tirar alguns desdobramentos, que são imperativos para o legislador infraconstitucional.

Em resumo, a Constituição definiu o perfil do imposto de renda, nos moldes, aliás, em que ele é recomendado pela ciência das finanças: é um imposto pessoal, portanto, personalizável, geral, universal, progressivo, pelo menos na medida do possível – não é, Dr. Quiroga? Mas o fato gerador do imposto de renda, embora não descrito na Constituição – quando ela diz "renda e proventos de qualquer natureza", ela, em princípio, está reportando-se às construções teóricas que definem renda e onde, basicamente, há duas vertentes:

A renda produto, a renda entendida como aquilo que é gerado por uma fonte permanente – e o exemplo da árvore é perfeito, porque a árvore produz frutos, eu colho o fruto, continuo com a árvore e a árvore continua produzindo frutos; eu tenho a minha força de trabalho, a minha força de trabalho produz frutos e eu continuo com a minha força de trabalho, que continua produzindo frutos.

A outra colocação teórica, da renda acréscimo, no sentido de que independentemente de eu ter uma fonte permanente de produção, independentemente de ter uma árvore que produza rendas, eu posso ter ganhos trazidos pelo vento, eu posso ter a sorte de ganhar na loteria, eu posso, enfim, ter outros acréscimos patrimoniais e, em razão desses outros acréscimos patrimoniais, ainda que não produzidos por uma fonte permanente de geração de renda, eles também seriam alcançáveis por esse tributo.

É óbvio que quando se fala em acréscimo patrimonial, ele supera a primeira colocação, porque o acréscimo patrimonial tanto pode decorrer de fatores não permanentes de geração de renda, como pode também decorrer de fatores permanentes de produção de renda. Então, a chamada teoria da renda acréscimo abrange, também, a renda produto. Noutras palavras, acréscimo de patrimônio seria um gênero, do qual a renda produzida por fonte permanente, a chamada renda produto, a renda fruto, seria uma espécie.

Quando a Constituição usa a expressão "renda e proventos de qualquer natureza", seguindo, aliás, uma tradição histórica do nosso Direito – porque a Emenda de 1965 até queria resumir o nome do tributo para "imposto de renda"; mas ficaram com medo que isso pudesse ser interpretado como uma diminuição possível do campo da incidência –, mas, até onde eu consigo enxergar, não vejo uma distinção clara que pudesse ser inferida do texto constitucional, onde renda estaria de um lado e os proventos de qualquer natureza estariam de outro lado. Mesmo porque qualquer análise que se faz das constituições, especialmente a de 1946, sob cuja égide foi editado o Código Tributário Nacional, não diz que proventos devam ser outra coisa em relação ao que seria o nosso conceito, codificado no CTN, de renda. Provento sempre foi usado na Constituição para designar ganhos de servidores ou ganhos de aposentados – e a Constituição nunca teve nenhuma preocupação em segregar "proventos" de "renda". Aliás, tudo me leva a crer que ela usa essas expressões – renda ou proventos de qualquer natureza – com alguma sinonímia, tanto assim que ao dar imunidades, ela define a imunidade do imposto sobre a renda e não teve a preocupação também de dizer que a imunidade abrange também proventos, não obstante ninguém tenha tido, ao que me consta, a pretensão de restringir a imunidade à renda e não aos proventos, segundo o conceito do Código – mesmo porque o Código não é o critério para que se interprete a Constituição, dado que ele é norma infraconstitucional.

O Código, de qualquer modo, no artigo 43, fez aquela salada. Achou que tinha de distinguir "renda" e "provento", e chamou "renda" ao produto do capital e trabalho, e chamou "provento" o resto, outros acréscimos patrimoniais, o que significa endossar a afirmação de que renda também seria um acréscimo patrimonial – mas restrito a capital e trabalho ou à combinação de ambos –, e os proventos seriam as outras coisas, os outros acréscimos patrimoniais que não os decorrentes de capital ou trabalho.

Essa distinção, um tanto ou quanto arbitrária, do Código, me parece, não prejudica em nada a contextura do imposto de renda na norma infraconstitucional; e também não me consta que tenha gerado maiores problemas o fato de o Código ter separado os acréscimos em duas caixinhas, uma para renda e outra para provento. Há, é claro, muita discussão sobre esses conceitos – coisas assim como se discute o que é a tal disponibilidade jurídica, disponibilidade econômica –, mas parece haver um conceito, independentemente dos rótulos que sejam dados (e às vezes os rótulos até se invertem: há dois célebres pareceres de Rubens Gomes de Sousa; num deles ele diz que a disponibilidade econômica é o dinheiro já ganho mas ainda não recebido e disponibilidade jurídica é o dinheiro já recebido; e no outro ele diz o contrário: que jurídico é aquele que já ganhei, mas não recebi e o econômico é o que tenho no bolso). De modo que não há muita importância também nessa discussão, mesmo porque jurídica ou econômica a disponibilidade seria igualmente tributável.

Aliás, essa nomenclatura é de todo inadequada, porque se nós estamos examinando a questão no plano jurídico, só podem se opor realidades, conceitos, institutos, qualificações jurídicas. Eu não posso opor o jurídico ao econômico porque eu estaria opondo conceitos, ciências diversas. Não há econômico que não seja jurídico e não há jurídico que não possa ter alguma implicação econômica. Quando se fala de "riqueza", a riqueza é obviamente econômica, do ponto de vista da ciência econômica, e obviamente é jurídica, quando encarada pelo Direito. Tanto é jurídico o fruto na árvore, que eu não colhi, quanto ele é econômico. Tanto é jurídico o dinheiro no meu bolso, quanto é econômico. De modo que essa distinção é totalmente inadequada.

Então, o fato gerador que se extrai da Constituição, em linhas gerais, teria esse conteúdo: é alguma coisa que se agrega ao meu patrimônio, independentemente de ter origem no capital, no trabalho, na combinação de ambos ou em alguma outra maneira de produção desse acréscimo. A própria invenção do tesouro é uma possibilidade de acréscimo patrimonial, em tese sujeita ao imposto de renda – e não me consta que o legislador tenha se preocupado com isso (mesmo porque só encontramos tesouro em histórias; eu nunca encontrei nenhum...). Mas, em tese, seria uma possibilidade.

A base de cálculo na Constituição parece-me, também, que é inferível a partir do próprio desenho do fato gerador. Se o fato gerador é o acréscimo de patrimônio, obviamente que a base de cálculo, pela sua inerência com o fato gerador, só pode ser o tamanho desse acréscimo de patrimônio. Não consigo imaginar que o fato gerador seja o acréscimo de patrimônio e a base de cálculo possa ser o tamanho da minha casa ou o tamanho do meu patrimônio precedente ou, sei lá, os meus belos olhos, ou coisas do gênero. Então, obviamente, a base de cálculo há de ser a medida da grandeza do fato gerador – e essa inerência é insuscetível de ser afetada por norma infraconstitucional, seja ela lei complementar, seja ela lei ordinária.

Detalhe importante, que foi lembrado pelo Quiroga, é o da periodicidade. Quando se fala em acréscimo de patrimônio, eu tenho de medir esse acréscimo ao longo de um período. Então, o período é também inerente à noção do imposto de renda. Aliás, é o período que permite implementar os princípios constitucionais. Não teria sentido tributar alguém que ganhou 10 mil num mês, diferentemente de outra pessoa que ganha 10 mil todo mês. Se eu olhar aquele indivíduo que ganhou 10 mil naquele mês e não ganhou nada no resto do ano e o outro que ganhou 10 mil ao longo do ano, é óbvio que o tratamento daqueles 10 mil tem de ser diferente.

Alguém que tenha tido 10 mil de renda, mas teve uma despesa de hospitalização de 9 mil está numa situação diferente do outro que ganhou 10 mil de renda e teve a sorte de não precisar ir ao hospital.

Essas situações, que personalizam o tributo, levam, necessariamente, à idéia de que o tributo deve ser apurado, a não ser em situações excepcionais – e aí essa excepcionalidade deve ser dosada –, devendo levar em conta o período como um pressuposto para a aplicação dos princípios. Esse período, também, os estudos doutrinários mostram que não pode ser muito longo e nem muito curto, também, porque um período muito curto prejudicaria a personalização do tributo, que é uma preocupação elevada em nível de princípio constitucional.

Isso nos leva a uma outra questão: a fonte. Será que a fonte é constitucional? Houve já neste Congresso, em edições anteriores, algumas discussões que chegaram ao limite de dizer que a fonte é inconstitucional – que a fonte é instantânea, e se é instantânea não consegue ver a cara do contribuinte, a não ser, muito especificamente, algumas poucas peculiaridades, mas não consegue medir todos os elementos que seriam necessários para a personalização do tributo. Então, a fonte seria inconstitucional.

Não podemos, talvez, chegar a esse extremo, porque a Constituição, depois do artigo 156, cuida, em várias disposições, do imposto de renda na fonte. Então, não consigo imaginar que a fonte possa ser inconstitucional, se a própria Constituição regula situações – especialmente no capítulo da partilha do produto da arrecadação, em que ela se refere, especificamente, ao imposto de renda na fonte. Agora, o que se extrai dos princípios constitucionais é que a fonte, em regra, tem de ser um mecanismo de antecipação.

Não se poderia imaginar que todos nós simplesmente pagássemos imposto na fonte e ponto-final, porque isso despersonalizaria o tributo e agrediria os princípios da capacidade contributiva, da isonomia e assim por diante. Ou seja, fonte exclusiva, só como exceção, não como regra.

Ainda como desdobramento importante para análise do projeto do Dr. Everardo, há uma questão, que decorre também desses pressupostos constitucionais, qual seja a da dedutibilidade necessária de despesas ou de custos, enfim. Não é concebível, por exemplo, que eu pudesse ser obrigado a pagar imposto de renda porque vendi um apartamento por 200 mil reais, que me custou 200 mil reais. Então, é óbvio que o custo tem de ser computado porque eu não tive acréscimo de patrimônio; troquei um imóvel de 100 por 100, então não ganhei nada, não tive renda em nenhum dos conceitos, nem no de renda produto, nem no de renda acréscimo. É óbvio que não se pode ignorar os custos ou as despesas necessárias à percepção de renda. Aliás, despesa necessária é um conceito clássico na legislação do imposto de renda, tanto na física, quanto na jurídica, embora com uma rotulação um tanto ou quanto distinta. Tanto que em 1995 – quando saiu aquela famosa Lei 9.249 (de 26.12.95), que diz: "as despesas são indedutíveis, apesar de serem necessárias" –, todo mundo levou um susto: mas o que é isso, agora? Então, o imposto de renda virou um imposto sobre receita? Não, depois foi explicado que não era bem isso, que na verdade só não podiam ser deduzidas as despesas que não fossem necessárias. Ou seja, as despesas que fossem necessárias, podiam. Aí, saiu uma IN para dizer: são necessárias as seguintes despesas, essas e essas; e não são necessárias aquelas e aquelas outras.

Na verdade, o que essa lei pretendeu não foi, obviamente, desnaturar o imposto de renda. Foi, apenas, dizer que as despesas desnecessárias não podiam ser deduzidas, o que, aliás, já existia na legislação anterior. Mas isso entra dentro de uma preocupação freqüente das autoridades fiscais, no sentido de acharem que problemas de sonegação se resolvem com edição de leis novas. Os *fringe benefits* são exemplo clássico disso. *Fringe benefits* já foram tributados por lei, por parecer normativo, por "entrevista normativa" e por uma série de outras situações: "olha, é tributado". "Eu sei que é tributado". Então, ponha fiscalização para verificar onde é que estão essas formas evasivas, porque, evidentemente, se há alguma despesa que não é necessária à atividade da empresa, ela não poderia entrar como um fator que reduzisse a base de cálculo de um tributo.

Se bem que também precisamos ter um certo cuidado nessa análise de despesas necessárias, porque não pode o legislador dizer, por exemplo, que uma doação feita para uma entidades séria, honesta, de fins altruístas, seja indedutível. Meu Deus!, se a empresa tem função social, se todos nós somos movidos, não pela lei, mas pela nossa natureza humana, a impulsos de solidariedade, dizer que fazer uma doação altruísta é desnecessário é agredir não só pressupostos legais da empresa, que numa medida não menor são aplicáveis também à pessoa física, como é agredir o próprio sentimento de solidariedade, que deve presidir a nossa vida em sociedade. De modo que doações para entidades altruístas são necessárias, sim, já para implementar a função social da empresa, já para implementar outros princípios dos mais excelsos.

De modo que não se pode, com tesoura em despesas, amputar-se aquilo que seria o fato gerador e a base de cálculo legitimamente dedutíveis da Constituição, a partir dos pressupostos constitucionais a que já nos referimos.

Isso, eu disse, tanto na pessoa jurídica, quanto na física. Na física, é claro, há uma outra contextura. Na jurídica é fácil dizer o que é despesa necessária. Na física são despesas necessárias a alimentação, a educação, o vestuário, cuidar das crianças etc. Tudo isso, na física, é mais difícil de ser tratado; mas existem técnicas amplamente tratadas no Direito Comparado, e também no direito brasileiro, onde, através do mínimo vital já se procura atender (o problema é o tamanho do mínimo vital, não é?) a essas despesas. Através da dedução específica para despesas de hospitalização, com médicos, também se procura personalizar o tributo de um lado e, por outro lado, se procura atender ao conceito de renda no sentido de que ela é acréscimo, e o acréscimo não pode ignorar as despesas necessárias à manutenção da fonte produtora da lide. Então, se eu tenho de cuidar da minha saúde, é óbvio que se eu não cuidar eu não tenho renda. Portanto, o cuidado com a minha saúde é uma despesa necessária à percepção da renda – e ele não pode ser ignorado pelo legislador.

Em conclusão – antes de falarmos agora, para encerrar, do projeto do Dr. Everardo –, o legislador infraconstitucional, tanto no nível da lei complementar, como no nível da lei ordinária, não é livre para definir o fato gerador do imposto de renda e nem, obviamente, a base de cálculo, que tem uma inerência inafastável com o fato gerador.

Vamos, então, ao projeto do Everardo.

O projeto talvez tenha uma vantagem, que é eliminar essa discussão sobre o que sejam proventos de qualquer natureza, porque o imposto de renda e proventos de qualquer natureza passa a ter como fato gerador a aquisição de renda e de rendimento, mas é fato gerador, também, o acréscimo patrimonial de qualquer natureza. Portanto, aquilo que não seja receita e nem rendimento também é fato gerador. O legislador teve o cuidado de dizer que o imposto não incide sobre os acréscimos patrimoniais de qualquer natureza, que resultem de receita, ou seja: se eu tributar a receita e, apesar disso, tiver um acréscimo patrimonial, eu não vou pagar duas vezes. Eu pago uma só. Agora, se a receita não gerar acréscimo patrimonial, infere-se, ela seria igualmente tributada, apesar de não ter acréscimo patrimonial, o que, aí sim, arrebenta com toda a construção teórica do conceito de renda.

Eu não teria o trabalho, nem talvez merecesse gastar tanta vela com mau defunto, para dizer que esta competência, talvez, se inserisse no artigo 154, na competência residual. Primeiro porque um mínimo de vigor formal temos de esperar do legislador. Eu não posso amanhã validar uma lei ordinária inconstitucional a pretexto de que ela foi aprovada pela unanimidade do Congresso Nacional. Se ela é inconstitucional, é inconstitucional apesar de ter sido aprovada pela unanimidade do Congresso Nacional. Ele que fizesse uma emenda, seguindo o ritual da emenda e aí, então, sim, ele poderia, talvez, ver modificada a Constituição.

Mas se formos tentar salvar isto na linha da competência residual, primeiro falta não só a lei complementar, como falta a lei. Porque isto aqui é uma lei complementar de normas gerais. Não é a lei de incidência. Portanto, não é esta a lei que cumpre a exigência do artigo 154. Precisaria ser editada uma lei complementar, no uso da competência outorgada pelo artigo 154 e aí, então, essa lei complementar de incidência, e não de normas gerais, criaria esse tal imposto dentro da competência residual – que, de qualquer modo, já pelo cheiro, ele tem toda a cara de um imposto cumulativo e, obviamente, já bateria na trave – apesar de ser complementar – do artigo 154.

Isso para não entrar em discussões sobre se não estariam feridos os demais pressupostos do artigo 154 – que é o tributar receita de um prestador de serviço, em que estarei invadindo, com segurança, com certeza, área de incidência do ISS; se for um comerciante, possivelmente estarei cobrando imposto de renda sobre a receita que embasa a incidência do ICMS.

O artigo 44 do CTN é mera decorrência disso, ao falar que a base de cálculo é receita. Por que a receita não pode ser tributada? A receita não pode ser tributada porque a receita não é renda. Renda é o acréscimo patrimonial, ou produto ou outras formas de produção de acréscimo patrimonial. E a receita, se empatar com a despesa, ou se superior ou inferior à despesa, obviamente não pode ser fato gerador do imposto e renda e nem dar a base de cálculo desse imposto, se eu não tiver um acréscimo de patrimônio resultante da receita.

O curioso é que confessadamente, na exposição de motivos, a receita foi posta aqui como uma maneira de viabilizar a cobrança de um imposto de renda mínimo, vale dizer, cobrança de imposto de quem tem prejuízo, ou de quem tem lucro zero – o que dá uma trombada de frente com o princípio da capacidade contributiva, da isonomia. Aliás, trata igualmente os desiguais, porque quem sonega pagaria o imposto de renda mínimo. Quem faz planejamento tributário lícito também pagaria o imposto de renda mínimo calculado sobre a receita. Quem é incompetente e tem prejuízo, por incompetência, paga o mesmo imposto mínimo e quem tem azar, e por isso não tem lucro, paga imposto de renda mínimo também. Então, o sonegador, o azarado, o planejador esperto e o incompetente, todos são tratados igualmente, e todos pagarão o mesmo imposto de renda, apesar de não terem renda, se tiverem receita.

Para concluir, o art. 116.

O artigo 116, meu caríssimo amigo Heleno, recoloca a velha discussão do critério distintivo entre evasão e elisão, entre economia e evasão ilícita de tributo. Eu concordo com o Heleno em que é indispensável que haja um fato jurídico para que possamos discutir sobre evasão ou elisão. Agora, há de haver um fato jurídico, mas não um fato jurídico gerador, porque se o fato jurídico for gerador, Inês é morta, tudo o que se fizer é esconder o fato, porque ele já aconteceu e se ele já aconteceu, a obrigação tributária já nasceu. Tudo aquilo que eu conseguir fazer para evitar o fato gerador, não para evitar o fato, mas o fato gerador, se eu evitar o fato gerador, economizei tributo, sim. Agora, para evitar eu só posso fazer coisas antes. Depois do fato ocorrido não dá mais para evitar o fato a não ser que embarquemos nos processos de transporte no tempo – de volta para o futuro ou de volta para o passado, ou exterminador do futuro, sei lá – se eu pudesse voltar ao passado para refazer a história. Como não dá para refazer a história. Se eu pratiquei o fato gerador, Inês é morta. Se eu ainda não pratiquei, ainda tenho alguma chance.

Agora, a análise poderá ser posterior nos dois casos. Se da análise que se fizer, concluir-se que o fato não foi gerador, eu não tenho tributo nenhum, porque consegui economizar o tributo. Se o fato efetivamente ocorrido foi gerador, tudo o que eu tiver feito depois foi simplesmente sonegação, simplesmente modos, práticas, para esconder do conhecimento do Fisco a ocorrência do fato gerador.

O artigo 116, então, concluindo, diz apenas o seguinte (uma candura romântica): "a autoridade administrativa pode considerar atos ou negócios jurídicos praticados com a finalidade de dissimular a ocorrência do fato gerador do tributo", ou seja, tudo aquilo que eu fizer para esconder o fato gerador do tributo pode ser desconsiderado. Qual a novidade disso? Não inovou nada! Em vez do fato gerador, tributou a natureza dos elementos constitutivos da obrigação tributária, que é a mesma coisa. Obrigação tributária nasce com o fato gerador. A materialidade do fato é a que dá a materialidade da obrigação. A base de cálculo, idem.

O fato gerador e a obrigação tributária são as coisas mais parecidas que existem.

De modo que, se ocorrido o fato gerador, eu fizer cinco, dez papéis, notas falsas, documentos falsos, contabilização irregular, meia nota, recebimento por fora, sei lá o quê, eu estarei praticando atos jurídicos, emissão de documento etc., para esconder o fato gerador. Mas isso já existe hoje, não é novidade nenhuma!

De modo que este dispositivo, como está, não me parece que esteja nem questionando a intenção, nem introduzindo a interpretação econômica, nem coisa nenhuma. É mais uma lei dizendo apenas que a fiscalização tem de fiscalizar e verificar se o contribuinte, por alguma forma, escondeu, dissimulou a ocorrência do fato gerador, que se nasceu, nasceu mesmo, gerou obrigação tributária. O problema, portanto, é de fiscalização e não, *data venia*, de, interpretação econômica.

Desculpem se excedi uns minutos. (*Palmas*)

PRESIDENTE DA MESA (PROFESSOR JOSÉ ARTUR LIMA GONÇALVES) – Em respeito ao horário de vocês almoçarem, não estaremos respondendo às perguntas. Os professores aos quais as perguntas foram dirigidas estarão à disposição dos senhores.

Eu gostaria de relembrar a programação da tarde, durante a qual teremos o Plenário dos Trabalhos e Resoluções, que costuma ser, tradicionalmente, o momento mais interessante e divertido destes encontros. Em seguida teremos a mesa de debates G – Processo Administrativo Tributário, que merece a atenção de todos os senhores. Finalmente, às 17h teremos a palestra do nosso querido Professor Souto Maior Borges, com toda aquela graça, simpatia e simplicidade pessoal, que propõe, refuta e faz com que todos nós meditemos a respeito dos temas. Por favor, eu gostaria de contar com a presença de todos neste último período de atividades que teremos no Congresso, com o encerramento por parte do Professor Doin Vieira.

Muito obrigado. (*Palmas*)

MESA DE DEBATES "G"

PROCESSO ADMINISTRATIVO TRIBUTÁRIO

PRESIDENTE DA MESA (PROF. ESTEVÃO HORVATH) – Infelizmente nós não temos tempo para alargar um intervalo que na verdade nem seria feito neste momento. Então temos que começar logo, porque já levamos um atraso considerável. Compõem esta Mesa sobre Processo Administrativo Tributário a Profa. Anna Emília Cordelli Alves, o Prof. Eugênio Doin Vieira, o Prof. José Eduardo Soares de Melo e o Prof. Natanael Martins.

Sem maiores delongas, passo a palavra à Profa. Anna Emília Cordelli Alves.

PROFA. ANNA EMÍLIA CORDELLI ALVES – Gostaria de saudar os colegas integrantes desta Mesa na pessoa do Dr. Estevão Horvath e, igualmente, saudar os colegas congressistas, passando rapidamente, então, à análise do nosso tema, que é Procedimento Administrativo Tributário.

Eu vou fazer uma análise da Medida Provisória 1.863, de 27 de agosto de 1999, que na verdade já é uma reedição da Medida Provisória 1.770 e já foi reeditada novamente, se não me engano, agora no dia 27 de setembro – portanto, há dois dias .

Essa medida provisória deu nova redação aos artigos 33 e 43 do Decreto 70.235, de 1972. Esse decreto regulamenta o procedimento administrativo da União relativo à determinação e exigência de créditos tributários. Esse Decreto 70.235/72 foi editado por delegação ainda de um Decreto-lei de 1969, de n. 822. Estamos, pois, diante de uma previsão de medida provisória que altera decreto ainda editado com base num decreto-lei, no momento em que o Congresso se encontrava fechado. Então essa legislação é de pronto rechaçada por todos nós.

Com relação a essa Medida Provisória 1.863, que nós vamos analisar, há uma ADIn (Ação Direta de Inconstitucionalidade) de n. 1.976, cujo relator é o Ministro Moreira Alves, que foi requerida pela Confederação Nacional da Indústria. A CNI requereu uma liminar visando a suspender a eficácia do § 2º do art. 3º, que diz respeito à necessidade de depósito do valor mínimo de 30% da exigência fiscal, que seja definida na decisão administrativa de primeira instância, para que o recurso possa subir ao Conselho de Contribuintes.

Vale dizer, só poderá haver recurso do contribuinte à segunda instância administrativa, ao Conselho de Contribuintes, se depositados 30% da exigência fiscal definida na decisão de primeira instância. Então, vamos analisar essa exigência à luz do processo, da regulamentação constitucional do procedimento administrativo tributário.

Nessa ADIn foram proferidos votos dos Ministros Moreira Alves, Nelson Jobim e Maurício Corrêa, indeferindo a liminar, e o julgamento foi adiado. Essa notícia eu colhi na *Internet* no dia 24 de setembro de 1999, mais precisamente às 18h55. Enfim, é disso que nós temos notícia em relação a essa ADIn. Para quem sustenta a constitucionalidade dessa alteração do Decreto 70.235, um dos fundamentos é o seguinte: é possível essa exigência de depósito administrativo na medida em que o contribuinte terá sempre à sua disposição o Poder Judiciário – então ele poderá reclamar junto ao Judiciário.

Constata-se que o tema colocado à discussão desta Mesa vem a calhar, porque é preciso ter presente a importância do processo administrativo-tributário; e, mais, da importância dada ao Processo Administrativo Tributário em matéria constitucional.

Vamos analisar, então, o regime jurídico aplicável ao procedimento administrativo-tributário: quando nós temos a ocorrência do fato imponível, que dá nascimento à obrigação tributária e, conseqüentemente, ao crédito tributário – ainda que com eficácia reduzida, uma eficácia mínima, que só se terá sua exigibilidade na verdade consagrada por ocasião do lançamento –, nós temos três fases de concreção da obrigação tributária: temos num primeiro momento a edição e a notícia do lançamento; temos uma eventual discussão administrativa quando o contribuinte não concorda com o lançamento, mediante a formulação de uma impugnação e eventualmente, até, uma discussão judicial.

Essa segunda fase, a fase de discussão administrativa, via impugnação, tem sido considerada como necessariamente contenciosa. Citando Misabel Derzi, ela entende que notificado o lançamento, e não pago o tributo, nós teremos a necessária formação de um título extrajudicial, com a inscrição na dívida ativa, ou seja, um título executivo.

A Profa. Misabel, então, cita o Prof. Ronaldo Cunha Lopes, que demonstra o seguinte: quando nós temos um título executivo firmado entre particulares – por exemplo, no caso de emissão de uma nota promissória – temos um acertamento entre os dois, entre credor e devedor, que na verdade configura um acerto de vontades. Já no lançamento tributário, que é um ato unilateral, não há uma concordância – muito pelo contrário – entre sujeito passivo e sujeito ativo.

Então, a impugnação em matéria tributária atuaria como uma técnica de substituição do consenso; ou seja, aquele consenso, que existe entre os particulares, na formação de título executivo, e não existe na formação do título da dívida ativa; ou seja, uma forma de o contribuinte atuar na apuração desse título extrajudicial. É, por outro lado, o controle do ato do lançamento, controle da legalidade, feito pela Administração no ato do lançamento.

Se por um lado o contencioso administrativo é um direito constitucional do sujeito passivo, por outro lado é um poder-dever do Fisco. Por que é um poder-dever do Fisco? Porque é dever, assim como é poder do Fisco, controlar a legalidade através de um procedimento administrativo.

Qual é o regime constitucional do Processo Administrativo Tributário? Na Constituição de 1946 e 1967 a jurisdição era tida como jurisdição una, sem previsão nenhuma do contencioso. Com a Emenda Constitucional n. 1 de 1969, que vigorou até outubro de 1988, o art. 153, § 4º, possibilitava ao legislador condicionar o ingresso em juízo ao prévio esgotamento da esfera administrativa, com duas condições: não exigência de garantia de instância e o prazo de 180 dias para que a autoridade administrativa decidisse a respeito.

Portanto, a decisão administrativa poderia, inclusive, superar a própria primeira instância judicial, porque havia uma previsão na Emenda Constitucional n. 1/69 de um recurso dirigido ao então Tribunal Federal de Recursos, para discutir aquela decisão administrativa prévia, estando, também, o Tribunal Federal de Recursos proibido de retornar à fase probatória.

Vejam, então, que foi um avanço em termos de previsão de contencioso, em que se garantia o direito de defesa ao contribuinte – não só pela não exigência de instância, mas também pelo prazo militando contra a Fazenda, no sentido de que ela tinha que se manifestar no máximo em 180 dias, após o que o contribuinte estaria liberado para ingressar em juízo.

A Constituição de 1988 deixou de prever o contencioso. Ela não fala nada a respeito do contencioso. Mas, a meu ver, o art. 5º, inciso XXXV, quando trata da lesão de direito individual ou mera ameaça – como foi colocado hoje nesta Mesa, pela manhã –, a mera ameaça de lesão já possibilita o ingresso no Judiciário; parece-me que, muito embora não tenha sido mencionado o contencioso, a Constituição, indiretamente, atribuiu um caráter litigioso ao procedimento administrativo, ao prever que aos litigantes em processo judicial administrativo – ainda de acordo com o art. 5º – serão assegurados todos os meios de defesa e recursos a ela inerentes.

Vejam que a Constituição fala em litigantes em processo judicial e processo administrativo. Então, mais do que prever o contencioso ela deu ao procedimento administrativo-tributário um caráter litigioso, mesmo.

É à luz desta previsão constitucional que nós temos, na verdade, de analisar o Decreto 70.235, quando vincula, portanto, a esfera recursal do Conselho de Contribuintes ao depósito dos 30%.

Veja-se que esse decreto vai na contramão da norma constitucional, porque se na Emenda Constitucional de 1969, na verdade, nós tínhamos uma garantia de ampla defesa, e mais, um prazo que militava contra a Fazenda e a favor do contribuinte, nesse Decreto nós temos exatamente o contrário.

Por quê? Porque o art. 33, § 2º, diz: "Em qualquer caso o recurso voluntário somente terá seguimento se o recorrente o instruir com prova de depósito (...)". Então, é exatamente o contrário do que estava previsto na Emenda Constitucional n. 1.

Por outro lado, o § 4º do art. 43 do mesmo decreto diz o seguinte: "Na hipótese de ter sido efetuado o depósito, ocorrendo a posterior propositura de ação judicial contra a exigência, a autoridade administrativa transferirá para conta à ordem do juiz da causa, mediante requisição deste, os valores depositados, que poderão ser complementados para efeito de suspensão da exigibilidade do crédito tributário".

E mais: o decreto prevê um prazo, após a decisão final no processo administrativo fiscal, para que o valor depositado para fins de seguimento do recurso voluntário seja devolvido ao depositante, se a decisão for favorável, e convertido em renda, devidamente deduzido do valor da exigência, caso a decisão seja contrária ao sujeito passivo, e esse não tenha interposto ação judicial contra a exigência no prazo previsto pela legislação.

Enquanto na Emenda 1/69 havia o estabelecimento de um prazo de 180 dias contra a inércia da Administração, o decreto, na contramão inclusive da previsão litigiosa, hoje, do contencioso administrativo, impõe um prazo contra o contribuinte. Então, na verdade, isso é muito sério, porque nós temos um decreto fundado num ato de exceção de 1969, emanado na porta do ano 2000, por um governo que se diz social-democrata.

Então, isso tudo nos deixa numa situação muito difícil.

Portanto, conclui-se diante dessas previsões constitucionais referentes ao procedimento administrativo tributário, que muitos autores chamam corretamente, dado seu caráter litigioso, de Processo Administrativo Tributário, que a MP 1.863 não está adequada aos estatutos constitucionais, posto que a Magna Carta garante o verdadeiro Processo Administrativo Tributário, e isso não está acontecendo.

Para finalizar, que sugestões, então, nós podemos dar para que tenhamos, sistematicamente, um verdadeiro Processo Administrativo Tributário?

Em primeiro lugar, deve haver um aproveitamento do processo administrativo no plano judicial, a fim de que se evite desgaste inútil tanto do aparelho estatal administrativo quanto do aparelho judicial. Quer dizer: não é possível termos na verdade dois procedimentos – o administrativo e o judicial – correndo paralelamente, sem que um auxilie o outro. Isto é absolutamente absurdo, no final de 1999.

Outra coisa: muito se tem falado em reforma do Judiciário, esquecendo-se porém que a instância administrativa, se corretamente utilizada, vai cumprir, necessariamente, um papel importantíssimo no sentido de desafogar os Tribunais. Inclusive a atuação conexa entre ambas as esferas, aproveitando-se, no Judiciário, um processo administrativo, também viria auxiliar, e muito, a administração, agilizando e aprimorando a Justiça.

É verdade que é preciso ter uma estrutura séria, confiável, com segunda instância paritária, com liberdade – porque nós teremos, reunidos numa mesma relação jurídica, o Estado enquanto parte, o Estado enquanto legislador, e o Estado enquanto Fisco, enquanto órgão arrecadador.

Quem faz um estudo muito interessante sobre isso é o Prof. James Marins, que esteve hoje aqui, e que, ao se manifestar sobre essa sistematização do processo tributário, chama a atenção para o fato de que o Direito Processual Civil tem enxergado as relações jurídicas de forma míope, exclusivamente voltado para a solução da lide civil, atualizando o tratamento jurídico das lides individuais e coletivas, mas se esquecendo de tratar um sem-número de relações litigiosas que se estabelecem entre o Estado e o cidadão, mais particularmente entre o Fisco e o contribuinte.

Essa necessidade de sistematização já havia sido notada e apontada na década de 30 por Carnelutti, quando ele dizia que, ao processo tributário, caberia a disciplina da grandiosa tarefa de superar o tipo de confronto em que surge, quase que paradoxalmente, o Estado como autor do comando legal e o Estado tido como titular do interesse em conflito e, portanto, como destinatário do mesmíssimo comando.

No Brasil, na década de 40 Rubens Gomes de Souza já sustentava a harmonização entre o processo administrativo e o judicial tributários. E, na década de 70, o nosso querido mestre Geraldo Ataliba, como que antevendo a atual crise, se preocupava com o assunto. Dizia que se todas as divergências fossem submetidas ao Poder Judiciário, este submergeria sob o peso de um acúmulo insuportável de questões para julgar. E, além disso, tardariam muito as soluções, em detrimento das partes envolvidas. Propunha, assim, o nosso saudoso mestre, que se criassem organismos e sistemas para reduzir o número de causas instauradas perante o Poder Judiciário.

Vejam que, na verdade, nada mais atual do que coisas que começaram a ser ditas na década de 30, que foram ditas pelo Prof. Geraldo na década de 70, e que até hoje nós não aprimoramos.

Em nível de sugestão para a sistematização do processo administrativo temos de lembrar que passa pelo prestígio dos princípios da liberdade e propriedade, através da garantia do devido processo legal, que, de acordo com o Prof. Nelson Neri, é caracterizado pelo trinômio vida, liberdade e propriedade; são esses três pés que, na verdade, caracterizam, segundo Nelson Neri, o devido processo legal.

Na verdade onde é que está o desafio? A disciplina do Direito Processual Tributário deve respeitar dois valores erigidos como princípios constitucionais: de um lado os direitos e garantias individuais do contribuinte, e de outro lado o interesse público tutelado pelo Estado – e que, muitas vezes, o problema se coloca todo aí. Quer dizer: o que prevalece? O interesse público prevalece sobre o interesse particular, por isso a supremacia da Administração em relação ao particular?

Essa questão é, também, abordada pelo Prof. Marins, que assim se manifesta: assim deve o Direito Tributário Processual, o Direito Tributário formal prever mecanismos que assegurem o atendimento do interesse público tutelado pelo Fisco, sem deixar de resguardar igualmente os direitos e garantias individuais outorgados ao contribuinte. Não é lícito ao Estado pretender impingir derrotas ao direito subjetivo individual do cidadão contribuinte, sob o pálio da defesa do interesse público ou bem comum.

E – apenas, agora para concluir, que meu tempo já está mais do que esgotado –, a proposta de como conciliar esses dois valores – de um lado o interesse público e de outro os direitos e garantias individuais –, decorre de um estudo aprofundado do Prof. Marco Aurélio Greco no seu livro *Planejamento Fiscal – Interpretação da Lei Tributária*. Ele diz o seguinte: a composição de conflitos concretos num Estado Democrático de Direito que é o Brasil, só se dá mediante a reunião de valores do chamado Estado de Direito, de um lado, onde nós colocamos os direitos e garantias individuais, e os valores do Estado Social (dentre os quais o interesse público tutelado pelo Estado), naquilo em que eles não se contradigam. Eles têm de se harmonizar; um não exclui o outro – eles têm de conviver, posto que esse equilíbrio é fundamental.

Mas nós esbarramos num problema: o conflito no Brasil – diz Marco Aurélio Greco – entre o Direito Administrativo e o Direito Constitucional. Enquanto o Direito Constitucional decorre de uma experiência americana, em que o Estado era produto do homem e que os valores individuais são anteriores ao próprio Estado, o nosso Direito Administrativo tem origem no Direito Administrativo europeu, o que importa dizer que as democracias européias surgiram a partir do conflito dos interesses individuais com a autoridade absoluta do rei, quer dizer: exatamente ao contrário da América, posto que o Estado europeu existe antes do indivíduo. E, assim também, no nosso Direito Administrativo, enquanto que no nosso Direito Constitucional o Estado só existe em função do indivíduo. Por isso é que, muitas vezes, não se consegue definir como realizar esta composição entre direitos e garantias individuais, de um lado, e de outro lado a tutela do interesse público. Quer dizer, o desafio é o equilíbrio entre esses dois princípios que necessariamente devem ser observados. Obrigada. (*Palmas*)

PRESIDENTE DA MESA (PROF. ESTEVÃO HORVATH) – Muito obrigado à Profa. Anna Emília.

Passo a palavra agora ao Prof. Eugênio Doin Vieira, para as suas considerações.

PROF. EUGÊNIO DOIN VIEIRA (*sem revisão do autor*) – Boa noite, caríssimos colegas. Esse nosso segmento do trabalho, numa dissincronia injustificável, foi colocado depois das conclusões do Plenário e antecede a conferência do Prof. Souto Maior Borges, que deveria realizar-se dentro de 20 minutos. De forma que, ao apreciar o tema – eu sou apenas um dos quatro expositores –, ao invés de discorrer sobre ele, comentando, eu vou mais levantar questões, dúvidas e proposições, para que os colegas meditem a respeito. E desdobrando, dando seguimento ao quanto foi exposto – e muito bem exposto – pela Profa. Anna Emília.

Em verdade, nós, que vivemos o problema do Processo Administrativo Tributário, principalmente como advogados de contribuintes, temos, até agora, ou até há bem pouco tempo, praticado sem teoria, vivido a prática com a internalização da teoria, como falou ontem o Prof. Guibourg.

Nunca nos debruçamos para examinar com cuidado, com atenção e cautela, as premissas do Processo Administrativo Tributário, como hoje se faz, como tema relevante, atual e necessário. Por isso mesmo nós vemos as imperfeições que ele apresenta ainda hoje, resultado que são de concessões legislativas normativas feitas pelo Poder Público.

Hoje nós temos a Constituição – e já foi mencionado – que, no art. 5º, inciso LV, dá garantias aos litigantes – e ressalta bem: em processo judicial ou administrativo –, assegurado o contraditório e a ampla defesa, com os meios e recursos a ela inerentes. De forma que a ampla defesa é fundamental.

A legislação a respeito tem sido toda ela de ordem federal. No entanto, evidentemente Estados e Distrito Federal também têm competência para legislar a respeito do Processo Administrativo Tributário, à vista do que expõe o art. 24 da Constituição, que diz: "Compete à União, aos Estados e ao Distrito Federal legislar concorrentemente sobre: I – Direito Tributário" etc.; e "XI – procedimentos em matéria processual".

Portanto, os Estados e o Distrito Federal têm tributos próprios sobre os quais legislam e, necessariamente, sobre eles também fazem disposições normativas de caráter tributário.

E os Municípios que não estão mencionados? Diz o art. 30 da Constituição que: I

– compete aos Municípios legislar sobre assuntos de seu interesse; II – suplementar a legislação federal e estadual no que couber.

Portanto, é evidente que também aos Municípios que têm órgãos legislativos próprios, cabe estabelecer normas sobre o Processo Administrativo Tributário Municipal.

As disposições atualmente vigentes foram as mencionadas, do Decreto 70.235, com as modificações recentemente introduzidas.

Feitas essas preliminares, nós colocaremos, então, as questões a serem repensadas pelos colegas congressistas, nesse curto espaço de tempo que vai do dia de hoje até o próximo congresso.

Em primeiro lugar: é constitucional o depósito recursal obrigatório de 30%?

Há muito a dizer a respeito. A Profa. Anna Emília já disse bastante, e parece-me que a tendência da alta cúpula do Poder Judiciário é admitir essa constitucionalidade – o que bastante nos preocupa, evidentemente, porque, por toda evidência, fere frontalmente o direito de ampla defesa. Não tem direito de ampla defesa aquele que é atingido por um lançamento arbitrário e elevadíssimo e é obrigado a depositar, previamente, 30% para poder discutir esse lançamento.

Segunda questão: compete aos tribunais administrativos tributários o controle de constitucionalidade da lei? Essa questão já foi apreciada, inclusive no congresso passado, por poder absoluto ...(*defeito no microfone durante esta intervenção*)... a respeito, e a tendência dos mais modernos estudiosos é no sentido de que, sim, ainda que a constitucionalidade da lei seja tema de reserva do Poder Judiciário, através do Supremo Tribunal Federal, ao julgador que tem o mínimo de autonomia – senão julgador não seria –, cabe apreciar a aplicação da norma ao caso concreto, e que poderá, então, dizer que, àquele caso, aquela norma não se aplica para modificar ou extinguir direitos. Ele não declara a inconstitucionalidade da lei, mas a inaplicabilidade ao caso.

O primeiro Conselho de Contribuintes, inclusive com manifestação liderada por voto de relator do colega Adelmo Martins da Silva, congressista aqui presente, decidiu no sentido de que cabia ao Conselho esse tipo de apreciação da constitucionalidade da lei, uma vez que não poderia, como órgão julgador, ser obrigado a aplicar uma norma que entendesse inconstitucional. Esta decisão teve seguidores e teve também adversários; e o tema, ainda hoje, penso eu, não está pacificado. Fica portanto à apreciação dos colegas, que apreciarão também, naturalmente, o que é procedimento do processo administrativo, o que é processo da discussão litigiosa, dentro dos mais modernos conceitos.

A terceira questão, já quase valorativa: são parciais ou imparciais os tribunais administrativos tributários na sua estrutura, no seu processo decisório e na sua tomada de decisões?

Os Tribunais de Impostos e Taxas, os Conselhos de Contribuintes, a Câmara Superior de Recursos Fiscais, as Delegacias Regionais de Julgamento da Receita Federal, as Delegacias da Receita Federal de Julgamento, esses organismos, pela sua constituição e natureza, têm condições de serem imparciais?

É um tema para o qual, inclusive, eu preferiria, oportunamente, ouvir a opinião do Prof. Natanael Martins, que integra um desses Conselhos, e que é um estudioso desses assuntos.

Nós, com essas considerações que visam mais a despertar o interesse dos colegas para o tema – tema, repito, atualíssimo, e que está a merecer estudos que levarão, sem dúvida nenhuma, muito em breve, a uma reformulação completa da sistemática dos tribunais administrativos tributários e do trâmite do litígio, tanto administrativo quanto judicial – com essas considerações, procurando despertar o interesse e a atenção dos colegas, e rendendo homenagem aos que ainda necessitam fazer suas exposições e ao conferencista que virá a seguir, encerramos a nossa exposição. (*Palmas*)

PRESIDENTE DA MESA (PROF. ESTEVÃO HORVATH) – Agradecendo a participação do Prof. Eugênio Doin Vieira, passo a palavra ao Dr. Natanael Martins.

PROF. NATANAEL MARTINS (*sem revisão do autor*) – Boa tarde, senhores.

Indo direto ao tema provocado pelo Prof. Eugênio Doin: de fato, no último Conselho a questão do controle de constitucionalidade ou do cotejo da lei em face da Constituição é matéria controvertida. O Adelmo, então Conselheiro na 8ª Câmara, em voto brilhante, entendeu que o Conselho não só podia como devia apreciar a constitucionalidade, e o fez.

Posteriormente, essa mesma 8ª Câmara, em outras decisões, algumas das quais da lavra do Prof. José Antônio Pimentel, aqui presente, entendeu que o Conselho de Contribuintes não tem competência para a apreciação a argüição de inconstitucionalidade da lei. A matéria, de fato, foi muito controvertida.

O que me parece, aceitando a tendência – a qual eu até acolho – de que o Conselho de Contribuintes, de fato, em face do mandamento de que o contraditório e a ampla defesa devem ser apreciados tanto no âmbito administrativo quanto no judiciário, em se aceitando a idéia de que o Conselho não só pode como deve fazê-lo, eu tenho que admitir, como conseqüência dessa premissa, a revisibilidade da decisão do Conselho de Contribuintes.

Neste caso específico especial, a decisão do Conselho de Contribuintes não poderia ser terminativa, porque não se trata, aqui, de julgar a mera legalidade do ato praticado pela Administração Pública, de se saber se aquele fato se subsume à norma de incidência. O Conselho está dizendo que sim, de fato, dada a hipótese, se subsume a hipótese à lei – mas esta lei não se compadece com a Constituição.

Como fica se, posteriormente, o Supremo, no controle final de constitucionalidade, venha a declarar a constitucionalidade da norma, como o fez no caso da Cofins? A Fazenda Pública não teria recurso algum? Não me parece; me parece que, aceitando-se a premissa de que o Conselho deve apreciar a argüição de inconstitucionalidade, então esta decisão específica seria revisível pelo Poder Judiciário. Ou então nós teríamos de admitir que o tribunal administrativo, neste caso, nesta espécie, seria um órgão de exceção.

Quanto à parcialidade ou imparcialidade, ele tem que ter a visão que se tenha: o órgão é paritário – metade dos membros são representantes dos contribuintes, metade representantes da Fazenda Pública –, sendo que no empate – a Câmara é de número par – o julgamento cabe ao Presidente da Câmara, que é um representante da Fazenda Pública.

Se formos analisar simplesmente pela quantidade de votos, então não haveria imparcialidade do órgão. Agora, se se examinar no contexto de que o Tribunal não está jungido aos atos da Administração, então eu diria que ele é um órgão imparcial e as próprias decisões que são espelhadas diariamente no *Diário Oficial da União* talvez estejam aí a demonstrar. No que me diz respeito, como representante dos contribuintes, eu o vejo como um órgão imparcial, tanto que no empate, não raro, o presidente desempata em favor do contribuinte, como pode ocorrer de forma diversa.

Mas eu queria tratar, rapidamente, do problema da compensação no âmbito da Administração e do Processo Administrativo Tributário. Por quê? Porque a compensação, uma a meu ver das mais notáveis conquistas do cidadão contribuinte, num primeiro, momento não se insere dentro de uma categoria de algo litigioso. Na compensação, assim como na restituição, na retificação de declaração, no pedido de isenção, no pedido de inscrição no Simples, o contribuinte perante a Administração está praticando um mero ato, e a Administração um mero procedimento, que pode culminar num ato administrativo. Sendo deferido o pleito do contribuinte se encerra a matéria administrativa adversária e o contribuinte sai satisfeito. Havendo o indeferimento do pleito do contribuinte, aí, sim, se inauguraria uma fase litigiosa, quando, então, todo um arcabouço foi construído para garantia dos direitos do cidadão contribuinte.

Então, o instituto da compensação – versado inicialmente na Lei 8.383 e posteriormente na Lei 9.430 –, não obstante essas leis que trouxeram o instituto da compensação, em si mesmas, não prevejam como é que deve se proceder, como é que deve ser o ritual do contribuinte perante a Fazenda Pública, atos normativos se seguiram e dão todo um arcabouço em defesa ao contribuinte. Primeiro, a compensação de tributos ou contribuições de mesma espécie independem do prévio requerimento do contribuinte perante a Administração Pública. Deve o contribuinte, isto sim, se ele vê que está efetivando a compensação de um crédito com um débito, espelhá-la na sua contabilidade, e essa contabilidade faz prova a seu favor. Por que você não recolheu aquele dado tributo? Porque compensei com um tributo de mesma espécie – eis aqui os lançamentos contábeis. A Administração então fará o crivo de razoabilidade do ato do contribuinte. Não concordando, e negando a compensação feita, instaurar-se-ia o litígio.

Em se tratando de tributos ou contribuições de espécies diversas, o contribuinte depende não da prévia autorização, mas de prévios procedimentos perante a Administração, procedimentos esses consistentes na protocolização de certos documentos na delegacia titular do crédito.

E havendo a negativa, o contribuinte fica desamparado? Não! Havendo a negativa há a possibilidade de instauração da fase litigiosa. O contribuinte, então, tem o direito de impugnar, de recorrer daquela decisão denegatória da compensação que ele requereu ou que ele fez *interna corporis*.

Conversava com o Prof. José Antônio Minatel (?), discutindo os efeitos da impugnação, ou do reclamo, ou do recurso do contribuinte contra o indeferimento. Para mim é de clareza meridiana, como para o Prof. José Antônio, é óbvio que aquele crédito tributário controvertido tem a sua exigibilidade suspensa. Mas não está no art. 151 do CTN, diria uma nota interna da Receita Federal, para dizer, então, que não há a suspensão de seguridade. Mas não deveria estar, realmente, como diz Minatel – com o que concordo, é evidente –, na compensação. A compensação equivale à extinção do crédito tributário sob condição.

Está correta uma das teses aqui em curso: evidentemente que havendo a compensação, o mandamento do art. 138 do CTN estaria cumprido. Se eu tenho um débito tributário e faço uma compensação com um crédito da mesma categoria, antes de qualquer ato da Administração Pública, não devo pagar multa de espécie alguma.

O contribuinte tem direito às fases do processo administrativo que, em última instância, dirá se aquela compensação foi ou não correta. Evidentemente que enquanto não resolvida essa questão, não se pode dizer que crédito tributário seria exigível.

Havendo a negativa perante o Delegado da Receita Federal da compensação, a competência passa a ser dos delegados de julgamento; e se o delegado de julgamento nega o pleito de compensação, cabe ao 1º, ao 2º ou ao 3º Conselho de Contribuintes, conforme a sua competência, a apreciação em última instância da matéria.

O que eu indagava, conversando com o Minatel, com o Mariel (?) e com outros colegas aqui do Conselho, fazendo uma breve enquete, era: cabe recurso de ofício da decisão do delegado de julgamento que defere o pleito de compensação? Ou melhor explicando a vocês, a lei é clara ao dizer que o delegado de julgamento, quando exonera crédito tributário em montante igual ou superior a 500 mil reais – ou seja, quando ele dá o ganho de causa ao contribuinte –, é obrigado a recorrer de ofício ao Conselho de Contribuintes. Não há nada explícito na lei e nem nos regimentos quanto à necessidade ou à imperiosidade do recurso de ofício quando o delegado de julgamento acata, por exemplo, a inclusão do contribuinte no Simples, ou o pedido de retificação de declaração de rendas, ou a restituição de tributos ou, ainda, quando acata a compensação.

O que há, e claro, na Medida Provisória – salvo engano – do Cadin, que vem sendo sucessivamente reeditada, é que no âmbito da Delegacia da Receita Federal, nos pleitos que não envolvam litígio inicial, como é o pedido de retificação, o pedido de inscrição no Simples, o pedido de restituição, o pedido de compensação, o ato do Delegado da Receita Federal é terminativo, ou seja, ele não recorre à instância superior. Até essa introdução desse preceito pela medida provisória, o recurso dele era passível de revisão pelo delegado e, em última instância, pelo Conselho. Inicialmente pelo Superintendente.

Então, o que me parece disso tudo é que, se o Delegado da Receita Federal, acatando qualquer um desses pleitos – especialmente o de compensação de que falávamos –, não é obrigado a recorrer à instância superior, o recurso voluntário do contribuinte ou a impugnação do contribuinte apreciado pelo delegado de julgamento, acatando o seu pleito, a meu ver, não é passível de recurso de ofício. Ou seja, a decisão do delegado de julgamento, nesse momento, é terminativa. Falece competência ao Conselho de Contribuintes para apreciar aquela decisão do delegado de julgamento que não deu ganho de causa à Administração Pública.

Críticas à parte, então, a questão da compensação de tributos vem tendo um tratamento administrativo e de contencioso a meu ver muito adequado, desde a Instrução Normativa n. 21/97, do Secretário da Receita Federal, que traçou os procedimentos básicos, até o trâmite do processo perante a Administração. O defeito que se tem é nessa má visão do que ocorre entre o pleito ou a decisão interna de compensação, até o término do litígio eventualmente instaurado.

A compensação de tributos é uma forma de extinção de crédito tributário, sim, sob condição; se a Administração não concorda, que desfaça aquela condição. Mas até que ela seja desfeita não se tem crédito tributário exigível. Então, não se pode negar o direito do contribuinte à certidão negativa, não se pode enviar aquele aviso de cobrança para a inscrição em dívida ativa; o contribuinte, até que em última instância lhe digam, nada deve, ele entende que compensou, e bem, um crédito tributário seu contra um débito então declarado e extinto daquela forma.

Era isso. (*Palmas*)

PRESIDENTE DA MESA (PROF. ESTEVÃO HORVATH) – Muito obrigado, Dr. Natanael. A palavra agora vai para o Prof. José Eduardo Soares de Melo.

PROF. JOSÉ EDUARDO SOARES DE MELO – O tempo é curto e eu também serei breve, agradecendo os meus queridos amigos da Mesa.

Princípios administrativos tributários

O tema a que me propus – e não vou tomar mais do que 10 ou 15 minutos – diz respeito aos princípios administrativos tributários. Não vou ficar fazendo colocações apenas doutrinárias e acadêmicas; vou procurar pinçar cada um desses princípios e trazer uma realidade prática, com um ponto de vista meu. Vou tentar oferecer algumas posições para os nossos colegas.

É o seguinte: a Constituição Federal (art. 37) e a Constituição de São Paulo (art. 111) trataram dos princípios que devem regrar a Administração Pública, e que são plenamente aplicáveis ao Direito Tributário. A escolha desse tema também se deve ao fato de que foram editadas, recentemente, duas leis – a Lei federal 9.784/99 e, em São Paulo, a Lei 10.177/98 –, que consagraram princípios do direito administrativo. Num total de onze. Não vai dar tempo para examinar todos, mas vou abordar cada um deles de forma a procurar ser bem objetivo.

A primeira questão concerne ao princípio da legalidade no tocante às implicações práticas.

Em primeiro lugar, muito já se discutiu se medida provisória pode ou não criar tributo. Devo lembrar a vocês um artigo que não é muito enfocado – o art. 246 da Constituição Federal –, que diz que para regular matéria constitucional após 1995 não tem cabimento a medida provisória. Qual é o exemplo e o caso prático que vem aqui à baila? São essas elevações da contribuição social sobre o lucro de 8% para 12%. Ou seja, a medida foi baixada em janeiro de 1999, elevando os percentuais. Então, evidentemente, como não se obedeceu o princípio da legalidade – e aqui até em âmbito constitucional –, parece-me que aos contribuintes cabe impugnar essa elevação da alíquota, porque a medida provisória não seria o veículo normativo mais adequado.

Com relação à questão da competência dos tribunais administrativos para apreciar a matéria de inconstitucionalidade, que já é um tema que foi abordado no simpósio passado pela Profa. Lucia Valle Figueiredo e pelo Prof. Wagner Balera, devo dizer que já há mais de quatro anos, aqui em São Paulo, o Tribunal de Impostos e Taxas deu uma grande demonstração de independência, seriedade científica e prestígio às normas constitucionais, ao entender que, ao aplicar a lei, deve ser considerada a lei maior que é a Constituição. E no caso do ICMS seria extremamente difícil examinar um auto de infração e lançamento se não fosse analisada a Constituição, porque lá é que estão as materialidades, lá é que está disposta a competência da lei complementar, a competência do Senado, a regra matriz de incidência do ICMS.

Então, embora o Conselho de Contribuintes e outros conselhos (estaduais e municipais) não tenham se inclinado nessa diretriz de apreciar a constitucionalidade, me parece que é sempre importante repensar isso – porque não posso ter na minha mesa só um regulamento, uma instrução normativa ou até, talvez, a lei, devendo, sim, começar o exame da matéria tributária pelo Estatuto Supremo.

Outro ponto também que me parece importante abordar com relação ao princípio da legalidade é aquele que diz respeito aos lançamentos tributários. Muitas vezes deparamos com um auto de infração em que nos preocupamos com a descrição da situação fática, do fato gerador – vamos ver o que está sendo exigido –, e não levamos na devida consideração a tipificação legal da infração e da penalidade. E, muitas vezes, o agente fiscal diz: foi violado o art. 1º, o art. 5º, o art. 57 de um determinado decreto.

Evidentemente vamos verificar se esse decreto guarda consonância e se retira seu fundamento de validade da lei. Ele deveria mencionar que foi violado o artigo tal da lei, porque o decreto, todos nós sabemos, é expedido para fiel execução da lei, e, muitas vezes, o regulamento – que realmente é a bíblia para o fiscal – extravasa o âmbito da lei. Então, em respeito ao princípio da tipicidade e do princípio da legalidade, tenho de combater e impugnar o mero apego à norma regulamentadora – isso até para que não haja realmente uma ofensa à legalidade.

Outro princípio, também, que afronta, e que muitas vezes é difícil nós enfrentarmos, é o princípio da impessoalidade. A Constituição Federal tratou desse princípio dizendo o seguinte: se a coisa pública não deve garantir privilégios, benefícios a determinadas pessoas, em detrimento ou prejuízo de outras, todos os administrados, todos os cidadãos, todos os contribuintes devem ter a mesma consideração da coisa pública. Nem sempre é isso o que acontece.

Muitas vezes os processos são julgados na frente de outros; processos administrativos que se iniciam em 1998 e 1999 têm decisão mais rápido do que aquele processo que começou em 1995. Pode até a Administração Pública dizer o seguinte: esses processos têm uma significação econômica muito mais gritante, então é importante que eles sejam julgados primeiro. Isso, sim, está certo, para o erário – essa é a consideração que se deve ter – mas para aquele contribuinte que recebeu o auto de infração – ainda que, em geral, se possa entender que não é um valor significativo –, para ele é importante; não posso conferir um caráter pessoal, ou seja, vendo a figura do infrator, ainda que aliado à questão do valor envolvido.

Essa diretriz pode ser, também, transplantado para todas as manifestações, todas as petições dos particulares. Se formulo uma consulta à Administração Pública para que ela dê o seu entendimento, a sua interpretação a respeito de uma situação de fato, aplicar a norma vigente, e a resposta, muitas vezes, é proferida depois de um, dois, três anos, o princípio não estará sendo atendido. Não se ignora que a Administração Pública pode ter uma deficiência de funcionários; é bem capaz que ela não esteja aparelhada, e que, momentaneamente, também não tenha segurança para dar aquela resposta de acordo com a lei, mas isso não significa poder passar à frente aquele contribuinte em detrimento de outros, porque, na medida que eu formulo uma consulta, quero ter uma resposta, e se não tenho essa resposta eficaz, pronta, célere, o meu direito vai para o espaço.

Isso também acontece na questão da impessoalidade, no que diz respeito a outras providências que são tomadas pelos contribuintes – como é o caso de um regime especial, um pedido de isenção, um reconhecimento de imunidade. Essas situações vão ocorrendo, o tempo vai passando, e, muitas vezes, vai também se prestigiar, favorecer aquele contribuinte que tem conhecimento na Fazenda, – que até seria normal, mas não em termos do princípio da Administração Pública.

O terceiro princípio que também tem sido cuidado – e há alguns anos atrás até já foi objeto de um simpósio – é o da moralidade. O art. 37 da CF inovou, porque é categórico, e diz que a Administração Pública deve se reger pela moralidade. É claro que na coisa pública, que é a coisa de todos nós, além da legalidade existe esse *plus* constitucional. Enquanto o administrador privado se conduz pelo princípio da autonomia, e não precisa seguir uma pauta de valores, o administrador público, não! Tem como diretriz, como uma espada, a moralidade.

A moralidade é um conceito jurídico indeterminado, e não sei precisar exatamente o que é imoralidade. Se for a uma obra de Direito Administrativo verifico que a moralidade é um desvio de poder; mas como é que eu posso aplicar isso ao Direito Tributário, ao Processo Administrativo Tributário, que é o que nos interessa?

Eu pensei aqui em algumas situações que, evidentemente, revelam a minha opinião. Vejam o seguinte: existe uma norma que fala que, dada uma situação, o contribuinte tem de pagar um determinado tributo; e a Administração lança, lavra autos de infração, e notifica o contribuinte a pagar. Só que o Poder Judiciário, o Supremo Tribunal Federal, reiteradamente, começa a decidir pela sua inconstitucionalidade, mas a Administração continua a cobrar.

Evidentemente, o contribuinte que vai discutir e questionar no Judiciário deverá ter ganho de causa. Isso vai implicar uma perda de tempo muito grande e até na sucumbência, que nunca é desejada, e na questão dos precatórios, requisitórios e tudo o mais.

Então parece-me que, nesse caso, poderia ser invocado o princípio da moralidade, pela próprio Administrador Público. O Administrador Público não vai renunciar a um crédito tributário; o crédito tributário é indisponível, ele tem de persegui-lo. Enquanto aquela norma se encontrar inserida no ordenamento jurídico, enquanto não houver uma resolução do Senado, terá o direito de cobrá-lo. Eu acho que é uma reflexão que deve ser feita no sentido de prestigiar o princípio da moralidade.

O princípio da moralidade também deve ser aplicado nos processos administrativos. Isso realmente a gente tem que prestigiar; os processos são distribuídos aos julgadores, que permanecem meses, até anos, com aqueles processos, sem que devolvam e sem que profiram o julgamento. É verdade que existem regras, até de punição, que pode até acontecer; mas acho que deveria, aí, no caso, haver a devolução desses processos para haver uma redistribuição; ou, então, diligências sem fim, que são baixadas – ainda que o regimento interno dos tribunais administrativos permita a realização de diligências –, e pedidos de vista. Essas providências são tomadas de uma forma tão reiterada que acabam não se fazendo o Direito, acabam prejudicando, evidentemente, o interesse do contribuinte.

Isso ocorre também na demora das restituições. Certas posturas que o Supremo Tribunal Federal já adotou, e que estão consagradas em súmula: é proibida a apreensão de mercadorias como uma forma de exigir tributo; é vedada a interdição de estabelecimento; os regimes especiais *ex officio* cerceiam a liberdade do indivíduo.

Dá impressão de que eu estou cogitando apenas de defender o contribuinte... Sim, mas o art. 5º da Constituição tem uma pauta de direitos e garantias constitucionais muito importante, que é para proteger também o patrimônio do particular.

E se essas decisões consagram e reiteram essas disposições, que vedam certas manifestações públicas; embora prevejam a aplicação de um regime especial, embora tratem da apreensão de mercadorias, acho que a norma deveria deixar de ser aplicada em abono ao princípio da moralidade, porque basta o contribuinte ir ao Judiciário para ter o beneplácito para essa situação.

Um outro princípio também em que devemos pensar é o que diz respeito ao princípio da publicidade. A publicidade, evidentemente, não é um privilégio do Processo Administrativo – é de toda a atividade da Administração Pública; ou seja, tem que ter transparência, tem que mostrar o que faz. Dentro do processo, na hora que o contribuinte sofre um auto de infração, em prestígio também ao princípio da ampla defesa e até do contraditório, ele tem de ter conhecimento de todos os elementos e documentos que fundamentam essa ação fiscal.

O Tribunal de Impostos e Taxas, do qual tive a felicidade e a honra de participar por muito tempo, tem dado mostras da excelência do abono da Constituição e tem anulado processos em que não se deu oportunidade ao contribuinte de conhecer, desde o início, das acusações.

Mas vou um pouco mais adiante; acho que a publicidade à doutrina do direito administrativo também abona certas medidas processuais, certas providências, certos expedientes, certos pareceres internos. E parece que, dentro dessa transparência, dentro do conhecimento público – porque não é uma caixinha de surpresas –, até vai se permitir que se pratique a verdadeira justiça fiscal.

Nós vemos no Poder Judiciário, nos tribunais de justiça, em que o contribuinte, o interessado, a parte litigante, comparece no dia daquela sessão e, sem que tenha protestado previamente, ele formula a sua sustentação oral, oferecendo ou não seus memoriais. Entretanto, às vezes, certos tribunais assim não procedem, às vezes a legislação determina que se proteste pela sustentação oral dentro do prazo do recurso. O contribuinte é notificado, não se cerceia seu direito. Mas muitas vezes há um cochilo e não se protesta por isso no prazo do recurso, mas cinco dias depois. E o que acontece? Esta oportunidade de esclarecer suas razões de viva voz, de poder esclarecer os pontos de vista, de apresentar memoriais e até elementos novos acaba ficando prejudicada.

Outro princípio também que não deve ser esquecido, e que muitas vezes é difícil de aferição no âmbito do Processo Administrativo, é o princípio da eficiência. Ele foi colocado, agora, na Constituição, através de uma das últimas emendas, para verificar se o funcionário público está trabalhando, com presteza ou não, e talvez poder se verificar se vai dispensá-lo. Mas eu acho que no Processo Administrativo Tributário isso tem uma grande pertinência.

Qual é a pertinência? É a morosidade do processo. Eu sei que pode um tribunal ter 10, 15 ou 20 mil processos e não haver julgadores suficientes para que, em curto espaço de tempo, prestem aquela sua obrigação e decidam o caso; mas qual seria o efeito dessa eficiência?

Vejam o seguinte: o Supremo Tribunal Federal, há mais de 20 anos, fixou que depois (*defeito no microfone durante esta intervenção*) o auto de infração; não se cogita mais de decadência; e antes que exista o direito de ação, com a dívida inscrita, não se pode ainda tratar de prescrição. Eu tenho o percurso, um meio-tempo, que vai da lavratura do auto até a decisão administrativa final, um prazo que não é afetado pela morosidade.

Essa matéria não é nova. Mas pode-se dizer: bom, mas como é que fica a segurança jurídica? Não interessa à própria Administração o adiamento indefinido de processos que se arrastam por mais de dez anos, nem ao próprio contribuinte.

O Prof. Marco Aurélio Greco escreveu uma obra monumental a respeito da perempção ao direito tributário, pinçando nos artigos do CTN. Então me parece que em prestígio ao princípio da eficiência poderia ser reexaminada essa questão – embora saiba que o CTN não se dedique à perempção, apenas cogite de decadência e prescrição.

Com relação à ampla defesa e ao contraditório, já foi falado aqui, também, no depósito recursal que, acho, não deveria haver; mas não vou voltar a tratar do assunto.

Com relação ao princípio da razoabilidade, verifico apresentar conotação com o princípio da moralidade; enfim, conceitos críticos indeterminados, aspectos que dizem respeito a um subjetivismo: o que é moral para um, não é para outro; o que é razoável para o contribuinte, pode não ser para o Fisco.

Mas sobre a razoabilidade eu procurei trazer aqui algum exemplo que, talvez, possa servir para nós refletirmos.

Um contribuinte formula uma consulta à repartição, expõe o fato e pede para que a Fazenda diga o que ela pensa – se deve pagar, ou não, o tributo. Ele obtém uma resposta favorável: não incide o IPI, não é devida a contribuição social. É verdade que aquela consulta vincula aquele contribuinte, e os efeitos serão aplicados a ele; a fiscalização não poderá autuá-lo porque ele tem o "OK" da Administração.

Aí vai a uma reunião de uma entidade de classe e perante outro colega, que é advogado de outras empresas, acaba exibindo aquela consulta, e o outro fica interessado: "Você tem a resposta à consulta? Muito bem, também vou agir dessa forma, vou deixar de pagar o tributo". Só que este não formula consulta à Fazenda, porque acha que é desnecessário. Pouco tempo depois, esse outro, que não formulou a consulta, é visitado pela fiscalização e acaba sofrendo um auto de infração, sob o argumento de que a consulta não foi formulada por ele. Também isso não é assunto muito novo, mas acho que cabe aqui a razoabilidade.

Então me parece que pelo princípio da moralidade, pelo princípio da razoabilidade, deveria ser considerada aquela mesma manifestação do poder público para um determinado contribuinte, relativo a uma mesma situação fática.

Esta razoabilidade também deve ser verificada na questão das fiscalizações. Nós sabemos que muitas vezes a fiscalização se dirige ao contribuinte, a uma empresa, e vai fiscalizar um determinado tributo. O que acontece? A fiscalização fica por 60 dias, renova a ação, permanece por mais 120 dias, fica por um ano. É claro que em alguns momentos é necessário um exame de documentos assim – 20 mil, 30 mil documentos –, e muitas vezes os documentos estão com o contador ou estão em outro estabelecimento. É claro que vai levar tempo para chegar a uma conclusão. Mas enquanto isso ocorre, o contribuinte está sob ação de fiscalização, e não pode formular uma consulta porque não há espontaneidade.

Ainda que o Poder Público tenha esse direito, acho que o critério da razoabilidade deveria ser aplicado para que essa fiscalização não fosse assim procedida por um considerável lapso de tempo. Até o Prof. Valdir, de manhã, aqui trouxe um caso à consideração, que é o da penhora do faturamento, que, embora não seja um ato da Administração Pública no sentido do Poder Executivo, o é do Judiciário, e também realmente extravasa o critério da proporcionalidade e o critério da razoabilidade.

Por fim teria mais dois ou três princípios a comentar mas vou ficar apenas com um deles, que é aquele que diz respeito à motivação do ato administrativo. A Constituição Federal, no art. 93, inciso X, diz que as decisões administrativas dos tribunais devem ser motivadas; mas agora a nossa lei paulista, agasalhando um princípio doutrinário, diz – o que é da essência do ato administrativo – que é uma pauta de valor, que é um mandamento para a Administração Pública motivar, fundamentar, explicar. Qual é a aplicação prática desse princípio no Processo Administrativo? Quando eu estou diante de um auto de infração, de um lançamento, além da descrição fática e das considerações dos demais elementos do tipo tributário, tenho que saber exatamente qual é o artigo que eu violei, qual é a causa, qual é o fundamento. Até pode o Poder Público dizer erradamente: olha, você deixou de pagar determinado tributo e violou o artigo tal do decreto ou da lei tal. Aí segue-se a defesa e a impugnação e a primeira decisão. O contribuinte apresenta uma defesa e diz: eu não sou o sujeito passivo da obrigação tributária, é um terceiro que deveria recolher o tributo, o tributo está mal calculado, a alíquota não é interna, é interestadual; fala da correção monetária, fala de imunidade, enfim, apresenta cinco, seis, dez argumentos, e muitas vezes essa decisão de primeira instância é lacônica, é concisa, e diz o seguinte: "vistos e examinados", ou "em que pesem as argumentações do contribuinte", ou "acolhendo as informações da Fazenda", julgo procedente o auto...

Mais uma vez aqui invoco o testemunho do TIT, que tem anulado essas decisões. Por quê? Primeiro, o prestígio ao ato administrativo que tem de ser motivado, tem de ter o motivo, o fundamento. Em segundo, se vou recorrer dessa decisão não tenho os argumentos para poder submeter à reapreciação de um órgão de segunda instância, seja o TIT ou um conselho de recursos, toda aquela matéria.

Enfim, acho que, nesse curto espaço de tempo, são os pontos que me foram dados observar. Agradeço muito a atenção de vocês. (*Palmas*)

PRESIDENTE DA MESA (PROF. ESTEVÃO HORVATH) – Nós é que agradecemos, Prof. José Eduardo.

Dado o adiantado da hora – até porque nós já teríamos que estar ouvindo a conferência do Prof. Souto Maior Borges – as questões que foram formuladas, eu me comprometo, em nome dos participantes desta Mesa, a que sejam respondidas no intervalo que faremos, de cinco minutos impreterivelmente, ou depois da conferência, para não atrasarmos mais os trabalhos.

Agradecendo a todos os participantes nesta Mesa, dou por encerrada esta parte. (*Palmas*)

CONFERÊNCIA E SESSÃO DE ENCERRAMENTO

Presidente da Mesa (Prof. Pedro Luciano Marrey Junior) – Vamos dar início a esta sessão, em que teremos o prazer de ouvir a conferência do Prof. José Souto Maior Borges.

Registro a presença na mesa do Professor Estevão Horvath, Professor Alvaro Bereijo, Professor Eugênio Doin Vieira, Prof. Aires Fernandino Barreto, Prof. Roque Carrazza, Prof. Paulo de Barros Carvalho e Professor Eurico Marques Diniz de Santis.

O Professor Souto Maior Borges é conhecido de todos e certamente dispensa qualquer apresentação. Tenho certeza de que todos os senhores vieram aqui para, neste momento, ouvir as lições sempre preciosas com que o Professor Souto Maior Borges nos brinda, com o ineditismo das suas idéias, a profundidade dos seus conhecimentos e a clareza do seu raciocínio.

Portanto, passo a palavra ao Professor José Souto Maior Borges. (*Palmas*)

A HERMENÊUTICA HISTÓRICA NO DIREITO TRIBUTÁRIO

Prof. José Souto Maior Borges – Excelentíssimo Senhor Professor Doutor Pedro Luciano Marrey Junior, digníssimo Presidente deste XIII Congresso Brasileiro de Direito Tributário, promovido pelo Instituto Geraldo Ataliba, IDEPE; demais membros da mesa; minhas senhoras e meus senhores:

Cabe-me, nesta hora crespuscular, a honra de encerrar o ciclo de conferências deste Congresso, não sem, antes, agradecer a acolhida amiga por parte de todos indistintamente e de cada um em particular, e sem fazer a ponderação de que, sob a perspectiva de abordagem do tema em que me proponho, terei de lançar alguns pressupostos de epistemologia geral e, em particular, de teoria do conhecimento no campo do Direito, epistemologia jurídica com referibilidade à região material das normas tributárias. Não há como desconhecê-los sem incorrer em superficialidade no desdobramento expositivo da matéria.

Considerações propedêuticas

O tema da minha exposição é constituído pela hermenêutica histórica no Direito Tributário.

Pretendo trazer à consideração e crítica deste Congresso um método novo de exegese das leis tributárias, não por uma irresponsável ousadia intelectual, mas procurando invocar e apropriar a lição de Bachelard no sentido de que, na vida do espírito, a ousadia é um método. Quer-se significar com isto que ousar intelectualmente nada tem de censurável sob o prisma de uma sadia teoria do conhecimento. E a ousadia intelectual em nada comprometerá a modéstia pessoal do estudioso.

Estas palavras de Bachelard têm uma importantíssima função: elas, de saída, me dão uma absolvição plenária pelo fato mesmo de ousar. Melhor ousar o risco de erro em profundidade do que expor repetitivamente teorias triviais e epidérmicas e que, decerto, serão não apenas do conhecimento de todos, mas, sobretudo, da rejeição generalizada.

Portanto, tenho de partir de alguns pressupostos indispensáveis para a compreensão do desdobramento do tema, movido, nesse esforço de meditação, pela questão mesma que instiga a nossa investigação e o nosso raciocínio.

É ainda Bachelard quem nos ensina, a nós os juristas, que, na vida da ciência, há uma tensão dialética entre a continuidade da tradição e a ruptura com o passado; tensão necessária ao progresso dos estudos científicos, na medida em que, sem tradição, não há acumulação de cultura e, portanto, não há a própria cultura no seu esforço de sobrevivência. E, sem a ruptura epistemológica, a ciência simplesmente não avança. Ruptura significa a superação de um padrão vigente de conhecimento por outro, inusitado e inesperado.

Ignorar essas duas vertentes é mutilar a tensão dialética do conhecimento, na sua incomensurável riqueza e na saga mesma do pensamento humano, particularmente no campo das idéias jurídicas. Não se deve, portanto, ignorar o legado da tradição. Sem ela, não poder-se-ia dar o passo à frente, já que a ciência se nutre da acumulação de conhecimento, de todo um saber – hoje, um saber tecnológico sobre uma determinada área, uma região material de conhecimento. Assim progride o conhecimento jurídico e, mais especificamente, o conhecimento jurídico tributário. É preciso levar em linha de conta esses dois pólos, que funcionam em recíproco contraponto.

Impõe-se a exigência de reverência à tradição, a necessidade de preservação dos valores do passado, naquilo que do passado persiste vigorando entre nós. Um passado que ainda não passou – não é dizer tudo dele, porque o passado é simplesmente aquilo que fica do que passou. Nesse sentido insigne, o passado simplesmente não passa.

É à luz dessas ponderações que acrescentaria outro pressuposto necessário à compreensão do tema.

Referibilidade ao Direito Tributário

Ver-se-á que uma exposição, na aparência superficial, distante dos temas do dia a dia do Direito Tributário, bem poderá ser o instrumento útil para uma melhor e mais aprofundada compreensão da inteligência da lei tributária, do sentido objetivo das normas tributárias em geral. Inteligência – bela palavra! – vem etimologicamente de *intus legere* – ler dentro das coisas.

Para o progresso do conhecimento científico, temos de levar em consideração que há uma precedência – e, mais que uma precedência, uma preferência lógica – pela tentativa de refutação sobre a corroboração de todas as explicações fornecidas, tecidas e entretecidas pelo conhecimento científico. Não uma atitude de simpatia graciosa, diante da ciência preestabelecida, de modo a, simplesmente, repetir conhecimento que já é do acervo comum da humanidade. É esse o método da ciência.

Como um consectário dessas premissas iniciais, a crítica do preestabelecido, ou seja, do conhecimento convencional, do padrão de conhecimento normalmente aceito em torno de uma ciência – no sentido de Kuhn, na sua obra *Estrutura das revoluções científicas* –, tem de atacar os pontos cruciais e decisivos da teoria, e não apenas epidermicamente um ou outro aspecto topicamente considerado, e que, se afastado, simplesmente acarretará um aperfeiçoamento da teoria criticada, sobrevivendo ela intacta a vigorar e reger os nossos destinos.

A ciência é diferente da filosofia porque a ciência se nutre da acumulação do conhecimento. Nisso ela se aparta da filosofia, porque a filosofia dá sempre um passo atrás. A visão da ciência é prospectiva. A ciência tem a sua mirada no futuro. A filosofia é sempre um diálogo com as palavras da origem, um retorno ao passado, àquilo que, na origem, condiciona a nossa existência historial, o ser histórico do homem, ente que é sempre historicamente situado.

Pois bem, uma constatação fundamental é a de que a origem condiciona todo o desenvolvimento futuro do conhecimento. O que começa grandioso tem de se desdobrar grandiosamente. O que é pequeno, somente pode implicar superficialidade, na evolução posterior do conhecimento humano. Essa força da origem, este condicionamento pelas origens, nos indica a necessidade de uma hermenêutica jurídica puramente histórica, que pretende ser um método de apreensão conceitual das categorias jurídico-tributárias fundamentais; um método de interpretação não exclusivo, mas que venha a conviver harmoniosamente com os outros métodos de interpretação, que são o apanágio da ciência jurídica moderna.

Não pretende, a hermenêutica histórica, erradicar do plano do conhecimento a interpretação histórico-evolutiva, banir a interpretação sistemática – tão cara ao pensamento moderno –, a interpretação tópica, a interpretação funcional, a interpretação teleológica etc., mas intenta, isto sim, conviver com elas e reservar-se a si própria um terreno inconfundível com esses outros campos de investigação. A sua fecundidade ajudará, decerto, a compreensão dos problemas que gravitam em torno da instituição do tributo.

Na origem há de buscar-se a pureza com que foi inicialmente concebida a teoria; com que eclodiu no pensamento uma determinada categoria científica, por hipótese uma categoria jurídico-tributária, antes que, pelo desgaste da ação do tempo, as palavras em torno de uma determinada instituição jurídica venham a sofrer uma corrosão, provocada pelo próprio decurso do tempo e que biologicamente atua como uma coerção inelutável.

Daí a importância de recompor-se as circunstâncias históricas em que uma determinada teoria foi concebida e converter-se essa revisitação em método – como indica a etimologia grega. Método nada mais é que um caminho. A função de um hermenêutica histórica consistirá em evitar, ou pelo menos essa é a sua aspiração suprema, descaminhos no itinerário do próprio pensamento jurídico.

Deste modo enunciadas, essas afirmações parecem demasiado abstratas, insisto, e descomprometidas com os objetivos deste Congresso. Mas assim não será, primeiro porque o objetivo de um Congresso nacional, como este, é pensar em profundidade, ou seja, construir um pensamento grandioso. Segundo, porque essa identificação da força germinal da origem, possibilita, sem dúvida nenhuma, a identificação de erros e descaminhos no itinerário da doutrina do Direito Tributário brasileiro; erros devidos à desconsideração das circunstâncias em que historicamente foi concebida uma determinada teoria.

Somos induzidos a pensar, ingenuamente, que há sempre um primado de excelência na produção científica moderna em comparação com o passado. Mas não é bem assim. Não há, na vida do espírito, nenhuma garantia de que algo que se produziu nos nossos dias, algo de que somos contemporâneos, suporte um confronto vantajoso com relação às produções científicas do passado. Para nos convencermos desta verdade, é só confrontar a produção científica moderna, ressalvadas as clássicas exceções, com os Pontes de Miranda, os Paula Batista, os Lafayette, os Teixeira de Freitas, os Aníbal Bruno, os Torquato Castro e tantos outros.

Porque a necessidade de prévia abordagem extratributária

Não se deve juridicamente desconsiderar – e a hermenêutica histórica consiste precisamente numa reação contra essa desconsideração – certas características inerentes a esse processo de conhecimento humano e dele inafastáveis, mesmo que elas não sejam estritamente jurídicas. Se tivermos olhos atentos e bons ouvidos para escutar e serenidade de pensamento, não se interporá nenhum preconceito diante da eventual abordagem que transcenda o campo estritamente jurídico, porque este renasce vigoroso com seu retorno ao âmbito jurídico. O pensamento irá se inspirar nessa abordagem extradogmática para explicar fenômenos estritamente jurídicos, inclusive de dogmática de Direito Tributário. Uma amplitude de perspectivas teóricas que a dogmática tributária, só com suas próprias forças, não pode ofertar.

Não há marco-zero do pensamento humano – já o disse e repito – mas é importante que se reitere essa afirmação, porque ela abriga uma verdade fundamental. Somos levados a pensar que, com a relatividade (um exemplo vale mais que mil palavras) a Física newtoniana teria sido relegada definitivamente à cesta de papéis inúteis. Mas não é assim. Se fosse assim, como poder-se-ia explicar porque, durante tantos anos, Newton vigorou indisputado a explicar tudo o que se produziu em termos de progresso tecnológico da nossa civilização tecnocrática? Se essa teoria fosse inteiramente errada, ou seja, um consectário, um imenso erro teórico – como teria produzidos tanto progresso?

Há sempre um conteúdo de verdade em todas as teorias, e uma margem de erro, dado que erro não tem a ver com conteúdo, como advertia Popper. A ciência é obra humana e, pois, imperfeita. Por que a relatividade é melhor que a Física clássica newtoniana? Porque ela explica tudo que a Física clássica explicava e mais alguma coisa, que a esta última não conseguia explicar. Mas a Física newtoniana, neste momento que estamos vivendo, aqui, agora, *hic et nunc*, consegue satisfatoriamente descrever praticamente todos os fenômenos eletrodinâmicos que não estão associados à velocidade-limite da luz. Então, não se pode desconsiderar o gênio de Newton, o que produziu a Física clássica, como se não fosse ela uma etapa necessária na vida do pensamento. Uma senda no caminho do pensar.

Outro exemplo, a meu ver muito mais expressivo: que aspiração maior de grandeza pode ter uma teoria, do que esperar aproximadamente 2.500 anos pela sua refutação? Corrijo: não simples teoria, mas um pensamento tão grandioso que não se confinava, sequer, nos limites de uma teoria. Esta envolve um pensar moderno e incompatível com o pensar originário do mundo grego. Uma explicação originariamente concebida para descrever o átomo – que etimologicamente significa indivisível –, devida a Leucipo e Demócrito, na aurora do pensamento ocidental, era rigorosamente – para usarmos as categorias modernas – metafísica, porque não podia ser objeto de teste experimental à época em que foi concebida. Mas ela era tão grandiosa que esperou até os nossos dias para que fosse corroborada, e em parte refutada, porque o átomo é divisível, sim, mas isso só foi testado experimentalmente a partir da bomba atômica, de traumáticos reflexos na vida das nações a partir da Física nuclear moderna. Foi parcialmente corroborada a antecipação pré-socrática, porque a existência do átomo se confirmou experimentalmente. E parcialmente refutada porque o átomo – sabemo-lo hoje – não é indivisível. Uma explicação que espera tanto tempo para se transformar de metafísica em física, que evolui de uma hipótese metafísica não testada, não científica no sentido estrito, só testada na atualidade, é de uma grandeza tal, no dizer de Heidegger, que, enquanto manifesta um pensamento profundo só tem uma alternativa: é a decadência, porque ninguém pode ir mais longe. Esse pensar originário só é pré-socrático, no sentido cronológico. Não em sentido valorativo, ao contrário do que, em equívoco, se supõe.

Pois bem: criticar o atomismo grego, à luz da Física moderna, é um inteiro despropósito, uma impertinência, uma falta total de referência mínima àquele pensamento, porque viola a regra da referibilidade, da pertinência, tão cara à lógica dialética. Todavia, continuamos a ser regidos por esse pensamento originário – nada de novo debaixo do sol. Esse pensamento porém somente pode ser apreendido à luz da hermenêutica histórica.

E o jurista do Direito Tributário – como atuar?

Ora, se esses grandes pensadores assim pensaram e condicionaram a nossa vida, o ser histórico do homem, por que o jurista do Direito Tributário, inspirado nessas lições, não procura extrair delas conseqüências de extrema aplicabilidade e utilidade para o seu campo de estudo?

Como sempre, tudo gravita em torno do problema. A visão sistemática do direito é uma decorrência do processo de inflação legislativa que enferma a vida jurídica moderna. Mas o Direito nasce do problema. É o problema que nos instiga, que instiga o nosso raciocínio. A tópica jurídica resgatou o papel fundamental do problema jurídico.

Pois bem: qual é o problema a ser considerado no campo do Direito Tributário?

Certa feita, num determinado momento histórico, nos idos dos anos 60, predominou entre nós uma concepção errônea da isenção tributária (e já aqui estou eu começando a penetrar na região material do tributo e aplicar os pressupostos que estabeleci). Existia porém, no Direito brasileiro, aceitação tranqüila, aceitação que correspondia ao modelo teórico de Kuhn, no sentido de que a isenção era dispensa legal do pagamento de tributo devido. De tal sorte essa concepção estava arraigada e pacificada na doutrina, que se pretendeu introduzi-la formalmente no Código Tributário Nacional. Do anteprojeto constou que "a isenção é a dispensa legal do pagamento do tributo devido".

Essa definição foi supressa do texto final do Código. Não, porém, porque alguém levantasse uma objeção de ordem material contra a definição mesma, mas porque se entendia que definições não deveriam ser inseridas em lei. Não vou discutir isso aqui, mas fica bem claro o clima histórico que cercava aquela teoria. Foi nesse momento e nessas circunstâncias que me insurgi contra essa teoria. Dai surgiu a minha oposição àquele entendimento de que ocorria a incidência da norma obrigacional tributária nas hipóteses de isenção, mas a própria norma (qual?) dispensava o seu pagamento.

Ora, o contraponto daquela perspectiva histórica, naquele momento – não estou falando em termos de hoje – para essa posição, era, precisamente, aquele que foi formulado por mim no meu estudo sobre as isenções tributárias: isenção é uma hipótese de não-incidência das normas tributárias.

Esse foi o clima histórico em que surgiu a teoria.

O que se pretende, com a hermenêutica histórica, é localizar essa teoria no seu tempo próprio, nas circunstâncias que possibilitaram o seu aparecimento e a sua eclosão. Esse é o supremo desiderato da hermenêutica histórica. Por isso ela é hermenêutica no sentido etimológico: Hermes era o mensageiro dos deuses na Grécia antiga. Por isso ela é hermenêutica, autenticamente hermenêutica. De simples interpretação são os outros métodos conhecidos e tradicionais. A sua originalidade consiste em estancar, nesse momento histórico, o esforço de exegese. E nisso ela se distingue precisamente da interpretação histórico-evolutiva. A interpretação histórico-evolutiva está sempre ligada ao evolver dos fenômenos historicamente, e por isso mesmo ela olha para o futuro com uma posição que visualiza nele, sempre, uma vantagem teórica, o progresso do estudo da ciência. É legítimo que ela venha a fazer isso; mas acaba por envolver, o histórico-evolutivo, uma imensa petição de princípio: a superioridade do presente e do futuro sobre o passado.

Isenção tributária e hermenêutica histórica

Se procuramos aprender com as palavras o que elas próprias, as palavras, pretendem significar e nos ensinam, chegamos à conclusão de que aqueles pressupostos que lancei, no sentido de uma crítica crucial à teoria, não foram obedecidos – *data venia* e com o máximo respeito pelas opiniões divergentes – na crítica da minha concepção originária sobre a isenção. Da consideração de que a isenção representa hipótese de não-incidência da regra jurídica de tributação resulta a objeção de que é absurdo supor regra jurídica que não incida. É típico exemplo de premissa certa da qual são extraídas conclusões equivocadas. O primeiro equívoco é a desconsideração de que a isenção é conversível a uma hipótese de incidência da norma isentante, porque não incide em tal hipótese a norma obrigacional tributária. A crítica acarretou a necessidade de esclarecimento desse ponto. O segundo equívoco consiste em sustentar que a definição se deu pela negativa, com violação dos cânones da lógica.

Essa crítica nada teria de conclusivo e sequer corresponderia a uma objeção que abalasse a teoria nos seus pontos fundamentais e decisivos.

Mas nessa caracterização da isenção como hipótese de não-incidência, a proposição descritiva, é redutível, conversa de outra, que não precisa ser enunciada em termos de negatividade. A isenção é hipótese de incidência de norma desagravatória. A conversão é perfeita: são proposições conversas, como estimaria dizer o Professor Vilanova, mestre de todos nós. Dizer, aliás, que a isenção corresponde a hipótese de incidência da norma isentante é quase um truísmo e, seguramente, uma verdade superficial. Dessas não se ocupa a ciência. Somente se justifica a referência como homenagem à clareza da exposição.

Por outro lado, quaisquer formulações da linguagem-objeto, a linguagem do sistema jurídico – para usar a categoria dogmática moderna – sistema de proposições prescritivas, padrões, regras de conduta, não deve ser repetida na metalinguagem descritiva (doutrina). Ela é incomunicável às proposições que a doutrina tece e entretece, proposições descritivas e explicativas do próprio ordenamento jurídico tributário. E se é assim, mesmo quando a doutrina identifica hipóteses de efetiva contradição internormativa e intranormativa, contradições na linguagem de objeto, no sistema jurídico, quando a doutrina denuncia essa contradição – por exemplo, uma norma diz: é proibido pisar na grama, e uma outra proclama: é permitido pisar na grama –, não está incorrendo em contradição alguma. A própria Constituição Federal, para ficarmos apenas no plano hierarquicamente mais elevado, dispõe sobre inúmeras hipóteses de não-incidência. Apenas exemplificativamente: não-incidência do IPI com relação às operações de remessa de produtos industrializados para o exterior (CF, art. 153, § 3º, III); não-incidência do ICMS sobre produtos industrializados exportados, excetuados os semi-elaborados definidos por lei complementar (CF, art. 155, § 2º, X). Assim sendo, quando a linguagem de ordenamento jurídico refere a não incidência e essa é descrita pela doutrina não estará a doutrina definindo pela negativa a categoria de que se trata (isenção, imunidade etc.).

Veja-se bem: na origem era não-incidência. Na época em que foi formulada a teoria a não-incidência tributária estava desvinculada de categorias jurídicas diversas. Não se falava de imunidade, que tivesse como correlato uma não-incidência, mas que a não-incidência era algo que convinha a todas as categorias jurídicas, fossem elas imunitórias, fossem elas isencionais, fossem elas obrigacionais. Incidir ou não incidir é próprio das normas jurídicas; é o mais próprio das normas jurídicas.

A norma jurídica, para ser adequadamente descrita, requer ciência; mas uma ciência que não seja indigente. Clamava Hoelderlin, um dos grandes poetas que este mundo já produziu: por que poesia em tempo de indigência? Por que ciência, se o pensar é indigente? É uma rebelião contra a indigência do pensar, que justifica este crepúsculo de pensamento, essa reunião vespertina, essa sessão terminal, essa oficina de pensamento a que estamos todos nós voltados e onde, pelo pensar, exercemos nosso ofício de cultores do Direito.

Vejo como uma manifestação de indigência teórica, colocar-se a não-incidência ao lado de categorias dogmáticas como imunidade, não-tributação (NT) do imposto de produtos industrializados, isenções e reduções tributárias, etc. Assim o fazendo, a doutrina degrada-se em mera glosa de textos legais e regulamentares.

Para falar de Direito, é preciso ter-se uma pré-compreensão do que seja Direito. Para que se construa uma Ciência do Direito, esse conceito-chave, aglutinador, o conceito de Direito – objeto de notável monografia juvenil do Professor Lourival Villanova –, funciona como a condição, um pressuposto de conhecimento jurídico. Sem ele, não é possível o conhecimento jurídico. E ele aglutina tudo o que se faz e desfaz em torno do Direito.

Em plano material mais especificado: o Direito Tributário está condicionado, pelo conceito de Direito (e a consideração é jurídica, não é econômica, não é contábil, não é financeira) e também pelo ser tributário, pela relação tributária. É o fato de versar sobre tributo que o individualiza e por isso não é Direito Civil, não é Direito Comercial, não é Direito Penal etc. O conceito material do tributo o caracteriza diante das outras especificações do universo normativo.

Nós não podemos fundar e aprofundar os estudos jurídicos sobre o tributo se desconsiderarmos esses pressupostos. Impossível obtê-los dedutivamente; demonstrar como essa premissa inicial e indemonstrada faz ser o Direito, Direito. Que é que faz ser o Direito Tributário só o relativo a tributo e não uma província normativa de outra índole? Nem tampouco será possível alcançar conceito universal por via indutiva. A indução já supõe uma seleção de dados, uma escolha dentro do real, por isso mesmo que a ciência incide sobre ele, mas não coincide com o real. É ainda a lição, na medida do possível bem utilizada, do nosso mestre comum Professor Lourival Vilanova.

Qual é o caminho que possibilita a apreensão intuitiva do fenômeno da incidência, capital para se entender uma isenção tributária, tal como ela foi estudada desde os primórdios? É o método fenomenológico. O que é um fenômeno? A origem da palavra ainda aqui nos guia como a estrela guiou os reis magos à manjedoura onde estava sendo velado o Senhor.

Fenomenologia é palavra que deriva do grego: *phos* = luz e *logos* = razão. É a ciência que estuda o modo pelo qual as coisas se manifestam em sua essência e a essência das coisas é de certa forma a sua qüididade; o atributo, sem o qual uma determinada entidade deixa de ser aquilo que ela precisamente é. E por esse caminho é possível fundar aquilo que Husserl pretendia: uma ciência rigorosa. Enquanto fenômenos, as coisas se manifestam à luz da razão.

Consegue-se, pela apreensão e contemplação da essência das coisas, extrair o universal que está dentro de um exemplo individual. Eu não posso ir à indução, sempre insuficiente, à dedução, que é impossível, mas obtenho a intuição da essência do fenômeno, sua contemplação (*Wesenschau*).

Essência da norma jurídico-tributária: incidir ou não incidir

Eu ousaria, ainda aqui, praticando a regra de Bachelard, dizer que é da essência da norma jurídica, no sentido fenomenológico, o incidir ou não incidir. Não porém a não-incidência pura e simples, a irrelevância jurídica dos fatos que não são alcançáveis pela norma, até porque a norma jurídica não pode regular nem (*a*) condutas impossíveis, nem (*b*) condutas necessárias, mas, apenas, (*c*) condutas contingentes, aquelas que podem cumprir ou descumprir a própria norma que as regula.

A incidência irradia os seus efeitos e se coloca, portanto, no plano da eficácia. A eficácia da norma tributária consiste em produzir relações entre fisco e contribuinte: relação de isenção, relação de obrigação etc. Sem esta "ponte", o elo de ligação entre a norma e o fato, que é a incidência, o suporte fático a que se referiu um dos maiores juristas deste país, que foi Pontes de Miranda, a norma, fenomenologicamente perde a sua essência, eis que não lhe seria dado alcançar o suporte fático e, juridicamente, produzir os efeitos que lhe são próprios, como a instauração da relação obrigacional tributária.

Como, à luz dessas ponderações, admitir, como fazem regulamentos de impostos, que incidência e não-incidência seriam categorias tão contingentes e dogmáticas, como por exemplo a isenção? A lei pode isentar ou não isentar. A Constituição Federal pode imunizar ou não imunizar. É uma opção de política legislativa, de conveniência e oportunidade, da discrição, portanto, do órgão competente para a produção da norma. Agora, o que não é possível, jamais, é entender que, dada a ocorrência do suporte fático, a norma jurídica não incida. Praticada a operação de circulação, o ICMS incide. Portanto, a norma jurídica de isenção incide da mesma forma que a norma jurídica de tributação, só que são diferentes os respectivos pressupostos para a própria incidência. Mas é um erro tratar a incidência como se fosse problema de Regulamento de IR e de Regulamento de IPI ou do ICMS. É degradar a essência do fenômeno, mostrar e demonstrar ignorância crucial com relação àquilo que esse fenômeno nos convoca a pensar e a expressar.

A isenção como hipótese de não incidência somente pode ser adequadamente analisada quando se recomponham as circunstâncias históricas que deram origem à teoria. Só quando se dá a revisitação dessa época pretérita, com os seus condicionamentos peculiares e irredutíveis às pretensões teóricas da modernidade.

Só a hermenêutica histórica é, a rigor, hermenêutica. Só ela é, rigorosamente falando, e com a licença da tautologia, histórica.

A teoria da isenção como hipótese de não incidência da norma obrigacional tributária persiste até hoje irrefutada, agradecidamente retocada pelas crítica, e acredito que resistiu aos esforços de sua refutação.

O retorno ao fato gerador da obrigação tributária

Mas há outros exemplos da impropriedade em que se incorre, quando se pretende apreciar, com a desconsideração do histórico, com menoscabo da historicidade essencial do fenômeno, o surgimento de certas categorias no campo do Direito. Por exemplo, o fato gerador da obrigação tributária. Dificilmente um conceito terá sido mais bombardeado teoricamente, por uma crítica voraz, do que o conceito de fato gerador.

Mas, serenamente, à luz de uma perspectiva histórica, entendo que não é possível, sem um ato de infidelidade objetiva ao próprio pensamento, ignorar a importância que teve o fato gerador para a edificação e autonomização – tanto quanto é possível falar-se em autonomia de ramo do Direito – do Direito Tributário diante do Direito Administrativo. Para isso é preciso que se retome as lições memoráveis de Jèze, em trabalho que foi traduzido e publicado na *Revista Forense*, e que inspirou a nossa teoria do fato gerador. Assim *El hecho imponible*, de Jarach, inspirou a teoria brasileira do fato tributável ("imponível" é a dicção usada, mas imprecisa, porque o fato tributário não se relaciona apenas com os impostos).

É claro que o fato gerador é uma caracterização incompleta do binômio fato/norma. Todavia, pela só circunstância de incompletude da descrição, não se deve equipará-la à sua desvalia total.

Que se alega contra o fato gerador? Na verdade a terminologia "fato gerador" tinha esse vício congênito de equiparar, numa unidade terminológica, coisas distintas: (i) a hipótese ou previsão normativa e (ii) o fato que concretamente ocorre, ou, para usarmos a lição, ainda hoje incontornável, de Hensel, não devemos ignorar que a hipótese normativa não é o fato, ela é como que "uma imagem abstrata do concreto estado de coisas". Mas o suporte fático de Pontes de Miranda tem uma correspondência total com o fato gerador, aquele acontecimento em decorrência do qual surge e se instaura o vínculo obrigacional tributário, tal como nos ensinava Amílcar de Araújo Falcão.

Não se deve desconsiderar o que significou para a construção de uma ciência do Direito Tributário, nas suas origens – que se convencionou chamar "tempos heróicos" do Direito Tributário – o papel que teve o fato gerador.

Amílcar de Araújo Falcão, numa clássica monografia – que vem sendo reeditada, com todo o meu entusiasmo e adesão (saúdo essa abertura para o legado da tradição no que ela tem de mais venerável) –, nos mostra que a "teoria da glorificação do fato gerador" era assim chamada porque, tal a importância do fato gerador para a construção de uma ciência do Direito Tributário, toda a sua edificação não passava de um desdobramento dessa noção fundamental. E Amílcar Falcão explica, na sua obra, que tudo o que se desdobra em Direito Tributário, relação tributária, obrigação tributária, sujeição tributária, isenção tributária, evasão tributária, discriminação de rendas, tudo estava centrado naquele conceito-chave, noção aglutinante, que era o conceito de fato gerador.

Se tivermos escrúpulos terminológicos poderemos, até, usar outra nomenclatura; mas jamais negar, utilizando apenas critérios histórico-evolutivos – ao cabo das contas, acríticos e até ingênuos – a importância que essa noção tem para a construção de uma ciência moderna do Direito Tributário. Sem aquele passo inicial, nenhum aperfeiçoamento do Direito Tributário.

O fato gerador é o fato jurídico no campo da tributação, fato jurídico tributário. Portanto, a nota que o especifica como fato jurídico é que ele ocorre no mundo das relações tributárias, relações entre fisco e contribuinte. Para invalidar-se de todo a noção de fato gerador seria necessário invalidar a noção genérica de fato jurídico – um dos conceitos fundamentais para a Ciência do Direito.

Normas gerais de Direito Tributário e hermenêutica histórica

Outro exemplo em que a desconsideração do histórico provocou corrosão, fatal para a correta interpretação do regime jurídico respectivo: o regime das normas gerais do Direito Tributário. Ficamos monocordicamente a discutir se as normas têm duas ou três funções – a teoria dualista e a teoria trialista –, e deixamos de lado certas considerações relevantíssimas e, portanto, urgentes. Não que se deva desconsiderar as funções da norma geral. Mas a verdade é que essa preocupação, quando se torna exclusiva, implica desconsideração de aspectos fundamentais, ligados historicamente ao surgimento do Código Tributário Nacional (CTN). Até hoje constato, com certo desencanto, que se tem generalizado e ampliado a tendência de examinar o CTN e interpretá-lo desconsiderando as circunstâncias históricas em que ele surgiu, à luz de critérios modernos, que são absolutamente equivocados e, diria, até superficiais. Um desses equívocos consiste em ver o campo das normas gerais como coextensivo ao campo material todo das normas tributárias particulares.

Vamos recordar algo pertinente e relevante. O plano das normas gerais – é quase uma trivialidade dizê-lo – é de direito positivo. Não existe, porém, norma de direito positivo com âmbito de validade universal. É sempre um âmbito de validade circunscrito ou limitado. Portanto, as normas gerais de Direito Tributário têm, também elas, âmbito de validade limitado.

É preocupação do intérprete, a sua missão e a sua prudência, estabelecer critério para demarcação do âmbito de validade material dessas normas gerais de Direito Tributário. Historicamente, como elas surgiram? Primeiro, elas são gerais. Não são todas as normas; só aquelas que, pela sua generalidade, se aplicam indistintamente à União, aos Estados, ao Distrito Federal e aos Municípios, o que não significa seja elas coextensivas da tributação como um todo, inclusive do âmbito total de validade da lei tributária material do Estado, do Distrito Federal, do Município e da União. Se assim radicalmente o fosse, não adiantaria repartir a competência tributária. Tudo estaria de antemão reservado à norma geral.

Quer-se aplicar à definição de tributo pelo CTN, âmbito de validade universal, como se ele não estivesse apenas caracterizando tributo para os fins e para os efeitos das normas gerais de Direito Tributário, para aquele campo circunscrito e não para outro! Querem a prova de que não é gratuita esta afirmação? O próprio CTN prescreve que a natureza específica de um determinado tributo é dada pelo seu fato gerador, sendo irrelevantes para qualificá-lo, além da denominação, a destinação legal do produto da arrecadação (art. 4º, I e II). Ora, se nós examinamos o CTN em confronto com o texto constitucional, a conclusão será de que a Constituição Federal atribui relevância aos fins visados pelas contribuições – que são hoje categorias tributárias. Relevantes os fins de certos tributos para a Constituição Federal, irrelevantes para o CTN. Para a Constituição Federal, existem tributos que se autonomizam enquanto categorias de direito positivo. Não são categorias de lógica jurídica. Na sistemática da Constituição Federal, se autonomizam as contribuições pela sua destinação. Está lá previsto o campo material de aplicabilidade das contribuições, tipificadas pela destinação: contribuições sociais, de intervenção no domínio econômico, de interesse de categorias profissionais (art. 149), contribuição para a seguridade social (art. 195).

Mas o CTN diz que é irrelevante, para qualificar os tributos, a destinação que se lhe der. Como fica essa diversidade? A ignorância do elemento histórico é que não permite uma compreensão adequada do problema. Chamo a atenção para a circunstância de que não existia e nem existe uma linha sobre contribuições de espécie alguma no CTN. E tanto isso é verdade que, antes mesmo do termo inicial de sua vigência (1.1.1967) e logo após a edição do CTN, foi editado o Decreto-lei n. 27, de 14.11.1966, não para dizer que as contribuições iriam se sujeitar à regência dessas normas gerais, mas, simplesmente, para explicitar, numa espécie de precaução com o futuro, que elas não excluiriam a incidência e exigibilidade daquelas contribuições que o próprio Decreto-lei enumerava (v. art. 217 do CTN, acrescentado pelo mencionado Decreto-lei): contribuição sindical, quotas de previdência, Fundo de Assistência ao Trabalhador Rural, FGTS e outras contribuições de fins sociais.

Já se vê, portanto, que não passa de um descaminho teórico descrever essas normas gerais de Direito Tributário desconsiderando quer o seu âmbito restrito de validade, quer essa cláusula inexa e não anexa, embora implícita em seu bojo: "para os efeitos desta lei", i.é, para os efeitos do próprio Código Tributário Nacional (todas as suas normas têm essa cláusula inexa). Equivocado será desconsiderar-se, na análise do CTN, que ele sequer contemplava as contribuições – hoje uma categoria tributária por força da superveniente disciplina constitucional, apesar do ziguezague doutrinário e jurisprudencial em torno delas. Essa exigência de prudência se acentua, se não quisermos aqui exercitar, irresponsavelmente, uma alienação teórica, porque o Supremo Tribunal Federal já se pronunciou conclusivamente no sentido de que as contribuições têm, na Constituição Federal de 1988, natureza tributária.

Debalde se tentará e intentará qualquer progresso científico desconsiderando-se essas circunstâncias em que, historicamente, o CTN surgiu, e como elas limitaram o seu âmbito de aplicabilidade. Não é preciso – e acho que toda esta exposição deixou isso bem claro – recorrer a nenhum processo de interpretação histórico-evolutivo, ao desenrolar posterior dos esforços para descrição dessas categorias teóricas. Cabe apenas o esforço profundo de retomada do pensamento original, procurando extrair dele todas as suas implicações, todas as suas virtualidades, e eventualmente – por que não? – as suas virtudes. Uma hermenêutica histórica formulada hoje é tão original quanto as normas do CTN, editadas em 1966.

Sejamos dignos da expectativa de que, deste Congresso, surja um aprofundamento desses temas, porque, na minha compreensão dos fins que lhe seriam mais adequados, está a ponderação de que historicamente pretendeu-se introduzir, neste momento algo solene, mais um método de interpretação – a hermenêutica histórica – e que esta surgiu no campo dogmático das preocupações sobre o tributo. E que ela não tenha surgido noutro campo, como a Teoria Geral ou a Filosofia do Direito, é algo que depõe a favor deste Congresso e da seriedade de tratamento das questões teóricas nele suscitadas.

A meu ver, basta esse esforço honesto para legitimar esta nossa reunião e esta nossa assembléia. Muito obrigado. (*Palmas*)

PRESIDENTE DA MESA (PROF. PEDRO LUCIANO MARREY JUNIOR) – Como os senhores puderam constatar, o espírito investigativo e inquieto do Professor Souto Maior Borges sempre nos traz à meditação uma nova faceta, uma nova forma de encarar o Direito Tributário. Por isso, e por tudo, é que nós agradecemos mais uma vez o professor por ter vindo nos brindar com esta sua palestra.

Dando seqüência à nossa atividade, passo a palavra ao Professor Eugênio Doin Vieira, que, em nome da Organização do Congresso, vai saudar os seus participantes.

PROF. EUGÊNIO DOIN VIEIRA – Estava repleto e brilhante o templo localizado nas montanhas de Lhassa, no longínquo Tibete. Em cerimônia anual, os iniciados comemoravam as suas elucubrações e seu progresso, a evolução interior. Era ensejo também de se examinarem pretensões de ingresso no círculo fechado dos iniciados. É nesse instante que um jovem sábio se destaca da multidão, avança na direção da mesa que dirigia os trabalhos e expõe a sua reivindicação de participar daquele seleto conjunto de pensadores. O monge, que os trabalhos presidia, tomou de um copo de cristal e de uma jarra de prata que estava repleta e, lentamente, encheu o copo, de tal forma que uma gota mais o transbordaria. Sem uma palavra, num gesto significativo, apresentou o copo ao candidato à iniciação. O jovem pensador entendeu a mensagem, cumprimentou com a cabeça e retirou-se. Mas quando ele retornava pelos corredores para o auditório de que se destacara, foi envolvido pelo perfume das flores. Destacou. Observou um buquê de rosas que ao seu lado estava, dirigiu-se a ele, da mais bela rosa colheu a menor pétala. Retornou à mesa dos trabalhos e delicadamente a depositou na superfície da água, sem que uma gota sequer se derramasse. Os aplausos estrugiram e ele foi aceito no seleto grupo dos iniciados.

Senhor Presidente deste XIII Congresso Brasileiro de Direito Tributário. Devo dizer a V. Exa. da surpresa e do encantamento com que recebi o convite para falar em nome de todos para todos. Peço a V. Exa. que permita, já que me faltam atributos e qualidades para ser a linfa pura que dessedenta e nutre, que eu seja ao menos a pequenina pétala que dá colorido e perfume ao Congresso austero que chega ao seu final.

Nossas saudações e os nossos agradecimentos fazem parte integrante de um momento como este. Deveríamos saudar, de início, por educação e reverência, os mestre que vieram de longe. Os compromissos os chamaram de volta um pouco mais cedo às suas terras e às suas aulas. De qualquer forma, registramos com carinho a presença, que marcou entre nós, de Ricardo Guibourg, da Argentina. Nós que o ouvimos ontem, estou certo, não teremos mais condições, ao assistir em nossa televisão uma partida de futebol e ao aparecer o juiz, deixarmos de lembrar dele. (*Risos*)

Reverenciamos o Professor Alvaro Rodrigues Bereijo, cujo vôo internacional o obrigou a ausentar-se neste instante. Falou-nos ele sobre a norma sancionatória e a norma moratória. As sanções e as compensações e o retardamento de um tributo, retornando a um tema tão singelo que nos tortura desde o início dos nossos estudos e de nossas práticas tributárias. Tem ele, entretanto, para nós, um valor especial, porque ajudou a burilar e a completar a figura humana limpa deste Estevão Horvath.

Colegas congressistas, e a prata da Casa, estes homens maravilhosos que lideram o pensamento tributário brasileiro, que fazem deste congresso o mais importante evento tributário do Brasil e, quiçá, de toda a América? Os homens que pensam, que aprofundam a meditação e que em exposições, como esta de Souto Maior Borges, expõem a extensão pré-amazônica do seu conhecimento profundo, nos encantam e humilham o nosso minifúndio cultural.

Marco Aurélio, que esteve conosco e também já retornou. Os participantes das mesas de debate. Os homens que deram essência e movimento a esta Casa. As mulheres, a quem endereço, sempre, a minha palavra de admiração e de temor pelo espaço que a cada dia ocupam mais no campo do tributo, no campo da advocacia, no campo dos estudos jurídicos.

Mas quero homenagear, sobretudo, os da planície, os que vêm de longe, cansados, suados, poeirentos e chorões pesados, vindos todos os anos, com religiosa pontualidade, participar do nosso trabalho.

Já imaginaram os Srs. Congressistas uma mesa ilustre, de estrelas de primeira grandeza, com um plenário vazio? Esse Plenário dá substância, força, riqueza ao nosso Congresso, forma aquele espectro de forças que inspiram os oradores e os levam a entusiasmar-se e a produzir essas peças de maestria, que nos têm sido proporcionadas aqui.

De vinte e quatro Estados da Federação temos participantes presentes. De todas as principais cidades. Mas não só das principais. Quem já ouviu falar em Santa Rita, da Paraíba, ou em Oliveira, de Minas Gerais, ou em Viana, do Espírito Santo? Pois estão todos aí os representantes dessas pequeninas cidades, mensageiros de uma presença de estudo, de meditação, de interesse com a coisa pública, que enriquece o nosso Plenário. Os de Jaraguá do Sul, de Jabuticabal, de Araçatuba, de Varginha, de Campinas, de Santos, de Ribeirão Preto, de Londrina, de Caxias do Sul – eu os cumprimento, os saúdo e os admiro, porque é preciso lembrar que não é apenas a contribuição dos grandes mestres que faz o monumento deste Congresso. Os pequenos contributos, os estudos iniciais, as experiências e as tentativas têm a mesma validade.

Para convencê-los, eu lembraria a imagem das moedas de cobre, esmola e oferta da viúva, no gazofilácio, da história bíblica. Elas valem mais que as daqueles a quem sobeja a riqueza, a cultura, a imensidão do patrimônio intelectual, como deste Souto Maior Borges, que derramam sobre nós a profundidade da sua sabedoria e do seu conhecimento.

Os jovens que começam, que dão os seus primeiros passos, a eles a nossa mensagem de agradecimento e de entusiasmo.

Há também de, neste instante, lembrar daqueles que levando à boca a moeda de cobre, na barca de Caronte, em que atravessam o Lete, e hoje, do outro lado da vida, onde ela esplende na sua eternidade e na sua exuberância, realizam suas tertúlias tributárias próprias. Relembro, de início, e o faço numa homenagem especial, ao homem que hoje dá nome a este Instituto: Geraldo Ataliba, cuja presença marcante é viva, ainda, entre nós; aqui ainda circula por estes corredores com sua perseverança, com o seu entusiasmo, com a sua veemência, com a sua agressividade, com a sua competência e com a sua genialidade, distribuindo suas lições e seu comando. Junto com ele, Gilberto de Ulhoa Canto, sempre saudado, Alfredo Augusto Becker, o nosso Pérsio Oliveira Lima, Cleber Giardino, Antônio Sampaio Dória, Fábio Fannuchi, Amílcar de Araújo Falcão, Rubens Gomes de Souza, Aliomar Baleeiro.

Que bela coorte de esplêndidos criadores e cultivadores do Direito, que não morreram – ficaram conosco, não só na lembrança viva, mas nas lições, nos escritos, nos ensinamentos que deixaram gravados e que, ainda hoje, sobre eles nos debruçamos, como acabamos de ver há poucos minutos.

Neste Congresso, permitam-me, faço uma referência especial a um homem que era jurista e não era tributarista, mas foi professor e foi amigo de todos nós. Foi Vereador, foi Deputado estadual, Deputado federal, Governador, Senador, Ministro de Estado. Foi, sobretudo, um Mestre. Era um filósofo, e seus livros foram lição primeira para muitos que se iniciaram na advocacia. Eu pronuncio, com muita reverência, o nome de André Franco Montoro.

Colegas congressistas, o Direito é linguagem. A palavra é a magia que nos permite comunicarmo-nos. Eu ouvi desta tribuna que um discurso em russo nada significaria para nós porque aqueles símbolos não têm conteúdo que nos comunique algo, que nos informe, que nos comova. Mas a palavra tem a sua mágica própria. O escultor pega da pedra bruta, trabalha, burila e de dentro dela arranca uma Vitória de Samotrácia ou um Apolo. O pintor manipula suas tintas e, com elas, produz uma Santa Ceia ou uma Mona Lisa. O compositor trabalha com sete notas e realiza, com elas, os prodígios da 5ª Sinfonia ou das Quatro Estações. O jurista, o escritor, usa a palavra como meio de comunicação e é preciso que ela expresse idéias, mas que seja também de tal forma trabalhada e burilada, que traga a essência da idéia sob uma forma agradável e comunicativa. Ele produz a perfeição, muitas vezes torturada, de um pequeno e sofrido *bonsai*, depois de muitos anos de labor e de esmerilhamento.

Mas a palavra só é válida quando ela tem essência de conteúdo e, mais ainda, quando aquele que a fala permite que os que o ouçam leiam nos seus olhos a mesma mensagem. É preciso que a boca fale daquilo que o coração está cheio.

Neste instante, nós, por hábito, deixamos um pouco de lado a frieza científica dos estudos e das meditações, porque estamos diante de um momento de despedida – e num momento de despedida é mister vibrar, é mister pensar, é mister sofrer. Não digam que a Ciência do Direito é fria. O Direito posto como norma tem como antecedente todo um fermento de valores e de opções. Isso nos ensinaram todos os mestres. Witgenstein nos diz muito bem. Bobbio, e o nosso próprio Kelsen quando nos fala da norma fundamental.

O que é texto normativo senão o resultado de uma valoração e de uma opção?

Nós, juristas – e disse bem Paulo de Barros Carvalho – temos não só a obrigação de fazer a descrição da norma, como também de, meditando sobre ela, quando seja o momento oportuno, sugerir-lhe evolução, modificação e aperfeiçoamento.

Esse contributo nós devemos à comunidade.

Como é importante o tributo. O imposto resume em si, em sua história, toda a evolução do direito humano, da formação do Estado, da cidadania. Já se vão algumas centenas de anos em que João Sem-Terra, num 12 de junho de 1215, premido pelos nobres, assinou a chamada Magna Carta. Por que o fez? Porque aqueles, de quem ele exigia tributos, entendiam, por um processo de evolução natural do homem, que era mister que estas exigências contassem com a aquiescência e concordância dos tributados. E surgiu a Carta Magna, que é exemplo, inspiração e fundamento de todas as constituições posteriores. Ela resultou da sensação da necessidade de transformar a imposição sobre tribo naquele imposto que resultasse na vontade de todos.

Em homenagem aos mineiros ausentes eu lembraria tão próximo o sonho libertário de Tiradentes. Ele se inspirou numa derrama, que buscava, pela tributação, sacrificar os patrimônios nacionais.

Mas há, na história e na legenda, o momento em que o imposto e a sua rejeição se envolvem num encantamento tal, que eu me permito traze-lo aos Srs. Congressistas, mau grado o adiantado da hora.

Leofric era o Conde de Mercia, da Inglaterra, que tanta tradição jurídica nos trouxe, em Coventry. Ele, com mão de ferro – ao tempo em que ainda não existia a genial classificação de Montesquieu –, era rei, legislava, executava e julgava, e impunha tributos pesados sobre seus servos e vassalos. À iminência de um novo imposto que fora anunciado, o povo sofredor compareceu a palácio e as mulheres com suas crianças no colo, porque não conseguiam falar com o austero dirigente, foram até sua esposa.

Godiva era jovem e bela como uma estátua de Phidias. Seus cabelos, tão longos como os de Iracema, eram louros como os trigais maduros. Ela os ouviu. E porque os amava, resolveu buscar atendê-los. Foi a seu esposo, amante, senhor, escravizador, e dispôs as reivindicações e as dores do povo, que pleiteava o cancelamento daquele novo tributo. Leofric sorriu e disse: "por ele tu não mexerias um fio dos teus cabelos" ao que ela respondeu: "eu os amo. São irmãos meus, em situação de inferioridade, mas eu os amo". E ele proferiu aquilo que, hoje, nós classificaríamos como uma "proposta indecente": "Pois bem, se tu os ama, és capaz de qualquer sacrifício por eles; se tu atravessares o burgo sem nenhuma roupa e o fizeres à plena luz do dia, eu mandarei sustar a cobrança do imposto e cancelá-lo". Godiva, vermelha de pudor correu para seus aposentos e após uma hora de meditação, resolveu: "Pois bem, farei esse sacrifício ao meu pudor e ao meu recato, em homenagem ao meu povo". E mandou anunciar pelos arautos que o faria, a bem da comunidade, e que eles, por amor a ela, se resguardassem em suas casas, fechassem portas e janelas para que ela pudesse faze-lo sem vexame maior. Soltou as tules e os brocados, retirou as jóias e os adereços e a tiara que usava habitualmente e, vestida apenas com a longa cabeleira loura, desceu assustada, escondendo-se pelos recantos do palácio e pelas colunatas até o pátio inferior onde a esperava um cavalo branco ajaezado. A trote, percorreu a cidade.

A lenda, a história, é registrada por um dos mais belos poemas de Tenysson, que mereceu uma tradução esmerada e linda, de Fernando Pessoa, para a língua portuguesa. As janelas fecharam. As portas cerraram. Às gelosias, às águas-furtadas, ninguém apareceu e apenas o ladrido dos cães e o olhar assustado dos pássaros diante daquele insólito espetáculo.

Diz a história que um homem, caráter mau, entreabriu a porta ao ela passar. Seus olhos saltaram da órbita e rolaram na poeira do chão. Foi o único. Nem sequer teve tempo para ver porque os fados protegiam o sacrifício da mulher formosa: o *peeping* Tom, como ficou conhecido. Atravessado o burgo, assim que ela envolveu os perfumes dos olmos e dos salgueiros, ela retornou lentamente ao palácio. Ruborizada correu aos seus aposentos. Revestiu-se, readereçou-se, nastrou os cabelos, antes desnastrados, e compareceu diante do amo, senhor, esposo e amante: "minha parte eu a fiz. Faz agora a tua". E ele, com aquela generosidade dos brutos, determinou de imediato. O tributo foi lançado ao esquecimento e o nome de Godiva foi projetado para os milênios.

Esta a mais bela forma de evitar uma incidência tributária. (*Risos*)

Peço neste momento às jovens e belas congressistas, que ouvem as perorações de Ives Gandra e que escutaram as críticas bastante fortes dos conferencistas desta Casa, que contenham eventuais arroubos de idéias românticas e de renúncia pessoal a bem da comunidade. (*Risos*) Estão escassos os cavalos brancos. (*Risos*) E o príncipe de hoje, ainda que sob a afinidade magnífica de Montesquieu, não tem sensibilidade para esse tipo de reivindicação e renúncia. (*Risos*) Ele ouve melhor e mais fácil as mensagens que lhe chegam da estrutura financeira internacional. A elas, sim, ele atende. Por elas ele nos tributa. Por elas ele entende que 200 milhões de reais são mais importantes que alguns milhares de vidas do Timor. Por elas ele limita as dotações da educação, aumentando o número de analfabetos; da saúde, aumentando a dificuldade no atendimento dos doentes e da assistência social, agravando a situação nacional e determinando uma concentração de renda como nunca se conheceu na história deste país.

Mas nós somos juristas, hoje congressistas, daqui a pouco estaremos pensando no novo Congresso que está para vir. Não podemos, em momento algum, esquecer o compromisso e a responsabilidade que temos diante da comunidade. Somos aquele fermento dos homens, aquele sal da terra capaz de levedar a massa e produzir prodígios. Vamos retornar aos nossos lares. Amanhã estaremos lá no trabalho. Os estudantes, produzindo as suas provas e os seus estudos. Os mestres e os doutores, preparando suas teses. Os consultores, os seus pareceres, os advogados as suas petições, os julgadores, as suas decisões, os legisladores os seus projetos de lei, e farão, naquela solidão de suas bancas de trabalho, naquele solipsismo de que nos fala Wittgenstein, que é onde se constrói: na tranqüilidade e no isolamento. Mas quando o fizerem, lembrem-se, e não esqueçam jamais, que naquele mesmo momento, em algum milhares de pontos deste país outros estudantes, outros professores, outros mestres, outros catedráticos, outros pareceristas, outros procuradores, outros julgadores, outros legisladores estão fazendo a mesma coisa. E é esse conjunto de estrelas que forma a nossa via láctea e é ele que nos dá substância e força para o trabalho e para que retornemos amanhã a este plenário, que, como eu disse, é hoje o mais significativo dos que reúne os tributaristas do Brasil.

O XIII Congresso é o último Congresso deste Século. Só nos reencontraremos no próximo milênio, mas estaremos até lá, cada um na sua trincheira, atentos a esse compromisso, atentos a essa responsabilidade, porque nos cabe construir muito. Não importa se a Constituição dos Estados Unidos em 200 anos teve apenas 16 emendas e na sua totalidade 26 as teve. Não importa se a nossa já está na numeração tal que temos dificuldade em acompanhá-la e as edições da Saraiva se tornam obsoletas a cada mês. (*Risos*) O que é importante é que mantenhamos viva esta chama da convicção da grandeza do País, País que tem todas as possibilidades de progresso e que merece progredir, País tão bem aquinhoado, que enquanto eclodem catástrofes por todo mundo, o Senhor, que é bom, estende as mãos e num só gesto apaga com uma grande chuvada nacional as milhares de fogueiras que a nossa irresponsabilidade predatória acendeu por esse País.

Sigamos cada um na sua luta e no seu trabalho. Não esqueçamos, em momento algum, de cultivar a verdade, de respeitar o Judiciário – que é a casa branca onde mora a verdade, no dizer de Goethe. Estejamos certos de que o Direito é belo, mas não precisa ser austero, nem triste, e a mensagem pode vir revestida de graça, de beleza e até mesmo de alegria. Vamos nos despedir em seguida – e não quero mais me alongar. Mas, de repente, vamos felizes, vamos alegres, e se começarmos a ouvir, no fundo do coração, alguns acordes musicais alegres e diferentes, não nos impressionemos, é porque estamos de fato felizes e é essa felicidade que estimula o progresso do homem, a imperfeição é estigma nosso, a perfectibilidade é a nossa bandeira e é pelo trabalho, pelo estudo continuado que o faremos.

E assim, de repente, escutaremos acordes musicais, que o nosso coração toca, em conjunto, que nos alegram, como se estivéssemos em Nova Orleans, pelas ruas da cidade, a alegria festiva do povo que se manifesta. Essa musicalidade, que parece que estamos começando a ouvir, é uma demonstração viva do quanto estamos felizes, senhor Presidente, de quando partirmos daqui desejosos de que passe rapidamente o Século, de que o milênio passe rapidamente para podermos reencontrarmos a todos, neste recinto, de coração alegre e com os ouvidos cheios de música. (*Palmas*)

(*Adentra o plenário uma banda de jazz, executando músicas representativas do ritmo de New Orleans*). (*Palmas*)

PRESIDENTE DO CONGRESSO (PROF. PEDRO LUCIANO MARREY JUNIOR) – Como os Srs. Congressistas puderam notar, um Congresso para ser sério não precisa ser triste. Ele precisa ter conteúdo. E, às vezes, o encerramento com esse tipo de programação demonstra com que abertura, com que desprendimento e com que vontade os organizadores deste Congresso encaram o estudo do Direito, sempre presentes e sempre dispostos a discutir cada vez mais, sob qualquer ângulo e sob qualquer aspecto, a Ciência do Direito.

Queria agradecer a presença de todos, a compreensão, a ajuda, o apoio e o incentivo dados durante todo este evento – e esperar que no ano que vem, próximo Século, estejamos todos de volta, aqui, com a mesma alegria e com a mesma disposição.

Passo a palavra para o encerramento deste Congresso ao Presidente do IDEPE, Professor Aires Barreto.

PRESIDENTE DO IDEPE (PROF. AIRES BARRETO) – Antes de encerrar, gostaria de ler a mensagem que nos foi enviada pelo presidente do Supremo Tribunal Federal (*lê*):

"Excelentíssimo Senhor Professor Aires Barreto.

Compromissos na Presidência do Supremo Tribunal Federal impedem-me de estar presente ao XIII Congresso Brasileiro de Direito Tributário, que tem a inspiração do criador do IDEPE, o inesquecível Geraldo Ataliba, que foi e continua sendo, tendo em vista a obra jurídica que ele deixou, o mestre de todos nós.

Enfatizo: somente compromissos inadiáveis atinentes à Presidência do STF é que fazem com que, pela primeira vez, deixe eu de comparecer ao Congresso que, fiel ao espírito científico do seu patrono, Geraldo Ataliba, instrui e aperfeiçoa.

Peço-lhe, meu caro Professor Aires, que transmita a todos os participantes do evento as minhas escusas. Rogo-lhe que me justifique perante todos.

No próximo ano, esteja certo, estarei presente ao XIV Congresso Brasileiro de Direito Tributário.

Meu abraço cordial ao Professor Pedro Luciano Marrey Junior, Presidente do Congresso, ao Professor Paulo de Barros Carvalho, Presidente da Comissão Científica, para a Maria Leonor, para o Eurico de Santi, para a Rosoléa, enfim, para os bons e fiéis amigos que tornam realidade o Congresso Brasileiro de Direito Tributário.

Receba, meu caro Aires Barreto, de par com os meus agradecimentos, o abraço cordial e amigo do

(a.) CARLOS MÁRIO VELLOSO"
(*Palmas*)

Esperamos revê-los no XIV Congresso Brasileiro de Direito Tributário, no primeiro Congresso do ano 2000, que realizaremos nesta mesma casa, de 25 a 26 de outubro. Com um agradecimento especial à Professora Rosoléa Folgosi, cuja dedicação, empenho e esforço, viabilizam os nossos congressos, declaramos encerrado o XIII Congresso Brasileiro de Direito Tributário.

Muito obrigado a todos. (*Palmas*)

INSTITUTO GERALDO ATALIBA – IDEPE

(Instituto Internacional de Direito Público e Empresarial)

Presidente: Aires Barreto

XIV CONGRESSO BRASILEIRO DE DIREITO TRIBUTÁRIO

25, 26 e 27 de outubro de 2000

Promoção: *RDT - Revista de Direito Tributário*

IBET - Instituto Brasileiro de Estudos Tributários

TEMÁRIO

— **Telecomunicações, *Internet*, Provedores de Acesso, de Informação, *Softwares*, Radiodifusão**
Tributação dos novos meios de comunicação

— **Relações entre o Fisco e o Contribuinte no Processo Administrativo e Judicial**
Projeto do Código de Defesa do Contribuinte
Garantia de instância
Efeitos da consulta em matéria tributária
Regimes especiais
Arrolamento fiscal
Sigilo bancário

— **Impacto da Tributação nas Relações de Consumo**
Não-cumulatividade
Seletividade
Contribuinte "de fato"

— **Tributação do Comércio Exterior**
Tratados internacionais em matéria tributária
Preços de transferências

— **Responsabilidade dos Administradores de Empresas em Matéria Tributária**

XIV CONGRESSO BRASILEIRO DE DIREITO TRIBUTÁRIO

Presidente: PROF. JOSÉ EDUARDO SOARES DE MELO

COMISSÃO CIENTÍFICA

Presidente: ESTEVÃO HORVATH

Aires Barreto, Alcides Jorge Costa, Américo Lacombe, Anna Emília Cordelli Alves, Carlos Mário Velloso, Célio Batalha, Celso Antônio Bandeira de Mello, Diva Malerbi, Eduardo Bottallo, Elizabeth Nazar Carrazza, Eugênio Doin Vieira, Heron Arzua, José Artur Lima Gonçalves, José Carlos Dias, José Eduardo Soares de Melo, Lucia Valle Figueiredo, Luciano da Silva Amaro, Marçal Justen Filho, Marcelo Figueiredo, Maria Salete Camargo Nascimento, Misabel Derzi, Natanael Martins, Ormezindo Paiva, Osiris de Azevedo Lopes Filho, Paulo de Barros Carvalho, Paulo Frontini, Pedro Luciano Marrey Júnior, Regina Helena Costa, Roque Carrazza, Sacha Calmon, Sidney Saraiva Apocalypse, Souto Maior Borges, Tércio Sampaio Ferraz Júnior, Valdir de Oliveira Rocha, Wagner Balera, Yoshiaki Ichihara.

COMISSÃO DE TRABALHOS

Presidente: ROBERTO QUIROGA MOSQUERA

Maria Leonor Leite Vieira, Paulo Ayres Barreto, Sidney Saraiva Apocalypse.

COMISSÃO ORGANIZADORA

Presidente: RAQUEL NOVAIS

Alessandra G. Aires Reimberg, Antonia Aparecida Pereira, Antônio José da Costa, Cristiano Carvalho, Dejalma de Campos, Edgar Neves da Silva, Eliana B. Bertachini, Eurico Diniz de Santi, Fugimi Yamashita, Gian Maria Tosetti, Luiz Alberto Bettiol, Malvina Corujo A. Lopes, Marcelo Fortes, Maria Leonor Leite Vieira, Maurilio Schmmitd, Octávio Bulcão, Osiris de Azevedo Lopes Neto, Paulo Ayres Barreto, Paulo Conrado, Pedro Lunardelli, Rosoléa Folgosi, Wanderley Federighi.

CONFERENCISTAS

Profa. ANNAMARIA PIMENTEL – SP

Prof. PAULO DE BARROS CARVALHO – SP

Prof. RICARDO LOBO TORRES – RJ

Prof. SACHA CALMON NAVARRO COELHO – MG

REGIME TRIBUTÁRIO DOS SERVIÇOS DE TELEFONIA CELULAR

AIRES F. BARRETO

Advogado em São Paulo. Professor no Curso de Especialização em Direito Tributário da PUC/SP. Professor no Curso de Especialização em Direito Tributário no Centro de Extensão Universitária-SP. Presidente do IGA-IDEPE – Instituto Internacional de Direito Público e Empresarial.

I. Considerações introdutórias

É noção cediça a de que a Constituição Federal, ao outorgar competência tributária aos entes políticos, define e discrimina, de forma rígida e esgotante, o âmbito dentro do qual contém-se a competência atribuída a cada um deles.

E mais. No concernente aos impostos, a Constituição Federal adotou o critério material, ao discriminar ou delimitar os respectivos âmbitos da competência para instituí-los: designa certa matéria, cuja consistência delimita o campo (a área, a esfera) da competência outorgada. E ao assim fazê-lo, no que se refere aos impostos, a Constituição Federal, já traz, ela própria, a prefinição da hipótese de incidência de cada qual.

Portanto, em relação a cada um dos impostos, tem-se um arquétipo constitucional de sua hipótese de incidência; segue-se, *a fortiori* que, todo e qualquer estudo, envolvendo a investigação do âmbito da incidência de qualquer um deles, deve iniciar-se – pena de equívocos e perplexidades insolúveis – pela análise sistemática do(s) respectivo(s) arquétipo(s) constitucional(is) do(s) imposto(s) considerado(s), à luz dos princípios constitucionais básicos.

Dado que nossa Constituição é rígida – e quer isso significar, essencialmente, que sua alteração somente será juridicamente válida se feita mediante emenda constitucional, obedecido o processo nela mesma indicado – segue-se que nenhuma lei pode inová-la, para agregar-lhe prescrições que não contém ou para subtrair-lhe comandos que veicula.

Se a matéria é constitucional, só pelas normas constitucionais se resolve. E toda norma infraconstitucional ou está conforme a Constituição, ou deve ser a ela conformada. Se isto não for possível, deve ser desprezada.

É de mister ter presente a insuperável lição de J. Marshall, referida por Pinto Ferreira. Aquele *Chief-Justice*, há mais de 150 anos, já lecionava que "não há como se contestar o dilema: ou a Constituição anula qualquer lei que a contraria, ou o legislativo pode alterar a Constituição por lei ordinária" (*RDP* 17/17). A nossa Suprema Corte, desde o início da República, tem consagrado, decididamente, essa firme postura de defesa da prevalência da Constituição sobre toda e qualquer norma infraconstitucional, que nela deve encontrar – pena de expulsão do sistema normativo – seu fundamento de validade.

Daí ser noção elementar a de que também as leis complementares – normas da ordenação inaugurada pela Constituição – estão igualmente sujeitas a contraste de constitucionalidade sendo suscetíveis de "controle de constitucionalidade" pelos mesmos métodos e segundo critérios idênticos aos aplicáveis a toda e qualquer lei (A. Baleeiro, Manoel G. Ferreira Filho, J. Afonso da Silva, Souto Borges).

É imediatamente perceptível que a questão radica-se na definição dos respectivos âmbitos de incidência do ICMS e do

ISS, impostos cometidos, pela Constituição Federal, respectivamente, à competência tributária dos Estados-membros (e do Distrito Federal) e dos Municípios. Insere-se, assim, no tema da delimitação constitucional de competências tributárias, especificadamente no tópico relativo aos respectivos arquétipos constitucionais das hipóteses de incidência de cada um dos impostos mencionados.

Feitas essas advertências, já se faz possível analisar os arquétipos constitucionais das hipóteses de incidência do ICMS e do ISS, respectivamente, tal como delineados pelas normas outorgadoras das competências tributárias aos Estados, ao Distrito Federal e aos Municípios (art. 155 e 156 da Constituição).

II. Arquétipos constitucionais do ISS e do ICMS

II.1. Âmbito de incidência do ISS

Inclui-se na competência tributária dos Municípios o imposto sobre: "III – serviços de qualquer natureza, não compreendidos no art. 155, II, definidos em lei complementar" (inciso III, do art. 156, da CF).

O contexto sistemático da Constituição leva à conclusão de que o conceito constitucional de serviço não coincide com o emergente da acepção comum, ordinária, desse vocábulo. Foi Alfredo Augusto Becker – apoiado em Pontes de Miranda – quem melhor mostrou que a norma jurídica como que "deturpa" ou "deforma" os fatos, do mundo, ao erigi-los em fatos jurídicos (*Teoria Geral do Direito Tributário*, 2ª ed., Saraiva, 1972, p. 78).

Num contexto rígido, é para delimitar e circunscrever o campo de competência municipal que a Constituição se refere, expressamente, a serviços. Remete, portanto, ao conceito de certos fatos que poderão ser adotados como hipótese de incidência pelo legislador ordinário municipal. Este poderá usar total ou parcialmente a competência recebida. Não poderá, porém, extrapassá-la. Quer dizer: o legislador não pode ir além dos lindes do conceito constitucional de serviço. Daí a importância do esforço exegético, no sentido de desvendar o conteúdo, sentido e alcance do conceito de serviço tributável, a que se refere o texto constitucional.

Atentos à Constituição, sistematicamente interpretada, temos que, no conceito de serviço tributável, não se inclui o serviço público, porque (*a*) subsumível a regime de direito público, e (*b*) excluído por força do estatuído na alínea "a", do inciso VI, do artigo 150 da Lei Maior, que estabelece a imunidade tributária dos serviços públicos (cf. Paulo de Barros Carvalho, *Curso de Direito Tributário*, Ed. Saraiva, 2ª ed., 1985, e Souto Borges, *RDT* 4/51).

No conceito também não se contém o trabalho realizado para "si próprio", desprovido que é de conteúdo econômico. Deveras, as exigências do princípio da isonomia e da capacidade contributiva impedem que se possa cogitar de gravar-se com impostos "a prestação de serviços" despida de conteúdo econômico (v. Célio Batalha, *RDT* 13/145).

Pelas mesmas razões jurídicas, não se contêm no conceito constitucional de serviços os prestados em regime familiar, os altruísticos, desinteressados e filantrópicos, por lhes faltar conteúdo econômico (conforme art. 145, § 1º, CF). Desde as magistrais lições de Sainz de Bujanda e Dino Jarach, reconhece-se, universalmente, que o princípio constitucional da isonomia exige tenham os fatos imponíveis conteúdo econômico (devemos o mais atualizado estudo a respeito ao professor Carlos Palao Taboada, *RDT* 4/125).

Está fora do conceito também – por não estar *in commercio* – o trabalho efetuado em relação de subordinação, seja a empregador privado, seja ao poder público (cujo conteúdo econômico é excluído, em razão de seu cunho alimentar). Com estas exclusões constitucionalmente exigidas, fica delimitado o conceito de serviço tributável pelo Município (art. 156, CF).

Dele estão subtraídos, ainda, os serviços cuja tributação é cometida aos Estados, que são os serviços de transportes intermunicipal ou interestadual e os de comunicação (cf. art. 155, II, da CF).

Dessa série de premissas resulta a conclusão de que "serviço tributável é o desempenho de atividade economicamente apreciável, produtiva de utilidade para outrem, porém sem subordinação, sob regime de direito privado, com fito de remuneração" (cf. Aires Barreto, *RDT* 15/200).

Nesses termos, a outorga constitucional é ampla. No campo de incidência municipal só não se podem incluir:

a) fatos que não configurem serviços;

b) serviços compreendidos na competência dos Estados;

c) serviço público;

d) serviços despidos de conteúdo econômico.

Cabe reafirmar que os Municípios não podem invadir a área de competência dos Estados, para tributar, seja a que título for, operações relativas à circulação de mercadorias ou os dois serviços antes referidos. Reciprocamente, de modo nenhum podem os Estados incursionar no âmbito municipal, para tributar os demais serviços (ainda que de modo indireto ou oblíquo).

Demarcado, assim, em breves linhas, o âmbito da competência conferida aos Municípios, a título de ISS – limitadas, as considerações sobre a matéria, aos objetivos deste trabalho – podemos passar ao exame do campo de incidência do ICMS.

II.2. Âmbito de incidência do ICMS

A Constituição, ao discriminar as competências tributárias, estabelece competir aos Estados e ao Distrito Federal a instituição de imposto sobre: "operações relativas à circulação de mercadorias e sobre prestações de serviços de transporte interestadual e intermunicipal e de comunicação... (art. 155, II)".

Assim, a criação e a exigência desse imposto, pelos Estados e pelo Distrito Federal, está delimitada por esse arquétipo constitucional da sua respectiva hipótese de incidência, ante a qual impõe-se concluir que os Estados e o Distrito Federal só poderão instituir imposto gravando (a.1) "operações" relativas à circulação de mercadorias (a.2) ou serviços de transporte interestadual e intermunicipal e os de comunicação.

Conseqüentemente, a determinação da abrangência do campo material da competência privativa assim outorgada, exige, preliminarmente, meditação centrada sobre os termos "operações", "circulação", "mercadoria" e "serviço", tal como supostos constitucionalmente (como devem ser sistematicamente entendidos, no contexto constitucional). Depois, tendo em conta a natureza dos fatos objeto da consulta, há que se analisar o termo "comunicação", empregado pela Constituição, para delimitar a competência estadual quanto a esses específicos serviços.

Inicialmente, assinale-se que, conforme o arquétipo constitucional da hipótese de incidência do ICMS, o fato essencial, juridicamente relevante para delimitar o seu âmbito é a "operação mercantil" – entendida "operação" como negócio jurídico, regulado pelo direito mercantil, conforme Geraldo Ataliba expôs, com proficiência, em estudo publicado na *RF* 250).

A consistência da hipótese de incidência se centra no termo "operações", entendido como equivalente a "atos jurídicos; atos juridicamente relevantes", regulados pelo direito mercantil, como bem expôs Carlos da Rocha Guimarães ("ICM sobre a importação de bens de capital para uso do importador", *RF* 250/115).

As "operações" civis – regidas pelo direito civil – não são tributáveis pelos Estados, dado que não têm "mercadoria" por objeto.

Observe-se que, se toda circulação de mercadoria representa circulação de bem material, o inverso não é verdadeiro: nem todo bem material circulado é mercadoria (v. Aliomar Baleeiro, *RF* 250). Podem ser bens civis, ou outros, que não se subsumem à noção de mercadoria – objeto do ato de mercancia, ato de comércio. E onde não houver mercadoria, não há operação tributável pelos Estados – salvo se se tratar de bens importados "destinados a consumo ou ativo fixo do estabelecimento". Ou seja, o ICMS não é imposto incidente sobre a circulação de quaisquer bens materiais. Desse gênero, o Texto Supremo isolou só a espécie "mercadorias" e os bens importados "destinados a consumo ou ativo fixo do estabelecimento", para atribuir aos Estados imposto sobre as "operações" que os têm como objeto (art. 155). E, relativamente a esta última competência adicional, a Suprema Corte não tem aceito a incidência do ICMS nos casos em que o importador não é contribuinte desse imposto.

Em suma, nos termos do art. 155, II, da Constituição Federal, o ICMS é imposto que incide sobre (*a*) operações relativas à circulação de mercadorias (*b*) bens importados do exterior, mesmo que não seja mercadorias, mas sejam "destinados a consumo ou ativo fixo do estabelecimento", por contribuinte do imposto (art. 155, IX, "a"), sobre (*c*) serviços de comunicação e sobre (*d*) serviços de transporte interestadual e intermunicipal. Dentro dessa prefinição constitucional esgota-se o campo de incidência do ICMS a ser instituído pela lei ordinária.

Cabe, agora, examinar o vocábulo "circulação". É inafastável raciocinar em termos jurídicos; e, nestes termos, circular é mudar de titular (cf. Geraldo Ataliba, *Estudos e Pareceres de Direito Tributário*, v. 3, Ed. RT, 1980, p. 54). Como magistralmente o demonstra Cléber Giardino, é transferir, por meio idôneo, os poderes jurídicos de disponibilidade sobre uma coisa (no caso, mercadoria) (cf. *RDT* 17-18/77).

Fixadas essas primeiras premissas, é hora de analisar a expressão "serviços" (...) "de comunicação", para bem visualizar o traçado do âmbito de competência estadual, relativamente a esse fato econômico.

O conceito constitucional de serviços tributáveis que foi desenvolvido vale, quanto ao ICMS, se devidamente observada a circunscrição imposta pela locução adjetiva, "de comunicação". Conseqüentemente, a primeira conclusão a ser assinalada, com ênfase, é a de que não há competência estadual para tributar, por via de imposto, senão os "serviços de comunicação" (ou os de "transporte interestadual e intermunicipal", que não são objeto de nossas considerações).

Os serviços de comunicação, conquanto sujeitos à competência tributária estadual, têm sua regulação administrativa a cargo da União Federal, *ex vi* do art. 21, incisos XI e XII, e art. 22, IV, da CF. Daí porque, existindo lei federal definidora do que sejam os serviços de comunicação, materialmente considerados – e, sob esse aspecto, não havendo, no conceito da lei federal, nenhum desbordamento do conceito constitucional desses serviços, para fins de tributação – não se pode, em princípio, desconsiderar os termos das suas definições.

A lei federal n. 9.472/97, que dispõe sobre telecomunicações, define esses serviços como segue:

"Art. 60. Serviço de telecomunicações é o conjunto de atividades que possibilita a oferta de (...).

"§ 1º. Telecomunicação é a transmissão, emissão ou recepção por fio, radieletricidade, meios ópticos ou qualquer outro, processo eletromagnético, de símbolos, caracteres, sinais, escritos imagens, sons ou informações de qualquer natureza".

Do conceito legal dos serviços de telecomunicações, já se verifica que compreende o ato de transmitir ou de emitir ou de recepcionar ("símbolos, caracteres, sinais, escritos, imagens, sons ou informações de qualquer natureza"). Sua materialidade consiste nos fatos concretos de transmissão, emissão ou recepção de símbolos caracteres, sinais, escritos, imagens, sons ou informações de qualquer natureza, vale dizer, implica um tráfego de mensagens, *lato sensu*, por qualquer dos meios descritos na referida norma administrativa.

Em suma, estão submetidos à incidência do ICMS os serviços de comunicação, isto é, a utilidade material, onerosamente prestada que, concretamente, implique o tráfego de informações, sinais e mensagens de qualquer natureza ou conteúdo, por quaisquer dos meios tecnológicos para tanto aptos.

Não poderá ser tributado pelos Estados ou pelo Distrito Federal, portanto, nenhuma prestação de utilidade que não importe, que não concretize, que não implique o fato concreto do tráfego comunicativo, que não consubstancie a prestação do serviço de comunicação (ressalvada, obviamente, a prestação de serviços de transporte intermunicipal ou interestadual).

Bem por isso, a Lei 9.472/97 apressou-se em afirmar que o "serviço de valor adicionado não constitui serviço de telecomunicações..." (§ 1º, do art. 61).

Exaure-se, assim, a competência estadual, na faculdade de tributar, exclusivamente, as operações (negócios jurídicos) relativas à circulação (transferência de titularidade) de mercadorias (bens objeto de mercancia) ou de bens importados destinados a consumo ou ativo fixo do estabelecimento, além das prestações de serviços de transporte transmunicipais e de comunicações. Não pode o Estado, a nenhum título, alcançar, com esse imposto, nenhum outro fato econômico ocorrido no mundo fenomênico. Não lhe cabe, por conseguinte, jamais, a tributação de serviços outros (salvo os expressamente mencionados pela Constituição) (v. Souto Borges, *Revista da Secretaria de Assessoria Jurídica da PM do Recife*, v. II), como já assentado, explícita e categoricamente, pelo STF, apreciando o RE 86.993 (*RTJ* 88/295).

As competências tributárias são exclusivas e privativas. A competência estadual é, rígida e exaustivamente, definida no art. 155 da Constituição, assim como a faculdade municipal para instituição de impostos esgota-se no seu artigo 156. Deste asserto não discrepam os mais autorizados estudiosos do sistema constitucional tributário. A tal propósito não se registra nenhuma dissensão doutrinária ou jurisprudencial digna de menção.

Ipso facto, não podem os Estados tributar serviços – salvo, tão-só, os de transporte transmunicipal e de comunicação, sob pena, inclusive, de "invasão de competência", como denunciou Amílcar Falcão (*Fato gerador da obrigação tributária*, 4ª ed., Ed. RT, 1977, p. 136), com o apoio autorizado de Baleeiro. O Estatuto Supremo faculta-lhes tributar somente os fatos prefinidos nos preceitos contidos no seu artigo 155. E, como esses preceitos são exaustivos, nenhum outro imposto pode ser instituído pelas unidades federadas fora do campo material do art. 155. A tributação, pelos Estados, de serviços – que não sejam aqueles dois, únicos, incluídos na sua competência – importa flagrante invasão da competência municipal, em manifesta afronta à Constituição (Cléber Giardino, *RDT* 13).

Advertência necessária

Nesta altura, cabe dissipar preconceito, disseminado por desavisados, sobre os contornos do arquétipo constitucional do ICMS. Alguns entendem que os Estados poderiam – por força da alínea "b", do inciso IX, do § 2º, do mesmo art. 155 – tributar outros serviços, que não os de comunicação e de transporte interestadual e intermunicipal, "quando mercadorias forem fornecidas com serviços não compreendidos na competência tributária dos Municípios". E, dentre esses outros serviços, incluem o fornecimento de peças requeridas para o reparo de equipamentos, máquinas, etc.

Essa visão é cabalmente equivocada.

Antes de tudo, importa não esquecer que aos Municípios compete tributar serviços de qualquer natureza (art. 156, III, da CF), exceto os do artigo 155, II, da Constituição. Em outras palavras, todos os serviços foram cometidos à competência dos

Municípios, tirante apenas os de comunicação e de transporte transmunicipal. Os Estados ficaram apenas e tão-só com esses dois serviços. São dos Municípios todos os demais (Souto Borges, Roque Carrazza, Paulo B. Carvalho e Pedro Luciano Marrey Jr.).

Além disso, a alínea "b", do inciso IX, do § 2º, do art. 155, não é – obviamente – regra bastante em si mesma (como aliás, não o é nenhum outro preceito isolado), devendo ser harmônica e sistematicamente considerada. Ela não contém senão a explicitação da competência contida no *caput* do mencionado artigo 155, sendo impossível, juridicamente, dissociá-la da prescrição ali contida, quanto mais admitir que possa ultrapassar os seus limites. A competência dos Estados, em matéria de impostos, é a descrita no art. 155, II, da Constituição. Todos os demais preceitos relativos ao ICMS devem ser vistos e interpretados em consonância com essa norma. Não há outras competências estaduais, para a criação de impostos, além daquelas versadas no artigo 155, II, da CF É, aliás, elementar que os parágrafos, incisos e alíneas subordinam-se ao *caput* dos preceitos (cf. Aires Barreto, *RJ IOB*, 13/90, p. 205, ementa 1/3266).

É curial, pois, a conclusão de que a alínea "b", do inciso IX, do § 2º, do art. 155, limita-se a prescrever que, se mercadorias forem fornecidas com (*a*) serviços de comunicação ou (*b*) com serviços de transporte intermunicipal ou interestadual, o ICMS incidirá sobre o valor total da operação. É dizer, o regime jurídico aplicável será o mesmo das operações mercantis, com suas especificidades: alíquotas, base de cálculo, crédito, estorno, etc.. Com isso, a Constituição visa a impedir que – mesmo diante de fixação de alíquotas (ou bases de cálculo, regimes de crédito, momentos de ocorrência do fato imponível, etc.) diferentes para operações relativas à circulação de mercadorias e para os serviços referidos – se possa considerá-los de per si (como, por exemplo, aplicar uma alíquota, ou base, para a operação mercantil e outra para a prestação dos serviços de transportes transmunicipais ou para os de comunicação).

Em síntese, exceto quanto aos de comunicação e os de transporte transmunicipal, nenhuma competência têm os Estados para tributar serviços. Logo, a letra "b" do inciso IX, do § 2º, do artigo 155, da Constituição não ampara a exigência de ICMS sobre o fornecimento de materiais empregados em serviços típicos, que se traduzem em obrigação de fazer e não em obrigação de dar.

Por conseguinte, só os Municípios – aos quais compete a tributação dos serviços de qualquer natureza – têm competência para exigir imposto sobre as atividades incluídas no conceito constitucional de serviço, inclusive nas prestações em que haja fornecimento de materiais. Não se pode, sem ofensa à Constituição, subsumir tais serviços ao imposto estadual. A letra "b" do inciso IX, § 2º, do art. 155, da Constituição Federal não ampara nenhuma pretensão nesse sentido. Exigir ICMS, nesses casos, implica inconstitucionalidade, por invasão da competência tributária reservada aos Municípios.

Considerando que o caso concreto objeto da consulta envolve a competência estadual para tributar os serviços de comunicação cabe, agora, expor considerações acerca daqueles limites que balizam a imposição dos impostos sobre serviços – em face das normas constitucionais que prefinem seus respectivos âmbitos de incidência – que, em especial, são válidos, assim para o ISS, como para o ICMS sobre os dois serviços previstos no art., 155, II, da CF.

III. ISS e ICMS não incidem sobre contratos, mas sobre fatos

O ISS, como o ICM<u>S</u> (note-se, quanto ao S) incidem sobre a efetiva prestação de serviço. Não são impostos sobre contratos, mas impostos sobre fatos. Não são tributos sobre negócio jurídico – na classificação clássica de Amílcar Falcão. A incidência de norma de ISS (e a do ICM<u>S</u>) dá-se sobre o fato "prestar serviço" e não sobre o ato de contratar. A consideração sempre relevante do contrato ilumina a compreensão do fato, ensejando sua melhor qualificação; mas não o substitui, nem o supera.

Quando se está diante de impostos que recaem sobre fatos, essa só circunstância já é suficiente para evidenciar o óbvio: só podem incidir sobre fatos. E, quando se fala em fatos, a referência é inexoravelmente ligada a episódio ocorrido concretamente e não meramente passível de ocorrer. Relativamente a serviços, não se pode dizer que incida ISS ou ICMS pela singela circunstância de estar-se diante de obrigação de fazer. Para que esses impostos possam ser exigíveis é necessário que, além de terem se obrigado a fazer, ocorra o concreto fazimento daquilo a que se obrigaram. O eminente ministro Xavier de Albuquerque bem esclarece essa questão: "Não é, porém, o obrigar-se a fazer, mas o fazer concreto e efetivo que dá ensejo à incidência do ISS" (parecer, não publicado, ao que nos consta).

Somente com o efetivo e completo perfazimento do serviço é que se pode cogitar da incidência do ISS (o raciocínio vale, também, para o ICMS). Essa é lição dos nossos Tribunais, *verbis*:

"Imposto – Serviços de qualquer natureza – Contrato de manutenção – Evento futuro e incerto – simples avença, de futuro e potencial atendimento, que não implica na efetiva prestação de serviço tributável – Recursos não providos (...)".

"Isto significa que, ao ser cumprida a obrigação de fazer consistente no serviço tributável, ocorre a imponibilidade.

"Nos assim denominados contratos de manutenção que a apelada celebra com sua clientela, tem-se ali alojada, em realidade, singular promessa de obrigação de fazer, condicionado o implemento desse *facere* a evento futuro e incerto, que até mesmo pode inocorrer.

"Em conseqüência, a simples assinatura da avença que põe na disponibilidade do contratante aderente o futuro e potencial atendimento (apenas na hipótese de quebra de eletrodomésticos), não se confunde com a efetiva prestação do serviço respectivo. Até aí não houve qualquer fruição de utilidade pelo referido contratante.

"Assim sendo, na esteira de pronunciamentos anteriores, desta Egrégia Corte, em casos idênticos entre as mesmas partes (Apelações ns. 352.986, da Quinta Câmara, Relator Juiz Marcondes Machado 361.254, da Primeira Câmara, Relator Juiz Silveira Netto; 363.148 da Oitava Câmara, Relator Juiz Raphael Salvador, mencionadas na respeitável sentença, a fls. 111), ainda que sujeitos a reexame perante o Egrégio Supremo Tribunal Federal (o que se não comprovou, entretanto), é que se confirma aquele ato sentencial, por seus jurídicos fundamentos, inabalados pelas razões do recurso" (Ap. 380.230, *JTACivSP* 111/96).

Só há serviço, da perspectiva jurídica, se e quando instaurada uma relação jurídica, de conteúdo econômico, pela qual uma pessoa promete um fazer para outra, mediante remuneração e esse fazer se concretiza. Sem o prévio (lógico e cronológico) enlace ou relação jurídica entre diferentes partícipes, serviço não há. E sem o concreto fazer, também serviço não há.

O ISS e também o ICMS (relativamente aos serviços de comunicação e de transporte intermunicipal ou interestadual) não incidem sobre a prestação potencial de serviços. Como ensina Souto Borges, ..." nem sequer alternativamente sobre a prestação efetiva e/ou potencial de serviços" ("Inconstitucionalidade e Ilegalidade da Cobrança do ISS sobre Contratos de Assistência Médico-Hospitalar", *RDT* 38/168).

Ambos os impostos só podem incidir sobre a prestação efetiva de serviços, previstos constitucionalmente.

Oportunas são as lições do mestre Roque Carrazza – que, embora referidas ao ISS, aplicam-se, integralmente, também ao ICMS – quando salienta que: "O ISS, pela sua própria natureza – constitucionalmente estabelecida – só pode alcançar o fato jurídico da prestação de serviços e, não, o ato jurídico (ou os atos jurídicos) que a viabiliza. Invocando Amílcar de Araújo Falcão podemos dizer que este é um imposto sobre fatos jurídicos e, não, sobre atos jurídicos" (*RDT* 33/143).

IV. Inexistência de "prestação potencial" de serviços

Juntamente com Geraldo Ataliba, de há muito, havíamos escrito: "É cediço que para haver serviço (tributável ou não), impõe-se a sua prestação. Serviço não prestado não é serviço. Não há serviço sem a respectiva prestação. Repugna ao nosso sistema constitucional a tributação do serviço não realizado, não prestado, pela simples e fundamental razão da impossibilidade da ausência de fato imponível, quando não há fatos. Lógica e cronologicamente, é imperioso que haja um fato, para, depois poder ele ser qualificado juridicamente como fato imponível" (parecer inédito).

Nem o ICMS, no que toca a serviços, nem o ISS, podem incidir sobre "fato potencial". Souto Borges, com a argúcia que o caracteriza, doutrina: "Se assim não fora, ficariam sem efeito prático todos os dispositivos constitucionais limitadores da competência tributária. Imagine-se o que sucederia se a União pudesse tributar a renda potencial, a produção potencial de produtos industrializados, a titularidade potencial da propriedade territorial rural e, os Estados, a circulação potencial de mercadorias" ("Inconstitucionalidade e Ilegalidade da Cobrança do ISS sobre Contratos de Assistência Médico-Hospitalar", *RDT* 38/168).

Falar-se em prestação potencial de serviços é o mesmo que dizer: nenhum serviço foi prestado. E, se não o foi, não cabe nenhum imposto, nem ICMS, nem ISS. Se, como visto, o ISS e o ICMS (na parte relativa a serviços) só podem incidir sobre fatos, é inelutável a conclusão de que na "prestação potencial de serviço" não há nenhum serviço.

O Ministro aposentado do Supremo Tribunal Federal, Xavier de Albuquerque, em síntese feliz, afirma: "Esse fazer há de ser concreto e efetivo, não meramente potencial" (Parecer sobre "ISS e 'Planos de Saúde'", *RDT* 62/7).

Invoquemos, ainda uma vez, as lições de Souto Borges no sentido de que o imposto sobre serviços ..." não pode incidir sobre o que ainda não é serviço, a mera potencialidade dessa prestação" (*RDT* 38/169).

A hipótese de incidência do ISS e do ICMS relativamente a serviços é um estado de fato: a concreta prestação de serviços, sob regime de direito privado, em caráter negocial. Pouco importa se houve celebração de contrato de prestação de serviços. Se estes não forem efetivamente prestados não se há falar em incidência nem de ICMS, nem de ISS. É que, como visto, o ISS e o ICMS não são impostos sobre atos jurídicos. Quando se admite caber incidência de ISS (ou de ICMS sobre os serviços de transporte e de comunicação (como previsto pelo art. 155, II, da CF), tem-se, por certo, que se está diante de fato concreto, de efetiva, e não potencial, prestação do serviço considerado.

Se, de um lado, é correto afirmar que não há prestação de serviços que não decorra de contrato, de outro, é necessário admitir que há contratos que não se materializam em prestações de serviço. E aqui não se está a cogitar de contratos de outra natureza, diversa da de serviços. Não. O que se afirma é, mesmo diante de contrato cujo objeto é uma prestação de serviços, não incide nenhum ISS ou nenhum ICMS, sobre a potencialidade de prestação dos serviços contratados. É preciso, para ocorrer a incidência, que a prestação do serviço seja efetiva, concreta.

Souto Maior Borges adverte: "Como a CF só autoriza sejam gravadas as prestações de serviços concretamente ocorridas, ou – o que é o mesmo – os serviços efetivamente prestados – as prestações potenciais de serviços não compõem o âmbito material de validade da lei municipal instituidora do ISS. Se a exigência decorre reversamente de aplicação da lei municipal em sede administrativa, a inconstitucionalidade estaria *a fortiori* caracterizada. Porque nesses termos inconstitucional seria a aplicação de lei constitucional. É dizer: viciado por inconstitucionalidade mostrar-se-ia o ato de aplicação da lei tributária material ao caso concreto" (José Souto Maior Borges, "Inconstitucionalidade e Ilegalidade da Cobrança do ISS sobre Contratos de Assistência Médico-Hospitalar", *RDT* 38/170).

Na mesma linha, são os comentários de Bernardo Ribeiro de Moraes: "Não há, pois, incidência do ISS sobre a prestação potencial de serviços, e nisso também estão de acordo os doutrinadores". Uma prestação (venda) de serviços efetiva "é essencial para a incidência do ISS. Não basta a possibilidade latente ou potencial da prestação de serviço" (*Doutrina e Prática do ISS*, Ed. RT, 1975, p. 113/114).

Em resumo, é absurdo insuperável admitir que o ISS, ou o ICMS, relativamente a serviços, possam incidir sobre a prestação potencial de serviços, verdadeira contradição nos termos.

A mera potencialidade de ocorrência do fato não corresponde à hipótese de incidência, nem para os efeitos de ISS, nem do ICMS sobre transportes transmunicipais ou sobre comunicações.

O ISS e o ICMS não alcançam (não podem alcançar) a possibilidade de ocorrência de um fato, senão o próprio fato (ocorrido). Não pode haver ISS nem ICMS – dentro dos seus respectivos âmbitos — sobre serviço potencial, mas apenas por serviço real (efetivo, concretamente verificado, ocorrido, prestado).

O Primeiro Tribunal de Alçada Civil de São Paulo, por sua 3ª Câmara, em caso relativo ao ISS, mas que se aplica, por inteiro, ao ICMS, decidiu: "O imposto municipal sobre serviços de qualquer natureza somente incide quando da efetiva prestação das atividades" (...) "a simples assinatura da avença que põe na disponibilidade do contratante aderente o futuro e potencial atendimento"... "não se confunde com a efetiva prestação do serviço respectivo. Até aí não houve qualquer fruição de utilidade pelo referido contratante" (AC 380.230, 1º TACiv-SP, 3ª Câm., Rel. Juiz Ricardo Credie, j. 9.11.87, Apte. Prefeitura do Município de São Paulo; Apda. Susa S/A).

Essas considerações já conduzem à conclusão de que somente são alvo de incidência dos impostos sobre serviços aqueles fatos concretos cuja materialidade corresponda ao serviço descrito na respectiva hipótese cuja prefinição já vem posta pelo respectivo arquétipo constitucional, integrando a norma outorgativa de competência.

Daí que as meras atividades-meio, que não correspondem, materialmente, ao serviço cuja prestação é objeto do imposto, não são tributáveis. É o que, adiante, será demonstrado.

V. ICMS e ISS só incidem sobre o objeto da prestação

Os leigos tendem a confundir o exercício de atividades-meio com prestação de serviço. Calcados na mera nomenclatura dos serviços, misturam, embaralham, confundem, equiparam tarefas-meio com serviços. Na sua simplicidade ingênua, não distinguem a consistência do esforço humano prestado a outrem, sob regime de direito privado, com conteúdo econômico, das ações intermediárias, ancilares, que tornam possível o "fazer para terceiros". Reúnem o que não se amalgama. Tratam, como iguais, fatos absolutamente díspares.

A designação da ação humana pode representar:

a) um ato, fato ou obra constitutivo de passo ou etapa para a consecução de um fim;

b) o próprio fim ou objeto.

A concreta indicação de uma ação (registro, habilitação, controle, assinatura, datilografia, programação, organização, manutenção, operação, administração) é, muitas vezes, configuradora de atos, fatos ou obras meramente constitutivos de etapas necessárias para alcançar um fim. É inafastável – ainda que disso muitos não se dêem conta – que, o atingir um fim qualquer, exija, empírica ou cientificamente, atividades de planejamento, habilitação, organização, assinatura, administração, registro, controle, não obstante essas ações nada tenham a ver com o fim perseguido (que, por hipótese, poderia ser o de transportar pessoas ou o de fornecer diagnóstico médico).

Outras vezes, essas mesmas ações humanas não mais se caracterizam como atividades condicionantes da concretização de um fim, mas demarcam, ao revés, o próprio objeto colimado. Nesses casos, a razão última dessas ações é a sua própria produção como utilidade, para terceiros.

As atividades desenvolvidas como requisito, condição (até requinte) para a produção de outra utilidade qualquer para terceiros são sempre ações-meio; além desse marco, situam-se essas mesmas ações ou atividades como fim ou objeto, quando elas, em si mesmas consideradas, refletem a utilidade prestada a outrem.

Alvo de tributação é o esforço humano prestado a terceiros como fim ou objeto. Não as suas etapas, passos ou tarefas intermediárias, necessárias à obtenção do fim. Não a ação desenvolvida como requisito ou condição do *facere* (fato jurídico posto no núcleo da hipótese de incidência do tributo).

Tomemos singelos exemplos: se cláusula contratual estabelecer que tal ou qual diagnóstico médico deverá ser datilografado ou impresso, numericamente, por computador, não se estará prestando serviços de datilografia ou de computação, mas, apenas e tão-só, serviços médicos. Se cláusula impuser ao prestador de serviços de administração de imóveis a elaboração de demonstrativo contábil de receitas e despesas, nem por isso se estará a prestar serviços contábeis; seu fazer esgota-se nos serviços de administração. Os demonstrativos serão meios, requisitos, condições (ou até sofisticações dispensáveis) para a prestação do único serviço contratado: administrar imóveis de terceiros.

Pode ocorrer que, para essas atividades-meio não seja cobrado preço. Todavia, mesmo quando para elas é destacado preço, essas "ações-meio" não se transformam em "ações-fim". O serviço médico não assume outra natureza pelo simples fato de os resultados de diagnósticos serem fornecidos verbalmente, datilografados ou por listagem de computador, mesmo que para os últimos houvesse uma cobrança adicional e específica de tantos reais. O parecer jurídico não se transmudará em serviço de diversa natureza – mesmo que haja cláusula fixando a cobrança adicional de certa quantia – na hipótese de vir a ser entregue impresso ou encadernado. Não cabe cogitar aí, de prestação de serviço de "impressão" ou de "encadernação", pelo jurisconsulto.

Despropósitos desse jaez emergem, cristalinos, quando a hipótese tomada diz respeito a mero requinte ou sofisticação dispensável. E mais evidentes ficam, quando as ações representam requisitos inafastáveis da prestação dos serviços.

Não se olvide, ainda, que, também, não se pode tomar as partes pelo todo. Tanto mais tratando-se de serviços tributados pelo ISS ou pelo ICMS, cujas hipóteses de incidência referem, expressamente, gêneros de atividades econômicas constitutivas de serviços, perfeitamente discriminados. Desse modo, é inadmitida a indiferenciação; é imperiosa a perquirição da efetiva natureza do serviço prestado, para evitar sejam as atividades-meio tomadas em conta, em lugar do serviço previsto constitucionalmente.

Não pode a lei, e muito menos o ato administrativo, transmudar a atividade-meio em serviço-fim. Assim como ocorre com o imposto municipal sobre serviços, só cabe o imposto estadual, incidente sobre serviços, quando a comunicação, ou o transporte intermunicipal, ou interestadual, constituírem a atividade-fim em sua materialidade.

Em conclusão: somente podem ser tomadas, para sujeição ao ISS, e ao ICMS, as atividades entendidas como fim, correspondentes à prestação de um serviço considerado.

Entende-se que os leigos em direito não alcancem a fenomenologia jurídica estudada. Não percebem que a lei aplica-se a fatos jurídicos e não a fatos brutos, na sua realidade ontológica, histórica, concreta. Fato jurídico é o fato qualificado, à luz das normas jurídicas, para suportar a incidência dessas mesmas normas. O direito regula a própria criação e aplicação (Lourival Vilanova).

Daí ser imperativo distinguir, dentre as atividades, qual a que se qualifica como serviço e qual a que configura simples atividade-meio, ou condição para a prestação do serviço.

A respeito da impossibilidade de imposição de ISS sobre atividades-meio, como se fossem serviços autônomos, averbou nossa Suprema Corte, versando as atividades de instituições financeiras: "Nem se pode subsumir na alínea 14 da lista, alusiva à datilografia, estenografia e expediente a atividade de cadastro, eis que nos estabelecimentos bancários, tais atividades apenas correspondem a meios de prestação dos serviços e não a estes próprios, que consistem na coleta e confronto de dados financeiros e administrativos".

Como bem apontado no acórdão do Supremo, somente podem ser tomadas, para fins de incidência do ISS, as atividades desempenhadas como fim.

Em resumo, só cabe ICMS, ou ISS, pela efetiva prestação daquele discriminado e específico serviço que constitui sua hipótese de incidência, segundo o respectivo arquétipo constitucional.

VI. O ISS e o ICMS não incidem sobre a locação de coisas nem sobre a cessão de direitos

A anterior delimitação do âmbito de incidência do ICMS e do ISS já permite antever que sobre locação de bens móveis não pode caber nenhum ICMS e nenhum ISS. A uma, porque não se tem operação mercantil; a duas, porque não se tem, na locação de bens, serviço de transporte interestadual ou intermunicipal, muito menos serviço de comunicação.

Convém aprofundar o exame da locação de coisas, a fim de fundamentar a conclusão, no sentido de que essa espécie de locação não se subsume, nem à hipótese de incidência do ICMS, nem à do ISS.

Pontes de Miranda, ao precisar a definição de serviço, enfatiza que serviço é "qualquer prestação de fazer" e "servir é prestar qualquer atividade que se possa considerar locação de serviços", ensinando que o conceito de serviço envolve, assim a *locatio operarum*, como a *locatio operis*, mas não abrange a *locatio rei* (ob. cit., v. XLVII, pp. 3 e ss.).

Deveras, é noção cediça do Direito Privado que a locação comporta três distintas modalidades: "a *locatio rei*, a *locatio operarum* e a *locatio operis*". Enquanto na primeira, por contrato, "alguém promete atribuir o uso – ou o uso e o fruto de alguma coisa," ... "nas últimas, promete-se" ... "uma prestação de trabalho ou resultado de trabalho" (cf. Pontes de Miranda, ob. cit., v. XL, pp. 5 e ss.).

A locação de coisa e a locação de serviço são juridicamente inconfundíveis, configurando, cada qual, um tipo distinto de obrigação: "o conteúdo da obrigação não se confunde; na obrigação de dar, a prestação consiste na entrega de uma coisa; na de fazer, o objeto da prestação é um ato do devedor" (Clóvis Bevilacqua, *Direito das Obrigações*, 9ª ed., Livraria Francisco Alves, 1957, pp. 18-19).

O próprio mestre Clóvis, após definir a obrigação de dar, arrola como exemplo conspícuo dessa espécie: a decorrente do contrato de "locação" (p. 7). Evidentemente "de coisa" (que se dá) e não "de serviço" (que se presta mediante um *"facere"*). Por isso, assinala reger-se a locação de serviços "pelas normas reguladoras das obrigações de fazer" (ob. cit., p. 325).

O traço fundamental que, por si só, impede se possam confundir, juridicamente, a locação de coisas e a locação de serviços é, sem dúvida, o apontado por Cunha Gonçalves, trazido à colação por Orlando Gomes, *verbis*: "O característico da locação é o regresso da coisa locada a seu dono, ao passo que o serviço prestado fica pertencendo a quem o pagou e não é suscetível de restituição" (*Contratos*, 1ª ed., Forense, 1959, p. 307).

Esse notável doutrinador salienta, ainda, um outro aspecto relevante que, juridicamente, distingue a obrigação de dar da obrigação de fazer, ao ensinar que: "Nas obrigações de dar, o que interessa ao credor é a coisa que lhe deve ser entregue, pouco lhe importando a atividade de que o devedor precisa exercer para realizar a entrega". "Nas obrigações de fazer, ao contrário, o fim que se têm em mira é aproveitar o serviço contratado" (*Obrigações*, 1ª ed., Forense, 1961, p. 67).

O insigne Clóvis – sem cujas lições não se pode bem apreender os temas do nosso direito civil – aclara o conceito de obrigação de dar, tal como definida no direito positivo brasileiro. E o faz em preciosa síntese que, a par de precisar-lhe o conceito, permite que se a distinga da obrigação de fazer. Ei-la, *ipsis litteris*: "Obrigação de dar é aquela cuja prestação consiste na entrega de uma coisa móvel ou imóvel, seja para constituir um direito real, seja somente para facilitar o uso, ou ainda, a simples detenção, seja finalmente, para restituí-la a seu dono" (*Direito das Obrigações*, 9ª ed., Livraria Francisco Alves, 1957, p. 54).

Também gizando a noção de que são juridicamente inconfundíveis as obrigações de dar e as obrigações de fazer, Orozimbo Nonato salienta que as primeiras "têm por objeto a entrega de uma coisa ao credor, para que este adquira sobre a coisa um direito, enquanto as obrigações de fazer têm por objeto um ou mais atos do devedor, quaisquer atos, de fora parte a entrega de uma coisa" (*Curso de Obrigações*, v. I, Forense, p. 287).

Sendo incontrastável que o conceito de serviço, no direito privado, significa a prestação de obrigação de fazer, mais especificamente daquela que corresponde ao negócio jurídico de locação de serviços, é incontestável, também, que a lei tributária infraconstitucional não pode confundir o que a Constituição separou; não pode unificar o que o Texto Magno discerniu. E discerniu de modo rígido, categórico, claro, incisivo e explícito.

Da consideração do quadro de competências tributárias, fixado pelo Texto Constitucional, vê-se que do gênero locação, o constituinte (*a*) destacou a de serviços, para entregá-la à competência tributária dos Municípios (art. 24, II), (*b*) reservando aos Estados e ao DF, os serviços de transportes intermunicipal ou interestadual e os de comunicação e (*c*) atribuindo à União a locação de coisas (art. 154, I), bem como qualquer tipo de cessão de direitos (ou como imposto residual ou como imposto sobre renda e proventos – art. 153, III).

Se, como demonstrado, a locação de coisa dá origem a uma obrigação de dar, enquanto a prestação de serviços configura obrigação de fazer – e se as duas espécies são inconfundíveis – já se vê não ser possível pretender a incidência de ISS nem de ICMS sobre ela, porque (*a*) não se tem operação mercantil e (*b*) nem prestação de serviços.

Nem se diga que a locação foi "definida" pela lei complementar como serviço tributável pelo Município, atendendo ao previsto no art. 156, III, da Constituição. É que, se a Constituição é rígida, não pode ser modificada pela lei complementar. Esta não pode "definir" como serviço o que serviço não é. A lei complementar "completa" a Constituição; não a modifica.

Na verdade, "... a lei complementar não pode contradizer a Constituição. Não é outra forma de emenda constitucional ... Daí decorre que pode incidir em inconstitucionalidade e ser, por isso, inválida" (Manoel Gonçalves Ferreira Filho, *Do Processo Legislativo*, p. 210).

A advertência de Baleeiro, a propósito, é oportuna:

"A lei complementar supre a Constituição, mas não a substitui. Se esta instituiu um tributo, elegendo para fato gerador dele um contrato, ato ou negócio jurídico, o legislador não pode restringir, por via complementar, o campo de alcance de tal ato ou negócio, nem dilatá-lo a outras situações. A menção constitucional fixa rígidos limites. Atos de transmissão de propriedade imóvel, p. ex., são os do direito privado, todos eles. Nenhum outro senão eles.

"As tentações mais freqüentes, a julgar pela experiência no regime das Constituições anteriores, provirão dos legisladores estaduais e municipais para alargamento das respectivas competências" (*Direito Tributário Brasileiro*, 10ª ed., p. 444).

Não se registra nenhuma dissensão doutrinária ou jurisprudencial a esse respeito. Não há nenhuma opinião oposta; pelo contrário, é unânime a afirmação, no sentido de que a Constituição é rígida e a previsão, no seu corpo, de leis complementares, não implica admissão da possibilidade de alteração constitucional por norma de lei complementar. O magistério de Baleeiro é preciso: "Do mesmo modo, a lei complementar não pode ir além do que já está dito, expressa ou implicitamente, na Constituição. Esta será violada por lei complementar que regule diversamente o que ela regulou. É caso de inconstitucionalidade da lei complementar. Complementa, mas não corrige nem inova" (*Direito Tributário Brasileiro*, 11ª ed., p. 60).

Em conseqüência, ao "definir" os serviços tributáveis, a lei complementar não pode transformar em serviço o que serviço não é. Não pode alterar o Texto Magno, retirando competência de uma entidade político-constitucional, para dar a outra. Souto Borges, a propósito, escreve frases lapidares: "Tanto que, se for definido por lei complementar, para efeito de tributação municipal, serviço compreendido na competência tributária da União – o que é improvável, mas teoricamente possível – ou dos Estados, nem por isso poderão os Município tributá-los. Ambas as leis seriam, em tal hipótese, inconstitucionais. Se a União abre mão da competência federal, viola a regra segundo a qual o não exercício da competência tributária não a defere a pessoa diversa do seu titular (Código Tributário Nacional, art. 8º); se invade o campo estadual, usurpa competência tributária alheia" (*Lei Complementar Tributária*, p. 196).

Mais evidente é a inconstitucionalidade de quando o que se "define" não é serviço, mas outro fato-tipo. Não pode a lei complementar, a pretexto de "definir" serviço, modificar o campo das competências constitucionalmente fixado. Este é rígido, como rígida é a Constituição.

O Supremo Tribunal Federal, sobre essa questão, estabeleceu: "Para a incidência do tributo torna-se necessário o exercício de uma atividade que representa serviço"... (RE 100.178-0, 2ª Turma, *DJ* 31.8.84).

É, com efeito, manifesta a impossibilidade de o Município exigir ISS, e de os Estados ou o DF exigirem ICMS, sobre locação de coisa que, conforme Pontes de Miranda, configura mera cessão de direito ao uso e gozo da coisa. Jamais prestação de serviço ("nenhum serviço", nem "nenhum fazer", como o diz o insuperável mestre).

E a tributação da cessão de direito de uso e gozo de coisa, por via do ISS, já foi fulminada pela Suprema Corte: "ISSQN – Não há incidência desse tributo na cessão que a distribuidora faz de filmes de sua propriedade e produção aos exibidores" (RE 95.251-SP, 1ª Turma, Min. Rel. Soares Muñoz, em 15.3.83).

VII. Serviços tributáveis pelo ISS e serviços tributáveis pelo ICMS

De tudo quanto até aqui exposto, exsurge claro que a extremação das competências estadual e municipal, em matéria de serviços, marca-se pela materialidade da atividade considerada:

a) se tiver por cerne (a.1) a prestação de serviços de comunicação, o tráfego comunicativo, ou (a.2) a realização do serviço de transporte intermunicipal ou interestadual, será tributada pelo ICMS (desde que verificados os demais aspectos da hipótese de incidência);

b) se, diversamente, tratar-se de qualquer outro serviço que não corresponda, exata, precisa e circunscritamente, aos de comunicação ou de transporte transmunicipal, poderá, em tese, ser tributada pelo ISS.

Reitere-se, aqui, que não há competência "residual" dos Estados para tributar serviços; dentro dessa espécie de atividade econômica incumbe-lhe – apenas e tão-só – os serviços de transportes intermunicipal ou interestadual e os de comunicação (cf. art. 155, II, da CF). Todos os demais serviços – "serviços de qualquer natureza" prescreve o art. 156 da CF – pertencem à competência dos Municípios (observada, no entanto, a jurisprudência que tem a lista de serviços por taxativa).

Em matéria de serviços, portanto, o marco distintivo entre as incidências do ISS e do ICMS está, basicamente, na materialidade da atividade econômica considerada: se, configurando serviço, corresponder, com precisão, ou ao conceito de comunicação ou ao de transporte transmunicipal, estará sujeita ao ICMS; se não corresponder, materialmente, nem ao conceito de comunicação, nem ao de transporte transmunicial, estará sujeita ao ISS.

VIII. Conclusões gerais

A exposição até aqui feita – com rigorosa base no sistema da Constituição – permite concluir:

I S S

a) o ISS incide sobre o fato prestar serviço de qualquer natureza – dentro do qual não se inclui a locação de coisas – salvo os de comunicação e os de transporte transmunicipal;

b) o ISS não incide sobre serviço "potencial".

I C M S

c) em estrita síntese, o ICMS requer, para sua incidência (*a*) a concomitância de três circunstâncias: negócio mercantil, mercadoria e (sua) circulação, ou, (*b*) a prestação dos serviços de comunicação ou de transporte interestadual ou intermunicipal;

c.1) especificamente, para a incidência do ICMS sobre a prestação dos serviços de comunicação ou de transporte interestadual ou intermunicipal (além da presença, no fato considerado, dos diversos aspectos da hipótese de incidência) outras duas circunstâncias são exigidas, a saber:

c.1.1) que a utilidade ou atividade prestada em favor do tomador dos serviços corresponda, materialmente, ao tráfego de comunicação – e não a outra utilidade qualquer, que não implique, que não importe, que não realize comunicação;

c.1.2) que a prestação seja efetiva e não potencial.

É preciso ressaltar, ainda, que o negócio jurídico pode envolver prestações outras que, nem sejam serviços tributáveis pelo ISS, nem sejam tributáveis pelo ICMS, isto é, nem configurem negócios mercantis, nem serviços de comunicação ou de transportes transmunicipais.

IX. Atividades próprias da telefonia celular e sua sujeição ao ISS ou ao ICMS

Considerando o quanto até aqui exposto, já é possível identificar, sinteticamente, o regime jurídico a que se submetem as atividades desenvolvidas pelas empresas que se dedicam à telefonia celular, com base, rigorosamente, nos pressupostos examinados.

IX.1 Habilitação e assinatura

Considerando que:

a) a habilitação é o só ato de ativação da estação móvel do assinante, para que a central de comutação e controle a reconheça como pertencente a assinante do "serviço móvel celular – SMC", habilitando-o ao uso do sistema; enquanto que

b) a assinatura é o mero ato de pôr à disposição do usuário, o chamado "SMC", sob as condições contratadas, é imperioso concluir que a consistência material das atividades de habilitação e assinatura não corresponde ao aspecto material da hipótese de incidência do ICMS, por ser certo que, seja no ato da só habilitação, seja na mera assinatura, não ocorrem transmissão, nem emissão, nem recepção de símbolos, caracteres, sinais, escritos, imagens, sons ou informações de qualquer natureza.

Insta consignar que o Poder Judiciário tem rechaçado a cobrança de ICMS sobre a habilitação em serviço móvel de telefonia celular. Nesse sentido, destacamos a decisão proferida pelo MM. Juiz da 11ª Vara da Fazenda Pública da Capital do Estado de São Paulo, da qual extraímos o seguinte trecho:

"Ora, a habilitação é o simples ato do usuário de pedir o uso de tais serviços. Esta não se confunde com a hipótese de incidência estabelecida legalmente, eis que o pedido não corresponde a qualquer infra-estrutura mecânica, eletrônica ou técnica necessária à comunicação e posta à disposição do usuário. Cuida-se de uma simples manifestação de vontade feita pelo futuro usuário perante a companhia telefônica, de que pretende se utilizar desta infra-estrutura, se acaso a prestadora de serviços puder colocar à sua disposição.

Se para esta manifestação de vontade a companhia faz uma cobrança, tal fato é *res inter alios*, de natureza puramente contratual e que interessa somente ao habilitante e a companhia de comunicação, sendo irrelevante para fins tributários, já que nos termos da Lei Complementar 87/96 não é fato gerador do tributo.

Por isso mesmo, o fato da empresa de comunicação cobrar pela habilitação do interessado não importa no raciocínio equivocado de que isto eqüivale a um prestação de serviços de comunicação, eis que na simples habilitação não existe qualquer "relação comunicativa", ou seja, não há o fornecimento de meios para que a comunicação ocorra, mas sim, uma mera manifestação de vontade para que estes meios sejam postos à disposição do usuário, futuramente, e, se for possível para a empresa" (Sentença extraída dos autos do Mandado de Segurança n. 1.085/98).

Por outro lado, a habilitação e assinatura não constituem a atividade-fim objeto da contrato de serviços de telefonia celular. São meras tarefas ou atividades-meio para a efetiva realização dos serviços de telecomunicação (telefonia celular), não podendo, também por isso, ser consideradas, em si mesmas, como serviços – tal como antes demonstrado.

De que assim é, di-lo, também, a judiciosa e jurídica decisão do eminente Juiz Pedro Carlos Marcondes, na qual acentua: "É verdade que tal ato antecede a prestação efetiva do serviço. Pode-se dizer que a habilitação é ato preparatório, indispensável à prestação do serviço de comunicação, mas daí a erigi-la como hipótese de incidência é criar uma nova hipótese, pois ela (habilitação), não se confunde com a prestação do serviço de comunicação" (Sentença exarada no proc. n. 102.076-1/98, Belo Horizonte/MG, 15.12.98).

Nem se diga que constituem "serviços em potência". Vale repetir que, somente com o efetivo e completo perfazimento do serviço é que se pode cogitar da incidência do ISS (o raciocínio vale também para o ICMS). Nem o ICMS, no que toca a serviços, nem o ISS, podem incidir sobre "fato potencial".

Os acatados juristas mineiros, Misabel Derzi e Sacha Calmon, prelecionam: "A rigor, o fato gerador, em seu aspecto temporal, apenas ocorre a partir da efetiva utilização do serviço, do uso, o ICMS somente podendo incidir no momento da ligação telefônica (com recebimento). É que só então se consuma a relação comunicativa, o tráfego ou prestação do serviço de comunicação, como ato executório" (parecer inédito, p. 16).

Em suma, a prestação dos serviços de comunicação da espécie telefonia celular exige para sua perfeição, a realização de uma série de atividades-meio (como as de habilitação, assinatura, renovação de assinatura). Todas essas atividades somente têm lugar com vistas à consecução de um fim, único e exclusivo: a entrega da prestação a que se obrigam. Todo e qualquer instrumento ou meio utilizado não será jamais um fim em si mesmo, mas, ao revés, apenas meio para atingir o *desideratum* perseguido: perfeição dos serviços de comunicação (de telefonia celular).

Registre-se, ainda, que, se – por razões de ordem financeira, de composição dos custos ou do preço, cuja análise refoge ao parecer – o contrato vier a fazer referência, em separado, a cada uma dessas tarefas, ou previr cobrança por elas – mesmo assim elas persistem com sua natureza de atividade-meio.

É despropositado, assim, ver, nessas atividades-meio, "serviços", em sentido técnico-jurídico. É erronia sem limites pretender que as empresas que se dedicam a esse mister prestem serviços de comunicação, em razão da mera habilitação, assinatura ou renovação desta – sobretudo quando é certo que sua execução não implica, não importa, não provoca, não realiza o tráfego comunicativo (transmissão, emissão, ou recepção de símbolos, caracteres, sinais, escritos, imagens, sons ou informações de qualquer natureza).

O cerne está sempre na prestação dos serviços de telefonia celular. Por mais sofisticados, complexos, amplos, significativos que sejam os instrumentos ou os meios necessários para perfaze-los; por mais aparatosos, caros ou volumosos, sua identidade não se altera: o objeto do contrato não é a habilitação, nem a assinatura, nem sua renovação, mas sim a prestação dos serviços de comunicação, da espécie telefonia celular. A perspectiva leiga pode, ao defrontar-se com os termos habilitação ou assinatura, pressupor que os "serviços" possam não mais ser os de telefonia, mas os de habilitação ou de assinatura. Impressiona-se com esses fatores, chegando a pôr em segundo plano – ou até mesmo a negligenciar – o esforço humano catalisador e centralizador de tudo: a realização dos serviços de comunicação (telefonia celular).

Todavia, não se pode olvidar a noção de que somente são alvo de incidência dos impostos sobre serviços aqueles fatos concretos cuja materialidade corresponda ao serviço descrito na respectiva hipótese. As meras atividades-meio, que não correspondem, materialmente, ao serviço cuja prestação é objeto do imposto, não são tributáveis.

As atividades desenvolvidas como requisito, condição (até requinte) para a produção de outra utilidade qualquer para terceiros são sempre ações-meio; além desse marco, situam-se essas mesmas ações ou atividades como fim ou objeto, quando elas, em si mesmas consideradas, refletem a utilidade prestada a outrem.

A habilitação e a assinatura não são atividades econômicas em si mesma, não são atividades-fim, mas, sim, atividades-meio. Em tema similar, ensinam os civilistas, são irrelevantes as atividades antecedentes ao fim contratado que o locador deva realizar, uma vez que são meras condições ou requisitos da coisa que se deu em locação. E exemplificam: se o locador, para locar, tiver que transportar os bens, nem por isso essa atividade-meio pode levar ao entendimento de que se prestou serviços de transporte.

Portanto, não cabe, na espécie, falar-se em prestação de serviços, para efeito de imposto, porque aí – na só tarefa de habilitação ou na mera assinatura – não há "serviço" tributável, que é o esforço humano prestado a terceiros como fim ou objeto. Não as suas etapas, passos ou tarefas intermediárias, necessárias à obtenção do fim. Não a ação desenvolvida como requisito ou condição do *facere* (fato jurídico posto no núcleo da hipótese de incidência do tributo).

IX.2 Locação de aparelhos celulares

Como exposto nas páginas precedentes, a locação de coisa dá origem a uma obrigação de dar, enquanto a prestação de serviços configura obrigação de fazer; e, em sendo inconfundíveis essas duas espécies, já se vê não ser possível pretender a incidência de ICMS (*a*) porque não se tem operação mercantil e nem (*b*) prestação de serviços de transporte interestadual ou intermunicipal ou de comunicação.

Não é preciso gastar argumentos para evidenciar que a mera locação de aparelhos não realiza, não implica, em si mesma, no tráfego comunicativo (transmissão, emissão, ou recepção de símbolos, caracteres, sinais, escritos, imagens, sons ou informações de qualquer natureza). Portanto, já em face da consistência material da atividade percebe-se a não correspondência entre ela e o fato sujeito ao imposto estadual sobre comunicações.

Cabem, quanto a essa atividade, ainda, as mesmas conclusões acima expostas, acerca do seu caráter de mera atividade-meio e, também por isso, não subsumida no conceito de serviço tributável por via de ICMS.

Frise-se ainda a já exposta impossibilidade jurídica de serem objeto de tributação, assim pelo ICMS, como pelo ISS, fato potencial (caso se pretenda ver na locação do aparelho "serviço potencial" de comunicação) (*sic*).

E quanto ao ISS – o que é decisivo – não cabe cogitar de sua incidência, porque fazê-lo implicaria inconstitucionalidade, por ampliação, indevida, do conceito de serviço (obrigação de fazer), que não inclui a locação de coisa (obrigação de dar). Lembre-se que a Constituição outorgou a tributação do serviço ao Município, de modo explícito e inalargável, e as demais competências (campo residual) entregou à União (art. 154, I).

Assim, em resumo, não cabem nem ICMS, nem ISS, pela atividade de locação de aparelhos de telefonia celular.

IX.3 Locação de linhas telefônicas

Com relação à locação de linhas telefônicas são válidas as mesmíssimas considerações expostas no precedente item IX.2.

a) não cabe ICMS porque é evidente que não se tem, no caso, serviço – mas mera atividade-meio – muito menos de comunicação;

b) não cabe ISS porque, como visto, no conceito constitucional de serviços tributáveis não se inclui a cessão de direitos.

IX.4 Atividades ou facilidades suplementares e eventuais

Relativamente aos chamados "serviços" suplementares (tais como transferência temporária de chamada; chamada em espera; bloqueio controlado de chamadas; conversação simultânea ou conferência; não perturbe; emissão de conta detalhada; criptografia; interceptação de chamada a assinante deslocado; correio de voz), ou eventuais (como suspensão temporária da assinatura; transferência mudança de número e outros), não pode haver incidência do ICMS porque não há aí nenhum serviço de comunicação.

Nenhuma dessas atividades implica ou realiza tráfego comunicativo (i.é, não implicam transmissão, emissão, ou recepção de símbolos, caracteres, sinais, escritos, imagens, sons ou informações de qualquer natureza) – logo, não correspondem, de fato, ao aspecto material da hipótese de incidência do ICMS sobre serviços de comunicação.

Mais uma vez, repise-se, que esses impostos (o ICMS quanto ao "S") incidem sobre fatos, sobre as situação concretamente ocorridas que correspondam ao fato descrito nas suas respectivas hipóteses de incidências. É impossível, juridicamente tributar "fatos em potencial", que até envolve contradição nos termos (se é fato, não pode ser potencial; e o que é potencial não pode ser fato). Daí não ter cabimento argüir que as facilidades proporcionadas aos assinantes possam ser objeto de tributação por, potencialmente, poderem vir a representar "prestação de serviços de comunicação". Se não há o fato concreto da prestação de serviços de comunicação, não há incidência de ICMS.

Mas essas atividades podem configurar serviços de outra natureza – que não os de comunicação – e, assim, podem, eventualmente, ficar sujeitas ao ISS. Para tanto, todavia, devem ser passíveis de enquadramento na lista de serviços da lei complementar, vale dizer, será preciso verificar se correspondem a algum dos seus itens. Se não estiverem previstas na lista da Lei Complementar 56/87 não se submeterão ao ISS, em face da posição jurisprudencial, à qual nos dobramos, que a considera taxativa, representando *numerus clausus*, que esgota, total e exclusivamente, as atividades econômicas passíveis de sofrer a incidência do ISS.

X. Conclusões específicas

Não incide ICMS, nem incide ISS, sobre a habilitação – assim denominado o só ato de ativação da estação móvel do assinante, para que a central de comutação e controle a reconheça como pertencente a assinante do "serviço móvel celular – SMC" – por não subsumir-se ao conceito constitucional de serviço tributável. É mera atividade-meio que, conquanto possa, em potencial, vir a proporcionar comunicação, não realiza, em si mesma, o tráfego comunicativo, não importando nem transmissão, nem emissão, nem recepção de símbolos, caracteres, sinais, escritos, imagens, sons ou informações de qualquer natureza.

Nem o ICMS, nem o ISS incidem sobre a chamada assinatura, assim entendido o mero por à disposição do assinante o complexo em que se consubstancia o "serviço móvel celular-SMC", pelas mesmas razões sumariadas na resposta ao quesito 1.

O oferecimento em locação de linha de telefone celular não se sujeita nem ao ICMS, nem ao ISS, que não incidem sobre cessão de direitos.

Também não há incidência, assim de ICMS, como de ISS, sobre o aluguel de aparelhos celulares, uma vez que esses impostos não incidem sobre a mera locação de bens.

Não há incidência de ICMS sobre as atividades suplementares (tais como transferência temporária de chamada; chamada em espera; bloqueio controlado de chamadas; conversação simultânea ou conferência; não perturbe; emissão de conta detalhada; criptografia; interceptação de chamada a assinante deslocado; correio de voz), ou eventuais (como suspensão temporária da assinatura; transferência mudança de número e outros), pelas mesmíssimas razões sintetizadas na resposta ao quesito 1.

Quanto ao ISS, poderão sofrer sua incidência se puderem ser enquadrados na lista de serviços da Lei complementar 56/87, em face da firme orientação jurisprudencial no sentido de ser ela taxativa.

JUSTIÇA TRIBUTÁRIA

Necessidade de encontrar-se um real equilíbrio entre o interesse privado do contribuinte e o interesse público inerente à atividade tributária e adoção de instrumentos necessários à compatibilização e harmonização do contencioso administrativo e processo judicial tributário

ANNA EMILIA CORDELLI
Advogada tributarista. Professora de Direito Tributário na PUC/SP.

1. Lançamento como procedimento administrativo tributário

O lançamento tributário caracteriza-se pela presunção de legitimidade e exigibilidade. Quando o sujeito passivo discorda dos termos do lançamento poderá oferecer impugnação, buscando sua alteração, com fundamento no artigo 145 do CTN Em o fazendo, instaura-se um procedimento administrativo, tido por abalizada doutrina como verdadeiro processo, informado por seus peculiares princípios, como desdobramentos do *due process of law*.

Assim se posiciona, por exemplo, James Marins, ao afirmar que "transmuda-se a atividade administrativa de procedimento para processo no momento em que o contribuinte registra seu inconformismo com o ato praticado pela administração, seja ato de lançamento de tributo ou qualquer outro ato que, no seu entender, lhe cause gravame, como a aplicação de multa por suposto incumprimento de dever instrumental" (in *Princípios fundamentais do Direito Processual Tributário*, 1998, Dialética).

É, pois, a impugnação o ato formal do contribuinte, pelo qual resiste administrativamente à pretensão tributária da Administração Pública.

Deduzidas administrativamente, pelo contribuinte, suas razões de resistência à exigência fiscal, tal ato implica, de acordo com o artigo 151, inciso III, do CTN, a suspensão da exigibilidade do crédito tributário – vale dizer, suspende-se o prazo prescricional para ajuizamento da execução, nos termos da Súmula 153 do antigo Tribunal Federal de Recursos a saber: "Constituído, no qüinqüênio, através de auto de infração ou notificação de lançamento, o crédito tributário, não há falar em decadência, fluindo, a partir daí, em princípio, o prazo prescricional, que, todavia, fica em suspenso até que sejam decididos os recursos administrativos".

Misabel Derzi aponta a imprescindibilidade do procedimento administrativo *contencioso*, pelo fato de que o lançamento regularmente notificado ao sujeito passivo – uma vez inexistindo pagamento – fundará a formação de título extrajudicial, com a inscrição na Dívida Ativa. Trata-se, pois, de título executivo.

Ao desenvolver esse raciocínio, conceitua, aquela ilustre jurista, o título executivo. Afirma, citando Ronaldo Cunha Campos, que, no caso de acertamento extrajudicial realizado pelos interessados, o título executivo extrajudicial é o "ato portador da razoável certeza quanto à incidência da norma, à violação do preceito e à pertinência da sanção".

Na emissão de uma nota promissória ou de uma cambial, credor e devedor realizam um acertamento prévio, que afasta a incerteza, e possibilita a atuação judicial através do Poder Judiciário. Ora, algo *sui generis* se passa na formação do título executivo da Fazenda Pública, que reside no fato de o acertamento ser unilateral e não consensual. A peculiaridade desse acertamento consiste na adoção de uma técnica de substituição do consenso, isto é, da aceitação do acertamento pelo sujeito passivo tributário. Um dos componentes dessa técnica reside no procedimento de impugnação. Elaborado o lançamento, formula a Fazenda sua pretensão, consubstanciada, em regra, no aviso de lançamento, onde se encontra a exigência fiscal. Abre-se ao contribuinte a oportunidade de inaugurar, no âmbito da própria administração, controvérsia quanto à pretensão formulada, como forma de interferir na formação do título executivo. Assim, a impugnação enseja, no curso do procedimento administrativo, controlar a regularidade e a correção do ato administrativo, atenuando-lhe os efeitos de unilateridade e conferindo-lhe razoável grau de certeza e liquidez (in *Comentários ao Código Tributário Nacional*, 3ª ed., 1998, Forense).

Conclui, pois, Misabel Derzi, que o direito de impugnar o lançamento – com efeito suspensivo inafastável – é viga mestra da ordem jurídica nacional, garantido judicialmente pelo artigo 5º, LV, da Constituição (in *Direito Tributário Brasileiro*, Aliomar Baleeiro, 11ª ed., 1999, Forense, nota p. 1.016).

Portanto, segundo suas lições, a inscrição em Dívida Ativa sem prévio direito à impugnação é nula de pleno direito, o que significa que, movida ação com base em título nulo, pode o sujeito passivo opor exceção de pré-executividade em juízo, pois a impugnação ao lançamento ou auto de infração, em sede administrativa, é suporte básico na formação do título executivo extrajudicial, uma vez que substitui o consenso inexistente entre as partes (ob. cit., p. 1.011).

Se, por um lado, a impugnação do lançamento configura-se como direito constitucional do sujeito passivo da relação jurídico-tributária, por outro, caracteriza-se, igualmente, como dever do sujeito ativo – Fisco –, uma vez que a instauração do procedimento administrativo, de cunho contraditório, propicia à Fazenda Pública o controle de legalidade de seus próprios atos.

Portanto, no dizer de Paulo de Barros Carvalho, "o procedimento administrativo que a lei prevê para a discussão de assuntos tributários é, em última análise, uma cadeia de atos e termos que se destina, primordialmente, a sucessivos controles de legalidade dos atos praticados pela Administração" (ob. cit., p. 266).

2. *Procedimento administrativo tributário ou processo tributário?*

Pode-se identificar, no processo de concreção da obrigação tributária nascida por ocasião da ocorrência do fato gerador, três fases: a edição, propriamente dita, do lançamento; a possível discussão administrativa, provocada por impugnação do lançamento, pelo sujeito passivo; e a eventual discussão judicial sobre a validade do lançamento jurídico, até decisão irrecorrível com o alcance da coisa julgada.

A segunda fase é considerada como sendo necessariamente uma fase contenciosa, na medida em que serão opostas duas posições contrárias: aquela deduzida em impugnação do sujeito passivo, e a sustentada pela Fazenda, na defesa do lançamento.

É bem verdade que, como compete à Administração Pública aplicar a lei de ofício, não podendo o administrador público agir senão em absoluta consonância com a lei, poder-se-ia argumentar que, quando a lei respaldasse a posição aduzida pelo sujeito passivo, não teria a Administração Pública outra opção, senão aceitar os argumentos deduzidos em impugnação, alterando o lançamento ilegal.

Trata-se, no entanto, de postura por demais simplista, vez que o direito não é ciência exata, não restando claro, não raras vezes, o real alcance da lei, bem como a abrangência de sua aplicação concreta, o que leva à possibilidade jurídica de mais de uma interpretação para a mesma regra jurídica.

Não obstante, a tradição jurídica declarou, ao longo do tempo, a supremacia da posição da Administração Pública, na qualidade de tutora do interesse público, sobre o contribuinte, enquanto detentor de um direito subjetivo contra o Fisco.

Entretanto, essa afirmação da supremacia da Administração em relação ao administrado, essa relação verticalizada entre Fazenda Pública e contribuinte, deve ser analisada com cautela, a fim de não se validarem abusos eventualmente perpetrados pelo Fisco, sob o manto da proteção do interesse público.

De fato, por ocasião da edição da norma abstrata, que cria ou modifica o tributo, tem-se uma posição absolutamente vertical entre administrado e Poder Público. Vale dizer: quando o Estado edita normas gerais (leis ou decretos) age com Poder de Império, em relação aos administrados. Entretanto, uma vez ocorrido o fato imponível nos exatos termos descritos na hipótese de incidência, nasce, nesse exato momento, uma relação jurídica de conteúdo patrimonial, na qual o sujeito ativo tem o direito subjetivo de exigir a prestação pecuniária (objeto da obrigação), enquanto que o sujeito passivo tem o dever de cumpri-la (pagar o tributo).

Portanto, se, como dito, nesse momento nasce a obrigação tributária a cargo do sujeito passivo e, ainda que com eficácia mínima, o correlato crédito a favor do sujeito ativo, passa-se, então, para o processo de concreção da obrigação jurídica, pela realização do lançamento, que terá o condão de tornar o crédito líquido e exigível.

Assim, quando se instala a relação jurídica entre dois sujeitos (Estado e contribuinte ou responsável tributário), não se vislumbra mais aquela posição sobranceira, antes ocupada pela Administração Pública. Em verdade, a partir deste momento tem-se uma relação horizontal entre sujeito passivo e ativo da relação jurídico-tributária.

Para confirmar a horizontalidade da referida relação lembre-se que, para expedir o ato administrativo de lançamento, deve o Poder Público contar com a colaboração do contribuinte, isto sem falar das hipóteses de tributo cujo pagamento antecede o próprio ato administrativo de lançamento.

De fato, se tomarmos as três formas de lançamento disciplinadas no CTN – direto, misto ou por homologação – verificaremos que o critério de classificação de tais espécies consiste na constatação da maior ou menor participação do sujeito passivo nas diligências necessárias e precedentes ao lançamento.

Assim, qualquer que seja o tributo, a Administração Pública sempre contará, para realizar seu lançamento, com alguma forma de participação do contribuinte. Nesse sentido, tomemos como exemplo o imposto predial e territorial urbano, de competência municipal. Trata-se de tributo sujeito a lançamento direto, ou "de ofício". Poder-se-ia, num primeiro momento imaginar que, na realização desse lançamento, não há qualquer participação do contribuinte, posto que levado a efeito "de ofício" pelas Prefeituras, com base em meros dados cadastrais. Tal afirmação, entretanto, não é verdadeira, até porque, para que os Poderes Públicos municipais possam proceder ao lançamento do IPTU, deverão contar com a participação dos proprietários de imóveis, que fornecerão os dados cadastrais do imóvel, bem como sua atualização. Sem essas informações terá o Poder Público dificuldades em proceder corretamente ao lançamento. Relativamente ao lançamento misto ou por declaração, trata-se de espécie de lançamento que depende de informações sobre a matéria de fato, indispensáveis à sua efetivação (art. 147 do CTN). Quanto ao lançamento por homologação, que caracteriza a maior parte dos tributos, a atividade administrativa resume-se à homologação dos atos praticados pelo contribuinte previamente, tratando-se, pois, de ato administrativo posterior ao próprio recolhimento do tributo.

É bem verdade que a eventual não participação ou colaboração do sujeito passivo no procedimento de concreção da obrigação tributária não vincula, em hipótese alguma, a atividade administrativa de lançamento que, em qualquer hipótese, em face da omissão do sujeito passivo, poderá ser realizada "de ofício" pelo Fisco, seja mediante o ato de lançamento propriamente dito (nos casos de lançamento direto ou por declaração), seja mediante a lavratura de auto de infração, nos casos de lançamento por homologação. Aliás, nesse último caso, ter-se-á, num único documento, via de regra, o lançamento do tributo não pago bem como a imposição de penalidade pelo não cumprimento da obrigação tributária principal e/ou acessória.

Isto não infirma o caráter horizontal da relação entre fisco e contribuinte, caráter esse que se tornará nítido por ocasião da segunda fase do processo de concreção da obrigação tributária, vale dizer, na fase de eventual discussão sobre a validade do lançamento, em sede administrativa. No dizer de Rubens Gomes de Sousa: " a partir desse momento, tudo o que o contribuinte aduzir no processo não será mais um simples material informativo destinado a permitir ou facilitar a atividade do fisco; será a alegação de um contra-direito oposto ao direito invocado pelo fisco através do lançamento, e se destinará a provocar o exercício de uma jurisdição contenciosa, que afinal declarará o direito em face de duas afirmações contraditórias" (in *RDA* 34/9).

3. *Do princípio da supremacia do interesse público e sua compatibilização com o interesse particular do contribuinte*

Foi essa idéia prevalecente, da supremacia da posição da Administração Pública, na qualidade de tutora do interesse público, sobre o contribuinte, enquanto detentor de um direito subjetivo contra o Fisco, que tem propiciado os mais diversos abusos por parte do Fisco, e que tem levado segmentos de contribuintes a reagir, culminando com a elaboração de um Projeto de Lei, de n. 646/99, que cria o Código de Defesa do Contribuinte, já aprovado pela Comissão de Constituição e Justiça (CCJ) do Senado e pela Comissão de Assuntos Econômicos (CAE) da mesma Casa Legislativa.

Trata-se de idéia arraigada na cultura tributária brasileira de que pode a Receita Fiscal adotar qualquer instrumento de fiscalização, ainda que tais instrumentos atentem diretamente contra os mais básicos direitos e garantias individuais, como se a finalidade de arrecadar, do Estado, pudesse, a fim de ser alcançada, burlar direitos outorgados constitucionalmente ao contribuintes como forma de limitar o exercício das competências tributárias.

Essa idéia é de que "os meios justificam os fins", e que, na esfera da tributação nacional, significa: "pode a Receita adotar instrumentos de fiscalização, ainda que contrários às garantias constitucionais outorgadas ao contribuinte, desde que tal comportamento leve a um incremento da receita pública". E é exatamente essa idéia que está causando reações contrárias ao projeto de defesa do contribuinte por parte do Governo Federal, em especial por parte da Receita Federal

Na verdade, o projeto em questão busca esclarecer, de forma didática, os direitos e garantias individuais, de há muito previstos no texto constitucional.

Claro que não pretendemos, aqui, oferecer uma análise do referido projeto, limitando-nos a indicar alguns dispositivos que buscam regular o procedimento administrativo tributário.

Nesse sentido, cumpre consignar que o artigo 27 do Projeto de Lei n. 646/99, assegura, no processo administrativo fiscal, o contraditório, a ampla defesa e o duplo grau de jurisdição, que denomina "duplo grau de deliberação" – talvez no intuito de adotar a clássica distinção entre processo e procedimento tributário.

Muito embora tal dispositivo tenha caráter didático, visa a realçar direitos outorgados ao contribuinte pela Constituição

Federal – mas que, no entanto, vêm sendo olvidados pela Administração Pública, em sua atividade fiscalizatória.

Aliás, em relação à garantia do duplo grau de jurisdição, ou, como quer o projeto, "duplo grau de deliberação", constata-se, pela análise do artigo 18 do projeto de lei que a legislação tributária, além dos requisitos de prazo, forma e competência, não pode estabelecer qualquer outra condição que limite direito à interposição de impugnações ou recursos na esfera administrativa.

A respeito da matéria, lembremo-nos de dispositivo inserto em projeto de lei da autoria do Executivo Estadual Paulista, que ora tramita na Assembléia Legislativa, que prevê, em seu artigo 35, que o autuado vencido, no todo ou em parte, em primeira instância somente poderá interpor recurso ordinário dirigido para o Tribunal de Impostos e Taxas, quando o débito fiscal exigido tenha valor que exceda ao equivalente a 4.000 (quatro mil) Unidades Fiscais do Estado de São Paulo-UFESPs, e não decorra tão-só da aplicação de penalidade por descumprimento de obrigação acessória (salvo se referente a falta de emissão de documento fiscal relativamente a saídas tributadas, ou a adulteração ou falsificação de documento ou livro fiscal).

Constata-se, pois, muito embora estejamos diante de propostas *de lege ferenda*, que tal previsão legal atenta contra aquela constante do artigo 27 do Projeto de Lei do Código de Contribuintes, que não admite qualquer restrição legal ao direito de impugnação e/ou recurso do contribuinte, além daquelas meramente formais.

De outra parte, grande é a preocupação do projeto de lei referente ao Código de Defesa do Contribuinte em relação aos princípios constitucionais que devem, necessariamente, reger a atividade de fiscalização e exigência tributárias (artigo 39), fixando, mais uma vez com preocupação didática, a observância do princípio da estrita legalidade (artigo 40, I); supremacia do interesse público (art. 40, II e III); princípio da moralidade administrativa (art. 40, IV); publicidade (art. 40, V); proporcionalidade entre os meios e fins (art. 40, VI); motivação (art. 40, VII); devido processo legal (art. 40, VIII), dentre outros.

O referido projeto de Código de Defesa do Contribuinte, propõe, em seu artigo 50, a revogação de dispositivos que reconhecem, indevidamente, a supremacia da Administração Pública em juízo, outorgando-lhe instrumentos leoninos contra o contribuinte.

De fato, se tal supremacia se justifica quando da edição da lei tributária, não faz qualquer sentido quando a Administração Pública passa a figurar como mera parte de um processo judicial.

Verifica-se que, na elaboração de normas reguladoras do procedimento administrativo tributário, deve-se, necessariamente, buscar o equilíbrio entre dois princípios constitucionais fundamentais: de um lado os direitos e garantias individuais, outorgados ao contribuinte como forma de impugnação de eventuais ilegalidades perpetradas pelo fisco no exercício de seu poder-dever tributário e, de outro, a defesa, pelo Estado, do interesse público, ínsito à atividade tributária.

No dizer de James Marins, esses dois valores fundamentais, erigidos em princípios constitucionais, é que estão em cotejo.

A lide tributária há de ser solucionada através de critérios jurídicos e, mesmo que se reconheça a preponderância do interesse público sobre o interesse privado, a solução haverá de ser jurídica, abolindo-se, assim, qualquer forma de arbítrio.

Tem-se, pois, dois pontos de vista virtualmente antagônicos. Do ponto de vista do Estado, este revela-se um credor que não pode esperar. Do ponto de vista do contribuinte, não apenas as normas jurídicas, como, também, as instituições criadas pelo Estado, estruturalmente devem ser aptas para protegê-lo dos eventuais desbordos, já que não há necessidade de consentimento direto do contribuinte para que este seja tributado, em uma estrutura lógica em que a norma tributária é produzida pelo próprio Estado, e é o mesmo Estado quem se encarregará, ativamente, de torná-la atuante.

Na medida em que o Estado cria suas instituições lançadoras e arrecadadoras, passa a exercer a chamada autotutela. Esta autotutela é imprescindível ao atendimento das premências instrumentais do Estado. Essa autotutela, no Estado de Direito, está inapelavelmente atrelada a critérios exclusivamente legais, vinculantes da atuação do agente público, mesmo que este esteja agindo em prol do interesse público

Como a atividade tributária é absolutamente vinculada, as lides tributárias freqüentemente se resumem à suscitação de ilegalidades na atuação estatal.

Assim deve o Direito Tributário processual ou Direito Tributário formal prever mecanismos que assegurem o atendimento do interesse público tutelado pelo Fisco, sem deixar de resguardar, igualmente os direitos e garantias individuais outorgados ao contribuinte.

Não é lícito, pois, ao Estado pretender impingir derrotas ao direito subjetivo individual do cidadão contribuinte sob o pálio da defesa do interesse público ou do bem comum.

Assim, com fundamento em premissas de ordem processual e nos postulados de ordem constitucional, propõe o autor a abordagem do processo tributário a partir de princípios que não podem deixar de ser respeitados pela administração tributária:

a) direito ao processo – significa direito de:

• opor-se a atos de gestão administrativa;

• que não seja o contribuinte submetido a indevidas ilações, quer na esfera administrativa como na judicial;

• que não seja compelido a prestar garantias impraticáveis para que possa obter a suspensão do ato impugnado;

b) direito à igualdade: que não será atendido enquanto o juiz aplicar ficções legais e presunções *iure et de iure*, que invertam as regras ordinárias quanto ao ônus da prova, bem como enquanto estivermos diante de conceitos legais indeterminados, e em razão da margem de discricionariedade emergente dos textos de legislação tributária (autor e ob. citados).

Perguntamo-nos então: como conciliar esses dois valores fundamentais?

Marco Aurélio Greco em sua obra *Planejamento Fiscal e Interpretação da lei Tributária*, aborda, de maneira nova e profunda, essa questão.

Diz que a composição dos conflitos concretos não se resolve pela invocação de um único princípio ou valor garantido constitucionalmente. No Estado Democrático de Direito a solução desses conflitos concretos passa pela reunião de valores do Estado de Direito e valores do Estado Social, isto é, será a resultante da composição de valores, naquilo que eles não se contradisserem, ou seja, prestigia-se um, mas também o outro. Não se anula um com outro, não se exclui um pelo outro.

É muito comum dizer-se que há a prevalência do interesse público sobre o particular. Se, de um lado, alguns dizem que a liberdade e a propriedade são intocáveis, de outro lado outros dizem que o interesse público prevalece sobre o interesse particular.

Segundo Greco, nem lá, nem cá. Assim como existem interesses particulares que sofrem limitações pela sua inserção no contexto social, assim também não podemos esquecer que não existe interesse público se não existirem interesses particulares. A concepção, segundo a qual o interesse público prevalece sobre o particular, é fruto de uma determinada concepção de Estado que encontra raízes no Estado absolutista, de origem tipicamente européia, em que o interesse do Rei prevalecia.

No Brasil há um conflito entre o Direito Administrativo e o Direito Constitucional. Temos um Direito Constitucional calcado na experiência americana, em que o Estado é produto do homem e, portanto, os valores individuais básicos do homem, por serem anteriores ao próprio Estado, não podem ser atingidos pelo Estado. Daí decorre a plenitude da jurisdição, a existência dos direitos e garantias individuais.

Entretanto, o Direito Administrativo, assim como o Direito Tributário, e o Direito Público em geral, é de origem européia. Ora as democracias européias, ao contrário da americana, surgiram a partir de conflitos com a autoridade absoluta do Rei. É a idéia de Estado antes do indivíduo.

De tais lições, concluímos que encontrar o ponto de equilíbrio entre esses valores, ambos válidos e dignos de proteção, é o grande desafio do legislador, em especial do legislador ora incumbido do Código de Defesa do Contribuinte, bem como é, também, desafio para o intérprete e aplicador da lei.

4. Da necessidade de harmonizar o contencioso administrativo e o processo judicial tributário, em nome da justiça tributária

Por outro lado, tanto a Constituição Federal de 1946 quanto a de 1967 previam uma jurisdição una, não havendo previsão de um suposto contencioso administrativo.

A Emenda Constitucional n. 1/69 alterou profundamente esse panorama. Em seu artigo 153, § 4º, garantia a necessária submissão de qualquer lesão de direito individual ao Poder Judiciário, atribuindo ao legislador a possibilidade de condicionar o ingresso em juízo ao prévio exaurimento das vias administrativas, desde que: *a*) não exigida garantia de instância e *b*) não se ultrapassasse o prazo de 180 dias para a decisão do pedido.

Verifica-se pois que o ingresso em juízo poderia ser condicionado, garantindo-se, sempre, o direito da ampla defesa do contribuinte, quer no que diz respeito à impossibilidade de exigência de depósito prévio para discutir administrativamente, quer no que diz respeito à garantia do contribuinte contra a inércia administrativa, a qual, não proferindo decisão administrativa em 180 dias a contar da impugnação, liberaria o contribuinte para fazer valer sua pretensão em juízo. Nesse caso, a decisão administrativa poderia superar a decisão de primeira instância judicial, garantindo um direito a recurso a ser interposto perante o antigo Tribunal Federal de Recursos, que analisaria, pois, a matéria decidida nos contenciosos administrativos em grau recursal, sem a possibilidade de retornar à fase probatória.

Muito embora a EC 1/69, que vigorou até outubro de 1988, tenha avançado muito no tratamento constitucional do contencioso tributário, a falta de legislação complementar não permitiu que tal previsão se concretizasse.

Com o advento da CF/88 a previsão daquele contencioso deixou de existir, prescrevendo, em seu art. 5º, inciso XXXV, que lei alguma poderá excluir da apreciação de lesão ou ameaça pelo poder judiciário. Vale dizer que tal comando constitucional impede o legislador de, direta ou indiretamente, subtrair ameaça ou lesão de direito da apreciação do Poder Judiciário. Assim, não obstante não preveja expressamente a criação de um contencioso administrativo, não o proíbe.

Em verdade, apesar de o legislador constitucional não ter disciplinado a criação de um contencioso administrativo, atribuiu ao procedimento administrativo um caráter mais do que contencioso – em verdade um caráter litigioso. De fato, ao garantir ainda no artigo 5º, agora no inciso LV, que "aos litigantes em processo judicial ou administrativo, e aos acusados em geral, são assegurados o contraditório e ampla defesa, com meios e recursos a ela inerentes (...)", pressupôs a criação de um verdadeiro processo administrativo, com dedução de interesses contrapostos, configurando verdadeira lide.

Verifica-se, pois, que tal garantia não ficou restrita aos acusados, alcançando todo e qualquer litigante em processo administrativo, o que significa dizer que tal dispositivo aplica-se, necessariamente, à solução da pretensão que o contribuinte, em processo administrativo, opõe ao Fisco, relativamente ao lançamento tributário.

Portanto, muito embora não tenha o legislador constituinte feito menção à criação de um contencioso administrativo, foi, a meu ver, além, avançando na idéia de lide administrativa, a ser deduzida em processo administrativo, com as garantias do devido processo legal e da ampla defesa, expressamente mencionados no dispositivo analisado.

Como salienta Roque Carrazza em seu *Curso de Direito Constitucional Tributário*: "Em todo e qualquer processo administrativo tributário de que possa resultar um dano jurídico, uma restrição ou sacrifício de direito, deve ser proporcionada ao contribuinte uma defesa eficaz, aí compreendidas a defesa técnica (com a presença, pois, de advogado) e especialmente a dupla instância administrativa, que vai ensejar uma discussão mais isenta do caso".

De fato, quando a Constituição fala em "meios e recursos inerentes à ampla defesa", está, sem dúvida, aludindo ao direito de produção de provas (meios) e ao direito à dupla instância (recursos).

Permitimo-nos, pois, afirmar, secundando James Marins (in *Princípios Fundamentais do Direito Processual Tributário*) que, no momento em que surge o confronto entre Fisco e contribuinte – este empenhado na defesa de seu patrimônio diante das investidas fiscais –, o percurso destinado à emissão do ato de lançamento se torna litigioso, alterando-se a natureza jurídica da relação dinâmica, que se transmuda de procedimento para processo, passando o *modus operandi* do agente administrativo, antes informado por princípios do procedimento administrativo, a ser governado por princípios processuais constitucionalmente garantidores do contraditório e ampla defesa.

Ressalta esse autor que, por falta de regime jurídico adequado, não há praticamente aproveitamento algum do processo administrativo no plano judicial, o que causa desgaste inútil do aparelho estatal administrativo e judicial, com aumento de custos e desperdício de tempo.

Em um momento em que se discute urgentemente uma reforma do judiciário, mediante a adoção de normas que busquem agilizar a atividade jurisdicional de dizer o direito aplicável no caso concreto, não se poderia deixar de regular o chamado processo administrativo tributário, de molde a passar a instância administrativa, em matéria tributária, a cumprir relevante papel de desafogar os Tribunais, pensando-se, inclusive, numa necessária atuação conexa de ambas as esferas – administrativa e judicial.

Entretanto, o que se tem visto é que o Direito Processual Civil parece enxergar as relações jurídicas de forma míope, exclusivamente voltado para a solução da lide civil, atualizando o tratamento jurídico das lides individuais e coletivas, esquecendo de tratar de um sem-número de relações litigiosas, que se estabelecem entre o Estado e cidadão, mais particularmente, entre Fisco e contribuinte.

Portanto, entende corretamente James Marins, que urge atribuir forma e conteúdo sistemático ao estudo do fenômeno tributário.

A ênfase a essa questão, aliás, já era dada no início da década de 30, por Carnelutti (*Introduzione allo studio del Diritto Processuale Tributario*), ao afirmar que caberia a essa disciplina a grandiosa tarefa de superar o tipo de confronto, em que surge, quase que paradoxalmente, o Estado como autor do comando legal e o Estado tido como titular de um interesse em conflito e, portanto, como destinatário do mesmíssimo comando. No Brasil, Rubens Gomes de Souza, na década de 40, sustentava a harmonização entre o processo administrativo e judicial tributário.

Aliás, na década de 70, o mestre Geraldo Ataliba, como que antevendo a atual crise do Poder Judiciário, já se preocupava com o assunto afirmando que, se todas as divergências forem submetidas ao Poder

Judiciário, este submergirá sob o peso de um acúmulo insuportável de questões para julgar, e, além disso, tardarão muito as soluções em detrimento das partes envolvidas. Propunha, assim, nosso mestre, que se criassem organismos e sistemas para reduzir o número de causas instauradas perante o Poder Judicial.

Portanto, o que devem os governantes e representantes do povo levar em conta na elaboração de normas atinentes à defesa do consumidor e/ou normas reguladoras do processo administrativo tributário nas várias esferas, é que, ainda que se adotem e se viabilizem todos os direitos e garantias atribuídos aos contribuintes, o interesse público somente restará plenamente atendido, quando se adotarem mecanismos de agilização da chamada justiça tributária.

De fato, um dos pressupostos necessários para atingir-se referida justiça deve passar, necessariamente, pela harmonização dos processos administrativos e judiciais tributários – como forma de economia e rapidez processual –, adotando-se mecanismos de aproveitamento, no âmbito do Judiciário, dos atos praticados no contencioso administrativo.

Bibliografia

CARVALHO, Paulo de Barros, *Curso de Direito Tributário.*

CARRAZZA, Roque Antônio, *Curso de Direito Constitucional Tributário.*

DERZI, Misabel, *Comentários ao Código Tributário Nacional.*

______, Notas in *Direito Tributário Brasileiro*, Aliomar Baleeiro.

GRECO, Marco Aurélio, *Planejamento Fiscal e Interpretação da lei Tributária.*

MARINS, James, *Princípios fundamentais do Direito Processual Tributário.*

SOUZA, Rubens Gomes, *RDA* 34/9.

CÓDIGO DE DEFESA DO CONTRIBUINTE

EDUARDO BOTTALLO

Explicação inicial

Encontra-se em tramitação no Congresso Nacional projeto de lei apresentado pelo Senador Jorge Bornhausen que dispõe sobre o Código de Defesa do Contribuinte.

Este projeto resultou de trabalho elaborado por Comissão composta pelos Professores Eduardo Bottallo, José Souto Maior Borges, Paulo de Barros Carvalho, Ricardo Lobo Torres e Roque Antonio Carrazza.

Dado o interesse do tema, publicamos, a seguir, a íntegra do projeto, bem como de sua exposição de motivos.

PROJETO DE LEI DO SENADO N. .... , DE 1999

COMPLEMENTAR

Dispõe sobre o Código de Defesa do Contribuinte e dá outras providências.

Exposição de Motivos

O projeto de *Código de Defesa do Contribuinte* abre a página de uma *nova cidadania*. Com ele o cidadão-contribuinte passa a ter uma relação de igualdade jurídica com o Fisco para, mediante co-responsabilidade cívica, tratarem juntos, e com transparência democrática, da origem e da aplicação da arrecadação pública. Os deveres e os direitos são mútuos; nada se presume negativamente contra um ou outro; o quanto se decidir, a favor de um ou outro, será mediante expressa indicação dos fatos e motivada declinação do direito.

2. A justa compreensão do que aqui se propõe, para daí extrair o quanto a sociedade civil tem o direito de ver e sentir da ação estatal, exige um repensar crítico de métodos e presunções do direito público. O projeto implica, substancialmente, uma revolução cultural na compreensão da Constituição, para nela se ler o quanto em outras sociedades democráticas, mais sólidas e corajosas no reconhecer e tornar eficazes os direitos da cidadania, já o fizeram há séculos ou décadas.

Não se cuida de interpretar nossa Carta Magna, mas de construí-la. Se na interpretação circunscreve-se o aplicador a compreender a norma para torná-la coerente com o sistema positivado no qual se insere, e daí extrair a solução do caso concreto, *já na construção seu trabalho é reler a Constituição em face dos novos fatos políticos e das novas demandas sociais para sobre eles projetar os princípios fundamentais implícitos da Carta e, destarte, dar-lhes solução justa sem ruptura institucional, sem cismas sociais e sem a necessidade de sucessivas e infindáveis emendas.*

Mediante construção o legislador, assim como o intérprete e o aplicador da lei, não só reconsubstanciam os mecanismos de igualdade jurídica concebidos pelo constituinte originário, como também, e mais fundamentalmente, revivificam os ideais de justiça social da sociedade civil.

Foi esta leitura construtiva da Constituição, como meio de sua renovação constante, que tornou possível, às sociedades libertárias que inspiraram o constitucionalismo moderno, responder às demandas advindas com o tempo. Não se pode admitir, sob pena de confissão de fracasso, que não tenha tido idêntica vontade o constituinte brasileiro de 1988.

De outra parte, há que se ter presente que vive hoje o mundo a era dos direitos legislados. A cidadania não se satisfaz mais com meras declarações de direitos – todo direito é. Assim, a Constituição brasileira tornou expresso que *as normas definidoras dos direitos e garantias fundamentais têm aplicação imediata* (art. 5º, § 1º). Longe está o tempo de ter o cidadão seus direitos fundamentais subordinados à discricionariedade do Estado mediante cláusulas de eficácia contida ou não-auto-aplicáveis ou apenas programáticas.

Os regimes de liberdade sempre rejeitaram essa visão positivista radical que caracterizou os regimes autoritários da democracia formal. Não há mais no mundo moderno da cidadania ativa, no qual definitivamente se insere o Brasil, espaço para constituições semânticas, nas quais sobre a cidadania pende a espada de Dâmocles nas mãos dos dirigentes de plantão. Tanto somos parte dessa universalidade dos direitos que em 1988 dispôs o constituinte que *os direitos e garantias expressos nesta Constituição não excluem outros decorrentes do regime e dos princípios por ela adotados, ou dos tratados internacionais em que a República Federativa do Brasil seja parte* (art. 5º, § 2º).

3. Igualmente indispensável ter presente que o projeto não se limita a revisitar os direitos e garantias fundamentais plasmados na Constituição, mas, também e principalmente, deles extrair seus consectários necessários para, daí, em passo seguinte, condicionar a interpretação e a jurisprudência do direito tributário. Por isso mesmo, este Código põe fim a rixas doutrinárias e resolve divergências de jurisprudência, harmonizando a aplicação do direito com o objetivo de conferir previsibilidade e estabilidade à relação jurídica do contribuinte com o Fisco.

Nesse espírito, não se ocupa o projeto, salvo o explicitado em suas disposições finais, em revogar ou rescrever disposições do Código Tributário Nacional. Não se pode perder de vista que, concebido embora sob o influxo democrático da Constituição de 1946, o direito tributário brasileiro codificado em 1966, particularmente nas relações do Fisco com o contribuinte, foi implementado sob as condições autocráticas das Cartas de 1967 e 1969. Daí o propósito do Código de Defesa do Contribuinte de interpretar o direito tributário nacional nos moldes libertários da Constituição de 1988 e da jurisprudência dela resultante, cuja sede é a sociedade civil, e cujo objeto maior é harmonizar, sob condições de igualdade jurídica, os interesses individuais e coletivos em face do Estado.

A destinação exata deste projeto, por conseguinte, se põe na forma do art. 2º, § 2º, da Lei de Introdução ao Código Civil: *A lei nova, que estabeleça disposições gerais ou especiais a par das já existentes, não revoga nem modifica a lei anterior.* É, pois, um projeto que encerra lei de caráter explicativo, para o fim de submeter o direito vigente, consolidado e expandido em um regime político autocrático, ao sentido democrático e ao espírito libertário da Constituição de 1988. Desta, da evidente prevalência dos direitos humanos e da concepção de uma sociedade civil controladora e legitimadora do Estado, decorre a obrigação do Congresso Nacional de conferir eficácia construtiva ao direito anterior, recepcionado em 1988, mediante exegese compatível com os comandos normativos objetivos da Lei Maior.

II

4. O presente projeto de lei complementar torna eficaz, na relação do cidadão-contribuinte com o Fisco, a ordem de valores normatizados no sistema constitucional brasileiro.

No que complementa e explica, para tornar substantivamente eficaz, os dispositivos constitucionais sobre a declaração de direitos fundamentais do contribuinte e sobre os princípios de justiça fiscal condicionadores da tributação, põe a sociedade civil em pé de igualdade legal com os gerentes estatais na busca e consecução dos grandes ideais de justiça social e redistribuição da riqueza mediante a tributação. Em outras palavras, cuida de sistematizar e unificar as regras referentes ao estatuto do contribuinte.

5. Assiste-se, nesta virada de século, a um extraordinário fortalecimento dos direitos fundamentais, seja no plano das legislações internas e dos tratados internacionais, seja no campo da reflexão jurídica e da busca da sua justificativa ética. Nessa perspectiva os direitos fundamentais do contribuinte passam a ter nova relevância. A Constituição de 1988 dedica todo um capítulo (arts. 150 a 152) às limitações ao poder de tributar, que consubstanciam os direitos básicos do cidadão frente ao poder fiscal do Estado e que se colocam como contraponto tributário do elenco dos direitos e garantias proclamados e assegurados pelo art. 5º.

As normas constitucionais, contudo, por sua generalidade e abertura, necessitam de complementação na via legislativa a fim de harmonizar os direitos humanos e o ordenamento tributário positivo.

Por outro lado reafirma-se a preocupação com a justiça fiscal, que, sendo especial emanação da idéia de justiça social, necessita de princípios positivados que a instrumentalizem.

Esses dois vetores – os direitos fundamentais do contribuinte e a busca da justiça fiscal –, passam a vincular o direito hodierno no plano nacional e no internacional. Alguns tratados, como a Convenção Americana sobre Direitos Humanos (Pacto de San José da Costa Rica, 1969), dispõem sobre os direitos básicos dos contribuintes. Nos Estados Unidos foi aprovada, em 30 de julho de 1996, a Declaração de Direitos do Contribuinte II (*Taxpayer Bill of Rights II*), que alterou o Código de Rendas Internas de 1986 (*Internal Revenue Code*) para fortalecer a proteção aos contribuintes.

Na Espanha publicou-se a *Ley de Derechos y Garantias de los Contribuyentes* – LDGC (n. 1/1998, de 26 de fevereiro), que regula os direitos e garantias básicas dos contribuintes em suas relações com as Administrações tributárias e que, segundo sua Exposição de Motivos, constituiu um marco de inegável transcendência no processo de reforço do princípio da segurança jurídica, característico das sociedades democráticas mais avançadas, permitindo, ademais, aprofundar a idéia de equilíbrio das situações jurídicas da Administração tributária e dos contribuintes, com a finalidade de favorecer a estes o melhor cumprimento voluntário das obrigações.

6. O Código de Defesa do Contribuinte, que ora se propõe, tem, por conseguinte, o objetivo de fortalecer a cidadania fiscal, complementando as normas constitucionais pertinentes e compatibilizando a legislação brasileira com a internacional num momento de globalização e expansão das economias nacionais.

III

7. Destaque-se, de início, algumas disposições que, no projeto, mais afetam a relação do cidadão-contribuinte com o Fisco e mais demandam o repensar de práticas consagradas no nosso direito público.

A cláusula que conceitua justiça tributária como aquela que atenda aos princípios constitucionais da isonomia, da capacidade contributiva, da eqüitativa distribuição da carga tributária, da generalidade, da progressividade e da não-confiscatoriedade (art. 2º, parágrafo único). São parâmetros para a validade dos tributos, tanto para o Fisco que o institua, quanto para o contribuinte que o conteste. Sua abstração cederá à eficácia no exame de cada caso concreto, seja no plano administrativo ou no processo judicial.

Tal norma, em combinação com aquelas que dispõem sobre o processo administrativo-tributário e a fundamentação dos atos da Administração Fazendária, abre campo novo à relação do cidadão com o agente estatal.

8. A explicitação de que o exigir ou aumentar tributo somente se dará mediante lei (CF, art. 150, inciso I) *pressupõe a estipulação expressa de todos os elementos indispensáveis à incidência, quais sejam, descrição objetiva da materialidade do fato gerador, a indicação dos sujeitos do vínculo obrigacional, da base de cálculo e da alíquota, bem como dos aspectos temporal e espacial da obrigação tributária* (art. 4º). Mais do que a legalidade formal, também a transparência, a moralidade e a economicidade (CF, art. 37, *caput*) na relação de direito entre os sujeitos ativo e passivo da relação tributária.

9. O respeito à anualidade (CF, art. 150, inciso III, alínea "b") mediante publicidade que se dê, efetivamente, dentro do ano civil anterior ao da exigibilidade, mediante circulação dos diários oficiais até 31 de dezembro, com acesso aos assinantes e ao público em geral, donde inválidas as ficções de circulação com data retroativa do periódico (art. 5º e 9º).

10. A identificação diferenciada dos fatos geradores e das bases de cálculo dos impostos atribuídos à competência da União, dos Estados, do Distrito Federal e dos Municípios, de sorte a evidenciar a inexistência, ainda que indireta, da bitributação (art. 7º).

11. A explicitação do serviço prestado ou posto à disposição do obrigado e do exercício do poder de polícia que justifiquem a criação de taxas (art. 6º).

12. Crucial à nova cidadania e à construção constitucional é a disposição de que *os efeitos da decisão transitada em julgado, em controle difuso ou em ação direta, proclamando a inconstitucionalidade de lei ou ato normativo federal, estadual, municipal ou do Distrito Federal, não implicarão exigência de complementação, no âmbito administrativo ou judicial, do valor do crédito tributário extinto anteriormente à vigência da decisão* (art. 15).

Cuida-se de conferir estabilidade e previsibilidade à relação jurídica já consolidada entre o contribuinte e o Fisco. Vale dizer, extinto embora o crédito tributário, ou usufruída uma vantagem fiscal qualquer, estará o contribuinte sujeito a ter que pagar a mais, ou a se desfazer e a compensar monetariamente a vantagem fiscal, se, a qualquer momento, em futuro incerto e não sabido, vier o Judiciário a declarar inconstitucional a lei vigente ao tempo de consolidação da relação tributária.

Está consagrado na nossa cultura jurídica que a lei declarada inconstitucional, mediante decisão final do Judiciário, é nula desde sua edição, não se convalidando qualquer ato sob ela praticado. Não contempla, a jurisprudência, a hipótese de o Judiciário, particularmente as cortes constitucionais, poderem, caso a caso, mediante juízo de oportunidade política e conveniência social, em face dos valores acolhidos na Constituição mesma, dentre eles, sem dúvida, a estabilidade e previsibilidade da lei e das relações dela legitimamente extraídas, declarar a inconstitucionalidade com efeito para o futuro.

Este o passo de *construção constitucional*. Por que não acolher o Judiciário brasileiro a experiência de outros sistemas constitucionais, mais antigos, mais estáveis e culturalmente mais prestigiosos, nos quais as cortes constitucionais adotam tal procedimento? São clássicos e inúmeros os precedentes, até mesmo no campo do direito penal e processual penal, e portanto no âmbito crucial da liberdade, nos quais, reconhecida a inconstitucionalidade da lei no caso concreto, e assim anulada a condenação, não se estenderam, genérica e retroativamente, os efeitos da decisão.

Ao valor constitucional supremo de não se admitir como válida a norma contrária à Constituição, sem o que ruiria o primado da constituição escrita, se coloca outro valor essencial à ordem jurídica, qual seja, a consolidação imutável da relação contribuinte-Fisco, vale dizer, sociedade civil-Estado, validamente constituída conforme à lei vigente.

Estranho ao sistema valorativo de uma Constituição que cria uma ordem estatal fundada em um sistema de direitos e garantias individuais em face do Estado, vale dizer, de uma ordem estatal que extrai validade legal e legitimidade política da sociedade civil que a gerencia mediante representantes eleitos, estranho será – repita-se, admitir a eterna instabilidade e imprevisibilidade de uma relação jurídica do cidadão-contribuinte validamente constituída com o agente estatal sob a lei.

A norma é central à compreensão dessa nova cidadania, vale dizer, de uma relação entre iguais, no plano das relações obrigacionais do cidadão-contribuinte com o Estado fiscal.

A motivação da norma tem agora reconhecimento formal; sua percepção cultural está acolhida na recentíssima Lei n. 9.868, de 10 de novembro último (*DOU* 11.11.99), cujo art. 27 dispõe: ao declarar a inconstitucionalidade de lei ou ato normativo, e *tendo em vista razões de segurança jurídica ou de excepcional interesse social*, poderá o Supremo Tribunal Federal, por maioria de dois terços de seus membros, restringir os efeitos daquela declaração ou *decidir que ela só tenha eficácia a partir de seu trânsito em julgado ou de outro momento que venha a ser fixado*.

13. Outras disposições relevantes desse novo tempo homenageiam o princípio de que ninguém será privado de seus bens e direitos sem o devido processo legal (CF, art. 5º, incisos LIV e LV).

Assim, fica proibida a interdição de estabelecimentos, a proibição de transacionar com repartições públicas, a instituição de barreiras fiscais e outros meios coercitivos para a cobrança extrajudicial de tributos (art. 13 e 14).

Da mesma forma, em razão de processo administrativo ou judicial, em matéria tributária, impedir-se o contribuinte de fruir de benefícios e incentivos fiscais ou financeiros, ou de ter acesso a linhas oficiais de crédito ou de participar de licitações (art. 26).

É vedado à Administração Fazendária recusar, em razão de débitos tributários pendentes, autorização para o contribuinte imprimir os documentos necessários ao desempenho de suas atividades; ou bloquear, suspender ou cancelar inscrição do contribuinte sem a observância dos princípios do contraditório e da prévia e ampla defesa (art. 37, incisos I e III).

Não menos importante, vedar-se à Administração o uso de força policial nas diligências ao estabelecimento do contribuinte, salvo se com autorização judicial na hipótese de justo receio de resistência (art. 37, V).

O direito de defesa ou de recurso, administrativo ou judicial, não poderá ser condicionado a depósito, fiança, caução, aval ou outro ônus qualquer, exceto na execução fiscal, nos termos da lei processual aplicável (art. 18).

14. Somente ao Judiciário será permitido desconsiderar a personalidade jurídica da sociedade quando for ela instrumento de fraude à lei para ocultar sócios ou terceiros que tenham poder de controle, conforme a Lei das Sociedades Anônimas (art. 16).

A desconsideração (*disregard of legal entity doctrine*) visa punir o abuso de direito e a fraude mediante o uso de personalidade jurídica. O primeiro conceito clássico vem de 1912, e foi lembrado em conferência pelo renomado jurista Rubens Requião: "Quando o conceito de pessoa jurídica se emprega para defraudar os credores, para subtrair-se a uma obrigação existente, para desviar a aplicação de uma lei, para constituir ou conservar um monopólio ou para proteger velhacos ou delinqüentes, os tribunais poderão prescindir da personalidade jurídica e considerar que a sociedade é um conjunto de homens que participam ativamente de tais atos e farão justiça entre pessoas reais" (E.S.D., 2/76).

Já o conceito revela a exclusividade dos tribunais. O que faz o projeto é prevenir a manipulação e o mau uso desse mecanismo de compreensão e análise dos negócios de uma pessoa jurídica pela Administração Fazendária como forma de coagir o contribuinte, no processo administrativo-tributário, o qual se desenvolve sem o controle e a condução isenta do terceiro imparcial – o Juiz, perante quem os pedidos de requisição de documentos hão de ser justificados e submetidos ao crivo do contraditório.

15. As técnicas presuntivas são instrumento de eficácia gerencial. O que não admite o projeto é ser o sujeito passivo tomado de surpresa com o ônus da obrigação. Por isso mesmo, a lealdade do Estado com o cidadão-contribuinte demanda a publicidade prévia do ato para ciência dos que por ele afetados para sua impugnação administrativa ou judicial (art. 35).

16. Parcelado o débito tributário, e se cumprido o acordo, não pode o cidadão-contribuinte continuar a sofrer os ônus da inadimplência. O projeto resolve disputa doutrinária e divergência de tratamentos administrativos e de jurisprudência ao definir o parcelamento como novação, donde o retorno ao pleno estado de adimplência, inclusive para a obtenção de certidões negativas de débitos fiscais (art. 36).

17. Relevantes os prazos estabelecidos para as decisões da Administração Fazendária, livrando o cidadão-contribuinte da espera infindável para a solução de suas demandas.

Assim, circunscrita a Administração Fazendária ao objeto lançado no termo de início da fiscalização, tem ela prazo de 90 dias para ultimar as diligências (art. 46).

O prazo máximo para emitir decisão nos processos, nas solicitações ou nas reclamações será de 30 dias (art. 19, XII e 41).

Nas consultas o prazo é de 30 dias, com a ressalva importante de que, oferecendo o contribuinte sua interpretação, prevalecerá esta se o Fisco não observar o prazo da lei (art. 31).

Visto o equilíbrio entre as partes, a realidade da gerência da Administração Fazendária, e o direito público que rege a matéria, todos os prazos são prorrogáveis uma única vez, por igual período mediante justificação.

18. Os contribuintes passarão a conhecer os impostos incidentes sobre mercadorias, especialmente as que compõem a cesta básica, bem como os incidentes sobre serviços bancários, pela divulgação semestral da carga tributária a eles agregada (art. 20).

19. Duas outras disposições reforçam a lealdade que deve reger as relações do cidadão-contribuinte com o Fisco.

A primeira firma que, sem prejuízo da sucumbência, o contribuinte será reembolsado do custo das fianças e outras garantias de instância judicial, para a suspensão do crédito tributário, quando este for julgado improcedente (art. 25). Nas execuções fiscais, em especial, para recorrer judicialmente, vê-se o contribuinte obrigado a afiançar o débito que se lhe impõe, com que arca com o custo financeiro até agora não compensável.

A segunda permite que o contribuinte, credor do Fisco em face de decisão final, administrativa ou fiscal, compense o crédito contra débitos quaisquer que tenha perante a mesma Fazenda Pública (art. 29), com o que o projeto encerra demandas intermináveis nas quais se disputa sobre a natureza coincidente ou não dos tributos que enseje a compensação.

20. O projeto, dada sua natureza de lei complementar, resolve ainda a compreensão do melhor sentido do quanto disposto nos artigos 150, inciso VI, alínea "c", e 195, § 7º, da Constituição Federal, os quais remetem à lei a criação das exigências e dos requisitos de fruição das imunidades tributárias nela previstas (art. 8º). Cuida-se, conforme a melhor leitura para a eficácia substantiva da Constituição, de *lei complementar*, nunca de lei ordinária, porquanto, sabidamente, é da lei complementar a competência para regular as limitações constitucionais ao poder de tributar (CF, art. 146, II). É esta a lição dos autores de maior nomeada.

A relevância social e política dos partidos políticos e suas fundações, das entidades sindicais dos trabalhadores, das instituições de educação e de assistência social, sem fins lucrativos, justificam que o Congresso Nacional encerre a rixa doutrinária.

O mandamento da lei complementar que o projeto explicita é exatamente aquele acolhido pelo Supremo Tribunal Federal, na sessão plenária do dia 11 de novembro de 1999, em processo de que foi relator o Ministro Moreira Alves, quando aquela Corte confirmou medida liminar antes deferida pelo Ministro Marco Aurélio, sustando os efeitos de lei ordinária que pretendera atuar no campo do art. 146, inciso II, da Constituição Federal.

21. A eficácia desta Lei fica assegurada mediante ações administrativas ou judiciais, de iniciativa individual ou coletiva, nos moldes do Código de Defesa do Consumidor (Lei n. 8.078, de 11 de setembro de 1990, art. 81 e seguintes). Destarte, o Ministério Público e as associações civis ficam legitimados para a ação coletiva na defesa dos direitos e garantias explicitados no projeto (art. 47).

IV

22. O projeto estrutura a Lei de Direitos e Garantias do Contribuinte, em sete capítulos, a saber: das disposições preliminares, das normas fundamentais, dos direitos do contribuinte, das consultas em matéria tributária, dos deveres da administração fazendária, da defesa do contribuinte e das disposições finais.

No capítulo inicial estabelece-se o fundamento de validade da lei complementar, estendendo os seus efeitos à União, aos Estados e Distrito Federal e aos Municípios. Define-se o conceito de contribuinte, que é tomado em sua acepção mais ampla, a abranger todas as formas de sujeição passiva tributária, inclusive responsabilidade, substituição tributária, solidariedade e sucessão tributária. Introduz-se dispositivo de grande alcance para a justificativa ético-jurídica da tributação, determinando-se que a instituição de tributos atenderá ao princípio da justiça tributária, com o corolário de que se considera justa a tributação que atenda aos princípios constitucionais da isonomia, capacidade contributiva das pessoas obrigadas ao pagamento de tributos, eqüitativa distribuição da carga tributária, generalidade, progressividade e não-confiscatoriedade.

Declara-se que os direitos e garantias do contribuinte serão reconhecidos pela Administração Fazendária, sem prejuízo de outros decorrentes da Constituição Federal, dos princípios nela expressos ou implícitos, e dos tratados internacionais em que a República Federativa do Brasil seja parte.

O projeto, por conseguinte, deixa claro, nas disposições introdutórias, a eficácia nacional da lei, o objetivo de proteger o contribuinte, firmando-lhe o estatuto legal e declarando-lhe os direitos e as garantias, e a preocupação em considerar como integrantes da mesma equação valorativa os princípios relacionados com a sua liberdade e com a justiça fiscal.

23. O Capítulo II versa sobre as normas fundamentais, estampa as normas gerais estruturantes da relação jurídico-tributária, complementa a definição dos princípios constitucionais vinculados à segurança jurídica, baliza os aspectos essenciais à definição do tributo no quadro da legalidade tributária e veda à lei ordinária estabelecer requisitos para a fruição das imunidades tributárias.

O princípio constitucional da anterioridade, freqüentemente objeto de abuso por parte do administrador e do legislador ordinário, é fortalecido, prescrevendo-se que para a cobrança de tributos, no exercício seguinte, o jornal oficial deverá ser distribuído a todos os assinantes e ser acessível ao público em geral até 31 de dezembro do exercício anterior.

De grande alcance para a transparência da legislação tributária é a previsão de que as leis e os regulamentos modificadores de normas tributárias relacionarão as que forem revogadas, bem assim as que tiverem sua redação alterada. No mesmo sentido as que obrigam a Administração Fazendária a assegurar aos contribuintes o pleno acesso às informações acerca das normas tributárias e da interpretação que oficialmente se lhes atribua.

Ratifica-se, por lei, a proibição de sanções políticas, já proclamada pelo Judiciário. Inovação de grande alcance é a norma antielisiva que permite a desconsideração da personalidade jurídica da sociedade quando, em detrimento da Administração Fazendária, houver comprovado abuso de direito, excesso de poder, infração da lei, fato ou ato ilícito, ou violação dos estatutos ou contrato social.

24. O Capítulo III estabelece o catálogo dos direitos do contribuinte. Dentre eles os de ter acesso à identificação do funcionário das repartições fazendárias, prestar às autoridades fazendárias informações apenas por escrito, receber em 30 dias resposta a seus pleitos, não exibir documentos já apresentados a outros órgãos da Administração Pública, ser posto no mesmo plano da Administração Fazendária no que se refere a pagamentos, reembolsos, juros e atualização monetária. Adotam-se diversas medidas de proteção no âmbito da defesa perante as instâncias administrativas e judiciais, inclusive a previsão, constante também do Projeto de Emenda Constitucional 175/95, de que a ação penal contra o contribuinte, pela eventual prática de crime contra a ordem tributária, só poderá ser proposta após o encerramento do processo administrativo, suspendendo-se durante a tramitação do processo administrativo a fluência da prescrição penal.

Na área do processo administrativo-tributário vedam-se a instituição de instância única e a adoção de condições que limitem o direito à interposição de impugnações ou recursos.

O projeto incorpora, ainda, alguns dos princípios centrais estampados na lei geral do processo administrativo federal (Lei n. 9.784, de 29 de janeiro de 1999) para que se lhe confiram caráter nacional vinculante.

25. O Capítulo IV dispõe sobre as consultas em matéria tributária, campo no qual ocorrem algumas das violações mais graves aos direitos do contribuinte. Fixa-se o prazo de 30 dias para a resposta da Administração, o que coibirá o abuso freqüentemente praticado de deixar o sujeito passivo sem a orientação do Fisco. Os contribuintes passam a ter direito à igualdade entre as soluções de consultas relativas a uma mesma matéria, fundadas em idêntica norma jurídica, com o que estende aos Estados, ao Distrito Federal e aos Municípios a medida já adotada na esfera da União pela Lei n. 9.430, de 30 de dezembro de 1996 (art. 48, §§ 5º, 6º, 9º, 10 e 11), em consonância com a jurisprudência do Supremo Tribunal Federal.

26. Reserva-se o Capítulo V para os deveres da Administração Fazendária, que hão de ser correspectivos aos direitos dos contribuintes. O princípio geral é o de que a Administração Fazendária pautará sua conduta de modo a assegurar o menor ônus possível aos contribuintes, inclusive no que concerne à execução fiscal.

Diversos dispositivos disciplinam as atividades do Fisco no intuito de resguardar a boa-fé do contribuinte e zelar pela moralidade administrativa: obriga-se a inscrição na dívida ativa em 30 dias; proíbe-se que presunções e ficções legais desvinculem a pretensão ao tributo da ocorrência do fato gerador; declara-se que o parcelamento do débito implica novação; restringe-se o direito de examinar mercadorias, livros e arquivos aos tributos de competência da pessoa política que realizar a fiscalização; proíbe-se à Administração Fazendária a divulgação, em órgãos de comunicação social, do nome dos contribuintes em débito; prevê-se que o termo de início de fiscalização obrigatoriamente circunscreva seu objeto, vinculando a Administração Fazendária; vedam-se, dentre outras práticas administrativas, o cerceamento de direitos dos devedores, de abuso da boa-fé ou ignorância do contribuinte, de constrangimento na cobrança de tributos e de demora no exercício das atividades previstas em lei; proíbe-se o agente da Administração de deixar de receber requerimentos ou comunicações apresentados para protocolo nas repartições fazendárias.

27. As normas do Capítulo VI cuidam da defesa do contribuinte mediante adoção do modelo de defesa coletiva consagrado no Código de Defesa do Consumidor. Definem-se, por conseguinte, sob os mesmos termos e condições, os interesses ou direitos difusos e os coletivos, assim como os individuais homogêneos, seguida da legitimação do Ministério Público e das associações civis para a ação judicial.

28. No Capítulo VII, em disposições finais, adaptam-se alguns dispositivos do Código Tributário Nacional e da Lei de Execuções Fiscais à filosofia deste projeto de lei, como também à legislação e jurisprudência supervenientes.

PROJETO DE LEI DO SENADO N. ..., DE 1999

COMPLEMENTAR

Dispõe sobre os direitos e as garantias do contribuinte e dá outras providências.

CAPÍTULO I – DAS DISPOSIÇÕES PRELIMINARES

Art. 1º. Esta Lei Complementar estabelece normas gerais sobre direitos e garantias aplicáveis na relação tributária do contribuinte com as administrações fazendárias da União, dos Estados, do Distrito Federal e dos Municípios (artigos 24, inciso I e seu § 1º e 146, incisos II e III, da Constituição Federal).

§ 1º. São contribuintes, para os efeitos desta Lei Complementar e para os das leis federais, estaduais, municipais e do Distrito Federal que dela decorram, as pessoas físicas ou jurídicas em qualquer situação de sujeição passiva tributária, inclusive a responsabilidade, a substituição, a solidariedade e a sucessão tributárias, além do referido no art. 121, parágrafo único, inciso I, do Código Tributário Nacional (Lei n. 5.172, de 25 de outubro de 1966).

§ 2º. Estão sujeitos às disposições desta Lei Complementar, também, os agentes de retenção dos tributos, os representantes legais ou voluntários e os legalmente obrigados a colaborar com o fisco.

Art. 2º. A instituição ou majoração de tributos atenderá aos princípios da justiça tributária.

Parágrafo único. Considera-se justa a tributação que atenda aos princípios da isonomia, da capacidade contributiva, da eqüitativa distribuição da carga tributária, da generalidade, da progressividade e da não-confiscatoriedade.

Art. 3º. Os direitos e garantias do contribuinte disciplinados na presente Lei serão reconhecidos pela Administração Fazendária, sem prejuízo de outros decorrentes da Constituição Federal, dos princípios nela expressos e dos tratados internacionais em que a República Federativa do Brasil seja parte.

CAPÍTULO II – DAS NORMAS FUNDAMENTAIS

Art. 4º. A legalidade da instituição do tributo (art. 150, inciso I, da Constituição Federal) pressupõe a estipulação expressa de todos os elementos indispensáveis à incidência, quais sejam, a descrição objetiva da materialidade do fato gerador; a indicação dos sujeitos do vínculo obrigacional, da base de cálculo e da alíquota, bem como dos aspectos temporal e espacial da obrigação tributária.

Art. 5º. Somente a lei, observado o princípio da anterioridade (art. 150, inciso III, alínea "b", e art. 195, § 6º, da Constituição Federal), pode estabelecer a antecipação do prazo para recolhimento do tributo, a alteração de condições que, de qualquer forma, onerem o contribuinte, bem como a estipulação de requisitos que modifiquem os meios ou modos operacionais de apuração do débito tributário.

Art. 6º. As leis instituidoras de taxa deverão identificar expressamente o serviço prestado ou posto à disposição do obrigado ou indicar expressamente o exercício do poder de polícia que justificar a medida.

Art. 7º. Os impostos atribuídos à competência das pessoas políticas de direito constitucional interno terão, entre si, fatos geradores e base de cálculo diferentes, de tal modo que possam ser objetivamente identificados.

Art. 8º. Somente lei complementar poderá estabelecer requisitos para a fruição das imunidades tributárias previstas nos artigos 150, inciso VI, alínea "c", e 195, § 7º, da Constituição Federal.

Art. 9º. O jornal oficial, ou o periódico que o substitua, deverá, no caso de instituição ou majoração de tributos submetidos ao princípio da anterioridade tributária (art. 150, inciso III, alínea "b", da Constituição Federal), ter comprovadamente circulado e ficado acessível ao público até o dia 31 de dezembro do ano anterior ao da cobrança do tributo.

Parágrafo único. É vedada a tiragem de edição especial ou extraordinária dos órgãos de divulgação mencionados no *caput* quando veiculem lei que institua ou aumente tributo ou qualquer matéria de natureza tributária.

Art. 10. O exercício dos direitos de petição e de obtenção de certidão em órgãos públicos (art. 5º, inciso XXXIV, alíneas "a" e "b", da Constituição Federal) independe de prova de o contribuinte estar em dia com suas obrigações tributárias, principais ou acessórias.

Art. 11. As leis, regulamentos e demais normas jurídicas que modifiquem matéria tributária indicarão, expressamente, as que estejam sendo revogadas ou alteradas, identificando, com clareza, o assunto, a alteração e o objetivo desta.

Art. 12. A Administração Fazendária assegurará aos contribuintes o pleno acesso às informações acerca das normas tributárias e à interpretação que oficialmente lhes atribua.

Art. 13. Não será admitida a aplicação de multas ou encargos de índole sancionatória em decorrência do acesso à via judicial por iniciativa do contribuinte.

Art. 14. É vedada, para fins de cobrança extrajudicial de tributos, a adoção de meios coercitivos contra o contribuinte, tais como a interdição de estabelecimento, a proibição de transacionar com órgãos e entidades públicas e instituições oficiais de crédito, a imposição de sanções administrativas ou a instituição de barreiras fiscais.

Parágrafo único. Os regimes especiais de fiscalização, aplicáveis a determinados contribuintes, somente poderão ser instituídos nos estritos termos da lei tributária.

Art. 15. Os efeitos da decisão transitada em julgado, em controle difuso ou em ação direta, proclamando a inconstitucionalidade de lei ou ato normativo federal, estadual, municipal ou do Distrito Federal, não implicarão exigência de complementação, no âmbito administrativo ou judicial, do valor do crédito tributário extinto anteriormente à vigência da decisão.

Art. 16. Somente o Poder Judiciário poderá desconsiderar a personalidade jurídica de sociedade, quando, em detrimento da Administração Fazendária, houver comprovado abuso de direito, excesso de poder, infração da lei, fato ou ato ilícito ou violação dos estatutos ou contrato social.

§ 1º. A desconsideração da personalidade jurídica por decisão judicial ocorrerá também nos casos de falência, estado de insolvência, encerramento ou inatividade da empresa, provocados por má administração.

§ 2º. A desconsideração somente pode ser realizada em relação a terceiros que, nos termos da Lei das Sociedades Anônimas (Lei n. 6.404, de 15 de dezembro de 1976), detenham poder de controle sobre a empresa.

§ 3º. A desconsideração fica limitada aos sócios da pessoa jurídica e exige prova inequívoca de que a sociedade foi utilizada para acobertamento dos sócios e utilizada como instrumento de fraude.

Art. 17. Presume-se a boa-fé do contribuinte até que a Administração Fazendária comprove o contrário.

Parágrafo único. Ninguém será obrigado a atestar ou testemunhar contra si próprio, considerando-se ilícita a prova assim obtida do contribuinte (art. 5º, inciso LVI, Constituição Federal).

Art. 18. Além dos requisitos de prazo, forma e competência, é vedado à legislação tributária estabelecer qualquer outra condição que limite o direito à interposição de impugnações ou recursos na esfera administrativa.

§ 1º. Nenhum depósito, fiança, caução, aval ou qualquer outro ônus poderá ser exigido do contribuinte, administrativamente ou em juízo, como condição para admissibilidade de defesa ou recurso no processo tributário-administrativo ou no processo judicial.

§ 2º. Excetua-se do disposto neste artigo a garantia da execução fiscal, nos termos da lei processual aplicável.

CAPÍTULO III – DOS DIREITOS DO CONTRIBUINTE

Art. 19. São direitos do contribuinte:

I – ser tratado com respeito e urbanidade pelas autoridades e servidores, que deverão facilitar o exercício de seus direitos e o cumprimento de suas obrigações;

II – poder exercer os seus direitos, ter acesso às informações de que necessite e dar cumprimento às suas obrigações;

III – formular alegações e apresentar documentos antes das decisões administrativas, e tê-los considerados por escrito e fundamentadamente;

IV – ter ciência formal da tramitação dos processos administrativo-tributários em que tenha a condição de interessado, deles ter vista e obter as cópias que requeira, e conhecer formalmente as decisões neles proferidas;

V – fazer-se assistir por Advogado;

VI – identificar o servidor de repartição fazendária e conhecer-lhe a função e atribuições do cargo;

VII – receber comprovante pormenorizado dos registros, documentos, livros e mercadorias entregues à fiscalização fazendária ou por ela apreendidos;

VIII – prestar informações apenas por escrito às autoridades fazendárias, em prazo não inferior a 5 (cinco) dias;

IX – ser informado dos prazos para pagamento das prestações a seu encargo, inclusive multas e acessórios, com orientação completa quanto ao procedimento a adotar e à existência de hipóteses de redução do montante exigido;

X – recolher o tributo no órgão competente, sem prejuízo de poder fazê-lo junto à rede bancária autorizada;

XI – obter certidão negativa de débito, ainda que o crédito tributário tenha sido extinto por causa diversa do pagamento, ou se tornado inexigível, sem prejuízo de nela constar a razão determinante da extinção ou da inexigibilidade;

XII – receber, no prazo de 30 (trinta) dias, prorrogável justificadamente uma única vez e por igual período, resposta fundamentada a pleito formulado à Administração Fazendária, inclusive pedido de certidão negativa, sob pena de responsabilização funcional do agente;

XIII – ter preservado, perante a Administração Fazendária, o sigilo de seus negócios, documentos e operações, quando não envolvam os tributos objeto de fiscalização;

XIV – não ser obrigado a exibir documento que já se encontre em poder da administração pública;

XV – receber da Administração Fazendária, no que se refere a pagamentos, reembolsos, juros e atualização monetária, o mesmo tratamento que esta dispensa ao contribuinte, em idênticas situações.

Art. 20. A Administração Fazendária informará, semestralmente, a carga tributária incidente sobre mercadorias e serviços, inclusive bancários (art. 150, § 5º, da Constituição Federal).

§ 1º. Será especialmente informada a carga tributária incidente sobre as mercadorias que compõem a cesta básica.

§ 2º. A não-edição de pautas que contenham os valores e informações a que alude este artigo configura infração funcional do responsável.

Art. 21. O contribuinte será informado do valor cadastral dos bens imóveis e dos procedimentos de sua obtenção, para fins de ciência dos elementos utilizados na exigibilidade dos impostos que incidam sobre a propriedade imobiliária e a transmissão dos direitos a ela relativos.

Parágrafo único. Configura excesso de exação a avaliação administrativa do imóvel em valores manifestamente superiores aos de mercado, por ela respondendo solidariamente quem assinar o laudo e seu superior imediato, sem prejuízo das sanções penais cabíveis.

Art. 22. O contribuinte tem direito de, na forma da lei, ser notificado da cobrança de tributo ou multa.

Parágrafo único. Além do disposto no art. 42 desta Lei, a notificação deverá indicar as impugnações cabíveis, o prazo para sua interposição, o órgão competente para julgamento, o valor cobrado e seu respectivo cálculo, e, de maneira destacada, o não condicionamento da defesa a qualquer desembolso prévio.

Art. 23. O órgão no qual tramita o processo administrativo tributário determinará a intimação do interessado para ciência de decisão ou efetivação de diligências.

§ 1º. A intimação deverá conter:

I – a identificação do intimado e o nome do órgão ou entidade administrativa;

II – a finalidade da intimação;

III – a data, hora e local de comparecimento;

IV – informação sobre a necessidade de comparecimento pessoal ou possibilidade de se fazer representar;

V – informação sobre a possibilidade de continuidade do processo independentemente de seu comparecimento;

VI – a indicação dos fatos e fundamentos legais pertinentes.

§ 2º. A intimação observará a antecedência mínima de 5 (cinco) dias úteis quanto à data de comparecimento.

§ 3º. A intimação pode ser efetuada por ciência no processo, por via postal com aviso de recebimento, por telegrama ou por outro meio que assegure a certeza da ciência do interessado.

§ 4º. No caso de interessados indeterminados, desconhecidos ou com domicílio indefinido, a intimação deve ser efetuada por meio de publicação oficial.

§ 5º. As intimações serão nulas quando feitas sem observância das prescrições legais.

§ 6º. O comparecimento do contribuinte supre a falta ou a irregularidade da intimação.

Art. 24. Serão objeto de intimação os atos do processo de que resultem, para o interessado, a imposição de deveres, ônus, sanções ou restrições ao exercício de direitos e atividades, assim como os atos de outra natureza que produzam efeito na relação tributária.

Art. 25. Sem prejuízo dos ônus da sucumbência, o contribuinte será reembolsado do custo das fianças e outras garantias da instância judicial, para a suspensão do crédito tributário, quando este for julgado improcedente.

Art. 26. A existência de processo administrativo ou judicial pendente, em matéria tributária, não impedirá o contribuinte de fruir de benefícios e incentivos fiscais ou financeiros, nem de ter acesso a linhas oficiais de crédito e de participar de licitações.

Art. 27. São assegurados, nos processos administrativo fiscal, o contraditório, a ampla defesa e o duplo grau de deliberação.

§ 1º. A segunda instância administrativa será organizada como colegiado, no qual terão assento, de forma paritária, representantes da administração e dos contribuintes.

§ 2º. O disposto neste artigo não se aplica ao processo administrativo de consulta nem ao relativo a perdimento de bens.

Art. 28. A autuação do contribuinte depende da análise de sua defesa prévia, apresentada em 5 (cinco) dias a contar da intimação.

Parágrafo único. A não-apresentação de defesa prévia não impede o prosseguimento do processo, mas não implica confissão quanto à matéria de fato.

Art. 29. O crédito tributário do contribuinte, assim reconhecido em decisão administrativa definitiva ou sentença judicial transitada em julgado, poderá, por opção sua, ser compensado com débitos relativos à mesma Fazenda Pública.

Parágrafo único. Ao crédito tributário do contribuinte, objeto da compensação a que se refere o *caput* deste artigo, aplicam-se os mesmos índices de correção monetária incidentes sobre os débitos fiscais, contados desde o pagamento indevido, bem como juros contados da decisão definitiva que o reconheceu.

Art. 30. Na hipótese de suspensão da exigibilidade do crédito tributário pelo depósito do seu montante integral, o valor respectivo será aplicado, por ordem do Juízo, em conta remunerada segundo, no mínimo, os índices de atualização e rentabilidade aplicáveis à caderneta de poupança.

CAPÍTULO IV – DAS CONSULTAS EM MATÉRIA TRIBUTÁRIA

Art. 31. Os contribuintes e as entidades que os representam poderão formular consultas à Administração Fazendária acerca da vigência, da interpretação e da aplicação da legislação tributária, observado o seguinte:

I – as consultas deverão ser respondidas por escrito no prazo máximo de 30 (trinta) dias, prorrogável uma única vez, por igual período, fundamentadamente, sob pena de responsabilização funcional;

II – a pendência da resposta impede a autuação por fato que seja objeto da consulta;

III – a ausência de resposta no prazo previsto no inciso I implicará aceitação, pela Administração Fazendária, da interpretação e do tratamento normativo dado pelo contribuinte à hipótese objeto da consulta.

Parágrafo único. A Administração Fazendária é administrativa e civilmente responsável por dano que a conduta de acordo com a resposta à consulta imponha ao contribuinte.

Art. 32. Os contribuintes têm direito à igualdade entre as soluções a consultas relativas a uma mesma matéria, fundadas em idêntica norma jurídica.

§ 1º. A diversidade de tratamento administrativo-normativo a hipóteses idênticas permite ao contribuinte a adoção do entendimento que lhe seja mais favorável.

§ 2º. As respostas às consultas serão publicadas na íntegra no jornal oficial ou periódico que o substitua.

Art. 33. Os princípios que regem o procedimento previsto para a discussão do lançamento tributário são aplicáveis, no que couber, ao direito de consulta do contribuinte.

CAPÍTULO V – DOS DEVERES DA ADMINISTRAÇÃO FAZENDÁRIA

Art. 34. A Administração Fazendária, no desempenho de suas atribuições, pautará sua atuação de forma a impor o menor ônus possível aos contribuintes, assim no procedimento e no processo administrativo, como no processo judicial.

Art. 35. A utilização de técnicas presuntivas depende de publicação, com antecedência mínima de 30 (trinta) dias, das orientações a serem seguidas e de sua base normativa, para conhecimento do sujeito passivo a fim de que este possa, se for o caso, impugnar sua aplicação.

Parágrafo único. Os indícios, presunções, ficções e equiparações legais não poderão ser instituídos para desvincular a pretensão ao tributo da ocorrência do fato gerador, como definido na Constituição Federal e na lei complementar.

Art. 36. O parcelamento do débito tributário implica novação, fazendo com que o contribuinte retorne, a este título, ao pleno estado de adimplência, inclusive para fins de obtenção de certidões negativas de débitos fiscais.

Parágrafo único. A Administração Fazendária não poderá recusar a expedição de certidões negativas, nem condicionar sua expedição, à prestação de garantias, quando não exigidas na concessão do parcelamento, salvo na hipótese de inobservância do pagamento nos respectivos prazos.

Art. 37. É vedado à Administração Fazendária, sob pena de responsabilidade funcional de seu agente:

I – recusar, em razão da existência de débitos tributários pendentes, autorização para o contribuinte imprimir documentos fiscais necessários ao desempenho de suas atividades;

II – induzir, por qualquer meio, a autodenúncia ou a confissão do contribuinte, por meio de artifícios ou prevalecimento da boa-fé, temor ou ignorância;

III – bloquear, suspender ou cancelar inscrição do contribuinte, sem a observância dos princípios do contraditório e da prévia e ampla defesa;

IV – reter, além do tempo estritamente necessário à prática dos atos assecuratórios de seus interesses, documentos, livros e mercadorias apreendidos dos contribuintes, nos casos previstos em lei;

V – fazer-se acompanhar de força policial nas diligências ao estabelecimento do contribuinte, salvo se com autorização judicial na hipótese de justo receio de resistência ao ato fiscalizatório; e

VI – divulgar, em órgão de comunicação social, o nome de contribuintes em débito.

Parágrafo único. O direito de examinar mercadorias, livros, arquivos, documentos, papéis e efeitos comerciais ou fiscais dos contribuintes restringe-se aos tributos de competência da pessoa política que realizar a fiscalização.

Art. 38. O agente da Administração Fazendária não poderá deixar de receber requerimentos ou comunicações apresentados para protocolo nas repartições fazendárias, sob pena de responsabilização funcional.

Art. 39. A Administração Fazendária obedecerá, dentre outros, aos princípios da justiça, legalidade, finalidade, motivação, razoabilidade, proporcionalidade, moralidade, ampla defesa, contraditório, segurança jurídica, interesse público e eficiência.

Art. 40. Nos processos administrativos perante a Administração Fazendária, serão observados, dentre outros critérios, os de:

I – atuação conforme a lei e o Direito;

II – atendimento aos fins de interesse geral, vedada a renúncia total ou parcial de poderes ou competências, salvo autorização de lei;

III – objetividade no atendimento do interesse jurídico, vedada a promoção pessoal de agentes ou autoridades;

IV – atuação segundo padrões éticos de probidade, decoro e boa-fé;

V – divulgação oficial dos atos administrativos, ressalvadas as hipóteses de sigilo previstas na Constituição;

VI – adequação entre meios e fins, vedada a imposição de obrigações, restrições e sanções em medida superior àquelas estritamente necessárias ao atendimento do interesse público;

VII – indicação dos pressupostos e fundamentos de fato e de direito que determinarem a decisão;

VIII – observância das formalidades necessárias, essenciais à garantia dos direitos dos contribuintes;

IX – adoção de formas simples, suficientes para propiciar adequado grau de certeza, segurança e respeito aos direitos dos contribuintes;

X – garantia dos direitos à comunicação, à apresentação de alegações finais, à produção de provas e à interposição de recursos nos processos de que possam resultar sanções e nas situações de litígio;

XI – proibição de cobrança de despesas processuais, ressalvadas as previstas em lei;

XII – impulsão, de ofício, do processo administrativo tributário, sem prejuízo da atuação dos interessados.

Art. 41. É obrigatória a emissão de decisão fundamentada, pela Administração Fazendária, nos processos, solicitações ou reclamações em matéria de sua competência, no prazo máximo de 30 (trinta) dias, prorrogável, justificadamente, uma única vez e por igual período.

Art. 42. Os atos administrativos da Administração Fazendária, sob pena de nulidade, serão motivados, com indicação dos fatos e dos fundamentos jurídicos, quando:

I – neguem, limitem ou afetem direitos ou interesses;

II – imponham ou agravem deveres, encargos ou sanções;

III – decidam recursos administrativo-tributários;

IV – decorram de reexame de ofício;

V – deixem de aplicar jurisprudência firmada sobre a questão ou discrepem de pareceres, laudos, propostas e relatórios oficiais; ou

VI – importem anulação, revogação, suspensão ou convalidação de ato administrativo-tributário.

§ 1º. A motivação há de ser explícita, clara e congruente, podendo consistir em declaração de concordância com fundamentos de anteriores pareceres, informações, decisões ou propostas que, neste caso, serão parte integrante do ato.

§ 2º. É permitida a utilização de meio mecânico para a reprodução de fundamentos da decisão, desde que haja identidade do tema e que não reste prejudicado direito ou garantia do interessado.

§ 3º. A motivação das decisões de órgãos colegiados e comissões ou de decisões orais constará da respectiva ata ou de termo escrito.

Art. 43. A ação penal contra o contribuinte, pela eventual prática de crime contra a ordem tributária, assim como a ação de quebra de sigilo, só poderão ser propostas após o encerramento do processo administrativo que comprove a irregularidade fiscal.

§ 1º. A tramitação do processo administrativo suspende a fluência do lapso prescricional penal.

§ 2º. O ajuizamento de ação de quebra de sigilo antes do encerramento do processo administrativo-tributário será admitido somente quando essencial à comprovação da irregularidade fiscal em apuração.

Art. 44. O processo de execução fiscal somente pode ser ajuizado ou prosseguir contra quem figure expressamente na certidão da dívida ativa como sujeito passivo tributário.

§ 1º. A execução fiscal em desacordo com o disposto no *caput* deste artigo admite indenização judicial por danos morais, materiais e à imagem.

§ 2º. A substituição de certidão de dívida ativa após a oposição de embargos à execução implica sucumbência parcial incidente sobre o montante excluído ou reduzido da certidão anterior.

Art. 45. É obrigatória a inscrição do crédito tributário na dívida ativa no prazo de até 30 (trinta) dias contados de sua constituição definitiva, sob pena de responsabilidade funcional pela omissão.

Art. 46. O termo de início de fiscalização deverá obrigatoriamente circunscrever precisamente seu objeto, vinculando a Administração Fazendária.

Parágrafo único. Do termo a que alude o *caput* deverá constar o prazo máximo para a ultimação das diligências, que não poderá exceder a 90 (noventa) dias, prorrogável justificadamente uma única vez e por igual período.

CAPÍTULO VI – DA DEFESA DO CONTRIBUINTE

Art. 47. A defesa dos direitos e garantias dos contribuintes poderá ser exercida administrativamente ou em juízo, individualmente ou a título coletivo.

§ 1º. A defesa coletiva será exercida quando se tratar de:

I – interesses ou direitos difusos, assim entendidos, para efeitos desta Lei, os transindividuais, de natureza indivisível, de que sejam titulares pessoas indeterminadas e ligadas por circunstâncias de fato;

II – interesses ou direitos coletivos, assim entendidos, para efeitos desta Lei, os transindividuais, de natureza indivisível, de que seja titular grupo, categoria ou classe de pessoas ligadas entre si ou com a parte contrária por uma relação jurídica base;

III – interesses ou direitos individuais homogêneos, assim entendidos os decorrentes de origem comum.

§ 2º. Para os fins do § 1º deste artigo, são legitimados concorrentemente:

I – o Ministério Público; e,

II – as associações legalmente constituídas há pelo menos um ano e que incluam entre seus fins institucionais a defesa dos interesses, direitos e garantias protegidos por esta Lei, dispensada a autorização assemblear.

§ 3º. O requisito de pré-constituição a que se refere o § 2º deste artigo pode ser dispensado pelo Juiz quando haja manifesto interesse social evidenciado pela dimensão ou característica do dano, ou pela relevância do bem jurídico a ser protegido.

§ 4º. Nas ações coletivas a que se refere este artigo não haverá adiantamento de custas, emolumentos, honorários periciais ou quaisquer outras despesas, nem condenação da associação autora, salvo comprovada má-fé, em honorários de advogados, custas e despesas processuais.

§ 5º. Em caso de litigância de má-fé, a associação autora e os diretores responsáveis pela propositura da ação serão solidariamente condenados em honorários advocatícios e ao décuplo das custas, sem prejuízo da responsabilidade por perdas e danos.

Art. 48. Para a defesa dos direitos e garantias protegidos por esta Lei são admissíveis todas as espécies de ações capazes de propiciar sua adequada e efetiva tutela, observadas as normas do Código de Processo Civil e da Lei n. 7.347, de 24 de julho de 1985.

CAPÍTULO VII – DAS DISPOSIÇÕES FINAIS

Art. 49. O parágrafo único e seu inciso I, do art. 174 do Código Tributário Nacional (Lei n. 5.172, de 25 de outubro de 1966) passam a vigorar com a seguinte redação:

"Art. 174. (...)

Parágrafo único. A fluência do lapso prescricional tributário interrompe-se:

I – pela decisão interlocutória do Juiz que ordena a citação (art. 8º, § 2º, da Lei n. 6.830/80); (...)."

Art. 50. Ficam revogados:

I – o art. 193 do Código Tributário Nacional (Lei n. 5.172, de 25 de outubro de 1966);

II – o § 3º do art. 6º; o § 3º do art. 11 e os artigos 25, 26, 34 e 38 da Lei de Execuções Fiscais (Lei n. 6.830, de 22 de setembro de 1980).

Art. 51. O *caput* e o § 3º do art. 40 da Lei de Execuções Fiscais (Lei n. 6.830, de 22 de setembro de 1980), passam a vigorar com a seguinte redação:

"Art. 40. O Juiz suspenderá o curso da execução enquanto não for localizado o devedor ou encontrados bens sobre os quais possa recair a penhora e, nestes casos, o prazo de prescrição será de 5 (cinco) anos. (...)

§ 3º. Encontrados que sejam, a qualquer tempo, o devedor ou os bens, serão desarquivados os autos para prosseguimento da execução, observado o prazo do 'caput' deste artigo."

Art. 52. Esta Lei entrará em vigor 45 (quarenta e cinco) dias após a sua publicação.

Art. 53. Revogam-se as disposições em contrário.

LEI 9.718 – ALGUNS ASPECTOS INCONSTITUCIONAIS

FRANA ELIZABETH MENDES

Juíza Federal na Seção Judiciária do Rio de Janeiro.
Mestranda em Direito Tributário pela PUC/SP.

1. Introdução

Em 28 de novembro de 1998, um sábado, foi publicada no *Diário Oficial da União* a Lei 9.718, de 27 de novembro de 1998, alterando a Legislação Tributária Federal, cujo capítulo I obteve a seguinte redação:

"O Presidente da República

Faço saber que o Congresso Nacional decreta e eu sanciono a seguinte Lei:

Art. 1º. Esta Lei aplica-se no âmbito da legislação tributária federal, relativamente às contribuições para os Programas de Integração Social e de Formação do Patrimônio do Servidor Público – PIS/PASEP e à Contribuição para o Financiamento da Seguridade Social – COFINS, de que tratam o art. 239 da Constituição e a Lei Complementar n. 70, de 30 de dezembro de 1991, ao Imposto sobre a Renda e ao Imposto sobre Operações de Crédito, Câmbio e Seguro, ou relativos a Títulos ou Valores Mobiliários – IOF.

CAPÍTULO I – DA CONTRIBUIÇÃO PARA O PIS/PASEP E COFINS

Art. 2º. As contribuições para o PIS/PASEP e a COFINS, devidas pelas pessoas jurídicas de direito privado, serão calculadas com base no faturamento, observadas a legislação vigente e as alterações introduzidas por esta Lei.

Art. 3º. O faturamento a que se refere o artigo anterior corresponde à receita bruta da pessoa jurídica.

§ 1º. Entende-se por receita bruta a totalidade das receitas auferidas pela pessoa jurídica, sendo irrelevantes o tipo de atividade por ela exercida e a classificação contábil adotada para as receitas.

§ 2º. Para fins de determinação da base de cálculo das contribuições a que se refere o art. 2º, excluem-se da receita bruta:

I – as vendas canceladas, os descontos incondicionais concedidos, o Imposto sobre Produtos Industrializados – IPI e o Imposto sobre Operações relativas à Circulação de Mercadorias e sobre Prestações de Serviços de Transporte Interestadual e Intermunicipal e de Comunicação – ICMS, quando cobrado pelo vendedor dos bens ou prestador dos serviços na condição de substituto tributário;

II – as reversões de provisões operacionais e recuperações de créditos baixados como perda, que não representem ingresso de novas receitas, o resultado positivo da avaliação de investimentos pelo valor do patrimônio líquido e os lucros e dividendos derivados de investimentos avaliados pelo custo de aquisição, que tenham sido computados como receita;

III – os valores que, computados como receita, tenham sido transferidos para outra pessoa jurídica, observadas normas regulamentadoras expedidas pelo Poder Executivo;

IV – a receita decorrente da venda de bens do ativo permanente.

§ 3º. Nas operações realizadas em mercados futuros, considera-se receita bruta o resultado positivo dos ajustes diários ocorridos no mês.

§ 4º. Nas operações de câmbio, realizadas por instituição autorizada pelo Banco Central do Brasil, considera-se receita bruta a diferença positiva entre o preço de venda e o preço de compra da moeda estrangeira.

§ 5º. Na hipótese das pessoas jurídicas referidas no § 1º do art. 22 da Lei n. 8.212, de 24 de julho de 1991, serão admitidas, para os efeitos da COFINS, as mesmas exclusões e deduções facultadas para fins de determinação da base de cálculo da contribuição para o PIS/PASEP.

Art. 4º. As refinarias de petróleo, relativamente às vendas que fizerem, ficam obrigadas a cobrar e a recolher, na condição de contribuintes substitutos, as contribuições a que se refere o art. 2º, devidas pelos distribuidores e comerciantes varejistas de combustíveis derivados de petróleo, inclusive gás.

Parágrafo único. Na hipótese deste artigo, a contribuição será calculada sobre o preço de venda da refinaria, multiplicado por quatro.

Art. 5º. As distribuidoras de álcool para fins carburantes ficam obrigadas a cobrar e a recolher, na condição de contribuintes substitutos, as contribuições referidas no art. 2º, devidas pelos comerciantes varejistas do referido produto, relativamente às vendas que lhes fizerem.

Parágrafo único. Na hipótese deste artigo, a contribuição será calculada sobre o preço de venda do distribuidor, multiplicado por um inteiro e quatro décimos.

Art. 6º. As distribuidoras de combustíveis ficam obrigadas ao pagamento das contribuições a que se refere o art. 2º sobre o valor do álcool que adicionarem à gasolina, como contribuintes e como contribuintes substitutos, relativamente às vendas, para os comerciantes varejistas, do produto misturado.

Parágrafo único. Na hipótese deste artigo, os valores das contribuições deverão ser calculados, relativamente a parcela devida na condição de:

I – contribuinte: tomando por base o valor resultante da aplicação do percentual de mistura, fixado em lei, sobre o valor da venda;

II – contribuinte substituto: tomado por base o valor resultante da aplicação do percentual de mistura, fixado em lei, sobre o valor da venda, multiplicado pelo coeficiente de um inteiro e quatro décimos.

Art. 7º. No caso de construção por empreitada ou de fornecimento a preço predeterminado de bens ou serviços, contratados por pessoa jurídica de direito público, empresa pública, sociedade de economia mista ou suas subsidiárias, o pagamento das contribuições de que trata o art. 2º desta Lei poderá ser diferido, pelo contratado, até a data do recebimento do preço.

Parágrafo único. A utilização do tratamento tributário previsto no caput deste artigo é facultada ao subempreiteiro ou subcontratado, na hipótese de subcontratação parcial ou total da empreitada ou do fornecimento.

Art. 8º. Fica elevada para três por cento a alíquota da COFINS.

§ 1º. A pessoa jurídica poderá compensar, com a Contribuição Social sobre o Lucro Líqüido – CSSL devida em cada período de apuração trimestral ou anual, até um terço da COFINS efetivamente paga, calculada de conformidade com este artigo.

§ 2º. A compensação referida no § 1º:

I – somente será admitida em relação à COFINS correspondente a mês compreendido no período de apuração da CSSL a ser compensada, limitada ao valor desta;

II – no caso de pessoas jurídicas tributadas pelo regime de lucro real anual, poderá ser efetuada com a CSSL determinada na forma dos arts. 28 a 30 da Lei n. 9.430, de 27 de dezembro de 1996.

§ 3º. Da aplicação do disposto neste artigo, não decorrerá, em nenhuma hipótese, saldo de COFINS ou CSLL a restituir ou a compensar com o devido em períodos de apuração subseqüentes.

§ 4º. A parcela da COFINS compensada na forma deste artigo não será dedutível para fins de determinação do lucro real.

(...)

Art. 17. Esta Lei entra em vigor da data de sua publicação, produzindo efeitos:

I – em relação aos artigos 2º e 8º, para os fatos geradores ocorridos a partir de 1º de fevereiro de 1999;

II – em relação aos arts. 9º e 12 a 15, a partir de 1º de janeiro de 1999. (...)"

A seu turno, o artigo 195 da Constituição Federal, com a redação trazida pela Emenda Constitucional n. 20, de dezembro de 1998, passou a vigorar do seguinte modo:

Art. 195. A seguridade social será financiada por toda a sociedade, de forma direta e indireta, nos termos da lei, mediante recursos provenientes dos orçamentos da União, dos Estados, do Distrito Federal e dos Municípios, e das seguintes contribuições sociais:

I – do empregador, da empresa e da entidade a ela equiparada na forma da lei, incidentes sobre:

a) a folha de salários e demais rendimentos do trabalho pagos ou creditados, a qualquer título, à pessoa física que lhe preste serviço, mesmo sem vínculo empregatício;

b) a receita e o faturamento;

c) o lucro; (...)"

No presente trabalho, busca-se demonstrar a não consonância desta legislação ao sistema constitucional tributário brasileiro, solicitando-se, desde já, escusas ao leitor, no sentido de que esta pretensão visa apenas suscitar a discussão, jamais dirimi-la ou impor algum tipo de conclusão definitiva a respeito do tema, tendo em vista, até, as limitações desta que vos escreve, se comparada aos eminentes doutrinadores pátrios que, com muito mais acuidade, têm tecido diversas digressões sobre a matéria.

Cinge-se a *vexata quaestio* à verificação da efetiva ocorrência de inconstitucionalidades em relação à Lei 9.718/98.

Portanto, vejamos.

2. Limites constitucionais ao alcance do conceito de faturamento: COFINS. Criação da exação pela LC 70/91. Base de cálculo

Dita o artigo 2º da Lei Complementar 70/91: "Art. 2º. A contribuição de que trata o artigo anterior será de dois por cento e incidirá sobre *o faturamento mensal, assim considerado a receita bruta das vendas de mercadorias e serviços e de serviço de qualquer natureza*".

A natureza jurídica das contribuições sociais restou assentada pelo Egrégio Supremo Tribunal Federal, quando da apreciação da inconstitucionalidade da Lei 7.689/88, pela qual o Excelentíssimo Senhor Ministro Relator Moreira Alves deixou consignado que:

"De fato, a par das três modalidades de tributos (os impostos, as taxas e as contribuições de melhoria) a que se refere o artigo 145 para declarar que são competentes para instituí-los a União, os Estados, o Distrito Federal e os Municípios, os artigos 148 e 149 aludem a duas outras modalidades tributárias, para cuja instituição a União é competente, o empréstimo compulsório e as contribuições sociais, inclusive as de intervenção no domínio econômico e de interesse das categorias profissionais ou econômicas.

"Portanto, embora de natureza tributária, as contribuições sociais não se confundem com os impostos, pois possuem natureza jurídica específica e estão submetidas a regras próprias, distintas daqueles. Nessas condições não se lhes aplica o disposto no artigo 154, I, da Constituição Federal, que trata da instituição de impostos pela União, no exercício da competência residual.

"Ressalte-se, ademais, estar a base de cálculo da contribuição 'sub studio' definida na própria Constituição Federal (art. 195, I) e o artigo 195, § 4º, ao determinar a obediência ao artigo 154, I, o faz tão somente em relação a 'outras fontes destinadas a garantir a manutenção ou expansão da seguridade social' (grifos nossos) e não no tocante às contribuições que ela própria, Constituição, prevê" (RE 146.733/09-SP, *DOU* 1.7.92).

Fixada tal premissa, resta analisar se a Lei Complementar 70/91 revestir-se-ia de eventual vício de inconstitucionalidade, quando de sua criação.

Com efeito, o fato da contribuição em comento ser arrecadada pela Receita Federal não implica desvio de finalidade, vez que, de acordo com o artigo 194 da Lei Maior, "a seguridade social compreende um conjunto integrado de ações de iniciativa dos Poderes Públicos e da sociedade, destinadas a assegurar os direito relativos à saúde, à previdência e à assistência social".

A Lei assegura a destinação da contribuição em tela para a Previdência Social, determinando a integração, no orçamento da Seguridade Social, do produto da arrecadação da contribuição social sobre o faturamento (art. 10 da LC 70/91).

Desta forma, não parece razoável compelir uma autarquia federal a manter um serviço específico para arrecadação das exações que lhe são destinadas, se um órgão federal pode fazê-lo com a estrutura administrativa já existente. Outrossim, há meios específicos para apuração e sanção de eventual desvio de finalidade, não se podendo, antecipadamente, prever sua ocorrência.

Também não procede a alegação de identidade de base de cálculo com o PIS, vez que a exação *não é contribuição destinada ao custeio da seguridade social, a teor do artigo 195 da CF/88, mas, sim, contribuição social específica, de acordo com o disposto no artigo 239 da Lei Maior,* que deve ser interpretada em conjunto com o Título VI, Capítulo I, Seções I e II da Lei Suprema.

O legislador constituinte, ao dispor que a lei poderá instituir outras fontes destinadas a garantir a manutenção ou expansão da seguridade social, obedecido o disposto no artigo 154, inciso I c/c artigo 195, § 4º, quis prescrever que, mediante lei (ordinária) outras fontes poderão ser criadas, desde que não tenham base de cálculo ou fato gerador idênticos aos das contribuições já criadas, ou melhor, não podem incidir duas contribuições sobre a mesma base de cálculo, mas nada obsta a incidência de um imposto e uma contribuição sobre a mesma base de cálculo e com o mesmo fato gerador, pois a destinação das receitas é diversa, assim como a alíquota e outros dados contidos na norma instituidora.

Veja-se que o artigo 154, inciso I, veda a instituição de impostos (dentro da competência residual da União), com o mesmo fato gerador e base de cálculo daqueles já previstos na Constituição. Portanto, ao estabelecer a mesma vedação às contribuições (artigo 195, § 4º da CF), quis referir-se o legislador a duas contribuições destinadas à manutenção ou expansão da seguridade social, e não a um imposto e uma contribuição com identidade de base de cálculo e fato gerador, por exemplo. Além disso, não há que se cogitar em dupla incidência quando a base de cálculo vem discriminada na própria Constituição.

Observa-se, por conseguinte, ter sido legítima a exigência veiculada pela Lei Complementar 70/91.

3. PIS. Criação da exação. Base de cálculo conforme a LC 7/70

Ditam os artigos 2º e 3º, da Lei Complementar 7/70:

Art. 2º. A contribuição para o PIS/PASEP será apurada mensalmente:

I – pelas pessoas jurídicas de direito privada e as que lhes são equiparadas pela legislação do imposto de renda, inclusive as empresas públicas e as sociedades de economia mista e suas subsidiárias, com base no faturamento do mês. (...)

Art. 3º – Para os efeitos do inciso I do artigo anterior considera-se faturamento a receita bruta como definida pela legislação do imposto de renda, proveniente de venda de bens nas operações de conta própria, do preço dos serviços prestados e do resultado auferido nas operações de conta alheia.

Parágrafo único – Na receita bruta não se incluem as vendas de bens e serviços canceladas, os descontos incondicionais concedidos, o imposto sobre produtos industriais – IPI, e o imposto sobre operações relativas à circulação de mercadorias – ICMS, retido pelo vendedor dos bens ou prestador dos serviços na condição de substituto tributário."

Em 7.9.70, no âmbito da competência residual da União, foi instituído o Programa de Integração Social, através da Lei Complementar 7, cujo artigo 3º dispôs que o Fundo de Participação do PIS era formado por duas parcelas: a primeira, mediante dedução do Imposto de Renda devido, processando-se o seu recolhimento juntamente com o pagamento do Imposto de Renda e a segunda, com recursos próprios da empresa, calculados com base no faturamento.

De acordo com a sistemática vigente à época, por tratar-se de exação criada no âmbito da competência residual, o PIS poderia ter sido instituído por lei ordinária, de acordo com o disposto nos artigos 18, § 5º, e 21, § 1º, da CF/67, com a redação da Emenda n. 1/69. Entretanto, optou-se por lei complementar, em virtude do contido no § 2º do artigo 62 da Carta Magna, com a redação dada pela EC n. 1/69, que proibia a vinculação da receita de qualquer tributo a fundo, órgão ou despesa, excetuando-se as previsões da própria Constituição e de *leis complementares*.

Restava inconteste que o PIS possuía natureza tributária, visto que sua instituição deu-se no âmbito da competência residual, fato este autorizativo de sua incidência sobre o faturamento das empresas. Como bem lembrado por José Eduardo Soares de Melo (in *Contribuições Sociais no Sistema Tributário*, 2ª ed., 1996, p. 151), "no II Simpósio Nacional de Estudos Tributários, realizado em São Paulo em 1.977, com a análise da natureza jurídica da Contribuição ao Fundo PIS-PASEP, firmou-se a conclusão de que tais contribuições são tributos pertencentes à espécie tributária de contribuições especiais, sendo contribuições plenas aquelas incluídas no artigo 21, § 2º, item I, da Constituição Federal".

Não obstante demais digressões doutrinárias acerca da específica natureza da exação em comento, se de imposto ou contribuição, fixou-se o posicionamento, inclusive abarcado pela jurisprudência pátria, de que a contribuição para o PIS possuía natureza tributária.

Com o advento da Emenda Constitucional n. 8, de 14/4/77, foi introduzido mais um inciso ao artigo 43 da CF/67, *in verbis:*

"Art. 43: Cabe ao Congresso Nacional, com a sanção do Presidente da República, dispor sobre todas as matérias de competência da União, especialmente: (...)

"X – contribuições sociais, para custear os encargos previstos nos artigos 165, itens II, V, XII, XVI e XIX, 166, §4º e 178."

Passou-se a entender que, havendo previsão constitucional no sentido de que a participação dos empregados nos lucros das empresas seria custeada por novas contribuições, não mais subsistia a natureza tributária do PIS. Seu fundamento constitucional não mais se amparava nos artigos 18, § 5º e 21, § 1º da CF/67 c/c EC 1/69, mas sim no novo inciso X do artigo 43 da Lei Maior.

Não foi diversa a posição adotada pelo STF, conforme os seguintes arestos:

"PIS. Natureza jurídica. Passível de apreciação o extraordinário pelo enfoque constitucional, quanto à natureza tributária do PIS, tem-se ser ele considerado tributo até o advento da Emenda Constitucional n. 8/77, perdendo tal natureza jurídica a partir de então" (RE 103.089-5-SP, Rel. Ministro Aldir Passarinho, *DJU* de 15.4.88, p. 84.000).

"Tributário. PIS e Imposto Único. Compatibilidade. O PIS não instituiu um imposto, mas uma contribuição, autorizada pelo art. 43, X, da Constituição da República, tendo por finalidade cumprir o art. 165, V, da Constituição da República. Agravo Regimental a que se nega provimento" (*RTJ* 111/1.152).

Novamente trazendo à colação José Eduardo Soares de Melo (in ob. cit., p. 153), "como contribuição social destinada a materializar o princípio constitucional de participação dos empregados nos lucros das empresas, não poderia o PIS incidir sobre o faturamento. Essa incidência somente poderia ser considerada válida enquanto fosse o PIS um imposto residual. (...) Ocorre que, com o advento da Emenda n. 8/77, a única incidência válida do PIS seria sobre o imposto de renda que, na realidade, é parte do lucro. Portanto, a Lei Complementar 7/70 teve sua eficácia parcialmente paralisada, porque não foi recebida no que tange à incidência do PIS como contribuição social sobre o faturamento".

Na tentativa de solucionar tal controvérsia, foram editados os Decretos-leis 2.445, de 29/6/88 e 2.449, de 21/7/88, através dos quais, a partir dos fatos ocorridos após 1/7/88, as empresas ficariam obrigadas a contribuir mensalmente para o Programa de Integração Social sobre a *receita bruta operacional*, ou seja, o faturamento (resultado da venda das mercadorias ou produtos, bem como da prestação de serviços que constituam objeto da empresa) acrescido das receitas financeiras (as receitas advindas de atividades não operacionais da empresa), além das variações monetárias.

Ocorre que tais decretos eram formalmente inconstitucionais, na medida em que não se adequavam ao disposto no artigo 55, II da CF/69. Com efeito, a atribuição da função legislativa ao Presidente da República era condicionada a que ocorressem casos de urgência ou interesse público relevante, não houvesse aumento de despesa e a matéria fosse concernente a finanças públicas, inclusive de normas tributárias.

Não há que se cogitar que o PIS integra as finanças públicas, posto que seus recursos são destinados a um Fundo Especial dos Trabalhadores, não integrando, portanto, a receita da União. O fato de a gestão de tal fundo ser atribuída ao Estado não tem o condão de retirar a destinação específica desta massa de recursos que, como já salientado, comporá o patrimônio dos trabalhadores. E na medida em que tal exação também perdeu sua natureza tributária, sua eventual alteração jamais poderia ter-se operado por Decreto-lei, mas somente através de lei ordinária.

O STF dirimiu a questão, quando do julgamento do RE 148.754.2-RJ, Pleno, Rel. para o acórdão Min. Francisco Rezek, onde consignou-se que:

"Constitucional. Art. 55, II da Carta Anterior. Contribuição para o PIS. Decretos-leis 2.445 e 2.449, de 1988. Inconstitucionalidade.

"I – Contribuição para o PIS: sua estraneidade ao domínio dos tributos e mesmo àquele, mais largo, das finanças públicas. Entendimento, pelo Supremo Tribunal Federal, da EC n. 8/77 (*RTJ* 120/1.190).

"II – Trato por meio de decreto-lei: impossibilidade ante a reserva qualificada das matérias que autorizavam a utilização desse instrumento normativo (art. 55 da Constituição de 1969).

"Inconstitucionalidade dos Decretos-leis 2.445 e 2.449, de 1988, que pretenderam alterar a sistemática da contribuição para o PIS" (RE 148.754-2 – RJ, Pleno, Rel. para o acórdão Min. Francisco Rezek, sessão de 24.6.93, *DJU* de 4.3.94).

Vê-se, portanto, que tais Decretos-leis foram editados com desrespeito à sistemática então vigente, sendo, portanto, inconstitucionais.

À luz da nova Constituição, fixou-se o posicionamento no sentido de que o PIS é *contribuição com plena natureza tributária*, tendo sido a LC 7/70, expressamente referida no artigo 239 da CF/88, recepcionada pelo ordenamento atual. Inclusive o Supremo Tribunal Federal já apreciou a questão, como se depreende do seguinte aresto:

"PIS – LC 7/70; recepção, sem solução de continuidade, pelo art. 239 da Constituição. Dispondo o art. 239 da CF sobre o destino da arrecadação da contribuição para o PIS, a partir da data mesma da promulgação da Lei Fundamental em que se insere, é evidente que se trata de norma de eficácia plena e imediata, mediante a recepção de legislação anterior; o que, no mesmo art. 239, se condicionou à disciplina da lei futura não foi a continuidade da cobrança da exação, mas, apenas, como explícito na parte final do dispositivo, os termos em que a sua arrecadação seria utilizada no financiamento do programa de seguro-desemprego e do abono instituído por seu art. 3º" (RE 169.091-7-RJ, Rel. Min. Sepúlveda Pertence, Pleno, sessão de 7.6.95, *DJU* de 4.8.95, pp. 22.522-22.523).

Entendo, conforme já salientado, que o PIS não é contribuição destinada ao custeio da seguridade social, a teor do artigo 195 da CF/88, mas sim contribuição social específica, de acordo com o disposto no artigo 239, que deve ser interpretada em conjunto com o Título VI, Capítulo I, Seções I e II da Lei Suprema.

Portanto, é constitucional a exigência devida ao PIS, conforme dispõe a Lei Complementar 7/70, c/c a LC 17/73.

4. Conceito de faturamento

Como cediço, quando do julgamento da Ação Direta de Constitucionalidade n. 1, em dezembro de 1993, que teve o condão de produzir eficácia contra todos e efeito vinculante, relativamente aos demais órgãos do Poder Judiciário e ao Poder Executivo, conforme dispõe o § 2º, do artigo 102, da Lei Magna, o Ministro Moreira Alves reconheceu à exação em tela (COFINS) o caráter tributário, dispensando-lhe, portanto, tratamento constitucional específico.

Dissecando os já transcritos artigos 2º, da LC 70/91 e 3º, da LC 7/70, tem-se que a hipótese de incidência dos tributos é vender mercadorias ou prestar serviços de qualquer natureza. Suas bases de cálculo, portanto, são o faturamento, e este, conforme o próprio Supremo Tribunal Federal já teve a oportunidade de elucidar, quando apreciou o RE 150.755, é a receita bruta. O então relator, Ministro Sepúlveda Pertence, assim se pronunciou: "Convenci-me de que a substancial distinção pretendida entre receita bruta e faturamento não encontra respaldo atual no quadro do direito positivo pertinente à espécie...é na legislação deste (referindo-se ao Finsocial) e não alhures, que se há de buscar a definição específica da respectiva base de cálculo, na qual receita bruta e faturamento se identificam."

Discorrendo sobre o tema, o saudoso jurista Geraldo Ataliba (in "Cofins e Empresa de Construção Imobiliária", *RDA* 201/344-360) ditou que:

"A receita bruta, no caso, surge da soma dos preços de todas as vendas do período. Cada venda (de mercadoria ou serviço) tem seu preço e a soma de todos dá a receita bruta (= faturamento).

"Como base de cálculo é a perspectiva dimensível do aspecto material da hipótese de incidência, resulta claro que a COFINS onera as vendas, apuradas mensalmente. Não toda venda, porém, mas somente as de mercadorias e serviços.

"Onerar receita bruta de vendas é onerar o preço das vendas. A soma dos preços é o faturamento. Logo, a COFINS colhe as vendas e, claramente, assim, incide sobre operações (negócios) de venda de serviços e mercadorias.(...) Pelo princípio da legalidade (tipicidade) só os fatos previstos são colhidos pela lei tributária. A lei foi clara e incisiva, circunscrevendo a hipótese de incidência só às vendas de mercadorias e serviços e deixando as vendas de imóveis de fora".

Outro ponto de crucial importância à elucidação do caso concreto é aquele pertinente ao rigor técnico na interpretação de normas tributárias, não só na esfera constitucional, como, também, no âmbito infraconstitucional.

Deve ser fixada a premissa no sentido da efetiva interpretação conforme a Constituição, ressaltando que é necessário buscar-se o real sentido da lei, ou seja, a *mens legis* e não a mera vontade do legislador (*mens legislatoris*). Deve-se partir da interpretação gramatical, mas ir além desta. É função do jurista, do aplicador da lei e do intérprete da lei investigar a *ratio legis,* ou seja, não a lei considerada em si mesma, inexistente como regra jurídica, mas sim aquela *resultante lógica de um complexo de ações e reações que se processam no sistema jurídico onde foi promulgada. A lei age sobre as demais leis do sistema, estas, por sua vez, reagem; a resultante lógica é a verdadeira regra jurídica da lei que provocou o impacto inicial* (Alfredo Augusto Becker, *Teoria Geral do Direito Tributário*, 2ª ed., pp. 183-184).

No mesmo sentido, trago à colação os ensinamentos do professor da Universidade de Freiburg Konrad Hesse (*A força normativa da Constituição*, pp. 15, 19, 24 e 25), ao mencionar que "A Constituição não configura, portanto, apenas expressão de um ser, mas também de um dever ser; ela significa mais do que o simples reflexo das condições fáticas de sua vigência, particularmente as forças sociais e políticas. Graças à pretensão de eficácia, a Constituição procura imprimir ordem e conformação à realidade política e social (...) Embora a Constituição não possa, por si só, realizar nada, ela pode impor tarefas. A Constituição transforma-se em força ativa se essas tarefas forem efetivamente realizadas, se existir a disposição de orientar a própria conduta segundo a ordem nela estabelecida, se, a despeito de todos os questionamentos e reservas provenientes os juízos de conveniência, se puder identificar a vontade de concretizar essa ordem. Concluindo, pode-se afirmar que a Constituição converter-se-á em força ativa se fizerem-se presentes, na consciência geral – particularmente, na consciência dos principais responsáveis pela ordem constitucional –, não só a vontade de poder (*Wille zur Macht*), mas também a vontade de Constituição (*Wille zur Verfassung*)".

Mais adiante o conceituado autor dita: "A Constituição jurídica logra conferir forma e modificação à realidade. Ela logra despertar 'a força que reside na natureza das coisas', tornando-a ativa. Ela própria converte-se em força ativa que influi e determina a realidade política e social. Essa força impõe-se de forma tanto mais efetiva quanto mais ampla for a convicção sobre a inviolabilidade da Constituição, quanto mais forte mostrar-se essa convicção entre os principais responsáveis pela vida constitucional. Portanto, a intensidade da força normativa da Constituição apresenta-se, em primeiro plano, como uma questão de vontade normativa, de vontade de Constituição (*Wille zur Verfassung*).

"A Constituição não está desvinculada da realidade histórica concreta do seu tempo. Todavia, ela não está condicionada, simplesmente, por essa realidade. Em caso de eventual conflito, a Constituição não deve ser considerada, necessariamente, a parte mais fraca. Ao contrário, existem pressupostos realizáveis (*realizierbare Voraussetzungen*) que, mesmo em caso de confronto, permitem assegurar a força normativa da Constituição".

Trazendo novamente à colação o eminente Geraldo Ataliba (ob. cit.), temos que: "Recentemente, o STF apreciou o RE 166.772-9-RS, onde julgou contribuição, decidindo que a locução 'folha de salários' há de ser entendida em termos técnico-jurídicos, tal como o direito vem qualificando 'salários', sem alargamentos que ampliem a compreensão do termo. Com isso, repeliu todo processo analógico. O relator (Min. Marco Aurélio) foi categórico:

'Tenha-se presente agora a base de incidência da contribuição devida pelos empregadores, no que interessa ao desfecho da controvérsia. O inciso I do artigo 195 cuida não de remuneração, não de folha de pagamentos, mas de folha de salários. Creio que ninguém ousa caminhar no sentido da aplicação do que se contém, sob o ângulo do salário, a consubstanciar garantia, no artigo 7º da Constituição Federal, a administradores e autônomos'.

"E faz afirmações de princípio de notável alcance hermenêutico, ditando orientação para os intérpretes da Constituição: 'Compreendo as grandes dificuldades de caixa que decorrem do sistema de seguridade social pátrio. *Contudo, estas não podem ser potencializadas, a ponto de colocar-se em plano secundário a segurança, que é o objetivo maior de uma Lei Básica,* especialmente no embate cidadão-Estado, quando as forças em jogo exsurgem em descompasso'.

"E faz oportuna citação reproduzindo advertência de Carlos Maximiliano: 'Cumpre evitar não só o demasiado apego à letra dos dispositivos, como também o excesso contrário, o de forçar a exegese e deste modo encaixar na regra escrita, graças à fantasia do hermeneuta, as teses pelas quais se apaixonou, de sorte que vislumbra no texto idéias apenas existentes no próprio cérebro, ou no sentir individual, desvairado por ojerizas e pendores, entusiasmo e preconceitos' (*Hermenêutica e aplicação do Direito*, Ed. Globo, 2ª ed., 1993, p. 118).

"Para arrematar: 'E realmente assim o é. Conforme frisado por Celso Antônio Bandeira de Mello, não cabe, no exercício da arte de interpretar, 'inserir na regra de direito o próprio juízo – por mais sensato que seja – sobre a finalidade que 'conviria' fosse por ela perseguida' (parecer inédito)'.

"Repele assim toda analogia e repudia a interpretação ampliativa que o fisco pretendia dispensar à Constituição. Sua tese foi vencedora.

"A leitura atenta dos votos leva o intérprete a verificar que:

"a) O STF dá tratamento constitucional-tributário a essa (como às demais) contribuição;

"b) repele o emprego de analogia;

"c) não admite interpretação 'econômica';

"d) preocupa-se com dar eficácia ao princípio constitucional da legalidade estrita em matéria tributária; e

"e) põe a segurança jurídica como princípio básico a ser resguardado ciosamente".

É inconteste, portanto, que normas tributárias devem ser obrigatoriamente interpretadas não só em consonância com o título VI, da Carta Magna, mas também, de acordo com os títulos I e II da Lei Maior, a fim de se respeitar princípios basilares de um Estado Democrático de Direito, como é o caso da República Federativa do Brasil, corroborado pela certeza do direito e segurança jurídica.

Objetiva-se, com tais digressões, ressaltar a imperiosidade de adoção do princípio da não-surpresa em matéria tributária, já previsto na ordenação anterior, além de evidenciar que o exercício do poder tributário, pelo Estado, submete-se, *in totum,* aos modelos jurídicos positivados no texto constitucional que institui, em favor dos contribuintes, limitações à competência estatal para impor e exigir as diversas espécies tributárias.

Para tanto, a Carta Magna criou um verdadeiro *estatuto do contribuinte*, que contempla um complexo de direitos concernentes aos limites intransponíveis pelos Poderes do Estado.

No escólio de Roque Antonio Carrazza (in *Curso de Direito Constitucional Tributário*, 14ª ed., pp. 295-296), tem-se que o estatuto do contribuinte, "como vimos, impõe limitações aos Poderes Públicos, inibindo-os de desrespeitarem os direitos subjetivos das pessoas que devem pagar tributos. Inexistisse, e o legislador poderia, por meio de uma tributação atrabiliária, até espoliar as pessoas. A Fazenda Pública, à míngua deste estatuto, não poderia ser impedida de fazer o mesmo. (...) O 'estatuto do contribuinte' exige que a tributação, livre de qualquer arbitrariedade, realize a idéia de Estado de Direito. Às várias possibilidades de atuação da Fazenda Pública hão de corresponder a garantia dos direitos de cada contribuinte. Quanto mais gravosa a intervenção tributária, tanto mais cuidadosamente deverá ser protegida a esfera de interesses dos indivíduos.

"Heinz Paulick, ao depois de destacar que a administração financeira, como a administração pública em geral, tende à realização da idéia de Estado de Direito, acrescenta: 'O moderno Direito Tributário já não conhece o súdito, que era um mero objeto da tributação. A atual administração financeira relaciona-se com o cidadão livre e emancipado, que possui, em virtude da Constituição, uma esfera jurídica própria, que exige ser respeitada, inclusive em todas as questões relativas à tributação'. (...)

"É que a tributação deve desenvolver-se dentro dos limites que a Carta Suprema traçou (fulminando o poder Tributário absoluto do Estado). Este objetivo é alcançado, basicamente, respeitando-se os direitos fundamentais do contribuinte e aquela faixa de liberdade das pessoas, onde a tributação não pode se desenvolver. É nesse sentido que Albert Hensel dizia que 'o Direito Tributário é um direito intervencionista submetido à ordenação do Estado de Direito'.

"Em suma, o legislador ordinário da União, de cada Estado, de cada Município e do Distrito Federal encontra na Carta Constitucional, perfeitamente delimitada, sua área de tributação".

Diante destas considerações, vejo que os princípios relativos à matéria tributária, devem ser vistos e interpretados como garantia constitucional instituída em favor dos contribuintes, que são os sujeitos passivos da atividade estatal no campo da tributação.

Retornando à definição de *faturamento,* também é mister frisar-se que este é expressivo de atividade comercial, representativo de operações mercantis, só existe faturamento, se houver mercadoria ou serviços.

Não é diverso o entendimento de Sacha Calmon Navarro Coelho (in "Cofins nas operações com imóveis e empresas construtoras", *Caderno de Direito Tributário e Finanças Públicas-RT* 13/136-139) ao asseverar que "estando os imóveis excluídos do conceito de mercadoria, não pode o intérprete estender o conceito de faturamento estatuído no art. 2º, da Lei Complementar 70/91, para alcançar as empresas que praticam a venda de imóveis.

"O conceito fornecido pelo direito privado à expressão mercadoria foi incorporado pela Constituição ao colocá-la como componente da hipótese de incidência do ICMS e é sabido que sobre a venda de imóveis não há a incidência do ICMS. O malsinado art. 2º, para abranger a receita proveniente da venda de imóveis, poderia utilizar, *v. g.*, a expressão "bens em geral" em substituição a mercadoria.

"(...) o art. 2º da Lei Complementar 70/91 ao definir o faturamento excluiu da hipótese de incidência da Cofins as receitas provenientes da venda de imóveis, sendo irrelevante o fato de a empresa que vende imóveis seja comercial ou não e a freqüência dessas vendas. Seria fácil fazer alcançar as receitas com vendas de imóvel pela Cofins: basta mudar a lei. O que não se admite é em nome, por exemplo, do princípio da isonomia, dar aos conceitos jurídicos, por meio de interpretação, conteúdos que não lhe são próprios".

Corroborando tal posicionamento, transcrevo, *data maxima venia,* as considerações de Geraldo Ataliba (ob. cit.) acerca do princípio da tipicidade como desdobramento da legalidade, aplicável ao caso em concreto, quando discorre que:

"É universalmente reconhecido como princípio informador do direito tributário o da tipicidade. No Brasil, ele é constitucionalmente consagrado, enfatizado pela doutrina e sumamente prestigiado pela jurisprudência, principalmente do STF.

"O melhor expositor do tema, entre nós, é Alberto Xavier, que sublinha '(...) em matéria de limitações à liberdade, a reserva de lei do Direito brasileiro é mais apertada do que a que vigora em muitos outros ordenamentos' (...) 'na verdade, o princípio da legalidade no Direito Tributário surge configurado como uma reserva absoluta de lei formal – vê-lo-emos adiante com mais detença – enquanto no Direito Administrativo a reserva – também de lei formal – é apenas uma reserva relativa' (...)

"Deveras, a legalidade geral (art. 5º, II) não é meramente aplicada à tributação, pelo preceito do art. 150, I. É estreitado e levado ao extremo, em suas exigências. A melhor doutrina fixa-lhe o conteúdo: 'Exigências ligadas aos princípios éticos da certeza e segurança do direito, como vimos de ver, passaram a requerer que o fato gerador e o dever tributário passassem a ser rigorosamente previstos e descritos pelo legislador, daí a necessidade de tipificar a relação jurídica tributária. Por isso, em segundo lugar, é preciso observar que a tipicidade não é só do fato jurígeno-tributário como também do dever jurídico decorrente (sujeitos ativos e passivos, bases de cálculo, alíquotas, fatores outros de quantificação, *quantum debeatur* – como, onde, quando pagar o tributo)' (Sacha Calmon Navarro Coelho, *Comentários à Constituição de 1988 – Sistema Tributário*, p. 285).

"Nenhum indicador normativo pode ser inferido pelo intérprete, nem 'suprido' pela administração: '(...) todos os elementos essenciais do tributo devem ser erigidos abstratamente pela lei, para que se considerem cumpridas as exigências do princípio da legalidade. Convém lembrar que são 'elementos essenciais' do tributo os que, de algum modo, influem no *an* e no *quantum* da obrigação tributária' (Sacha, ob. cit., p. 158).

"Carrazza insiste:

'O princípio em estudo possui um alcance mais preciso e rigoroso, porquanto determina que todos os elementos essenciais da norma jurídica tributária sejam definidos, com grande precisão, na lei da pessoa política competente'.

"Barros Carvalho é incisivo: 'Diríamos, em linguagem técnica, que criar um tributo corresponde a enunciar os critérios da hipótese – material, espacial e temporal – sobre os critérios da conseqüência – subjetivo (sujeitos ativo e passivo da relação) e quantitativo (base de cálculo e alíquota) (...)'.

"Esse autorizado expositor mostra que o que se convencionou designar por tipicidade é decorrência da estrita legalidade tributária, constitucionalmente postulada: '...estabelecendo a necessidade de que a lei adventícia traga no seu bojo os elementos descritores de fato jurídico e os dados prescritores da relação obrigacional. Este *plus* caracteriza a tipicidade tributária, que alguns autores formam como outro postulado imprescindível ao subsistema de que nos ocupamos, mas que podem perfeitamente, ser tido como uma decorrência imediata do princípio da estrita legalidade'.

"Xavier revela-lhe a essência: '(...) optou-se neste ramo do Direito por uma formação mais restritiva do princípio da legalidade, convertendo-o numa reserva absoluta de lei, no sentido de que a lei, mesmo em sentido material, deve conter não só o fundamento da conduta da Administração, mas também o próprio critério da decisão no caso concreto'.

"E explica seu significado: 'Se o princípio da reserva de lei formal contém em si a exigência da *lex scripta*, o princípio da reserva absoluta coloca-nos perante a necessidade de uma *lex stricta*: a lei deve conter em si mesma todos os elementos da decisão no caso concreto, de tal modo que não apenas o fim, mas também o conteúdo daquela decisão sejam por ela diretamente fornecidos'.

"Esse brilhante mestre luso-brasileiro não esconde sua aversão à qualificação, entre nós tradicional, da "legalidade estrita". Mesmo assim, adere à sólida corrente aqui formada graças às lições de Baleeiro, Gomes de Sousa e Ulhoa Canto; escreve: 'A decisão do caso concreto obtém-se, assim, por mera dedução da própria lei, limitando-se o órgão de aplicação a subsumir o fato na norma, independentemente de qualquer livre valoração pessoal'.

"É a esta característica que aludem, entre nós, alguns autores, ao referirem-se – embora com evidente impropriedade terminológica – a um princípio da estrita legalidade.

"Melhor se obtém o sentido e alcance do princípio, se se considera a fecunda teleologia que o inspira (...)".

No melhor estudo sobre a tipicidade do direito penal e do direito tributário, no Brasil, Misabel Derzi escreveu:

"Em contrapartida, a segurança jurídica, a uniformidade e a praticabilidade na aplicação da norma são alcançadas de modo mais satisfatório por meio de conceitos determinados, cujas notas irrenunciáveis fecham-nos rigidamente, em estruturas que almejam a estabilidade das relações jurídicas (...) não se há de negar o esforço hercúleo desenvolvido pela Ciência do Direito Tributário no objetivo de alcançar não só precisão conceitual e rigor lógico como também e, sobretudo, de realizar os inafastáveis princípios-valores consagrados nesse ramo jurídico.

"A previsão de novas situações tributáveis, para além das encerradas no catálogo legal, quer fundadas na analogia, quer com base na livre valoração dos órgãos de aplicação do direito são, desta sorte, estritamente proibidas numa tipologia taxativa, como a tributária (Alberto Xavier)".

É o autorizado Xavier que expõe a melhor doutrina, entre nós absolutamente acatada, sem discrepância entre os juristas:

"A tipicidade do Direito Tributário é, pois, segundo certa terminologia, uma tipicidade fechada: contém em si todos os elementos para a valoração dos fatos e produção dos efeitos, sem carecer de qualquer recurso a elementos a ela estranhos e sem tolerar qualquer valoração que se substitua ou acresça à contida no tipo legal. *Nullum tributum sine lege* é brocardo que igualmente exprime o imperativo de que todos os elementos necessários à tributação do caso concreto se contenham e apenas se contenham na lei.

"Deveras, porque 'O princípio da determinação converte (...) o tipo tributário num tipo rigorosamente fechado', não pode o juiz 'abri-lo', para incluir fato não previsto. Vender mercadoria ou serviço não é vender imóvel. Logo, este último fato não está compreendido no tipo fechado.

'Eis o que a segurança jurídica exige no domínio tributário: pois não ficaria seriamente abalada a regra *nullum tributum sine lege*, se na aplicação do Direito Tributário se pudesse recorrer a elementos ou critérios de valoração e decisão que não estivessem já contidos na própria lei?'

"(...) Ora, do universo de atividades empresariais, contemplado com largueza pela Constituição, a que correspondem hipóteses de incidência tributária variadas e amplas, a lei complementar 70/91 fixou-se em duas (vendas de mercadorias e de serviços). E o faz de modo claro, decidido, incisivo e inequívoco, o que se confirma pela leitura das alíneas do parágrafo único do seu art. 2º...."

Dessume-se, tanto pela sistemática constitucional tributária da República Federativa do Brasil, como pelo correto direcionamento outorgado à matéria pelo Egrégio Supremo Tribunal Federal, *que o conceito de faturamento abrange, tão-somente, a receita advinda sobre operações (negócios) de venda de serviços e mercadorias, e não qualquer receita*, como intenta a Lei 9.718/98 pretensamente amparada na Emenda Constitucional n. 20/98 que, como se verá, também está sujeita a determinadas limitações.

5. *Ofensa ao cânone da irretroatividade*

Se a alteração do conceito de faturamento constitucionalmente albergado não bastasse para macular a cobrança da exação, observa-se, ainda, ofensa ao cânone da irretroatividade, estampado no artigo 150, III, *a* da CF, seja pelo disposto no artigo 17 da Lei 9.718/98, seja pela Emenda Constitucional n. 20/98. Aquela não poderia estar nesta embasada, na medida em que promulgada em data posterior. A EC, embora decorrente do Poder Constituinte Derivado, também está submetida aos ditames do Sistema Constitucional Tributário, sob pena de ofensa ao disposto no artigo 60, § 4º, da Lei Maior.

Como cediço, a emenda constitucional é oriunda do chamado Poder Constituinte Derivado, decorrente de uma regra jurídica de autenticidade constitucional. Cabe dizer, portanto, que está submetida a limitações constitucionais expressas e implícitas, sendo passível, inclusive, de controle de constitucionalidade. É um Poder derivado, subordinado e condicionado.

Na lição de Alexandre de Moraes (in *Direito Constitucional*, 2ª ed., Atlas, 1997, p. 47,), "é derivado porque retira força do Poder Constituinte originário; subordinado porque se encontra limitado pelas normas expressas e implícitas do texto constitucional, às quais não poderá contrariar, sob pena de inconstitucionalidade; e, por fim, condicionado porque seu exercício deve seguir as regras previamente estabelecidas no texto da Constituição Federal."

Ressalte-se, ademais, que nossa ordenação não abarca a tese defendida por Otto Bachof (*Normas Constitucionais Inconstitucionais?*), acerca da possibilidade de normas insertas na Lei Maior, que sejam inconstitucionais. A Constituição só pode possuir corpo de normas que estejam de acordo com todo o sistema.

No escólio de Roque Antonio Carrazza (in *Curso de Direito Constitucional Tributário*, 14ª ed., pp. 246-250), tem-se que:

"Em síntese, a lei deve ser anterior ao fato imponível e não o fato imponível anterior à lei.

"Lei retroativa, é oportuno assertoar, é aquela que rege fato ocorrido antes de sua vigência. (...)

"A regra geral, pois, é no sentido de que as leis tributárias, como de resto, todas as leis, devem sempre dispor para o futuro. Não lhes é dado abarcar o passado, ou seja, alcançar acontecimentos pretéritos. Tal garantia confere estabilidade e segurança às relações jurídicas entre Fisco e contribuinte.

"A lei tributária, pois, deve ser irretroativa. Tratando-se de lei que cria ou aumenta tributo, esta regra é absoluta, isto é, não admite exceções.

"É certo que, por razões ideológicas que nosso Direito encampou, aceita-se que algumas leis tributárias retroajam, *desde que elas assim o estipulem*. São as que, de alguma forma, beneficiam o contribuinte (*lex mitior*), como as que lhe concedem uma isenção, um prazo mais lato para o recolhimento do tributo etc. (...)

"Temos por indisputável, pois, que é, por todos os títulos, inconstitucional a lei tributária *ex post facto* (Araújo Castro). Outra inteligência justificaria a instalação do império da incerteza, nas relações entre o Fisco e o contribuinte, o que contrariaria o regime de direito público e o próprio princípio republicano.

"Demais disso, a ação do Fisco deve ser *previsível*. Em nome desta previsibilidade, a lei que cria ou aumenta um tributo não pode alcançar fatos ocorridos em época anterior à de sua entrada em vigor. Sem este penhor de confiança, toda a vida jurídica do contribuinte perigaria".

Tem-se, portanto, que a Emenda Constitucional n. 20/98 buscou ratificar uma situação passada, trazida pela Lei 9.718/98, que, por sua vez, apresentava-se em desconformidade aos ditames constitucionais.

6. Instituição da exação por medida provisória

Diante de tantas máculas, mais uma sobrevém, ou seja, a instituição da exação mediante a Medida Provisória 1.724/98, instrumento inapto a veicular matéria de ordem tributária.

Medida provisória *não pode dispor sobre qualquer matéria tributária*, sob pena de afronta ao princípio da tripartição das funções do poder, verdadeiro cânone do Princípio Republicano.

Apesar de já ter o Egrégio Supremo Tribunal Federal, por ocasião do julgamento do Recurso Extraordinário 146.733-SP, se manifestado no sentido da possibilidade de criação ou majoração de tributos mediante medida provisória, desde que convertida em lei na forma e prazo previstos no artigo 62 da CF/88, ouso, com a devida vênia, discordar de tal posicionamento.

Como cediço, de acordo com a ordenação constitucional vigente, os tributos, de modo geral, somente podem ser criados ou alterados mediante lei complementar (nas hipóteses dos artigos 148 e 154, I da CF); lei ordinária; decreto-legislativo que ratifica tratado internacional, a teor do artigo 49, inciso I da Lei Maior ou, ainda, decreto-legislativo que ratifica convênio sobre ICMS celebrado entre os Estados, além das exceções previstas na própria Carta Magna acerca da alteração de alíquotas referentes a tributos determinados.

Demais instrumentos infralegais são precários e inaptos à modificação da ordem jurídica tributária.

Vivemos um período em que, infelizmente, o "Estado Democrático de Direito" cinge-se a uma expressão estampada no artigo 1º. da Lei Maior. A instabilidade impera, através de uma legislação, se é que assim pode ser chamada, cuja base repousa nas indigitadas medidas provisórias.

Está mais do que na hora de findar tal situação. Medidas Provisórias somente podem ser adotadas em casos de *relevância e urgência*, devendo ser, expressamente, *convertidas em lei, no prazo de 30 dias*.

Corroborando tais assertivas, trago à baila as lições de Sidney Souza Cruz (in *RDT* 54/23-34), *in verbis:*

"1. O art. 5º, II, da CF, consagra o Princípio da Legalidade quando preceitua: 'Ninguém está obrigado a fazer ou deixar de fazer alguma coisa senão em virtude de lei'.

"2. No art. 150 da Carta Magna, constata-se o Princípio da Legalidade quando diz: 'É vedado exigir ou aumentar tributo sem lei que o estabeleça'.

"3. Geraldo Ataliba asseverou: 'Os princípios são a chave e essência de todo o direito. Não há direito sem princípios'.

"4. Os princípios constitucionais garantem o direito e asseguram a liberdade.

"5. O Princípio da Legalidade tributária encontra-se incorporado ao Código Tributário Nacional.

"6. Somente a lei pode instituir tributo, bem como cabe a ela majorá-lo.

"7. A política econômica necessita do Princípio da Legalidade tributária. Este é necessário, principalmente, às empresas, em face de permitir a previsão de encargos tributários.

"8. O Texto Constitucional da medida provisória é obscuro, dando origem a substancial indagação na área jurídica.

"9. O legislador não limitou o alcance da medida provisória. Contudo, é veículo inadequado a questões tributárias, pois fere os princípios da norma tributária constitucional.

"10. As expressões 'relevância' e 'urgência', contidas no texto que trata da medida provisória, não são apropriadas aos preceitos constitucionais tributários.

"11. Para os casos emergenciais tributários, a Constituição já prevê disposições peculiares. Prevê os casos urgentes.

"12. A lei, na criação de tributos, é norma geral, pois passa por um processo legislativo, passando a ter existência e eficácia.

"13. À luz do art. 62 da Carta Magna, a medida provisória é precária e instável. Não é lei.

"14. A lei tributária tem sua aplicabilidade adiada, em face do princípio da "Anterioridade" que dá segurança jurídica ao contribuinte.

"15. A medida provisória tem eficácia e aplicação antecipada, gerando inteira insegurança. É contraditória aos princípios tributários.

"16. A matéria fiscal sempre deverá ser tratada por lei.

"17. A imposição fiscal, via medida provisória, é inconstitucional.

"18. A lei é preponderante na área tributária, sendo sua importância demonstrada no art. 146 da Constituição, que trata da lei complementar.

"19. A lei é que dispõe sobre conflito de competência tributária.

"20. A medida provisória é instrumento inadequado para criar ou majorar tributos. Não é o meio formal".

Não é outro o entendimento de Paulo de Barros Carvalho, ao asseverar que: "Meditemos, por derradeiro, acerca do emprego de medidas provisórias no plano do direito tributário. A União poderá utilizá-las para criar tributo, estabelecer faixas adicionais de incidência em gravames já existentes ou, ainda, majorá-los? Cremos que não. E dois motivos suportam este entendimento: um, pela incompatibilidade da vigência imediata, elemento essencial à índole da medida, com o princípio da anterioridade (CF, art. 150, III, "b"); outro, de cunho semântico e pragmático, pela concepção de 'tributo' como algo sobre que os administrados devam expressar seu consentimento prévio. A noção de 'tributo', nos países civilizados, repele a exigência de parcelas do patrimônio dos indivíduos, por ação unilateral do Estado, considerando a iniciativa como fundada em idéia vetusta, que prevaleceu em tempos medievais e em ambientes de tirania. O intervalo de tempo em que vigora a medida, sem que o Poder Legislativo a aprecie, acolhendo-a, expõe os cidadãos, comprometendo direitos que lhes são fundamentais (propriedade e liberdade), expressamente garantidos na Carta Básica. Este entretempo, onde impera a vontade monádica do Estado sem o conhecimento antecipado e o assentimento dos destinatários da pretensão, não se compagina também com a magnitude semântica que o termo 'tributo' ostenta nos dias atuais. Não valessem tais razões e a simples invocação do princípio da segurança do direito já seria bastante em si para inibir esse mecanismo de ação fiscal" (*Curso de Direito Tributário*, 4ª ed., p. 57).

Exatamente por estarmos perante um "Estado Democrático de Direito", a saber, aquele "*Estado de legitimidade justa (ou Estado de Justiça Material), fundante de uma sociedade democrática, qual seja, a que instaure um processo de efetiva* incorporação *de todo o povo nos mecanismos do* controle das decisões e de sua real participação nos rendimentos da produção" (José Afonso da Silva, "O Estado Democrático de Direito", *RT* 635/7-13), é que se faz mister a obediência aos ditames constitucionais.

Ademais, é imperioso ressaltar que, quando da conversão da medida provisória na Lei 9.718/98, houve modificação do artigo 8º, substituindo-se o Imposto sobre a Renda pela Contribuição Social sobre o Lucro Líqüido – CSSL. Portanto, ocorrendo tal modificação, deveria ter-se operacionado o processo legislativo normal, sob pena de mácula ao princípio da representantividade, basilar na República Federativa do Brasil.

7. Demais inconstitucionalidades

É inconteste, como já salientado, que normas tributárias devem ser obrigatoriamente interpretadas não só em consonância com o título VI, da Carta Magna, mas também, de acordo com os títulos I e II da Lei Maior, a fim de se respeitar princípios basilares de um Estado Democrático de Direito, como é o caso da República Federativa do Brasil, que são a certeza do direito e segurança jurídica.

No que tange à regra trazida pelo artigo 8º, § 4º, anoto que se a mesma prosperar, o conceito de renda, também constitucionalmente depreendido, será modificado. Senão, vejamos.

Pelo disposto no artigo 43 do Código Tributário Nacional, renda é sempre um produto, um resultado, quer do trabalho, quer do capital, quer da combinação destes dois fatores. Para ocorrer incidência do imposto de renda, é indispensável que haja acréscimo patrimonial.

Ressalte-se, ademais, que o conceito de renda é constitucional, não podendo o legislador ordinário dilargá-lo, nem, tampouco, modificá-lo. José Arthur Lima Gonçalves (*Imposto sobre a renda – pressupostos constitucionais*, p. 198,) ensina-nos que:

"Qualquer que seja o conceito de renda adotado, presentes estão as noções de ganho patrimonial resultante de confronto entre elementos (ingressos e saídas) verificados ao longo de certo período. As definições podem variar em diversos aspectos (renda auferida, renda constituída, aumento patrimonial, ganho de capital etc.), mas não resta nenhuma dúvida quanto à necessidade de ocorrência de ganho efetivo, dentro de um determinado período.

"Deveras, a Constituição somente admite a incidência de imposto sobre a renda quando tenha havido alteração positiva no patrimônio do contribuinte, no período. Fora daí, não se admite (a Constituição não tolera) incidência de imposto sobre a renda. E tal constatação só é possível ao cabo de um período de tempo determinado, dentro do qual a renda tenha sido auferida e ao cabo do qual ela possa ser quantificada".

Conclui-se, por conseguinte, que para ocorrer incidência do imposto de renda, é indispensável que haja acréscimo patrimonial. E no que tange às pessoas jurídicas, o lucro real corresponde exatamente a este acréscimo patrimonial tributável, mencionado pelo artigo 43 do Código Tributário Nacional.

Hugo de Brito Machado (*Curso de Direito Tributário*, 18ª ed., Malheiros Editores, p. 250) ensina que "(...) se assim é perante o sistema tributário disciplinado na Constituição, o Código Tributário Nacional deixou essa questão fora de qualquer dúvida razoável, fixando, embora de modo bastante amplo, os conceitos de renda e de proventos. Não há *renda*, nem *provento*, sem que haja acréscimo patrimonial, pois o CTN adotou expressamente o conceito de renda como *acréscimo*. Já não é possível, portanto, considerar-se renda uma cessão gratuita do uso de imóvel, por exemplo, como pretendeu, seguindo os anteriores, o Regulamento do Imposto de Renda aprovado pelo Decreto 84.450, de 4.12.1980, em seu artigo 31, parágrafo único, segundo o qual era tributável 'o valor locativo do prédio urbano construído, quando cedido seu uso gratuitamente, exceto quanto a dependente considerado encargo de família'".

Novamente tomo como exemplo o escólio de Roque Antonio Carrazza ("Novas Considerações sobre a intributabilidade, por via de imposto sobre a renda, das férias e licenças-prêmio recebidas em pecúnia", *RDT* 55/156) ao asseverar que:

"Deveras, parece-nos que, dentre os diversos conceitos de 'renda', fornecidos pela Ciência Econômica, pode o legislador ordinário apenas optar por um deles e, ainda assim, desde que sua escolha permita compatibilizar a incidência, com os princípios constitucionais que norteiam a tributação por via de IR, máxime o da *capacidade contribuitiva.*

"Realmente, o conceito de renda e proventos de qualquer natureza deve levar em conta a *capacidade contributiva* do sujeito passivo tributário. Por quê? Porque o princípio da capacidade contributiva informa a tributação por via de impostos, no Brasil (art. 145, § 1º, da CF). (...)

"Pensamos que o conceito de "renda e proventos de qualquer natureza" pressupõe ações humanas que revelem *mais valias*, isto é, acréscimos na capacidade contributiva (que a doutrina tradicional chama de 'acréscimos patrimoniais'). Só quando há uma realidade econômica nova, que se incorpora ao patrimônio individual preexistente, traduzindo nova disponibilidade de riqueza, é que podemos falar em "renda e proventos de qualquer natureza". Vai daí que as indenizações não são nem rendimentos, nem proventos de qualquer natureza. Escapam, pois, da tributação por via de IR".

Neste mesmo sentido, Geraldo Ataliba e Agostinho Sartin, em parecer conjunto (*RDT* 36/50), sobre as indenizações por desapropriação, tiveram o ensejo de proclamar: "A doutrina autorizada identifica unanimemente o núcleo da competência atribuída à União pelo art. 21, IV, da CF (art. 153, III, da CF/1988), na *aquisição da disponibilidade* de riqueza nova por parte do destinatário legal tributário, *riqueza nova* que se condensa na idéia de *acréscimos patrimonais*".

Diante de tais digressões, procura-se demonstrar como é rígido o conceito de renda, não podendo ser modificado por mera atividade legislativa.

Para a correta exegese do sentido e alcance das normas impugnadas, impõe-se, ainda, relembrar o conceito de lucro real.

De acordo com o artigo 6º, do Decreto-lei 1.598/77, tem-se que: "Art. 6º. Lucro real é o lucro líquido do exercício ajustado pelas adições, exclusões ou compensações prescritas ou autorizadas pela legislação tributária (...)"

De acordo com o artigo 344 do RIR (Decreto 3.000/99), os tributos e contribuições são dedutíveis, na determinação do lucro real, segundo o regime de competência (Lei 8.981/95, art. 41) Vê-se que tal dedução opera-se como custo ou despesa operacional (aquelas não computadas nos custos, necessárias à atividade da empresa e à manutenção da respectiva fonte produtora), no período-base em que ocorrer o fator imponível da obrigação tributária.

Entende-se, corretamente, que os tributos não devem ser inseridos na composição do lucro real, vez que sua natureza não é a de renda, mas, sim, custo do bem ou serviço, ou despesa necessária à atividade da empresa que não tenha sido computado no custo final do produto (bem ou serviço).

Não obstante o disposto no parágrafo 6º, do mesmo artigo impossibilitar a dedução do valor da CSSL para efeito de apuração do lucro real, a partir de 1º de janeiro de 1997 – contestável sob o aspecto jurídico – os valores de tributos não podem ser computados para apuração do lucro real, vez que não consubstanciados em renda.

Havendo a impossibilidade de dedução para fins de apuração do lucro real, da parcela de Cofins compensada, verificar-se-á uma alteração da renda tributável, que não se coaduna com o conceito extraído da Lei Magna, na medida em que esta parcela da Cofins não tem a natureza jurídica de acréscimo patrimonial para efeito de apuração do lucro efetivo da empresa.

Se tal sistemática prosperar ver-se-á que, o que o legislador infraconstitucional outorgou com uma mão, retirou com a outra.

Não posso aceitar a argumentação no sentido de que se assim não procedesse, haveria, na verdade, um duplo benefício. Entendo que é dever do legislador, na medida do possível e do legal, não onerar sobremaneira a carga tributária dos contribuintes, apelando, inclusive, ao princípio da não utilização de tributo com efeito de confisco; nem, tampouco, beneficiar determinada categoria, sem amparo constitucional. Para tanto, o legislador constituinte outorgou-lhe uma série de ferramentas incluídas no rígido sistema constitucional tributário brasileiro.

O que não se aceita é que, em nome deste exercício, seja alterado o conceito constitucional de renda.

No que tange à majoração de alíquota para 3% (três por cento), se a mesma já não estivesse afastada em virtude da impossibilidade de aplicação retroativa da lei em comento, observo que também não poderá operacionalizar-se, na medida em que é vedada a dedução da parcela da Cofins compensada. Portanto, de modo indireto, esta majoração de alíquota implicaria a aceitação da sistemática acima atacada, importando na mudança do conceito de renda, na medida em que eventual lucro real não seria o efetivamente ocorrido.

Outras questões de discutível constitucionalidade concernem às regras trazidas pelo artigo 8º, § 1º da lei e pela Instrução Normativa n. 6, da SRF, de 29 de janeiro de 1999, relativas à compensação da Cofins com a CSSL, no sentido de que o valor da Cofins passível de compensação que exceder ao da CSSL *não será restituído nem poderá ser compensado em períodos posteriores*.

Ao não possibilitar a compensação integral da Cofins, haverá modificação da base de cálculo da CSSL para períodos subseqüentes, se comparada àquela que foi utilizada empregando-se o instituto da compensação. Indiretamente, também afetar-se-á o valor do lucro, vez que, nos termos do artigo 2º da Lei 7.689/88 e do item 1 da IN SRF 198/88, a base de cálculo da contribuição é o valor positivo do resultado do exercício, já computado o valor da contribuição social devida e antes da provisão para o imposto de renda.

8. Conclusões

1. Dessume-se, tanto pela sistemática constitucional tributária da República Federativa do Brasil, como pelo correto direcionamento outorgado à matéria pelo Egrégio Supremo Tribunal Federal, que o conceito de faturamento abrange, tão-somente, a receita advinda sobre operações (negócios) de venda de serviços e mercadorias, e não qualquer receita, como intenta a Lei 9.718/98 pretensamente amparada na Emenda Constitucional n. 20/98, também sujeita a limitações.

2. A Emenda Constitucional n. 20/98 buscou ratificar uma situação passada, trazida pela Lei 9.718/98, que, por sua vez, apresentava-se em desconformidade aos ditames constitucionais.

3. Medida provisória *não pode dispor sobre qualquer matéria tributária*, sob pena de afronta ao princípio da tripartição das funções do poder, verdadeiro cânone do Princípio Republicano.

4. Mesmo que se aceitasse a tese defendida pelo Egrégio STF, no que tange à possibilidade de criação ou majoração de tributos pelo instrumento precário e unilateral que é a medida provisória, desde que convertida em lei, é imperioso ressaltar que, quando da conversão da MP 1.724/98 na Lei 9.718/98, houve modificação do artigo 8º, substituindo-se a expressão "Imposto sobre a Renda" pela "Contribuição Social sobre o Lucro Líqüido – CSSL". Portanto, ocorrendo tal modificação, deveria ter-se operacionado o processo legislativo normal, sob pena de mácula ao princípio da representantividade, basilar na *República* Federativa do Brasil.

5. No que tange à regra trazida pelo artigo 8º, § 4º, se a mesma prosperar, o conceito de renda, também constitucionalmente depreendido, será modificado.

Pelas digressões acima, buscou-se demonstrar algumas inconstitucionalidade da Lei 9.718/98, além de outras já visualizadas pela mais ínclita doutrina, como por exemplo, a relativa à afronta ao princípio da isonomia, a problemática gerada às distribuidoras de combustíveis, impossibilidade de compensação da valor da COFINS que exceder ao da CSSL etc.

Bibliografia

ATALIBA, Geraldo, "Cofins e Empresa de Construção Imobiliária", parecer, *RDA* 201/95, pp. 344/360.

BACHOF, Otto, *Verfassungswidrige Verfassungsnormen?*, 1951, Verlag J. C. B. Mohr – Paul Siebeck – Tübingen; tradução portuguesa [*Normas Constitucionais Inconstitucionais?*] por José Manuel M. Cardoso da Costa, Livraria Almedina, 1994.

BECKER, Alfredo Augusto, *Teoria Geral do Direito Tributário*, 2ª ed., Saraiva, 1972.

CARRAZZA, Roque Antonio, *Curso de Direito Constitucional Tributário*, 14ª ed., Malheiros Editores, 2000.

________. "Novas Considerações sobre a intributabilidade, por via de imposto sobre a renda, das férias e licenças-prêmio recebidas em pecúnia", *RDT* 55/156 e ss.

CARVALHO, Paulo de Barros, *Curso de Direito Tributário*, 4ª ed., Saraiva 1991.

COELHO, Sacha Calmon Navarro, "Cofins nas operações com imóveis e empresas construtoras", *Caderno de Direito Tributário e Finanças Públicas-RT* 13, out./dez. 1995, pp. 136-139.

CRUZ, Sidney Souza, *Revista de Direito Tributário* 54/23-34.

GONÇALVES, José Arthur Lima, *Imposto sobre a renda – pressupostos constitucionais*, Malheiros Editores, 1997.

HESSE, Konrad, *Die normative Kraft der Verfassung – A força normativa da Constituição*, tradução de Gilmar Ferreira Mendes, Sérgio Fabris Editores, 1991.

MACHADO, Hugo de Brito, *Curso de Direito Tributário*, 18ª edição, Malheiros Editores, 2000.

MELO, José Eduardo Soares de, *Contribuições Sociais no Sistema Tributário*, 2ª ed., Malheiros Editores, 1996.

MORAES, Alexandre de, *Direito Constitucional*, 2ª ed., Editora Atlas, 1997.

SILVA, José Afonso da, "O Estado Democrático de Direito", palestra proferida em 6.8.88, no I Encontro Nacional de Advogados, Belo Horizonte 5 a 7.8.88, sob o patrocínio da Associação dos Advogados de Minas Gerais e publicada na *RT* 635/7-13).

ASPECTOS DOS IMPOSTOS SOBRE O CONSUMO
(Cumulatividade e Não-cumulatividade)

HERON ARZUA

Advogado. Especialista em Direito Tributário pela PUC-SP. Pós-graduado em Política e Administração Tributária pela Fundação Getúlio Vargas. Ex-Procurador-Geral do Município de Curitiba. Ex-Subprocurador-Geral da Fazenda Nacional-MF, Brasília. Ex-Secretário da Fazenda do Paraná.

Os impostos de circulação de mercadorias, bens e serviços incluem-se na rubrica que os economistas denominam de tributação do consumo. Avulta, nessa quadra, a técnica do valor agregado, ou melhor dizendo, o imposto sobre o valor agregado (iva), considerado essencial para dar racionalidade e neutralidade ao sistema tributário e contribuir para a erradicação das distorções econômicas causadas por tributos de incidência cumulativa. (No Brasil, essa técnica – consagrada em preceitos constitucionais e conhecida como "norma da não-cumulatividade – veio a ser encampada por dois impostos do sistema tributário nacional, o imposto estadual sobre operações relativas à circulação de mercadorias (icms) e o imposto federal sobre produtos industrializados (ipi). Juridicamente, como ensina a melhor doutrina, esses impostos não podem ser alcunhados de impostos sobre o valor agregado. A qualificação, pois, neste trabalho, do icms e do ipi como impostos sobre o valor agregado, é metajurídica. Geraldo Ataliba, em pioneiro estudo com Cléber Giardino (*RDT* 46/45 e ss.), definiu as marcas da não-cumulatividade do ipi e do icm, como o instituto foi disciplinado pela Constituição.

É síntese do Mestre: "a) o direito de crédito tanto de icm, quanto de ipi, é constitucional; b) como tal, não emerge da lei, nem dela depende; c) por isso mesmo, o legislador não pode condicionar o seu exercício; d) esse direito surge com a realização de operação tributável, em benefício do adquirente; e) este (adquirente) passa a deter título jurídico (crédito) que poderá ser usado para abatimento do imposto a pagar (forma de pagamento – total ou parcial – de débito de icm ou de ipi); f) crédito e débito são entidades distintas e inconfundíveis, emergentes de fatos diversos, submetidos a regimes autônomos".

Das observações de Geraldo Ataliba, há de se pôr em relevo que o crédito do icms e do ipi é moeda escritural vocacionada, isto é, só serve para o pagamento do imposto devido em operações ulteriores, salvo disposições de lei no sentido de alargar a sua utilização, autorizando expressamente sua compensação com débitos de outros impostos ou mesmo de dívidas de natureza diversa.

Na área do tributo federado, sua reformulação é tida como fator decisivo de harmonia tributária, não só com os demais países do Mercosul, como internamente, entre as próprias federadas brasileiras.

(Como anotou Fernando Rezende, em trabalho publicado em fevereiro de 1998 (artigo "No Rumo da Modernização"): "Harmonizar não significa igualar. Não é necessário que os sistemas tributários de todos os países sejam idênticos. O que sim é importante é que a competitividade interna e externa não seja afetada por motivos tributários. Isso ocorreria, por exemplo, nos casos em que o produto estrangeiro que ingressar no país, desonerado de qualquer tributo na origem, deslocar do mercado o produto nacional que arca com a cumulatividade de impostos exigidos na sua produção e comercialização. Ou, no sentido oposto, nos casos em que o produto brasileiro não tiver acesso ao mercado de outros países por não poder livrar-se, na saída, de todos os impostos pagos no país".)

Dentro da temática da integração e harmonização fiscal, o iva é, sem dúvida, o grande imposto do século XX. Desde que o industrial e assessor do Ministério da Fazenda da Alemanha – W. von Siemens, em 1919, ideou e desenvolveu a técnica do valor agregado, por intermédio de um imposto omnifásico sobre todas as etapas da circulação das mercadorias, até que o Professor Maurice Lauré o introduziu na França, em 1948, centenas de países adotaram essa nova concepção de tributar o consumo.

Surgindo como alternativa histórica para eliminar os horrores econômicos do imposto cumulativo – como era, no Brasil até 1966, o imposto estadual de vendas e consignações (ivc) – a técnica do valor agregado é a opção encontrada para evitar o método de estádio único de arrecadar um imposto de vendas. As razões de seu chamamento para o quadro tributário nacional estão, assim, relacionadas diretamente com as imperfeições do imposto anterior (em "cascata") e têm por detrás de si as excelências que os teóricos proclamavam do novo sistema.

O imposto cumulativo vigeu no Brasil por mais de quarenta anos, tendo grangeado a estima dos setores fazendários, dado principalmente ao seu potencial arrecadatório.

É que a vantagem inicial que apresenta todo e qualquer tributo em cascata, do tipo do vetusto imposto de vendas e consignações, é a de poder, com alíquotas relativamente baixas, arrecadar grandes somas de dinheiro. Gravando de forma autônoma cada transação em todas as fases do processo de produção e distribuição, englobando, portanto, não somente o produto final como também seus componentes, inclusive os gastos originais de inversão, é fácil perceber-se a alta rentabilidade financeira de que é dotado.

Na acepção que os impostos devem revestir-se de caráter funcional, vale dizer, devam produzir receitas mais elevadas, causem um mínimo de dificuldades ao contribuinte, sejam de fácil administração e se adaptem à realidade cotidiana, não se contesta que, condicionado ao nível aliquotal do imposto e ao modelo econômico que está inserido, o imposto cumulativo soma essas qualidades. De administração relativamente simples, tanto da parte das empresas quanto da Fazenda, é também de acessível compreensão pelos contribuintes.

Assim é que, enquanto as alíquotas do ivc se mantiveram relativamente baixas e o grau de complexidade da estrutura produtiva do País não atingia índices maiores, os defeitos de que padecia o sistema não foram revelados e sua aceitação era mais ou menos generalizada. Mas à medida que o quadro impositivo-econômico foi adquirindo novas tonalidades, com o aumento desordenado e desuniforme das alíquotas, da parte das diversas Unidades Federadas, os vícios orgânicos do imposto se tornaram mais perceptíveis, ganhando consciência geral as profundas distorções que a tributação em cascata produzia no sistema econômico pátrio. Não é de se esquecer que, além do imposto cumulativo estadual, os Municípios igualmente se encarregaram de instituir o seu gravame em cascata, por intermédio do imposto denominado de industrias e profissões.

As irracionalidades não se restringiram, porém, ao campo impositivo, estendendo-se perversamente ao campo econômico. O resultado mais contundente do imposto cumulativo, nessa área, é o de forçar a integração vertical das empresas. Fenômeno já observado em elevado nível de abstração, como indicam os estudos teóricos realizados na Alemanha e na França, a experiência brasileira o corroborou plenamente.

Com a presença do binômio nível de alíquota e grau da complexidade da estrutura produtiva, a incidência múltipla do tributo contribuía de modo notável para tornar a economia do País fortemente distorcionada. É evidente que, ao se mencionar a integração vertical, não se está cogitando daquele tipo de integração que é conseqüência de exigências tecnológicas. Está-se referindo ao fenômeno artificial de supressão de etapas do ciclo econômico induzido pela incidência repetida do imposto.

A inconveniência de uma política fiscal dessa natureza está vinculada a certas premissas econômicas que hodiernamente orientam as atividades produtoras. A especialização é postulado do incremento da produtividade; esta, por sua vez, guarda íntima conotação com um dos fatores de economia mais importantes de nossa era – a escala de produção com que se trabalha. Ora, não é preciso muito raciocínio para perceber-se que o abarcamento de várias fases do circuito econômico é contrário ao princípio da especialização. Ao revés, serve, pela redução da carga fiscal, para encobrir o decréscimo de produtividade real. O fim de tudo isso é bem conhecido: a economia do País como um todo se deteriora.

O exemplo brasileiro é a afirmação das especulações teóricas. As distorções no sistema econômico se multiplicaram, podendo, numa palavra, ser resumidas: tendência da indústria de queimar etapas também no ciclo da comercialização, substituindo a função normal do comércio, com toda a ordem de inconvenientes (talento empresarial não é multiforme; despreocupação com os custos; agravamento do problema de capital de giro, utilizado não no setor que lhe é afeto – o manufatureiro, mas para manter estoques de mercadorias nas diversas filiais da empresa integrada; dificuldades das empresas médias e pequenas, que respondem à impossibilidade de integração com evasão de impostos; facilidades às empresas estrangeiras que, por serem unidades de grande dimensão e com abundante disponibilidade de capitais, têm acesso à integração; no sentido contrário, obstáculos às empresas nacionais, obrigadas à especialização pela pequena dotação do fator capital; castigo às unidades de alta produtividade, que operam com taxas baixas de lucro – conseqüente da velocidade de vendas, e que se constituem em empresas altamente organizadas; instabilidade do sistema de abastecimento pela supressão da figura do atacadista, classicamente regulador das variações de conjuntura do mercado de bens imprescindíveis).

Perspectiva que ainda torna bastante vulnerável o imposto cumulativo é a que concerne à absoluta impossibilidade de se conhecer a quantidade de impostos incidentes na exportação. Por se constituir em elemento variável do custo das empresas, mesmo que o Governo quisesse promover política de incentivos às exportações, usando como instrumento esse tipo de imposto – baixando os gravames fiscais das unidades exportadoras, nunca se poderá ter certeza se a importância diminuída representa uma justa dedução ou, ao inverso, um subsídio governamental.

Na área da administração do tributo, do mesmo modo avultam as dificuldades de controle da última fase do processo produtivo, aquela que, pela base de cálculo mais elevada, representa enorme soma de ingressos num regime de imposto em cascata. Abrangendo numerosíssimos pequenos contribuintes, o setor varejista, em especial o de porte reduzido, menos organizado e trabalhando com técnicas rudimentares, sempre se colocou como fulcro de graves problemas administrativos. A instituição de sistemas de estimativa de vendas e as campanhas de incentivos aos consumidores, obrigando-os a exigirem nota fiscal, são atestados eloqüentes dos esforços despendidos pela administração tributária para contornar a flexibilidade da evasão de impostos de que dispõe a rede de distribuição final de mercadorias e serviços. Se a esses fatores acrescermos os efeitos patológicos decorrentes do processo de integração vertical, não se afigura difícil o diagnóstico que afirma os defeitos de um imposto cumulativo também na esfera da gerência administrativa.

Por todas essas razões, já dá para entender o motivo pelo qual, a partir da segunda metade do Século XX, a maioria dos países ter escolhido um imposto plurifásico e de incidência sobre o valor agregado.

O Brasil chamou o iva para o seu sistema tributário, como se anotou *ab initio* principalmente por via do imposto estadual de circulação de mercadorias (icm) e o imposto federal sobre produtos industrializados (ipi), isso já em meados da década de 1960, inspirado no imposto francês denominado "taxe sur le valeur ajoutée". Mas, foi a sua adoção pela Comunidade Européia, em 1967, que deu ao novo tributo dimensões universais.

A preferência mundial pelo iva está indissociavelmente vinculada à sua superioridade técnica e administrativa relativamente a outros tributos sobre o consumo.

A fulgurante característica do sistema do valor agregado é precisamente a sua forma de cobrança não cumulativa. Cabe aqui notar que o conceito de valor agregado – terminologia usual para classificar este tributo – não corresponde ao conceito de valor agregado derivado da análise econômica. Nesse campo, somente o pagamento da constelação dos fatores "capital e trabalho" se compreende por riqueza adicionada, pois os demais componentes da estrutura de preço representam os insumos adquiridos pelas unidades produtoras.

Há, de conseguinte, um significado fiscal particular de valor agregado, ainda que não haja impedimento que o conceito econômico corresponda ao tributário; isso porque não se tem notícias da existência de um imposto no qual se tribute como valor agregado tão-somente a remuneração dos fatores.

Vale dizer que, no conceito fiscal, parece correto que se denomine a técnica de valor adicionado, quer sob a modalidade de vendas com a dedução do valor das compras tributadas, quer pelo método francês de conta corrente financeira ou regime de crédito fiscal.

Na senda da linha doutrinária, a sistemática brasileira erigiu como princípio fundamental, consagrado inclusive na expressão constitucional, o da não-cumulatividade, optando, desde o começo, pela técnica da "conta gráfica". Abate-se, em cada operação por que circula a mercadoria, o valor do imposto suportado pela operação anterior.

Do imposto sobre o valor adicionado apontam-se várias vantagens sobre o imposto cumulativo. A primeira delas seria a *igualdade de tributação*. (A carga do imposto pago em cada etapa corresponde ao valor agregado nela. Portanto, a soma desses valores nas diferentes fases é igual ao valor do produto final, pelo que, o total de impostos pagos, ainda que parcelados sucessivamente, deve ser igual ao imposto que corresponderia se este tivesse sido quitado no montante total sobre o valor da operação final.)

Outra superioridade diz respeito ao estímulo à especialização empresarial. As indústrias, não havendo mais vantagens fiscais no processo de integração vertical, procuram concentrar-se numa linha pequena de produtos, deixando que outras se dediquem a produtos intermediários. Do fomento da especialização, que atinge a rede de distribuição, alcança-se o aperfeiçoamento dos métodos de trabalhos e, em conseqüência, maior produtividade.

A par de, teoricamente, a evasão do imposto se tornar mais difícil, em virtude do elo de solidariedade gerado entre os intervenientes do processo produtivo, há maiores facilidades na administração tributária. Esta pode concentrar seus esforços basicamente no setor industrial e atacadista. O problema da evasão do imposto no varejo, pela pequena incidência do tributo no pólo final, deixa de se erigir em preocupação central dos gestores administrativos.

Resumidamente, esses os aspectos positivos de um imposto sobre o valor acrescido.

Todavia, por motivos ligados à questão arrecadatória – já que as unidades tributantes não poderiam sofrer perda significativa de recursos –, a implantação desse imposto, no Brasil, no patamar da legislação, violou algumas recomendações teóricas fundamentais.

Assim, o montante do imposto passou a integrar a base de cálculo, com que a alíquota nominal deixou de ser igual à alíquota efetiva (cálculo "por dentro", no linguajar contábil), sendo esta maior do que a informada ao contribuinte. Isso já não veio a ocorrer no imposto federal sobre produtos industrializados, em que a alíquota é dissociada do preço (cálculo "por fora"), com o que a alíquota nominal se identifica com a real ou efetiva.

Esse defeito do sistema ainda não foi corrigido, mas o ideal, em termos de um iva, seria o da alíquota nominal corresponder à efetiva. Aí haveria a plena transparência da tributação, o que já é até norma constitucional (v. § 5º do art. 150 da CF).

Outra nódoa inicial foi o não reconhecimento dos créditos relativos aos bens de capital e de uso e consumo, assunto só parcialmente resolvido com lei vinda a lume em 1996 (Lei Complementar n. 87). A tributação dos investimentos representou um pesado castigo à economia brasileira, justamente do que mais carecia o País. (Por essa razão, a França, já em 1953, ampliou o direito de dedução para atingir as máquinas e equipamentos diretamente empregados na produção.)

A não incidência do imposto nas exportações (para o exterior) deu-se *ab ovo* também apenas quanto aos produtos industrializados, ficando de fora os demais produtos e serviços. Aqui se expressou outra das inúmeras derrogações da concepção inicial de que o icm deveria ser o quanto possível neutro como instrumento de política econômica. Só muito recentemente – 1996 – é que houve o reconhecimento legislativo de que o imposto não deveria incidir nas exportações de quaisquer produtos. Falta, porém, lei desonerativa dos serviços.

Nessa matéria, a recomendação é de que se aplique em toda a sua extensão o princípio do destino, em que as importações são tributadas e as exportações desoneradas.

(É certo, também, que a doutrina econômica aponta que o princípio do destino deveria ser aplicado igualmente nas relações interestaduais, porquanto, no Brasil, tem-se um sistema misto, em que, em função de alíquotas diferenciadas entre as operações internas e interestaduais, parte da arrecadação resta ao Estado produtor e parte ao Estado consumidor.)

A tributação dos serviços, por igual, permanece fora do imposto estadual, visto como a sua tributação se dá pelo imposto municipal sobre serviços (iss), que incide sobre o valor da prestação de serviço sem admitir créditos pelos insumos, o que lhe dá nítido caráter cumulativo. Todavia, lei de caráter complementar poderia, sem arranhão (penso) da Constituição, dotar o iss de características não-cumulativas e propiciar a compensação no âmbito do icms e do próprio iss.

Na parte das isenções e benefícios fiscais relacionadas com o icms, estas teriam de ser inteiramente revistas. As isenções, assim como figuras como o diferimento, antecipação de recolhimento do imposto (conhecido com o nome impróprio de "substituição tributária"), reduções de base de cálculo etc. são incompatíveis com um imposto sobre o valor agregado.

Nada obstante a regra constitucional (art. 155, XII, "g") e os termos da Lei Complementar 24, de 1975, as Federadas inobservam as limitações na concessão de incentivos fiscais, fazendo com que o icms se tenha tornado um imposto estadual com características diferentes em cada Estado da Federação. A "guerra fiscal" faz parte desse contexto, que vem desfigurando o icms como imposto sobre o valor agregado.

Nessa mesma ordem de idéias, a atual política dos Estados, de avareza no reconhecimento de créditos derivados das exportações e resultantes de outras operações, tais como o regime denominado de "substituição tributária", teria de ser radicalmente modificada, com observância dos princípios constitucionais e explicitados, ainda que de maneira deficiente, na Lei Complementar 87, de 1996.

Destarte, para efeitos de restauração dos princípios fundamentais do icms, não deveria haver exclusões de incidência ou isenções ou, pelo menos, que fossem tais benefícios os mais avaros possíveis, assim como os créditos dos contribuintes deveriam ser tratados com lisura e honestidade da parte dos fiscos estaduais.

Em rigor de verdade, essas políticas canhestras da parte das Federadas é que ensejam movimentos, dentro de uma reforma tributária constitucional, no sentido de tornar o iva, no Brasil, um imposto da União ou, pelo menos, com legislação exclusivamente federal.

Outra notação de fundamental importância, com vistas à uniformização dos impostos de circulação, seria a edição de norma que consagrasse tratamento igualitário aos produtos e serviços importados, relativamente aos produtos e serviços nacionais.

(Fora do circuito do icms, seria urgente a erradicação do quadro tributário brasileiro dos impostos cumulativos existentes, tais como a cofins, o pis-pasep, e a cpmf. Esses gravames, chamados eufemisticamente de contribuições, são impostos cumulativos da pior espécie, cobrados sobre o faturamento e em todas as fases da produção e circulação de mercadorias e serviços.)

Essas providências propiciariam uma uniformização do icms no Brasil e teriam o condão de preparar a plena integração com os demais países do Mercosul, cuja estrutura tributária já atende a essas premissas que ornam um imposto de valor agregado muito próximo do ideal.

Ademais, voltaria o icms a atingir os desideratos pretendidos pelos responsáveis pela sua introdução no Brasil, no sentido que impostos tais não continuassem a provocar distorções econômicas conhecidas, com repercussões nefastas na formação dos preços e conseqüente perda constante do poder liberatório da moeda.

Maio de 2000

ICMS. ISS – COMUNICAÇÃO ELETRÔNICA

JOSÉ EDUARDO SOARES DE MELO
Professor Doutor da Faculdade de Direito da PUC/SP.
Consultor Tributário.

1. Serviços de comunicação

O aspecto material consiste em determinados negócios jurídicos, estados, situações, serviços e obras públicas, dispostos na Constituição Federal, que representem fenômeno revelador de riqueza (aspecto econômico), sejam praticados ou pertinentes ao próprio contribuinte, ou exercidos pelo Poder Público em benefício do mesmo.

A materialidade de qualquer tributo é rotulada, na legislação, como *fato gerador* da obrigação tributária, embora se compreenda na referida expressão tanto a situação hipotética (previsão legal), como a situação fática (acontecimento real).

Relativamente ao imposto sobre serviços de comunicação (o *S* do ICMS), a Constituição Federal estabelece o seguinte:

"Art. 155. Compete aos Estados e ao Distrito Federal instituir impostos sobre: (...)

"II – operações relativas à circulação de mercadorias e sobre *prestações de serviços* de transporte interestadual e intermunicipal *e de comunicação, ainda que* as operações e *as prestações se iniciem no exterior*".

A *prestação de serviços de comunicação* constitui o cerne da materialidade da hipótese de incidência tributária, compreendendo um negócio (jurídico) pertinente a uma obrigação "de fazer", de conformidade com os postulados e diretrizes do direito privado.

Considerando que o direito tributário constitui um direito de superposição, incidindo sobre realidades postas por outros ramos do direito (civil, comercial etc.), tornou-se imprescindível buscar a conceituação das espécies básicas de obrigações (*dar* e *fazer*), para delinear os âmbitos tributários (ICMS, ISS).

Essa espécie de obrigação (*fazer*) não possui definição e características próprias, configurando-se de modo negativo à outra espécie de obrigação (*dar*), que "consiste na entrega de uma coisa móvel ou imóvel, para a constituição de um direito real (venda, doação etc.), a concessão de uso (empréstimo, locação) ou a restituição ao dono. Já as *de fazer*, conquanto se definam em geral de modo negativo, são todas as prestações que não se compreendem entre as de dar, têm, na verdade, por objeto um ou mais atos, ou fatos do devedor, como trabalhos materiais ou intelectuais.[1]

"A *obrigação de fazer* é a que vincula o devedor à prestação de um serviço com ato positivo, material ou imaterial, seu ou de terceiro, em benefício do credor ou de terceira pessoa".[2]

E aponta como espécies:

"1. a obrigação de fazer de natureza infungível, por consistir num *facere* que só pode, ante a natureza da prestação ou por disposição contratual, ser executada pelo próprio devedor, sendo portanto, *intuitu personae*, uma vez que se levam em conta as qualidades pessoais do obrigado. (...) 2. obrigação de fazer fungível, que é aquela em que a prestação pode ser realizada indiferentemente tanto pelo devedor como por terceiro, caso em que o credor será livre de mandar executar o ato à custa do devedor".[3]

1. Clóvis Bevilacqua, *Código Civil Comentado*, v. IV, Liv. Francisco Alves, comentários ao art. 863.

2. Maria Helena Diniz, *Curso de Direito Civil Brasileiro*, 9ª ed., Saraiva, 1995, 2º v., p. 85.

3. Idem, ibidem, pp. 87-88.

Também já se indagou quanto a se o dar ou o entregar é ou não conseqüência do fazer respondendo assim: "se o devedor tem de dar ou entregar alguma coisa, não tendo, porém, de fazê-lo previamente, a obrigação é de dar; todavia, se primeiramente tem ele de confeccionar a coisa para depois entregá-la, se tem de realizar algum ato, do qual será mero corolário o de dar, tecnicamente, a obrigação é de fazer".[4]

Em Congresso de Direito Tributário realizado há quase duas décadas, já se haviam firmado as conclusões seguintes:

"a) a prestação de serviços consiste numa obrigação tendo por objeto um fazer; a obrigação mercantil consubstancia um dar;

"b) o fato de a prestação de serviços requerer emprego de materiais, e/ou equipamentos, não descaracteriza a obrigação de fazer; esta obrigação é unidade incindível, não decomponível em serviço (puro) e materiais ou aparelhos;

"c) as obrigações de fazer cujo conteúdo é a prestação de serviços, portanto, são tributáveis exclusivamente pelo ISS, e não o podem ser pelo ICM".[5]

A demarcação precisa das competências tributárias (União, Estados, Distrito Federal e Municípios) decorre e vincula-se às distinções fundamentais das naturezas das obrigações, daí a razão pela qual no caso de conflitos ou divergências sobre aplicação ou execução de contratos, tendo em vista sua real natureza, fora percebido que "os tribunais serão obrigados a aplicar as regras ou o regime jurídico da 'obrigação de fazer' ou 'de dar', segundo as lições da doutrina que, por sua vez, busca extrair esses critérios das normas jurídicas, e não das designações que as partes tenham adotado. Ora, se assim é, eu penso que nós juristas, que estudamos Direito Tributário, podemos repousar na mesma suposição, e portanto usar o mesmo instrumental e seguir a mesma orientação. Quando estamos diante de um caso – parece-me nítido – em que a Constituição diz que é preciso haja operação mercantil (e eu sei que isso é inquestionável) a operação mercantil configura obrigação 'de dar'; e num outro caso, a Constituição dá a outra pessoa constitucional, competência para tributar um tipo de obrigação 'de fazer' (que é o contrato de locação de serviços) estou muito tranqüilo ao dizer: onde eu encontrar na teoria do direito civil, instrumental para reconhecer a obrigação 'de fazer', tenho que dizer 'não cabe ICM, pode caber ISS'. Onde eu encontre obrigação 'de dar', 'não cabe ISS, pode caber ICM".[6]

Imprescindível demarcar os conceitos básicos de *serviço*, *industrialização* e *mercadoria*, para que se possa alcançar os respectivos efeitos tributários, na forma seguinte:

"*Serviço* tributável é o desempenho de atividade economicamente apreciável, produtiva de utilidade para outrem, porém sem subordinação, sob regime de direito privado, com o fito de remuneração."[7]

Mercadoria, tradicionalmente, é "bem corpóreo da atividade empresarial do produtor, industrial e comerciante, tendo por objeto a sua distribuição para consumo, compreendendo-se no estoque da empresa, distinguindo-se das coisas que tenham qualificação diversa, segundo a ciência contábil, como é o caso do ativo permanente".[8]

A *prestação de serviço* demanda esforço humano, pessoal (personalizado), que pode (ou não) traduzir-se em bem corpóreo ou mesmo implicar na utilização de materiais, sem que tolha ou desvirtue sua efetiva natureza (obrigação *de fazer*).

O ICMS incide sobre prestação de serviços de comunicação prestados em *regi-*

4. Washington de Barros Monteiro, *Direito das Obrigações*, Saraiva, 1965, p. 95.

5. *RDT* 19-20/61.

6. Geraldo Ataliba, "Conflitos entre ICM-ISS-IPI", *RDT* 7-8/122.

7. Geraldo Ataliba e Aires Barreto, "Serviço Tributável", *Curso de Especialização de Direito Tributário*, 1983, p. 158.

8. José Eduardo Soares de Melo, *ICMS–Teoria e Prática*, 3ª ed., Dialética, p. 16.

me de direito privado (por particulares, empresas privadas, empresas públicas ou sociedades de economia mista), que não se confunde com os *serviços públicos*, submetidos a *regime de direito público*, cuja remuneração é realizada por meio de taxas (art. 145, II, CF).

O conceito de *comunicação* constitui o aspecto fundamental para se precisar a essência da materialidade tributária (pertinente e integrada pela prestação de serviços), apresentando o *significado comum* a saber: "***Comunicação*** (do latim *communicatione*) s.f. 1. Ato ou efeito de comunicar(-se). 2. Ato ou efeito de emitir, transmitir e receber mensagens por meio de método e/ou processos convencionados, quer através de linguagem falada ou escrita, quer de outros sinais, signos ou símbolos, quer de aparelhamento técnico especializado, sonoro e/ou visual (...)11. Eng. eletrôn. Transmissão de informação de um ponto a outro por meio de sinais sem fios, ou de ondas eletromagnéticas. 12. Teor. Inf. Transmissão de mensagens entre uma fonte e um destinatário".[9]

Os *significados técnico e legal* apresentam o teor seguinte:

"*Comunicações*: 1. Transferência (ou movimento) de informação entre usuários e processos, de acordo com convenções preestabelecidas. 2. Ramo da tecnologia relacionado com a representação, transferência, interpretação e processamento de dados entre pessoas, lugares e máquinas".[10]

"*Comunicação* – Transferência unilateral ou bilateral de informação por meio de sinais convencionados".[11]

O *significado jurídico* de "comunicação" – para fins e efeitos tributários – mantém prévia implicação com a realização do *serviço*, que só tem condição de ser configurado mediante a existência de duas (ou mais) pessoas (físicas ou jurídicas) nas qualidades de prestador e tomador (usuário) do serviço. Constitui heresia pensar-se em serviço consigo mesmo, como aliás já fora pontificado pelo antigo Tribunal Federal de Recursos, ao decretar a inconstitucionalidade do extinto ISTR (imposto sobre serviços de transporte rodoviário, art. 3º, III, do Decreto-lei 1.483/75, com a redação do Decreto-lei 1.582/76), em transporte de carga própria.[12]

O exame da sistemática tributária (ICM<u>S</u>) implicou as considerações seguintes:

"*A hipótese de incidência possível* deste ICMS é *prestar serviços de comunicação*. Não é simplesmente realizar a comunicação. Portanto, o tributo só pode nascer do fato de uma pessoa prestar a terceiro, mediante contraprestação econômica (em caráter negocial), um serviço de comunicação". (...) "Note-se que o ICMS não incide sobre a comunicação propriamente dita, mas sobre a 'relação comunicativa', isto é, a atividade de alguém, em caráter negocial, fornecer a terceiro condições materiais para que a comunicação ocorra. Mas não apenas isso: é mister, ainda, que a mensagem seja captada pelo destinatário (fruidor) do serviço".[13]

A materialidade (fato gerador) do imposto não ocorre pelo simples ato que torna possível a comunicação (disponibilização de informações), sendo necessária a *prestação de serviços de comunicação*, em que os sujeitos desta relação negocial (prestador e tomador – devidamente determinados) executem uma efetiva participação.

Argutamente procede-se à distinção seguinte: "A prestação do serviço de comunicação prescinde do conteúdo da mensagem transmitida, tipificando-se como a simples colocação à disposição do usuário

9. Aurélio Buarque de Holanda Ferreira, *Novo Dicionário da Língua Portuguesa*, Nova Fronteira.

10. *Glossário de Termos de Telecomunicação* do Federal Standard 1037C americano (tradução livre).

11. Regulamento do Código Brasileiro de Telecomunicações – Decreto 97.057 de 10.11.88, art. 6º.

12. Argüição de Inconstitucionalidade em MS 89.825-RS, Rel. Min. Carlos Velloso, *RDA* 151/49-79.

13. Roque Carrazza, *ICMS*, 6ª ed., Malheiros Editores, 2000, p.132.

dos meios e modos para a transmissão e recepção das mensagens. Os partícipes da relação comunicativa 'não prestam serviço' um para o outro, nem para terceiros. Eles apenas se comunicam. Presta o serviço, isto sim, a empresa que mantém em funcionamento o sistema de comunicações consistente em terminais, centrais, linhas de transmissão, satélites, etc."[14]

Entretanto, o critério jurídico para a configuração dos tributos, assentado em premissas constitucionais e conceituais, entretanto, nem sempre é observado pelo legislador ordinário, disciplinando o assunto de modo impreciso, *verbis*:

Convênio ICM 66/88:

"Art. 2º. Ocorre o fato gerador do imposto: (...)

"X – na geração, emissão, transmissão, retransmissão, repetição, ampliação ou recepção de comunicação por qualquer natureza, por qualquer processo, ainda que iniciada ou prestada no exterior".

Lei Complementar 87, de 13.9.96:

"Art. 2º. O imposto incide sobre: (...)

"III – prestação onerosa de serviços de comunicação, por qualquer meio, inclusive a geração, a emissão, a recepção, a transmissão, a retransmissão, a repetição e a ampliação de comunicação de qualquer natureza".

A nova definição legal comete algumas impropriedade ao extravasar o conceito de comunicação – como é o caso da mera geração, e possibilidade de aplicar-se a qualquer natureza – como será positivado mediante o exame específico das principais atividades comunicativas.

2. Serviços de telecomunicação

Trata-se de espécie de comunicação, sendo conceituada legalmente (Lei 9.472/97) da forma seguinte:

"Art. 60. (...)

"§ 1º. Telecomunicação é a transmissão, emissão ou recepção de símbolos, caracteres, sinais, escritos, imagens, sons ou informações de qualquer natureza por fio, radioeletricidade, meios óticos, ou qualquer outro eletromagnético".

"§ 2º. Estação de telecomunicações é o conjunto de equipamentos ou aparelhos dispositivos e demais meios necessários à realização de telecomunicações, seus acessórios e periféricos e, quando for o caso, as instalações que os abrigam e complementam, inclusive terminais portáteis".

Anteriormente, o Convênio Internacional de Telecomunicações (Nairóbi, Quênia, 1982 – Anexo II) havia conceituado telecomunicações como "toda transmisión, emisión o recepción de sonidos o informaciones de cualquier naturaleza por hilo, radioelectricidad, médios ópticos u otros sistemas eletrogmagnéticos"[15] – levando-se em conta, como se vê, todos os meios capazes de permitir a telecomunicação, desde o semáforo de sinais até a transmissão por raio laser, por impulso elétrico por cabos ou pelo uso do respectivo radioelétrico.

As redes de telecomunicação "constituem a infra-estrutura, o meio físico, radioelétrico ou óptico através do qual fluem os símbolos, caracteres, sinais, escritos, imagens, sons ou informações de qualquer natureza que caracterizam uma telecomunicação; sem elas, esta simplesmente não se materializa".[16]

A operacionalidade das redes ocorre por "comutação *automática*, quando realizada por equipamentos controlados autonomamente, através de programa lógico armazenado e acionado por meios eletromecânicos; comutação por *circuito*, quando o

14. Marco Aurélio Greco e Anna Paula Zonari, "ICMS – Materialidade e Princípios Constitucionais", *Curso de Direito Tributário*, 5ª ed., 2º v., Cejup, p. 157.

15. Matias Rodrigues Perdomo e Carlos Bastón Maio, *Marco Jurídico y formas de gestión em telecomunicaciones*, Montevidéu, Fundación de Cultura Universitaria, 1991, p. 11.p. 11.

16. Messod Azulay Neto e Antônio Roberto Pires de Lima, *O Novo Cenário das Telecomunicações no Direito Brasileiro*, Lumen Juris, 2000, p. 237.

circuito estabelecido é mantido até o final da comunicação; comutação por *pacote*, que consiste na técnica de encaminhamento dinâmico de elementos padronizados de informação, endereçados separadamente, enviados por circuitos diversos e recompostos no destino, de modo a formar uma comunicação".[17]

A interconexão das redes concerne à "central de comunicação da prestadora de Serviço Telefônico Fixo Comutado, a partir da qual uma chamada é entregue a outra prestadora de serviço de telecomunicações, para ser encaminhada ao destinatário ou, a partir da qual uma chamada é recebida por prestadora de serviço de telecomunicações para ser encaminhada ao destino".[18]

Diante de tais conceitos de serviço de telecomunicação, entendeu-se envolverem duas questões básicas: "o conteúdo do que se transmite, emite ou recebe (símbolos, caracteres, sinais, escritos, imagens, sons, informações); e o meio pelo qual a operação se realiza (fio, radioeletricidade, meios óticos, satélites ou qualquer outro processo eletromagnético)".[19]

E, acrescenta as considerações seguintes: "a telecomunicação é *analógica* quando realizada com emprego de técnica que permite a codificação da informação pela variação contínua de qualquer característica em relação ao tempo. Analógica é a palavra comumente empregada para caracterizar aparelhos eletrônicos que trabalham com variações contínuas de sinais elétricos, variações essas que, em geral, são proporcionais (análogas) a outros fenômenos (ex.: variações na pressão do ar, provocadas por sons). (...) Haverá telecomunicação *digital* quando realizar-se mediante emprego de técnica que permite a codificação da informação pela variação descontínua de qualquer característica de um sinal, estando a informação contida na diversidade das descontinuidades sucessivas".[20]

Os serviços públicos de telecomunicações são aqueles explorados diretamente pela própria União, ou mediante concessão ou permissão, destinados ao público em geral (Serviço Telefônico Fixo Comutado), segundo regime de direito público; enquanto que os serviços privados (não sujeitos à universalização e continuidade) podem ser explorados pelos particulares, mediante autorização (Serviço Móvel Celular), sob regime privado (autonomia da vontade, liberdade de contratação).

O Regulamento Geral dos Serviços de Telecomunicações (aprovado pelo Conselho Diretor da Agência Nacional de Telecomunicações – ANATEL, objeto da Resolução 73 de 25.11.98), destaca (art. 3º) que "não constituem serviços de telecomunicações, o provimento de capacidade de satélite, a atividade de habilitação ou cadastro de usuário, e de equipamento, para acesso a serviços de telecomunicações, nem os denominados serviços de valor adicionado".

Em razão da natural e crescente evolução tecnológica, vislumbra-se a configuração de uma sociedade em que ocorrerá a fusão da informação/informática/processamento/transmissão de dados, resultando nos tipos básicos de telecomunicação:

"1 – as residências e locais de trabalho serão dotados de um terminal receptor/transmissor fixo, interligado por cabo, quase que com certeza de fibra ótica, que receberá e encaminhará som, imagens, vídeos, dados etc., tudo reduzido à simplicidade de um fluxo digital, simples mas poderoso, capaz de transmitir e receber, exibir, interagir, gravar ou imprimir conversações, consultas, jornais, revistas, livros, filmes, mensagens, dados etc.

"2 – as pessoas contarão com um terminal portátil individual, que se conectará por ondas hertzianas, destinado às comunicações individuais de baixa densidade

17. J. C. Mariense Escobar, *O Novo Direito de Telecomunicações*, Livraria do Advogado, 1999, p. 34.

18. Idem, ibidem, p. 36.

19. Idem, ibidem, p. 22.

20. Idem, ibidem, pp. 24 e 25.

(voz, dados etc.) e que se interligará indistintamente a satélites ou estações terrenas, para receber ou escoar seu fluxo".[21]

Imperará a alta velocidade ("banda larga") nas operações com a Internet, em que o usuário interagirá em tempo real, com alguém, em vídeo conferência, ou misturas de mídias (TV, áudio, realidade virtual), inserido num paraíso cibernético. O acesso dos celulares à Internet representará a terceira geração de telefonia móvel, com a características principal de navegação na rede, utilizando um *soft* próprio. Um único aparelho de conexão à rede mundial será capaz de oferecer serviços eletrônicos de *pager* e *e-mail* por comunicação sem fio.

Essa constante revolução tecnológica (que já se verificara da passagem da fase *eletromecânica* para a fase *digital* e *microeletrônica*), certamente, obrigará o operador do direito a proceder à adequação da situação fática, não só no que tange ao conceito de "telecomunicação", mas também à efetiva caracterização dos serviços prestados, para fins de incidência tributária.

2.1 Relação de serviços

A Lei 9.472/97 (Anexo III, referente ao Anexo I da Lei 5.070, de 7.7.66, alterado pela Lei 9.691/98) especifica as atividades seguintes:

1. Serviço Móvel Celular
2. Serviço Telefônico Público Móvel Rodoviário/Telestrada
3. Serviço Radiotelefônico Público
4. Serviço de Radiocomunicação Aeronáutica Público – Restrito
5. Serviço Limitado Privado
6. Serviço Limitado Móvel Especializado
7. Serviço Limitado de Fibras Óticas
8. Serviço Limitado Móvel Privativo
9. Serviço Limitado Privado de Radiochamada
10. Serviço Limitado de Radioestrada
11. Serviço Limitado Móvel Aeronáutico
12. Serviço Limitado Móvel Marítimo
13. Serviço Especial para Fins Científicos ou Experimentais
14. Serviço Especial de Radio-recado
15. Serviço Especial Radiochamada
16. Serviço Especial de Freqüência padrão
17. Serviço Especial de Sinais Horários
18. Serviço Especial de Radiodeterminação
19. Serviço Especial de Supervisão e Controle
20. Serviço Especial de Radioautocine
21. Serviço Especial de Boletins Meteorógicos
22. Serviço Especial de TV por Assinatura
23. Serviço Especial de Canal Secundário de Radiodifusão de Sons e Imagens
24. Serviço Especial de Música Funcional
25. Serviço Especial de Canal Secundário de Emissora de FM
26. Serviço Especial de Repetição de Televisão
27. Serviço Especial de Repetição de Sinais de TV Via Satélite
28. Serviço Especial de Retransmissão de TV
29. Serviço de Transportes de Sinais de Telecomunicações Via Satélite
30. Serviço de Distribuição de Sinais Multiponto Multicanal
31. Serviço Rádio Acesso
32. Serviço de Radiotáxi
33. Serviço de Radioamador
34. Serviço Rádio do Cidadão
35. Serviço de TV a Cabo
36. Serviço de Distribuição de Sinais de TV por Meios Físicos

21. Messod Azulay Neto e Antonio Roberto Pires de Lima, *O Novo* ..., cit., p. 198.

37. Serviço de Televisão em Circuito Fechado

38. Serviço de Radiodifusão Sonora em Onda Média

39. Serviço de Radiodifusão Sonora em Ondas Curtas

40. Serviço de Radiodifusão Sonora em Ondas Tropicais

41. Serviço de Radiodifusão Sonora em Freqüência Modulada

42. Serviço de Radiodifusão de Sons e Imagens

43. Serviço Auxiliar de Radiodifusão e Correlatos – Transmissão de Programas

43.1 Radiodifusão Sonora

43.2 Televisão

43.3 Televisão por Assinatura

44. Radiodifusão

44.1 Radiodifusão

44.2 Televisão

44.3 Televisão por Assinatura

45. Serviço Auxiliar de Radiodifusão e Correlatos – Comunicação de Ordens

45.1 Radiodifusão Sonora

45.2 Televisão

45.3 Televisão por Assinatura

46. Serviço Auxiliar de Radiodifusão e Correlatos – Telecomando

46.1 Radiodifusão Sonora

46.2 Televisão

46.3 Televisão Por Assinatura

47. Serviço Auxiliar de Radiodifusão e Correlatos – Telemedição

47.1 Radiodifusão Sonora

47.2 Televisão

47.3 Televisão por Assinatura

48. Serviço Auxiliar Radiodifusão e Correlatos

49. Serviço Telefônico Comutado Fixo (STP)

50. Serviço de Comunicação de Dados Comutado

51. Serviço de Comunicação de Textos

3. Radiodifusão – Televisão

As atividades desenvolvidas pelas emissoras de rádio e de televisão têm ensejado dificuldades no tocante à precisa implicação tributária, de conformidade com a conceituação técnica assentada no ordenamento jurídico.

O Código Brasileiro de Telecomunicações-CBT (Lei 4.117, de 27.8.62) havia estabelecido o seguinte:

"Art. 4º. Para efeitos desta Lei, constituem serviços de telecomunicações a transmissão, emissão ou recepção de símbolos, caracteres, sinais escritos, sons ou rádio, eletricidade, meios óticos ou qualquer outro processo eletromagnético". (...)

"Art. 6º. Quanto aos fins a que se destinam, as telecomunicações assim se classificam: (...)

"d) *serviço de radiodifusão*, destinado a ser recebido direta e livremente pelo público em geral, compreendendo a radiodifusão sonora e televisiva; (...)

"f) serviço especial, relativo a determinados serviços de interesse geral, não aberto à correspondência pública (...)".

O Regulamento do CBT (Decreto 52.026, de 20.5.93, art. 41), relacionara como serviços de telecomunicações (além da telefonia público, telegrafia público, restrito, especiais, limitado, interior, e radioamador), o *serviço de radiodifusão.*

Na mesma trilha o Decreto 52.795, de 31.10.63 – regulamentador dos serviços de radiodifusão – ao preceituar que "os serviços de radiodifusão, compreendendo a transmissão de sons (radiodifusão sonora) e a transmissão de sons e imagens (televisão), a serem direta e livremente recebidas pelo público em geral".

Aliás, o Regulamento de Radiocomunicação da União Internacional de Telecomunicações-UIT (Genebra, 1994), também se posicionara no sentido de que "serviços de radiocomunicação são aqueles que implicam transmissão, emissão ou recepção de ondas radioelétricas, para fins específicos de telecomunicações".[22]

Constata-se que a característica básica da *radiodifusão* (mantida pela Lei 9.472, de 16.7.97, art. 215, I) reside na comunicação (transmissão de sons e imagens) à coletividade, de forma generalizada, com o timbre da gratuidade.

Assim, *os serviços de comunicação prestados pelas emissoras de rádio e de televisão, abertas ao público em geral, não se encontram sujeitos ao ISSC, por serem livres e gratuitos, inocorrendo base de cálculo para apuração do "quantum" tributário.*

Este posicionamento é compartilhado da forma seguinte: "este ICMS não alcança a comunicação, mas *a prestação* (onerosa) *do serviço de comunicação*. Em linguagem mais técnica, a *hipótese de incidência* deste ICMS é prestar, em caráter negocial, serviços de comunicação. Portanto, o tributo só pode nascer do fato de uma pessoa prestar a terceiro, mediante contraprestação econômica, um serviço de comunicação" (...) "Em suma, o serviço de comunicação só é tributável por meio do ICMS, quando enseja remuneração, por parte do tomador".[23]

"Também a atividade de radiodifusão não se pode incluir no conceito de comunicação. Enquanto esta estabelece uma ligação entre quem comunica e o destinatário da comunicação, aquela consiste na expedição de mensagem a destinatários incertos, não identificados. Consiste na difusão da mensagem, e não no envio desta a destinatário certo e determinado".[24]

Oportuna a observação de que "a exploração dos serviços de radiodifusão pelas televisões de sinais abertos, no que concerne à transmissão da programação cotidiana (novelas, noticiários, filmes, *shows*), não se coaduna com o conceito de 'prestação de serviço' de comunicação, mas sim, como *mera atividade de comunicação*, afastando-se a incidência da norma jurídica de tributação do 'ICMS'.[25]

Por outro lado, o *Serviço Especial por Assinatura* (*TVA*) possui elementos distintos da apontada radiodifusão, uma vez que constitui prestação de serviço especial a assinante, mediante remuneração, consistente na distribuição de sons e imagens por sinais codificados, com a utilização de canais do espectro radioelétrico.

A regulamentação desse Serviço (Decreto 95.744, de 23.2.88) tratara dos pontos básicos seguintes:

"Art. 3º. (...)

"II – assinante é a pessoa que adquire o direito à recepção dos sinais da TVA;

"III – assinatura é o contrato oneroso de prestação de serviços, celebrado entre o assinante, individual ou coletivamente considerado, e a entidade exploradora da TVA; (...)

"Art. 28. (...)

"Parágrafo único. Dada a licença de funcionamento, a entidade poderá iniciar a cobrança das assinaturas e exploração do serviço. (...)

"Art. 48. A TVA é remunerada por preços, que poderão ser diferenciados em assinaturas individuais e coletivas".

O Consultor-Geral da República definira a radiodifusão como o serviço aberto ao público em geral, distinguindo-se da TVA, de cunho elitista, na medida em que só é acessível a quem por ela pode pagar, inclusive quanto ao uso e manutenção do decodificador de sinais (Parecer SR-93, de 21.6.89, proc. 400.00012/89-7, *DOU* de 23.6.89, p. 10.180).

22. J. C. Mariense Escobar, ob. cit., p. 41.

23. Roque Carrazza, *ICMS*, 6ª ed., p. 132.

24. Hugo de Brito Machado, *Aspectos Fundamentais do ICMS*, Dialética, 1997, p. 38.

25. Fernando Donnabella Camano "Incidência (ou não) das Normas Jurídicas Tributárias do 'ICMS' e 'ISS' sobre as atividades de telecomunicação exploradas pelas Televisões de sinais abertos e TVs por Assinatura", *XII Congresso Brasileiro de Direito Tributário*, IDEPE, SP, novembro de 1998, p. 9.

O *Serviço de TV a Cabo* (Lei 8.977, de 6.1.95, regulamentada pelo Decreto 2.206, de 14.4.97, e mantida pela Lei 9.472/97, art. 212), pertinente à distribuição de sinais de vídeo e/ou áudio a assinantes, mediante transporte por meios físicos – também estipulara a assinatura de contrato e o pagamento de preço (arts. 2º, 5º, II, e 34, I).

Esta modalidade de comunicação televisiva também possui elementos distintos da radiodifusão, tendo como ponto marcante a fruição de específicos e diferenciados serviços, prestados de modo oneroso a tomadores identificados, e materializados em contrato. Essas características operacionais e legais permitem vislumbrar que apenas *as comunicações televisivas* – por "Assinatura" e "a Cabo" – tipificam autênticos serviços de comunicação, sujeitando-se ao ICMS.

Todavia, existe certa insegurança sobre o assunto, uma vez que nas comunicações veiculadas por "TV a cabo, ou TV por assinatura, em que o destinatário das mensagens é identificado, e remunera a atividade (...) embora seja razoável entender-se que se trata de radiodifusão, e portanto não incide o ICMS, é razoável também entender-se que o imposto incide, porque se trata de comunicação onerosa, ou remunerada".[26]

Nesta específica atividade também tem se vislumbra o serviços de publicidade, ou de propaganda (item 85 da lista anexa à Lei Complementar 56 de 15.12.87, sujeito à incidência do ISS) – vinculando agência de publicidade e anunciante.

Registro a posição adotada pela Secretaria da Fazenda de São Paulo no sentido de que incide o ICMS no caso de a empresa – contratada pelo anunciante ou cliente para dar a conhecer o produto comercial (tornar público, difundir, determinado produto ou serviço com a finalidade de intensificar o seu consumo ou uso), por intermédio de Televisão e/ou Rádio – produzir sinais de telecomunicação de forma a propiciar a sua "transmissão" para serem recepcionados, via de regra, por receptores domésticos.

Nesse sentido, declarou ser irrelevante se os sinais (sons e/ou imagens), codificados ou não, captados pelos referidos receptores, são ou não decorrentes do cumprimento de contratos firmados com os assinantes, sendo canal fechado ou aberto, respectivamente.[27]

4. Internet

A *Internet* é o nome genérico que designa o conjunto de redes, os meios de transmissão e comutação, roteadores, equipamentos e protocolos necessários à comunicação entre computadores, bem como o *software* e os dados contidos nestes computadores (Portaria 148, de 31.5.95, do Ministro das Comunicações).

A demanda da Internet é a mais ampla possível (fins de segurança, educação, pesquisa, e comerciais – estes denominados "internet service providers"), mencionando diversas espécies de trocas de informações:

a) *eletronic mail* – mensagem de texto, digitada de um teclado de computador e enviada a outro usuário, através da rede. O *e-mail* possibilita a participação em listas de debates (*mailing-lists*), que constituem locais de discussões, sem interação (participação comutativa);

b) *new groups* – mensagens enviadas a um grupo de pessoas ao mesmo tempo, por meio de um sistema denominado *Usenet*;

c) *FTP* – transferência de arquivos;

d) *chat* (bate-papo) – intercâmbio de informações entre duas ou mais pessoas.

O acesso à Internet implica a utilização de um computador, um *modem*, uma linha telefônica e um provedor de serviços, por meio de um programa instalado no computador de qualquer pessoa, procedendo ao

26. Hugo de Brito Machado, "O ICMS e a Radiodifusão", *RDDT* 23/60.

27. Consulta n. 624/96 de 20.11.96, *Boletim Tributário*, pp. 633-634.

roteamento da ligação por canais contratados pela Embratel, que se conecta a uma empresa estrangeira, além de oferecer diversas outras comodidades (disponibilidade de aparelhos, equipamentos, senhas etc.).

A conexão telefônica apenas estabelece um vínculo jurídico entre o usuário e a atividade pública de telefonia, de natureza pública, com incidência do ICMS; o mesmo ocorrendo com a utilização dos mencionados canais.

Na realização das apontadas atividades podem participar os *provedores de acesso*, possibilitando a ligação; e os *provedores de informação*, alimentando a rede com dados, cujas atividades é que serão, ou não, caracterizadas como prestação de serviço de comunicação, tributável pelo ICMS.

Para possibilitar o adequado deslinde da questão, torna-se conveniente mostrar diferenciados posicionamentos jurídicos que têm sido assumidos pelos estudiosos do assunto, tendo em vista seus aspectos nucleares, a saber:

"O provedor de *informações* desenvolve atividades assemelhadas às do publicitário, na medida em que planeja campanhas com o objetivo de introduzi-las no sistema Internet. Este é que constitui o serviço de comunicação, ao propiciar a transmissão à distância do pensamento humano, em razão do quê não pode incidir o ICMS sobre o planejamento (introdução de informações no circuito da Internet), nem a própria inserção de dados.

O provedor de *acesso* realiza uma liberação do espaço virtual, para possibilitar, então, a comunicação entre duas pessoas. Embora seja a chave que destranca a porta da Internet, não é a realidade virtual, sendo incabível a incidência do ICMS".[28]

O provedor de acesso à Internet não presta efetivo serviço de comunicação – que é procedido via telefone, já onerado pelo ICMS – sendo tais atividades equiparadas "à consulta a uma biblioteca ou a uma obra, o que não configura comunicação com o autor, embora possa ter encontrado os dados ou informações procurados" (...) "disponibilizar dados ou informações na Internet não constitui prestação de serviço, mas cessão de um direito de uso de propriedade intelectual".[29]

O provedor realiza *serviço de valor adicionado*, isto é, "atividade que acrescenta a uma rede preexistente de um serviço de telecomunicações, meios ou recursos que criam novas utilidades específicas, ou novas atividades produtivas, relacionadas com o acesso, armazenamento, movimentação e recuperação de informações" (Portaria 148/95 do Ministério das Comunicações, e Lei 9.472/97, art. 61).

Participam a *operadora* (entidade exploradora do STFC, ou SMC, em uma dada localidade ou região; o *provedor* (pessoa que provê o serviço através de rede pública de telecomunicações), mediante oferecimento de *Facilidade Suplementar do STFC* (recursos de códigos de acesso específicos e o fornecimento do registro das chamadas destinadas aos provedores).

Assim, resta positivado que "as atividades exercidas pelos prestadores de serviços Internet qualificam-se como serviços de valor adicionado, que, se definem exatamente pela adição de uma série de facilidades a uma infra-estrutura de telecomunicações preexistente. Não se confundem com os serviços de telecomunicações; ao revés, trata-se de espécies do gênero serviços de informática".[30]

Todavia, instaurou-se acirrada controvérsia sobre esta questão jurídica, *verbis*:

"*O provedor de informações não se sujeitará ao ICMS* no tocante aos serviços

28. José Wilson Ferreira Sobrinho, "Perfil tributário do provedor da Internet", *6º Simpósio Nacional IOB de Direito Tributário*, SP, 20 e 21.11.97, pp. 21-24.

29. Fugimi Yamashita, "Aspectos tributários da Internet", separata do *6º Simpósio Nacional de Direito Tributário*.

30. João Vicente Lavieri, "Internet; incidência do ICMS ou ISS?", *Revista Jurídica Consulex* 1/54, n. 3, 31.1.98.

consistentes no planejamento da *home page* ou veículo publicitário, consistentes na criação, preparação e programação de divulgação (atividade típica de prestação de serviços). Entretanto, a divulgação da mensagem, da distribuição, da informação e da sua comunicação ao público fazem parte do campo tributável pelo ICMS".[31]

"ICMS e Internet. Incidência do imposto sobre operações relativas à circulação de mercadorias e sobre prestações de serviços de transporte interestadual e intermunicipal e de comunicação-ICMS sobre o serviço de comunicação prestado pelo provedor de acesso/informações em redes Internet. (...)

"(...) sem a estrutura que só o provedor possui, não é possível a realização da comunicação via Internet. O fato tributável não é simplesmente estar a informação à disposição do cliente mas tornar possível a ocorrência da relação comunicativa. O provedor cria uma estrutura adicional ao serviço de telecomunicações aperfeiçoando-o no sentido de promover a ligação entre dois pontos.

"21. Toda a estrutura que o provedor possui é voltada unicamente à finalidade de realização da comunicação via Internet. O fato de alguém ter acesso a um terminal telefônico comum e, através dele, à rede pública de telecomunicações, não constitui, por si só, a possibilidade de interligação à Internet. O serviço oferecido pelo provedor é absolutamente necessário para que a comunicação ocorra por intermédio desse meio. (...)

"23. Diante do exposto é forçoso concluir que *os serviços prestados pelos provedores de acesso ou informações, desde que tenham caráter oneroso* (negocial/comercial), *estão incluídos na hipótese descrita no inciso III do art. 2º da Lei Complementar 87, de 13 de setembro de 1996, na modalidade de serviço de comunicação*".[32]

A premissa fundamental para tipificar as atividades desempenhadas pelos provedores como sujeitos ao ICMS, estaria radicada na necessidade (ou não) dos referidos serviços, para ser possível a conexão com a Internet.

Sobre o assunto, retomo aspectos importantes de estudo específico, a saber:

"(...) os usuários podem prescindir dos Provedores Nacionais de Serviços Internet, conectando os seus computadores diretamente a uma empresa estrangeira e arcando com os elevados custos de uma ligação internacional ou, então, valendo-se do uso dos serviços de *call back* ou de números 0800 (discagem gratuita) para acessarem as redes de telecomunicações (*backbones*) de empresas estrangeiras.

"As atividades dos provedores também não são suficientes uma vez que, sem a prestação dos serviços de telecomunicações pelas concessionárias, parte deles contratados diretamente pelos clientes, os provedores de serviços Internet não conseguem possibilitar e realizar qualquer comunicação".[33]

E conclui:

"(...) os Provedores de Serviços Internet não possuem e nunca precisaram obter concessão, ou qualquer espécie de autorização ou permissão governamental, o que seria imperativo caso tais serviços efetivamente se caracterizassem como de telecomunicações, por força do art. 21, inc. XI, da Constituição Federal, com a redação dada pela Emenda Constitucional n. 8/95 (esse artigo determina ser da competência da União, diretamente ou *mediante autorização, concessão ou permissão*, os serviços de telecomunicações).

"Aliás, note-se que os prestadores privados de serviços EDI (*Electronic Data Interchange*), também espécie de serviços de valor adicionado, exercem livremente suas atividades no mercado nacional há cerca de 10 anos, mesmo antes da Emenda Constitucional n. 8/95, ou seja, quando a

31. Secretaria da Fazenda do Estado do Paraná, Consulta n. 168/98, publicada no *6º Simpósio Nacional IOB de Direito Tributário*, pp. 24/26.

32. Parecer PGFN/CT n. 2.042/97 da Procuradoria da Fazenda Nacional, aprovado em 5.11.97.

33. João Vicente Lavieri, ob. cit., p. 54.

Constituição Federal só admitia a prestação sob *controle acionário estatal*".[34]

Considerando que "é assegurado aos interessados o uso das redes de serviços de telecomunicações para a prestação de serviço de valor adicionado, cabendo à Agência, para assegurar esse direito, regular os condicionamentos, assim como o relacionamento entre aqueles e as prestadoras de serviço de telecomunicações" (Lei 9.472/97, art. 61, § 2º), segue-se que *os serviços de comunicação são prestados pelas concessionárias, não podendo haver sujeição ao ISSC relativamente às atividades dos provedores*.[35]

Realmente, conforme verificado "os serviços prestados pelos provedores de acesso à Internet caracterizam-se como serviços de monitoramento do acesso do usuário à rede, colocando à disposição do cliente equipamentos e *softwares* que irão facilitar sua navegação pelo sistema, além de outros serviços, tais como armazenamento de informações, contagem do tempo de uso; porém nenhum destes consiste em dar condições para que a comunicação se efetive, pois ambos, tanto o usuário quanto o provedor, são tomadores do serviço de comunicação, que é prestado pelas concessionárias dos serviços de telecomunicações".[36]

Ademais, tratando-se de serviços de telecomunicação, não pode colher o argumento de que, embora afastadas de tal âmbito, as atividades exercidas pelos provedores (*serviços de valor adicionado*) caracterizar-se-iam como serviços de comunicação.

Afastando-se a incidência do ICMS, não se poderá entender que, automaticamente, passe a incidir o ISS, especialmente pela circunstância de que esta atividade não se encontra relacionada nas vigentes listas de serviços, anexas às LCs 56/87 e 100/92,[37] cuja taxatividade representa um dogma pretoriano (STF, RE 77.183-SP, Rel. Min. Aliomar Baleeiro, Pleno, j. 19.4.74, *RTJ* 73/490).

5. *Telefonia e serviço móvel celular*

As ligações telefônicas (inclusive telex e celulares) enquadram-se como típicos serviços de comunicação, uma vez que as concessionárias promovem a ligação – "relação comunicativa" – entre duas ou mais pessoas que participam de um processo interativo.

O *Serviço Telefônico Fixo Comutado* (STFC) constitui a atividade convencional de telefonia, prestada mediante instalações fixas, antes denominado Serviço Telefônico Público. A Lei 9.472/97 caracteriza-o como serviço de telecomunicações que, por meio da transmissão da voz e de outros sinais, destina-se à comunicação entre pontos fixos e determinados, utilizando processos de telefonia.

A prestação de serviço é realizada em determinada área geográfica de atuação da operadora (local, longa distância nacional e internacional), por redes de telecomunicações que possuem pontos de terminação da rede (PTR). O usuário é qualquer pessoa que se utiliza do referido serviço, independente de contrato ou inscrição junto à prestadora, e assinante é a pessoa que firma contrato com a prestadora, para a fruição do serviço.

O *Serviço Móvel Celular* (SMC) é o serviço de telecomunicações móvel terrestre, aberto à correspondência pública, que utiliza o sistema de radio-comunicações com técnica celular, interconectado à rede pública, e acessado por meio de terminais portáteis, transportáveis ou veiculares, de uso individual.

O Decreto 2.950, de 4.11.96, estabelece (art. 37) que a exploração do serviço pressupõe a prestação adequada ao atendi-

34. Idem, ibidem, p. 55.

35. José Eduardo Soares de Melo, *Imposto sobre serviço de comunicação*, Malheiros Editores, 2000, p. 80

36. Clélio Chiesa, , "A tributação dos serviços de 'Internet' prestados pelos provedores: ICMS ou ISS?", *RDT* 74/203.

37. José Eduardo Soares de Melo, *Aspectos Teóricos e Práticos do ISS*, Dialética, 2000, p. 73.

mento dos usuários; constituindo "serviço adequado" (art. 38) aquele que satisfaz as condições de regularidade, continuidade, eficiência, segurança, atualidade, generalidade, cortesia na sua prestação e modicidade de tarifas.

No SMC, o próprio assinante adquire a estação móvel (equipamento terminal) de seu interesse em modelo certificado pelo Ministério das Comunicações, que deverá ser levado a registro junto à concessionária por ocasião da ativação da linha.

No desenvolvimento dessas atividades é realizada a habilitação, assinatura, utilização, facilidades adicionais (transferência temporária de chamada, bloqueio, correio de voz, conversa simultânea etc.).

Evidente que apenas as efetivas prestações de serviços (comunicações realizadas) é que constituem fatos geradores do ISSC, sendo remuneradas por tarifas.

Os atos de habilitação/desligamento do aparelho; locação; fornecimento de listas telefônicas, e transferência de titularidade, que – embora importantes para a regular execução dos serviços – por si sós, não representam efetiva comunicação, uma vez que concernem a meros atos preparatórios ou posteriores à atividade tributada.

A esse propósito, ficou elucidado que "(...) a *habilitação*, a adesão, a *ativação*, a *disponibilidade*, a *assinatura* e a *utilização de serviços suplementares* e *facilidades adicionais que otimizem ou agilizem o processo de comunicação* absolutamente não tipificam serviços de comunicação tributáveis por meios de ICMS. São apenas providências que viabilizam o acesso do usuário potencial ao serviço público de telefonia".[38]

E acrescenta o mestre: "Equivalem, em tudo e por tudo, à aquisição da ficha telefônica, que permite que se utilize o serviço de comunicação, mas não se confunde com sua efetiva prestação, que só se dará em momento lógica e cronologicamente posterior (isto é, quando, com a ficha, o *telefone público* for acionado)".[39]

Registro, ainda, as posições seguintes: "não se está sustentando que o simples fato de alguém instalar determinado equipamento para que a comunicação se perfaça possa ser eleito pelo legislador infraconstitucional para integrar a hipótese de incidência do imposto atinente à prestação de serviços de comunicação. É necessário mais, é preciso que tal equipamento seja colocado em funcionamento, viabilize a comunicação e esteja havendo uma cobrança por essa prestação de serviço, pois a autorização constitucional cinge-se aos fatos em que efetivamente ocorra a comunicação".[40]

"Portanto, independentemente do que diga o Convênio ICMS 69/98, desde junho de 1997, temos sustentado, *data maxima venia*, que os atos de habilitação, ativação, acesso, ou como se queira denominar, assim como as transferências de titularidade de assinatura, relativamente ao Serviço Móvel Celular, não estão sujeitos ao ICMS, seja porque as leis aplicáveis não poderiam e não definiram tais atos como fato gerador do referido imposto, seja porque não se afigura possível enquadrar os respectivos valores cobrados dos potenciais usuários do serviço de telecomunicação, como parcelas integrativas de sua base de cálculo".[41]

A propósito, mesmo na vigência da CF/69 – em que os serviços de comunicações sujeitavam-se à incidência da tributação federal – o STF já havia preconizado o seguinte:

"ISS – Serviços de comunicações – Inciso VII do Artigo 21 da Carta de 1969. A competência prevista em tal preceito, relativamente à instituição de imposto pela União, consideradas as comunicações, não obstaculizava a cobrança de ISS relativamente a atividades paralelas como as de lo-

38. Roque Carrazza, *ICMS*, 6ª ed., p. 138.

39. Idem, ibidem, p. 138.

40. Clélio Chiesa, ob. cit., p. 203

41. Antonio Carlos Monteiro, "ICMS sobre Serviços de Telecomunicação – Não-incidência relativamente à habilitação de potencial usuário do sistema móvel celular", *RDDT* 38/71.

cação de aparelhos, mesas, terminais, colocação e retirada de troncos".[42]

6. *Rádio-chamada ("paging")*

O *Serviço Especial de Radiochamada* (SER) constitui serviço de telecomunicações destinado a transmitir sinais de chamadas unidirecionais, especialmente codificados e endereçados a assinantes de serviço (CBT, item 93º, do art. 6º, do Decreto 52.026/63, com as alterações do Decreto 97.057/88).

Esse serviço objetiva transmitir sinais a um determinado usuário, utilizando-se de aparelho de recado específico (*pager* ou *bip*), em decorrência de celebração de negócio jurídico oneroso.

A realização do serviço ocorre da forma seguinte: pessoa interessada em comunicar-se com o assinante, liga para uma central, onde o recado será objeto de registro, que, por sua vez, aciona a respectiva transmissão ao referido assinante, mediante chamada.

Nesta atividade, foram vislumbradas atividades distintas: (a) anotação de recados pela secretaria, mediante a utilização de equipamentos (atividade *meio*); e (b) transmissão das mensagens e decorrente recepção pelo destinatário-assinante (atividade *fim*).

Essas premissas permitiram firmar as posturas seguintes: "Sendo a prestação do serviço de radio-chamada serviço destinado a possibilitar uma comunicação entre pessoas através da transmissão de sinais de chamada, especialmente codificados, mediante contraprestação onerosa, conclui-se que é um serviço especial de telecomunicações, sujeito, portanto, à incidência do ICMS, nos termos do art. 155, II, da CF/88".[43]

"Este é um serviço de comunicação típico, perfeitamente tributável por meio de ICMS. Deveras, cobra-se, do assinante, pela prestação deste serviço, que vai permitir que ele receba mensagens de terceiros. Configura-se, neste caso, não só a chamada *relação comunicativa* como a efetiva prestação do serviço em tela. Assim, salvo engano, o serviço de *paging* é tributável por meio de ICMS".[44]

Evidente que serviços e/ou fornecimentos paralelos ao exercício da mencionada prestação de serviços, não se inserem no âmbito tributário, como é o caso "da locação de aparelhos (*pager*), a título de demais importâncias pagas, recebidas ou debitadas (LC 87/96, artigo 13, § 1º, II, "a"), porque, em realidade, se trata de celebração de contrato autônomo de locação de bem móvel, sujeito ao ISS".[45]

O Superior Tribunal de Justiça já se manifestou da forma seguinte:

"ICMS. Serviço de comunicação. Radiochamada. ('bip'). Incide o ICMS sobre a prestação de serviço de comunicação de radiochamada. Afasta-se a incidência do tributo municipal sobre serviços listados de secretaria e de aluguel de equipamento, eis que não constituem substancialmente o serviço prestado, mas instrumentos da atividade-fim de comunicação".[46]

7. *Operações com satélites e serviços especiais*

Os serviços de telecomunicações são também operados, entre outras entidades, pela INTELSAT (International Telecommunication Satellite Consortium), com a finalidade de planejar, executar e controlar um sistema global de comunicações por satélite – com adesão do Brasil, em 31.12.65, pelo Decreto Legislativo n. 97); a INMAR-

42. RE 163.725-1-ES, 2ª Turma, Rel. Min. Marco Aurélio, j. 15.6.99, *DJU 1* de 27.8.99, p. 64.

43. Márcia de Freitas Castro Neme e Amal Ibrahim Nasrallah, "A Tributação das Operações Envolvendo TV a Cabo e 'Diretc-to-Home', Internet e 'Paging' – ICMS x ISS", *RDT* 73/231.

44. Roque Carraza, *ICMS* cit. p. 147.

45. Plínio Marafon, "Tributação dos Serviços de Comunicação", *6º Simpósio Nacional IOB de Direito Tributário*, 1997, p. 18.

46 AI 63.963-0-RS, Rel. Min. Milton Luiz Pereira, *DJU 1* de 2.5.95, pp. 11.555-11.556.

SAT (Organização Internacional de Telecomunicações Marítimas por Satélite); e a CITEL (Comissão Interamericana de Telecomunicações).

No âmbito das atividades tributadas situa-se o serviço examinado pela Fazenda paulista, relativo à utilização de *sistema de radio troncalizado*, também conhecido como "*trunking*", interligando remotamente ramais móveis, em que os usuários podem se comunicar entre si, e alguns ramais especiais que podem acessar a rede telefônica pública.

Verificou que o equipamento utilizado para operar o sistema consiste numa estação central chamada "Radio Base", que compõe-se de equipamentos de transmissão/recepção, de supervisão de antena, em que os usuários se utilizam do sistema através de um rádio móvel.

Consoante o enquadramento no conceito "radiodifusão", reportou-se a definições contidas no CBT, e que, "enquanto a Radiodifusão envolve, por definição legal, a simples transmissão de sons (radiodifusão sonora), ou transmissão de sons e imagens (televisão) destinados a ser direta e livremente recebida pelo público", a atividade examinada consiste na operação de um sistema de transmissão/recepção de sons, por meio de uma estação central denominada "Radio Base" e "radiotelefone móveis para a intercomunicação entre determinados usuários, de caráter particular e alcance limitado" (art. 6º, "c", da Lei 4.117/62). Sendo assim, entendeu ser devido o ICMS, tendo em conta (ou não) o enquadramento das atividades no conceito legal de radiodifusão.[47]

No âmbito dos Serviços Especiais podem também ser destacadas as atividades seguintes:

a) Serviço de Distribuição de Sinais Multipontos Multicanais – MMDS;

47. Consulta n. 762/92 de 6.11.92, ICM/ICMS – Respostas da Consultoria Tributária, v. 4º, LTr, pp. 255-259.

b) Serviço de Distribuição de Sinais de Televisão, e de Áudio por Assinatura via Satélite – DTH;

c) Serviço de Transporte de Sinais de Telecomunicações por Satélite – STS

d) Serviço de Distribuição de Sinais de Telecomunicações por Satélite não Geoestacioário;

e) Serviço Móvel Global (*Iridium*) – SMGS.

8. Serviços internacionais

A CF/88 (art. 155, XII, "e") outorgou competência à Lei Complementar *para excluir da incidência do ICMS, nas exportações para o exterior, serviços* e outros produtos além dos mencionados no inciso X, "a", tendo a Lei Complementar 87/96 estabelecido o seguinte:

"Art. 3º. O *imposto não incide sobre*: (...)

"II – operações e prestações que destinem ao exterior mercadorias, inclusive produtos primários e produtos industrializados semi-elaborados, ou *serviços*; (...)

"Art. 32. A partir da data da publicação desta Lei Complementar:

"I – *o imposto não incidirá sobre* operações que destinem ao exterior mercadorias, inclusive produtos primários e produtos industrializados semi-elaborados, bem como sobre *prestações de serviços para o exterior*".

Interessa ao presente tema a prestação dos serviços de comunicação, na compreensão básica da transmissão e recepção de mensagens relativas ao exterior, objetivando a diminuição de ônus nas atividades internacionais, mediante a desoneração tributária.

As redações da Lei Complementar 87/96 não são claras – de modo a se positivar com segurança o âmbito do benefício – pois se, de um lado, cogita da não incidência dos serviços em prestações no exterior, de outro, trata claramente de prestação de serviços para o exterior. Questiona-se o que realmente estará isento: (a) os serviços prestados no exterior, (b) os serviços destinados ao exterior, ou (c) ambos?

Esta questão foi examinada pela Procuradoria-Geral da Fazenda Nacional-PGNF, por solicitação da Cotepe-ICMS, relativamente às *ligações telefônicas internacionais*, iniciadas no País, com destino ao exterior, por intermédio de canais instalados no Brasil.

Para tanto, obteve manifestação da ANATEL–Agência Nacional de Telecomunicações – que prestou os seguintes esclarecimentos:

"A prestação do serviço de longa distância internacional foi caracterizada no Plano Geral de Outorgas, promulgado pelo Decreto 2.534, de 2 de abril de 1998, em seu artigo 1º como:

'Art. 1º. O serviço telefônico fixo comutado destinado ao uso público em geral será prestado nos regimes público e privado, nos termos dos arts. 18, inciso I, 64 e 65, inciso III, da Lei 9.472, de 16 de julho de 1997, e o disposto neste Plano Geral de Outorgas.

'§ 1º. Serviço telefônico fixo comutado é o serviço de telecomunicações que, por meio da transmissão de voz e de outros sinais, destina-se à comunicação entre pontos fixos determinados, utilizando processos de telefonia.

'§ 2º. São modalidades do serviço telefônico fixo comutado destinado ao uso público em geral o serviço local, o serviço de longa distância nacional e o *serviço de longa distância internacional*, nos seguintes termos:

'I – O serviço local destina-se à comunicação entre pontos determinados em uma mesma Área Local;

'II – O serviço de longa distância nacional destina-se à comunicação entre pontos fixos determinados situados em Áreas Locais distintas no território nacional; e

'III – *O serviço de longa distância internacional destina-se à comunicação entre um ponto fixo situado no território nacional e um outro ponto no exterior*'.

"Assim, a modalidade de serviço telefônico fixo comutado de longa distância internacional, caracteriza-se como um serviço iniciado em ponto do território nacional e terminado em outro ponto situado fora do território nacional. O serviço somente pode ser caracterizado como de longa distância internacional se a comunicação efetiva entre os dois pontos situados, um no Brasil e outro no exterior, se realizar.

"A Prestadora de Longa Distância Internacional se vale de canais internacionais, em geral cabos transoceânicos, de propriedade compartilhada entre diversas operadoras internacionais e das redes de telecomunicações de outros países para terminar chamadas.

"Quanto ao fluxo de pagamentos pela prestação do serviço internacional, esclarecemos que o usuário chamador paga pela chamada originada no território nacional e a Prestadora do Serviço de Longa Distância Internacional, no Brasil, remunera as Prestadoras de Serviço nos outros países".[48]

A PGFN ressalta que, na situação apontada, "estão reunidos todos os elementos caracterizadores da incidência e cobrança do tributo. Há, indubitavelmente, a prestação do serviço de comunicação ligando um ponto situado no território nacional com outro ponto no exterior, o local da prestação define-se pela cobrança do serviço e a expressão quantitativa dá-se pelo valor desta operação" (item 9).

Destaca, ainda, que "o fluxo de pagamentos pela prestação dos serviços da ligação internacional às outras empresas participantes do sistema, aperfeiçoa-se via encontro de contas, após dado período de tempo, dependendo dos termos do acordo bilateral firmado para esse fim. Dessa forma, apura-se o quantitativo de ligações originadas do exterior com destino ao Brasil e vice-versa, compensando-se os custos. Caso

48. Parecer 002/98 ANATEL.

haja crédito de algum dos lados, efetiva-se o repasse correspondente" (item 10); embora entenda que a particularidade do repasse não pode influir na caracterização da prestação de serviço (item 11).

Firma-se a PGFN na expressão "operações e *prestações* que *destinem* ao exterior mercadorias ou serviços" (item 14), para argumentar que inexiste "uma prestação de serviço destinado ao exterior. A ligação telefônica é que tem como destinatário alguém fora do território nacional, mas essa prestação de serviço dá-se internamente, O tomador do serviço (quem está utilizando a linha telefônica) paga, no Brasil". (...)"O destinatário da ligação não participa desta relação jurídica, então formada entre tomador e prestador do serviço de comunicação, nem lhe é prestado qualquer serviço. A referência feita quanto ao ponto situado no exterior vale apenas para caracterizar o serviço como de longa distância internacional, pois somente quando houver interligação entre os dois pontos situados, um no Brasil e outro no exterior, a comunicação se realiza" (item 15).

A PGFN firma a conclusão seguinte: "(...) a prestação de serviço consubstanciado em ligação telefônica internacional constitui-se em prestação interna, vez que tanto o tomador do serviço quanto a empresa que o efetiva estão localizados no território nacional, não sendo tal serviço albergado pela norma isentiva prevista no art. 3º, II, da Lei Complementar 87, de 1996.[49]

Penso que o entendimento fazendário não tem condição de ser plenamente acolhido, uma vez que pretende ignorar a efetiva comunicação telefônica internacional. O Serviço de Longa Distância Internacional (nos termos da legislação disciplinadora do assunto, informada pela própria ANATEL) destina-se "à comunicação entre um ponto fixo situado no território nacional e um outro ponto no exterior".

Ademais, a "relação comunicativa" que caracteriza e tipifica a prestação de serviços de comunicação, não pode cingir-se ao âmbito parcial (prestadora de serviço/operadora telefônica e tomadora do serviço/usuário do país). Só se pode cogitar de ligação internacional no caso de ocorrer a efetiva participação do destinatário situado no exterior, uma vez que a relação jurídica (pessoas situadas no país), por si só, não implica no efetivo serviço de comunicação internacional.

Além disso, na medida em que as ligações internacionais não sofram o ônus do ICMS, é evidente que se tornará possível um incremento de negócios com o exterior. A locução "prestações de serviços para o exterior" compreende a realização de serviços dentro de uma amplitude geográfica (território nacional/exterior), prestigiando a interpretação teleológica, uma vez que a finalidade do preceito é eliminar as cargas tributárias sobre todos os negócios jurídicos (operações mercantis, e prestação de serviços) no contexto do comércio internacional.

Não haveria sentido entender-se que o incremento das exportações poderia ser alcançado com a desoneração parcial do tributo, restrita aos produtos industrializados, semi-elaborados, e primários (CF, art. 155, X, "a"; e LC 87/96, art. 32, I), mas permanecendo a incidência em serviços de comunicação com o exterior.

O objetivo traçado na Lei Complementar 87/96 é vislumbrado na outorga de uma significativa abrangência de supressão do ICMS nas atividades pertinentes ao exterior, ao permitir a manutenção dos créditos incidentes sobre operação/serviços anteriores (art. 21, § 2º; art. 20, § 3º, itens I e II; art. 25, § 1º).

Registro postura firmada pela Secretaria da Fazenda de São Paulo, relativamente à seguinte atividade:

a) empresa exporta serviços de comunicações para clientes estabelecidos nos Estados Unidos da América, por meio de subcontratação de serviços de telecomunicações, consistentes na prestação de serviços para interligação de CPCT tipo PABX

49. Parecer PGFN/CAT n. 381/99, aprovado em 8.4.99.

digital à rede telefônica pública comutada (RTPC) via enlace;

b) os serviços de comunicações são viabilizados por intermédio de ligações entre os clientes da empresa (exportadora) e seus equipamentos instalados no país (SP), por meio dos quais trafegam sinais de "fax" e voz, que, por sua vez, via interligações às redes telefônicas das prestadores de serviços subcontratados, são "transmitidos a destinatários sediados em diversas cidades brasileiros".

c) a empresa exportadora efetua o pagamento das contas apresentadas pelas subcontratadas e cobra o valor pactuado de seus clientes (sediados no exterior), tendo por base o minuto trafegado, sempre superior àquele assumido na condição de tomadora dos serviços junto às empresas subcontratadas.

A Fazenda paulista entendeu que a empresa consulente efetivamente realiza uma exportação de serviço de comunicação, havendo a devido cobertura cambial, em razão do que suas prestações não sofrem a incidência do ICMS, na forma prevista nos arts. 3º, inciso II, e 32, inciso I, da Lei Complementar 87/96.[50]

50. Resposta à Consulta n. 585/98 de 15.9.98, *Boletim Tributário*, pp. 596-598.

SOBRE A TRIBUTAÇÃO NAS RELAÇÕES DE CONSUMO: desvio das finalidades constitucionais, desrespeito aos princípios da neutralidade e da capacidade contributiva

MISABEL ABREU MACHADO DERZI

Profa. dos Cursos de Graduação e Pós-Graduação da Faculdade de Direito da UFMG.
Profa. Titular de Direito Financeiro e Tributário da Faculdade de Direito Milton Campos.
Procuradora-Geral do Estado de Minas Gerais.

1. Introdução

A tributação nas relações de consumo, do ponto de vista econômico, pode envolver todos os impostos ou contribuições que são transferidos pelo mecanismo dos preços, ao valor final das mercadorias e serviços, onerando o consumidor.

Afirmar que tributos como o imposto de importação (II), o imposto sobre operações de circulação de mercadorias e serviços de transporte e comunicação (ICMS), o imposto sobre produtos industrializados (IPI), o imposto sobre serviços de qualquer natureza (ISS) ou a contribuição para o financiamento da seguridade (COFINS) são repassados ao consumidor final e não podem ser suportados pela empresa, porque independem dos resultados da pessoa e integram o custo da atividade, é uma verdade econômica. O ordenamento jurídico, que não conflita com a realidade econômica, autoriza que tais tributos sejam transferidos, pelo mecanismo dos preços das mercadorias e serviços, aos consumidores. Inexistisse a transferência, logo o endividamento e a insolvência comprometeriam a saúde financeira de toda a atividade econômica. Mas essa afirmação, que é simplesmente econômica para a maior parte dos tributos que oneram a pessoa independentemente do resultado da atividade, no caso do ICMS e do IPI, ao contrário, encontra apoio jurídico na Constituição brasileira.

Juridicamente, somente existem dois impostos "indiretos" por presunção: o imposto sobre produtos industrializados-IPI, de competência da União – e o imposto sobre operações de circulação de mercadorias e prestação de serviços de transporte e de comunicação-ICMS, de competência dos Estados. O caráter "indireto" dos demais tributos, como quer Aliomar Baleeiro, é apenas uma especulação econômica, pois são muitas as variáveis (condições de mercado, competitividade, estrutura e incidência da exação, natureza do produto etc.), que podem desencadear ou não a translação. Portanto, a presunção jurídica de transferência somente se coloca em relação àqueles impostos, IPI e ICMS, cabendo ao *solvens* que fez o pagamento indevido, demonstrar que tem legitimidade para pleitear a devolução, por ter suportado o encargo. Tem assim o art. 166 do Código Tributário Nacional aplicação muito restrita, pois, juridicamente, apenas esses dois tributos presumem-se "indiretos" em sua natureza.

A rigor, a presunção decorre diretamente da Constituição Federal. Em relação a eles, IPI e ICMS, a Constituição Federal adota princípios — o da seletividade, o da não-cumulatividade e o da neutralidade – que somente podem ser explicados ou compreendidos integralmente pelo fenômeno da translação, uma vez que a redução do imposto a recolher, entre outros objetivos — em um ou outro princípio — se destina a beneficiar o consumidor, por meio da repercussão no mecanismo dos preços. E, mais, não apenas há uma aceitação jurídico-constitucional da repercussão do encargo financeiro, mas, ainda, uma autorização para a transferência.

Em relação aos demais tributos incidentes sobre o consumo, especialmente as contribuições sociais, a Constituição tolera-lhes a cumulatividade, portanto a ausência de neutralidade, com danosas repercussões para o mercado e os agentes econômicos envolvidos. Além disso, não lhes impõe a seletividade, embora seja economicamente aceito que incidem nas relações de consumo, em decorrência da repercussão nos preços. Os fins nobilíssimos a que se prendem — custeio da Seguridade Social — vinham atenuando tais defeitos (cumulatividade, ausência de seletividade e de neutralidade), até que a tredestinação, os desvios de finalidade que se praticavam encontraram autorização na Emenda Constitucional 27/2000.

Veremos que, se no IPI e no ICMS não são integralmente cumpridos os princípios da não-cumulatividade, da neutralidade e da capacidade contributiva, nas contribuições sociais (plurifásicas e cumulativas), são postos em segundo plano os direitos sociais que tais exações visam a custear. O ponto comum, recorrente nesses fenômenos, reside no fato de que o cidadão-consumidor, anônimo e desprotegido, mas efetivamente onerado por tais tributos, constantemente sofre violência em seus direitos individuais e sociais mais fundamentais. É fragilíssima a cidadania tributária e, nos momentos em que ela se manifesta, restringe-se a contemplar o sujeito passivo quando, nas relações de consumo, deveres mínimos de informação tributária e de seletividade (em especial no ICMS) consagrados na Constituição, são sistematicamente descumpridos.

2. *Não cumulatividade, neutralidade e capacidade contributiva no IPI e no ICMS*

Por que não optar por um tributo sobre vendas mais simples, que incidisse apenas na fábrica ou somente nas vendas no varejo?

A alta produtividade de um tributo que incide em todas as etapas, em que há efetiva operação de circulação, sem exclusão de nenhuma delas, a homogeneidade na incidência sem distorções desequilibradas na formação dos preços e os interesses dos fiscos envolvidos foram as razões que prevaleceram, ditando a adoção de um tributo plurifásico amplo, tanto na União Européia como na América Latina, depois imitada por países nos demais continentes. A limitação do imposto às fábricas ou às vendas até o atacado, por exemplo, simplificariam o tributo e facilitariam a fiscalização contra a evasão, mas colheriam a mercadoria sem agregação da mais valia subseqüente, de modo que a incidência não alcançaria o maior preço ou o maior valor do bem no mercado. Por sua vez, a incidência única nas vendas de varejo têm os altos inconvenientes de facilitar a evasão, retardar o recolhimento do imposto para os fiscos e, finalmente, de agregar cumulatividade residual de difícil eliminação.

Em resumo, em economias de mercado, como nos modelos europeus ou latino-americanos, o imposto da modalidade do ICMS ou do IPI é considerado o ideal, exatamente por suas qualidades:

• é *neutro*, devendo ser indiferente tanto na competitividade e concorrência, quanto na formação de preços de mercado;

• *onera o consumo* e nunca a produção ou o comércio, adaptando-se às necessidades de mercado;

• *oferece maiores vantagens ao Fisco*, pois sendo plurifásico, permite *antecipar* o imposto que seria devido apenas no consumo (vantagens financeiras), e coloca ademais todos os agentes econômicos das diversificadas etapas de industrialização e circulação como *responsáveis* pela arrecadação (vantagens contra o risco da insolvência).

Essas as razões pelas quais a Constituição brasileira insiste em um complicado imposto plurifásico, não-cumulativo, sobre a circulação de mercadorias. Essas as razões pelas quais a Europa adotou e mantém o mesmo tributo, em lugar de um simples imposto monofásico sobre o consumo, que não pode oferecer as mesmas conseqüências positivas. A Comunidade Européia adotou em sua primeira diretiva (1967) para harmonização geral do imposto de consumo, o modelo IVA tal como resultou da longa experiência francesa, de pagamentos fracionados e dedução financeira dos investimentos (posteriormente desenvolvido em sua sexta diretiva) (ver Jean-Jacques Philippe, *La TVA à l'heure Européenne*, Paris, Litec, 1993; Jean-Ives Mercier e outro, *Les Impôts en France*, 1995-1996, Paris, Ed. Lefebvre, 1996; Lothar Schemmel, *Steuerharmonisierung*, Karl-Bräuer-Institut, 1990; Jean Marc Tirard, *La Fiscalité des Sociétés dans la CEE*, Paris, La Villeguerin, 1993; Paul Former-Richard Lyal, *EC Tax Law*, Oxford, Clarendon Press, 1994).

O que releva realçar aqui é exatamente o fato de que a decisão pela plurifasia da incidência acarreta a necessidade de se decidir sobre outra questão não menos relevante, a da cumulatividade ou não-cumulatividade do tributo.

Por sua vez, a não-cumulatividade do tributo, assim como a não-incidência e a isenção, restritas a certa etapa da circulação, não desmentem mas confirmam o fato de que haverá incidência em todas as operações de circulação. A necessidade da imunidade ou da isenção resulta exatamente do fato de que o modelo constitucional é da incidência plurifásica, ou seja, relativa a todas as operações de circulação de mercadorias.

São conhecidos os efeitos dos tributos cumulativos, já longamente expostos por economistas e juristas. Utilizemos a síntese de Gomez Sabaini sobre os efeitos danosos dos tributos cumulativos (v. *Coordinación de la Imposición General a los Consumos entre Nación y Provincias*, CEPAL, Chile, 1993, p. 24), que se apóia em John Due (*Indirect Taxation in Developing Economies*, Baltimore, J. Hopkins Press, 1970), ou seja:

• distorção da alocação dos recursos econômicos, já que o imposto não é neutro, alterando os preços desde o produtor até o consumidor final; rompe-se com a neutralidade na competitividade;

• distorção no preço dos bens, maior ou menor, segundo a maior ou menor possibilidade de integração vertical de cada setor;

• desestímulo à exportação, já que não se pode devolver o imposto contido nos insumos e bens de capital, incorporados ao valor do bem exportado. Nessa hipótese ele onera a produção e não o consumo;

• estímulo à importação de bens, especialmente acabados, já que o tributo incidente sobre a importação alcança apenas a etapa final deles, enquanto os produtos domésticos são atingidos cumulativamente em todas as suas etapas;

• efeitos nos preços finais de aumento progressivo;

• administração mais cara pois exige fiscalização ampla, plurifásica, sem nenhum tipo de vinculação entre contribuintes, como ocorre no sistema de compensação em que o débito de um contribuinte é o crédito de outro.

A França foi o primeiro país industrializado a se aperceber das desvantagens de um imposto cumulativo, incidente em todas as fases de circulação. Se já em 1936, se fazem as primeiras tentativas de mudança, apenas no ano de 1954 se criou a *Taxe sur la valeur ajoutée*, tributo retocado, posteriormente, mas ainda hoje vigente na França. (v. Julliot de la Morandière *et alii*, *Droit Commerciel et Droit Fiscal des Affaires*, tomo II, Paris, Dalloz, 1965, pp. 628 e ss.). A rica experiência francesa se difundiu velozmente a partir da década de 60. O Brasil introduziu o princípio da não-cumulatividade com a Reforma Constitucional n. 18, de 1965; a Comunidade Econômica Européia adota o imposto sobre o valor adicionado como projeto de sua primeira diretriz, finalmente aprovada pelo Conselho em 1967, sendo paulatinamente implementada por seus membros; a Alemanha o introduz a partir de 1968; a Dinamarca, pela lei de março de 1967; a Inglaterra, em 1º de abril de 1973; a Irlanda, em 1972; o Luxemburgo e a Bélgica, em 1969. A partir do final dos anos 60, também esse tipo de tributo sobre vendas líquidas se difunde por toda a América Latina (Bolívia, Uruguai, Peru, Equador, Argentina) sendo recentemente introduzido no Paraguai, em 1992, para futura harmonização no MERCOSUL (V. Manuel de Juano, *Tributación sobre el Valor Agregado*, Buenos Aires, V. P. Zavalia Ed. 1975; Hugo González Cano, *Análisis de los Sistemas Tributarios en el Mercosul*, Informe presentado en el Seminario ILDAT, Itália, 29 junio/6 julio 1992).

O que cada uma dessas legislações tem em comum?

Como, economicamente, o tributo é transferido para o adquirente pelo mecanismo dos preços, acaba sendo suportado, em definitivo, pelo consumidor final. Procura-se, então, propiciar ingressos à Fazenda em cada uma das etapas do processo econômico de produção, distribuição e comercialização, na proporção que cada uma delas incorpora, agrega ou adiciona valor ao produto. Daí a expressão, valor adicionado ou agregado, que passou a nomear o imposto em muitos países.

Enfim, todos os sistemas jurídicos procuram preservar e assimilar certos efeitos econômicos comuns tanto ao IVA da América Latina, como ao TVA europeu ou ao ICMS brasileiro: um imposto que, incidindo em todas as fases de produção e circulação, procura, por meio da *dedução do imposto pago na operação anterior, alcançar apenas a circulação mercantil líquida de cada empresa, ou seja, tributar apenas o valor adicionado realizado por ela. Daí os conceitos de imposto sobre as vendas líqüidas ou imposto sobre o valor adicionado* (*Mehrwersteuer*). (V. Heinrich Rauser, *Steuerlehre*, Winklers Verlag, 1983, p. 32).

Mas no Brasil, ao contrário do que acontece nos países da Comunidade Européia, há mais de trinta anos, o princípio da não-cumulatividade tornou-se princípio constitucional. A Emenda Constitucional n. 18, de 1.12.1965, já o consagrara. Manteve-se intacto na evolução constitucional posterior. Na CF/67, art. 22, V, § 4º (IPI) e art. 24, II, § 5º (ICM). A Emenda n.1/69 manteve o princípio para o IPI no art. 21, V, § 3º e para o ICM no art. 23, II. A Constituição de 1988, igualmente, realça o princípio da não-cumulatividade em relação a ambos os impostos, a saber:

Reza a CF/88:

"Art. 153. (...)

§ 3º. O imposto previsto no inciso IV: [IPI] (...)

II – Será não-cumulativo, compensando-se o que for devido em cada operação com o montante cobrado nas anteriores".

Art. 155. (...)

§ 2º. O imposto previsto no inciso II atenderá ao seguinte: [ICMS]

"I – Será não-cumulativo, compensando-se o que for devido em cada operação relativa à circulação de mercadorias ou prestação de serviços com o montante cobrado nas anteriores pelo mesmo ou outro Estado ou pelo Distrito Federal".

Entretanto, como se sabe, até data recente, o imposto estadual sobre a circulação, assim como o federal incidente sobre a industrialização, tributos plurifásicos, guardavam substancial cumulatividade. Apesar de a Constituição Federal, nos artigos 153, § 3º, II, e 155, §2º, I, consagrar expressamente o princípio da não-cumulatividade de forma ampla, a legislação infraconstitucional, de duvidosa constitucionalidade, reduziu-o, concedendo crédito apenas físico, limitado aos insumos que se incorporarem ao produto final ou se consumirem inteiramente no curso do processo de produção. Assim o imposto pago nas aquisições dos bens de capital (bens do ativo fixo), ao contrário do que ocorre nos países europeus e latino-americanos, não gerava crédito, onerando os preços finais no mercado interno e atenuando a competitividade dos produtos nacionais no mercado externo. Basta lembrar que, embora a manutenção dos créditos na exportação tivesse sido determinada pela Lei Complementar n. 65/91, quanto aos produtos industrializados, tal regra da proibição do estorno não tinha o alcance que se desejaria. É que, sendo o regime de compensação limitado, os preços dos produtos industrializados exportados refletiam os impostos pagos em operações anteriores (relativamente aos bens de capital), que não geravam crédito. Fenômeno idêntico ocorrera em França, antes da reforma de 1954, chamado de *dupla tributação dos investimentos*. Com efeito, "o imposto, tendo gravado as compras de equipamentos, não era dedutível do imposto a pagar. Eles suportavam uma primeira tributação na compra e uma segunda na venda, na medida em que uma fração de seu valor era incorporada ao preço do produto acabado, sob a forma de amortização" (cf. Jean-Jacques Philippe, *La TVA à l'heure Européenne*, Paris, Litec, 1993, p. 10).

Exatamente tais vícios a Lei Complementar 87/96 veio corrigir, vedando, ainda, o estorno dos créditos referentes a mercadorias e serviços objeto de operações de exportação, *que são totalmente desoneradas* (art. 21, § 2º). Assim a regra do estorno do crédito nas isenções e não incidências é derrogada, ajustando-se o Brasil às demais economias do planeta em relação à política de exportação.

A Constituição de 1988, como se percebe pela singela leitura dos arts. 153, § 3º, e 155, § 2º, I, não autoriza que o ICMS onere o contribuinte *de iure*. Ao contrário, por meio do princípio da não-cumulatividade, garante-se que o contribuinte, nas operações de venda que promova, *transfira* ao adquirente o ônus do imposto que adiantará ao Estado e, ao mesmo tempo, possa ele *creditar-se* do imposto que suportou nas operações anteriores. A Lei Fundamental somente se concilia com um só entendimento: o ICMS e o IPI não devem ser suportados pelo contribuinte (comerciante, industrial ou produtor). Se o consumidor é o único que não tem direito de crédito, correspondente ao imposto suportado em suas aquisições, então a ordem jurídica supõe que sofra a repercussão (jurídica) do tributo.

O raciocínio jurídico é simples. Se a Carta brasileira impõe a observância do princípio da não-cumulatividade, de tal sorte que o contribuinte (comerciante) deve compensar com o imposto incidente sobre as operações que realizar, o imposto relativo às compras por ele efetuadas, então ela assegura, como de resto o fazem os demais países que adotam tributo similar, que o contribuinte, nas operações de venda que promova, *transfira* ao adquirente o ônus do imposto que adiantará ao Estado e, ao mesmo tempo, possa ele *creditar-se* do imposto que suportou em suas aquisições (embora na posição de adquirente apenas tenha sofrido a transferência e nada tenha pessoalmente recolhido aos cofres públicos). Assim todo adquirente (exceto o consumidor final, não contribuinte) tem o direito, constitucionalmente expresso, de deduzir o imposto que lhe foi transferido pelo vendedor ou promotor da operação. Portanto, o princípio consagrado na Lei Fundamental autoriza único entendimento: o ICMS não deve ser suportado pelo contribuinte (comerciante, industrial ou produtor); o ICMS, por licença constitucional, onera o consumidor – não contribuinte – que não pode repassar o custo do imposto.

Essa, aliás, a regra universal, como alerta Klaus Tipke. Disso resulta que, numa operação entre empresas, cada uma delas pode se livrar, basicamente, através da dedução do imposto anterior, do imposto dela cobrado pela outra e transferir, na etapa de circulação, o ônus do imposto devido ao adquirente e assim, sucessivamente, até o consumidor final. Será justo, se um empresário não conseguir a transferência, por motivo de eqüidade, que ele seja beneficiado pela isenção do imposto. É a *Billigkeitserlass,* como reiteradamente menciona Tipke. Aliás, os fundamentos mais importantes para a adoção do princípio da não-cumulatividade repousam na neutralidade da concorrência, na repercussão mais justa dos preços, sem deformações e desvios perturbadores do desenvolvimento econômico, argumentos que sensibilizaram a Corte Constitucional alemã – BVerfG (cf. *Steuerrecht. Ein Systematischer Grundriss.* 9. Auf. Köln. Otto Schmidt KG, 1983, p. 410).

Como se observa, falamos de *repercussão jurídica* e não de repercussão *econômica*. Se a repercussão jurídica corresponde à econômica, essa é uma coincidência desejável ou desejada pelo legislador – mas apenas uma coincidência, que muitas vezes não ocorre. Trata-se de simples presunção que fundamentou a norma. Pode-se dar, ao contrário, que o contribuinte tenha adquirido a mercadoria em condições tão favoráveis, que, apesar do imposto lhe ter sido destacado na fatura de compra, o encargo econômico foi transferido para trás, contra o seu fornecedor, que lhe cedeu o bem pelo custo ou abaixo do custo. O fato econômico, não obstante, em nada interfere com o princípio da *não-cumulatividade*, mantendo-se integral e perfeito o direito à compensação do contribuinte adquirente, que sofreu tão somente *repercussão jurídica*, comprovada pelo destaque do imposto nas notas fiscais de entrada. Bem se vê que os institutos econômicos são inspiradores das normas jurídicas, mas são por ela transformados em fatos jurídicos próprios (diferentes).

Assim, o princípio da *não-cumulatividade deve conferir*, tanto ao ICMS quanto ao IPI, *neutralidade*, não podendo tais tributos ferir as leis da livre concorrência e da competitividade, que norteiam os mercados. A *seletividade*, que autoriza o legislador a distinguir em razão da essencialidade dos produtos, diz respeito exatamente ao *consumidor*, que deve suportar o encargo tributário. Foi exatamente com esses princípios que adotamos tributos plurifásicos e não-cumulativos.

O interesse em um imposto plurifásico, não-cumulativo e neutro é considerado ideal em economias que tendem à integração, como nos modelos europeus ou latino-americanos. Ser *neutro* significa tanto ser indiferente na competitividade e concorrência, quanto na formação de preços de mercado. Ao mesmo tempo em que se adapta às necessidades de mercado, onerando o consumo e *nunca* a produção ou o comércio, o ICMS – imposto sobre operações de circulação de mercadorias e serviços de transporte e comunicação – é plurifásico, e oferece maiores vantagens ao fisco, pois antecipa o imposto que seria devido apenas no consumo (vantagens financeiras), além de colocar todos os agentes econômicos das diversificadas etapas de circulação como responsáveis pela arrecadação (vantagens contra o risco da insolvência).

Segundo a Constituição Federal de 1988, o ICMS (Art. 155, § 2º, III) "poderá ser seletivo, em função da essencialidade das mercadorias e dos serviços".

As razões da regra são essencialmente as mesmas previstas para o IPI.

A boa doutrina ensina que, nos sistemas jurídicos em que se consagra o princípio da igualdade e da capacidade econômica, a seletividade impõe-se. É que nos impostos que repercutem no consumidor, como é o caso do ICMS, tornar-se-ia muito difícil, senão impossível, graduar o imposto sobre produtos industrializados ou sobre operações de circulação de mercadorias de acordo com a capacidade econômica da pessoa que adquire o produto ou a mercadoria para o consumo (que, afinal, é quem suporta o encargo tributário). Aliás, explica Moschetti, com olhos postos na Constituição italiana, a qual também consagra o princípio da capacidade contributiva, que a seletividade é obrigatória sobre os bens ou serviços de primeira necessidade. A necessidade obriga. O consumidor é constrangido à aquisição dos gêneros necessários à manutenção da vida, inexistindo nisso nenhuma liberdade de consumo (v. *Il Principio della Capacità Contributiva*, Pádua, CEDAM, 1973, p. 209).

Desde que a lei isente os gêneros de primeira necessidade (pois, com relação a eles não há liberdade de escolha), não existe empecilho constitucional em que se eleve substancialmente a carga tributária que incide sobre os produtos e serviços suntuários, de luxo ou supérfluos. Os efeitos são de mera redução de mercado e do campo de abrangência dos consumidores. Mas a seletividade está longe de se impor no ICMS brasileiro, que deveria atuar com alíquotas graduadas (reduzidas, médias ou elevadas), à moda do IVA europeu, em cumprimento aos ditames da Constituição.

Em resumo, segundo os ditames da Constituição, tanto no IPI como no ICMS, a não-cumulatividade impõe *neutralidade*, ou seja, como tais impostos não podem interferir na formação dos preços e na competitividade, não são suportáveis pelo contribuinte (o industrial, o comerciante), mas pelo consumidor. Não se põe assim a questão da capacidade contributiva do comerciante, pois ele não deve suportar o encargo. Em conseqüência, o que a Constituição manda medir, por meio do princípio da *seletividade*, é a *capacidade contributiva do consumidor*.

3. *A ofensa à neutralidade, à seletividade e ao art. 150, § 5º, no ICMS*

A Constituição brasileira contém, além da declaração dos direitos e garantias dos cidadãos, uma declaração formal de direitos dos contribuintes, a que o Supremo Tribunal Federal já conferiu o caráter de *irreversibilidade* e de *inesgotabilidade*. Princípios como legalidade, irretroatividade, anterioridade ou da não surpresa tributária, vedação do confisco, tributação conforme a capacidade contributiva e igualdade, que são formalmente declarados na Constituição Federal para reger as relações tributárias, no art. 150, completam-se com os demais direitos e garantias do art. 5º, entre os quais se destaca o direito substantivo do *due process of law.* Apesar disso, projetos de lei – com declarações mais amplas de direitos e garantias – têm sido oferecidos, quer no âmbito federal, quer nas esferas estaduais. Manifestação de certa tendência atual, seguida em outros países, objetivam eles dotar aqueles direitos e garantias de *maior efetividade*. Recentemente, o Estado de Minas Gerais aprovou também um polêmico *Código de Defesa do Contribuinte.* É que, em regra, as declarações de direitos oferecidas em projetos de lei complementar federal ou estadual marcam avanços, mas também consolidam recuos.

Por meio de projetos elaborados pelo governo federal de alteração do Código Tributário Nacional, ou por meio de leis ordinárias já em vigor, surge verdadeiro cipoal de normas adversas aos direitos do contribuinte, em especial a exigência de garantia de instância, ou seja, o depósito de 30% do valor devido, como condição à admissibilidade de recurso ao Conselho de Contribuintes (Medida Provisória n. 1.863, sucessivamente reeditada [atual MP 1.973-63, de 29.6.2000], art. 32), exigência considerada, *em abstrato,* constitucional pelo Supremo Tribunal Federal, conforme julgamento das ADIn ns. 1922-9 e 1976-7. Alguns Estados da Federação, seguindo os caminhos da União, já fizeram aprovar leis de igual teor. Nesse contexto, aparece como um avanço, difícil de ser concretizado na mesma casa legislativa federal, o projeto de lei complementar em curso no Congresso Nacional (declaração de direitos dos contribuintes), que propõe vedar qualquer exigência dessa natureza para o exercício do direito constitucional do duplo grau de jurisdição e da ampla defesa nos processos administrativos.

Em geral, as propostas de lei em discussão nos legislativos federal e estaduais que pretendem codificar os direitos dos contribuintes, são uma necessária iniciativa de harmonização das relações tributárias, que contêm avanços louváveis, mas, em contrapartida, consagram vícios imperdoáveis, que mereceriam total erradicação. Em nosso País, de grandes contrastes sociais, elevadíssima concentração de renda, que alimenta uma larga faixa de miseráveis e altos índices de sonegação, a arrecadação provém, sobretudo, dos impostos incidentes economicamente sobre o consumo, embora ostentando nomes e qualificação jurídica diversa (imposto sobre a importação, sobre produtos industrializados, sobre operações de circulação de mercadorias e sobre prestação de serviços, contribuições sociais sobre o faturamento, etc.). Realiza-se, entre nós, de maneira perfeita, o disfarce, que o legislador costuma utilizar, sem tanto sucesso, em outros países, para vincular, por motivos psicológico-tributários, o imposto ao empresário, tornando-o pouco perceptível aos olhos dos consumidores-leigos e não empresários. Como explica Klaus Tipke, a cobrança se torna mais simples, possibilitando "deplumer l'oie sans trop la faire crier" (cf. *Steuerrecht. Ein Systematischer Grundriss.* 9. Auf. Köln. Otto Schmidt KG, 1983, p. 408).

Pois bem, os mesmos consumidores, por mais miseráveis que sejam, fazendo jus a um salário mínimo de cerca de 75 dólares, ignoram que suportam elevados encargos tributários a onerar a cesta básica e a energia elétrica, não exigem nota fiscal em suas compras e olham indiferentes aos aumentos de imposto, como se fora *res inter alios*. Auxiliada por um sistema de cobrança (em especial o maior imposto sobre vendas – ICMS), em que o tributo não vem destacado por fora do preço na nota fiscal, mas já está incluído no valor das mercadorias e serviços vendidos, a sonegação somente tende a aumentar, com prejuízo para todos.

Com isso, o consumidor nunca é informado dos impostos que suporta nas mercadorias e serviços que adquire, como determina peremptoriamente o art. 150, § 5º, da Constituição ("a lei determinará medidas para que os consumidores sejam esclarecidos acerca dos impostos que incidam sobre mercadorias e serviços"), nem vê cumprido, no ICMS, o princípio da seletividade segundo a essencialidade dos produtos (art. 155, § 2º, III); nem tampouco vê respeitado o direito fundamental a um mínimo existencial digno. Por sua vez, o Estado, em um País carente de serviços públicos inafastáveis à massa dos cidadãos (segurança, saúde e educação), priva-se de recursos, desviados pela evasão ilícita. Os contribuintes honestos se vêem desestimulados pela concorrência desleal ou prejudicados pela elevação dos tributos ou pela ação insistente dos fiscais, ávidos a compensar, de forma justa ou injusta, a sonegação. Em conseqüência, as declarações de direitos dos contribuintes não deveriam, entre nós, copiar modelos de outras ordens jurídicas, em que não se põem as mesmas premissas.

Ao contrário, as declarações de direitos deveriam ser complementadas com declarações de deveres, a fim de que se cumprissem o princípio constitucional da seletividade no ICMS e o dever de informar ao consumidor sobre os impostos incidentes nas mercadorias e serviços. Somente assentados no tripé Estado/contribuinte/consumidor, os chamados códigos de defesa do contribuinte criarão verdadeira consciência de cidadania, tanto marcada pela liberdade como simultaneamente pelo dever de solidariedade. As declarações atuais, do ano 2000, especialmente em nosso País, tão acentuadamente injustas, não podem continuar corporativas, como se ainda repetíssemos a *Carta de João Sem Terra*, de 1215, oito séculos depois.

E, mais, o descaso no enfrentamento dessa relevante questão no contexto nacional não tem prejudicado apenas os cidadãos-consumidores mais pobres. Tem sobretudo atingido os próprios contribuintes, assim como as Fazendas Públicas envolvidas.

Inexiste, entre nós, real compreensão a respeito da *neutralidade* do IPI e do ICMS. Da parte dos contribuintes, comerciantes e industriais, insiste-se nessa nuvem de fumaça, como se tais tributos devessem onerar a produção ou o comércio. Em plena fase de integração de mercado, não têm os produtos nacionais condições de competir com estrangeiros, que se submetem a uma tributação muito mais *neutra* e *racional*. Deveriam os contribuintes, ao contrário, lutar por leis que impusessem a observância irrestrita da *neutralidade*, à moda européia, a saber:

• um princípio da não-cumulatividade mais amplo, com a inclusão imediata do direito ao crédito relativamente aos bens de uso e consumo;

• um regime de compensação que permitisse efetivar os direitos de crédito acumulados de período a período, quer por meio da transferência sem as restrições que a dificultam, quer por meio de restituições em dinheiro feitas pela Fazenda, como regularmente ocorre no modelo europeu; e, ainda,

• um regime de compensação que previsse o pagamento de juros em caso de atraso na restituição, assim como de atualização monetária dos mesmos créditos ao invés de se consentir, como se dá entre nós, que morram pela prescrição ou pela depreciação de seu valor.

São evidentes as vantagens superiores do sistema vigorante em outros países, que adotam tributos incidentes sobre o consumo, da modalidade do ICMS (como é o caso do IVA, na Comunidade Européia). Lá, o direito de transferir créditos a outros estabelecimentos do mesmo titular não se põe, de modo geral, exatamente porque inexiste incidência do tributo sobre meros deslocamentos físicos da mercadoria, quando inocorre real operação de circulação jurídica (a exceção está restrita às transferências de mercadorias intracomunitárias, entre estabelecimentos do mesmo titular, situados em países-membros diferentes, que não configuram exportação). Com isso, não se cogita de transferência de créditos de um estabelecimento a outro. Além disso, embora o reembolso em dinheiro dependa de solicitação do sujeito passivo, em se tratando de exportação, será mensal. Procura ainda a legislação dos países europeus, preventivamente, evitar a formação de créditos, concedendo aos exportadores o privilégio de adquirir produtos – insumos em geral – livres de imposto de seus fornecedores, em montante igual às vendas de exportação do ano precedente. Com isso o capital despendido pelo exportador será menor, reduzindo-se o custo da atividade. No regime comum, diferentemente das vendas ao exterior, inexiste a regra preventiva acima referida, mas há também reembolso em dinheiro dos créditos excedentes não absorvidos pelos débitos. Essas vantagens são amplamente favoráveis à capitalização das empresas contribuintes.

Finalmente, deve-se considerar ainda que a obscuridade nessa questão, em que o cidadão-consumidor ignora suportar os encargos incidentes sobre o valor das mercadorias adquiridas, desencadeia prejuízos às Fazendas Públicas envolvidas. Em lugar de consentirem nessa confusão, deveriam elas respeitar a *seletividade* no ICMS e obrigar ao esclarecimento das incidências tributárias nas relações de consumo, com o fim de aliar o cidadão-consumidor, hoje cúmplice tolerante das evasões fiscais, ao combate à sonegação.

4. O desvio das finalidades constitucionais, nas contribuições sociais

A Constituição de 1988 procurou dar efetividade aos direitos sociais, consagrados no art. 7º – especialmente o direito a uma seguridade social justa. Para isso, além de claramente criar tributos *finalísticos*, ou seja, contribuições que somente se legitimam em razão dos fins a que servem, determinou que o gigantesco orçamento da Seguridade Social integrasse a lei orçamentária, assim como dotou de autonomia gerencial e administrativa a gestão dos recursos afetados àqueles direitos sociais.

A destinação do produto arrecadado para tais objetivos – direitos sociais, intervenção no domínio econômico ou interesse de categorias profissionais ou econômicas – funda a competência da União para instituir as contribuições.

Ora, proibida a criação de impostos com destinação específica, no art. 167, IV, a Constituição usou de terminologia especial para designar tributos, que só podem nascer afetados a certos fundos, órgãos ou despesas – contribuições e empréstimos compulsórios – mesmo que essa afetação não altere a estrutura interna da norma tributária, em sua hipótese de incidência ou base de cálculo. A União, os Estados e os Municípios não podem instituir impostos com destinação específica. Apenas a União poderá criar tributos com destinação específica, denominados de *contribuição*. Essas últimas espécies tributárias, ainda que tenham hipótese de impostos (lucro, faturamento ou remuneração paga a empregados), fato que indica capacidade econômica do contribuinte, a teor do art. 145, § 1º, só podem ser instituídas para atender às finalidades expressamente consignadas no Texto Constitucional. A destinação é fundante da norma de competência. Se inexiste o órgão, a despesa ou a pessoa que, necessariamente, devem financiar, falece competência à União para criar contribuições.

A Carta de 1988 veio, exatamente, para alterar as principais causas dos desvios de recursos da Seguridade Social, praticados pelo Governo Federal. Sabe-se que as contribuições previdenciárias, recolhidas diretamente pela Previdência Social, eram *paraorçamentárias* (*parafiscais*), ou seja, não integravam a lei orçamentária da União. Com base no art. 62, § 1º, da Constituição anterior, o orçamento vultoso da Previdência Social escapava à apreciação do Congresso Nacional, era aprovado por mero ato do Executivo, o qual podia, também, por simples decreto, alterá-lo, remanejá-lo ou estorná-lo. Os desvios não cessaram de se repetir e os abusos cresceram comprometendo a saúde financeira da Previdência Social. O que a Constituição de 1988 pretendeu fazer e, de fato, fez, foi submeter os orçamentos da Seguridade e de investimento das empresas estatais à apreciação do Poder Legislativo, de modo que os desvios de recursos e o estorno sem prévia anuência legal, ficassem vedados (art. 167, VI e VIII).

Não obstante, a reação do governo federal em face das inovações da Constituição Federal se fez sentir de imediato. Por meio de medidas provisórias, que se converteram em lei posteriormente, e de sucessivas reformas constitucionais, se torna evidente o enfraquecimento dos direitos humanos, especialmente sociais. O direito ao emprego se retrai mediante a implementação de sucessivos planos econômicos recessivos. No setor público, perdem estabilidade os servidores públicos da União, já concursados e efetivados, em espantosa afronta aos direitos adquiridos (Emenda Constitucional n. 19/98). E, por fim, a Emenda Constitucional n. 27/2000 desvincula os recursos cobrados por meio das contribuições para o custeio da seguridade social (previdência social, saúde e assistência) dos fins a que estão afetados, podendo a União aplicá-los em quaisquer outras finalidades. Portanto, em alteração de duvidosa constitucionalidade, os desvios de recursos da Previdência Social são agora "legitimados", e pretende-se que os contribuintes paguem contribuições sem fins específicos. O mais grave é que direitos fundamentais são postos de lado, inexplicavelmente em um momento em que *superavits* de arrecadação são registrados nas contas federais.

Certamente, razão assiste a Noam Chomsky (cf. *A Minoria Próspera e a Multidão Inquieta*, 2ª ed. Brasília, DF, Ed. UnB. 1997), quando observa que o endividamento do setor público é arquitetado, de forma planejada, mesmo nos países mais ricos do mundo, pelas grandes corporações econômicas internacionais. Sua impressionante magnitude tem como objetivo dirigir os investimentos e a poupança exclusivamente para o setor financeiro, impossibilitando (até mesmo aos governantes de boa vontade) dar outro uso aos recursos disponíveis. Esse outro uso especialmente social, em nosso País, é tão necessário quanto inadiável, mas vem sendo obstaculizado exatamente por um endividamento ímpar, provocado por juros elevadíssimos (sem contrapartida justificante, como investimentos em transporte, educação, segurança ou saúde) e por mudanças e reformas constitucionais que autorizam desvios de recursos provenientes da cobrança das contribuições destinadas a sustentar a seguridade social. Esse cipoal de normas empobrecedoras dos direitos humanos fundamentais vem coroado, finalmente, por lei de responsabilidade fiscal que, em lugar de punir severamente apenas os administradores que se conduzem de forma corrupta, incompetente ou imoral, penalizam também aqueles que, no seio de um quadro de recessão econômica em que rareiam os empregos, resolvem conservar servidores públicos para que não acresçam o rol da miséria ou conservar os gastos com pessoal e com seguridade acima dos percentuais fixados.

5. Conclusões

Torna-se evidente que sendo os direitos sociais, direitos fundamentais irreversíveis e irredutíveis – cuja implementação paulatina depende de ações, previstas na Constituição, especialmente no campo da Seguridade Social – são núcleo intangível, descrito e protegido, no art. 60, contra reformas posteriores. Não poderia, pois o legislador derivado reduzir-lhes a prevalência, a importância e a prioridade por meio de Emenda (a de n. 27/2000), que permite desviar os recursos advindos da cobrança de impostos e contribuições sociais para outros fins.

Nem se argumente que se trata de um desvio limitado a 20%. Se o legislador da reforma pode desviar o percentual de 20%, poderá também fazê-lo em 50%, até 99%. O princípio ofendido, por detrás do núcleo constitucional, é o Estado Democrático de Direito, que tem na construção dos direitos sociais seu mais importante suporte. Perante o cidadão, nas relações de consumo, que fica onerado com a cobrança de tributos destinados ao custeio das metas sociais, inexiste justificativa. Falta *legitimidade* à Fazenda Pública para perseguir a cobrança de contribuições, que, por sua natureza, repousam nas despesas, órgãos e fundos de caráter social.

Igual gravidade tem a confusão estabelecida em relação ao IPI e ao ICMS. Nesses tributos, por imperativo constitucional, a transferência que onera as aquisições do cidadão-consumidor tem relevância jurídica. Ao contrário daquilo que vem ocorrendo em nosso País, que segue precipitadamente modelos estrangeiros, as declarações de direitos dos contribuintes, que se incorporam em lei ou projetos de lei, deveriam ser complementadas com declarações de deveres, a fim de que se cumprissem o princípio constitucional da seletividade no ICMS e o dever de informar ao consumidor sobre os impostos incidentes nas mercadorias e serviços (art. 150, § 5º, da Constituição). Somente assim poderíamos compreender e implementar o princípio da *neutralidade*, tão importante nos mercados integrados ou que tendem à integração, por força do qual o contribuinte não deve, e não pode, suportar o encargo de tais impostos (IPI e ICMS). Por sua vez, a capacidade contributiva a ser medida é apenas e exclusivamente a do consumidor (pois o contribuinte, como já se disse, não a tem), razão pela qual cresce de importância a *seletividade*. E, por fim, somente inserindo o consumidor em tal contexto, poderão as Fazendas Públicas combater com eficiência a evasão fiscal. Assim, nas relação de consumo, é fundamental resgatar a cidadania tributária.

A TRIBUTAÇÃO E AS RELAÇÕES DE CONSUMO

REGINA HELENA COSTA

Mestre em Direito do Estado pela PUC/SP. Professora Assistente de Direito Tributário da Faculdade de Direito da PUC/SP. Juíza Federal em São Paulo.

1. A tributação e o consumo. 2. O dever de informar o consumidor acerca dos impostos incidentes sobre mercadorias e serviços. 3. As regras da não-cumulatividade e da seletividade de alíquotas em função da essencialidade de produtos, mercadorias e serviços, como diretrizes voltadas para o consumidor. 4. A qualidade de consumidor como critério determinante de efeitos tributários. 5. A extrafiscalidade e o consumo. 6. A prestação de serviço público como objeto de relação de consumo e seus reflexos tributários.

1. A tributação e o consumo

Ante o *status* constitucional de que gozam os temas do "direito do consumidor" e da tributação, pareceu-nos interessante elaborar, sob essa perspectiva, uma aproximação entre ambos. Assim, neste pequeno estudo, pretendemos abordar alguns aspectos da relação existente entre a tributação e as relações de consumo.

A *tributação*, em sentido amplo, é uma atividade abrangente, compreensiva, não apenas da instituição de tributos, por meio do necessário veículo legislativo, mas, também, da sua arrecadação e da fiscalização de seu recolhimento, as quais constituem tarefas eminentemente administrativas. Inclui, ainda, outras incumbências, como a educação e a orientação do contribuinte.

O *consumo*, por sua vez, ao lado da renda e do patrimônio, constitui um dos índices de capacidade contributiva, posto que, em regra, representa manifestação de riqueza passível de apreensão pelo legislador tributário, na eleição dos fatos de conteúdo econômico que servirão de pressupostos para a instituição de impostos.[1]

Daí a evidente relação entre os dois conceitos, com o estabelecimento de regras, pelo direito positivo, regentes do direito do consumidor.

Vejamos, inicialmente, as normas constitucionais a ele pertinentes.

O Texto Fundamental incumbe ao Estado promover, na forma da lei, a defesa do consumidor (art. 5º, XXXII), a qual constitui princípio geral da atividade econômica (art. 170, V).

Outrossim, estabelece a competência concorrente da União, dos Estados e do Distrito Federal para legislar sobre consumo e responsabilidade por dano ao consumidor (art. 24, V e VIII) e determina, ao sistema único de saúde, a fiscalização e a inspeção de alimentos, bem como de bebidas e águas para consumo humano (art. 200, VI).

Desse panorama normativo, extrai-se o dever do Estado de promover a proteção do consumidor, a qual compreende não somente a edição de legislação assecuratória de seus direitos, mas, também, o exercício de polícia administrativa nesse âmbito e, mesmo, a defesa do direito do consumidor em juízo, mediante o multíplice instrumental processual disponível no direito positivo, no qual se destaca a ação civil pública.

1. No Brasil, como sabido, essa tarefa legislativa há de ser feita com a observância das regras-matrizes de incidência, já estabelecidas na Constituição, nos arts. 153, 155 e 156. A respeito dos índices de capacidade contributiva e sua captação pelo direito positivo, veja-se o nosso *Princípio da Capacidade Contributiva*, 2ª ed., SP, Malheiros Editores, 1996, pp. 27-28.

2. *O dever de informar o consumidor acerca dos impostos incidentes sobre mercadorias e serviços*

No intuito de fazer valer esse espírito protecionista do consumidor, a Constituição, com ineditismo, prescreve que "a lei determinará medidas para que os consumidores sejam esclarecidos acerca dos impostos que incidam sobre mercadorias e serviços" (art. 150, § 5º).

Trata-se de norma de eficácia limitada, de princípio programático, na clássica lição de José Afonso da Silva, porquanto demanda intermediação legislativa para o atingimento de sua plena eficácia. E, até o presente momento, face à ausência do correspondente ato normativo, imprescindível à produção de seus efeitos, remanesce inaplicável.

De todo modo, tal dispositivo representa o primeiro ponto de toque entre a atividade tributante e o direito do consumidor. Pretende a Lei Maior seja o consumidor informado acerca dos chamados *impostos indiretos*, incidentes sobre as operações que tenham por objeto os bens e serviços que venha a adquirir e que, portanto, têm seus valores embutidos nos preços.

No sistema tributário vigente, são eles o IPI, o ICMS e o ISS. São denominados impostos indiretos por parte da doutrina, porque, neles, o contribuinte *de jure* – industrial, produtor, comerciante, prestador de serviço – repassa o impacto tributário para o contribuinte *de facto*, sistemática conhecida como *repercussão tributária*.

A classificação dos impostos em diretos e indiretos é considerada, por muitos, irrelevante para o Direito, visto que sedimentada num fenômeno puramente econômico, qual seja, a transferência do ônus financeiro decorrente da incidência do imposto.

Discordando de tal entendimento, já tivemos oportunidade de salientar, há muito, que, face à atuação do princípio da capacidade contributiva, insculpido no art. 145, § 1º, da Constituição, aplicável também em relação à imposição indireta, a distinção tem relevância jurídica, pois é nítida a preocupação da Lei Maior com a capacidade contributiva do consumidor.[2]

A dificuldade da operatividade do aludido princípio, em tal tipo de imposição, reside, exatamente, na inviabilidade de imprimir-se feição pessoal aos impostos indiretos, o que implica a distinta forma com que o mesmo incidirá nesse caso.

3. *As regras da não-cumulatividade e da seletividade de alíquotas em função da essencialidade de produtos, mercadorias e serviços, como diretrizes voltadas para o consumidor*

Todavia, as regras da não-cumulatividade e da seletividade de alíquotas em função da essencialidade dos produtos, mercadorias e serviços, aplicáveis ao IPI e ao ICMS, são expedientes que demonstram que, mesmo não sendo viável considerar-se as condições pessoais dos contribuintes de fato, ou consumidores, é possível prestigiar a noção de capacidade contributiva.

A regra da *não-cumulatividade*, à qual estão sujeitos o IPI (art. 153, § 3º, II), o ICMS (art. 155, § 2º, I)[3] consiste, singelamente, na utilização do montante de ICMS ou IPI, devido em cada operação mercantil ou prestação de serviço de transporte interestadual e intermunicipal e de comunicação, como moeda de pagamento da quantia de imposto a pagar, por ocasião da prática de novas operações mercantis ou prestações de serviço, por outros contribuintes.

A não-cumulatividade visa, desse modo, impedir que o imposto torne-se um gravame cada vez mais oneroso nas várias operações de circulação do produto ou mercadoria, de prestação dos aludidos serviços e de industrialização de produtos, deixando-os proibitivos, especialmente para

2. *Princípio da Capacidade Contributiva*, ob. cit., pp. 53-55.

3. Assim também outros impostos que a União venha a instituir, com fundamento no art. 154, I, da CF.

aquele que representa o ponto final do ciclo de consumo, o contribuinte de fato ou consumidor.

A *seletividade de alíquotas* em função da essencialidade dos produtos, mercadorias e serviços, por seu turno, aplica-se ao IPI e ao ICMS (arts. 153, § 3º, I, e 155, § 2º, III), significando que, quanto mais essencial qualquer daqueles for, menor deve ser a alíquota – e, conseqüentemente o imposto – e vice-versa.

Tal norma, portanto, diz diretamente com o consumidor, e coaduna-se com a concepção de *mínimo vital* , que pode ser definido como aquela quantidade de riqueza considerada indispensável para que o cidadão mantenha a si e a sua família com dignidade, e que deve ser intangível pela tributação.[4]

4. A qualidade de consumidor como critério determinante de efeitos tributários

Em outros dispositivos constitucionais, verificamos que a qualidade de consumidor é relevante para determinar efeitos tributários. O art. 155, § 2º, VII, estabelece, em relação ao ICMS, que, nas operações e prestações que destinem bens e serviços a *consumidor final localizado em outro Estado*, adotar-se-á a alíquota interestadual, quando o destinatário for contribuinte do imposto e a alíquota interna, quando o destinatário *não* for contribuinte, preceito que vai determinar variação no preço do bem ou serviço.

4. Conhecido igualmente como *mínimo necessário, mínimo de existência, mínimo indispensável* e *mínimo imponível*. Sustentamos que a própria Lei Maior oferece os parâmetros para que o legislador infraconstitucional possa demarcar aquela quantidade de riqueza intocável pela tributação, pelo menos no que respeita à pessoa física, ao elencar os itens que constituem as necessidades básicas do trabalhador e de sua família, e que o salário-mínimo deve ser capaz de atender: *moradia, alimentação, saúde, lazer, vestuário, higiene, transporte e previdência social* (art. 7º, IV) (Cf. nosso *Princípio...*, cit., pp. 65, 95-96 e 103, n. 10).

Saliente-se, pois, que o conceito de "consumidor final", contido nesse comando constitucional, tem o mesmo significado de "destinatário final", noção delineada na definição legal de consumidor, contemplada no art. 2º, do Código de Defesa do Consumidor (Lei n. 8.078/90).

Outrossim, no art. 155, § 2º, IX, "a", observa-se a incidência do ICMS independentemente da ocorrência de operação de circulação de mercadoria, mas sobre o consumo propriamente dito, o que se nos afigura excepcional, considerada a regra-matriz do aludido imposto. Nesse caso, constata-se ser o consumidor o próprio contribuinte *de jure* do gravame fiscal, e não mero contribuinte de fato.

5. A extrafiscalidade e o consumo

Outro ponto que nos parece de interesse nesta aproximação entre a tributação e o consumidor, respeita à *extrafiscalidade*.

Consoante o magistério de Geraldo Ataliba, "consiste a extrafiscalidade no uso de instrumentos tributários para obtenção de finalidades não arrecadatórias, mas estimulantes, indutoras ou coibidoras de comportamentos, tendo em vista outros fins, a realização de outros valores constitucionalmente consagrados".[5] A extrafiscalidade apresenta-se, assim, como poderoso expediente utilizado pelo Estado, a estimular ou inibir condutas, ao abrigo do ordenamento jurídico-positivo.

Vários instrumentos podem ser empregados para imprimir caráter extrafiscal a determinado tributo: as técnicas da progressividade e da regressividade, a seletividade de alíquotas – já abordada – a concessão de isenção e de outros incentivos fiscais.

Cremos ser justamente em relação ao consumo – mais do que em relação aos demais índices presuntivos de riqueza – que a extrafiscalidade pode atuar de modo mais veemente.

5. "IPTU e progressividade", *RDP* 92/233.

Assim, para inibir-se o consumo de mercadoria considerada pelo legislador como supérflua ou nociva, pode-se fazer incidir um gravame bastante elevado, mediante a aplicação de alíquota significativa (*v.g.*, cigarro, bebida alcoólica); se, diversamente, a intenção é promover ou facilitar o consumo de determinados produtos, a aplicação de alíquotas mínimas ou, mesmo, a isenção, são os meios adequados para o alcance de tal fim (*v.g.*, gêneros alimentícios de primeira necessidade). O Estado, mediante o emprego da extrafiscalidade, estimula ou inibe condutas para alcançar desígnios amparados constitucionalmente.[6]

6. A prestação de serviço público como objeto de relação de consumo e seus reflexos tributários

Outro aspecto, que pretendemos tanger neste estudo, em brevíssimas considerações, é o pertinente à *prestação de serviço público como objeto de relação de consumo e seus reflexos tributários*.

O Texto Fundamental dispõe, sobre a prestação de serviço público, em seu art. 175, preceito cuja transcrição é oportuna:

"Art. 175. Incumbe ao Poder Público, na forma da lei, diretamente ou sob regime de concessão ou permissão, sempre através de licitação, a prestação de serviços públicos.

"Parágrafo único. A lei disporá sobre:

"I – o regime das empresas concessionárias e permissionárias de serviços públicos, o caráter especial de seu contrato e de sua prorrogação, bem como as condições de caducidade, fiscalização e rescisão da concessão ou permissão;

"II – os direitos dos usuários;

"III – política tarifária;

"IV – obrigação de manter serviço adequado".

6. Maior desenvolvimento a respeito desse tópico no nosso *Princípio...*, cit., pp. 68-72 e 103, n. 11).

Ainda, o art. 37, em seu § 3º, na redação dada pela Emenda Constitucional n. 19/98, estatui que "a Lei disciplinará as formas de participação do usuário na administração pública direta e indireta, regulando especialmente: I – as reclamações relativas à prestação dos serviços públicos em geral, asseguradas a manutenção de serviço de atendimento ao usuário e a avaliação periódica, externa e interna, da qualidade dos serviços (...)".

Tal dispositivo, a nosso ver, fundamenta a assertiva segundo a qual a prestação de serviço público é objeto de uma relação de consumo, sujeitando-se, em conseqüência, à disciplina estampada no Código de Defesa do Consumidor-CDC (Lei n. 8.078/90).

Com efeito, seu art. 3º, ao definir o conceito de fornecedor, nele inclui as pessoas jurídicas de direito público. Já o art. 4º, VII, erige como princípio da Política Nacional de Relações de Consumo a racionalização e a melhoria dos serviços públicos, indicando-o como objetivo a ser perseguido pela Administração Pública.

O art. 6º, X, por sua vez, declara, como direito básico do consumidor, a adequada e eficaz prestação dos serviços públicos em geral.

E, como corolário de todos esses preceitos, vem o art. 22 prescrever que os órgãos públicos, por si ou por suas empresas, concessionárias, permissionárias ou sob qualquer outra forma de empreendimento, têm obrigação de fornecer serviços adequados, eficientes, seguros e, quanto aos serviços essenciais, que sejam também contínuos. O parágrafo único desse mesmo dispositivo impõe que, em caso de descumprimento de suas obrigações, os fornecedores de serviços públicos serão compelidos a cumpri-las e a reparar os danos que tiverem causado.

Para melhor compreender em que medida a prestação de serviço público é enquadrável como objeto de uma relação de consumo, impende precisar-se o que se deva entender por serviço público, noção sabidamente complexa.

Serviço público, ensina Celso Antônio Bandeira de Mello, "é toda atividade de oferecimento de utilidade ou comodidade material fruível diretamente pelos administrados, prestado pelo Estado ou por quem lhe faça as vezes, sob um regime de direito público – portanto consagrador de prerrogativas de supremacia e de restrições especiais – instituído pelo Estado em favor dos interesses que houver definido como próprios no sistema normativo".[7]

Ou, na lição de Maria Sylvia Zanella di Pietro, serviço público é "toda atividade material que a lei atribui ao Estado para que a exerça diretamente ou por meio de seus delegados, com o objetivo de satisfazer concretamente às necessidades coletivas, sob regime jurídico total ou parcialmente público".[8]

Para saber-se se a prestação do serviço público – compreendido este segundo o conceito apresentado –, sujeita-se à disciplina das relações de consumo, cabe lembrar, antes de mais nada, a definição legal de *serviço* constante do CDC: "é qualquer atividade fornecida no mercado de consumo, *mediante remuneração*, inclusive as de natureza bancária, financeira, de crédito e securitária, salvo as decorrentes das relações de caráter trabalhista" (art. 3º, § 2º[9]). Portanto, é a exigência de *remuneração específica* pela prestação de determinado serviço público, que vai determinar sua sujeição à disciplina legal das relações de consumo. Empregamos aqui a expressão *remuneração específica* porque, a rigor, todos os serviços públicos são remunerados pelos contribuintes.

Como sabido, a remuneração pela prestação de serviços públicos, específicos e divisíveis,[10] prestados ao contribuinte ou postos a sua disposição, é feita mediante *taxa*,[11] na precisa dicção do art. 145, II, da Constituição da República. A prestação dos serviços públicos que não se revestem dos atributos da *especificidade* e da *divisibilidade*, por seu turno, é realizada independentemente da exigência de remuneração específica, é custeada pelos impostos, espécies tributárias não vinculadas a uma atuação estatal.

Destarte, serviços públicos como o fornecimento de água e de energia elétrica, por exemplo, por serem específicos e divisíveis, e ensejarem a exigência de taxa, estão sujeitos à disciplina do Código de Defesa do Consumidor. Já serviços públicos de caráter geral, como a segurança e a iluminação públicas, não comportando a exigência de remuneração específica, posto que custeados pelos recursos advindos da arrecadação de impostos, estão excluídos do regime jurídico das relações de consumo.

Ante o exposto, demonstrado está que o *usuário-consumidor de serviço público*, cuja prestação é remunerada mediante taxa, goza da proteção contemplada no Código de Defesa do Consumidor.

7. *Curso de Direito Administrativo*, 12ª ed., Malheiros Editores, 2000, p. 575.

8. *Direito Administrativo*, 11ª ed., Atlas, 1999, p. 84.

9. Destaque nosso.

10. O Código Tributário Nacional define o que sejam serviços públicos *específicos*: quando possam ser destacados em unidades autônomas de intervenção, de utilidade ou de necessidade públicas; e *divisíveis*: quando suscetíveis de utilização, separadamente, por parte de cada um dos seus usuários (art. 79, II e III).

11. Não se desconhece a polêmica em torno da tese segundo a qual a *tarifa* constitui uma possibilidade de remuneração pela prestação de serviço público, sendo faculdade do legislador adotar a tarifa ou a taxa para tal finalidade. Todavia, adotamos o entendimento segundo o qual a Lei Maior estabeleceu uma única forma para tanto, que é a taxa, sendo a tarifa uma autêntica distorção, na medida em que, mediante a sua instituição, pretende-se submeter a remuneração pela prestação de um serviço público a regras próprias do direito privado, procedimento não autorizado constitucionalmente, a teor do art. 145, inciso II, da Constituição da República. A nosso ver, a menção feita à "política tarifária", no inciso III, do parágrafo único, do art. 175 da Lei Maior, não tem o condão de afastar a aplicação do regime tributário à forma remuneratória da prestação do serviço público. Veja-se, a esse respeito, a preciosa lição de Geraldo Ataliba, nas bem grafadas páginas do seu *Hipótese de Incidência Tributária* (6ª ed., Malheiros Editores, 1992, § 64).

A tributação, assim, alcança a relação de consumo e seus personagens, com múltiplas implicações, das quais pensamos ter destacado as mais relevantes.

São Paulo, 5 de junho de 2000

Bibliografia

ATALIBA, Geraldo, "IPTU e Progressividade", São Paulo, RT, *Revista de Direito Público* n. 92/233;

———, *Hipótese de Incidência Tributária*, 5ª ed., São Paulo, Malheiros Editores, 1992;

BANDEIRA DE MELLO, Celso Antônio, *Curso de Direito Administrativo*, 5ª ed., São Paulo, Malheiros Editores, 1995;

COSTA, Regina Helena, *Princípio da Capacidade Contributiva*, 2ª ed., São Paulo, Malheiros Editores, 1996;

DI PIETRO, Maria Sylvia Zanella, *Curso de Direito Administrativo*, 11ª ed., São Paulo, Atlas, 1999.

O LANÇAMENTO
Apontamentos

Sacha Calmon Navarro Coelho

O crédito tributário e o princípio da legalidade

Dispõe o art. 141 do CTN: "Art. 141. O crédito tributário regularmente constituído somente se modifica ou extingue, ou tem sua exigibilidade suspensa ou excluída, nos casos previstos nesta Lei, fora dos quais não podem ser dispensadas, sob pena de responsabilidade funcional na forma da lei, a sua efetivação ou as respectivas garantias".

O ditado supratranscrito supõe crédito tributário já formalizado. Diz também que o ato administrativo do lançamento é vinculado e obrigatório, não sobrando aos agentes da Administração discrição para realizá-lo ou alterá-lo, senão nos casos previstos no próprio CTN. Do mesmo modo, *ad nauseam*, prevê que a exigibilidade do crédito já formalizado pelo lançamento só poderá ser suspensa ou excluída nos casos previstos em lei, vedada ao administrador fiscal qualquer veleidade neste sentido. Ademais os ameaça: *"sob pena de responsabilidade funcional"*. Veremos mais à frente a razão de ser desses preceitos. Desde logo, porém, diga-se que o artigo denota princípios fundamentais do Direito Administrativo, quais sejam: o princípio da moralidade dos atos administrativos, o da sua vinculação à lei (legalidade) e o da indisponibilidade dos bens e receitas do Estado por parte de seus agentes. Nada mal!

O conceito de lançamento no Direito brasileiro – Diferença entre lançamento por homologação e homologação do pagamento do crédito tributário

A definição de lançamento no CTN é defeituosa e altamente dogmática, o que não impede a sua compreensão:

"Art. 142. Compete privativamente à autoridade administrativa constituir o crédito tributário pelo lançamento, assim entendido o procedimento administrativo tendente a verificar a ocorrência do fato gerador da obrigação correspondente, determinar a matéria tributável, calcular o montante do tributo devido, identificar o sujeito passivo e, sendo caso, propor a aplicação da penalidade cabível.

"Parágrafo único. A atividade administrativa de lançamento é vinculada e obrigatória, sob pena de responsabilidade funcional".

Estamos acordes em que a maioria dos impostos são calculados – por força de lei – pelos próprios contribuintes e pagos sem prévio exame da autoridade administrativa. Sabemos, igualmente, que a Administração fiscal jamais homologa expressamente esta atividade do contribuinte, deixando em aberto o prazo que possui para rever o pagamento, de modo que possa, durante o período, fiscalizar o contribuinte quantas vezes quiser, concordando ou discordando do seu proceder. Quando discorda, promove lançamentos *ex officio* para exigir os créditos recolhidos a menor ou simplesmente não pagos.

Entretanto, o CTN fincou pé em duas posições: a) seja qual for o tributo, tem de haver lançamento, atividade privativa da autoridade administrativa; b) nos casos em que o contribuinte faz o pagamento sem prévio exame da autoridade administrativa, dá-se um prazo de cinco anos para a Fazenda *homologar o pagamento expressa ou tacitamente*. Dá-se, em seguida, ao silêncio ou inação da Fazenda durante este tempo, o caráter de homologação tácita (o caráter de autolançamento homologado).

O sofisma é evidente. Anote-se o art. 150 do CTN e seus parágrafos:

"Art. 150. O lançamento por homologação, que ocorre quanto aos tributos cuja legislação atribua ao sujeito passivo o dever de antecipar o pagamento sem prévio exame da autoridade administrativa, opera-se pelo ato em que a referida autoridade, tomando conhecimento da atividade assim exercida pelo obrigado, expressamente a homologa.

"§ 1º. O pagamento antecipado pelo obrigado nos termos deste artigo extingue o crédito, sob condição resolutória da ulterior homologação do lançamento.

"§ 2º. Não influem sobre a obrigação tributária quaisquer atos anteriores à homologação, praticados pelo sujeito passivo ou por terceiro, visando à extinção total ou parcial do crédito.

"§ 3º. Os atos a que se refere o parágrafo anterior serão, porém, considerados na apuração do saldo porventura devido e, sendo o caso, na imposição de penalidade, ou sua graduação.

"4º. Se a lei não fixar prazo à homologação, será ele de 5 (cinco) anos, a contar da ocorrência do fato gerador; expirado esse prazo sem que a Fazenda Pública se tenha pronunciado, considera-se homologado o lançamento e definitivamente extinto o crédito, salvo se comprovada a ocorrência de dolo, fraude ou simulação".

A crítica feita por Paulo de Barros Carvalho[1] é definitiva:

"A conhecida figura do lançamento por homologação é um ato jurídico administrativo de natureza confirmatória, em que o agente público, verificado o exato implemento das prestações tributárias de determinado contribuinte, declara, de modo expresso, que obrigações houve, mas que se encontram devidamente quitadas até aquela data, na estrita consonância dos termos da lei. Não é preciso despender muita energia mental para notar que a natureza do ato homologatório difere da do lançamento tributário. Enquanto aquele primeiro anuncia a extinção da obrigação, liberando o sujeito passivo, estoutro declara o nascimento do vínculo, em virtude da ocorrência do fato jurídico. Um certifica a quitação, outro certifica a dívida. Transportando a dualidade para outro setor, no bojo de uma analogia, poderíamos dizer que o lançamento é a certidão de nascimento da obrigação tributária, ao passo que a homologação é a certidão de óbito. (...)

"Quando é que o funcionário da Fazenda lavra a homologação? Exatamente quando não pode celebrar o ato jurídico administrativo do lançamento. E por que o agente público exara o lançamento? Precisamente porque não pode realizar o ato jurídico administrativo de homologação. Eis a prova. Lançamento e homologação de lançamento são realidades jurídicas antagônicas, não podendo subsistir debaixo do mesmo epíteto"

E quando pensamos que o silêncio consente (homologação tácita), chegamos ao paradoxo de chamar de lançamento ao não-ato estatal, como quer o CTN. E chamar de procedimento de lançamento sua total inexistência.

Distinção de lançamento como ato administrativo singular e procedimentos preparatórios e revisionais do lançamento – Lançamentos provisórios e finais, impossibilidade

Feita esta observação primeira, já podemos examinar o instituto do lançamento tributário no Direito brasileiro, como posto no CTN (Lei n. 5.172/66).

O lançamento, para começar, não pode ser – por impossibilidade lógica – procedimento (sucessão encadeada de atos). É ato. Em segundo lugar, não existe lançamento inicial, este provisório, e lançamento final, este definitivo. O lançamento é ato singular que se faz preceder de procedimentos pre-

1. Carvalho, Paulo de Barros. *Curso de Direito Tributário*, 4ª ed., São Paulo, Saraiva, pp. 282-3.

paratórios e que se faz suceder de procedimentos revisionais, podendo ser declarado, ao cabo, subsistente ou insubsistente, no todo ou em parte, em decorrência do controle do ato administrativo pela própria Administração, o que não constitui nenhuma novidade, muito pelo contrário. Por lançamento definitivo se deve entender o ato de lançamento contra o qual não caiba recurso do contribuinte nem recurso *ex officio* (por faltar previsão, por ter faltado o seu exercício ou por consumação dos recursos cabíveis).

A natureza jurídica do lançamento, portanto, é a de ato administrativo de aplicação da lei aos casos concretos (processo de concreção normativa) a cargo da Administração Pública (Poder Executivo). Dentre os seus efeitos relevantes, destacam-se dois.

Primus – O de traduzir a lei e especificar a existência concreta de obrigação tributária entre o sujeito ativo e o passivo, bem como o seu conteúdo, de conformidade com a legislação existente ao tempo em que ocorreu o fato jurígeno. Ato jurídico administrativo de efeitos declaratórios: o conceito calha muito bem ao lançamento fiscal.

Secundus – O de conferir exigibilidade – quando a sua prática se faz necessária – ao crédito tributário, acrescentando densidade ao direito subjetivo da Fazenda Pública. Sabe-se que a ação de execução (processo de execução do direito, e não de cognição), para ser aforada, requisita direito líquido, certo e exigível. O lançamento tem esta virtude, na medida que certifica e torna líquido o *quantum debeatur* da obrigação tributária (certidões de dívida ativa).

O parágrafo único do artigo 142 reafirma que a atividade administrativa do lançamento é vinculada à lei (legalidade, não-discricionariedade) e obrigatória (não-facultativa, ou poder-dever, na terminologia de Santi Romano), sob pena de responsabilidade funcional do agente público desidioso.

Tributos que são pagos sem prévio exame da autoridade administrativa, ou seja, sem lançamento. A perversão no CTN, em nome da praticidade, do instituto do pagamento

O pagamento no Direito Civil tem natureza resolutória e, pois, resolve a obrigação, liberando o devedor. Efeito liberatório significa precisamente ficar o sujeito passivo da obrigação liberado do seu dever. Em Direito Tributário inventou-se um "pagamento antecipado", um "lançamento por homologação" e até "uma homologação tácita" de lançamento inexistente, com o fito de obrigar o contribuinte a calcular o tributo e pagá-lo, por sua conta e risco, e a ficar cinco longos e lustrosos anos à mercê do Fisco, e dos seus imensos poderes como se fosse uma *Iansã*, a jogar sobre a terra dos homens os seus raios fulminantes. Inventou-se até mesmo uma "ulterior condição resolutória", cabível nos atos jurídicos bilaterais, não porém nos unilaterais, obrigatórios por força de lei. É o que veremos a seguir ao examinar a teoria do pagamento, vez que o art. 156 do CTN elenca as formas de extinção do crédito tributário. A palavra *pagamento,* na teoria das obrigações, tem um sentido amplo e outro restrito. Orlando Gomes pontifica[2] que no primeiro sentido significa o adimplemento de todo tipo de obrigação. No segundo sentido significa o adimplemento das obrigações pecuniárias.

A obrigação tributária, a teor do art. 3º do CTN, é estritamente pecuniária.

Alcides Jorge Costa, em livro ainda inédito (Tese de titularidade à cátedra de Direito Tributário na USP), concorda e ainda cita Clóvis Beviláqua em reforço à lição do mestre baiano:[3] "O Código Civil usa o termo 'pagamento' em sentido amplo. Clóvis Beviláqua ao comentar o art. 930

2. Gomes, Orlando. *Obrigações*. Rio de Janeiro, Ed.Forense, 1984, p. 106.

3. Costa, Alcides Jorge. *Da extinção das obrigações tributárias*, 1991, p. 29.

do CC diz: 'pagamento é a execução voluntária da obrigação'. *Solutio est praestatio ejus quod est in obligationis*. A palavra pagamento na linguagem comum aplica-se, mais particularmente, à prestação em dinheiro, mas na linguagem técnica do Direito, tem menor amplitude, é a execução voluntária da obrigação".

O CTN, já anotamos, usa o vocábulo em *sentido estrito*, até porque o pagamento do tributo só pode ser mesmo em moeda ou em valor que nela se possa exprimir (papel selado, selo, estampilha, vale postal, cheque).

A dação em pagamento de coisa distinta de dinheiro é prerrogativa do credor, a teor do Código Civil, em razão de *transação* judicial ou administrativa. O devedor não tem escolha: seu ato, por isso que necessitado, consiste em dar dinheiro, ou valor que nele se possa exprimir, a título de pagamento da obrigação tributária, a qual, por definição, *é pecuniária*. No Direito Tributário, o Estado só pode receber, em dação em pagamento, coisa diversa do dinheiro se autorizado por lei. O crédito tributário é indisponível pela Administração. Alcides Jorge Costa,[4] com brilhantismo, supera todas as teorias privatísticas que se demoram na natureza jurídica do pagamento.

"O devedor não é livre para praticá-lo ou não; deve praticá-lo, sob pena de ser coercitivamente conduzido a fazê-lo. (...)

"No adimplemento por terceiro, interessado ou não, as coisas passam-se da mesma maneira. O terceiro pratica um ato cujo efeito jurídico independe de sua vontade e, ademais, pode adimplir até mesmo contra a vontade do credor. (...)

"O pagamento é ato jurídico em sentido estrito, material e devido".

E, avizinhando-se da correção monetária, logo averba com perfeição:[5] "Daí a utilização de cláusulas de indexação que, aplicadas, alteram o valor nominal do crédito mas não sem seu valor real. Aqui chega-se ao problema do curso forçado da moeda. Diz-se que a moeda tem curso legal quando não é possível recusar a sua aceitação como meio liberatório. Enquanto o curso legal somente impõe a aceitação da moeda, o curso forçado significa que a moeda é inconversível em ouro".

E recomenda a observância do Decreto n. 857, de 11.11.69, que dispõe em seu art. 1º: "São nulos de pleno direito os contratos, títulos, quaisquer documentos, bem como as obrigações que, exeqüíveis no Brasil, estipulam pagamento em moeda estrangeira ou, por alguma forma, restrinjam ou recusem, nos seus efeitos, o curso legal do cruzeiro".

Nos tributos sujeitos ao chamado lançamento por homologação, o dia do pagamento é aquele fixado na lei específica do imposto, pois neles inexiste, em princípio, "notificação do lançamento" (lançamentos *ex officio*, suplementares, são sempre possíveis enquanto não ocorrida a preclusão do ato de lançar).

A expressão "sujeito passivo" abarca o contribuinte, o responsável por transferência do dever de pagar e também o substituto tributário.

Questão interessante, ligada aos artigos sob comento, diz respeito à natureza jurídica dos juros moratórios em matéria tributária, com repercussão no instituto da denúncia espontânea (art. 138 do CTN).

O art. 960 do Código Civil diz que o "inadimplemento da obrigação, positiva e líquida, no seu termo constitui de pleno direito em mora o devedor". *Dies interpellat pro homine*, portanto.

Em Direito Tributário, a mora implica acrescer ao principal da dívida os juros moratórios, como forma de indenizar o credor pelo não-recebimento do tributo no dia previsto em lei. É o que se deduz do art. 161 do CTN, "sem prejuízo da imposição das penalidades cabíveis". As multas, sim, têm caráter punitivo. São postas para desen-

4. Costa, Alcides Jorge. Ob. cit., p. 58.
5. Ob. cit., p. 57.

corajar o *inadimplemento* das obrigações tributárias. Podem ser elevadas, porém não confiscatórias ou abusivas, como registrado por Baleeiro.

Com razão no particular Alcides Jorge Costa,[6] ao comentar o tema: "O artigo 917 do Código Civil diz: 'A cláusula penal pode referir-se à inexecução completa da obrigação, à de alguma cláusula especial ou simplesmente à mora'. Acrescenta o artigo 920 que 'o valor da cominação imposta na cláusula penal não pode exceder o da obrigação principal'. Portanto, em Direito Privado podem acumular-se juros de mora e cláusula penal. Insurge-se Orlando Gomes contra esta acumulação por tratar-se, no seu entender, de duas indenizações pela mesma causa. Aceita-a Caio Mário da Silva Pereira que, depois de argumentar a respeito, conclui que 'nenhuma razão existe, quer em doutrina, quer em legislação, para que se repute vedado o acúmulo de penas convencionais. É lícito, portanto, ajustar uma penalidade para o caso de total inadimplemento, e outra para o de mora com a finalidade de assegurar o cumprimento de certa e determinada cláusula'".

O art. 161, depois de falar nos juros pela mora, refere-se às penalidades cabíveis, distinguindo os institutos.

Está claro que a mora compensa o pagamento a destempo, e que a multa o pune. Os juros de mora em Direito Tributário possuem natureza compensatória (se a Fazenda tivesse o dinheiro em mãos já poderia tê-lo aplicado com ganho ou quitado seus débitos em atraso, livrando-se, agora ela, da mora e de suas conseqüências). Por isso os juros moratórios devem ser conformados ao mercado, compensando a indisponibilidade do numerário. A multa, sim, tem caráter estritamente punitivo, e por isso é elevada em todas as legislações fiscais, exatamente para coibir a inadimplência fiscal ou ao menos para fazer o sujeito passivo sentir o peso do descumprimento da obrigação no seu termo. Cumulação de penalidades? Os juros não possuem caráter punitivo, somente a multa.

Não faz sentido, como já afirmado, o art. 150 do CTN, ao cuidar do lançamento por homologação, pôr condição onde inexiste "negócio jurídico", embora existam as chamadas "condições legais" que não são verdadeiras condições, mas cláusulas condicionantes. Afirmamos, com o apoio magistral do Professor Alcides Jorge Costa, que o pagamento é ato jurídico em sentido estrito, material, unilateral e devido, não comportando condição, só cabível nos atos jurídicos bilaterais (negócio jurídico).

"Art. 150. O lançamento por homologação, que ocorre quanto aos tributos cuja legislação atribua ao sujeito passivo o dever de antecipar o pagamento sem prévio exame da autoridade administrativa, opera-se pelo ato em que a referida autoridade, tomando conhecimento da atividade assim exercida pelo obrigado, expressamente a homologa.

§ 1º. O pagamento antecipado pelo obrigado nos termos deste artigo extingue o crédito, sob condição resolutória da ulterior homologação do lançamento. (...)"

Condição é modalidade do negócio jurídico, incondizente com o pagamento que é ato unilateral e necessitado (ato jurídico material).

O CTN se perdeu a partir do pensamento de A. D. Giannini, segundo Alcides Jorge Costa, cuja crítica damos transcrita:[7]

"Por fim, A. D. Giannini diz que existem três espécies de lançamento: o que é feito pelo sujeito passivo sem a intervenção da autoridade, o que é feito pela autoridade sem a cooperação do devedor e o que é feito pela autoridade com a cooperação do devedor.

"A mera citação do texto de A. D. Giannini é suficiente para perceber que a corrente doutrinária por ele representada foi

6. Costa, Alcides Jorge. *Da extinção das obrigações tributárias*. São Paulo, 1991.

7. Costa, Alcides Jorge. *Da extinção das obrigações tributárias*. São Paulo, 1991

perfilhada pelo CTN, segundo cujas normas o lançamento está presente em todos os tributos. Coerentemente, o CTN conhece três tipos de lançamento, o que se faz com a cooperação do sujeito passivo (art. 147), o que é feito sem a colaboração do sujeito passivo (art. 149) e o que é feito pelo próprio sujeito passivo (art. 150). No entanto, A. D. Giannini diz que, no caso de lançamento levado a cabo pelo contribuinte, existe "mera operação do intelecto". Todavia, o CTN determina, em seu artigo 142, que compete privativamente à autoridade administrativa constituir o crédito tributário pelo lançamento e teve necessidade de compatibilizar esta posição com o pagamento do tributo sem interferência da autoridade. Daí ter-se criado o chamado lançamento por homologação.

"Nos termos do artigo 150 do CTN, o lançamento por homologação ocorre quanto aos tributos cuja legislação atribua ao sujeito passivo o dever de antecipar o pagamento sem prévio exame da autoridade administrativa. O pagamento antecipa-se ao lançamento. Mas se o pagamento extingue o crédito e se este é constituído pelo lançamento, como conciliar as coisas? O CTN tentou resolver o problema, resultante da posição de que não há tributo sem lançamento, com o parágrafo 1º do art. 150, já referido, que contém vários equívocos".

O pagamento é feito em dinheiro de contado e por outras formas. Pode ocorrer pagamento mediante papel selado, aposição de estampilhas ou impressão mecânica. Uma concisa resenha do fenômeno nos oferta Baleeiro.[8]

"De todo modo, a estampilha é como o dinheiro. Quem o destrói nada pode reclamar do Poder Público, sendo aliás, conduta delituosa. Com a estampilha dá-se o mesmo, daí a impossibilidade de restituição pelo mau uso das mesmas, salvo indução administrativa errônea, nos casos previstos em lei (art. 162 do CTN, § 4º). Nesse caso é melhor falar em indenização do indébito".

Na espécie do contribuinte que paga por processo mecânico, em verdade ocorre a obtenção mecânica do recibo de pagamento. O pagamento em si é em dinheiro. O atecnicismo, todavia, não compromete. Aqui, ao contrário da estampilha, cabe repetir o indébito.

Passemos ao pagamento por cheque ou vale postal. Neste último caso, o correio apenas se obriga a fornecer ao sujeito passivo a prova do pagamento. Estar a prestação adimplida é outra questão.

O art. 162, § 2º, regula o pagamento mediante cheque. Dispõe que o crédito somente se considera extinto com o resgate daquele pelo sacado. Nem poderia ser diferente. Cheque sem fundos ou imperfeito é ordem de pagamento à vista frustrada, nada paga ou quita. Errado é o artigo ao falar em extinção do crédito. Pode haver, e isso é comum na obrigação tributária, nos tributos sujeitos a homologação ou por declaração e mesmo nos de lançamento direto, pagamentos insuficientes, não exaurientes da matéria tributável. Eqüipole a dizer que o pagamento nem sempre extingue o crédito. Pode ser que sim e pode ser que não. Por isso mesmo o sujeito ativo da obrigação tributária se reserva um trecho de tempo para *revisar lançamentos* e produzir outros tantos. Em Direito Tributário – é notável a diferença em relação ao Direito Privado – só há sossego para o devedor quando dá-se a preclusão do ato de lançar, acarretando, pois, decadência do direito de crédito da Fazenda Pública, ou então após a prescrição da ação de cobrança. Cabe aqui antecipar algumas noções. Em realidade, *inexiste decadência do ato de lançar*. Somente direitos decaem, nunca os atos jurídicos. Estes precluem quando sujeitados ao tempo. A seu turno, a prescrição é instituto processual. O direito de ação prescreve. Então temos:

a) certos atos jurídicos, caso do lançamento tributário, precluem;

8. Baleeiro, Aliomar. *Direito Tributário Brasileiro*, 10ª ed. Rio de Janeiro, Ed. Forense, 1981, p. 550.

b) os direitos decaem ou caducam, caso do direito de crédito da Fazenda Pública não formalizado; e

c) o direito de executar o devedor, para haver o crédito tributário, mediante ação, prescreve.

Pois, inexiste *decadência do direito de lançar*. O lançamento é dever da Administração. A preclusão do ato que exterioriza o poder-dever de lançar acarreta a decadência do crédito.

E assim se explica porque o pagamento, por si só, não extingue o crédito tributário. Isto só ocorre, com certeza, quando a Fazenda *expressamente* se dá por quitada, o que quase nunca ocorre, ou quando ocorrem a *decadência do direito de crédito* ou a *prescrição da ação de cobrança*.

A Fazenda Pública, só por isso, é uma *credora privilegiada*.

Pelo Código Civil, art. 991, o devedor de dois ou mais débitos tem o direito de indicar ao credor qual deles está a pagar. Pelo CTN, ocorre exatamente o inverso. É o credor que impõe ao devedor qual crédito está a receber. É reler o art. 163 do Digesto Tributário.

Parece-nos, a esta altura, que a obrigação no Direito Civil e a obrigação no Direito Tributário são como que antípodas. O Direito Civil, cevado em milênios, é extremamente coerente. A adoção da tese "obrigacional" pelo Direito Tributário brasileiro inverte o Direito Civil e privilegia um dos pólos da relação: o Estado (como se tudo não passasse de função administrativa em prol da Administração). Prova acabada do que se está a dizer é o estranho conúbio no leito pedregoso do CTN entre os institutos da *imputação do pagamento* e da *consignação em pagamento*, uma algaravia sem par que se resolve pela inconstitucionalidade da primeira. A Fazenda Pública não pode imputar os pagamentos diante dos princípios constitucionais do devido processo legal, da legalidade e da oficialidade dos atos administrativos. Tal excrescência foi posta no Código em nome do *Príncipe Medieval*, justo na disciplinação da obrigação, teoricamente um pacto entre iguais.

Enganam-se os que acham, como Luciano Amaro, estar em dessuetude o instituto. Testemunhamos caso ocorrido perante a Receita Federal. Certo contribuinte declarou o IR/92, mas não o pagou. Em 1993, declarou e pagou. A Receita transportou o pagamento para 1992 e cobrou *ex officio* o imposto correspondente àquele ano, com os acréscimos e penalidades devidos, fazendo apenas o abatimento do valor posto no DARF/93. Em, seguida, lançou o imposto de 1993, este também com os consectários de praxe, sem sequer ouvir o contribuinte (o devido processo legal), o qual perdeu totalmente o controle da situação.

Certos autores admitem que a harmonização se daria da seguinte forma:

A) o credor pode imputar *a priori*, antes do pagamento;

B) não pode subordinar o pagamento de um ao pagamento de outro após declarada a vontade do contribuinte.

O Professor Igor Mauler Santiago, ilustre filho do Piauí, nosso colega de escritório, lúcido jurista, igualmente mestrando na UFMG, discorre firmemente sobre o tema. O curso de Pós-Graduação em Direito Tributário da UFMG tem algo a dizer, e bem por cima dos manuais e cursos de Direito Tributário em voga. Os excertos foram tirados de simples exercícios críticos em sala de aula.

"De um lado, impõe-se ao Fisco o dever (e não a simples faculdade) de imputar os valores que lhe entrega o sujeito passivo à satisfação do crédito definido segundo rígidos critérios legais. A leitura isolada do dispositivo leva à conclusão de que, 'se o sujeito passivo tem mais de um débito para com o mesmo sujeito ativo, referentes ao mesmo ou a diferentes tributos, ou provenientes de penalidade pecuniária ou juros de mora, não tem ele direito de escolher qual dos débitos quer pagar'.[9]

9. Machado, Hugo de Brito. *Curso de Direito Tributário*, 11ª ed. São Paulo, Ed. Malheiros, 1996, p. 133.

"Logo a seguir, concede-se ao sujeito passivo ação judicial para combater, dentre outras condutas, a submissão pelo Fisco do recebimento de determinado tributo ou penalidade pecuniária[10] ao prévio pagamento de outro débito de igual natureza.

"O conflito parece ter passado em branco para muitos. Hugo de Brito Machado, depois de afirmar a inexistência do direito de escolha do sujeito passivo, refere-se sem maiores comentários à regra do art. 164,I.[11] Tampouco Paulo de Barros Carvalho parece tê-lo enxergado.[12]

"Curiosa é, contudo, a inconsciente preferência que ambos manifestam pela consignatória, saudada pelo professor paulista como "obstáculo intransponível à possibilidade teórica da escravidão absoluta".[13] Na imputação, por outro lado, a dessuetude parece ser a única característica digna de nota. Confira-se: 'Essa regra do Código, todavia, tem pouca ou nenhuma aplicação, eis que os pagamentos são geralmente feitos em estabelecimentos bancários, que não exercem qualquer controle quanto a estes aspectos. Isto, porém, já não causa problema algum, pois ao Fisco sempre restará o direito de cobrar débitos anteriores, ou as diferenças havidas no pagamento, como já explicamos'.[14]

"'Da maneira em que os pagamentos são feitos, nos dias atuais, é muito difícil conceber-se hipótese de exercício desse direito de imputação. Todavia, em face da mutabilidade inerente às práticas administrativas, nada impede que, modificada a sistemática de arrecadação tributária, o dispositivo do art. 163 venha a ter aplicação efetiva'.[15]

"Não parece exato concluir que a intermediação dos bancos no recebimento de tributos impeça a operacionalização do instituto da imputação. Nos termos do Código, o fenômeno claramente sucede o pagamento, pouco importando onde se dê este último. Recebidos os valores pela Fazenda Pública considerada, em pagamento direto dos sujeitos passivos ou por meio de bancos e outros agentes, só então haverá espaço para a imputação. Por exigir minuciosa verificação da situação global do *solvens* perante o *accipiens*, com consulta a bancos de dados oficiais e outras providências parelhas, a imputação não seria coetânea ao recolhimento nem mesmo se este se fizesse diretamente aos cofres estatais.

"Afasta-se, assim, a tese que confere precedência à consignação por suposta irrealização, no mundo fenomênico, do pressuposto fático da norma de imputação. Na verdade, este pressuposto se realiza a todo momento, sempre que alguém paga o débito tributário diverso daquele definido pela aplicação dos critérios do art. 163 do CTN.

"Em verdade, como se passa a demonstrar, o virtual abandono do instituto deve-se à total inconstitucionalidade de sua aplicação em matéria tributária.

"De ressaltar, desde logo, a manifesta disparidade entre a imputação do pagamento prevista no Código Civil e o instituto homônimo de que ora se trata (arts. 991 a 994 da Lei Comum).

"A imputação do Direito Civil é faculdade do devedor, que assim mantém pleno controle de sua situação patrimonial, sabendo exatamente quais débitos pagou e quais outros haverá ainda de satisfazer. Ao credor, tendo pressa em receber algum pagamento antes dos demais, em razão do valor ou do estágio de fluência do prazo prescricional da ação de cobrança, basta mover a respectiva execução. Aliás, em se tratando de créditos vencidos (requisito para cabimento da imputação, tanto aqui quanto no Direito Tributário), pode executá-los todos imediata e simultaneamente.

"É ônus do credor diligenciar no sentido do pronto recebimento de seus crédi-

10. Ao dizer *crédito tributário*, o *caput* do art. 164 refere-se também às penalidades pecuniárias por descumprimento de obrigação principal ou acessória, nos termos do art. 139 c/c art. 113, §§ 1º e 3º, do CTN.

11. Ob. cit., p. 149.

12. Carvalho, Paulo de Barros. *Curso de Direito Tributário*, 6ª ed., São Paulo, Ed. Saraiva, 1993, pp. 303 e 318.

13. Ob. cit., p. 318.

14. Machado, Hugo de Brito. Ob. cit., pp. 133-4.

15. Carvalho, Paulo de Barros. Ob. cit., p. 303.

tos exigíveis. É contra os seus interesses que corre o prazo de prescrição. E nem por isso lhe atribui o direito civil a facilidade da imputação.

"Nas relações tributárias, com muito maior razão, não pode competir ao Fisco tamanho privilégio. Constitui garantia do cidadão-contribuinte o princípio da não-surpresa, de que certamente é faceta a proibição da imputação do pagamento pelo sujeito ativo.

"A cobrança do crédito tributário não satisfeito espontaneamente pelo sujeito passivo é de ser feita em juízo, ainda que mediante procedimento especial. Preliminarmente ao ajuizamento da execução fiscal, ritos também particulares têm de ser respeitados. Um exemplo é a abertura de prazo ao sujeito passivo, logo após a lavratura do lançamento e do auto de infração, para pagamento ou impugnação dos créditos aí consignados. Bem explicando a razão de ser da formalidade, aduz Ronaldo Cunha Campos:[16] 'O conteúdo do ato, a que se denomina título executivo, sempre residirá na criação de uma razoável certeza que autorize o manejo da coação'. (...) 'A presunção de certeza e liquidez, em matéria tributária, repousaria, assim, em sistemática onde a obrigatória oferta de oportunidade de impugnar a pretensão fiscal (CTN, art. 145, I) assume o papel de viga mestra'. (...)

"Sendo assim, não se admite que o Fisco, pelo artifício da imputação em pagamento, contorne todas as formalidades a que deve submeter-se na exigência de seus créditos, cobrando do sujeito passivo tributo que este não deseja pagar, não teve oportunidade de impugnar e por vezes desconhece inteiramente.

"À guisa de exemplo, imagine-se a situação de contribuinte que, diante de reiteradas declarações incidentais de inconstitucionalidade por parte do Supremo Tribunal Federal (eficácia *inter partes*), decide suspender unilateralmente o recolhimento de determinado tributo, optando por defender-se apenas nos embargos a eventual execução fiscal em que venha a ser demandado pelo não-recolhimento desta mesma exação. Nesse caso, apesar de desacobertado de qualquer causa suspensiva da exigibilidade do crédito do tributo, encontra-se o contribuinte em situação segura e confortável, sendo certa a sua vitória nos embargos que venha a opor. Continua, sobretudo, pagando regularmente seus demais tributos.

"Admitida a legitimidade do procedimento atacado, poderia a Fazenda respectiva ver-se autorizada (dependendo do resultado da aplicação dos critérios do art. 163) a desconsiderar a quitação destes demais tributos, carreando os valores recolhidos pelo contribuinte para a satisfação de créditos que não lograria cobrar de outra maneira (posto que a pretensão do contribuinte seria certamente acolhida pelo Poder Judiciário, em sede de ação preventiva proposta em regime de urgência ou de embargos à execução fiscal), restaurando o primado do avelhantado princípio do *solve et repete* e exigindo do sujeito passivo juros e multas por tributos que recolheu no tempo certo (com a imputação, estes créditos ficariam a descoberto, com os consectários legais).

"Uma interpretação sistemática do CTN reforça a conclusão pela total independência entre distintos créditos tributários, contrariando a tese de sua fungibilidade para efeito de imputação. À guisa de exemplo, levam em consideração a vontade do sujeito passivo de satisfazer um determinado crédito: 'Art. 130. Os créditos tributários relativos a impostos cujo fato gerador seja a propriedade, o domínio útil ou a posse de bens imóveis, e bem assim os relativos a taxas pela prestação de serviços referentes a tais bens, ou a contribuições de melhoria, subrogam-se na pessoa dos

16. Campos, Ronaldo Cunha. *Ação de Execução Fiscal*, 1ª ed. Rio de Janeiro, Ed. Aide, 1995, p. 52 e ss., *apud* Derzi, Misabel de Abreu Machado, in *Comentários ao Código Tributário Nacional*, coord. Carlos Valder do Nascimento, 1ª ed., Rio de Janeiro, Ed. Forense, 1997, p. 410.

respectivos adquirentes, salvo quando conste do título prova de sua quitação. (...)'

"A prevalecer a tese da comunicabilidade dos débitos, poder-se-ia ter situação em que, pretendendo quitar os tributos relativos ao imóvel, o proprietário tivesse seu reconhecimento imputado ao pagamento de outros créditos vencidos em face da mesma pessoa política, ficando os primeiros em aberto. Apesar de ter exigido prova de quitação, poderia o sucessor ser convocado a novo recolhimento.

'Art. 158. O pagamento de um crédito não importa em presunção de pagamento:

I – quando parcial, da prestações em que se decomponha;

II – quando total, de outros créditos referentes ao mesmo ou a outros tributos'.

"Sob o primado da plena comunicabilidade, não se poderia falar com exatidão no pagamento de um determinado crédito. Os valores recolhidos seriam sempre carreados para o crédito preferencial, segundo os critérios da lei. A regra seria absolutamente expletiva.

'Art. 165. O sujeito passivo tem direito, independentemente de prévio protesto, à restituição total ou parcial do tributo, seja qual for a modalidade do seu pagamento, ressalvado o disposto no § 4º do art. 162, nos seguintes casos:

'I – cobrança ou pagamento espontâneo de tributo indevido ou maior que o devido em face da legislação tributária aplicável, ou da natureza ou circunstâncias materiais do fato gerador efetivamente ocorrido;

'II – erro na identificação do sujeito passivo, na determinação da alíquota aplicável, no cálculo do montante do débito ou na elaboração ou conferência de qualquer documento relativo ao pagamento;

'II – reforma, anulação, revogação ou rescisão de decisão condenatória'.

"Nem ao mais renhido fiscalista jamais ocorreu a idéia de contrapor à pretensão repetitória a existência de débitos do autor relativamente a outros tributos, para cuja satisfação seriam transportados os recolhimentos feitos a título da exação indevidamente paga".

A inserção do art. 163 no CTN deu-se nos desvãos do *mimetismo legal*, por imitações dos preceitos do Direito Civil, no interesse da Fazenda.

Dispõe o art. 164 do CTN:

"Art. 164. A importância do crédito tributário pode ser consignada judicialmente pelo sujeito passivo, nos casos:

"I – de recusa do recebimento, ou subordinação deste ao pagamento de outro tributo ou penalidade, ou ao cumprimento de obrigação acessória;

"II – de subordinação do recebimento ao cumprimento de exigências administrativas sem fundamento legal;

"III – de exigência, por mais de uma pessoa jurídica de Direito Público, de tributo idêntico sobre um mesmo fato gerador.

"§ 1º. A consignação só pode versar sobre o crédito que o consignante se propõe pagar.

"§ 2º. Julgada procedente a consignação, o pagamento se reputa efetuado e a importância consignada é convertida em renda; julgada improcedente a consignação no todo ou em parte, cobra-se o crédito acrescido de juros de mora, sem prejuízo das penalidades cabíveis".

A ação de consignação em pagamento instrumentaliza o dever de pagar do sujeito passivo da obrigação pelos motivos previstos no Código Tributário Nacional.

O art. 164 contraria o art. 163 do Código, que cuida da imputação do pagamento, já que o sujeito passivo que deseja pagar um dado crédito tributário está autorizado a consigná-lo, se o Fisco subordinar o seu pagamento ao de outro tributo, pouco importando se devido ou não.

O inciso III permite a consignação para livrar o contribuinte de conflitos de competência, ou seja, de exigência por mais de uma Fazenda de tributo idêntico sobre um mesmo fato gerador. Por suposto, as Fazendas Públicas se acham investidas do poder de exigir o tributo, daí o concurso ativo a constranger o contribuinte.

O § 1º restringe o cabimento da ação, cujo objeto é pagar, e não discutir a legalidade ou a constitucionalidade da exigência.

A dúvida objetiva, real e atual, sobre ser devido ou não o tributo não cabe na angusta via da ação consignatória fiscal. O caso seria de ação declaratória. A dúvida subjetiva, interiorizada (perplexidade), ensejaria, a seu turno, consulta administrativa, impedindo até mesmo a ação declaratória. O Judiciário não esclarece dúvidas, *decide controvérsias concretas*.

No caso do inciso III, especificamente, a existência concreta do concurso de exigências por mais de um Fisco tem de ser comprovada, sob pena de carência da ação. Imaginem-se dois municípios exigindo o ISS sobre um mesmo fato gerador. Há que provar que ambos estão a exigir, a um só tempo, o imposto.

A ação consignatória restringe-se ao caso concreto posto em lide e só aproveita ao demandante. Na espécie, o autor deve demonstrar o concurso de exigências e depositar o valor do pagamento, chamando as Fazendas para receberem o crédito. A ação tem dois momentos. No primeiro, o sujeito passivo, para não ter que pagar a dois ou mais credores, o faz *em juízo* e não toma partido por nenhum deles, afastando-se da disputa. No segundo momento, as Fazendas interessadas controvertem entre si para que o juízo determine a quem é devido o pagamento. A procedência da ação, definitiva a decisão, extingue o crédito tributário. Pode ocorrer, no entanto, que a ação seja julgada improcedente por inexistência de causa de pedir. Não havia concurso nem tampouco existiam os fatos alegados como impeditivos do pagamento (incisos I e II).

As conseqüências estão previstas no § 2º. Procedente a ação, reputa-se efetuado o pagamento, sem juros, multas ou correção monetária. Improcedente a ação, deve o consignante pagar o crédito acrescido de juros, multas, correção monetária, custas e honorários advocatícios.

Muitos autores, no caso do inciso III transcrito, entendem que as Fazendas credoras podem ser de diversa ordem. União e Estado, Estado e Município, e assim por diante.

Discordamos, embora lamentemos o acanhamento do legislador. A cláusula *tributo idêntico sobre um mesmo fato gerador* afasta a tese de *tributos não idênticos sobre o mesmo fato gerador*.

Como os impostos nunca são idênticos, fica prejudicada a concepção maximalista quanto a estes. Assim, os conflitos que a regra visa a evitar são aqueles entre estado e estado, e entre município e município.

O art. 165 do CTN dispõe:

"Art. 165. O sujeito passivo tem direito, independentemente de prévio protesto, à restituição total ou parcial do tributo, seja qual for a modalidade do seu pagamento, ressalvado o disposto no § 4º do art. 162, nos seguintes casos:

"I – cobrança ou pagamento espontâneo de tributo indevido ou maior que o devido em face da legislação tributária aplicável, ou da natureza ou circunstâncias materiais do fato gerador efetivamente ocorrido;

"II – erro na edificação do sujeito passivo, na determinação da alíquota aplicável, no cálculo do montante do débito ou na elaboração ou conferência de qualquer documento relativo ao pagamento;

III – reforma, anulação, revogação ou rescisão de decisão condenatória".

A obrigação tributária é *ex lege*. Nela não prospera o brocardo do Direito Privado segundo o qual quem paga mal *paga duas vezes*, nem se precisa comprovar a justeza do erro (em termos subjetivos).

Seja o erro de direito, seja de fato, o tributo pago indevidamente comporta restituição (ou compensação com futuros recolhimentos).

Carlos Valder do Nascimento, com magistério em Itabuna e Ilhéus, na Bahia, oferta-nos lição sobre o erro no pagamento dos tributos:[17]

"A norma prevê, em primeiro plano, a restituição do indébito tributário decorrente de erro de direito. Assim, nos termos do inciso I, *in limine*, verifica-se que a hipótese é de ilegalidade, tendo em vista que o dispositivo aplicável não socorre a Fazenda Pública. Neste caso, o tributo não guarda compatibilidade com a legislação pertinente, é inconstitucional sua cobrança, por isso que o contribuinte deve receber o que indevidamente foi recolhido.

"Segundo Plácido e Silva, em seu *Vocabulário Jurídico*, *erro de direito* 'refere-se ao fato de alguém enganar-se a respeito da existência da regra jurídica, própria ao ato praticado, ou interpretá-la equivocadamente para aplicá-la falsamente ao ato a ser executado. O erro de direito, assim, não somente pode implicar o engano oriundo da falsa idéia, como pode consistir na ignorância da regra jurídica ou de sua exata interpretação, para ser aplicada ao fato concreto a ser cumprido'.

"Decorre a restituição do pagamento efetivado em desacordo com a legislação pertinente, e por conseqüência reduzindo o patrimônio, sem motivo justo, do contribuinte 'que suportou o ônus da cobrança'. Com efeito, seu fundamento é a idéia de eqüidade, pois, como adverte Ricardo Lobo Torres, 'a ação visa precipuamente restituir o contribuinte à sua anterior capacidade contributiva e não o mero controle da legalidade formal dos atos da Administração'.

"A outra hipótese aventada no inciso I, *in fine*, caracteriza-se como erro de fato, porque a situação de fato configurada na lei, pensada pelo contribuinte, não enseja o nascimento da obrigação tributária. Dessarte, o pagamento foi indevido porque, segundo Aliomar Baleeiro, 'a natureza ou as circunstâncias do fato gerador efetivamente ocorrido não se enquadram na lei'.

"Marcus Cláudio Acquaviva ensina que o *erro de fato* é o 'engano a respeito de uma circunstância material, e pode ser acidental ou essencial. Acidental é o erro quando incide sobre peculiaridade secundária do objeto, não sendo, pois, o motivo determinante do contrato. O erro essencial, também chamado substancial, enseja a nulidade do ato, pois ataca a substância ou essência deste, tendo sido seu próprio causador'".

Erros materiais e alterações judiciais sobre o *an* e o *quantum debeatur* igualmente autorizam a restituição do tributo indevidamente pago ou a repetição do indébito. Pode ocorrer, após o pagamento, que os tribunais venham a declarar ilegal ou inconstitucional a lei fundante da tributação.

Pensamos, com outros autores, que as decisões administrativas finais com efeito normativo *erga omnes* (art. 100 do CTN) ensejam a restituição quando infirmam os critérios que foram utilizados para exigir o pagamento do tributo *a posteriori* declarado indevido pela própria Administração. Aliás, em rigor ético, a própria Administração deveria tomar a iniciativa, o que raramente acontece, ao menos entre nós.

O art. 166, com a redação que se segue, está a exigir atenta leitura: "Art. 166. A restituição de tributos que comportem, por sua natureza, transferência do respectivo encargo financeiro somente será feita a quem prove haver assumido referido encargo, ou, no caso de tê-lo transferido a terceiro, estar por este expressamente autorizado a recebê-la".

A expressão "por sua natureza", ou seja, relativa ao ser-em-si do tributo, é de supina importância.

É que a teoria da translação do ônus fiscal, bem estudada em seu aspecto econômico na Ciência das Finanças, é extremamente complexa. Os financistas são unânimes na assertiva de que todos os tributos incidentes sobre as organizações econômicas, inclusive o imposto de renda e os pa-

17. Nascimento, Carlos Valder do. *Comentários ao Código Tributário Nacional*. Rio de Janeiro, Ed. Forense, 1997, p. 439.

trimoniais, são trasladáveis mediante o mecanismo dos preços e dos contratos. De igual modo, muita vez, as condições de mercado, estruturais ou conjunturais, forçam os agentes econômicos ao fenômeno da *absorção dos custos fiscais*.

Com este intróito estamos a dizer que existem dois tipos de translação ou, se se preferir, de repercussão dos ônus fiscais, ou seja, dos *encargos financeiros* que os tributos representam:

Assim temos:

a) A repercussão econômica, sem maior interesse para o Direito Tributário;

b) A repercussão jurídica, do maior interesse para o Direito Tributário.

O tributo é uma criação do Direito, e não uma *entidade econômica*. Esta postura metodológica, deixamo-la esclarecida nos capítulos inaugurais deste livro.

Quando o CTN se refere a tributos que, pela sua própria natureza, comportam a transferência do respectivo encargo financeiro, está se referindo a tributos que, pela sua *constituição jurídica*, são feitos para *obrigatoriamente* repercutir, casos do IPI e do ICMS, entre nós, idealizados para serem transferidos ao consumidor final. A natureza a que se refere o artigo é *jurídica*. A transferência é juridicamente possibilitada. A abrangência do art. 166, portanto, é limitada, e não ampla.

Sendo assim, é possível, pela análise dos documentos fiscais e pela escrita contábil das empresas, verificar a transferência formal do encargo financeiro do tributo.

O CTN está rigorosamente correto. Não seria ético, nem justo, devolver o tributo indevido a quem não o suportou. Seria enriquecimento sem causa. Por isso mesmo, exige a prova da não-repercussão, ou então a autorização do contribuinte de fato, o que suportou o encargo, para operar a devolução ao contribuinte *de jure*, o sujeito passivo da relação jurídico-tributária. Mas quando, por exemplo, na substituição tributária, o substituído vende por R$ 100,00 a mercadoria, incluso o ICMS, mas o substituto recolhe antecipadamente o imposto com base de cálculo de R$ 150,00, é possível provar a não-repercussão. O substituído tem direito à restituição ou compensação. Sim, porque o substituto não paga com dinheiro dele, senão que do substituído, de quem recupera o que despendeu.

Mas, nos tributos que não são juridicamente construídos para repercutir, por isso que inexistem mecanismos comprovadores da inclusão do tributo nos documentos legais, *é impossível comprovar o repasse* (prova diabólica).

Aqui a repercussão é econômica, plausível, possível, mas juridicamente incomprovável.

Qualquer jurisprudência que venha a exigir a prova da não-repercussão em casos que tais, para deferir a restituição, será equivocada e imprudente.

Acarreta três efeitos extremamente danosos:

A) Estimula as Fazendas Públicas a praticar a tributação ao arrepio da Constituição e das leis, certas de que seus desmandos jamais ensejariam a repetição do indébito (*fato consumado e proveito da própria torpeza*);

B) Gera nos contribuintes incerteza, indignação e insegurança. Ao menor sinal de ilegalidade ou inconstitucionalidade da exigência fiscal, cessariam eles os pagamentos, indo a juízo discutir a questão, com pedidos de depósito das quantias litigandas. Portanto, ter-se-ia deterioração das relações de confiança entre o Fisco e o contribuinte, aumento de litigiosidade e queda na arrecadação. (Se o indébito é irrestituível, é melhor não pagar o débito.)

C) Desprestigia o Direito, tornando-o campo minado, e não regulação justa dos relacionamentos sociais.

Queremos insistir neste ponto porque a própria doutrina muita vez se equivoca. Marco Aurélio Greco,[18] melhor entre os

18. Greco, Marco Aurélio. "IOF – Câmbio, Restituição do indébito", in *Revista de Direito Tributário* nº 3, p. 188.

melhores, não foi claro ao tratar do tema. Diz ele: "Se há dois tipos de tributo (classificados segundo a ótica adotada pelo Código), a conclusão imediata é a de que a exigência contida no art. 166 só se aplica a uma das categorias, ou seja, a dos tributos que comportam transferência. Para outros que não comportam, não há a exigência indicada no art. 166, qual seja a prova da assunção do encargo financeiro".

O erro está em afirmar que uns tributos comportam, e outros não a possibilidade de transferência.

Todos comportam!

Veja-se o IPTU, que muitos, com erro, acham que é *imposto real* (também não existe imposto real, todo imposto é pessoal).

Não transfere o locador ao locatário, no contrato, o dever de pagá-lo?

Até o imposto de renda é transferível.

As empresas, na contabilidade dos custos, incluem-no nos preços, se não pelo total, ao menos parcialmente.

O imposto de renda das pessoas físicas, até ele, em certas circunstâncias, é transferível. Veja-se: os médicos não cobram mais ou menos conforme esteja ou não o imposto incluso no preço da consulta?

O certo é distinguir repercussão econômica e repercussão jurídica. Tributos que repercutem economicamente mas não são, pela sua natureza, construídos juridicamente para repercutir, estão livres da exigência do art. 166 do CTN. Citemos, *v. g.*, a Cofins, o PIS, o ISOF etc. Vitório Cassone[19] se explica com maior claridade: "Assim, quando o art. 166 fala em tributos que comportem, por sua natureza, transferência do respectivo encargo financeiro, está referindo-se aos tributos lançados (efetivamente destacados) no documento fiscal em que o contribuinte (de direito) arrecada-o do adquirente (ou do chamado contribuinte de fato) e o recolhe ao sujeito ativo".

19. Cassone, Vitório. "Aspectos práticos do ICM em sua atualidade". *DCI* de 14.1.83.

A matéria está pacificada no Tribunal dos Tribunais (Superior Tribunal de Justiça): "IOF – o tributo em referência, não comporta, por sua própria natureza, a transferência do respectivo encargo financeiro, razão pela qual é de repelir-se a aplicação à espécie do art. 166 do CTN e da súmula n. 546 do STF".

No âmbito da restituição dos tributos indevidamente pagos, o art. 167 e seu parágrafo único são auto-explicativos.

Dispõe o art. 168:

"Art. 168. O direito de pleitear a restituição extingue-se com o decurso do prazo de 5 (cinco) anos, contados:

"I – nas hipóteses dos incisos I e II do art. 165, da data da extinção do crédito tributário;

"II – na hipótese do inciso III do art. 165, da data em que se tornar definitiva a decisão administrativa ou passar em julgado a decisão judicial que tenha reformado, anulado, revogado ou rescindido a decisão condenatória".

Na hipótese dos incisos I e II, ou seja, pagamento indevido no momento mesmo do ato, o direito de pedir a restituição caduca em cinco anos a contar da data de extinção, por qualquer forma, do crédito tributário. Observe-se, no entanto, uma peculiaridade, decorrente do próprio sistema do CTN. Nos tributos sujeitos a lançamento por homologação, a extinção do crédito tributário ocorre pela homologação, expressa ou tácita, do pagamento. E o prazo para homologar, já vimos, é de cinco anos a contar do fato gerador, a teor do art. 150, § 4º:

"Art. 150. O lançamento por homologação, que ocorre quanto aos tributos cuja legislação atribua ao sujeito passivo o dever de antecipar o pagamento sem prévio exame da autoridade administrativa, opera-se pelo ato em que a referida autoridade, tomando conhecimento da atividade assim exercida pelo obrigado, expressamente a homologa. (...)

"§ 4º. Se a lei não fixar prazo à homologação, será ele de 5 (cinco) anos, a contar da ocorrência do fato gerador; expirado esse prazo sem que a Fazenda Pública se tenha pronunciado, considera-se homologado o lançamento e definitivamente extinto o crédito, salvo se comprovada a ocorrência de dolo, fraude ou simulação".

Como a Fazenda Pública nunca homologa expressamente, considera-se extinto o crédito tributário cinco anos após ocorrido o seu fato gerador (homologação tácita).

Assim sendo, o prazo de cinco anos para exercer o direito de pedir a restituição tem como *dies a quo* justamente o *dies ad quem* da Fazenda Pública para homologar o crédito restituendo.

O Superior Tribunal de Justiça tem corroborado a doutrina ora exposta, com extrema coerência e espírito sistemático. No RE 121.317-PR, *DJU* de 1.10.97, está dito, com o nome de *prescrição da ação*, que o direito de pleitear em juízo a repetição caduca em 10 anos nos tributos sujeitados a homologação do pagamento.

"Tributário. IPI. Repetição de indébito. Prescrição. Termo inicial.

"1. Em se tratando de tributos sujeitos a lançamento por homologação, o prazo prescricional do direito de repetir o indébito tributário inicia-se a partir da homologação do lançamento ou, se inerte o Fisco, após o término do prazo de cinco anos a que se refere o § 4º do artigo 150 do CTN.

"2. Recurso improvido"

Na espécie do inciso III, ou seja, reforma, anulação, revogação ou rescisão de decisão condenatória (que tenha ordenado o pagamento), o prazo para pedir a restituição tem como *dies a quo* a data em que for publicada ou comunicada pessoalmente à parte a decisão administrativa ou judicial que tenha reformado, anulado, revogado ou rescindido a decisão condenatória. Hugo de Brito Machado,[20] com a concisão que lhe é característica, explica os vocábulos utilizados no inciso do CTN: "Há reforma quando o desfazimento se dá por decisão de órgão superior, com exame de mérito; anulação, quando apenas por vício formal; revogação quando o próprio órgão prolator da decisão a modifica, em face de recurso que admita retratação; e finalmente rescisão quando a decisão já havia transitado em julgado, mediante ação rescisória".

O art. 169 do CTN reza:

"Art. 169. Prescreve em 2 (dois) anos a ação anulatória da decisão administrativa que denegar a restituição.

"Parágrafo único. O prazo de prescrição é interrompido pelo início da ação judicial, recomeçando o seu curso, por metade, a partir da data da intimação validamente feita ao representante judicial da Fazenda Pública interessada".

O sujeito passivo tem o direito, antes de ingressar em juízo, de pedir administrativamente a restituição do que pagou sem dever. Em caso de denegação, o prazo para pleitear a anulação da decisão administrativa é de dois anos.

Alguns juízes, muito poucos, felizmente, exigem que os autores das ações repetitórias comprovem o *interesse de agir* com a prova da denegação administrativa do pedido.

Ora, isso significa denegação de justiça. O acesso ao Judiciário é direito fundamental, e a ida prévia à Administração é faculdade, e não conduta obrigatória do sujeito passivo.

O parágrafo único do art. 169 é de uma desfaçatez sem tamanho. É modalidade de prescrição intercorrente, já não mais da ação, mas do processo, em inteiro descompasso com a realidade. Trata-se, em verdade, de absurdo privilégio processual em prol da Fazenda Pública, contra o princípio da isonomia.

Correndo por metade a prescrição, mesmo após a intimação (*rectius*: citação) do representante judicial da Fazenda Pú-

20. Machado, Hugo de Brito. *Curso de Direito Tributário*, 5ª ed. Rio de Janeiro, Ed. Forense, p. 129.

blica, tem-se que prescreveria o direito do autor em um ano, na melhor das hipóteses, após a citação, à falta de sentença.

Em rigor, o autor só poderia ser responsabilizado pelas delongas processuais a seu cargo. A inércia ou a morosidade do Judiciário não podem ser a ele debitadas.

Ruborizados, com louvável pudor, os representantes judiciais da Fazenda não fazem uso do deslavadamente iníquo parágrafo único do art. 169, salvo raríssimas exceções, invariavelmente repelidas pelos juízes.

O fato gerador ocorrido e a decadência do crédito tributário pela preclusão do ato de lançar. Revisitando o "lançamento por homologação" – As datas inicias da decadência e do crédito tributário

É chegada a hora de fazermos uma profunda meditação sobre a existência, com fulcro em distinção jurídica prestante, de uma *tipologia* ou, se se preferir, de *tipos* de lançamentos no Direito brasileiro, eis que o didatismo ou a suma explicativa não cabem nos programas das leis.

Em rigor, os tipos de lançamento configurados no CTN (lançamento de ofício, por declaração e por homologação) estão destituídos de fundamentação científica. Em verdade, são narrativas dos eventos preparatórios ao ato do lançamento. Questões relativas à correção de erros ou à verdade dos elementos informativos não dependem, de forma alguma, dos tipos de lançamento, são resolvidas noutras instâncias. Por definição, o lançamento tributário é ofício privativo da Administração. Ao contribuinte, ao juiz, ao legislador, é vedado lançar. Quem aplica a lei tributária, mediante atos de lançamento, é a Administração, privativamente. Todo lançamento é de ofício. Não há escapatória.

O que ocorre, no plano fático, é que uns tributos podem ser lançados diretamente, sem prévias informações do contribuinte. É o caso do IPTU e também do IPVA. Imóveis e veículos estão rigorosamente cadastrados. Outros tributos exigem que o contribuinte informe ao Fisco dados relevantes. É o caso do ITR, a exigir do produtor rural rol dilargado de declarações, sem as quais o lançamento não seria possível. Na hipótese do chamado, com erronia, *lançamento por homologação*, o contribuinte calcula o *quantum debeatur* e efetivamente o recolhe, sem eximir-se, entretanto, de prestar declarações. A Administração tem cinco anos para verificar se o contribuinte recolheu com acerto e exatidão o valor devido. Dentro desse trecho de tempo, a Administração pode expedir *ex officio* seguidos lançamentos, até exaurir a matéria tributável (sem *bis in idem*, logicamente). A expressão *lançamento por homologação* somente faria sentido se fosse *conditio sine qua non* para a validação do pagamento. Isto não ocorre e por isso atribui-se à inação da Fazenda, no período de cinco anos, a pena de preclusão (o que veio a ser a tal homologação tácita do CTN). Ora, não existe homologação tácita, e sim preclusão do prazo para fazê-la, obrigando a Administração a respeitar a atividade do contribuinte antecipatória do pagamento. Em sentido contrário, defendendo a pertinência teórica e vocabular do *lançamento por homologação*, Misabel Derzi e Estevão Horvath.[21]

Na verdade, a Fazenda Pública não tem direito ao lançamento, tem o dever de fazê-lo, pois se trata de ato administrativo vinculado e obrigatório. O que caduca não é o direito de praticar o lançamento, mas o crédito tributário, em razão de preclusão. Para que o titular de um direito o perca é necessário, antes, que ele exista. O que caduca é o crédito tributário. Este existe desde que o fato jurígeno da obrigação tributária ocorre no mundo. O prazo para o exercício do poder-dever de lançar é que se esgota pela inação da Fazenda. Precluso o

21. Derzi, Misabel. *Comentários ao Código Tributário Nacional*. Rio de Janeiro, Ed. Forense, 1997, p. 405. (Estevão Horvath é referido pela autora citada.)

prazo assinalado à Fazenda Pública pela lei para o ato de *formalização declaratória* do crédito tributário, não mais poderá ser exercitado dito ato. A preclusão mata o direito de crédito da Fazenda Pública por caducidade naquelas hipóteses em que o pagamento do tributo depende de sua prévia formalização pela Fazenda (tributos de lançamento direto, tipo IPTU). Nos casos em que o tributo pode ser pago sem lançamento (tributos sujeitos à homologação do pagamento), a inação da Fazenda em homologar ou fiscalizar, passado o prazo preclusivo, faz igualmente caducar o direito de crédito remanescente ou integral. Nesses casos, os elementos que informaram o agir do contribuinte ficam inalcançáveis à fiscalização tributária. "O Direito não socorre aos que dormem."

Retenham-se, de passagem, três lições:

a) Inexiste direito de lançar, o que há é o dever de fazê-lo (ato administrativo simples, obrigatório, vinculado e sujeito a preclusão).

b) O prazo para praticar o ato de lançamento preclui, não caduca; somente direitos caducam.

c) A preclusão dos prazos para *lançar tributo a ser pago* ou *homologar pagamento* de tributo acarreta a *caducidade do direito de crédito da Fazenda,* que já nascera com a obrigação. Extinto o crédito, *ipso facto*, extingue-se a obrigação. Não há obrigação sem objeto.

O art. 150 cuida do lançamento por homologação – expressão altamente ambígua – como vimos de ver. Homologa-se quando não é possível lançar e lança-se quando não é possível homologar. Ao propósito, rever nossas palavras e a crítica do Prof. Paulo de Barros Carvalho, nos comentários aos arts. 140 e 142, *retro*.

"Art. 150. O lançamento por homologação, que ocorre quanto aos tributos cuja legislação atribua ao sujeito passivo o dever de antecipar o pagamento sem prévio exame da autoridade administrativa, opera-se pelo ato em que a referida autoridade, tomando conhecimento da atividade assim exercida pelo obrigado, expressamente a homologa.

"§ 1º. O pagamento antecipado pelo obrigado nos termos deste artigo extingue o crédito, sob condição resolutória da ulterior homologação do lançamento.

"§ 2º. Não influem sobre a obrigação tributária quaisquer atos anteriores à homologação, praticados pelo sujeito passivo ou por terceiro, visando à extinção total ou parcial do crédito.

"§ 3º. Os atos a que se refere o parágrafo anterior serão, porém, considerados na apuração do saldo porventura devido e, sendo o caso, na imposição de penalidade, ou sua graduação.

"§ 4º. Se a lei não fixar prazo à homologação, será ele de 5 (cinco) anos, a contar da ocorrência do fato gerador; expirado esse prazo sem que a Fazenda Pública se tenha pronunciado, considera-se homologado o lançamento e definitivamente extinto o crédito, salvo se comprovada a ocorrência de dolo, fraude ou simulação".

Na verdade, o lançamento por homologação existe quando a Administração expressamente concorda com a atividade do contribuinte de calcular por conta da lei o imposto devido, fazendo o seu pagamento. Nesse caso, o lançamento dito por homologação é irreversível. Em toda a nossa vida, jamais vimos uma homologação formal integral de pagamento feito pelo contribuinte. A homologação não interessa à Administração. A sua existência deve-se a cópia de Direito estrangeiro feita sem cuidados críticos. Por isso mesmo, a Administração nunca homologa. Prefere deixar correr em aberto o prazo de cinco anos a contar do fato gerador da obrigação tributária, com o fito de fiscalizar o contribuinte quantas vezes queira e, eventualmente, expedir lançamentos ditos "suplementares", de ofício. É mais eficaz e mais cômodo. A fórmula do CTN, embora sofística, é, sem dúvida, engenhosa. Importa compreendê-la em toda a sua extensão, principalmente na dimensão do pragmático.

O § 2º do art. 150 insiste na estranha separação entre o crédito e a obrigação. Quer, no entanto, apenas dizer que os pagamentos que venham a ser feitos espontaneamente pelos sujeitos passivos não afetam a relação jurídico-tributária decorrente de fato gerador ocorrido, muito embora, nos termos do § 3º, reduzam o montante tributável. Em havendo ainda saldos após ditos atos, serão então cobrados com a imposição de penalidades pela mora, sendo o caso. É tudo muito óbvio. São modos de garantir os dizeres do *caput,* que considera lançamento a homologação do pagamento, equiparação já criticada linhas atrás, com a transcrição da contundente contradita de Paulo de Barros Carvalho. Ora, lançamento é ato pleno de conteúdo. A homologação é mera acordância relativa a ato de terceiro, no caso o contribuinte, de natureza satisfativa, *i.e.*, pagamento. Por isso, o § 1º diz que o pagamento "extingue" o crédito, mas sob a "condição resolutória" de ulterior "homologação do lançamento". Que lançamento? O que a Fazenda homologa é o pagamento. Esta homologação equivaleria a um lançamento, segundo o dizer do CTN. O pagamento fica em suspenso, não produz efeitos, salvo se ocorrer homologação expressa. Em havendo, a qualquer tempo, dentro do qüinqüênio, o crédito fica definitivamente extinto. E se não houver homologação expressa? O § 4º prescreve que, se não houver lei federal, estadual ou municipal prevendo prazo menor para a realização do ato homologatório expresso, a potestade para fazê-lo precluirá em cinco anos a contar do fato gerador da obrigação e do crédito. Neste caso, o decurso do prazo e a inação da Fazenda Pública terão os mesmos efeitos de uma homologação expressa, daí a expressão *homologação tácita* ("quem cala consente"). Tem-se, então, por definitivamente extinto o crédito tributário, tenha ou não ocorrido o seu recolhimento total ou parcial pelo contribuinte, mediante um ou mais pagamentos espontâneos, temporâneos ou não, salvo se cumpridamente provada *a priori* a ocorrência de intenção dolosa da parte do contribuinte, visando a fraudar a Fazenda ou a simular pagamentos. Nesta hipótese, o prazo para operar lançamentos *ex officio* é de cinco anos contados, porém, do primeiro dia do exercício seguinte àquele em que o lançamento poderia ter sido efetuado, a teor do art. 173, I, do CTN. Mas, na hipótese de a Fazenda antecipar-se ao 1º dia do exercício seguinte , expedindo atos preparatórios do lançamento, o *dies a quo* será o da notificação ao contribuinte desses atos, como assinalado no art. 173, parágrafo único. O art. 173 está redigido assim:

"Art. 173. O direito de a Fazenda Pública constituir o crédito tributário extingue-se após 5 (cinco) anos, contados:

"I – do primeiro dia do exercício seguinte àquele em que o lançamento poderia ter sido efetuado;

"II – da data em que se tornar definitiva a decisão que houver anulado, por vício formal, o lançamento anteriormente efetuado.

"Parágrafo único. O direito a que se refere este artigo extingue-se definitivamente com o decurso do prazo nele previsto, contado da data em que tenha sido iniciada a constituição do crédito tributário pela notificação, ao sujeito passivo, de qualquer medida preparatória indispensável ao lançamento".

Quid se não houver pagamento algum? Nesse caso, como não há o que homologar, o decurso do prazo de cinco anos a contar do fato gerador da obrigação não faz sentido. Novamente somos remetidos ao art. 173, I, ou ao seu parágrafo único, dependendo da situação.

A solução alvitrada é razoável, porque no CTN – lei de normas gerais – os prazos decadenciais estão regrados tão-somente nos arts. 150, § 4º, e 173. Logo, não há saída. Direitos patrimoniais e potestades administrativas vinculadas não podem subsistir eternamente. É contra a índole do Direito, que não socorre aos que dormem.

A decadência e a prescrição em matéria tributária são matérias sob reserva de lei complementar (normas gerais), de observância obrigatória pelas ordens jurídicas parciais que convivem na Federação. Vale para todos os *tributos*.

Então, fica assentado que o qüinqüênio decadencial para homologar, com o *dies a quo* fixado na data da ocorrência do fato gerador da obrigação, só opera quando houver pagamento de boa-fé, certo ou errado. Quando ocorre dolo, com a *meta optata* de fraudar ou simular, o *dies a quo* se desloca para o primeiro dia do exercício seguinte àquele em que o lançamento *ex officio* poderia ter sido efetuado. A mesma coisa ocorre em relação ao *dies a quo* para lançar *ex officio,* quando o contribuinte simplesmente nada recolhe (e deveria fazê-lo, por determinação legal). Na prática, dá-se mais tempo à Fazenda para acordar e agir. O seu sono jurídico, perdurando, faz caducar o poder-dever de lançar o crédito. A obrigação se desfaz.

O CTN, ao dizer que a "antecipação do pagamento", que é ato jurídico simples, extingue o crédito tributário, sob condição resolutória da ulterior homologação do lançamento (art. 150, § 1º), revela, mais uma vez, a ambigüidade que o marca a ferro; a ambigüidade entre autoritarismo e relação jurídica de um lado, e entre o procedimentalismo e a teoria das obrigações do outro lado.

Várias são as impropriedades técnicas e jurídicas abrigadas no dispositivo em comento.

O CTN é um texto compromissório. Suas ambigüidades devem ser explicadas a partir desse fato. Talvez por fugir do óbvio, ilustres juristas pátrios lançam-se às alturas para harmonizar as suas incongruências ao invés de descalvá-las. Não é que sejamos iconoclastas, apenas realçamos o ambiente originário que fecundou a lei. Isto facilita a compreensão do tema, senão vejamos.

a) A "a antecipação do pagamento" significa que o pagamento é anterior ao lançamento. Nesse caso, desde logo, o lançamento não confere exigibilidade ao crédito, já que o pagamento dele prescinde.

Em todas as hipóteses em que o contribuinte paga sem prévio exame da autoridade administrativa, o pagamento nada extingue. O que se vê é o comodismo da Fazenda Pública a incumbir o contribuinte do processo de "liquidação" do tributo, obrigando-o, sob todos os riscos e penas, a calcular o montante do crédito, conforme prescreve a lei genérica, impessoal e obrigatória. Cabe ao contribuinte substituir a Administração na tarefa de aplicar *ex officio* a lei ao caso concreto. No Direito Privado, as obrigações pecuniárias extinguem-se com o pagamento. No Direito Público Tributário tal não ocorre, pela introdução de uma suposta *condição resolutória*. Ora, as condições aderem aos negócios jurídicos (bilaterais). Pagamento não é negócio jurídico, mas ato jurídico simples e necessitado. Ainda quando se quisesse aludir a uma condição legal, esta teria que traduzir evento futuro e incerto, justamente o contrário legal, do que predica o CTN ao dogmatizar o lançamento como ato absolutamente necessário, previsível, certo, vinculado e obrigatório.

"Art. 142. Compete privativamente à autoridade administrativa constituir o crédito tributário pelo lançamento, assim entendido o procedimento administrativo tendente a verificar a ocorrência do fato gerador da obrigação correspondente, determinar a matéria tributável, calcular o montante do tributo devido, identificar o sujeito passivo e, sendo caso, propor a aplicação da penalidade cabível.

"Parágrafo único. A atividade administrativa de lançamento é vinculada e obrigatória, sob pena de responsabilidade funcional".

b) Tampouco se pode afirmar que a ulterior homologação do pagamento seja uma condição que pode se realizar ou não, vez que futura e incerta. O lançamento é ato obrigatório, não pode ser incerto. A impropriedade mais se acendra quando se confere à inação da Fazenda quanto a homologar o condão de – pelo silêncio – efetivá-lo. (Uma insolúvel contradição.)

Foi tudo armado para satisfazer a tese de que, nesse caso, o silêncio é ato confirmatório do afazer do contribuinte (lançamento por omissão, com efeito confirmatório).

O que ocorre é simples. O pagamento feito pelo contribuinte só se torna eficaz cinco anos após sua realização (durante este tempo, a Fazenda Pública, gostosamente, tem o contribuinte à sua mercê). Passado este tempo, preclui o poder-dever da Fazenda de rever o pagamento feito pelo contribuinte, e, em conseqüência, decai o seu direito ao crédito remanescente, caso exista. Está a gosto da Fazenda que assim seja. O contribuinte corre o risco e o desconforto. Estranha obrigação em que o credor se alteia sobranceiro. Não vemos em que a teoria do lançamento sujeito à homologação garante o contribuinte. Pelo contrário, deixa-o em suspense.

Alguns autores defendem a chamada *homologação tácita* do lançamento ao argumento de uma suposta "função confirmatória" desta em relação ao ato de pagamento do contribuinte, liberando-o da obrigação e legitimando o seu afazer. Parece-nos completamente equivocada a tese: a uma, porque a Administração tributária nunca homologa expressamente o ato do pagamento; a duas, porque o contribuinte prescinde de tal legitimação, uma vez que pagou no dia certo, por força de lei. O que ocorre na espécie é justo o contrário. É a legitimação do credor para exigir do devedor qualquer parcela do crédito porventura faltante, se já extinto pela consumação do prazo decadencial. O prazo para fiscalizar o contribuinte não poderia ficar aberto eternamente.

A tese da homologação tácita do pagamento (não-ato) com valor de lançamento (em tese ato necessário, positivo, obrigatório e vinculado) serve tão-somente para justificar o dogma legal de que o lançamento é condição de exigibilidade do crédito tributário, mito criado pelo procedimentalismo e pelas teorias construtivistas.

Razão assiste a Pinheiro Xavier[22] ao dizer: "Tenha-se desde logo a presente figura do lançamento por homologação, existente na esmagadora maioria dos tributos modernos, nestes não é necessária a prática de um ato administrativo de lançamento antes do pagamento do tributo, de tal modo que a relação tributária se constitui e extingue independentemente desse ato jurídico. Aqui é evidente que a eficácia constitutiva da obrigação resulta, por si só, do fato tributário".

Não é por outra razão que as liminares em mandado de segurança suspendem a exigibilidade do crédito nos impostos sujeitos a lançamento por homologação sem que este exista. A exigibilidade do crédito está na lei, não no ato jurídico do lançamento por homologação (totalmente desnecessário, visto que a Fazenda dispõe de cinco anos para verificar se o crédito foi integralmente pago e para expedir tantos lançamentos quantos sejam necessários).

Cumpre distinguir a situação retroexaminada daqueloutras em que o lançamento é condição de atendibilidade (dos tributos em que, por força de lei, o lançamento precede necessariamente ao pagamento). Aqui, a aplicação da lei genérica, impessoal e obrigatória é, necessariamente, realizada pelo credor, que a individualiza relativamente ao devedor para poder exigir dele a prestação tributária (ITR, IPTU, ITCD, IPVA, contribuições de melhoria).

Agora anote-se: como o ato jurídico do lançamento é destituído de auto-executoriedade, cumpre-lhe a função de formar o título abstrato do crédito da Fazenda Pública, condição de executoriedade.

Tem-se, então, que nos lançamentos diretos por declaração e também nos de ofício, o autocontrole é absolutamente necessário (contencioso administrativo insuprimível). O devido processo legal deve ter

22. Xavier, Alberto Pinheiro. *Do lançamento. Teoria Geral do Ato, do Procedimento e do Processo Tributário*, 2ª ed. Rio de Janeiro, Ed. Forense, 1997, p. 558.

amplo curso com a participação do contribuinte, pois a formação do título extrajudicial é, em princípio, unilateral. Nos títulos executivos extrajudiciais (*nulla executio sine titulo*), de algum modo o devedor se obrigou, assinou o cheque (ordem de pagamento à vista), a nota promissória, a letra de câmbio, o contrato. No caso da certidão de dívida ativa, é ela conformada pela Administração de maneira unilateral, daí a necessidade de se garantir ao contribuinte participação no processo de formação do título abstrato da dívida tributária. Ele pode até renunciar a esta participação. Não importa. A possibilidade é que conta. Sobre o assunto, teoriza Pinheiro Xavier:[23]

"Não se diga que o título executivo é a inscrição da dívida ativa e não o lançamento. Conforme atrás já se demonstrou, a inscrição da dívida nada mais é do que um ato de controle suplementar dos requisitos de legalidade extrínseca do lançamento, com a natureza de um *visto*, que não pode modificar, alterar ou substituir o ato principal a que se reporta. Em bom rigor se dirá que o título executivo é o lançamento, uma vez objeto de controle positivo pelo ato de inscrição da dívida.

"Sendo, como é, título executivo, o lançamento tem a função específica de criar, unilateralmente, em favor do próprio credor público o direito processual à execução. O lançamento traduz assim num juízo declarativo da obrigação tributária e num comando constitutivo da ação executiva, que é autônoma da primeira. E dizemos que o comando tem eficácia constitutiva porque 'faz nascer a ação executiva, criando para o credor o direito de a promover, para os órgãos executivos o poder e o dever de exercer a sua atividade em ordem à consecução do fim da mesma ação, e para o devedor a sujeição ao exercício da atividade executiva...' (...)

"Como qualquer título executivo jurídico, o lançamento é condição necessária para o exercício do direito de ação executiva; e só não é condição suficiente porque carece ainda de um ato suplementar de controle (a inscrição de dívida ativa), que confirme, com efeitos declarativos, a exigência, a certeza e a exigibilidade do crédito".

Isto posto, tirante a hipótese em que é condição de atendibilidade nos tributos em que precede necessariamente ao pagamento e a hipótese em que é condição para a executividade do crédito, o lançamento é absolutamente dispensável para o recebimento do crédito tributário (tributos pagos sem prévio exame da Administração, crédito consignado em pagamento, conversão do depósito em renda etc.).

A decadência do crédito. Prescrição da ação de execução da Fazenda Pública

Os atos jurídicos sujeitados a tempo certo, se não praticados, precluem. Os direitos, se não exercidos no prazo assinalado aos seus titulares pela lei, caducam ou decaem. As ações judiciais, quando não propostas no espaço de tempo prefixado legalmente, prescrevem. Se um direito, para aperfeiçoar-se, depende de um ato jurídico que não é praticado (preclusão), acaba por perecer (caducidade ou decadência). Se um direito não auto-executável precisa de uma ação judicial para efetivar-se, não proposta esta ou proposta a destempo, ocorre a prescrição, gerando a oclusão do direito, já que desvestido da possibilidade de ação. E a cada direito corresponde uma ação...

O crédito tributário nasce com a ocorrência do fato gerador. Salvo os casos em que o contribuinte, sem interferência do Estado, ele próprio, recolhe o tributo. O direito de crédito da Fazenda Pública, para aperfeiçoar-se e tornar-se exigível, depende do *ato jurídico do lançamento*. Se este não é praticado a tempo (preclusão), ocorre a *decadência daquele direito*. Ocorrendo, porém, o lançamento, e formalizando-se o crédito, com ou sem discussão, pode a Fazenda Pública *exigi-lo* do sujeito passivo da obrigação tributária. Na hipótese de este último não pagar, só resta à Fazenda ir

23. Xavier, Alberto Pinheiro. Ob. cit., p. 573.

ao Judiciário com uma ação de execução lastreada numa certidão de dívida ativa (título executivo extrajudicial) para obrigá-lo a pagar dentro de 24 horas, sob pena de penhora em seus bens disponíveis.

Pelo sistema do CTN, a *decadência e a prescrição extinguem, sem pagamento,* o crédito tributário.

Dispõe o art. 173 do CTN, cuidando da decadência do crédito tributário:

"Art. 173. O direito de a Fazenda Pública constituir o crédito tributário extingue-se após 5 (cinco) anos, contados:

"I – do primeiro dia do exercício seguinte àquele em que o lançamento poderia ter sido efetuado;

"II – da data em que se tornar definitiva a decisão que houver anulado, por vício formal, o lançamento anteriormente efetuado. (...)"

Este artigo se coaduna com o parágrafo 4º do art. 150.

"Art. 150. (...)

"§ 4º. Se a lei não fixar prazo à homologação, será ele de 5 (cinco) anos, a contar da ocorrência do fato gerador; expirado esse prazo sem que a Fazenda Pública se tenha pronunciado, considera-se homologado o lançamento e definitivamente extinto o crédito, salvo se comprovada a ocorrência de dolo, fraude ou simulação".

Temos, então, quatro pontos de partida, *dies a quo*, para contar os cinco anos que fazem decair o direito de crédito da Fazenda Pública em decorrência de preclusão do ato jurídico do lançamento.

a) A regra geral – ligada à anualidade do exercício fiscal – é a do art. 173, I: o primeiro dia do exercício seguinte àquele em que o lançamento poderia ter sido efetuado.

O fato gerador ocorre em março de 1997. Começa-se a contar o prazo decadencial em 1º de janeiro de 1998. Cinco anos depois ocorrerá a decadência.

b) Todavia, o *dies a quo* acima referido pode ser antecipado caso a Fazenda Pública se apresse ao dia primeiro do exercício seguinte, praticando, sem lhes dar seguimento, atos necessários ao lançamento. É precisamente o que dispõe o parágrafo único do artigo sob comentário.

A Fazenda, já em junho de 1997, expede notificação requerendo documentos ligados ao fato tributável. Da data do recebimento da notificação começa-se a contar o prazo de decadência do crédito.

c) Nos impostos sujeitos a "lançamento por homologação", contudo – desde que haja pagamento, ainda que insuficiente para pagar todo crédito tributário – o dia inicial da decadência é o da ocorrência do fato gerador da co-respectiva obrigação, a teor do parágrafo 4º do art. 150, retrotranscrito.

É que a Fazenda tem cinco anos para verificar se o pagamento é suficiente para exaurir o objeto da obrigação tributária, isto é, o crédito tributário. Mantendo-se inerte, o Código considera esta inércia como *homologação tácita*, perdendo a Fazenda a oportunidade de operar lançamentos suplementares em caso de insuficiência de pagamento (preclusão). Daí que no termo do qüinqüênio ocorre a decadência do direito de crédito da Fazenda Pública, extinguindo-se a obrigação.

Em ocorrendo, todavia, fraude ou simulação, *devidamente comprovadas pela Fazenda Pública*, imputáveis ao sujeito passivo da obrigação tributária do imposto sujeito a "lançamento por homologação", a data do fato gerador deixa de ser o dia inicial da decadência. Prevalece o *dies a quo* do art. 173, o primeiro dia do exercício seguinte àquele em que o lançamento poderia ter sido efetivado. A solução está conforme o sistema do CTN. O que se não pode admitir é direito patrimonial incaducável. Afora esta solução para os casos de decadência, ocorrendo dolo ou simulação na antecipação do pagamento, somente uma outra é pensável, qual seja a da adoção da regra do Código Civil que cuida da prescrição das ações pessoais. Ao que nos consta, os tribunais não enveredaram por este caminho, exigente de analogia para ser trilhado e de difícil adoção, porque aqui a espécie é de decadência, e não de prescrição, a exigir crédito já formalizado, certo, líquido e exigível (princípio da *actio nata*).

A solução do dia primeiro do exercício seguinte àquele em que o lançamento poderia ter sido efetuado aplica-se ainda aos impostos sujeitos a homologação do pagamento na hipótese de não ter ocorrido pagamento antecipado... Se tal não houve, não há o que homologar...

D) Finalmente prescreve o Digesto Tributário que o dia inicial para a contagem do qüinqüênio decadencial, nos casos de anulação do lançamento inicial por *vício de forma*, é aquele em que se tornar definitiva (*rectius*: irrecorrível) a decisão anulatória. Por suposto, esta decisão só pode ser de natureza administrativa, ocorrente no bojo de um processo de revisão de lançamento (autocontrole do ato administrativo do lançamento pela própria Administração). É que, se a decisão fosse judicial, já não se trataria mais de *decadência*. O crédito já estaria formalizado. O direito de crédito já estaria incorporado ao patrimônio jurídico da Fazenda Pública. A tese é fácil de provar se atentarmos para a *imutabilidade do lançamento efetivado com erro de direito* pela Fazenda Pública. Diz o art. 146 do CTN: "Art. 146. A modificação introduzida, de ofício ou em conseqüência de decisão administrativa ou judicial, nos critérios jurídicos adotados pela autoridade administrativa no exercício do lançamento somente pode ser efetivada, em relação a um mesmo sujeito passivo, quanto a fato gerador ocorrido posteriormente à sua introdução".

Ora, se por erro de direito se não permite à Fazenda Pública alterar lançamento efetivado, como admitir que possa fazê-lo, *sem limite de tempo*, por erro meramente formal?

O erro nunca pode beneficiar o seu fautor. É princípio geral de Direito, aplicável ao Direito Tributário por expressa determinação do art. 108 do CTN, que cuida da interpretação da legislação tributária.

Ademais disso, com visão sistemática, não se pode descurar do art. 149 do mesmo CTN, parágrafo único: "A revisão do lançamento só pode ser iniciada enquanto não extinto o direito da Fazenda Pública".

Em síntese, embora anômalo em relação à teoria geral da decadência, que não admite interrupções, pois que sua marcha é fatal e peremptória, o sistema do Código adotou uma hipótese de interrupção da caducidade. Mas há que entendê-la com temperamentos. Em rigor, já terá ocorrido um lançamento, e, pois, o direito de crédito da Fazenda já estaria formalizado. Não há mais falar em decadência. Em real verdade, está a se falar é em *anulação de lançamento* – por isso que inaproveitável – e sua substituição por outro, hipótese, por exemplo, de lançamento feito por autoridade incompetente para fazê-lo (o SERPRO, *v. g.*, e não o funcionário fiscal da Receita Federal).

Em rigor, há aqui um tremendo equívoco, tanto que esta revisão anulatória só pode ser feita dentro do prazo decadencial (art. 149 do CTN). Como entre a anulação e a efetivação do novo lançamento poderia transcorrer tempo apertado, já perto do fim do período decadencial, "inventou-se" este novo *dies a quo* para operá-lo, alargando-se em prol da Fazenda o qüinqüênio decadencial, com esforço na teoria da nulidade do ato jurídico. Lançamento nulo é lançamento inexistente. Outro há de ser feito para assegurar o direito da Fazenda ao crédito tributário.

Mais um privilégio!!!

O art. 174 do CTN cura da prescrição da ação de cobrança do crédito tributário, a qual, se não exercitada tempestivamente, leva a sua extinção.

"Art. 174. A ação para cobrança do crédito tributário prescreve em 5 (cinco) anos, contados da data da sua constituição definitiva.

"Parágrafo único. A prescrição se interrompe:

"I – pela citação pessoal feita ao devedor;

"II – pelo protesto judicial;

"III – por qualquer ato judicial que constitua em mora o devedor;

"IV – por qualquer ato inequívoco ainda que extrajudicial, que importe em reconhecimento do débito pelo devedor".

A questão aqui reside em saber o que é *constituição definitiva do crédito tributário*. Noutro giro, ela ocorre com a comunicação ao sujeito passivo, pessoal ou por publicação, do ato administrativo do lançamento em sua versão imodificável (do ponto de vista da Fazenda Pública), ou ocorre com a inscrição em dívida ativa do crédito tributário da Fazenda Pública?

Não negamos que o autocontrole da Administração se estenda ao ato de inscrição do crédito tributário em dívida ativa.

Os funcionários públicos legalmente investidos dessa específica competência podem decidir que o crédito não é bom e anulá-lo *ex officio*. Veja-se, só para exemplificar, a inscrição de um crédito já lançado e revisado em regular processo administrativo, porém eivado de inconstitucionalidade por decisão posterior, mas tempestiva do Supremo Tribunal Federal, considerando nula a lei ou o artigo de lei em que se baseara.

É natural que a Administração anule o crédito ou pelo menos o inscreva em dívida ativa, mas não extraia a *certidão de dívida ativa*, à espera de uma sempre possível, ainda que improvável, ação rescisória do julgado.

O crédito, nesse caso, já está constituído?

A resposta é afirmativa; só falta o título executivo.

Imagine-se ainda que, depois de efetivado o lançamento e formalizado o crédito para a Administração, esta postergue a sua inscrição, delongando, assim, a fixação do *dies a quo* do prazo prescricional. A inscrição em dívida ativa poderia ser utilizada maleficamente.

A tese a adotar é simples. Não pode ficar ao arbítrio da Administração decidir o *dies a quo* do prazo prescricional que a prejudica.

A data da constituição definitiva do crédito tributário, devemos entendê-la como sendo aquela em que o lançamento tornou-se definitivo, insusceptível de modificação pelos *órgãos incumbidos* de fazê-lo.

Um lançamento é definitivo quando efetivado, quando não mais possa ser objeto de recurso por parte do sujeito passivo ou de revisão por parte da Administração. Isto pode ocorrer em pontos vários de tempo, dependendo das leis de cada ordem de governo e das vicissitudes do próprio processo de efetivação e revisão do ato jurídico do lançamento.

O ato de inscrição do crédito tributário decorrente do lançamento se insere noutra dimensão, a da formalização do *título executivo extrajudicial* da Fazenda Pública, sem o qual não é possível manejar a ação de execução fiscal. Não há execução sem título. O brocardo é velho de séculos.

A constituição definitiva do crédito tributário dá-se antes. A sua desconstituição é que pode ser:

a) administrativa (unilateral) – no momento do autocontrole, à hora da formalização do título executivo; ou

b) judicial – em decorrência do controle jurisdicional, mediante pronunciamento judicial no bojo de ações postas à apreciação dos juízes.

Diferentemente da decadência, a prescrição pode ser interrompida e suspensa, podendo inclusive dar-se a chamada prescrição intercorrente, já iniciado o processo judicial, por inércia ou descaso da parte (perda do direito de ação já posta em juízo), não cabendo aqui adentrar o tema, cuja sede é estritamente de direito processual, de grande utilidade, *v.g.*, no Direito Penal.

O CTN regula, em sede de Direito Tributário, apenas os casos de interrupção da prescrição, valendo-se do Direito Civil.

A citação pessoal do devedor é a forma clássica de interrupção da prescrição. É consolidado que a citação válida torna a coisa litigiosa, previne a jurisdição, constitui o devedor em mora, inaugura a instância e interrompe a prescrição. Por aí o CTN põe-se de acordo com a teoria do processo (inciso I). Mas admitir *protesto judicial* por parte da Fazenda Pública, é no mínimo, um exagero (inciso II). O inciso IV, todavia, enseja considerações adicionais. Quando os contribuintes confessam a dívida fiscal para requererem moratórias, parcelamentos, estarão interrompendo a prescrição? Nem se olvide que a confissão em Direito Tributário é relativa. A obrigação é *ex lege*. Depende da lei, e não da confissão do sujeito passivo. Este o momento adequado para inserir a figura do lançamento, em Direito Tributário, como ponto de separação (*divortium aquarium*) entre os prazos de decadência e os prazos de prescrição.

Da seguinte forma:

• Do fato gerador da obrigação até o ato jurídico do lançamento ou até o dia previsto para a homologação do pagamento, *correm* os prazos decadenciais.

• Depois do lançamento e/ou durante todo o tempo de sua revisão (se houver) já não correm os prazos de decadência, nem podem correr os prazos de prescrição, que só há prescrição se inexistirem obstáculos *ab extra*. Pelo princípio da *actio nata*, ou seja, para que prescreva o direito de ação, é necessário que o autor possa exercê-lo livremente. A sua inércia e mais o fugir do tempo redundam na prescrição. O direito não socorre aos que dormem.

• Isto posto, *definitivo o lançamento*, começam a correr os prazos da prescrição.

O que se tem que verificar é simples. As hipóteses legais de suspensão do crédito tributário *impedem o curso dos prazos de prescrição*, favorecendo a Fazenda Pública.

Com efeito, durante todo o processo administrativo de discussão do crédito tributário (reclamações e recursos) não corre a prescrição. Do mesmo modo, as liminares em mandado de segurança e o depósito integral do crédito tributário suspendem a sua exigibilidade e, portanto, a prescrição, sem falar nos parcelamentos para pagamento do crédito tributário, estes últimos com as nuanças que vimos de ver quando tratamos do assunto.

Ademais, o depósito do crédito tributário favorece a Fazenda, pois se converte em renda, sem necessidade de execução, na hipótese de o sujeito passivo perder a ação a que se liga o dinheiro posto à disposição do juízo, para garantir a instância em prol do sujeito ativo da obrigação tributária.

Por isso, afiguram-se-nos inconstitucionais, por afrontar a isonomia, todas as leis extravagantes que criam e ampliam os princípios e garantias materiais e processuais da Fazenda Pública, já suficientemente protegida.

Finalmente, de fazer observação de razoável importância.

É cediço afirmar que a prescrição do direito de ação somente a extingue, deixando intacto o direito material que lhe conferia substrato.

Comumente se diz: a obrigação de legal torna-se moral. Se o devedor paga, não pode demandar a restituição do que pagou, embora prescrita a ação. Esta era para obrigá-lo a pagar, dobrando a sua vontade, se recalcitrante, substituindo-a pela do juiz, a determinar o pagamento ou a entrega da coisa. A decadência mata o direito material. Nesse caso, pode-se repetir o indébito, diferentemente da prescrição, que só mata a ação, sem afetar o direito material. São lugares-comuns e em Direito Privado até admissíveis.

Ocorre que no Direito Tributário pátrio, a teor do CTN, tanto a decadência quanto a prescrição *extinguem o crédito tributário*.

Quem paga dívida fiscal em relação à qual já estava a ação prescrita tem direito à restituição, nem mais nem menos.

"Decadência e prescrição – Notificação do contribuinte – Impugnação – Perempção.

"Tributário. Lançamento fiscal. 1. Decadência. A partir da notificação do contribuinte (CTN, art. 145, I), o crédito tributário já existe – e não se pode falar em decadência do direito de constituí-lo, porque o direito foi exercido – mas ainda está sujeito à desconstituição na própria via administrativa, se for impugnado. A impugnação torna litigioso o crédito, tirando-lhe a exeqüibilidade (CTN, art. 151, III); quer dizer, o crédito tributário pendente de discussão não pode ser cobrado, razão pela qual também não se pode cogitar de prescrição, cujo prazo só inicia na data da sua constituição definitiva (CTN, art. 174). 2. Perempção. O tempo que decorre entre a notificação do lançamento fiscal e a decisão final da impugnação ou do recurso administrativo corre contra o contribuinte, que, mantida a exigência fazendária, responderá pelo débito originário acrescido dos juros e da correção monetária; a demora na tramitação do processo administrativo fiscal não implica a perempção do direito de constituir definitivamente o crédito tributário, instituto não previsto no Código Tributário Nacional. Recurso especial não conhecido" (Ac. un. da 2ª T. do STJ, REsp. 53.467-SP, Rel. Min. Ary Pargendler, j. 5.9.96, Recte.: Iguatemy Operacional Indústria Comércio e Transportes Ltda.; Recda.: Fazenda do Estado de São Paulo, *DJU 1* 30.9.96, p. 36.613, ementa oficial, in *Repertório IOB de Jurisprudência* n. 1/10398, Novembro/1996, p. 484.)

Ocorre muita vez a prolação de sentenças em prol da Fazenda Pública, em encerros de ações ordinárias implicando depósitos integrais das quantias litigandas, seja nos próprios autos, seja em ações cautelares preparatórias ou mesmo incidentais. Levando a coisa adiante, também em mandados de segurança pode ocorrer o mesmo. Nas ações de consignação em pagamento, a seu turno, o depósito do pagamento é da própria essência da *actio*.

Resolvida a controvérsia em prol da Fazenda Pública, o juiz determina a conversão do depósito em renda, com isso extinguindo o crédito tributário (desde que ocorra a coisa julgada formal e material).

Renomados autores acham que os depósitos voluntários feitos pelos contribuintes são retiráveis a qualquer tempo, correndo o sujeito passivo os riscos da empreitada.

O argumento não nos comove e vai contra a índole do sistema idealizado no CTN em vários lugares.

Seria deveras injusto, por exemplo, impedir a Fazenda de executar o seu crédito, já que o depósito suspende a exigibilidade, para, no finalzinho de uma ação, vamos supor, declaratória de inexistência de relação jurídica e de débito fiscal, permitir ao contribuinte retirar o depósito. Nesse caso, perdida a ação pelo contribuinte, teria a Fazenda de começar desde o início, ajuizando ação de execução, por sua vez embargável, desde que garantido o juízo. Ora, o instituto da conversão do depósito em renda, já se vê, impede este tipo de aventura judicial.

O depósito, diga-se mais, evita a imposição de penalidades, a aplicação de juros e de correção monetária, afastando, sobremais, a mora do devedor. Tem suas vantagens. Mais uma vez é de se dizer: onde o cômodo, também o incômodo.

Ao fim, a conversão do depósito em renda é uma forma de pagar, sem risco, possibilitada pelo depósito judicial prévio da quantia litiganda, perdida a lide. Além disso, na hipótese de vir a ganhar a demanda, o sujeito passivo reingressa na disponibilidade do numerário, desnecessitando de repetir o indébito e de sujeitar-se aos demorados precatórios que viabilizam a restituição, após morosos processos judiciais.

A prescrição começa a correr da constituição definitiva do crédito tributário

O Poder Judiciário, entre nós, detém o monopólio da jurisdição, pelo que nenhuma relação jurídica pode escapar à sua apreciação. Mas a Administração pode exercer o autocontrole da legalidade dos seus próprios atos, inclusive em relação à Constituição, que é a lei das leis.

Uma vez realizado o lançamento ou provocada a Administração, por iniciativa dos contribuintes ou mesmo *ex officio*, abre-se a instância de revisão, formando-se o procedimento administrativo tributário, que será regido nos termos da lei (art. 151, III, do CTN).

Ditas leis serão federais, estaduais, municipais e distritais, dependendo do tributo em causa.

Enquanto durar o processo, até o atingimento da decisão última e final, fica suspensa a exigibilidade do crédito tributário formalizado pela Administração mediante o ato jurídico do lançamento.

Importa aqui repisar que inexiste lançamento inicial ou final. Tampouco existe lançamento provisório e definitivo.

O lançamento é ato jurídico simples que pode ser confirmado ou reformado, no todo ou em parte, pela própria Administração. Não é o *procedimento* que produz o lançamento. Este é o objeto do processo revisional de autocontrole que colima examinar sua legalidade e exatidão. O processo administrativo tributário é processo revisional do lançamento, não tendo, entre nós, nenhum sentido a doutrina procedimentalista, cuja praça forte é a Itália, que atribui ao *procedimento administrativo* a formação do crédito tributário, como se fora um útero jurígeno.

Tanto é assim que, até o lançamento, correm os prazos de preclusão para a formalização do crédito, já nascido com a *ocorrência do fato gerador do tributo*. Se a Administração não exercita o ato jurídico do lançamento, incorre em preclusão e, em conseqüência, perece o seu direito de crédito, que será nenhum se o tributo dele depender, ou será exatamente equivalente ao que o contribuinte pagou, for força de lei, certo ou errado, suficiente ou não (tributos de homologação do pagamento). Produzido dito ato, enquanto durar a sua revisão (reclamações e recursos), não há mais que se cogitar de *decadência* e tampouco de *prescrição da ação*, que só inicia o seu curso após a constituição definitiva do crédito tributário (*rectius*: confirmação definitiva do crédito tributário), a teor do art. 174 do CTN.

Cabe anotar não ter cabimento a Administração negar-se a desconstituir ato administrativo baseado em lei declarada inconstitucional pelo STF ou em ato normativo declarado ilegal pelos tribunais.

É certo que o controle de constitucionalidade ou de legalidade não lhe pertence. Mas isto não significa que deva afrontar a pronúncia de nulidade da lei, ao argumento de que o ramo Executivo é independente e autônomo em relação ao Judiciário. Muito pelo contrário, por dever de lealdade e em razão do princípio da economia processual, compete-lhe catar submissão ao Poder a que se conferiu competência para declarar inconstitucionais as leis e ilegais os atos administrativos. O autocontrole se faz sob que parâmetros, senão que o das leis válidas e o da Constituição?

O dever de introjetar as *decisões judiciais definitivas sobre dada espécie é inarredável pela Administração*.

O que se não compreende é o contrário, mas infelizmente é o que ocorre, de maneira acintosamente irracional e incivilizada, por esses brasis afora.

Resta saber quando se considera definitivamente constituído o crédito tributário, ou seja, quando não mais pode o lançamento ser objeto de discussão na esfera administrativa. Com notável perícia, Maria Leonor Leite Vieira, no-lo diz:

"... Assim, pode-se afirmar que o crédito tributário apontado no lançamento torna-se definitivo:

"*a*) se transcorrido o prazo assinalado em lei, e o sujeito passivo não apresentar impugnação (regularmente 30 dias). Neste caso, no primeiro dia seguinte ao término daquele prazo, que teve como marco inicial a data do recebimento da notificação regular feita ao devedor, estará a Fazenda Pública investida de seu direito de ação;

"*b*) se o sujeito passivo apresentar a respectiva impugnação:

"*b.1*) e a decisão de primeira instância for contrária, total ou parcialmente, à pretensão do sujeito passivo, o crédito lançado ainda não encontra sua definitividade, já que ainda se pode apresentar recurso à autoridade (órgão colegial) superior;

"*b.2*) se a decisão de primeira instância for contrária aos interesses da Fazenda e, portanto, favorável ao sujeito passivo, ainda assim o crédito lançado continuará sem definitividade, já que a autoridade julgadora haverá de recorrer à autoridade superior, conforme designação da lei federal, estadual ou municipal;

"*b.3*) se a decisão for contrária à Fazenda Pública, mas menor que o valor assinalado em lei para exigir a apresentação do recurso de ofício (apontado no item anterior), a definitividade é alcançada com a notificação regular ao sujeito passivo;

"*c*) se da decisão de primeira instância resultar valor a ser recolhido, o contribuinte poderá recorrer à segunda instância, e, aí, se

"*c.1*) o julgamento do 'recurso' for contrário aos interesses do sujeito passivo recorrente, a definitividade é alcançada com a notificação válida, se dela não couber mais recurso a instância superior;

"*c.2*) o julgamento de segunda instância é contrário aos interesses da Fazenda Pública e da decisão couber recurso à instância superior, a definitividade será alcançada após o decurso do prazo para a interposição sem que tenha sido exercido o direito ou com o julgamento contrário à Fazenda e notificação regular ao sujeito passivo".[24]

E nas hipóteses em que o sujeito passivo paga a menos por conta da lei ou mesmo nada paga, quando ocorre a prescrição do direito da ação?

Na hipótese de pagamento a menor não ocorre a prescrição da ação. O que ocorre é simplesmente a decadência do direito de crédito, a teor do art. 150, § 4º, do CTN, em estágio diverso, por não ter havido lançamento.

24. Ob. cit., p. 79.

"Art. 150. O lançamento por homologação, que ocorre quanto aos tributos cuja legislação atribua ao sujeito passivo o dever de antecipar o pagamento sem prévio exame da autoridade administrativa, opera-se pelo ato em que a referida autoridade, tomando conhecimento da atividade assim exercida pelo obrigado, expressamente a homologa. (...)

"§ 4º. Se a lei não fixar prazo à homologação, será ele de 5 (cinco) anos, a contar da ocorrência do fato gerador; expirado esse prazo sem que a Fazenda Pública se tenha pronunciado, considera-se homologado o lançamento e definitivamente extinto o crédito, salvo se comprovada a ocorrência de dolo, fraude ou simulação".

Se não tiver havido pagamento, a decadência também ocorre, mas o prazo de preclusão se inicia no primeiro dia do exercício seguinte àquele em que o lançamento poderia ter sido efetuado (o exercício em que ocorrer o fato gerador).

É verdade que o CTN fala em homologação do lançamento (inexistente), em vez de falar em homologação do pagamento. Todavia, o Código deve ser interpretado com espírito sistemático.

É hora de repisar a lição:

a) os atos jurídicos sujeitados a tempo e termo precluem;

b) os direitos a que se ligam estes atos jurídicos então *decaem*;

c) somente *direitos existentes*, ou seja, que não tenham *decaído*, ensejam ações. Conseqüentemente, a prescrição é da ação, e não do direito.

A medida provisória n. 1.621-34/98 inconstitucionalmente vincula os recursos aos Conselhos Federais de Contribuintes a um depósito de, no mínimo, 30% da quantia litiganda.

Misabel Abreu Machado Derzi[25] realça a autonomia do processo tributário ad-

25. Derzi, Misabel Abreu Machado. *Comentários ao Código Tributário Nacional*, coord. Carlos Valder do Nascimento, Rio de Janeiro, Ed. Forense, 1997, p. 409.

ministrativo face ao depósito, demonstrando ser cada um deles, isoladamente, causa bastante para a suspensão da exigibilidade do crédito tributário:

"Outra hipótese de suspensão da exigibilidade do crédito tributário, inconfundível com a anterior, são as reclamações e os recursos em processo tributário administrativo, segundo e nos termos das leis que os disciplinam. Essas leis, por conseqüência, não poderão deixar de contemplar as condições, os limites e os casos em que as impugnações ou recursos gerarão tais efeitos. (...)

"As leis federias, estaduais, ou municipais não podem negar efeito suspensivo às impugnações e recursos administrativos. Aliás, o CTN só faz consagrar norma de raiz constitucional, portanto inafastável mesmo por meio de lei complementar".

Ao vincular reciprocamente causas de suspensão que o CTN, lei complementar em sentido material, define como autônomas, a Medida Provisória n. 1.621-34/98 subverte a hierarquia dos diplomas legislativos e ofende o devido processo de acertamento tributário por aquele instituído, em atendimento ao art. 5º, LIV, da Constituição Federal. Assim: "A garantia do *due process of law*, que existe em nosso direito, tem aplicação não só ao processo judicial, mas também ao administrativo, em sentido amplo, tanto no procedimento administrativo punitivo, quanto ao não punitivo. Isto quer dizer que a administração, quando tiver que impor uma sanção, uma multa, fazer um lançamento tributário ou decidir a respeito de determinado interesse particular, deverá fazê-lo num processo regular, legal, em que ao administrado se enseje o direito de defesa" (TFR, MAS 79.843-PE, Rel. Min. Carlos Velloso, in *DJU* de 18.10.78, pág. 8.130)

Da mesma forma, viola o princípio insculpido no art. 5º, LV, do Texto Magno, que dispõe:

"Art. 5º. (...)

"LV – Aos litigantes, em processo judicial ou administrativo, e aos acusados em geral, são assegurados o contraditório e a ampla defesa, com os meios e recursos a ela inerentes".

NOVA ECONOMIA. VELHAS IDÉIAS

SIDNEY SARAIVA APOCALYPSE

1. Dias desses recebo solicitação de prover, em poucas horas, informação quanto à tributação de um "site" a ser criado para desenvolver certa atividade lucrativa. A pergunta veio da forma mais direta ágil e expedita possível – "e-mail" – e, consigo, trazia impressa a idéia de que se tratava de uma coisa simples e corriqueira. Formulava a pergunta um cliente ávido pela resposta e que, diante de si, já possuía planilha eletrônica para calcular o "pay-back" dos investimentos que faria, ou que buscaria com parceiros, futuros sócios do Grande Negócio da Nova Economia. Horas adiante já marcava "conference call" que, observando os diversos fusos horários, me colocaria não mais diante da "quase-decisão" entre Palmeiras e Corinthians, mas de uma "teleconferência", que, entre ecos e siderais ruídos, representaria o último passo para a consagração do esperado "closing" de toda a operação.

2. Simultaneamente – graças à rapidez das comunicações – acenando com consagrados pareceres de juristas "ainda" contemporâneos, outro cliente angustiava-se diante de conclusão divergente que, a seu pensar, dizia ser válido incidir ISS sobre receita de locação imobiliária e por isso, pedia socorro.

3. Chegada a noite, dormi e, certamente, sonhei. Acho que algum arquivo de meu inconsciente se abriu, pois ao acordar, sem mais nem aquela, recordei-me de João XXIII... Pode? Pois pode! Fosse durante o banho, fosse durante a barba (coisa antiga que ainda se faz, ainda que com três lâminas), a imagem de João XXIII não me saía da cabeça. Na realidade não se tratava da imagem desse Papa, mas do que fizera, pois nem bem o então cardeal Roncalli se empossara como Papa, já começava a agitar o mundo católico, primeiro anulando a limitação de membros do Colégio de Cardeais em setenta membros, para admitir, só nos quatro anos seguintes, mais dezessete representantes, na maior representação da história da Igreja. Já não bastasse tão revolucionária intervenção nessa sabidamente conservadora comunidade, menos de três meses depois de sua eleição, João XXIII anuncia a convocação de um Sínodo – o primeiro na história de Roma – para revisar nada mais, nada menos, que o Código de Direito Canônico e, não bastasse, de um Concílio Ecumênico da Igreja! Dizem que ao ser perguntado quanto aos motivos de tanta movimentação, João XXIII teria se levantado do trono e, abrindo uma das janelas do palácio, respondeu: *para arejar*.

4. Pois acho – e acho mesmo – que não foi sem razão que a memória me trouxe de volta esse fato, pois sinto que precisamos arejar nossas idéias diante de tanta novidade que nos cerca. Metralhados de todos os lados, encontram-se os advogados diante de *nova economia*. Novos bichos surgem na selva: é *site* pra lá; é *portal* pra cá; é *webhost* daqui; é *link* pra todo lado. E assim caminha a humanidade, sem fronteiras, (aparentemente) sem rumo. Dizem-me os *experts* em administração que estamos num novo ciclo, numa nova onda. Contam-me que a onda agrícola vivida pelo Mundo encerrou-se em 1850; que a industrial, iniciada nos idos dos anos 60 (ah! os Beatles e os Rolling Stones!) encerra-se por este ano; e que a nova *onda* – a *da informação* – inaugura-se agora, alterando economia e comportamentos. O antigamente fica cada vez mais antigamente. Não são mais átomos (coisas) que importam, comandam, mas *bits*. É isso aí, bicho! (velha frase para um novo fenômeno – novo?). Daí, gente, não dá mais para se manter com as velhas idéias – que de tão velhas arraigaram-se no espírito –, para repelir seu uso na nova economia.

5. Vejam o interesse de Vera Sterman Kanas[1] (em artigo inédito) quanto a utilizar o velho *conceito jurídico de estabelecimento* no chamado comércio eletrônico. Vê-se, e Vera assim demonstra, que velhas idéias amoldam-se à nova realidade, a demonstrar a utilidade do Direito, ainda que diante de uma revolução econômica, haja vista até a possibilidade jurídica de concluir que estabelecimento virtual pode ter fundo de empresa, ou seja, um valor agregado ao conjunto de bens que o compõem.

6. Por outro lado, há ainda a – nova – questão, que deflui das consultas a que me referi no início. Trata-se da identificação de serviço em negócio que implique cessão ou locação de bens (móveis ou imóveis). Locação de bens é atividade a respeito da qual já se abriu polêmica com vistas a definir sua integração ao campo de incidência do ISS (velha questão, diga-se). Vide, a respeito, opiniões de Geraldo Ataliba e Aires Fernandino Barreto:[2] "Nem se diga que a locação foi 'definida' pela lei complementar como serviço tributável pelo Município (...). É que, se a Constituição é rígida, não pode ser modificada pela lei complementar. Esta não pode 'definir' como serviço o que serviço não é. A lei complementar 'completa' a Constituição, não a modifica".

7. No entanto, a despeito de tão autorizadas manifestações, o debate acabou chegando aos tribunais, mormente para esclarecer a qual regime tributário estariam submetidas as chamadas operações de *leasing* que, por sua natureza, envolvem cessão de bens. Sugestivo, a esse respeito, acórdão da 8ª Câmara do Supremo Tribunal Federal,[3] porquanto nele se definiu estar o serviço de *locação de bens móveis* em conformidade com a hipótese tributária do ISS. Para tanto, o Supremo, nesse acórdão, buscou examinar o conceito de serviço, não mais segundo seus traços de mero trabalho pessoal do prestador do serviço, mas tendo em conta a atividade que o locador estaria a exercer por intermédio da locação da coisa. Já àquela altura o Supremo Tribunal advertia que a palavra "serviço" tem de ser examinada na sua posição e no seu movimento histórico e sociológico. É clássica a distinção das atividades econômicas em industrial, comercial e de serviços. Tudo é atividade, ocupação, trabalho. Na primeira releva a 'criação' de utilidades. Na segunda prima a circulação social do bem. *Na terceira* (e neste ponto refere-se a Corte ao conceito de prestação de serviços) *a diferenciação da técnica mental é ainda mais aprimorada: reúne tudo quanto, sendo atividade econômica, não se inclui no conceito já separado, de indústria e de comércio. Assim, no serviço a atividade humana como tal assume papel destacado. A coisa fica em segundo plano. Quem abre casa de diversões, p.ex., com máquinas eletrônicas, não as fabrica nem altera. Tampouco as faz circular economicamente. Mas trabalha. Presta serviços: põe-nas à disposição do público*" (grifei).

8. Vale dizer: ainda que velha, a norma em concreto produzida pelo Supremo, é verdade, em tema aparentemente distante dos que emergem na nova economia, ainda se mantém como um Norte, um farol a identificar o rumo definido pelo Direito. Isto, a despeito de inexistirem preceptivos com a especialidade que reclamam em face da novidade que vem se instalando no Mundo. Pouco, ou quase nenhum retoque mereceria tal posicionamento do Supremo, para o deslinde de várias situações contemporâneas, como, por exemplo a chamada cessão de infra-estrutura, tão em voga com o advento da "privatização" de inúmeros serviços públicos. Na realidade, tal interpretação, ainda que discutível, reconhecemos, busca traduzir negócios como o em exame – não mais segundo a óptica do tradicional

1. Vera Sterman Kanas é advogada.
2. In *Revista de Direito Tributário* 23-24/269.
3. Apelação Cível 343.817.

conceito de serviço, que a doutrina construiu ao logo de outros tempos, mas de acordo com a finalidade desse negócio: *prover dada atividade mediante uso da coisa.*

9. Enfim, nem os velhos advogados, nem os novos devem – e é apenas o que pretendíamos entremostrar – atarantar-se com os novos desafios impostos pela decantada "Nova Economia". A esta contrapõem-se as "Velhas Idéias", a revelar, tão-somente, a inesgotável tarefa de interpretar o Direito em face do fato social. Cabe, pois, a nós todos, a tarefa de identificar no sistema vigente (ordem jurídica) respostas que possam atender às novas exigências da vida social, até porque, sabemos todos, não existe lacuna na Lei, mas mera aparência de lacuna. Cabe ao intérprete saná-la, seja este o advogado, seja este o mais autêntico dos intérpretes, o Judiciário. Até porque é o que determina a Lei de Introdução ao Código Civil (velha e boa lei de 1942), artigo 4º: "Quando a lei for omissa, o juiz decidirá o caso de acordo com a analogia, os costumes e os princípios gerais de direito".

RELAÇÕES ENTRE FISCO E CONTRIBUINTE NO PROCESSO ADMINISTRATIVO

WAGNER BALERA
Livre-Docente na Faculdade de Direito da PUC-SP e membro do Conselho Consultivo do IGA-IDEPE.

1. Introdução

Da vasta temática que se propõe examinar o já tradicional Congresso de Direito Tributário que, sob a inspiração do saudoso Geraldo Ataliba, se reúne pela décima sexta vez, escolhi para abordar, neste estudo, dois assuntos que envolvem as relações entre o Fisco e o contribuinte.

Tratam, os dois temas, de relações que, conquanto enfeixadas no bojo do processo administrativo, podem não cuidar de litígios, no seu desenvolvimento inicial.

São, sem dúvida, expressões da função administrativa que se exterioriza por meio do processo.

Cuidarei, aqui, do tema da consulta e do problema do sigilo bancário.

2. Direito de petição e função administrativa

É imprescindível que, no processo tributário, o interessado provoque a Administração Pública para, à vista das circunstâncias de fato, demonstrativas da situação jurídica subjetiva, obtenha o respectivo enquadramento no esquema normativo que lhe define o papel na relação jurídica.

Pode o interessado pôr em movimento o órgão fiscal demonstrando seu interesse (a situação de fato típica definida pelo direito objetivo) e pleiteando a pronúncia fiscal a respeito.

O pleito do interessado se expressa, ordinariamente, como simples exercício do direito de petição. Mas deve, a um só tempo, descrever o fato (que pode caracterizar obrigação tributária ou óbice ao exercício do poder fiscal) e indicar a modalidade de decisão que postula.

O requerimento é um pressuposto indispensável à manifestação administrativa. Sem que essa providência esteja formalizada, o Poder Público não pode, salvo situações excepcionalíssimas de atuação de ofício, exercer a função administrativa de declaração e certificação.

A função fiscal consistirá no enquadramento do postulante no arcabouço normativo, com a conseqüente sujeição do mesmo, no âmbito administrativo.

Tendo diante de si o requerimento do interessado, compete ao Poder Publico examinar os elementos que lhe estão sendo submetidos e pronunciar-se sobre o direito.

É suficiente que o requerente formule o pedido para que o Poder Público se obrigue a apreciar e providenciar o que de direito.

Se existe ou não algo a registar, de tudo deve a autoridade administrativa atestar, formal e regularmente, inclusive opondo obstáculos legais ao deferimento do que foi requerido.

A base constitucional para o direito à manifestação da autoridade pública, sobre questões nas quais certo interesse está em jogo, é o *direito de petição*, garantia sempre presente nas Normas Fundamentais do Brasil.

É fácil perceber que, mediante cognição sumária, a autoridade fiscal é obrigada a dar andamento a pedido do interessado, bastando que os elementos indispensáveis à apreciação do pleito se encontrem caracterizados.

Deveras, adverte Pimenta Bueno – o preclaro comentador da Carta Imperial –, o direito de petição, que é intuitivo, não exige que haja um direito perfeito, contanto que exista simples interesse, desde que lícito.[1]

Decerto, para que tenha instrumentação e conseqüências práticas, o direito de petição exige que o sistema jurídico comine à autoridade pública o dever de apreciação, ainda que sumária, do pleito a ela dirigido.

O órgão fiscal não pode deixar de preparar e instruir o pedido, a fim de submetê-lo a despacho conclusivo.

Com efeito, o parágrafo único do art. 6º da Lei do Processo Administrativo Federal, que tomou o número 9.784, promulgada em 29 de janeiro de 1999, não admite recusa a receber o requerimento, sem menor formalização das razões de recusa, e sem que haja orientação ao interessado para o suprimento de eventuais falhas. É através do requerimento que se revela, ao menos de modo aparente, a existência da situação de fato que se quer ver melhor definida.

Voltemos nossos olhos para o teor da garantia expressa no art. 5º, inciso XXXIV, da Lei Magna.

Eis como se encontra grafado o referido preceito:

"Art. 5º. (...)

"XXXIV – são a todos assegurados, independentemente do pagamento de taxas:

"a) o direito de petição aos Poderes Públicos em defesa de direitos ou contra ilegalidade ou abuso de poder;

"b) a obtenção de certidões em repartições públicas, para defesa de direitos e esclarecimento de situações de interesse pessoal".

Esse texto autoriza, de pronto, três considerações importantes:

– em primeiro lugar, está melhor sistematizada a matéria, se comparada com a disciplina que lhe dera a Constituição de 1967, com a redação da Emenda n. 1, de 1969, na qual vinha distribuída por dois incisos. Sendo convizinhos o direito de petição e o direito às certidões, é bom que deles se cuide em um único preceito. Para obter certidão, cumpre ao interessado requerê-la formalmente à repartição competente. Todos os interessados podem provocar a manifestação oficial da autoridade pública;

– segunda consideração, que se deduz do *caput* da regra, mostra nota singular da garantia: a gratuidade. Importa dizer que, no preceito, reside o fundamento de validade último para a gratuidade dos processos administrativos em geral;

– de final, na característica distribuição de poderes, de direitos e de deveres entre os atores sociais, o requerimento inicial – manifestação inequívoca do direito de petição assegurado pelo art. 5º, XXXVI, "a", da Constituição – exige resposta cabal, e só ganha plenitude de sentido, como veremos a seu tempo, quando articulado com a garantia do contraditório.

Recebendo o requerimento e não reconhecendo a ocorrência da relação fiscal que gera tributo ou, ainda, reputando incompletos os elementos fornecidos pelo interessado, o Fisco já está, de certo modo, definindo a situação jurídica subjetiva.

Via de conseqüência, a controvérsia pode se instaurar deste que o interessado não se conforme com o pronunciamento da autoridade administrativa.

O ato administrativo, aliás, deve obrigatoriamente consignar, com riqueza de detalhes formais, quais e quantos elementos indispensáveis ao processamento do pedido deixaram de ser acostados ao requerimento.

Pode ser que, ausente o número do CNPJ, o Fisco não possa examinar o direito. Suponha-se que o pleito pretenda o enquadramento em regime fiscal determinado. Sem estar instruído com a prova da inscrição no cadastro fiscal não pode nem mesmo ser apreciado.

1. José Antônio Pimenta Bueno, *Direito Público Brasileiro e Análise da Constituição do Império*, p. 423.

Suponhamos, porém, que a tal inscrição no CNPJ (evidente que estou figurando situação hipotética!) dependa de cognição sumária, cujos dados já se encontrem referidos ou anexados ao pedido.

Ao invés de recusar-se a dar andamento ao pleito, cumpre, antes, ao Fisco, de ofício, inscrever o interessado no Cadastro e, depois de realizar essa atividade instrumental, pronunciar-se sobre o pedido.

Ressalto, então, que o ingresso do requerimento dá lugar ao exame liminar do pedido. A administração servir-se-á desse exame para encaminhar o assunto e, se for o caso, para resolvê-lo em favor do interessado.

No crivo preliminar do requerimento, o Fisco aferirá da respectiva viabilidade e pode concluir que, além do pressuposto formal, falta requisito substancial para o pronunciamento oficial, se a regra de tributação não colhe o caso singular. Nessa hipótese, aporá liminar indeferimento ao requerimento, cientificando-se de tudo o interessado.

Na rotina administrativa, são raras as ocasiões em que o tema fiscal tenha solução liminar.

Em geral, o procedimento em que se concretiza a relação tributária estende-se por diversas fases ou momentos, em que se objetiva, respectivamente, qualificar o contribuinte; verificar a ocorrência do fato tributável, enquadrar a situação de fato no tipo normativo, identificar a base de cálculo e a alíquota e, finalmente, expedir a comunicação da decisão ao interessado.

Pode-se dizer que, o itinerário procedimental, terá seu ponto culminante com o despacho no qual é lavrada a *decisão* administrativa sobre o pedido.

Mas, cada ato integrante da seqüência é, de per si, relevante e a respectiva exteriorização deve se dar de modo objetivo e fundamentado.

É bem possível que, atentando ao elementar princípio de divisão do trabalho, ou para que opere com maior eficiência o processar do pedido, a função administrativa se manifeste com a intervenção dinâmica de diversos órgãos e setores, cada qual cumprindo tarefa específica, preparatória da decisão final sobre o requerimento.

A perícia contábil, quando for o caso, pode ser objeto de intervenção de especialistas de fora dos quadros da fiscalização.

Assiste ao interessado o direito de rebelar-se contra cada ato e, após receber a comunicação oficial, interpor o recurso cabível.

O provimento administrativo requerido produzirá efeitos importantes na esfera jurídica do interessado.

Ao administrador público cumpre, por conseguinte, pronunciar-se objetivamente sobre a postulação.

A decisão a ser proferida pelo Fisco, ao cabo do procedimento sumário que se descreveu, individualizará a situação fiscal, indicando pressupostos e elementos objetivos e subjetivos que a identificam. Todos os atos procedimentais até então praticados cooperam para que o ato administrativo decisório seja proferido.

O ato administrativo cognominado *decisão* é o instrumento mediante o qual o Fisco, exercendo a função administrativa tributária, proclama, oficialmente, qual o direito aplicável ao caso.

Trata-se do exercício de um poder-dever que se encontra bem definido pelo Título aposto ao Capítulo XI da Lei n. 9.784/99: *Do Dever de Decidir*.

Conforme esse entendimento, a autoridade fiscal decidirá, sendo-lhe assinalado o prazo legal de trinta dias para que se manifeste de modo conclusivo e, se for o caso, cobrará tributos ou certificará a imunidade, a não incidência ou a isenção fiscal.

A natureza mesma dos direitos subjetivos públicos, cobrando serviços públicos imprescindíveis exige e impõe o mais rigoroso controle da atividade estatal.

O primado da eficiência, diga-se, não é a regra do jogo apenas para as empresas privadas, hoje à cata dos certificados ISO.

É, antes, princípio jurídico, estampado na citada Lei n. 9.784, de janeiro de 1999 que assim comanda: "Art. 2º. A Administração Pública obedecerá, dentre outros, aos princípios da legalidade, finalidade, motivação, razoabilidade, proporcionalidade, moralidade, ampla defesa, contraditório, segurança jurídica, interesse público e eficiência".

A eficiência das decisões concretiza o direito subjetivo público do interessado, que merece atento exame de seu pleito pela autoridade administrativa.

De certo modo, o Código de Procedimento Administrativo de Portugal traduz essa idéia no seguinte comando: "Art. 10. A Administração Pública deve ser estruturada de modo a aproximar os serviços das populações e de forma não burocratizada, a fim de assegurar a celeridade, a economia e a eficiência das suas decisões".

O indivíduo não pode saber, de logo, o direito que, por vezes, só se configura no instante da *incidência*,[2] instante em que se materializa, na vida, a relação fiscal geradora do direito ao crédito tributário.

O tributo é *objeto* da relação jurídica na qual o Fisco é o *sujeito ativo* e o contribuinte é *sujeito passivo*.

Como é cediço, não há natureza contratual nessa relação jurídica, de conteúdo manifestamente publicístico.[3]

O pedido é medida prévia que alguém deve apresentar para que lhe seja satisfeita, na forma e nos termos da lei, mediante processo administrativo regrado, a pretensão. A decisão que resolve o pedido é ato unilateral do órgão administrativo.

De outra parte, é como natural decorrência do equilíbrio entre o cidadão e o Estado que, este último, no exercício de poderes de que é investido pela própria comunidade, cumpre funções administrativas preparatórias da atividade de lançamento; concretiza esse ato tributário e, quando é o caso, aplica as sanções administrativas contra quem, sem justo motivo, se rebela contra o cumprimento dos deveres fiscais que a todos incumbem.

3. Controle jurisdicional da função administrativa

A trajetória do processo administrativo, conforme parta da iniciativa do contribuinte ou do Fisco, culmina com a decisão administrativa.

A essa expressão do poder estatal, que deve ser formal e regularmente noticiada ao interessado, se seguirá outra, que depende, de início, da atitude processual que o contribuinte ou responsável resolva adotar.

Se o interessado resolve se rebelar contra a decisão proferida pelo Fisco, poderá instaurar o *litígio* e, via de conseqüência, sujeitará o Estado aos termos do contraditório processual, cuja principal virtualidade consiste no estabelecimento da igualdade normativa entre as partes.

Focalizemos, atentamente, tais momentos: o momento da postulação administrativa qualquer, exercício regular do direito de petição; o momento do lançamento, expressão do agir estatal com legalidade e, finalmente, o momento da decisão.

Este último ato instaura o momento da interposição do recurso, mediante o qual o itinerário processual opera o trânsito de certa função administrativa fiscal, até aquele momento exercida pelo órgão tributário, para outra função administrativa, cuja natureza e cujo regime jurídico apresentam traços distintivos quando comparados com as três antecedentemente enunciadas.

É fora de dúvida que, configurado o litígio, o processo administrativo ingressa em novo contexto.

2. Explica Ataliba: "Costuma-se designar por incidência o fenômeno especificamente jurídico da subsunção de um fato a uma hipótese legal, com conseqüente e automática comunicação ao fato das virtudes jurídicas previstas na norma" (*Hipótese de Incidência Tributária*, p. 40).

3. Cf. a propósito Aurélio Pitanga Seixas Filho, "Natureza Jurídica da Relação Tributária", in *Repertório IOB de Jurisprudência* 1/2000, pp. 41 e ss.

Observa Odete Medauar que, ao abrigar dispositivos sobre processo administrativo, a Constituição de 1988 "(...) filia-se à tendência contemporânea de processualização da atividade administrativa, também denominada de jurisdicionalização do processo ou da atividade administrativa".[4]

Temos para nós que, a litigiosidade, está definida, pela Constituição de 1988, como marco fundamental no trato da matéria atinente ao processo administrativo.

Nesse sentido a voz expressiva do art. 5º, da Superlei, cujo inciso LV assim se encontra grafado:

"Art. 5º. (...).

"LV - aos litigantes, em processo judicial ou administrativo, e aos acusados em geral são assegurados o contraditório e ampla defesa, com os meios e recursos a ela inerentes".

Tanto que caracterizado o litígio, outra é a dimensão do processo administrativo.

Antes, exercício de função administrativa, é modo de produção de despacho por ato de autoridade própria do Estado. Depois, configurado sob a garantia do contraditório, é o instrumental que instaura ambiente processual diferente, dentro no qual a controvérsia encontrará decisão jurídica.

O constituinte prefigurou novo regime jurídico para a matéria relativa ao processo administrativo, conferindo juridicidade especial a essa parte da função administrativa. Função que imporá desenvolvimento mais rigoroso, mais controlado, a partir da configuração do litígio, ao agir do Estado.

O centro de imputações jurídicas que apreciará o litígio, é instituído, pela legislação, como outro nível de reflexão e de conhecimento a respeito do pedido.

De fato, estamos diante de instância crítica, detentora do poder de controle sobre a autoridade fiscal a quem compete administrar os tributos.

4. Odete Medauar, *A processualidade no direito administrativo*, p. 74.

A leitura atenta do preceito revela que há *litígio* a partir do momento em que o interesse da pessoa, privada na obtenção da pronúncia fiscal, não é satisfeito pelo Fisco.

Fernando Henrique Mendes de Almeida propõe, ao nosso ver, critério seguro para o estabelecimento do divisor de águas entre uma fase e outra da dinâmica processual. "A instância administrativa (...)", diz esse autor "é instaurada com o recurso administrativo".[5]

O litígio, ensina a doutrina mais autorizada, é fenômeno "extraprocessual".[6] O julgador tomará conhecimento direto do litígio, se proposta a competente ação, por parte do interessado. Como é cediço, entre nós, ninguém é obrigado a exaurir a via administrativa para que leve o litígio à apreciação do Poder Judiciário.

É facultado, porém, ao interessado, propugnar deslinde para o litígio instaurado em tema particular de tributação, na cidadela específica, detentora do poder de controle sobre a administração fiscal.

Outra avaliação do feito – a fim de sanar eventual ilegalidade, ou injustiça, da decisão tomada pelo Estado – poderá ser efetuada pela esfera administrativa.

Objeto de disputas terminológicas, cumpre evitar o emprego da expressão "contencioso administrativo".

Mas, na citação que se segue, os vocábulos adquirem impressionante claridade. Diz Manuel Colmeiro: "lo contencioso-administrativo es un término médio, una transacción necesaria entre la Administración pura y la justicia civil".[7]

Efetivamente, caracterizam essa via média, pela qual o interessado pode fazer transitar seu pleito, certos traços de seme-

5. F. H. Mendes de Almeida, "Recurso Administrativo", in *Rev. de Direito Administrativo*, vol. 20, p. 370.

6. José Frederico Marques, *Manual de Direito Processual Civil*, 1º volume, p. 123.

7. Cit. por Manoel de Oliveira Franco Sobrinho, *Introdução ao Direito Processual Administrativo*, p. 203.

lhança com o regime jurídico do processo judiciário. Como é curial, por estrutura e por natureza, não se pode vislumbrar total coincidência entre os dois regimes.[8]

A determinado centro de imputações jurídicas, integrado por representante do contribuinte e do Estado, se dá parcela da potestade para, mediante especial procedimento administrativo, examinar – em grau de recurso – os termos do confronto entre o contribuinte e o Fisco.

Na gestão fiscal, a atividade administrativa pode gerar atos ilegais ou lesivos de direitos ou interesses dos contribuintes e responsáveis e, não existindo no Estado Social de Direito poderes absolutos, a atividade estatal se encontra sob controle da legalidade. Mediante recurso, a ser apreciado por organismo independente, é realizado o controle da atividade estatal.

São definidas, pois, como direitos constitucionais, as funções administrativas de controle que emanam dos processos administrativos fiscais.

Mas, qual a natureza específica dessa instância de controle, dotada de poderes tão abrangentes e, de certa maneira, incomparáveis no seio da Administração?

Considero a função de controle de legalidade como *atividade parajudicial* da Corte Administrativa[9] e como garantia fundamental do administrado.

Tal opinião decorre do teor dos princípios estampados no acima transcrito artigo 2º da Lei do Processo Administrativo.

Assim, o regime jurídico da matéria em causa é estruturado com base: *a*) em normas próprias; e *b*) em normas gerais que se encontram estampadas na referida Lei do Processo Administrativo, como disciplina o art. 69 do mesmo Diploma Legal.

Examinando a função controladora de certos órgãos da Administração Pública, Victor Nunes Leal proferiu lição que calha como uma luva à estrutura do processo administrativo atual.

Deveras, analisando a natureza dos decisórios do Conselho do antigo Serviço do Patrimônio Histórico Nacional, o pranteado Ministro da Suprema Corte escreveu: "(...) o Conselho profere um julgamento, examina pretensões contraditórias em caso concreto, exercendo, portanto, função substancialmente jurisdicional".

E, para esclarecer o seu ponto de vista, com o qual comungamos, faz questão de acrescentar: "Mas, por ser um órgão administrativo, o regime constitucional entre nós vigente não confere às suas decisões, substancialmente judiciais, o caráter de decisões no sentido formal, para eximi-las do controle judiciário".[10]

Realmente, ao controlar a função administrativa, os Tribunais Fiscais exercitam encargos assemelhados ao dos *quasi judicial powers*, que desempenham certas Comissões existentes no seio da administração pública norte-americana.

Essas Comissões recebem das leis, como anota Francisco Campos: "(...) a atribuição de, mediante processo de natureza judicial, investigar e apurar os fatos relacionados com a sua competência".[11]

Aliás, a instituição da lei do processo administrativo daquele país, a *Federal Administrative Procedure Act*, de junho de 1946, se deve, esclarece o saudoso Hélio Beltrão, à necessidade, apontada inclusive por julgados proferidos pela Suprema Corte dos Estados Unidos da América, de se dar melhor sistematização ao exercício de funções

8. Sublinha Manoel de Oliveira Franco Sobrinho, em advertência necessária: "Permanecem existindo seguramente certos problemas de processualística que se resolvem através da mesma *forma*, e se resolvem para todos os *tipos* de *procedimento*" (*Introdução ao Direito Processual Administrativo*, p. 13).

9. A expressão é de Hely Lopes Meirelles (*Direito Administrativo Brasileiro*, p. 81).

10. Victor Nunes Leal, *Problemas de Direito Público*, p. 248.

11. Francisco Campos, *Direito Administrativo*, p. 17.

administrativas e judiciais pela Administração.[12]

Em que consistem, então, os atributos processuais inerentes ao exercício de funções quase-judiciais por entes que controlam a atividade administrativa estatal? Nada menos que, respondia o *Justice* Brandeis, da Suprema Corte norte-americana, na produção de: "um julgamento administrativo imparcial (...)" e, ainda, "no fato de que o processo deverá ter sido conduzido de tal forma que um Tribunal possa examinar se as regras de direito e de processo foram observadas".[13]

Outro insigne autor elucida: "a função quase-judicial da administração pública poderia ser qualificada como atividade de natureza administrativa desenvolvida segundo um procedimento judicial".[14]

A tutela administrativa, conquanto complexa e especializada, é mais uma forma de controle sobre a atividade estatal.

Ensina Giannini que, na tutela, um poder de direção é exercido pela instância de controle.[15]

Só se manifesta o poder de direção, com rigor e exatidão, sobre o exercício da função administrativa que prolatou a decisão recorrida.

Na tutela administrativa, como explica a doutrina, não é de se cogitar de hierarquia entre o órgão tutelado e o ente que exerce o poder de tutela.

Anota Diogo Freitas do Amaral, com elegância: "(...) um dos aspectos mais característicos, senão mesmo o traço fundamental, da tutela administrativa é o desaparecimento da hierarquia perante a relevância da autonomia".[16]

Para que a tutela administrativa seja vista como exercício do poder de direção, basta traduzi-la como a garantia de legalidade que reveste a função de controle.

Situada, dentro do ordenamento jurídico, como função de controle e decisão sobre os atos administrativos expedidos pelo Fisco, tal atividade se exerce mediante o emprego de coordenadas procedimentais rígidas, que chegam ao ponto de conferir-lhe qualidade jurisdicional.

De sorte que os Tribunais Fiscais se acham investidos de poder para controlar a decisão proferida pelo órgão fazendário, tanto sob o aspecto substancial (conteúdo) como sob o ângulo formal (forma).

Daqui parece resultar o verdadeiro conteúdo da tutela: assegurar, a um só tempo, a legalidade dos atos do Fisco e a respectiva submissão ao interesse geral, que justifica a existência do fenômeno tributário.

No entanto, a decisão do Conselho de Contribuintes, conquanto dotada de conteúdo jurisdicional – por ser esse o regime jurídico em ordem ao qual atua a tutela em exame – quer confirme, quer modifique o ato do Fisco, se exterioriza, necessariamente, sob o ponto de vista formal, como outro ato administrativo, proferido no exercício da especial função administrativa de controle.[17]

Força concluir que, no direito brasileiro, tanto o pedido inicial do interessado em determinado procedimento de consulta, quanto a diligência preliminar do Fisco, que pode culminar com a quebra do sigilo bancário de um contribuinte, são atitudes

12. Hélio Beltrão, "Necessidade de uma lei de processo administrativo", in *Industriários* 30, pp. 9-13.

13. Apud Hélio Beltrão, ob. e loc. cits.

14. John Clarke Adams, *El Derecho Administrativo NorteAmericano*, p. 57

15. Esclarece o mestre que: "Il potere di ordine e il potere di direttiva hanno in comune unna parte dell'effetto, che è un vincolo del comportamento dell'autorità subordinata, la quale adotta un "giudizio di adattamento" al caso concreto, quando è ciamata a provvedere" (*Diritto Amministrativo*, volume primo, p. 295).

16. Diogo Freitas do Amaral, *Conceito e Natureza do Recurso Hierárquico*, p. 140.

17. Ensina Zanobini : " Il provvedimento di cui parliamo, sebbene decida una controversia, conserva il carattere di atto puramente amministrativo" (*Corso di Diritto Amministrativo*, volume secondo, p. 74).

que se encontram disciplinadas no processo administrativo e devem, afinal, receber enquadramento mediante a manifestação conclusiva de um Poder do Estado.

Pelo exercício da função administrativa, o Estado aprecia o pleito do interessado ou a atividade do Fisco.

É revestido de conteúdo jurisdicional assim o controle administrativo que, na instância de tutela, aprecia os pleitos dos interessados e os atos preparatórios e lançamentos efetivados pelo Fisco, quanto o controle judiciário sob cuja inafastável tutela se encontra a dinâmica das relações litigiosas no Estado de Direito.

4. A função administrativa no processo de consulta

É o direito de petição a base em que se assenta o procedimento administrativo da consulta.

Direito a que corresponde o dever de decidir, em resposta ao consulente.

Quem, no curso de seus negócios, se vê invadido por uma razoável dúvida sobre o enquadramento fiscal da respectiva atividade pode submeter a questão ao exame da autoridade administrativa competente.

A propósito do tema, na *Revista de Direito Tributário* editada em memória do saudoso Cleber Giardino, tive ensejo de escrever: "A consulta é um procedimento administrativo através do qual alguém objetiva obter interpretação a respeito dos dispositivos da legislação tributária que o Estado reputa aplicáveis a um fato determinado" [18].

Naturalmente, a parte age, conforme comanda a Constituição, em defesa de seus direitos, o que exige a enunciação de fato determinado para que alguém desencadeie o procedimento da consulta perante a autoridade fiscal.

Penso que não se pode restringir o âmbito da consulta a um único indivíduo que, supostamente, poderá se enquadrar em situação fiscal subjetiva.

Parece melhor admitir, como já permitia o vetusto Decreto n. 70.235, de 1972, que se confira a qualidade de parte a entidades representativas das categorias sociais ou econômicas, ainda que não configuradas juridicamente nos termos da arcaica estrutura sindical brasileira.

É boa, por conseguinte, a solução dada ao assunto pela Lei do Processo Administrativo, ao admitir que associações incumbidas dos cuidados com interesses difusos se apresentem como interessadas nos processos administrativos (art. 9º, IV).

O ponto de vista que defendi no estudo citado, pois, mereceu acolhida formal pela legislação.[19]

Todavia, a legislação não potencializou os efeitos da participação das entidades associativas em processos que, por natureza, atingem número indeterminado de contribuintes e de situações.

Ao invés de prever que a decisão proferida na consulta sumulasse o entendimento com vistas ao coletivo abrangido, criando o que se poderia configurar como verdadeiro precedente fiscal, e tornando pública a decisão que valeria *erga omnes*, o art. 31, § 2º, da Lei do Processo Administrativo determina que cada interessado terá direito de obter, para si, a resposta fundamentada.

Tenho defendido que o art. 100, III, do CTN admite que decisões desse tipo sejam revestidas de eficácia normativa, passando a integrar o catálogo das fontes do direito tributário. Sustento, por igual, que essa eficácia é sobremaneira importante nos processos de consulta em que interesses de coletividades estejam envolvidos.[20]

É igualmente importante anotar que a Lei do Processo Administrativo permite a ins-

18. Cf. Wagner Balera, "Consulta em Matéria Tributária", *Revista de Direito Tributário* n. 45, pp. 218-229.

19. Idem, ibidem, p. 221.

20. Confira-se meu texto acima citado, pp. 227/228.

titucionalização da figura das audiências públicas para o debate das matérias constantes do processo, o que democratiza o procedimento e amplia o rol dos interessados, que para o mesmo trarão subsídios aptos a bem fundamentar a decisão.

Quanto aos efeitos processuais propriamente ditos, se apresentam em bem ordenada tríade.

Segue a consulta impedindo que se inicie qualquer procedimento fiscal contra o consulente (o que é de ser entendido como extensivo ao grupo representado pela entidade nas consultas sobre interesses coletivos ou difusos), impedimento que vigora até que os interessados sejam cientificados do resultado final (decisão) da consulta, o que também se verifica na fase de recurso. Sim, porque cabe recurso voluntário ou oficial no processo de consulta, sempre com efeito suspensivo.

O art. 49 do Decreto n. 70.235/72, em dispositivo adequado, adverte que a apresentação da consulta não suspende o prazo para o recolhimento de tributo retido na fonte ou autolançado, assim como não libera o interessado da apresentação, *oportuno tempore*, da declaração de rendimentos.

Por fim, o art. 161, § 2º, do CTN suspende a incidência dos juros de mora sobre o débito fiscal, desde que o consulente tenha interposto a medida administrativa dentro do prazo assinalado pela lei para o pagamento do tributo.

Esses os aspectos que ressaltam do que se pode chamar o devido procedimento da consulta.

5. *A função administrativa e o sigilo bancário*

Tendo como suporte formal a Superlei, o processo administrativo é o instrumental apto a instaurar a abertura do assim chamado sigilo bancário do contribuinte, cujas movimentações financeiras mereçam atenção.

É, aliás, característica do Estado de Direito que ninguém se escude em medidas formais para revelar aos demais participantes da comunidade social, de maneira transparente e objetiva, a respectiva situação fiscal.

Os encargos fiscais, legítima e legalmente instituídos, devem ser distribuídos entre todos os detentores de capacidade econômica. Só assim estará sendo cumprido o princípio da capacidade contributiva.

Considero que referida diretriz encontra vero apoio tático no art. 145, § 1º, *in fine*, da Constituição.

Conferindo à autoridade fiscal poder-dever para identificar o patrimônio, os rendimentos e as atividades econômicas do contribuinte, a Lei das Leis identifica o Administrador Público como representante da comunidade que quer, e exige, igual tratamento tributário.

De novo entra em cena o devido processo administrativo para impor a observância de todas as formalidades no resguardo da intimidade, da vida privada e da honorabilidade das pessoas.

Sem embargo, os aspectos da vida econômica do contribuinte que, eventualmente, revelem capacidade contributiva, dentre os quais se destaca, como figura especial, a contabilidade bancária (conta corrente, conta de investimentos, fundos de aplicação financeira etc.) devem se submeter ao crivo da autoridade fiscal.

Se houver, nos lançamentos bancários, movimento incompatível com a vida fiscal do contribuinte é desses elementos que, observadas as garantias elementares do contraditório e da ampla defesa, se partirá para a devida investigação a respeito da sujeição passiva e das responsabilidades fiscais e penais.

De todo modo, é de prudência que o Fisco busque, mormente quando dispõe de fortes indícios, o devido amparo da autoridade judiciária que, no Estado de Direito, pode, e deve, determinar a quebra de sigilo bancário, a fim de permitir a comprovação do agir fiscal do contribuinte.

Decidiu, aliás, o Supremo Tribunal Federal, pela voz do Ministro Sepulveda

Pertence que deve existir uma "relação de pertinência entre a prova pretendida, com as informações bancárias, e o objeto das investigações em curso (...)".[21]

Conquanto a medida determinante da quebra de sigilo possa ser atuada diretamente pela autoridade fiscal, como não goza o processo administrativo do prestígio que lhe deveria reservar a comunidade (aliás, aponta Cirne Lima que esse fato não encontra justificação em sistema jurídico que, como o nosso, se acha inspirado nos modelos de direito comparado nos quais a processualidade administrativa alcançou notável grau de desenvolvimento), é melhor que se valha o agente fiscal das medidas judiciais acautelatórias, até mesmo para evitar que os interessados no tumulto turbem e atropelem a busca das informações pertinentes.

Determinando a abertura dos registros do contribuinte, sempre com a preservação do segredo processual, o Juiz estará habilitando o Estado a cumprir o respectivo papel institucional e fiscal.

Tenho que a figura da contribuição sobre movimentação financeira, verdadeiro divisor de águas do sistema tributário, sem embargo das críticas que se lhe possa opor, já revela o posicionamento do ordenamento jurídico em favor da maior visibilidade das relações privadas que se apresentem, potencialmente, sujeitas à incidência tributária.

Não vejo como se possa controlar o exato cumprimento da obrigação fiscal decorrente da mencionada contribuição sem o acesso do Fisco Federal ao movimento financeiro dos contribuintes.

Conforme escrevi em estudo sobre o mesmo tema: " O relevante papel que cumpre ao princípio do respeito à privacidade e ao sigilo de dados desempenhar consiste no estabelecimento de um campo objetivo de incidência para as matérias que são objeto de sigilo e que se encontram nos limites do privado que cada um há de ter diante dos demais".[22]

A informatização é bom caminho para a melhor estruturação dos dados a que o Fisco deve ter acesso a fim de cumprir seu papel institucional. Na medida em que a qualidade e quantidade de informações, e a troca delas entre as diferentes autoridades públicas investidas de poder fiscal, obtenha os necessários aperfeiçoamentos, só nos casos extremos o Poder Público se verá compelido a recorrer à quebra de sigilo.

Aliás, causa surpresa e perplexidade que, na era da Internet, o Poder Público se veja tão desinformado quanto às atividades e não disponha de um banco de dados apto a coligir os indispensáveis registros a respeito da vida fiscal da maioria dos contribuintes.

Baleeiro comenta o preceito que se encontra estampado no art. 199 do Código Tributário Nacional dizendo que: "Afinal, União, Estados, DF e Municípios são, em conjunto, a própria Nação e devem cooperar uns com os outros na arrecadação dos tributos e na fiscalização dos sujeitos passivos, ou responsáveis pela troca de informações de que dispuserem...".[23]

Não é, porém, o que se verifica na prática. Farto de informações sobre determinado contribuinte, o Estado deixa de repassá-las à União e ao Município que bem poderiam desempenhar, com maior eficiência, os respectivos papéis à luz das informações obtidas.

É necessário, pois, que, em mútua cooperação, as diversas pessoas políticas, suas autarquias e fundações constituam rotinas de tratamento de dados fiscais que, afinal, acabe formando um banco de dados nacional apto a servir de suporte ao lançamento de tributos.

21. Citado por Aliomar Baleeiro, *Direito Tributário Brasileiro*, 11ª ed., atualizada por Misabel Abreu Machado Derzi, Forense, Rio, 1999, p. 1000.

22. Wagner Balera, "Princípios Constitucionais Tributários", in *Caderno de Pesquisas Tributárias* n.18, São Paulo, Co-Edição Centro de Extensão Universitária e Editora Resenha Tributária, 1993, p. 382.

23. Ob. cit., p. 1.003.

Sempre gosto de citar, a propósito do assunto em comento, as lições de Tércio Sampaio que, com firmeza, sustenta o verdadeiro sentido da manutenção (ou da quebra, se e quando for o caso) do sigilo.

Sustenta o eminente Titular da Faculdade de Direito da USP que: "Como faculdade, a manutenção do sigilo não está a serviço apenas da liberdade *individual* 'de negação' da comunicação. Serve também à sociedade e ao Estado".[24]

Concluo, pois, que a dinâmica da atividade econômica há de servir à melhor distribuição dos encargos fiscais pelo conjunto daqueles que se mostram detentores da capacidade contributiva.

Ao Fisco cabe, em homenagem à igualdade, aparelhar-se para, sem recorrer ao instrumento excepcional da quebra de sigilo, dispor de todos os elementos aptos a revelar quem são, o que movimentam e quanto devem os sujeitos passivos da relação tributária.

Mas, observadas as garantias constitucionais e o devido processo administrativo, não pode a Autoridade Fiscal deixar de tomar as medidas pertinentes e aptas a impedir a evasão daqueles que se escondem sob a capa do sigilo.

24. Tércio Sampaio Ferraz Júnior, "Sigilo de dados: o direito à privacidade e os limites à função fiscalizadora do Estado", in *Revista dos Tribunais - Cadernos de Direito Tributário e Finanças Públicas* 1, p. 144.

Impressão e acabamento:
GRÁFICA PAYM
Tel. (011) 4392-3344